PAKISTAN
INDIA
Fort Abbes
Anupgarh
Rahimyar Khan
Bhaikhanawala Khu
Islamgarh
Sukkar
Gubber
Tanot
Ramgarh
Bikaner
Longewala
Ghotaru
Jaisalmer
Nawab Shah
Jodhpur
Gadra Road
Hyderabad
Naya Chor
Gadra
Barmer (Uttarlai)
Mirpur Khas
Chachra
Nagar
Parkar
Virawah
Badin (S.U)
Chhad Bet
Udaipur
PAKISTANI AIRPORTS
BASE
AIRSTRIP
S.U. SIGNALS UNIT
Some airports & S.U. are not shown

एक वैमानिक की कथा

दिवि पब्लिशर्स एण्ड डिस्ट्रीब्यूटर्स

दिल्ली-110032

एक वैमानिक की कथा

(भारतीय वायुसेना का इतिहास)

एयर चीफ मार्शल पी.सी. लाल

सम्पादक

इला लाल

अनुवादक

अरुण त्रिपाठी

पुनरीक्षक

रामकुमार कृषक

वाणी प्रकाशन

वाणी प्रकाशन
4695, 21-ए, दरियागंज, नयी दिल्ली 110 002

शाखा
अशोक राजपथ, पटना 800 004

फ़ोन : +91 11 23273167 फ़ैक्स : +91 11 23275710

www.vaniprakashan.in
vaniprakashan@gmail.com
sales@vaniprakashan.in

EK VAIMANIK KEE KATHA
by Air Chief Marshal P.C. Lal
Edited by Ila Lal
Translated by Arun Tripathi

ISBN : 978-93-5072-182-7
Autobiography/History

संस्करण 1996
आवृत्ति 2016

मूल्य : ₹695

एस.पी. ऑफ़सेट, दिल्ली-110 093 में मुद्रित

वाणी प्रकाशन का लोगो मक़बूल फ़िदा हुसेन की कूची से

प्रस्तावना

मेरे दिवंगत पति प्रताप चंद्र लाल ने 17 साल की आयु में विमान उड़ाना शुरू कर दिया था। 1933 के आखिर में उन्होंने दिल्ली फ्लाइंग क्लब की सदस्यता प्राप्त की थी और नवम्बर 1939 में वे भारतीय वायुसेना में शामिल हो गये थे। उस समय देश के सभी असैनिक फ्लाइंग क्लब के सदस्यों से वालंटियर रिजर्व के रूप में वायुसेना में शामिल होने का आग्रह किया गया था। यह द्वितीय विश्व युद्ध की शुरुआत का समय था। वे 33 साल तक भारतीय वायुसेना- में रहे। 16 जुलाई, 1969 से 15 जुलाई, 1973 तक वे वायुसेना प्रमुख रहे। मूलतः वे सेना की नौकरी को अपना कैरियर नहीं बनाना चाहते थे। आजीविका का साधन तो कतई नहीं। उनका वायु सेना में जाना एक तरह से संयोग था और अपने विमान उड़ाने के शौक और प्रेम के कारण वे इसी में रह गये।

1981 में उन्होंने भारतीय वायुसेना और उसमें अपने कैरियर के बारे में पुस्तक लिखने की योजना बनायी। उनका इरादा इसे तीन हिस्सों में लिखने का था। पहला हिस्सा संस्मरण होना था। दूसरे में स्वतंत्रता के बाद के वर्षों का जिक्र होना था जबकि तीसरा हिस्सा 1971 के युद्ध पर केंद्रित होना था। इसमें भारतीय वायुसेना की अच्छी-खासी भूमिका थी। उनका मानना था कि यही वह कसौटी थी जिस पर वायुसेना की परिपक्वता साबित हुई थी और यह स्थापित हुआ था कि युद्ध की स्थिति में इस पर भरोसा किया जा सकता है। उन्होंने सीधे अपने निजी अनुभव लिखे। सरकार किसी भी सेना के प्रमुख को कई अधिकार देती है और उसे पूरी जिम्मेदारी से इन अधिकारों का प्रयोग करना होता है। अगर कुछ जगहों पर उनकी शैली तीक्ष्ण है, तो मेरे दृष्टिकोण से उनके पास इसकी वजह रही होगी। मैं इस बात पर जोर देना चाहती हूँ कि यह इतिहास नहीं है बल्कि निजी वृत्तांत है और इस कारण यह स्वाभाविक है कि कुछ घटनाओं को ज्यादा महत्त्व दिया जायेगा और

शायद कुछ ज्यादा महत्त्वूपर्ण घटनाओं का जिक्र ही न हो।

उन्होंने पुस्तक की रूपरेखा, विषय-वस्तु और क्रम विन्यास तय करने के बाद ज्यादातर अध्याय पूरे कर लिये थे। बचे हुए अध्यायों के लिए उन्होंने कई इंटरव्यू रिकार्ड किये थे। 1971 में भारत-पाक युद्ध के दौरान वे वायुसेना प्रमुख थे और युद्ध में भाग लेने वाले कई लोगों से उन्होंने बातचीत की थी। ये लोग वरिष्ठता क्रम में विभिन्न स्तर के थे। ये इंटरव्यू खासतौर से दिलचस्प हैं क्योंकि इनमें विभिन्न नजरिये से घटनाओं का ब्यौरा है। कई जगह यह नजरिया वैसा नहीं है जैसा ऊपर से देखने में लगता है। पांडुलिपि और नोट में सबसे ज्यादा अंतर 'चीनी चेकर्स' शीर्षक वाले अध्याय में था। दरअसल भारतीय सेना जब चीनी आक्रमण को रोकने की कोशिश कर रही थी तब वे उसमें शामिल नहीं थें। अक्तूबर-नवम्बर 1962 में चीन से पूरे स्तर पर युद्ध छिड़ गया था। इसके पहले के पाँच वर्षों तक वे इंडियन एयरलाइंस के प्रबंध निदेशक थे और 30 सितम्बर 1962 तक इस पद पर रहे। उस समय के रक्षा मंत्री श्री वी. के. कृष्णमेनन ने उन्हें नौकरी से बर्खास्त कर दिया था। इसके बाद के तीन महीने उनके लिए एक तरह से काफी कष्टदायी थे। फिर कृष्ण मेनन की नौकरी चली गयी। तब सरकार ने प्रताप को वायुसेना में वापस बुला लिया। जिन तीन महीनों तक वे नौकरी में नहीं थे उसे बिना वेतन की छुट्टी के रूप में नियमित कर दिया गया। जहाँ तक मेरी जानकारी है ऐसा पहले कभी नहीं हुआ था और आज भी यह अनूठा मामला है। 'चीनी चेकर्स' अध्याय के लिए जो नोट उपलब्ध थे उसे और विस्तृत करने के लिए मैंने भी उन्हीं का तरीका अपनाने का फैसला किया और इंटरव्यू लिये। वायुसेना के चार अफसरों ने मुझे अपने ढंग से सारी बातें बतायीं। यथार्थता के लिए वे अपने साथ अपनी लाग-बुक भी लेकर आये थे। ये चार अफसर हैं—सी 119 फेयर चाइल्ड पैकेट्स के श्रेष्ठ पायलट एयर मार्शल सी. के. एस. राजे, ए एन-12 के नैविगेटर एयर वाइस मार्शल सुब्रह्मण्यम और ए-एन-12 के पायलट ग्रुप कैप्टन जी. जे. शॉ। ग्रुप कैप्टन जी. जे. शॉ लगभग छह वर्षों तक लद्दाख में रहे थे और दुर्भाग्य से अब वे हमारे बीच नहीं हैं। इनके अलावा एयर कमोडोर जॉनसन बेरी से भी मेरी बात हुई। वे एक प्रतिष्ठित हेलीकॉप्टर पायलट हैं। इन लोगों से बातचीत में मुझे लगा कि अपने अनुभवों को याद करने में इन्हें मजा आ रहा था। जब मैंने एयर कोमोडोर जॉनसन बेरी को धन्यवाद दिया तो उन्होंने भी मुझे धन्यवाद दिया। उन्होंने कहा कि मैंने उनसे पहली बार उन कठिन और उत्तेजक दिनों के बारे में पूछा था और उन्हें 20 साल पुरानी यादें ताजा करने में मजा आया था। ग्रुप कैप्टन ई. एन. गदरे ने एक संक्षिप्त विवरण भेजने की कृपा की थी।

1971 के युद्ध के दौरान की पूरे क्षेत्र की घटनाओं का विवरण पूरा करने के लिए मैंने वहाँ तैनात विभिन्न स्क्वाड्रनों के कमांडरों से मुलाकात की। पश्चिमी क्षेत्र

के मामलों की जानकारी के लिए मैंने कुछ बेस कमांडरों और स्क्वाड्रन कमांडरों से मुलाकात की। जिन लोगों ने अपनी भूमिका और अनुभवों को याद करने की कृपा की उनके प्रति मेरा आभार। ऐसे लोगों की संख्या बहुत ज्यादा है और उनका नाम लिखना यहाँ संभव नहीं है। उनकी सूची आखिर में है। इसी तरह उन लोगों के भी नाम हैं जिनसे प्रताप ने बात की थी। मैं एयर मार्शल सी. वी. गोले की भी आभारी हूँ जिन्होंने 1971 के विवाद के दौरान पश्चिमी क्षेत्र के बारे में दिये गये विवरण को पढ़ने की कृपा की। इसी तरह 1971 में वायुसेना के उप प्रमुख रहे एयर मार्शल एच. एन. चटर्जी पी.वी.एस.एम.डी.एफ.सी. ने पांडुलिपि को पढ़ा और मेरे प्रयासों में मेरा उत्साह बढ़ाया। मैं उनकी भी आभारी हूँ। शिक्षा अधिकारी और फ्लाइट लेफ्टिनेंट राजकुमार पाल ने मेरी काफी मदद की। इसके बगैर मेरे लिए इस काम को पूरा करना संभव नहीं होता। उन्हें सन् 1981 में, एयर चीफ मार्शल लतीफ ने प्रताप के साथ शोध सहायक के रूप में तैनात किया था। 1982 में प्रताप के निधन के बाद सारा कार्य रुक गया पर जब मैंने तय किया कि कार्य जारी रखा जाये तो उनकी सेवाएं मुझे भी उपलब्ध करायी गयीं। मुझे जिन लोगों से मिलने की जरूरत थी उन सभी लोगों से उन्होंने संपर्क किया, मुलाकात की व्यवस्था की, संदर्भ पुस्तकें हासिल कीं और टाइपिंग का निरीक्षण किया। वायुसेना के कार्यों के प्रति उनके समर्पण के लिए मैं उनकी सफलता की कामना करती हूँ।

इस पुस्तक को लिखने की इच्छा मेरे पति की थी। पर इसे पूरा करने से पहले ही उनका निधन हो गया। इसे पूरा करना मेरी लाचारी थी। मेरा काम था कि उन्होंने जो सामग्री इकट्ठी की थी उसे तैयार किया जाये, मिलाया जाये और कहानी के बीच की खाली जगहों को भरा जाये। कहानी जैसे-जैसे आगे बढ़ती है भारतीय वायुसेना के लोगों के प्रयासों और उपलब्धियों की अंदरूनी जानकारी बढ़ती जाती है। अगर यह पुस्तक हमारे युवकों को प्रेरणा दे सके और उनमें से कुछ को इस महान् उद्यम को आजमाने के लिए प्रेरित कर सके तो मेरा प्रयास सार्थक होगा। उनकी स्वयं की भागीदारी बताने के लिए श्री मोहम्मद अयूब और श्री के. सुब्रह्मण्यम का उल्लेख करना मेरे लिए श्रेयस्कर होगा जिन्होंने उनकी 'विशिष्ट शालीनता' की चर्चा करते हुए सन् 1971 में भारतीय वायुसेना की उपलब्धियों को इस प्रकार वर्णित किया है।

"भारतीय वायु सेना ने 14 दिन में दोनों मोर्चों पर 7,300 उड़ानें भरीं। इसका मतलब यह हुआ कि एक दिन में औसतन 500 उड़ानें। द्वितीय विश्व युद्ध के बाद की अवधि में इस परिमाण का यह सबसे सघन वायु प्रयास था...पश्चिम में शायद वायुसेना की सर्वोच्चता सबसे महत्त्वपूर्ण बात थी...हवाई युद्ध में प्रबंधन की वैज्ञानिक तकनीक दो अन्य सेनाओं के मुकाबले ज्यादा महत्त्वपूर्ण भूमिका निभाती है। रोज 500 उड़ान भरना, आनेवाले विमानों का पता लगाना, उनकी सर्विसिंग और उन्हें

दुरुस्त रखना, निषेध के प्रयासों को प्राथमिकता देना और उन्हें बाँटना, ग्राउंड सपोर्ट और अवरोधन और विभिन्न प्रतिष्ठानों के बीच एकीकृत संचार नेटवर्क की स्थापना और उसका रख-रखाव करने के लिए बहुत ऊँचे दर्जे के नेतृत्व और व्यवस्था की आवश्यकता होती है। वायुसेना प्रमुख कार्यकुशल प्रबंध को तवज्जो देते रहे और लगता है इसके फायदे हुए हैं।" (द लिबरेशन वार, नयी दिल्ली, 1962, पृ. 259)।

पुस्तक की पाण्डुलिपि पढ़ने और उत्साहवर्द्धन के लिए मैं श्री के. सुब्रह्मण्यम को धन्यवाद देती हूँ।

हमारे बेटे, रोबे लाल ने नक्शे बनाये।

—इला लाल

नयी दिल्ली, 1986

आमुख

बांग्लादेश दिसम्बर 1971 में अस्तित्व में आया। उसके बाद से अब तक के वर्षों में इस विषय पर काफी कुछ लिखा जा चुका है कि उस राष्ट्र को पाकिस्तान से कैसे आजाद कराया गया। इस घटना के बाद कुछ ही हफ्तों में किताबें आ गयीं। इसके बाद विस्तृत अध्ययन वाली किताबें छपीं। ये किताबें उस समय पाकिस्तान, बांग्लादेश और भारत में क्या हो रहा था उसकी सम्पूर्ण जानकारी पर आधारित थीं।

बांग्लादेश युद्ध किन राजनैतिक परिस्थितियों में हुआ और टकराव की खास बातें क्या थीं यह अब सर्वविदित है। भारतीय सेना ने यह लड़ाई कैसे लड़ी इस बारे में भी काफी कुछ छप चुका है। पर भारतीय वायुसेना की भूमिका क्या रही इस बारे में अभी तक विस्तार से कुछ नहीं लिखा गया है। मैंने उसी कमी को पूरा करने का प्रयास किया है।

मैं, वायुसेना प्रमुख एयर चीफ मार्शल आई. एच. लतीफ का आभारी हूँ। उन्होंने मुझे युद्ध के रिकार्ड उपलब्ध कराये और युद्ध में भाग लेनेवाले कुछ अधिकारियों और वायु सैनिकों से मेरी दुबारा मुलाकात की व्यवस्था करायी। मैं सी. ए. एस. और उन सबों को धन्यवाद देता हूँ जिन्होंने भारतीय वायुसेना के इतिहास की घटना अवधि की खास घटनाओं को एक सूत्र में पिरोने में मेरी मदद की।

यह पुस्तक भारतीय वायुसेना को समर्पित है और खासकर उन लोगों की याद में जिन्होंने देश सेवा में अपने प्राणों की आहुति दे दी।

नयी दिल्ली
1982

—पी. सी. लाल
एयर चीफ मार्शल

अनुक्रमणिका

भाग—तीन

1971 का टकराव : तीसरा दौर

संगठन चार्ट : भारतीय वायुसेना

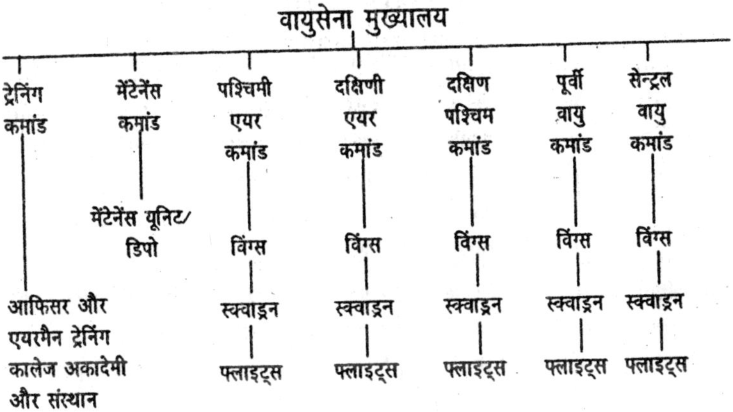

सेना की संगठनात्मक सूची

कोर	70,000 सिपाही लगभग—2 या 3 डिवीजन जिसका नेतृत्व लेफ्टिनेंट जनरल करते हैं।
डिवीजन	16,000 से 18,000 सिपाही—3 ब्रिगेड—जिसका नेतृत्व मेजर जनरल करते हैं।
ब्रिगेड	2,500 से 3,000 सिपाही—3 बटालियन जिसका नेतृत्व ब्रिगेडियर करते हैं।
बटालियन	800 से 1,000 सिपाही—3 या 4 कंपनियाँ—जिसका नेतृत्व लेफ्टिनेंट कर्नल अथवा कर्नल करते हैं।
कंपनी	150 से 300 सिपाही 3 या 4 प्लाटून जिसका नेतृत्व मेजर करते हैं।
प्लाटून	30 से 40 सिपाही—3 सेक्शन—जिसका नेतृत्व नायब सूबेदार करते हैं।
सेक्शन	8 से 12 सिपाही जिनका नेतृत्व नायक करते हैं।
एक आर्टिलरी बैटरी	6 गन
एक आर्टिलरी रेजीमेंट	18 गन
टैंकों का एक रेजीमेंट	44 अथवा 45 टैंक
टैंकों का एक स्क्वाड्रन	14 टैंक

भाग–एक

एक निजी संस्मरण

परिचय

इस निजी वृत्तांत में 14 नवम्बर, 1939 से 16 जनवरी, 1973 की अवधि का वर्णन है। उस समय के आई. ए. एफ. वालंटियर रिजर्व में पायलट आफिसर के रूप में मेरी नियुक्ति हुई थी। तब से लेकर भारतीय वायुसेना में मेरे अंतिम दिन का वर्णन इसमें है। इस वृत्तांत के दूसरे हिस्से में स्वतंत्रता के बाद के वर्षों का वर्णन है जिसमें अनुभवहीन वायुसेना एक उत्कृष्ट लड़ाकू सेना बन गयी। तीसरे हिस्से में 14 दिन की आजादी की लड़ाई का वर्णन है जिसके परिणामस्वरूप बांग्लादेश का जन्म हुआ। उस समय मैं वायुसेना प्रमुख था और भारतीय वायुसेना ने इस लड़ाई में महत्त्वपूर्ण भूमिका निभाई थी।

इन वर्षों का फैलाव द्वितीय विश्वयुद्ध और भारत की आजादी के बाद के पहले तीस वर्षों तक है। इस अवधि में युद्ध और औद्योगिक विस्तार तथा विकास की खोज और कठिनाइयाँ सब शामिल हैं। इन वर्षों में विश्व और हमारे देश में ऐसी बड़ी-बड़ी घटनाएँ हुईं जिनसे लाखों-करोड़ों लोगों का वास्ता था और जिससे हर जगह, खासकर दुनिया के उस हिस्से में जहाँ हम हैं, भारी परिवर्तन आया था।

मेरी नौकरी के ज्यादातर वर्ष हमारी भारी-भरकम सरकारी मशीनरी के विभिन्न हिस्सों में गुजरे हैं। इसके लिए तैयारियाँ विश्वयुद्ध के दौरान शुरू हो गयी थीं। इसके युद्ध तकनीक से जुड़ी बातें सीखने के अलावा सबसे खास बात शायद यह थी कि इससे प्रशासन की कला सीखने और यहाँ तक कि इसे विकसित करने तथा लोगों को सँभालने की कला सीखने का भी मौका मिला। यह एक मुश्किल और महँगी शिक्षा थी जिसमें रुपयों के अलावा लोगों की जानें लगी थीं, भावनाएँ और तनाव जुड़े थे पर जो कुछ सीखा गया वह स्थायी है। जब भारत आजाद हो गया तो हममें से कई लोग क्षेत्र में काम करनेवाले साधारण आदमी से स्टाफ आफिसर बन गये, नीतियों की व्याख्या करने लगे, योजनाएँ बनाने लगे और उन्हें लागू करने लगे। स्वतंत्रता के बाद ऐसे लोगों की संख्या बहुत ज्यादा हो गयी।

जीवन में किस्मत का बड़ा महत्त्व है। मैं खुशकिस्मत हूँ कि मेरे पिता ने तीस के

दशक के शुरू में ही मुझे विमान उड़ाने का शौकीन बना दिया। 1939 में इंग्लैंड से गर्मियों की छुट्टियों में घर आया हुआ था (वहाँ मैं बैरिस्टर बनने के लिए पढ़ाई कर रहा था) तभी द्वितीय विश्वयुद्ध शरू हुआ। मैं फिर खुशकिस्मत था कि बचा रहा जबकि 1939 में मैं जिन लोगों के साथ आई ए एफ वालंटियर फोर्स में शामिल हुआ था उनमें से कई लोग नहीं बच पाये थे। मुझे स्वतंत्र भारत की वायुसेना में काम करने का मौका मिला यह भी खुशकिस्मती ही थी। मुझे विभिन्न किस्मों के काम करने का मौका मिला। पुरानी नौकरी में यह कतई संभव नहीं था। मेरे लिए यह भी सौभाग्य की बात रही कि कई दिलचस्प और प्रभावशाली लोगों से मेरी मुलाकात हुई और मैंने ऐसी भूमिका निभाई जो प्रायः मामूली होती थी पर कई दफा इतनी महत्त्वपूर्ण होती थी जिसका हमारे देश पर असर पड़ा।

नौकरी के इतने वर्षों में मुझे जो संतुष्टि मिली है उसके लिए मैं अपने देश, अपनी नौकरी और अपने परिवार का ऋणी हूँ। यह संतुष्टि शारीरिक कष्ट, मानसिक तनाव और दुःख के अलावा लम्बे समय तक एक जैसा कागजी काम करने से हुई ऊब के मुकाबले ज्यादा है। बेशक कुछ चुनिंदा लोगों को छोड़कर सभी लोगों का यही अनुभव होता है पर जो लोग टिके रहते हैं और दूसरों से आगे बढ़ जाते हैं उनके विचार और उपलब्धियाँ उनके समय के इतिहास को रौशन करती हैं। मैं नहीं समझता कि मैं ऐसा हूँ। पर देश सेवा करनेवाले लाखों लोगों में मैं एक तो हूँ ही और जो लोग अब भी देश सेवा कर रहे हैं उनसे थोड़ा अलग भी हूँ। ऐसे तमाम लोगों में से मुझ एक ने कैसे काम किया, जिया और किस तरह की समस्याओं का सामना किया उसका संक्षिप्त विवरण देना मेरा कर्तव्य है। जिन परिस्थितियों का जिक्र किया गया है वैसी स्थितियाँ भविष्य में भी बन सकती हैं और बहुत संभव है कि इन परिस्थितियों का कैसे सामना किया गया था क्या गलती हुई थी इसकी जानकारी रहने पर भविष्य में ऐसी स्थिति से बेहतर ढंग से निपटा जा सके।

यह, एक निजी वृत्तांत है। कई लोगों में से एक के अनुभवों का रिकार्ड है। इसे इस उम्मीद में लिखा जा रहा है कि मैं जहाँ जैसे रहा वैसे रहने वालों के लिए यह उपयोगी और दिलचस्प साबित हो। दुर्भाग्य से ऐसे रिकार्ड के लिए एकवचन सर्वनाम की आवश्यकता होती है। मैंने इसका इस्तेमाल कम-से-कम करने का प्रयास किया है पर जहाँ इसका प्रयोग हुआ है वहाँ मुझे यह आवश्यक लगा है।

मैं सैनिक और असैनिक उड्डयन से जितने वर्षों तक जुड़ा रहा उस दौरान मैंने काफी कुछ देखा है जो प्रेरणादायक और आह्लादक है। बहुत कुछ ऐसा भी है जिसे देखकर मैं यह सोचने पर मजबूर होता हूँ कि जो लोग वायुसेना के अनुशासन में रहे और वायुयान चालकों के भाईचारे में बँधे रहे वे कैसे ऐसा बर्ताव करते हैं। पर उड्डयन में भी किसी अन्य पेशे की तरह मनुष्य ही होते हैं और यहाँ भी उनकी स्थितियाँ स्पष्ट हो जाती हैं। शायद अन्य पेशों में जितनी हो सकती हैं उससे ज्यादा। मेरी कहानी का सार यही है।

1 यादों के सागर में

दो तारीखें मुझे हमेशा याद रहती हैं--3 सितम्बर, 1939 और 3 दिसम्बर 1971। पहले वाली तारीख को ब्रिटेन ने नाजी जर्मनी के खिलाफ युद्ध छेड़ दिया था और दूसरी तारीख को पाकिस्तान ने भारतीय वायुसेना के खिलाफ हवाई हमले की कोशिश की थी। द्वितीय विश्वयुद्ध लगभग छह वर्षों तक चला था और जब वह खत्म हुआ तो दुनिया काफी बदल गयी थी। भारत-पाक युद्ध 14 दिनों तक चला और बांग्लादेश के आजाद हो जाने से इस उपमहाद्वीप में बदलाव आ गया। जहाँ तक वायुसेना में नौकरी से सम्बन्ध है—मेरी कहानी इन्हीं दो घटनाओं के बीच है।

मैंने कभी सपने में भी नहीं सोचा था कि मैं सेना में जाऊँगा। तीस के दशक के मध्य और उत्तरार्द्ध में जब मैं कॉलेज में था तो मैं वकील अथवा पत्रकार बनना चाहता था। इसकी प्राथमिकताएँ जब-तब बदलती रहती थीं पर कोई और पेशा ऐसा नज़र नहीं आता था जिससे मेरी यह पसंद बदल जाती। मेरे दादा श्री प्रकाशचन्द 1895 में लिंकन इन से बार में बुलाये गये थे। कुछ समय तक उन्होंने इलाहाबाद हाईकोर्ट में प्रैक्टिस भी की पर एक दुर्घटना के बाद वे असमर्थ हो गये और जल्दी ही उनकी मौत हो गयी। परिस्थितियों ने मेरे पिता श्री बसंतलाल को सरकारी नौकरी करने के लिए मजबूर कर दिया। पर, उन्हें उम्मीद थी और मुझे भी, कि परिवार का कम से कम एक सदस्य कानून के पेशे को अवश्य अपनायेगा। इस दिशा में मैंने कुछ प्रगति की थी। किंग्स क़ॉलेज, लंदन में पत्रकारिता की पढ़ाई करते हुए 1938 में मैं छात्र-सदस्य के रूप में मिडिल टेंपल से जुड़ गया था। 1939 में पत्रकारिता में डिप्लोमा हासिल करने के बाद इन्नस ऑफ कोर्ट में कानून का पूर्णकालिक अध्ययन करना था। पर इससे पहले मुझे दिल्ली में अपने माँ-बाप के पास छुट्टियाँ बिताने आना था। समुद्र के रास्ते आना तुलनात्मक ढंग से सस्ता था। उस समय मरसाईल्स

से बम्बई का छात्र टिकट महज 25 पौंड का था और यह मैं अपनी तीन 'लघु कथाओं' के प्रकाशन से प्राप्त पैसों से चुका सकता था। ये लघुकथाएँ मैनचेस्टर गार्जियन में प्रकाशित हुई थीं और प्रत्येक के लिए 10-10 पौंड दिये गये थे। उन दिनों इतना धन बहुत होता था। तब राष्ट्रीय छात्र यूनियन (एन एस यू) एक पखवाड़े की छुट्टियाँ मनाने के मात्र 10 पौंड लेता था।

1939 की गर्मियाँ जल्दी ही निकल गयीं। इसका ज्यादा समय हमने मोटर से नैनीताल, अल्मोड़ा और कौसानी घूमने में बिताया। पहाड़ों की यात्रा के बाद तरोताजा और उत्साह से भरपूर मेरा परिवार अगस्त में दिल्ली लौटा था और मुझे व मेरे भाई को इंग्लैंड जाने की तैयारी करनी थी। वहाँ मुझे अपनी कानून की पढ़ाई जारी रखनी थी और मेरे भाई को चार्टर्ड अकाउंटेंट बनना था। हम दोनों ही सरकारी नौकरी में नहीं जाना चाहते थे।

अखबार हिटलर और उसकी घुड़कियों के समाचारों से भरे रहते थे। लोगों में स्पेन के गृह युद्ध की याद अब भी ताज़ा थी। इसमें नाजी सैनिकों ने जनरल फ्रैंकों का समर्थन किया था। नाजी वायुसेना द्वारा जुएरनिका की बर्बादी का लोगों पर गहरा प्रभाव पड़ा था और 1938 में यूरोप में युद्ध की हिटलर की धमकी के कारण म्युनिख समझौता हुआ था। उस मौके पर चेकोस्लोवाकिया बलि का बकरा बना था। 1939 में हिटलर का निशाना पोलैंड था। इस बार ब्रिटेन और फ्रांस दृढ़ रहे तथा झुकने से इन्कार कर दिया। हालाँकि, हिटलर ने हार नहीं मानी। उनकी सेना 1 सितम्बर को पोलैंड में घुस गयी। ब्रिटेन ने 3 सितम्बर को जर्मनी के खिलाफ युद्ध छेड़ दिया। इस तरह द्वितीय विश्वयुद्ध शुरू हुआ जिसने छह साल से ज्यादा की अवधि में दुनिया भर के करोड़ों लोगों की जिंदगी को प्रभावित किया।

अपने भाई के साथ मैं, इन करोड़ों लोगों में था। हम लोग 6 सितम्बर को बम्बई से तिलबरी की समुद्र यात्रा शुरू करनेवाले थे। युद्ध शुरू होने के बाद सभी समुद्री प्रस्थान रद्द कर दिये गये थे। इसके कुछ ही समय बाद लंदन से एक संदेश आया। यह उस परिवार का संदेश था जिनके साथ मैं रहनेवाला था। मुझे सूचित किया गया कि मकान की महिला को कहीं बाहर भेजा जा रहा था और उनका बेटा, जो रायल एयर फोर्स में विंग कमांडर था वह भी बाहर रहेगा। जिस मिडिल टेंपल का मैं छात्र था उसे ब्रिस्टिल स्थानांतरित किया जाना था और लंदन में अध्ययन की कोई तात्कालिक सुविधा नहीं थी। ऐसे में, मुझे सलाह दी गयी कि मैं घर पर ही रहूँ। दरअसल, इसके अलावा कोई विकल्प भी नहीं था।

मेरी सबसे पहली प्रतिक्रिया यह हुई कि मैंने स्टेट्समैन से नौकरी माँगी। मैंने वहाँ 1936 में संपादकीय प्रशिक्षु के रूप में काम किया था और मुझे लगा कि यूरोप में सैनिक कार्रवाई के लिए उसके जिन कर्मचारियों को बुलाया जायेगा उनके बदले

उसे लोगों की आवश्यकता अवश्य होगी। प्रबंधन ने दूसरे ढंग से सोचा। इसके बाद मैंने होशंगाबाद में क्वेकर मिशन जाने की व्यवस्था की। उस अभियान के प्रमुख चेत सिंह के साथ उस गर्मी के मौसम में मैंने भारत तक की यात्रा की थी और मध्य प्रदेश (तब सेंट्रल प्रोविंस) की आदिम जनजातियों के बीच उनके कामों के बारे में बहुत कुछ सुना था। हम यात्रा के कार्यक्रमों की तैयारी कर ही रहे थे कि एक दोपहर सेना का डिस्पैच राइडर (डाकिया) हमारे घर पहुँचा। उसके पास वायु सेना मुख्यालय की एक चिट्ठी थी। मुझे इंडियन एयर फोर्स वालंटियर रिजर्व में शामिल होने का निमंत्रण भेजा गया था। बाद में मुझे पता चला कि देश के सभी असैनिक पायलट लाइसेंसधारकों को ऐसे पत्र भेजे गये थे।

विमान उड़ाने का शौक मुझे 20 के दशक के शुरू में हुआ था। उस समय मेरे पिता शिमला में तैनात थे। हम लोग एक बंगले में रहते थे जो क्राइस्ट चर्च के ठीक ऊपर था और वहाँ से रिज़ तथा माल दिखाई देता था। यही वहाँ का अपेक्षाकृत समतल और खुला क्षेत्र था जहाँ विशिष्ट लोग शाम को ताज़ी हवा का मजा लेते थे। 1924 की गर्मियों में एक दिन दोपहर के बाद मैं अपने माता-पिता के साथ वहाँ टहल रहा था तो हमने एक असामान्य डरावनी आवाज सुनी। जल्दी ही दो विमान दिखे। ये बहुत कम ऊँचाई पर उड़ रहे थे। उनकी ऊँचाई इतनी कम थी कि हेलमेट पहने पायलटों के सिर दिखाई दे रहे थे। इन विमानों ने रिज के ऊपर चक्कर लगाये और फिर वाइस रीगल लॉज, कैंटूनमेंट और समर हिल्स होते हुए मैदान की तरफ चले गये। मुझे वह घटना अब भी याद है। धूप में चमचमाते हेलमेट लगाये संदिग्ध लोगों के सिर जो रिज के ऊपर बमुश्किल 500 फीट की ऊँचाई पर रहे होंगे। इस घटना के बाद मैं कई दिनों तक उत्सुकता से आकाश को निहारता रहा था। पर कोई विमान नज़र नहीं आया। कई साल बाद मुझे पता चला कि शिमला में जब वाइसराय रहते थे तो वहाँ विमानों का उड़ना निषिद्ध था।

मेरे माता-पिता अगले वर्ष अंबाला चले गये। उस समय भी वह आज की तरह महत्त्वपूर्ण एयर बेस हुआ करता था। जो दो विमान शिमला में दिखे थे वे से उड़े थे। यह कैंटूनमेंट की बाहरी सीमा पर घास का एयरफील्ड था जो झाड़िया से घिरा हुआ था। जब विमान उड़ान भरते थे या उतरते थे तो उन्हें इनके बीच से साफ-साफ देखा जा सकता था। हम लोग वायुसेना कैंप के बहुत पास रहते थे और जल्दी ही हवाई अड्डे के पास के दृश्य और आवाज के आदी हो गये थे। इसके बावजूद अगर हमें झाड़ी के पास खड़ा होकर आर. ए. एफ. को काम करते देखने का मौका दिया जाता था तो खास आनंद आता था। विमान को नजदीक से देखने के लिए कैंप के अन्दर जाने का सवाल ही नहीं था। आर. ए. एफ. वाले अपनी अलग जिंदगी जीते थे। देश के आम लोगों से काफी दूर। वैसे तो वहाँ कई अंग्रेज

अधिकारी और सैकड़ों एयरमेन होंगे पर मुझे याद नहीं आता कि कभी किसी को, सिविल लाइंस क्षेत्र में या कैंटूनमेंट बाजार में जहाँ हम रहते थे देखा गया हो। बचपन में मुझे अंग्रेजों की मौजूदगी का अहसास एक ही जगह होने की याद आती है। वह जगह थी—स्टेशन स्कूल जहाँ कोई तीस-चालीस अंग्रेज और आंग्ल भारतीय बच्चे पढ़ते थे। आंग्ल भारतीय बच्चों में ज्यादातर रेलवे कालोनी के थे।

भारत में उड्डयन के क्षेत्र में एक महत्त्वपूर्ण घटना 1926 की सर्दियों में हुई थी। तब आर. ए. एफ. ने दिल्ली में विमानों और उनकी कलाबाजियों का प्रदर्शन किया था। मेरे अभिभावक इसे दिखाने के लिए पूरे परिवार को दिल्ली लाये। इस मौके पर सफदरजंग के मकबरे के पास दर्शक दीर्घा बनायी गयी थी जहाँ से काफी दूर तक खुली जगह दिखायी देती थी जो बाद में दिल्ली की असैनिक हवाई अड्डा बनी। हजारों लोगों ने पहली बार विमानों को समूह में उड़ते और उनके हवाई करतब देखे। इनमें सबसे दर्शनीय था—दो विमानों की बहुत कम ऊँचाई पर डॉग फाइट। आखिर में एक विमान ने धुआँ छोड़ा और एक आकृति विमान से बाहर निकल कर पैराशूट के जरिए मंत्रमुग्ध दर्शकों के बहुत पास आकर गिरी जबकि विमान पेड़ों के पीछे उस दिशा में ओझल हो गया जहाँ आज अशोक होटल अवस्थित है। 33 साल बाद मैं उस विमान के पायलट से मिला जिसे 'मार गिराया' गया था। वे प्यार से स्कॉटी एलन के नाम से जाने जाते थे और उस समय आस्ट्रेलियाई एयरलाइन क्वांटास में डिप्टी जनरल मैनेजर थे। उन्हें इस भूमिका के लिए चुने जाने की वजह यह थी कि वे दुबले-पतले और नाटे कद के थे। इसलिए सिर्फ वे काकपिट में अपने बगल में एक डमी भी रख सकते थे। डमी के बाहर कूदने तथा विमान का पेड़ों के पीछे ओझल होने के प्रदर्शन के लिए बहुत अभ्यास की आवश्यकता थी। यह एक रोमांचकारी प्रदर्शन था और इसे पूरा करने में जोखिम भी बहुत था। कई साल बाद मुझे इसका अहसास हुआ।

एक और खास घटना तीन साल बाद 1929 के जाड़ों में घटी। कैप्टन बर्नाड अपना फ्लाइंग सर्कस दिल्ली ले आये थे। उस समय तक हम लोग दिल्ली में रहने लगे थे इसलिए स्वाभाविक था कि हम लोग यह एयर शो भी देखते। उन्होंने प्रति व्यक्ति पाँच रुपये में पाँच मिनट विमान में उड़ने का मजा लेने की भी पेशकश की। इससे यह घटना और यादगार बन गयी है। विमान में बैठने का यह मेरा पहला अनुभव था और आज 50 साल बाद भी मुझे यह अच्छी तरह याद है। हम लोग एक जिप्सी मोथ में उड़े। यह एक बायप्लेन होता है जिसका काकपिट खुला होता है और उसकी धड़ की बायी ओर एक एक्जॉस्ट पाइप लगा रहता है। यह एक अविस्मरणीय उड़ान थी। क्षितिज काफी विशाल था और ऊपर से सफदरजंग का मकबरा एकदम छोटा लग रहा था। हमने एयरफील्ड का एक चक्कर पूरा किया। उस समय वहाँ

सिर्फ घास थी और बीच में एक कब्र। इसके बाद मुझे हवाई जहाज उड़ाना सीखना ही था। मेरे माता-पिता खुशी-खुशी राजी हो गये यदि दिल्ली फ्लाइंग क्लब मुझे अपना सदस्य बना ले। जनवरी 1939 में यह भी हो गया। इसके एक महीने पहले मैं 17 साल का हो गया था। इसके लिए मैं मुख्य प्रशिक्षक भगत बिहारी लाल का आभारी हूँ। उसी साल जून में मैं एमेच्योर पायलट लाइसेंस के लिए उत्तीर्ण हो गया। मुझे लगता है कि सबसे कम उम्र में ऐसा कर पाया था। इसके बाद मेरा नाम नागरिक उड्डयन के महानिदेशक की किताब में आ गया। इस रिकार्ड के परिणामस्वरूप मुझे 1939 में आई.ए.एफ.बी.आर. में शामिल होने का न्यौता मिला।

पथ-प्रदर्शक

भारतीय वायुसेना के अस्तित्व में आने से काफी पहले कुछ भारतीय ऐसे थे जो सैनिक उड़ानों के पथ-प्रदर्शक थे। ये लोग प्रथम विश्वयुद्ध के दौरान ग्रेट ब्रिटेन के रॉयल फ्लाइंग कोर से जुड़े हुए थे। इनमें एक थे दिवंगत सरदार एच. एस. मलिक। वे बाद में हमारे यहाँ के विदेश मंत्रालय के दिग्गजों में एक बने। गोल्फ के वे चैंपियन थे। उनके घुटने में गोली फँसी हुई थी फिर भी रोज अपने सारे कार्य करते थे और गोल्फ खेलते थे। दो अन्य व्यक्ति काम करते हुए मारे गये थे। ये थे–लेफ्टिनेंट इंद्र लाल राय, डी. एफ. सी. और लेफ्टिनेंट एस. जी. वेलिंगकर, एम. सी.। इन लोगों को कई सम्मान मिले थे।

भारत में उत्तर प्रदेश के सीतापुर में एक मिलिट्री फ्लाइंग स्कूल की स्थापना दिसम्बर 1913 में की गयी थी। 29 पंजाब रेजीमेंट के कैप्टन एस. डी. मैसी एक अंग्रेज अधिकारी थे उन्हें इसका कमांडिंग आफिसर बनाया गया था। देश के महानगरों–दिल्ली, बम्बई, कलकत्ता और लखनऊ में बीसवीं सदी के उत्तरार्द्ध में असैनिक फ्लाइंग क्लबों की स्थापना की गयी थी। जहाँ कुछ उत्साही युवक खेल के रूप में विमान उड़ाना सीख रहे थे। राष्ट्रवादी आंदोलन की वृद्धि के साथ-साथ सशस्त्र सेना के और ज्यादा भारतीयकरण की माँग विधानसभा में बार-बार की गयी। इसके जवाब में जून 1925 में प्रस्ताव का अध्ययन करने के लिये जनरल स्टाफ के प्रमुख लेफ्टिनेंट जनरल सर एंड्रू स्कीने, के.सी.बी., के.सी.आई.ई., सी.एम.जी. की अध्यक्षता में एक समिति बनायी गयी। वायुसेना के मामले में समिति ने सिफारिश की कि चुने गये योग्य भारतीयों को किंग्स कमीशन दिया जाना चाहिए ताकि भारतीय सेना की एक वायु शाखा बनायी जा सके और इसे प्रशिक्षण के लिए इंग्लैंड के क्रैनवेल में रॉयल एयर फोर्स ट्रेनिंग कॉलेज भेजा जाये। एयर वाइस मार्शल जॉन एम. सैलमंड, जो भारत में एयर आफिसर कमांडिंग (बाद में आर.ए.एफ. के मार्शल) ने सेना के अधीन कोई वायु शाखा होने के प्रस्ताव का जोरदार विरोध किया। उन्होंने

इस नयी सेवा के लिए एक स्वतंत्र स्थिति की वकालत की। यह विचार सिद्धान्त रूप में भले ही स्वीकार कर लिया गया हो पर नयी संगठित की गयी वायुसेना व्यावहारिक रूप में स्वतंत्रता तक भारत के कमांडर-इन-चीफ के नियंत्रण और निरीक्षण में रही। इस धारणा से पता चल जाता है कि इस आर.ए.एफ. अफसर की कैसी दूरदृष्टि थी। इंग्लैंड लौटने के बाद उन्हें और महत्त्व वाले काम मिले। कई लोगों की राय में वायु सेवा की कार्यकुशलता की वजह इसका एक स्वतंत्र संस्था होने का विचार तथा बराबर महत्त्व के भागीदार के रूप में सेना और नौसेना के सहयोग से अपने फैसले करने का अधिकार है।

भारतीय वायुसेना कानून 8 अक्तूबर, 1932 को प्रभावी हुआ। सुब्रतो मुखर्जी, एच. सी. सरकार, ए. बी. अवन, भूपेंद्र सिंह, अमरजीत सिंह और जे. एन. टंडन इन छह युवा भारतीय कैडेटों को दो साल के प्रशिक्षण के लिए इंग्लैंड भेजा गया था। इनमें से शुरू वाले पाँच बाकायदा योग्य पायलट बन गये। टंडन उत्तीर्ण नहीं हो पाये और इसमें उनकी कोई गलती भी नहीं थी। बस यही वजह थी कि वे नाटे कद के थे और कंट्रोल नहीं कर सकते थे। लिहाजा वे इक्विपमेंट आफिसर बन गये। (अब लॉजिस्टिक आफिसर कहा जाता है)।

रेल कार्यशालाओं से 29 लोगों का चुनाव किया गया और उन्हें अप्रेंटिस एयरक्राफ्ट हैंड के रूप में एक साल का प्रशिक्षण दिया गया जिन्हें बाद में 'हवाई सिपाही' कहा गया। इनमें से 22 ने योग्यता परीक्षा पास कर ली। एक ने आगे चलकर बहुत तरक्की की और भारतीय वायु सेना में किंवदंती बन गया। उसका नाम था एयर वाइस मार्शल हरजिंदर सिंह, बी.एस.एम. (1) एम.बी.ई.।

1 अप्रैल, 1933 को आई.ए.एफ. के नम्बर-1 स्क्वाड्रन की एक उड़ान का गठन कराची में किया गया। उन्हें जो विमान दिये गये वे चार वेस्टलैंड वॉपिटी थे जिनके बारे में कहा जाता है कि उन्हें भारत सरकार ने 10 पौंड प्रत्येक की दर पर हासिल किया था। आर.ए.एफ. के फ्लाइट लेफ्टिनेंट सी. ए. बाऊशर डी.एफ.सी. कमांडिंग आफिसर थे। भारतीय अफसरों और लोगों से उनका गजब का तालमेल था।

भारतीय वायुसेना के जिन अन्य अफसरों को क्रैनवेल में प्रशिक्षण मिला वे थे—ए. एम. इंजीनियर, के. के. मजूमदार, एच. रंगनाथन, नरेंद्र, हलीबुल्लाह खान, प्रीथीपाल सिंह, मेहर सिंह, आर. एच. डी. सिंह, एस. एन. गोयल और अर्जन सिंह। इन अफसरों में से ए. एम. इंजीनियर और अर्जन सिंह वायुसेना प्रमुख के पद तक पहुँचे। इसके पहले भारत और इंग्लैंड के बीच हवाई दौड़ में ए. एम. इंजीनियर ने आगा खान कप जीता था। वे जिप्सी मॉथ उड़ा रहे थे। उस समय वे सिर्फ 17 साल के थे। क्रैनवेल में वे अपने बैच के सर्वश्रेष्ठ ऑल राउंड कैडेट थे।

नयी गठित भारतीय वायुसेना का शुरुआती परिचालन अनुभव अविभाजित

भारत के इसी सीमांत प्रांत में अफगानिस्तान की नंगी पहाड़ियों की छाया में शुरू हुआ। यह अब पाकिस्तान का हिस्सा है। यहाँ सेना की अनेकों छावनियाँ थीं सबसे महत्त्वपूर्ण छावनी पेशावर थी। इस प्रांत के काफी बड़े हिस्से पर किसी का कब्जा नहीं था। यह एक मध्यवर्ती राज्य था जहाँ अंग्रेजों को स्वतंत्रता पसंद करनेवाली कुछ हद तक जंगली जातियों जैसे अफ्रिदि, मोहम्मंद और वजीरी पर शासन करना मुश्किल लगा। वे इस पथरीली, गैर उपजाऊ भूमि पर जहाँ बारिश भी बहुत कम होती थी, बहुत मुश्किल जिंदगी जीते थे। उनकी अपनी आचार संहिता थी। अंग्रेज उन्हें कुछ हद तक सब्सिडी से शांत रखने की कोशिश करते थे पर वह पर्याप्त नहीं था। उन्हें सेना का इस्तेमाल करना पड़ता था और बाद में वायुसेना का भी। यही वह जगह थी जहाँ 1937 में नंबर-1 स्क्वाड्रन की उड़ान रवाना की गयी थी। तोची नदी की घाटी वजीरीस्तान के मिरनशाह में भेजी गयी थी। फ्लाइंग आफिसर मुखर्जी, इंजीनियर, नरेंद्र और अवान वहाँ तैनात किये गये थे। इस उड़ान को आवश्यकतानुसार विभिन्न छावनियों में स्थानांतरित किया जाता था। उनके उड़ान के स्तर और विमान की काम करने की योग्यता की सभी सम्बन्धित लोगों ने तारीफ की थी। जुलाई, 1938 तक वहाँ तीन उड़ानें थीं। फ्लाइंग आफिसर मुखर्जी, इंजीनियर और मजूमदार फ्लाइट कमांडर थे। बहुत कुशल और जांबाज पायलट साबित होने वाले मेहर बाबा ने भी अपने कैरियर की शुरुआत यहीं की थी।

बाद में नंबर-1 स्क्वाड्रन का मुख्यालय अंबाला हो गया। 1939 में फ्लाइट लेफ्टिनेंट मुखर्जी को तरक्की देकर स्क्वाड्रन लीडर बना दिया गया था और उन्हें स्क्वाड्रन का नेतृत्व दे दिया गया था। उन्हें बहुत कुछ पहली बार करने का श्रेय मिला था। वे पहले भारतीय थे जिन्होंने एक फ्लाइट, स्क्वाड्रन, एक स्टेशन (कोहट) और अंततः इस सेना का नेतृत्व किया। जब द्वितीय विश्वयुद्ध शुरू हुआ उस समय भारतीय वायुसेना के पास कुल 16 अफसर और 144 एयरमैन थे, शीघ्र विस्तार की आवश्यकता थी।

2 इंडियन एयर फोर्स वालंटियर रिज़र्व

3 सितंबर, 1939 को द्वितीय विश्वयुद्ध छिड़ गया। इसे हिटलर-युद्ध भी कहा जा सकता है, क्योंकि इसके लिए सिर्फ हिटलर और उसका मुल्क ही उत्सुक और तैयार थे। कई विद्वानों के अनुसार द्वितीय विश्वयुद्ध की स्थिति उन नाजायज शर्तों से पैदा हुई, जो प्रथम विश्वयुद्ध के बाद हुई वारसाई संधि के तहत विजेताओं ने हारनेवालों पर थोपी थीं। वे शर्तें कितनी भी तर्कसंगत रही हों, पर उन्होंने ही हिटलर जैसे विलक्षण और दुर्जेय व्यक्तित्व को जन्म दिया। अपने देश के दुखों से आविष्ट उस व्यक्ति में एक लक्ष्य के प्रति अटूट निष्ठा और असीमित ऊर्जा थी। वह एक ऐसा व्यक्ति था जिसने हजारों जर्मनवासियों को अपनी तरह सोचने और अपनी गतिविधियों में भागीदारी के लिए प्रेरित किया। बाद में उसकी गतिविधियों ने सारा संतुलन खो दिया और मानुषिक अत्याचार को वे पैशाचिक हिंसा तक ले गयीं। यूरोपीय नेताओं की तुष्टिकरण-नीति भी उसके मकसद के लिए काफी कारगर सिद्ध हुई। एक-एक कर तमाम देश उसकी 'ब्लिट्ज़क्रीग' (अचानक किये गये हवाई हमले के लिए जर्मन शब्द) रणनीति के शिकार हो गये। 'द्वीप-दुर्ग' कहा जाने वाला और इंगलिश चैनल एवं देशवासियों की दृढ़ता और संकल्प से संरक्षित ब्रिटेन भी उस समय नींद से जागा, जब खतरा सामने आ गया। अंततः ब्रिटेन इस आक्रमण के खिलाफ खड़ा हुआ। यूरोप के राष्ट्रों में 3 सितंबर, 1939 को अँधेरा छा गया। इसकी प्रतिध्वनि पूरे अंग्रेजी साम्राज्य में गूँज उठी और उसकी तरंगें हिंदुस्तान तक भी पहुँचीं।

ब्रिटेन को अपने विशाल साम्राज्य से सारे संसाधन समेटने पड़े और उसने उन्हें या तो अपने मुल्क में लगाया या महत्त्वपूर्ण और रणनीतिक मोर्चों पर तैनात किया।

भारत में सिर्फ एक स्क्वाड्रन था जो कि बहुत छोटा और अनुपयुक्त लगता था।

विस्तार

युद्ध शुरू होने के बाद सबसे पहले जिस संसाधन को समेटा गया, वह था फ्लाइंग क्लबों के लाइसेंसधारी उड़ाके। इन लोगों ने सैनिक उड़ान को कैरियर बनाने के बारे में सोचा तक नहीं था। युद्ध की खबर से इस देश के कुछ लोगों का मानस विचलित और उद्वेलित हुआ। मुझ समेत अनेक लोगों की विदेश में चल रही पढ़ाई में रुकावट आयी। भारतीय सेना तुरंत युद्ध में शामिल हो गयी और उससे अनेक व्यावसायिक हित भी जुड़ गये। लेकिन कुल मिलाकर जनता और वायुसेना के लिए युद्ध अभी बहुत दूर था। वायुसेना में शामिल होने का आमंत्रण स्वीकार करने के पीछे मेरी मानसिकता यह थी कि मुझे वह करने का अवसर मिल जायेगा जिसके लिए मेरे पिता ने मुझ पर खर्च किया है। इस मानसिकता का दूसरा पहलू यह था कि मैं जो करता हूँ, उसे पसन्द करता हूँ और जो पसन्द करता हूँ उसे करता हूँ। इसके अलावा यह बात भी थी कि चुस्त यूनिफार्म, नुकीली, गोल और तिरछी टोपी न सिर्फ नौजवानों को अच्छी लगती थी बल्कि युवतियों को भी फबती थी। फिर यह अनुशासित जोखिम और कुशलता का काम था। युद्ध की भयावह सच्चाइयाँ और मजबूरियाँ तो बाद में पता चलीं, जब युद्ध नजदीक आ गया। खतरा सामने आने पर अक्सर आदमी का सर्वश्रेष्ठ व्यक्तित्व उभर आता है, पर कई बार सबसे घटिया पहलू भी उजागर हो उठता है।

जब मेरे पास वायुसेना में शामिल होने का प्रस्ताव आया तो मेरे परिवार ने कोई आपत्ति नहीं की। इसलिए नियत तारीख पर मैं सफदरजंग, नयी दिल्ली में वायुसेना चयन बोर्ड के सामने हाजिर हुआ। एअर टर्मिनल इमारत के रेस्तराँ से सटे एक कमरे में एक छोटी-सी मेज के किनारे भारतीय वायुसेना के तीन या चार अधिकारी बैठे हुए थे। उनके बीच में सफेद मूँछोंवाला एक अधिकारी बैठा था, जिसके चेहरे से जिंदादिली झलकती थी। बाद में मुझे पता चला कि उसका नाम विंग कमांडर बसेल है। हवाई उड़ान के बारे में मेरे विचार, लन्दन में अध्ययन करने और मेरी मौजूदा गतिविधियों के बारे में कुछ सवाल पूछे गये और कुछ मिनटों में उनका जवाब भी दे दिया गया। उन्होंने कहा कि पायलट तो पहले से ही काफी हैं, लेकिन कुछ मार्ग-निर्देशकों (पर्यवेक्षकों) की भी जरूरत है। अगर मैं मार्ग-निर्देशक के रूप में काम शुरू करना चाहूँ तो वायुसेना बाद में मुझे विमान उड़ाने का प्रशिक्षण भी देगी। मैं तैयार हो गया। उसके बाद एक डॉक्टर ने मेरा वजन किया, सीना और कद नापा, नब्ज़ देखी और रक्तचाप की जाँच की। सब कुछ ठीक निकला और मुझे दिल्ली से नौशेरा की यात्रा का रेलवे पास थमा दिया गया। साथ ही साथ ले जानेवाले कपड़ों

की एक सूची भी मुझे दी गयी ट्रेन से मुझे नौशेरा उतरना था और वहाँ से रिसालपुर जाना था। थोड़ा सोचकर एक नौकर साथ ले जाने की इजाजत भी मुझे मिल गयी। इन तैयारियों के लिए तीन हफ्ते का समय दिया गया। उसके बाद मुझे प्रशिक्षण के लिए रॉयल एअरफोर्स स्टेशन, रिसालपुर में अपनी उपस्थिति दर्ज करानी थी।

12 और 13 नवंबर, 1939 को रॉयल एअरफोर्स स्टेशन, रिसालपुर करीब 40 शौकिया पायलट (अपरिचित) पहुँचे। मैं भी उनमें से एक था। उनमें से चंद लोग ही एक-दूसरे को पहले से जानते थे। हममें से ज्यादातर लोग पहली बार मिले थे।

हम सब मिली-जुली पृष्ठभूमि के थे। यहाँ सबसे पहले पहुँचने वाले दो वरिष्ठ सज्जन पंजाब के धनी जमींदार थे। उनके पास अलग-अलग बँगले थे, जहाँ नौकरों की फौज उन्हें हाथों-हाथ लिये रहती थी। नौकरों की फौज वे अपने साथ लाये थे। हरेक के पास आठ सिलेंडर की नये मॉडल की ब्यूक परिवर्तनीय थी, जिसे वे वायुसेना स्टेशन के मुख्य द्वार तक चलाते हुए लाये थे। घरेलू कपड़ों में उनके नौकर साइकिल लिये मुख्य द्वार पर खड़े थे और चूँकि निजी कार अंदर लाने की इजाजत नहीं थी, इसलिए वे साइकिल से शिविर तक आये। इस ठाठबाट की टक्कर का सिर्फ एक अंग्रेज था। उसके साथ रोल्स रॉयस और पोलो का सामान ढोने वाले नौकरों का एक काफिला कलकत्ता से आया था। लेकिन वह ज्यादा दिन तक रुका नहीं। लगता था, उसके लिए अपनी कंपनी का काम लड़ाई से ज्यादा जरूरी था, इसलिए वह जल्दी ही रोल्स रॉयस और पोलो के टट्टुओं के साथ कलकत्ता लौट गया। जमींदार लोग भी कुछ हफ्तों के वायुसैनिक प्रशिक्षण के बाद चले गये। उन्हें बड़े काम के लिए चुना गया था, इसीलिए उन्हें इराक के रॉयल एअरफोर्स स्टेशन पर तैनात करना जरूरी समझा गया। उम्मीद थी कि वहाँ वे टुकड़ियों का स्वतंत्र संचालन करना सीखेंगे।

रिसालपुर आनेवाले बाकी सामान्य लोगों में भारतीय और अंग्रेज थे। भारतीय लोग ऐसे स्वयंसेवक थे, जिनके पास कभी न कभी प्राइवेट पायलट लाइसेंस रहा था। बाकी लोग ब्रिटिश भारत की अंग्रेजी कंपनियों में काम करनेवाले प्रवासी थे। वे अपने देश की जरूरत के मुताबिक नौकरियाँ छोड़ने को बाध्य हुए थे। इनमें व्यापार और उद्योग क्षेत्र के वरिष्ठ लोग भी थे। जैसे रे गेडिम्, जो बाद में डनलप के अध्यक्ष हुए, बकिंघम कार्नटिक मिल्स के डोनाल्ड लॉ, बंबई के बिलफ्रेड रसेल और हेम चौधरी, जिनकी विमान उड़ाने की धुन ने कलकत्ता के एक प्रमुख व्यापारिक घराने में एक बड़ा पद पाने के आकर्षण को भी पीछे छोड़ दिया था। रिसालपुर आनेवाले अन्य लोगों में एक महाराजा के छोटे भाई थे। वे अपने साथ लगोंडा स्पोर्ट्स कार भी लाये थे। इसके अलावा कुछ स्वरोजगारवाले लोग थे और कुछ ऐसे लोग थे जिनका कोई सुनिश्चित प्रोफेशन नहीं था और जिन्होंने कभी न कभी विमान उड़ाने को पेशा बनाया था और कुछ लोग मेरे जैसे भी थे जो छात्र-जीवन और प्रोफेशन के संक्रमण

काल में थे और लड़ाई के कारण फँस गये तो विमान उड़ाने में मजा लेने लगे।

शुरुआत

वायुसेना में प्रवेश एक सरल प्रक्रिया थी। 14 नवंबर को सुबह नाश्ते के बाद सभी भारतीय अभ्यर्थियों से स्टेशन मुख्यालय में उपस्थित होने को कहा गया। वहाँ मौजूद सहायकों ने हमें एक-एक साइक्लोस्टाइल फार्म दिया, जिसमें एक बयान दर्ज था कि इस पर दस्तखत करनेवाले व्यक्ति ने इंडियन एअरफोर्स वालेंटियर रिजर्व (भारतीय वायुसेना के आरक्षित स्वयंसेवी) की जनरल ड्यूटीज़ ब्रांच में एक अधिकारी के रूप में लड़ाई के दौरान अपनी सेवाएँ अर्पित की हैं। उस पर दस्तखत करने के बाद हम कार्यकारी पायलट अधिकारी बन गये। न किसी तरह की तैयारी, न बातचीत और न कोई शपथ-ग्रहण समारोह। दरअसल मेस में शराब लेने के लिए वाउचर पर दस्तखत करने और इस प्रक्रिया में कोई फर्क नहीं था। पूरी प्रक्रिया चंद मिनटों में निपट गयी। सहायक का कार्यालय छोड़ने के बाद हमें दर्जी की दुकान दिखाई गयी, जहाँ अगले कुछ दिनों में हमारी पहली वर्दी सिली गयी।

रॉयल एअरफोर्स के स्टाफ और नयी लोगों के बीच जल्दी ही दोस्ताना संबंध हो गए। कुछ ही लोग उसके अपवाद थे। फिर मैंने महसूस किया कि यहाँ के सहज माहौल का कारण यह है कि रॉयल एअरफोर्स के एक सक्रिय स्क्वाड्रन (नंबर 27) को रातों-रात प्रशिक्षण इकाई में बदल दिया गया था। इस इकाई के ज्यादातर अफसर शार्ट सर्विस कमीशन से आये थे, यानी वे रॉयल एअरफोर्स में बड़ी उम्र में शामिल हुए थे और फ्लाइंग स्कूलों में उन्होंने थोड़े दिनों का प्रशिक्षण लिया था। इसमें मैदानी परेड की बजाय आकाशीय क्षमता-प्रदर्शन पर ज्यादा जोर दिया जाता है। हमारे संपर्क में आनेवाले कोई बीस अफसरों में से कुछ ही ऐसे रहे होंगे जो क्रैनवेल से थे और जो वायुसेना को एक कैरियर मानते थे। बाकी लोग ऐसे थे कि अगर युद्ध न छिड़ा होता तो वे अगले पाँच या छः बरस में नागरिक सेवाओं में होते। उनमें से चंद लोग शादी-शुदा थे और जो नहीं थे या जिनका परिवार साथ नहीं था, वे बैचलर्स क्वार्टरों में रहते थे और मेस में खाते थे। सभी नये लोगों को, चाहे भारतीय हों या अंग्रेज, एक ही तरह का क्वार्टर दिया गया और उनको मेस में वही सुविधा थी जो उनके प्रशिक्षक को थी। भारतीय अफसरों से बर्ताव को लेकर अगर कोई संदेह था तो उसे पहले सप्ताह के रात्रिभोज में ही दूर कर दिया गया।

इस समारोह में नये कमीशन पानेवालों समेत स्टेशन में मौजूद सभी अफसरों ने हिस्सा लिया। उनकी संख्या 70 के आसपास रही होगी। वे हमेशा की तरह डिनर जैकेट (रात्रि भोज में वायुसेना अधिकारियों द्वारा पहना जाने वाला वस्त्र) पहने हुए थे। समारोह पूरी औपचारिकता से शुरू हुआ। हर नया आनेवाला अफसर अपने

वरिष्ठ अफसरों का सम्मान करता था। इसी तरह भोजन-कक्ष भर गया। जूनियर अधिकारी आगे बढ़े और फिर बिना कुछ कहे वरिष्ठ अधिकारी भी मेज की तरफ बढ़ गये। वरिष्ठ अधिकारियों ने मेज का सिरहाना सँभाला और जूनियर अधिकारी किनारे की तरफ बैठ गये। भोजन पूरे विधि-विधान से चला। शाम को सम्राट् की सेहत के लिए जाम छलके। फिर कॉफी आयी। सिगरेट तभी जलायी गयी जब वरिष्ठ आधिकारियों ने पहल की। हर व्यक्ति तब तक बैठा रहा जब तक वरिष्ठ अधिकारी चलने के लिए खड़े नहीं हो गये।

भोज के बाद जब हम लोग बैठक की तरफ बढ़े तो सारी औपचारिकताएँ टूट गयीं। टीमें बन गयीं, लोगों ने जैकेट उतार लिये और एक तरह से बैठकखाने का खेल (पार्लर गेम), जिसे हम में कुछ ही लोगों ने कभी देखा होगा, शुरू हो गया। इसमें हम लोग आधी रात तक मशगूल रहे। इस खेल में आमतौर पर धक्का देना, खींचना या अंधाधुंध मारना शामिल है। इसमें मिलनेवाले नंबरों से पता चलता है कि कौन-सा पक्ष जीता। हारनेवालों को ड्रिंक के रूप में जुर्माना देना पड़ता है। इस दौरान निजी प्रदर्शन को भी बढ़ावा दिया जाता था। एक खेल, जो मुझे अच्छी तरह याद है, बैठक में लगे बैलगाड़ी के पहिये-जैसे लकड़ी के बड़े दीपाधार को थामे तीन में से एक चेन को खोलने से शुरू हुआ। जहाँ तक मुझे याद पड़ता है, रॉयल एअरफोर्स के एक अधिकारी फ्लाइट लेफ्टिनेंट सेलकार्क ने झूलकर पहिये को पकड़ लिया। वह पहिये के आरों में अपने पैर फँसा कर उल्टा लटक गया और आगे-पीछे झूलते हुए दर्शकों को चुनौती दी कि उसे मार सकें तो मारें। मारने के लिए सामान्य हथियार अखबार को गोल करके बनाया गया, हालाँकि कभी-कभी कड़ी चीजें भी इस्तेमाल की गयीं। मुझे लगा कि इस आदमी का निश्चित तौर पर अंग-भंग हो जायेगा या छोटी-मोटी चोट आयेगी। लेकिन इतने कठिन खेल के बावजूद वह थोड़ी देर बाद सही-सलामत नीचे उतर आया। दूसरे दिन वह हमेशा की तरह विमान उड़ा रहा था और लोगों को प्रशिक्षण दे रहा था। इस कहानी का तात्पर्य यह है कि भारतीय अधिकारी मेस की समस्त गतिविधियों में बराबरी से भाग लेते थे और वहाँ किसी भी तरह का रंगभेद या तनाव नहीं था। वास्तव में वह एक तनावरहित दोस्ताना जगह थी, जहाँ हम आसानी से घुल-मिल जाते थे। यहीं कुछ अंग्रेज अफसरों से मेरी स्थायी और जीवनभर की दोस्ती बनी।

चयन की अनौपचारिकता, प्रशिक्षण स्टाफ के निराम्बडर संतुलित और मैत्रीपूर्ण व्यवहार तथा मेस के मस्ती-भरे माहौल के कारण छह महीने का प्रशिक्षण-काल हँसते-पढ़ते गुजर गया। मुझे लगता है कि ऐसा हमारे प्रशिक्षकों में इस अहसास के कारण हुआ कि वे जिन लोगों को सिखा रहे हैं, वे उड़ान के बारे में भी कुछ जानते हैं और उनमें से ज्यादातर की नागरिक जीवन में जिम्मेदार हैसियत है। संक्षेप में, वे

अनाड़ी कैडेट नहीं हैं, बल्कि प्रौढ़ लोग हैं और जानते हैं कि वे यहाँ किसलिए आये हैं। परिणामस्वरूप हम 'गढ़े जानेवाले' कड़े प्रशिक्षण से बच सके। हालाँकि हमें कदम मिलाकर चलने और मुआयने के समय परेड बनाने का तरीका सीखना था और हमने सीखा भी। इस तरह का प्रशिक्षण थोड़े समय के लिए दिया गया और मुझे लगता है कि इसकी उन लोगों को न्यूनतम आवश्यकता थी जो वर्दी पहनते थे और अधिकारी श्रेणी में थे। हम लोगों ने कभी आर्म्स ड्रिल नहीं की और जहाँ तक मुझे याद है, हम कभी औपचारिक परेड में भी नहीं गये। इन छह महीनों में हम लोग सिर्फ सुबह की परेड में जाते थे और वह भी सात में से पाँच दिन, क्योंकि गुरुवार और रविवार को स्टेशन बंद रहता था।

भर्ती चलती रही, क्योंकि सिविल फ्लाइंग क्लबों के पायलट संख्या में बहुत कम थे। दूसरी नियुक्तियाँ भी की गयीं। इनमें सम्पन्न परिवारों के राजदुलारे भी थे, जो अंग्रेजी भाषा से वाकिफ थे और पश्चिमी जीवन-शैली के अभ्यस्त थे। आज के वर्गीकरण के लिहाज से शहरी पृष्ठभूमिवाले उन लोगों को (मध्यम आय वर्ग और निम्न आय वर्ग की तुलना में) उच्च आय वर्ग में रखा जा सकता है। इसके अलावा कुछ ऐसे लोग भी थे जो उस आपात स्थिति के दौरान टैस्ट पास करने-भर की तो अंग्रेजी जानते थे, पर मेस में पश्चिमी तहजीब से उठना-बैठना अलग बात थी। जल्दी ही एक नया बैच प्रशिक्षण-केंद्र पर आ गया और उसे मेस में जगह दी गयी। सुबह एक नौजवान स्नान के लिए दाँतुन, अंगोछे और लोटे के साथ तरणताल के पास मिला। सांस्कृतिक टकराव होने लगे। हेम चौधरी (कैंब्रिज के पढ़े हुए, एंड्रयू यूल के पूर्व छात्र और नागरिक पायलट लाइसेंसधारक) ने एक नवाब साहब को बताया कि उन्हें उड़ान के साथ मार्ग-प्रदर्शन सीखने के लिए गणित-जैसे विषय पढ़ने पड़ेंगे और फिसलन के नियम का इस्तेमाल करना पड़ेगा। नवाब साहब को अचानक लगा कि उनके छोटे-से राज्य की प्रशासनिक जिम्मेदारियाँ किसी और को नहीं सौंपी जा सकतीं, इसलिए वे जल्दी में घर लौट गये। प्रारंभिक काट-छाँट के बाद कोर्स शुरू हुआ।

भर्ती और प्रशिक्षण के शुरुआती दिनों में उस अभिनव और जोखिम-भरे प्रोफेशन ने कुछ ऐसे युवकों को आकर्षित किया जिनमें जबरदस्त हास्य-बोध और व्यावहारिक मजाक के प्रति असाधारण झुकाव था। एक ऐसा ही खुशदिल नौजवान अंबर सप्ताहांत पर ट्रेन से अंबाला से लाहौर जा रहा था। गाड़ी अंबाला से आधी रात को रवाना होती थी और सुबह लाहौर पहुँचती थी। अंबर को अपनी बुकिंगवाली शैया मिल गयी और उसने वहाँ अपने को आराम से जमा लिया। उसी डिब्बे में एक लंबी मूँछोंवाला, पूरी तरह से रूखा और औपचारिक, अंग्रेज सैनिक अफसर भी जा रहा

था। रात को वे सो गये। सुबह उठे और अपना नित्यकर्म किया। गाड़ी लाहौर पहुँचने वाली थी। शुरुआती औपचारिकताओं के बाद उसने कहा, "श्रीमान, मैं आपकी तारीफ करना चाहता हूँ। आपकी मूँछें कितनी अच्छी हैं। ये वास्तव में बहुत सुंदर हैं। मैं मूँछों के बारे में एक-दो बातें जानता हूँ, क्योंकि फौज में आने से पहले मैं नाई था।"

यह टिप्पणी सुननेवाला खुश हुआ। उसके बाद अंबर ने अपना सिर एक तरफ टेढ़ा किया और आलोचनात्मक निगाहों से देखा। फिर कहा, "लगता है एक तरफ की मूँछ दूसरी तरफ की मूँछ से कुछ भारी है।"

वह व्यक्ति इस टिप्पणी से कुछ चिंतित हो गया।

अंबर बोला, "अगर आप मुझे इजाजत दें तो मैं इसे ठीक कर सकता हूँ। क्या मैं ठीक कर दूँ ?"

वह व्यक्ति कुछ देर अनिर्णय और संकोच में पड़ा रहा, लेकिन आत्मप्रदर्शन की भावना से उसने इस दोस्ताना नौजवान के प्रस्ताव को मौन स्वीकृति दे दी। अंबर तुरंत अपने शेविंग किट से एक छोटी कैंची निकाल लाया। तब तक ट्रेन काफी धीमी हो चुकी थी और लाहौर स्टेशन पर प्लेटफार्म की तरफ बढ़ रही थी। इधर अंबर अपनी कैंची बारीकी से चला रहा था। जैसे ही गाड़ी रुकी, उसकी कैंची ने बालों का एक बड़ा-सा गुच्छा उड़ा दिया ! आधी मूँछ साफ हो चुकी थी ! अंबर अब अपना छोटा-सा सूटकेस लेकर गाड़ी से कूद पड़ा और प्लेटफार्म की भीड़ में ओझल हो गया। एक और मौके पर साथ के एक अफसर ने अपने बाल झड़ने की शिकायत की। अंबर इस बात पर चिंतित हो गया। और कहा, "आपको मालूम है, मुझे भी कुछ दिनों पहले इसी तरह की दिक्कत थी, लेकिन मेरे एक भले मित्र ने मुझे एक लोशन दिया। मैंने उसे इस्तेमाल किया और मेरे बाल गिरने बंद हो गये। मेरे पास वह लोशन थोड़ा-सा बचा है। मैं उसे आपको भेज देता हूँ। उसे अपने बालों की जड़ों में रात को सोने से पहले जमकर लगाइए और फिर उसका असर देखिए। लोशन चमत्कारी है। आपको ज्यादा से ज्यादा दूसरी बार लगाने की जरूरत पड़ सकती है।"

लोशन की बोतल आ गयी। उस पर कोई लेबल नहीं था। परेशान व्यक्ति ने उसे लगाया। सुबह उसके सिर पर एक भी बाल नहीं था। दरअसल वह लोशन नहीं, बालसफा था।

प्रशिक्षण केंद्र पर एक डॉक्टर था जो अपने उसूलों में कुछ गांधीवादी था और शराब पीने के बेहद खिलाफ था। दुर्भाग्यवश वह अपने विचार अपने तक ही नहीं रखता था और आदमी की ज्यादातर बीमारियों की जड़ शराब पीने को ही बताता था। इस बात से अंबर चिढ़ गया, क्योंकि शराब उसे पसंद थी और इससे उसका हौसला बुलंद रहता था। डॉक्टर उसका निशाना बन गया।

अंबर ने उससे कहा, "डॉक्टर, आप तो संत पुरुष हैं। आपको तो शहीद होना चाहिए और हम इसमें आपकी मदद करेंगे।" शाम को अंबर और उसके करीबी दोस्तों ने डॉक्टर को एक खंभे से बाँध दिया और चारों तरफ से लकड़ियाँ रखकर आग लगा दी। हँसी-मजाक अगर एक हद से आगे ले जाया जाए तो वह विकृत क्रूरता बन जाता है। जब डॉक्टर 'शहीद' होने को था तभी अन्य लोगों ने उसे बचा लिया और इस खतरनाक खेल को रोका। डॉक्टर को कुछ समय के लिए अस्पताल में भर्ती कराना पड़ा।

अंबर के लिए वायुसेना का अनुशासन निभा पाना बहुत मुश्किल हो गया। इसलिए अंबर ने नागरिक उड्डयन ज्वाइन कर लिया और उसने आखिरी मजाक अपने साथ किया। डकोटा को बहुत कम ऊँचाई पर उड़ाते हुए वह दुर्घटनाग्रस्त हुआ और मारा गया।

3 युद्ध के प्रयासों में योगदान

तट-रक्षा उड़ानों (सी. डी. एफ.) का गठन कराची, बंबई, कोच्चि, मद्रास, कलकत्ता और आखिर में विशाखापत्तनम में हुआ। इस काम के लिए विमान जरूरत से बहुत कम थे। बंबई स्थित फ्लाइट में दो-दो इंजन वाले ड्रेगन रैपाईड और डोमिनीज़ हवाई जहाज थे। बाकी विमानों में पुराने वापिटिज़ लगे थे, जिन्हें मेस की भाषा में 'हट ए पिटीज़' कहते थे। शुरू से ही सामानों के स्तर और संख्या में कमी के मद्देनजर युवकों में उत्साह भर गया था। मार्च, 1941 तक स्क्वाड्रन नंबर-2 पेशावर में खड़ा किया गया। उसके पहले 24 भारतीय पायलटों को ब्रिटेन में रॉयल एअरफोर्स के साथ उड़ान भरने के लिए भेजा गया। इसमें भारी क्षति हुई। आठ वापस नहीं आये। बाकी जुलाई, 1942 तक अच्छा व्यावहारिक अनुभव लेकर लौटे।

7 दिसंबर, 1941 को जापान युद्ध में कूद पड़ा। उसने हवाई के पर्ल हार्बर पर जबरदस्त हमला करके पूरी दुनिया को चौंका दिया। जापानियों ने उसी दिन मलाया पर भी हमला किया। उसकी सेना, नौसेना और वायुसेना बिजली की गति और तालमेल के साथ आगे बढ़ रही थी। सिंगापुर पर कब्जे के बाद पूरब का दरवाजा खुल गया। बर्मा की हवाई पट्टियाँ गर्मा उठीं। जवाब में तट-रक्षा उड़ानों (सी. डी. एफ.) ने रॉयल एअरफोर्स स्क्वाड्रनों और अमेरिकी वालंटियर ग्रुप (ए. वी. जी.) के कुछ सदस्यों के साथ बर्मा की तरफ रुख किया। बर्मा के मौलमीन में जो पहली तट-रक्षा उड़ान भेजी गयी, वह थी कराची की नंबर-4। वापिटिज़ और ऑडक्स वाली इस उड़ान की पुरानी मशीनों के लिए सही नाम दे पाना मुश्किल है। जापानी हवाई हमले के आगे उसे तुरंत खाड़ी वापस लाना पड़ा। जनवरी में उनकी जगह पर हेम चौधरी के नेतृत्व में कलकत्ता से सी. डी. एफ. नंबर-3 भेजी गयी। नंबर-3 सी. डी. एफ. के पास चार इंजनवाले अटलांटा थे, जो सरकार ने इंडियन ट्रांसकांटीनेंटल

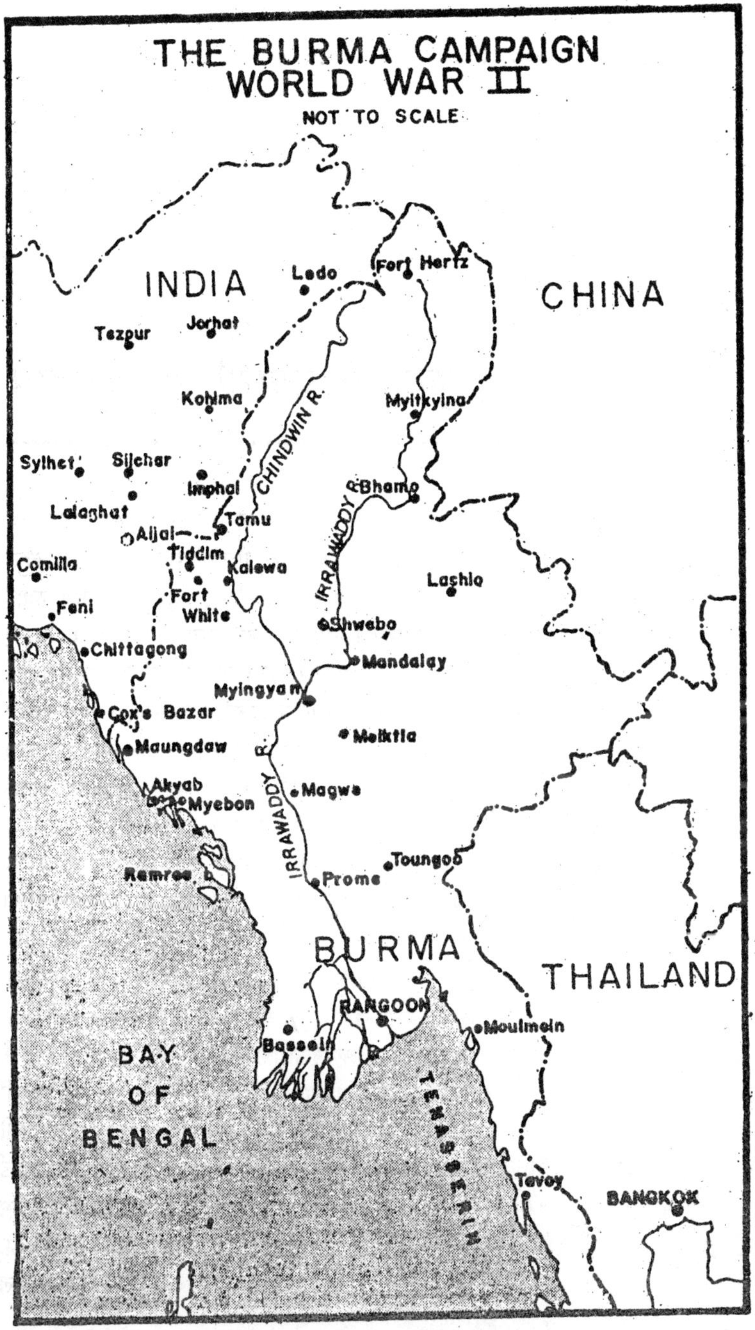
THE BURMA CAMPAIGN
WORLD WAR II
NOT TO SCALE
INDIA
CHINA
BURMA
THAILAND
BAY OF BENGAL
Ledo
Fort Hertz
Jorhat
Tezpur
Kohima
Myitkyina
Sylhet
Silchar
Imphal
Lalaghat
Aijal
Tamu
Tiddim
Kalewa
Comilla
Fort White
Feni
Chittagong
Bhamo
Lashio
Shwebo
Mandalay
Myingyan
Cox's Bazar
Maungdaw
Meiktila
Akyab
Myebon
Magwe
Ramree I.
Toungoo
Prome
Rangoon
Bassein
Moulmein
Tavoy
Bangkok
CHINDWIN R.
IRRAWADDY
IRRAWADDY R.
TENASSERIM

एअरवेज़ से मँगाये थे। लेकिन दिसंबर, 1941 तक उन्होंने दो इंजनवाले ब्लेनहाईम ले लिये, जो कि नंबर-4 सी. डी. एफ. की मशीनों में निश्चित तौर पर सुधार करके बनाये गये थे।

अब भर्ती, विस्तार और प्रशिक्षण ने जोर पकड़ा। अंबाला, लाहौर (वाल्टन), जोधपुर और बेगमपेट (हैदराबाद) में सर्विस ट्रेनिंग स्कूल (एस. एफ. टी. एस.) थे। सांग्रामिक प्रशिक्षण इकाइयाँ (ओ. टी. यू.) पेशावर और रिसालपुर में थीं। अधिकारियों के ग्राउंड ट्रेनिंग स्कूल, पूना में और एअरमैनों (हवाई सिपाही) के अंबाला और बंगलूर में थे। हकीमपेट (हैदराबाद) में एक रेडियो ट्रेनिंग केंद्र स्थापित किया गया। उसी के साथ पूरे देश में कई व्यापारिक केंद्र भी कायम किये गये। नंबर-3 स्क्वाड्रन अक्टूबर, 1941 में बना और नंबर-4 फरवरी, 1942 में। 1942 के अंत तक तट-रक्षक उड़ानों की अलग इकाई भंग कर दी गयी।

अब मैं अपनी कहानी पर वापस लौटता हूँ। नवंबर, 1939 से मई, 1940 तक एक मार्ग-प्रदर्शक के रूप में मुझे प्रशिक्षण दिया गया और वह सब सीखकर मुझे खुशी हुई। नीरस होने के कारण स्कूल में मुझे गणित पसंद नहीं थी। लेकिन गणित का इस्तेमाल यहाँ भी होता था और वह मुझे दिलचस्प लगा। प्रशिक्षण पूरा करने के बाद मैं तीन महीने या ऐसे ही कुछ समय के लिए कराची में तैनात किया गया। मेरा काम दुश्मन के जहाजों और पनडुब्बियों पर निगाह रखने के लिए आस-पास उड़ान भरना था। उसके बाद मैं रिसालपुर में मार्गदर्शन-प्रशिक्षक के रूप में तैनात किया गया। रॉयल वायुसेना और भारतीय वायुसेना के पॉयलट मार्गदर्शन में अपेक्षाकृत कमजोर थे। मुझे वैलनशिया में एक रात का अभ्यास याद आता है। मैंने अपने छात्रों से कहा कि वे खगोलीय मार्गदर्शक के सहारे तब तक मार्ग ढूँढ़ें, जब तक मुझे अफगानिस्तान की रोशनी दिखाई न दे जाये। वहाँ पहुँचकर मुझे कहना पड़ा, "महोदय, अगर आप लोग अफगानिस्तान में अकस्मात् उतरकर एक अंतर्राष्ट्रीय घटना को न्यौता नहीं देना चाहते तो हमारे लिए हिंदुस्तान लौटने का रास्ता फिर से ढूँढ़ना बेहतर होगा।"

हमने वह काम सुरक्षित ढंग से किया। छह महीने वाद मुझे कलकत्ता की तट-रक्षा उड़ान में भेज दिया गया, लेकिन वहाँ भी मैं चंद महीने रहा। वहाँ से मैं एस. एफ. टी. एस. अंबाला में मार्गदर्शक-प्रशिक्षक के रूप में वापस आ गया। यहाँ मार्गदर्शक प्रशिक्षक के रूप में काम करते हुए मुझे सैनिक मशीनों पर पॉयलट की ट्रेनिंग भी दी गयी। ऑडक्स और हॉकर हार्ट्स को मैंने बहुत उड़ाया।

1942 तक हारवर्ड आ गये और उनका इस्तेमाल होने लगा। इनके इंजन की गूँज मीलों तक जाती थी और वह वायुमंडल में भर जाती थी, विशेषकर सुबह के

समय ऐसा काफी होता था।

18 दिसंबर, 1941 की एक घटना ने मुझे हिला दिया। उस साल मध्य दिसंबर में मेरी शादी तय थी। मेरी छुट्टी मंजूर हो गयी। मैं दिसंबर की शुरुआत में अपने घर दिल्ली आ गया। इस बीच जापान के युद्ध में कूदने और 7 दिसंबर को पर्ल हार्बर पर बमबारी के बाद सभी रक्षाकर्मियों की छुट्टियाँ रद्द कर दी गयीं। मुझे फोन पर बताया गया कि अंबाला से तुरंत एक विमान मुझे लाने के लिए भेजा जा रहा है। मैंने कुछ ही दिनों की मोहलत माँगी, क्योंकि दोनों पक्षों की तरफ से विवाह की तैयारियाँ पूरी हो चुकी थीं। लेकिन इस अपील का कोई असर नहीं हुआ। सात महीने का फ्लाइंग अफसर लड़ाई के लिए बेहद जरूरी था और उसे एक हफ्ते के लिए भी नहीं छोड़ा जा सकता था। मुझे तुरंत अंबाला लौटना था। मैंने भारी मन से यह काम किया, लेकिन मुझे अपने महत्त्व का भी अहसास था।

मुझे तुरंत एक काम सौंप दिया गया। सरकार द्वारा टाटा संस लिमिटेड के उड्डयन विभाग से मँगाये गये एक विमान डी. एच-86, यानी ड्रैगन रैपिड को लेकर मुझे जोधपुर और अहमदाबाद होते हुए अंबाला से बंबई जाना था। 18 दिसंबर की सुबह रॉयल वायुसेना के फ्लाइट लेफ्टिनेंट बिशप ने नियंत्रण सँभाला और मैं दूसरा पॉयलट बना। इस काम के लिए मैं चार इंजनवाले विमान में पहली बार दो दिन पहले गया था। विमान अचानक झटके के साथ उठा और किसी तरह हवा में आ गया। तीन घंटे की उड़ान के बाद हम जोधपुर उतरे, आवश्यक विश्राम के बाद जब बिशप ने विमान उड़ाने की कोशिश की तो मशीन तेजी से एक तरफ झूल गयी। उन्होंने उसे ठीक करने का उपाय किया और हम लोग फिर हवा में आने में कामयाब हो गये। लेकिन इसी के साथ अगली बार उतरने और उड़ान भरने को लेकर मेरे मन में आशंकाएँ घर कर गयीं। एक घंटा और 40 मिनट में हम सकुशल अहमदाबाद उतर गये। दुबारा उड़ान भरने के दौरान इंजन चालू हो गया। विमान ने गति भी पकड़ी, पर जबरदस्त उछाल लेकर वह एक ओर को झुक गया और हिचकोले खाने लगा। इंजन को तुरंत बंद कर दिया गया। आश्चर्य की बात थी कि विमान ने आग नहीं पकड़ी, हालाँकि उसके भीतर की जटिल चीजें निश्चित रूप से टूट गयी थीं। वास्तव में हम सौभाग्यशाली थे कि बिना किसी चोट-चपेट के बाहर निकल आये। बिशप ने खुश होकर मुझे अलविदा कहा और दुर्घटना की खबर देने के लिए ट्रेन से बंबई रवाना हो गये। वहाँ मैं बीच रास्ते में बेगाना सा टूटे विमान को कई दिनों तक शोक की मुद्रा में देखता रहा और सोचता रहा कि क्या किया जाये। मेरी शादी तीन महीने बाद हुई।

बिशप से ऐसा हुआ क्यों ? क्या यह सिर्फ यांत्रिक गड़बड़ी थी ? खराब संचालन था या दोनों ? जोधपुर की दीवार पर लिखी चेतावनी उन्होंने क्यों नहीं

देखी ? क्या वे लापरवाह थे या अतिरिक्त आत्मविश्वास से भरे हुए थे ? या उन्हें यह अंदेशा था कि यह विमान किसी भी तरह बंबई ले जाओ ? पर ऐसा किसी विमान के साथ नहीं किया जाना चाहिए। मुझे दुर्घटना की जाँच के नतीजे का तो पता नहीं, पर इस दुर्घटना ने मुझे काफी दिनों तक परेशान रखा।

इस हादसे में तो कोई हताहत नहीं हुआ पर एक अन्य हादसे को मैं 22 साल बाद भी याद करता हूँ, जिसकी परिणति बिल्कुल अलग तरह से हुई। डकोटा के एक श्रेष्ठ पॉयलट के. के. गांगुली इंडियन एअरलाइंस के सिविल पॉयलट थे। पचास के दशक के बाद के दौर में इंडियन एअरलाइंस डकोटा नेफा (उत्तर-पूर्व सीमांत एजेंसी) में काफी रसद गिराता था। वह घने ऊष्णकटिबंधीय वनों का क्षेत्र था और अब भी है। इस पहाड़ी इलाके में न कोई रेलमार्ग था और न ही कोई सड़क थी। वायु यातायात ही एकमात्र माध्यम था, जिसका राजनैतिक आवश्यकता के तहत बहुत प्रयोग होता था। जाड़े की शाम थी। कैप्टन गांगुली अपनी तैनाती की जगह कलकत्ता से दिल्ली आये हुए थे।

वे कुंदे की आग के सामने बैठकर कह रहे थे, ''डाक (डकोटा का संक्षेप) बेहतरीन टट्टू है। पूरी तरह भरोसेमंद, आप उनके साथ जो चाहें कर सकते हैं। नेफा में रसद गिराने का प्रशिक्षण पा रहे नये लोगों को मैं मशीन चलाने की छूट दे देता था। कभी-कभी वे इतनी कम गति पर चलाते थे कि विमान काँपने लगता था और मैं उसे सँभालूँ, उससे पहले लगता था विमान बंद हो जायेगा।''

मैं दहल गया। मैंने उससे विनती की, ''के. के., कृपया ऐसा फिर कभी मत करना।''

वह हँस पड़ा।

थोड़े ही दिनों बाद के. के. नेफा के जंगलों में विमान हादसे में मारा गया।

1 फरवरी, 1942 तक हमारा वयोवृद्ध स्क्वाड्रन नंबर-1, एक दर्जन लाईसेंडर तथा बंबई के देशभक्त भले नागरिकों के उपहारों के साथ युद्ध में शामिल किया गया। इस स्क्वाड्रन के कमांडर स्क्वाड्रन लीडर के. के. मजूमदार (जंबो) थे। वह रंगून से 200 मील उत्तर टौंगू में तैनात किया गया। इसके अलावा लाईसेंडर ही उड़ानेवाला रॉयल एअरफोर्स का स्क्वाड्रन नंबर-28, बफैलो उड़ानेवाला स्क्वाड्रन नंबर-67 और टॉमहाक उड़ानेवाला अमेरिकी वालेंटियर ग्रुप (ए. वी. जी.) भी साथ में था। मोर्चे पर पहुँचने के बाद स्क्वाड्रन नंबर-1 ने अपनी मशीनें खोल रखी थीं। जिस दिन हम लोग पहुँचे, उसी रात जापानियों ने वहाँ दो बार बमबारी की। मजूमदार ऐसे अफसर नहीं थे जो पड़े-पड़े मार सहते रहें। लाईसेंडर बमवर्षक विमान नहीं थे। उनमें सिर्फ

मशीनगनें लगी हुई थीं। लेकिन इस युवा स्क्वाड्रन कमांडर ने अपनी कल्पना, अभिनव क्षमताओं, बहादुरी और नेतृत्व के सहारे उस कमी को पूरा कर दिया। उसने अपने विमान के हर पंख के नीचे बम-रैक फिट करवा दिया। हर पंख के नीचे 250 पौंड का बम रखकर और रॉयल एअरफोर्स स्क्वाड्रन नंबर-67 को बफैलो विमानों की पहरेदारी में लगाकर उन्होंने अपने स्क्वाड्रन से पहली उड़ान भरी। वे मेहोंगसन तक गये और उस केंद्र पर बमबारी की। उनका निष्कर्ष था कि यही वह जापानी अड्डा है, जहाँ से हमला किया गया था। यह खोजी उड़ान थी। यही सब ऐसे गुण होते हैं जो श्रेष्ठ नेताओं और पथ-प्रदर्शकों को अन्य लोगों से अलग करते हैं। अगले दिन स्क्वाड्रन ने पेड़ की ऊँचाई तक उड़ते हुए पूरी ताकत से अपना काम किया। उनकी बमबारी निशाने पर थी और सौभाग्य से जापानी विमान उन्हें देख नहीं सके। इस स्क्वाड्रन के विमानों ने रंगून और मौलमीन में भी काम किया। फिर स्क्वाड्रन की तीन उड़ानों को तीन अलग-अलग जगहों पर भेज दिया गया। फ्लाइट लेफ्टिनेंट पृथ्वीपाल सिंह और उनकी उड़ान को चांग-काई-शेक की सेना की मदद के लिए उत्तर में लैशियो में तैनात किया गया। फ्लाइट लेफ्टिनेंट प्रसाद और उनकी टुकड़ी को रंगून में रहना था और फ्लाइट लेफ्टिनेंट रजा को टौंगू वापस जाना था। 1942 में जापानियों की शुरुआती सफलता के बाद बर्मा में मित्र राष्ट्रों की सेनाएँ पीछे हटने लगीं। उनकी संभावनाएँ धूमिल थीं। रज़ा की टीम का एक सदस्य सार्जेंट कैबिनेटमेकर ऐसा हरफनमौला निकला कि उसने टौंगू से शरणार्थियों की आखिरी ट्रेन पार कराने के लिए स्वयं रेलवे इंजन चलाया। स्क्वाड्रन लीडर मजूमदार पहले भारतीय थे जो द्वितीय विश्वयुद्ध में विशिष्ट उड़ान क्रॉस (डी. एफ. सी.) विजेता बने। इंग्लैंड में रॉयल एअरफोर्स के साथ टोही काम के लिए उन्हें 1944 में डी. एफ. सी. के साथ एक शलाका भी मिली। लेकिन 'भाग्य शिकारी है', और शायद इसीलिए फरवरी, 1945 में विमान उड़ाते हुए एक हादसे में उनकी जान चली गयी। वायुसेना एक क्रूर स्वामी है। दुश्मन से उत्पन्न खतरों के अलावा उड़ान भी कुर्बानियाँ चाहती है। इसका सम्मान किया जाना चाहिए। यह कहना अतिशयोक्ति नहीं है कि इस काम में अतिरिक्त आत्मविश्वास और आत्मसंतोष के लिए कोई जगह नहीं है और गलती करने की भी कहीं कोई छूट नहीं होती।

भारतीय वायुसेना के पास उस समय जो विमान था, उसे लेकर वर्मा में उड़ान भरना निश्चय ही आसान नहीं था। उत्तर से दक्षिण तक फैली पहाड़ियाँ करीब 12000 फुट ऊँची हैं। पुराने विमानों से उन्हें पार करना कठिन था। उन्हें घाटी के ऊपर उड़ाना होता और पर्वतमालाओं में जहाँ खाली जगह दिखे, वहाँ से पास करना होता था। गर्म और नम जलवायु वाले उस इलाके में घने जंगल हैं और सुबह और दोपहर में मौसम अक्सर धुंध-भरा या कोहरेवाला होता है। यहाँ कायदे का विमान

क्षेत्र नहीं था। सिर्फ विमान उतारनेवाली पट्टियाँ थीं और उन पर भी उतरने के लिए किसी तरह की सहायक व्यवस्था नहीं थी। अगर अचानक विमान उतरने का संकेत मिले तो बचने की कोई गुंजाइश नहीं थी। यहाँ तक कि रोज़मर्रा की जिंदगी भी खासी मुश्किल थी। इस तरह की जलवायु और इस जलवायु में पैदा होनेवाले मच्छर, कीड़े, जोंक और साँपों के न तो वायुसेना के लोग अभ्यस्त थे और न ही थलसेना के। खाने-पीने की स्थितियाँ भी सहज नहीं थीं। परिवहन मुश्किल था और जापान के लड़ाकू विमान हमसे बहुत बेहतर थे। इन तमाम कमियों के बावजूद भारतीय वायुसेना के विमान को उड़ाने और उसके रख-रखाव का तरीका गर्व करने योग्य था। वारंट अफसर हरजिंदर सिंह को स्क्वाड्रन के विमानों की सर्वश्रेष्ठ देखभाल और उसमें कल्पनाशील सुधार के लिए एम. बी. ई. का सम्मान मिला। भारतीय वायुसेना ने जापान के कब्जेवाले अड्डों पर बमबारी करके थलसेना की मदद की। वायुसेना ने सामरिक और फोटो-सर्वेक्षण किया और विशिष्ट व्यक्तियों को इधर से उधर पहुँचाया। लेकिन मित्र देशों के संयुक्त प्रयासों के बावजूद जापानियों का आगे बढ़ना जारी रहा और मित्र राष्ट्रों को पीछे हटना पड़ा।

1943 की शुरुआत में मुझे सामरिक प्रशिक्षण इकाई, पेशावर में फिर तैनात किया गया। मार्गप्रदर्शक-प्रशिक्षण के लिए सबसे ज्यादा इस्तेमाल होने वाला विमान दोहरे इंजनवाला एनसन था। इसके बाद एक नयी तरह का विमान वल्टी वेन्जंस डाइव बॉम्बर फिर शामिल किया गया। यह जर्मनी के स्टूकास को ब्रिटेन और अमेरिका का जवाब था। इन विमानों को सबसे पहले जिन इकाइयों में शामिल किया गया, वे थीं नंबर-7 और नंबर-8 और मुझे उनका प्रशिक्षक बनाया गया। उस वक्त हम में से किसी को गोतामार बमबारी की जानकारी नहीं थी। हमें हमला करने के अपने तरीके विकसित करने थे। अमेरिका में रहे और उस फैक्टरी में, जहाँ ये विमान बनते थे, होकर आये रॉयल एअरफोर्स के एक अधिकारी ने प्रदर्शन के लिए एक विमान उड़ाया। उस अधिकारी ने विमान को जो गोता दिया तो वह कभी ऊपर नहीं उठ पाया ! सीधे जमीन पर गिरा और विमान के फटने के साथ ही मारा गया। वैसे यह बमबारी के प्रदर्शन का चमत्कारिक तरीका था। फिलहाल हम अपना तरीका विकसित करने में लगे रहे और हमने स्क्वाड्रन लीडर हेम चौधरी के अधीन रॉयल एअरफोर्स के कुछ स्क्वाड्रनों और स्क्वाड्रन नंबर-7 को प्रशिक्षित किया।

हेम ऐसे व्यक्ति थे जो तमाम लोगों के बीच अलग दिखाई देते थे। वे कलकत्ता के एक बेहद कामयाब बैरिस्टर की चार संतानों में से एक थे। उनके दो भाई भारतीय सेना में थे। बड़े भाई जनरल जे. एन. चौधरी तो सेनाध्यक्ष के पद तक पहुँचे

और बाद में उन्हें राजनयिक जिम्मेदारी सौंपी गयी। जनरल तो सैंडहर्स्ट के पढ़े हुए थे, पर हेम को कैंब्रिज पसंद आया। जब वे कलकत्ता में एंड्रयू युल के साथ काम कर रहे थे तो नवंबर 1939 में उन्हें भारतीय वायुसेना में आरक्षित स्वयंसेवक के रूप में काम करने का मौका मिला। उनके पास पहले से ही शौकिया पॉयलट का लाइसेंस था। वे खासे पढ़े-लिखे थे, दुरुस्त रहने के लिए खेल खेलते थे, जमकर पीते थे लेकिन जैसा कि वे कहते थे कि वे बहकते नहीं। खुशमिजाज, मजाकिया और कभी-कभी जबरदस्त मौज-मस्ती मनानेवाले थे। वे शराब के शौकीन थे, लेकिन औरत के नहीं। उनके लिए सिर्फ एक औरत उनकी पत्नी मोनीशा थी और वे अपने बच्चों के साथ भी खूब मस्त रहते थे। शाम को शुरू होकर सुबह खत्म होनेवाली मेस-पार्टियों में हेम जमे रहते थे और उन ऊब जानेवालों को सजा भी देते थे जो सुबह तक उनका साथ नहीं देते थे। जाड़ा हो या गर्मी, वे उन्हें उनके बिस्तर से उठाकर फेंक देते थे और थोड़ा-बहुत अपमानित भी करते थे। यह सब अपनेपन से ही किया और सहा जाता था। लेकिन इतनी जीवंत रातों के बावजूद वे ड्यूटी पर हमेशा समय से पहुँचते थे। यही नहीं, उनकी दाढ़ी बनी होती, नहाये होते और संजीदा रहते, बस शायद न सो पाने की वजह से आँखें लाल होतीं। उनके स्क्वाड्रन में अगर कोई देर से पहुँचता तो उसे सजा भी मिलती। नियमित रूप से दाढ़ी बनाने वाले किसी व्यक्ति को अगर दाढ़ी बनाने का समय नहीं मिला और वह यह कहकर बचाव की कोशिश करता है कि उसने दाढ़ी और मूँछ बढ़ाने का फैसला किया है, तो उसे अपनी बातों पर टिकना पड़ता था। उसे कुछ दिनों तक शेव करने की इजाजत नहीं मिलती थी और वह फटीचर जैसी हालत में तब तक परेशान रहता था, जब तक कमांडिंग अफसर को यह न लगे कि उसे काफी दंड मिल चुका है और उसने अपने पाप का प्रायश्चित्त कर लिया है।

हेम अपने स्वभाव में भारतीय कम, पश्चिमी ज्यादा थे। वह भूरे साहब थे। लेकिन मैंने उन्हें मेस में स्क्वाड्रन के अन्य बंगाली युवकों को साथ लेकर लोकप्रिय बांग्ला देशभक्ति गीत 'धन्य-धान्ये पुष्पे भरा' गाते हुए देखा है। (इस गीत का अर्थ है—फूलों, फसलों और नाना प्रकार के उपहारों से भरे इस संसार में एक देश सबसे सुंदर है और वह है अपनी मातृभूमि।) यह गीत गाते समय वे न तो बिल्कुल मतवाले होते थे और न ही बिल्कुल संजीदा, हालाँकि वे बिल्कुल पॉल रॉब्सन भी नहीं लगते थे।

उनकी उड़ान पर उनके व्यक्तित्व की छाप होती थी। वह सक्षम और थोड़े अतिरिक्त आत्मविश्वास से भरी होती थी। पेशावर सामरिक प्रशिक्षण इकाई (ओ. टी. यू.) में एन्सन उड़ाते समय उन्होंने ऊँट पर जाते हुए कुछ पठानों का एक काफिला देखा जो इस इलाके में आमतौर पर देखा जा सकता है। हेम को अचानक सनक

सवार हो गयी, 'चलो उन मूर्खों को ऊँटों से उतारते हैं !' वे कमांडिंग अफसर थे। कोई उनकी बात काट नहीं सकता था। वे विमानों को काफी नीचे लाकर पठानों के सिर पर मँडराने लगे। विमान कई बार नीचे लाया गया और आखिरकार बेचारे पठानों को ऊँटों से उतरना पड़ा। दशहत, गुस्से और परेशानी में उन लोगों ने अपने उन बेडौल जानवरों को बिठा लिया और उनके साथ खुद भी नीचे बैठ गये। इस दौरान चुनिंदा पश्तो गालियाँ आराम से सुनी जा सकती थीं।

हेम एक तो अपने केंद्र के तमाम लोगों से ज्यादा वरिष्ठ थे, फिर उम्र के अलावा उनकी अच्छी हैसियत भी थी। पर इन चीजों की वजह से कुछ दिक्कतवाली स्थितियाँ भी पैदा हो जाती थीं। स्टेशन पर उड़ान के दौरान हुई एक दुर्घटना के बाद स्टेशन कमांडर ने नीचे विमान उड़ाने पर पाबंदी लगा दी। लेकिन पेशावर में हेम अपने पूरे स्क्वाड्रन के साथ नीचे लाकर विमान उड़ाया करते थे। आँखों में चमक भरे और पलकें झपकाते हुए उनका तर्क हुआ करता था कि लड़के अगर शांतिपूर्ण स्टेशनों पर नीचे विमान उड़ाने से घबराएँगे तो वे लड़ाई कैसे लड़ेंगे ? और अगर सामरिक प्रशिक्षण इकाई में वे ऐसा नहीं करेंगे तो फिर कहाँ करेंगे ?

युद्ध के बाद हेम नागरिक सेवा में लौट गये। लेकिन वे कलकत्ता के पास बैरकपुर के फ्लाइंग क्लब से उड़ान भरा करते थे। एक दिन वे बैरकपुर पहुँचे और नदी पर विमान उड़ाने लगे। कुछ ही देर बाद उनके विमान ने गोता लगाया, पर फिर कभी विमान नहीं उठा सके। क्या यह उनका धूम-धड़ाकेवाला स्वभाव था, जिसके चलते वे अक्सर भाग्य से खेला करते थे ? या कोई यांत्रिक गड़बड़ी थी ? यह एक ऐसे जिंदादिल और भावुक व्यक्तित्व का असमय अंत था, जिसे उसके सारे मातहत प्यार करते थे।

अक्तूबर, 1943 तक मैं मार्गप्रदर्शक और उड़ान, दोनों का प्रशिक्षक था। बड़ी मुश्किल से मैंने अपने वरिष्ठ अधिकारियों को समझाया कि मैं संचालन के काम भी करूँगा और मैं एअरफोर्स में सिर्फ प्रशिक्षक बनने नहीं आया हूँ। अंततः मैं स्क्वाड्रन नंबर-7, स्क्वाड्रन लीडर स्वर्गीय हेम चौधरी के स्क्वाड्रन में नियुक्त किया गया, जिसे मैंने पेशावर में प्रशिक्षित किया था। उस समय स्क्वाड्रन काबुल नदी के उस पार पेशावर से थोड़ा पूर्व कैम्पबेलपुर था। वहाँ स्क्वाड्रन अपना प्रशिक्षण जारी रखता था और उत्तर-पश्चिम सीमांत प्रदेश के आदिवासी इलाकों पर कभी-कभी बमबारी किया करता था। अगले साल 1944 में उसे बर्मा में जनरल विनगेट की फौजों की मदद का आदेश दिया गया।

सन् 1942 में बर्मा के बड़े इलाके से मित्र सेनाओं की वापसी के बाद 1943 का

ज्यादातर वक्त किसी भी प्रमुख घटना से खाली न रहा। स्थिति तनावपूर्ण थी और मित्र राष्ट्रों की सेनाएँ दुश्मन से पहल और खोई हुई जमीन छीनने की जोरदार तैयारी कर रही थीं। साल के अंत में जनरल स्टिलवेल और उनकी सेना उत्तरी बर्मा में तथा जनरल क्रिस्टिसन और उनकी सेना अराकान तट पर सक्रिय थी। उन इलाकों में रॉयल एअरफोर्स और अमेरिकी एअरफोर्स के कई स्क्वाड्रन तैनात थे। उन्हीं के साथ अपने सीमित संसाधनों, लेकिन असीमित उत्साह से भरे भारतीय वायुसेना के कुछ नवगठित स्क्वाड्रन भी थे। स्क्वाड्रन लीडर मेहरसिंह के नेतृत्व में 6 नंबर स्क्वाड्रन नवंबर 1943 में अराकान तट के काक्स बाजार में पहुँची। इसके बाद नंबर-8 डाइव बॉम्बर स्क्वाड्रन, स्क्वाड्रन लीडर निरंजन के नेतृत्व में यहाँ आया। मेहर बाबा का नेतृत्व और खतरे के सामने उनका असाधारण साहस व संकल्प, उनकी व्यावसायिक क्षमता और सतत प्रयास अपने मातहतों की सर्वश्रेष्ठ क्षमताओं को उभार देते थे। इसीलिए उन्हें विशिष्ट सेवा श्रेणी (डी. एस. ओ.) का सम्मान मिला। यह सम्मान पानेवाले भारतीय वायुसेवा के वे अकेले सदस्य थे। उन्होंने अपने मातहतों को इस हद तक उत्साहित किया कि फ्लाइट कमांडर फ्लाइट लेफ्टिनेंट एम. एस. पुज्जी ने एक दिन में छह उड़ानें भरीं जो हर दर्जे के मानवीय धीरज से ही संभव है। ऐसा करते हुए उन्हें डी. एफ. सी. का सम्मान मिला। उन्हीं के स्क्वाड्रन के फ्लाइंग अधिकारी जे. सी. वर्मा को हरीकेन उड़ाते हुए आस्कर मार गिराने के विशिष्ट कार्य के लिए डी. एफ. सी. का सम्मान मिला। स्क्वाड्रन नंबर-8 किसी भी तरह से कहीं कमजोर नहीं पड़ा। विमान जोड़ों में उड़ते थे, आगेवाले को 'लीडर' और पीछेवाले को 'वीवर' कहा जाता था। पीछेवाले पर आगेवाले की पूँछ की रक्षा की अतिरिक्त जिम्मेदारी होती थी, पर उसकी पूँछ की हिफाजत करनेवाला कोई नहीं होता। वहाँ के इलाके-भर में फैले विभिन्न डिवीजनों और इकाइयों के सैनिकों के लिए वे दृश्य बहुत उत्साहवर्धक हुआ करते थे। जिस इलाके में विमानों का जोड़ा उड़ता था, उसी के मुताबिक सैनिक उनका नाम रख लेते थे, जैसे—अराकांस जोड़ा, मांगड़ा जोड़ा, बुथिडांग जोड़ा, या कलादीन जोड़ा। सैनिकों के पास इन बहादुर युवकों के प्रति आभारी होने के पर्याप्त कारण थे, क्योंकि अपनी अनुपयुक्त मशीनों में ये लोग दुश्मन की निगाहों से बचने के लिए पेड़ों की ऊँचाइयों तक उड़ा करते, सैनिकों के ठिकानों और रफ्तार के बारे में रणनीतिक और फोटो-सर्वे किया करते और उनके लिए बेहद जरूरी चीजें गिराने के अलावा बेसब्री से इंतजार करानेवाली चिट्ठियाँ पहुँचाते थे। इसके बावजूद उस इलाके की विभिन्न लड़ाइयों में गोता लगाकर की गई बमबारी से मित्र राष्ट्रों की सैनिक जीत में जरा भी योगदान नहीं किया जा सका। इसका दोष न सिर्फ उन पायलटों के सिर जाता है जो चर्चा में रहने के आदी थे, बल्कि विमानों के रख-रखाव पर निर्भर करता है और यह रख-रखाव जमीन पर

तैनात सैनिकों की जिम्मेदारी है।

फरवरी, 1944 तक भारतीय वायुसेना के पास नौ स्क्वाड्रन थें। इनमें ज्यादातर के पास हरीकेन थे, जबकि नंबर-7 और नंबर-8 के पास अमेरिका के वल्टी वेनूजंस डाइव बमवर्षक थे। स्क्वाड्रन नंबर-7 को बर्मा में जनरल विंगेट के चिंहडिट्स सैनिकों के लिए तथा उनके साथ काम करने के लिए तैनात किया गया था। बर्मा में जापानियों से लड़ने के लिए जनरल विंगेट ने अपने सैनिकों को ग्लाइडरों से उड़ा-उड़ाकर उत्तरी बर्मा में उतारने की योजना बनाई थी, जो कि तुलनात्मक रूप से जापानियों से मुक्त क्षेत्र था। यह बहुत घने जंगलों और विरल आबादी वाला इलाका है। विंगेट इस सेना को 'दूर तक घुसने वाला बल' कहते थे और इसे नीचे दक्षिण की तरफ वहाँ तक जाना था, जहाँ जापानी हवाई समर्थन के साथ मौजूद थे। विमानों को उन्हें रसद और हथियार देते रहना था। इस काम के लिए डकोटा प्रयोग में आते थे। इसके अलावा उन्हें वेनूजंस डाइव बॉम्बर्स जैसे विमानों से हवाई समर्थन मिलता था, जो आगे बढ़कर उनके द्वारा बताये लक्ष्यों पर बम बरसाते थे। यह योजना चर्चिल द्वारा अनुमोदित थी। हमने वेनूजेन्स डाइव बॉम्बर्स पर अपना प्रशिक्षण पूरा कर लिया और तब हम विंगेट की सेना के हवाई समर्थन के हिस्से बनने को तैयार हो गये।

इस तरह फरवरी, 1944 में मैं स्क्वाड्रन लीडर हेम चौधरी के नेतृत्व में कैम्पबेलपुर से ग्वालियर गया। ग्वालियर विंगेट की सेनाओं का ठिकाना था, जिन्हें जंगली इलाके की लड़ाई का प्रशिक्षण दिया गया था। हमने उनके साथ मध्यप्रदेश के जंगलों में काम किया, जहाँ हमने एक दूसरे से ऐसे संबंध बना लिये, ताकि उनके द्वारा बताये लक्ष्यों पर हमला कर सकें। लेकिन हमारे वहाँ पहुँचने से पहले एक बेहद दुर्भाग्यपूर्ण घटना घटी। हमें कैम्पबेलपुर से दिल्ली जाना था और वहाँ से ईंधन लेकर फिर ग्वालियर जाना था। हेम ने एक उड़ान का नेतृत्व किया और हमसे पहले निकल गये। हम उनके पीछे आठ विमानों का नेतृत्व करते हुए चल रहे थे। अभी हम लाहौर के आकाश में भी नहीं पहुँचे थे कि बेहद खराब मौसम में फँस गये, और कैम्पबेलपुर-दिल्ली के बीच पहली उड़ान के तीन विमान एक-एक कर ध्वस्त हो गये। मैंने उनमें से एक दुर्घटना देखी और रॉयल एअरफोर्स से यह पता लगाने को लाहौर उतर गया कि क्या उनमें से कोई जीवित है। एक विमान में चालक दल के साथ एक टेक्नीशियन भी था। वह ट्रेन से न जाकर वायुमार्ग से जाना चाहता था। इस दुर्घटना में सिर्फ दो लोग बचे और पाँच मारे गये। मेरी उड़ान पूरी तरह से सुरक्षित थी।

ग्वालियर में हमने सेना के साथ दो महीने का प्रशिक्षण लिया। मार्च के मध्य तक हम असम में सिलचर के पूर्व चले गये। वहाँ रॉयल वायुसेना का बड़ा हवाईअड्डा है। वहीं आर. ए. एफ. के पहले से दो स्क्वाड्रन और भारतीय वायुसेना का तीसरा स्क्वाड्रन नंबर-7 भी थे। जैसा कि मेरी लॉग बुक में दर्ज है, हम 21 मार्च को सिलचर

के पास एक छोटी जगह कुंभिरग्राम पहुँचे, जो हमारे लिए नियत की गयी थी। तीन दिन के बाद 24 मार्च को जबरदस्त तूफान आया और हमें विमान गुजरने की आवाज सुनाई पड़ने लगी। विंगेट की कुछ सेनाएँ पहले ही उत्तरी बर्मा में पहुँच चुकी थीं। 24 मार्च को जनरल को वहाँ खुद पहुँचना था। लेकिन विमान उसी तूफान में उड़ा और दुर्घटनाग्रस्त हो गया। वे मारे गये। गनीमत रही कि उत्तरी बर्मा के आसमास बिखरी उनकी सेना पर अपने नेता के इस तरह खो जाने का ज्यादा खराब असर नहीं पड़ा। जब हमने वेनूजंस के माध्यम से उनकी मदद करनी शुरू की तो हमें अहसास हुआ कि वे ऐसी जगहों पर तैनात किये गये हैं जो हमारी पहुँच से बाहर हैं। हम वहाँ तक जाकर अपने विमान के ईंधन के सहारे वापस नहीं आ सकते थे। इस बीच जापानी इम्फाल की तरफ बढ़ रहे थे और मार्च के अंत तक वे उत्तर से भी इम्फाल की तरफ पहुँच चुके थे। इसलिए अप्रैल, मई और जून में हमने सिलचर के अड्डे से ज्यादातर बमबारी इम्फाल पर कब्जा करने की कोशिश कर रहे जापानियों पर की।

जून और जुलाई, 1944 तक स्क्वाड्रन नंबर-6 और नंबर-8 क्रमशः इस मोर्चे से हटा लिये गये। उनकी जगह पर फेनी में तैनात स्क्वाड्रन नंबर-4 और कोमिल्ला में तैनात स्क्वाड्रन नंबर-9 लाये गये। उन्होंने बरसात के कठिन मौसम में काम किया था। उनके हरिकेन विमान पंखों के नीचे बम रैक लगाकर उसी तरह सुधारे गये, जिस तरह स्क्वाड्रन लीडर मजूमदार ने अपने लाइसांडरों में सुधार किये थे और उन्होंने पराई धरती पर जीना मुहाल करने के लिए दुश्मनों की सप्लाई लाइन पर बमबारी की। मार्च की शुरुआत में असम पर तीन डिवीजनों के साथ हमला शुरू किया गया और जल्दी ही जापानियों ने चिंडविन नदी पार कर ली। पाँचवीं भारतीय डिवीजन इम्फाल ले जाई गयी और सातवीं डिवीजन दीमापुर। वहाँ कुछ और सैनिक भी तैनात थे। इतनी सेना के बावजूद इम्फाल की स्थिति खराब थी। कोहिमा के उत्तरी क्षेत्र में 3500 सैनिक थे परन्तु वहाँ की स्थिति अत्यंत दयनीय थी। शहर पूरी तरह से घिरा और कटा हुआ था। सारे संपर्क टूटे हुए थे, सिर्फ वायुमार्ग का संपर्क ही बचा था।

इम्फाल की घाटी में कई स्क्वाड्रन थे। भारतीय वायुसेना का पहला स्क्वाड्रन घाटी के उत्तरी हिस्से में तैनात था और रॉयल एअरफोर्स के स्क्वाड्रन दक्षिणी हिस्से के हवाईअड्डे वाले क्षेत्र में। इम्फाल के उत्तरी हिस्से में जापानियों को सबसे पहले स्क्वाड्रन लीडर अर्जुन सिंह ने देखा। वे जापानियों पर कहीं और हमला करने गये थे और अपराह्न में अपने विमान में अकेले अड्डे की तरफ लौट रहे थे। अड्डे की परिधि में आने और उतरने के दौरान उन्होंने अपने हवाई क्षेत्र को छूती एक पहाड़ी पर कई लोगों को अजीब वर्दी में देखा। उनकी वर्दी भारतीय सेना के किसी विंग की वर्दी से मेल नहीं खाती थी, इसलिए उन्हें पहचानने के लिए वे थोड़ा करीब गये। पता चला

कि वे जापानी सैनिक हैं। वे पहाड़ की चोटी पर खड़े होकर आगे की स्थितियाँ देख रहे थे, क्योंकि उत्तर से उनकी सेना को इम्फाल आना था। उन्होंने अपनी पहल पर तुरंत पूरे स्क्वाड्रन को इकट्ठा कर लिया। काम में न आनेवाले विमानों को भी तैयार कर दिया गया और इम्फाल के बाहरी इलाकों में पहुँचे जापानियों पर पहला हमला उन्होंने ही किया।

उसके बाद हरकत में आनेवाला स्क्वाड्रन हमारा था। हम बमवर्षक थे। नंबर-1 स्क्वाड्रन के पास लड़ाकू विमान हरीकेन था और वे सेना को आधार समर्थन दे रहे थे। हम फिर सिलचर में तैनात कर दिये गये थे और हमसे कहा गया था कि जापानी जहाँ भी दिखें या जहाँ हमारी सेना उनसे लड़ रही हो, उन पर बमबारी करो। हम कोहिमा, फोर्ट व्हाइट्, कलेवा और भारतीय सीमा से काफी आगे चिंडविन नदी एवं अन्य जगहों पर गये। अप्रैल, मई और जून का ज्यादातर समय इस इलाके में जापानियों से निपटने में बीता। हम इम्फाल में घुसने की कोशिश कर रहे थे और इस अभियान में हम अकेले नहीं थे। रॉयल एअरफोर्स के स्क्वाड्रन **वेनूजंस** के साथ यही काम कर रहे थे। रॉयल एअरफोर्स के दो स्क्वाड्रन और हम लोग (नं.-7) सिलचर से उड़े, जबकि आर. ए. एफ. के दो स्क्वाड्रन और नंबर-1 भारतीय स्क्वाड्रन (अर्जन सिंह) इम्फाल से उड़े। कुल मिलाकर चार आर. ए. एफ. और दो आई. ए. एफ. यानी छः स्क्वाड्रनों पर इस इलाके में जापानियों से निपटने का जिम्मा था। इस बीच इम्फाल की सप्लाई वायुमार्ग से हो रही थी, क्योंकि जापानियों ने वहाँ आनेवाली सारी सड़कें बंद कर रखी थीं। इस काम के लिए डकोटा विमान इस्तेमाल किया जा रहा था।

यह अजीब स्थिति करीब-करीब जून के अंत तक रही। आखिरकार इन दोनों इलाकों की सेनाएँ अपनी-अपनी घेराबंदी तोड़कर 23 जून को इकट्ठा हुईं। वह स्मरणीय और राहत भरा दिन था। युद्ध में काम आये सैनिकों का कोहिमा स्थित कब्रिस्तान दुःख और गर्व दोनों तरह के अनुभव प्रदान करता है। युवकों के सिरहाने लगी पट्टिका से हताहतों का ब्यौरा मिलता है। इनमें 16 साल तक की उम्र के नौजवान भी अपनी उम्मीदों और भविष्य के साथ दफन हैं। जापान की तरफ भी हताहतों की भारी संख्या है। शायद 4000 या उससे ऊपर लोग मारे जा चुके हैं। इतने सारे लोग इस पराये मुल्क में जान गँवाने क्यों आये ? युद्ध एक हृदयहीन, संवेदनाहीन, क्रूर खेल है।

युद्धक्षेत्र में सबसे लंबे समय तक, यानी 14 महीनों तक ठहरनेवाला स्क्वाड्रन नंबर-1 था। इसके कमांडिंग अफसर स्क्वाड्रन लीडर अर्जन सिंह (जो बाद में एअर चीफ

मार्शल और तीसरे भारतीय सी. ए. एस. थे) बने। उनके नेतृत्व का तरीका अलग था—शांत, साहस, कोई तड़क-भड़क नहीं, दृढ़ता किंतु हमेशा मुस्कान लिये हुए। वे और उनके जवान इम्फाल के नायक थे। स्क्वाड्रन पहले ही स्क्वाड्रन लीडर के. के. मजूमदार के साथ ड्यूटी देते हुए दौरा कर चुकी थी। विश्राम, नये हथियार लेने और उत्तर-पश्चिमी सीमाई प्रांत (एन. डब्ल्यू. एफ. पी.) में जरूरी प्रशिक्षण के बाद वे फरवरी, 1944 में हरीकेन से बर्मा के मोर्चे पर और वहाँ से इम्फाल लौटे। स्क्वाड्रन लीडर अर्जन सिंह को युद्धक्षेत्र में डी. एफ. सी. का सम्मान मिला। जापानियों के बाहर खदेड़े जाने के बाद लार्ड माउंटबेटन इम्फाल आये और उन्होंने अर्जन सिंह की वर्दी पर खुद डी. एफ. सी. का तमगा लगाया। अर्जन ने बड़ा काम किया था।

स्क्वाड्रन नंबर-7 के कई योगदानों में से एक महत्त्वपूर्ण योगदान था कलेवा-टिडिम रोड पर जापानियों की सप्लाई लाइन पर बमबारी करना। एक और प्रमुख योगदान इम्फाल-टिडिम रोड पर मणिपुर नदी पर बने पुल को सटीक बमबारी करके उड़ाना था। यह काम मैंने 11 जून को बेहद खराब मौसम में किया।

जून तक मानसून आ चुका था और स्क्वाड्रन नंबर-7 को वापस विहार के राँची में तैनात करना पड़ा। वहाँ हमें मास्क्यूटो विमान दिया गया। यह जुड़वाँ इंजनवाला बहुत तेज विमान था और बम तथा बंदूकें ले जाता था। हालाँकि यह प्लाइवुड से बना था और गर्मी और बरसात में लकड़ी की पालिश उतर जाती थी। आखिरकार आर. ए. एफ. ने रपट दी कि विमान सुरक्षित नहीं है और उससे काम लेना बंद कर दिया गया।

जून, 1944 में जब हम कुम्भीरग्राम से राँची जा रहे थे, तो विमान में फिर से ईंधन भरने के लिए कलकत्ता में ठहरे। स्क्वाड्रन लीडर हेम चौधरी तब तक जा चुके थे। फ्लाइट लेफ्टिनेंट इरलिक पिंटो (जो बाद में एअर मार्शल बने और 1963 में कश्मीर में एक हेलीकाप्टर दुर्घटना में मारे गये) और हम अपनी-अपनी उड़ान में थे। 12 जून को जब हम कलकत्ता से राँची के लिए उड़े तो भयानक तूफान में फँस गये। बादल 40,000 फुट की ऊँचाई तक पहुँच चुके थे। हमें राँची सहित व्यापक क्षेत्र पर बारिश होती दिखाई दे रही थी। मैं कलकत्ता वापस नहीं जाना चाहता था, इसलिए हम रास्ते में देखे गये एक हवाई क्षेत्र में उतर गये। वहाँ बड़े-बड़े विमान, जो निश्चित रूप से बमवर्षक थे, खड़े किये गये थे। उतरने के बाद जीप में सवार सैनिकों ने मुझे घेर लिया। स्टेनगनों और ऑटोमैटिक राइफलों से लैस वे लोग मुझे हवाई क्षेत्र से एक कोने में ले गये, जहाँ हमें विमान खड़े करने की इजाजत मिली। हमने विमान का इंजन बंद किया और उन्होंने कमांडर को, यानी मुझे बुलाया और गिरफ्तार कर लिया। अपने ही देश में किसी और के अड्डे पर किया जानेवाला यह अजीब ढंग का स्वागत था। प्रत्यक्षतः यह एक अमेरिकी अड्डा था और उन्होंने बताया कि कमांडिंग

जनरल मुझसे मिलना चाहते हैं। मुझे उनके कार्यालय में ले जाया गया, जहाँ उसने कहा कि हम इस हवाई क्षेत्र में नहीं उतर सकते। यह पुरुलिया था। हवाई क्षेत्र का नाम छरा है और नजदीकी कस्बा पुरुलिया बिहार और बंगाल की सीमा पर स्थित है। निश्चित रूप से यह गुप्त हवाई क्षेत्र था। मैंने उनसे कहा कि मैं राँची जा रहा था, मेरा एक फ्लाइट विमान (आठ विमान) पहले ही वहाँ पहुँच चुका है और अगर इतना भयानक तूफान न आया होता तो मैं भी राँची पहुँच चुका होता। पर चूँकि यह हवाई क्षेत्र दिख गया, इसलिए मैं यहाँ उतर गया।

उसने हमारे स्पष्टीकरण को नजरअन्दाज करते हुए कहा—तुम और तुम्हारे सारे आदमी हवालात में रखे जायेंगे।"

हमें वैन में बिठाकर हवालात की तरफ ले जाया गया। यह बहुत बड़ा इलाका था, जिसके सामने बैरक ब्लाक और एक तरणतालवाल सिनेमा हॉल बना था। लेकिन वहीं मुझे यह देखकर हैरत हुई कि हवालात में रखे जानेवाले सिर्फ हमी लोग नहीं थे। वहाँ कुछ ब्रिटिश ब्रिगेडियर, रॉयल एअरफोर्स के अधिकारी, भारतीय सेना के अधिकारी और संतोष की बात यह थी कि कुछ अमेरिकी लोग भी थे। वहाँ खाने, पीने, खेलने, सिनेमा देखने और तैरने की व्यवस्था तो थी पर फोन करने की सुविधा नहीं थी। मैंने कहा कि मुझे राँची फोन करके अन्य लोगों को यह बता देने दो कि हम लोग यहाँ उतरे हैं। उन्होंने कहा—नहीं, आपको किसी को कुछ बताने की इजाजत नहीं है। यहाँ कोई टेलीफोन व संचार-व्यवस्था नहीं है। और यह सब चलता रहा। हम कुछ कर नहीं सकते थे।

उस रात हमें एक के बाद एक विमानों और बमवर्षकों की घड़घड़ाहट सुनाई पड़ी, जिन्हें हम देख तो सकते थे पर पहचान नहीं सकते थे, क्योंकि हमने उन्हें पहले कभी देखा नहीं था। उन्होंने उस समय उड़ान भरी और अगले दिन दोपहर के बाद वापस आने लगे। वह 13 जून थी। उसके बाद जनरल हमारे पास आया। उसने कहा—महोदय, कल हमने आपसे जिस तरह का व्यवहार किया, उसके लिए माफी माँगता हूँ। बात यह है कि कल रात हमने, यानी अमेरिकी वायुसेना ने, जापान के एक ठिकाने पर पहली बार जमीन से हमला किया।

जनरल ने बताया कि जिस पर हमला किया गया था, वह यावाटा था। दक्षिणी जापान के इस इलाके में लोहा और इस्पात बनानेवाली एक फर्म पर निशाना साधा गया था। विमान बी-29 सुपर फोर्ट्रेस बमवर्षक, उस दिन के पहले तक एक गोपनीय हथियार था और उसे सिर्फ भारत के अड्डों पर लाया गया था। इसके अलावा वह कहीं नहीं था। न कहीं उसकी तस्वीर देखी गयी और न ही इस तरह की कहीं खबर थी कि ऐसा कोई बमवर्षक अस्तित्व में है। जनरल ने बताया लेकिन कल रात आपने इन बमवर्षकों को यहाँ से उड़ान भरते सुना, वे चीन के कैंटन के लिए रवाना

हो रहे थे। वे कैंटन से जापान गये, वहाँ बमबारी की और वापस आ गये। इस अभियान के पूरा होने तक हम नहीं चाहते थे कि कोई बात यहाँ से बाहर जाये। हम जापानियों को पूरी तरह हैरत में डालना चाहते थे और हम उसमें कामयाब रहे। हमने उन्हें काफी नुकसान पहुँचाया। हमारे कुछ विमान खो गये और वे अब गोपनीय भी नहीं रह गये हैं। अब आप उनके बारे में बात कर सकते हैं, आप जो चाहें कर सकते हैं और जहाँ चाहे वहाँ जा सकते हैं। उसने फिर माफी माँगी और कहा कि यह एक बेहद यादगार घटना रही।

जब हमने संपर्क किया तो पता चला कि हमारे कमांडिंग अफसर स्क्वाड्रन लीडर ए. बी. अवान रेलवे लाइन के किनारे-किनारे कलकत्ता से राँची जाते समय रास्ते में खो गये। बाद में वे दो दिन बाद राँची पहुँचे। इस बात से वे बहुत खफा थे कि हम लोग उनके पीछे क्यों नहीं आये। उन्होंने कहा कि स्क्वाड्रन युद्ध की ड्यूटी के लायक नहीं है और वे इस मामले की रिपोर्ट हेडक्वार्टर में करने जा रहे हैं। स्क्वाड्रन ने उनको उस रूप में आखिरी बार देखा था।

राँची में हमें पता चला कि मास्किटो लड़ाकू बमवर्षक हमें या किसी और को नहीं दिये जायेंगे, क्योंकि वे खुल जाते हैं। हमें हरीकेन चलाने का अभ्यास करना पड़ेगा। उस समय तक वेनूजंस ज्यादा असरदार विमान नहीं समझा जाता था। उसकी एक वजह यह थी कि वह बड़ा और भोंडा था और यह जापानी जीरो जैसे फुर्तीले विमान के सामने नहीं टिक सकता था, क्योंकि जीरो मौका पड़ने पर कई विमानों को मार गिरा सकता था। सौभाग्य से हमारा उससे कभी सामना नहीं हुआ। हम लड़ाकू विमानों के घेरे में कभी नहीं चले, लेकिन हमारे आसपास के आकाश में हमेशा लड़ाकू विमान, रॉयल एअरफोर्स के लड़ाकू विमान, स्पिटफायर्स रहते थे। इसके अलावा भारत और बर्मा के बीच एक राडार कवर तैयार किया गया था जो इतना बढ़िया था कि हमारे लड़ाकू विमानों को पता चल जाता था कि कब जापानी विमान आकाश में आ गये हैं। ऐसी स्थिति में वे हमें सचेत कर देते थे और हम उस इलाके से दूर चले जाते थे। जापानी कभी-कभार इम्फाल जैसी जगहों के लिए लड़ाकू उड़ान भरा करते थे, पर वे भारी हमला कभी नहीं करते थे। ऐसी स्थिति में रॉयल एअरफोर्स के स्पिटफायर्स उनका मुकाबला करने के लिए काफी थे। नवंबर तक स्क्वाड्रन लीडर जसवंत सिंह (कमांडिंग अफसर) के नेतृत्व में स्क्वाड्रन नंबर-2 वहाँ तक पहुँच गया था। नया स्क्वाड्रन नंबर-10 भी लड़ाई में कूद पड़ा। वायुसेना की मदद का फायदा उठाते हुए मित्रसेनाओं ने इस क्षेत्र में जापानियों को पीछे धकेलने में सफलता हासिल कर ली।

21 जून, 1944 को मुझे स्क्वाड्रन लीडर का रैंक मिला और स्क्वाड्रन नंबर-7 की कमान। उस साल नवंबर में हम अपने वेनूजंस के साथ पेशावर के पास कोहाट आ

गये और यहाँ हमने हरीकेन सँभाला। लड़ाकू बमवर्षक के काम के लिए हरीकेन में विशेष तौर पर सुधार किया गया था। हर विमान में 20 मिलीमीटर की चार-चार तोपें लगाई गयी थीं और वे बम भी ले जा सकते थे, उनमें कैमरे भी लगे थे और वे सेना की मदद के लिए बनाये गये थे। हम दिन-रात अपने विमान-परिवर्तन का अभ्यास कर रहे थे। मार्च, 1945 में हम इम्फाल वापस चले गये। तब तक जापानी वहाँ से पीछे खदेड़ दिये गये थे। स्क्वाड्रन नंबर-1, जो पूरे 1944 तक इम्फाल में था, अब उत्तरी बर्मा के सिंथे में इरावडी नदी पर पहुँच गया था। उसे मुक्त किया गया और हमने अपना काम वहाँ से शुरू किया। तब तक भारतीय सेना आगे बढ़ रही थी। उसने चिंडविन नदी पार कर ली और दक्षिण की तरफ बढ़ने लगी। उसी दौरान जापानियों को अराकान तट के पूर्वी इलाके से पीछे धकेला जा रहा था। नंबर-7 स्क्वाड्रन ने लेफ्टिनेंट जनरल मांटेग्यू स्टैफोर्ड के नेतृत्व में फोर्थ आर्मी के 33वें कोर को सहयोग दिया। हमारा काम जापानियों की तलाश में टोही उड़ान भरना था और उन जगहों के चित्र लेना था, जहाँ सेना आगे बढ़ाना चाहती थी या हमसे आगे बढ़ने की उम्मीद करती थी और लक्ष्य की तरफ संकेत करती थी। यहाँ सिंथे में रॉयल एअरफोर्स के दो या तीन स्क्वाड्रन थे, जो अच्छा काम कर रहे थे और हम धीरे-धीरे दक्षिण की तरफ चले गये। हम फिर सिंथे से मुग्वे की ओर चलकर इरावडी नदी पर पहुँच गये, जहाँ हमने एक अड्डा कायम किया। रॉयल एअरफोर्स के स्क्वाड्रन भी आसमान से हवाई सुरक्षा देने और तमाम काम करने के लिए वहाँ मौजूद थे, लेकिन हमारा खास काम 33वीं कोर की मदद करना था और हमने वह किया। मैं महीने के हर दिन और अक्सर दिन में दो बार उड़ान भरता था। मई में हमारी सेना रंगून की तरफ बढ़ने लगी। हमने हमले के दो दिन पहले रंगून का चित्र उतारा। हवाई फोटोग्राफी करते समय हमारा खास काम हर सुबह-शाम नीचे नदी-तटों के चित्र लेना होता था। ये चित्र हमारे फोटो सेक्शन में तैयार किये जाते थे उसके बाद चित्र-विश्लेषक उनका अध्ययन करते थे। वे देखते थे कि एक समय पश्चिमी तट पर नौकाओं की संख्या कितनी है और दूसरे समय कितनी घटी। जब पूर्वी तट पर ज्यादा नौकाओं की संख्या होती थी तो इस अंतर से वे इस बात का पता लगा लेते थे कि विशेषकर रात में, कितने जापानियों ने नदी पार की और वे किधर जा रहे हैं।

हमारा अन्य महत्त्वपूर्ण काम उन सड़कों की टोह लेना होता था, जिनसे हमारे लोगों को गुजरना था और उन मजबूत ठिकानों का पता लगाना था, जहाँ जापानियों ने अपना मोर्चा लगा रखा था। इसी दौरान मुझे एक दिलचस्प अनुभव हुआ। वहाँ माउंट पोपा नाम की एक पहाड़ी है। वह 2000 फुट ऊँची है और उसमें 'पोपा' यानी नाग का एक गुफा मंदिर है। बर्मी भाषा में नाग को 'पोपा' कहते हैं। इसी पहाड़ी से रंगून जानेवाली सड़क गुजरती थी और हमारी सेना को इसी सड़क को पकड़ना था।

इसलिए सेना ने हमसे उस पहाड़ी और उसके आसपास के किसी रक्षा-संबंधी दृश्य का चित्र लेने को कहा। हम वहाँ पहुँचे और विमान को नीचे और ऊपर ले जाते हुए इस तरह के चित्र लेने लगे कि उस इलाके का एक बड़ा परिदृश्य मिल जाये। हम यह कर रहे थे कि इसी बीच हमारे ऊपर विमानबेधी गोलों की फायरिंग की आवाज सुनाई पड़ी। मेरे एक विमान में किरच के कुछ गोले लगे, लेकिन सौभाग्य से हमारा कोई विमान गिराया नहीं जा सका। हम तस्वीरों के साथ वापस आ गये। इससे सेना के लोग बहुत खुश हुए। उन्हीं चित्रों के अनुसार उन्होंने रणनीति बनाई।

युद्ध समाप्त होने के बाद एक आदमी मेरे पास ड्राइवर की नौकरी माँगने आया। मैंने उससे पूछा कि उसने पहले कौन-सा काम किया है। वह बोला कि वह इंडियन नेशनल आर्मी में सुभाष बोस के मातहत था। मेरी दिलचस्पी बढ़ी। मैंने पूछा—तुम वहाँ कौन-सा काम करते थे। उसने बताया कि वह तोपची था। कहाँ पर तोपची था ? माउंट पोपा पर। चूँकि चित्र उतारने और सर्वे करने के मकसद से नीचे विमान उड़ाना हमारा काम था, इसलिए हम अक्सर जापानी सेना द्वारा जमीन से बेधे जा सकनेवाले दायरे में उड़ते थे और इसी वजह से हमारे कई विमानों और पॉयलटों का नुकसान हुआ।

हम इरावडी के करीब उड़ रहे थे। इस नदी के दोनों तरफ पहाड़ियाँ हैं। हमने खामोश तरीके से दो या तीन चक्कर लगाये। फिर एक दिन हमारी एक उड़ान ने खबर दी कि अगुआई कर रहा विमान इस्पात के केबल से टकरा गया। दरअसल जापानियों ने यह किया था कि उन्होंने रातों-रात अनुमानित रूप से विमान उड़ सकने की न्यूनतम ऊँचाई पर नदी के एक किनारे से दूसरे किनारे तक इस्पात के केबल बाँध दिये थे। यह दुर्भाग्यपूर्ण था कि अगुआई करने वाले पॉयलट के. आर. राव ठीक उसी ऊँचाई पर उड़ रहे थे, जिस पर केबल लगाया गया था। वे बहुत अच्छे नौजवान और बेहतरीन पॉयलट थे, पर केबल से टकराकर मारे गये। उनके बाद केरल के फ्लाइंग अफसर मैथ्यू थे, लंबे, चुस्त और स्क्वाड्रन के अन्य सैनिकों में वरिष्ठ और तेज पॉयलट। मैथ्यू जब वायुसेना में शामिल हुए तो शारीरिक शिक्षा के प्रशिक्षक थे। एक दोपहर को हमें और उन्हें एक उड़ान पर जाना था। हमने सुबह तस्वीरें उतार ली थीं। हमारा नियमित कार्यक्रम था कि सुबह लिये गये चित्र धोये जाते, प्रिंट निकाले जाते और एक साथ लगाकर उन्हें दोपहर तक ही दे दिया जाता था। चित्र उतारनेवाले व्यक्ति को मालूम होता था कि उनमें क्या है और उन्हें कहाँ देना है। हम अपने एक सीटवाले हरीकेन से चित्र पहुँचाने जा रहे थे। मैं अगुआ था और मैथ्यू मेरा सहायक। हम उड़े, पर उड़ने के तुरंत बाद उसने कहा कि वह अड्डे पर वापस जा रहा है। उसने कहा कि कोई चीज साँप जैसी आवाज कर रही है। मुझे गुस्सा आया। हम काम करने जा रहे थे और वह व्यक्ति पीछे हट रहा था। साँप,

वास्तव में ! क्या बकवास है ! मैंने अपने मन में सोचा। लेकिन हमारा अनुशासन सख्त था और किसी विमान को अकेले उड़ाने की इजाजत नहीं थी। अगर कोई विमान आपकी पूँछ की रखवाली नहीं कर रहा है तो हमेशा दुश्मन के विमान द्वारा आपका पीछा करके आपको मार गिराने का खतरा बना रहता है। इसलिए, चूँकि मैथ्यू वापस आ गया, मुझे भी वैसा ही करना पड़ा। मैंने विमान उतारा और देखा कि उसने अपना विमान परिक्षेपण क्षेत्र में उतारा है। मैं भी अपना विमान परिक्षेपण क्षेत्र में ले गया। हमने इंजन बंद कर दिया। मैंने उतरकर देखा कि मैथ्यू अभी भी काकपिट में बैठा बाहर कुछ फेंक रहा था जो रबर की नली के टुकड़ों-जैसा लगता था। मैं नजदीक गया तो देखा कि वह वास्तव में साँप के टुकड़े फेंक रहा था।

मैथ्यू ने जो कहानी बताई वह इस तरह है। साँप पीछे से उसके बायें कंधे पर चढ़ आया और बायें पैर से होता हुआ नीचे उतर गया, लेकिन आगे इस्पात की मजबूत दीवार की वजह से रुक गया। वह वापस हुआ और मैथ्यू के पैर के सहारे ऊपर सरकने लगा। बीच में उसे मैथ्यू का विमान चलाने का 'जयस्टिक' मिला और वह उसी पर लिपट गया। वह करीब एक फुट की दूरी से मैथ्यू को देख रहा था। सौभाग्य से मैथ्यू केरल का रहनेवाला था और साँपों के बारे में एक-दो बातें जानता था। उसने पहचान लिया कि वह आँख निकालनेवाला साँप है। इसलिए उसने तुरंत अपना धूपवाला चश्मा पहन लिया। उसने बताया कि आँख निकालनेवाला साँप जहरीला नहीं होता, पर वह चरते जानवरों की आँखें निकाल लेता है। मैथ्यू ने चश्मे से अपनी आँखें सुरक्षित कर लीं और साँप उसके 'जयस्टिक' पर लिपटा रहा। मैथ्यू ने विमान को नीचे उतारने के बाद आराम से दरवाजा खोला और चिमटी माँगी और फिर उससे साँप के टुकड़े-टुकड़े करके बाहर फेंक दिया। मैं उसके शांतचित्त, धैर्य और विशेष हाजिर दिमाग की तारीफ करता हूँ। अगर उसकी जगह मैं होता तो या तो मुझे दिल का दौरा पड़ गया होता या मैं काकपिट से कूदकर जान बचाने के लिए भागा होता। जान दे दी होती।

वही मैथ्यू, जिसे हम स्क्वाड्रन में सबसे ज्यादा उम्र का व्यक्ति होने के कारण बुड्ढा कहते थे, एक दिन एक उड़ान पर था। उस समय तक जापानी भागने लगे थे। हमारी कोशिश थी कि वे नौकाओं में बैठकर खुले समुद्र तथा अपने जहाजों तक न पहुँच जायें, इसलिए हम डेल्टा क्षेत्र में हवाई सर्वे करते हुए जापानी जहाजों की तलाश किया करते थे। इन उड़ानों में से एक में मैथ्यू भी था। डाली इंजीनियर, (जिसका एअर मार्शल इंजीनियर से कोई रिश्ता नहीं था), उसका नंबर-दो था। निश्चित रूप से मैंग्रूव के दलदल में कुछ जापानी छुपे हुए थे। उन्होंने मैथ्यू के विमान पर निशाना लगाया और विमान दलदल में गिर पड़ा। इंजीनियर ने इसकी खबर दी। उस वक्त समुद्र में भाटा था, पर उसने बताया कि लगता है पानी काकपिट तक आ गया था,

इसलिए इंजीनियर ने विमान के चारों तरफ यह देखने के लिए चक्कर लगाया कि शायद काकपिट खुल जाये। पर कोई हरकत नहीं हुई। इंजीनियर ने लौटकर खबर दी कि शायद मैथ्यू खत्म हो गया। हमने तलाशी करवाई, पर कोई खबर नहीं मिली। दो हफ्ते बाद हमारी सेना रंगून में घुस गयी और कुछ दिन बाद, यानी 23 मई तक, जब हम मैदावेल हवाई क्षेत्र में तैनात थे—हमें एक संदेश मिला कि एक आदमी मिला है, जिसके शरीर पर कोई कपड़ा नहीं है। वह निश्चित रूप से भारतीय है, और पैराशूट में लिपटा हुआ है। भारतीय नौसेना के जहाज ने उसे डेल्टा क्षेत्र से उठाया है और उसे रंगून में रखा गया है। उसके शरीर पर पहचान का कोई चिह्न नहीं है। उसे सेना के अस्पताल में छोड़ दिया गया है। संभवतः वह हमारा आदमी है।

मैं तुरंत रंगून पहुँचकर सेना के अस्पताल गया और वहाँ अपने दोस्त मैथ्यू को पड़ा पाया। उसने बताया कि जब उसका विमान गिराया गया तो वह सदमे में था। उसकी पीठ, पसलियों और हाथों में बुरी तरह चोट लगी थी। वह काकपिट नहीं खोल सकता था और पानी को देख रहा था। उसे मालूम था कि वह समुद्र की दया पर है और बढ़ता ज्वार जल्दी ही उसे डुबो देगा। वह होश में नहीं था। करीब आधे घंटे बाद एक डोंगी आयी जिसमें एक अमेरिकी बैठा था। उसने हुड खोलकर मैथ्यू को बाहर निकाला, उसे डोंगी में रखा और छोटे द्वीप पर ले गया, जहाँ उसने मैंग्रूव के दलदल से घिरे एक इलाके में अपने लिए एक शिविर लगा रखा था। वह सीक्रेट सर्विस फोर्स का आदमी था, जिसे अमेरिकियों ने उस इलाके में जापानियों पर निगरानी के लिए तैनात किया था। उसके पास एक वायरलेस सेट था और वह इस बात की जानकारी रखता था कि कितने जापानी किस दिशा में जा रहे हैं। उसने देखा कि रॉयल एअरफोर्स (आर. ए. एफ.) के निशानवाले (उस वक्त आई. ए. एफ. का निशान नहीं होता था) एक विमान को मार गिराया जा रहा है। इसलिए उसने वहाँ पहुँचकर पॉयलट को बचाया और पाया कि वह भारतीय है।

मैथ्यू इतनी बुरी तरह जख्मी था कि उस अमेरिकी व्यक्ति ने उसे अपने कमरे में ले जाने के लिए कपड़े काट कर निकाले। उस वक्त उस अमेरिकी के पास लपेटने के लिए सिर्फ एक पैराशूट था, जिसे मैथ्यू ने शर्ट या चादर जो भी कहें, उस तरह पहन लिया। अमेरिकी व्यक्ति निगाह रखे हुए था और जब भारतीय नौसेना का एक जहाज गुजर रहा था तो उसने सिगनल दिया। जहाजवालों ने मैथ्यू को ले लिया। अमेरिकी ने उन्हें बताया कि ''मुझे अफसोस है कि मैं इन्हें पहचान नहीं सका, पर ये एक विमान में थे जो अब पानी में समा चुका है। जब ज्वार आया तब विमान कीचड़ में धँस चुका था, वह विमान को बहा ले गया।''

सामान्य तौर पर पैराशूट, पैराशूट विभाग को वापस कर दिया जाना था, लेकिन उस पर खून के इतने धब्बे थे और वह इतना क्षतिग्रस्त था कि उसने इसे अपने पास

ही रखना उचित समझा। मैथ्यू ने उसके तीन चौथाई हिस्से रख लिए और मैंने एक चौथाई। इतना मेरी एक शर्ट के लिए काफी था, जिसे मैंने कई वर्षों तक पहना। इस तरह से बचना और बचाया जाना वास्तव में एक चमत्कार ही था। साल के अंत में मैथ्यू इंडियन ऑयल में शामिल हो गया और जब उसका निधन हुआ तब वह जोधपुर (भारतीय वायुसेना का एक और बड़ा स्टेशन) में जिला प्रबंधक था। वह एक अच्छा इंसान था, मितभाषी लेकिन बेहतरीन पॉयलट, एक अच्छा साथी और एक अच्छा मित्र भी।

3 मई, 1945 को रंगून पर कब्जा कर लिया गया। हमारे स्क्वाड्रन के पास अब वहाँ कोई काम नहीं था। मई के अंत तक बारिश आ गयी 33वें कोर के जनरल आफिसर कमांडिंग ने हमें एक ट्रोफी और गुलचीन (पगोडा) का एक मॉडल दिया, जिस पर लिखा था : '33वें भारतीय कोर की तरफ से बर्मा अभियान में बेहतरीन मदद के लिए सर्वाधिक प्रशंसायुक्त धन्यवाद के साथ।' 221 ग्रुप के कमांडिंग अफसर एअर मार्शल विनसेंट स्क्वाड्रन-7 को बधाई देने स्वयं आये थे।

जब हम बर्मा से वापस भेजे गये तो सबसे पहले चटगाँव पहुँचे। उसके बाद युद्ध खत्म होने का इंतजार करते हुए पश्चिम में बलूचिस्तान क्षेत्र के क्वेटा गये। उसके बाद हम लाहौर पहुँचे, जहाँ स्क्वाड्रन के पास कोई काम नहीं था, इसलिए मलेरिया खत्म करने के लिए हमें डी. डी. टी. छिड़कने का काम सौंपा गया। हमने दिल्ली में भी कुछ छिड़काव किया, जहाँ तब भी मलेरिया संस्थान था और आज भी है। मैं समझता हूँ कि हमारे एक विमान ने मलेरिया संस्थान पर इतने असरदार ढंग से छिड़काव किया कि उससे मच्छरों के विकास-अध्ययन के लिए पिंजड़ों में पल रहे संस्थान के सारे लारवा भी मर गये। मुझे लगता है, उन्होंने उन्हें फिर तैयार कर लिया होगा। दूसरी टुकड़ी पेशावर गयी। पेशावर के आसपास जहाँ मलेरिया तेज था, पहले दिन के छिड़काव के बाद बंदूकों और हथियारों से लैस आदिवासियों की भारी भीड़ वायुसेना स्टेशन पर पहुँच गयी। उन लोगों ने यह कहते हुए कमांडिंग अफसर से मिलने की माँग की—"आप हमारे खेतों पर कुछ न छिड़कें।" मैंने उन्हें समझाया कि यह आपके भले के लिए है और वे मलेरिया खत्म करने की कोशिश कर रहे हैं। उन्होंने कहा, "हमें मालूम है कि आप हमें नपुंसक बनाने की कोशिश कर रहे हैं, ताकि हम ज्यादा बच्चे पैदा न कर सकें। आप इसे रोकिए, नहीं तो हम आपके विमान मार गिरायेंगे।" इस तरह वह छिड़काव रोक दिया गया।

लड़ाई खत्म हुई तो हम लोग लाहौर में ही थे। युद्ध के आखिरी जाड़े में, यानी दिसंबर 1944 से युद्ध के अंत तक, भारतीय वायुसेना के ज्यादातर स्क्वाड्रन बहुत

सक्रिय थे और अक्याब के आसपास प्रभावशाली थे, जहाँ जापानियों को हराने और उन्हें पूरब व पश्चिम दिशा में खदेड़ने में मित्र सेनाओं की पहल कामयाब रही। स्क्वाड्रन 2, 3, 4 और 9 यहाँ व्यस्त थे और 8 नंबर अपना नया स्पिटफायर्स विमान उड़ाते हुए फिर यहाँ आ पहुँचा। स्पिटफायर हरीकेन को–ताकत, गति, रेंज और शस्त्र-प्रणाली में काफी सुधार कर बनाया गया था और यह ब्रिटेन के युद्ध के नायकों में से एक था। मित्र राष्ट्रों की सेना, नौसेना और वायुसेना के साझा प्रयास की वजह से पहले वे तट से दूर रामरी और मेबन द्वीपों पर कब्जा कर सके। इससे सप्लाई लाइन को भारी मदद मिली और इस तरह मुख्य भूमि पर कदम जमाकर जापानियों को बाहर खदेड़ सके। रंगून हाथ से निकलने के बाद भी जापानियों के पास कुछ मोर्चे बचे हुए थे, जिन्हें खत्म करना था। नंबर-8 स्क्वाड्रन ने सेना को इस काम में मदद की। वह बर्मा छोड़ने वाला आखिरी स्क्वाड्रन था।

सांख्यिकी के हिसाब से कहा जाये तो "भारतीय वायुसेना के पॉयलटों ने 16000 उड़ानें भरीं, इनमें बर्मा के ऊपर 24000 सामरिक उड़ान घंटे खर्च किये गए।" इनमें 7219 उड़ान घंटोंवाली 4813 उड़ानें स्क्वाड्रन नंबर-1 के खाते में गयीं। यह काम इस स्क्वाड्रन के यहाँ 14 महीनों के प्रवास के दौरान किया गया। स्क्वाड्रन नंबर-7 अपने दूसरे सामरिक दौर में 26 मार्च, 1945 को बर्मा पहुँचा उसने अप्रैल में 1033 घंटे विमान उड़ाये और मई में 754 घंटे। अगर अप्रैल और मई के घंटों को जोड़ दिया जाये, तो केंद्रीय बर्मा मोर्चे पर किसी स्क्वाड्रन के मुकाबले इसने सबसे ज्यादा घंटे तक विमान उड़ाये और इनके विमानों की प्रयोज्यता अप्रैल में 97 फीसदी और मई में 99.43 फीसदी रही। विशेषकर उन कठिन परिस्थितियों में इसे एक महान् उपलब्धि कहा जा सकता है।

यदि वायुसेना तलवार है तो पॉयलट उसकी धार हैं। वे सबसे ज्यादा खतरे उठाते हैं और सबसे ज्यादा शोहरत पाते हैं। लेकिन उड़ान बहुत कुछ रख-रखाव पर निर्भर करती है और इस क्षेत्र में दो नाम महत्त्वपूर्ण हैं—नंबर-1 के हरजिंदर सिंह (बाद में अतिविशिष्ट मैडल) और स्क्वाड्रन नंबर-7 के भास्करन। वे खुद और जिस टीम का नेतृत्व कर रहे थे, वह टीम स्क्वाड्रन की उपलब्धियों के स्तर के लिए बहुमूल्य थी। लेकिन संपूर्ण युद्ध के प्रयासों में हजारों लोग ऐसे थे, जिन्होंने भारी योगदान दिया, पर गुमनाम रह गये। पर्दे के पीछे काम करनेवाले इन लोगों के बिना मुख्य अभिनेता अपना काम नहीं कर सकते थे। ये सारे लोग इंजीनियरिंग-यांत्रिकी या एअरोनाटिकल, इलेक्ट्रिकल, इलेक्ट्रानिक, सिगनल्स और राडार, उपकरण व स्टोर जैसे विविध क्षेत्रों में काम करने वाले थे। छोटे और बड़े हजारों ऐसे सामान पहुँचाये गये, जिनमें रोजमर्रा के इस्तेमाल की चीजों से लेकर सर्वाधिक आधुनिक खर्चीले व देश की रक्षा की तमाम वस्तुएँ थीं। प्रशासन, परिवहन और संचार; चिकित्सा-शाखा—युद्ध

क्षेत्र के डॉक्टर और नर्सिंग स्टाफ, आधार अस्पताल—सभी ने अपनी भूमिका निभाई। इनमें हर एक अपरिहार्य था और यह सेवा करनेवाले हर व्यक्ति ने यह काम पूरी विनम्रता से किया। महामहिम सम्राट की ब्रिटिश सरकार ने इस सेवा की प्रशंसा में 12 मार्च, 1945 को भारतीय वायुसेना के नाम को 'रॉयल' उपसर्ग प्रदान किया।

इस दौरान मैंने 1944 से 1945 के बीच करीब 210 घंटे सामरिक उड़ानें भरीं और सरकार ने यथासमय मुझे विशिष्ट उड़ान क्रॉस (डिस्टिंग्विश्ड फ्लाइंग क्रॉस) से सम्मानित करने का फैसला किया। उस स्मृति-चिह्न पर लिखा था :

> *स्क्वाड्रन लीडर लाल ने यथेष्ट संख्या में उड़ानें भरीं। वे एक स्क्वाड्रन के कमांडिंग अफसर हैं, जिसे इरावडी घाटी में 14वीं सेना की मदद के लिए तस्वीरें उतारने के टोही अभियान में लगाया गया था। उन्होंने असाधारण गुणों और प्रखरता का प्रदर्शन करते हुए दुश्मन की कठिन चुनौतियों के बीच खतरनाक उड़ानें भरीं। महत्त्वपूर्ण जानकारियाँ जुटाने के लिए वे अक्सर दुश्मन के क्षेत्र में काफी भीतर तक घुस जाते थे। अपने शांत स्वभाव और संकल्प के नाते स्क्वाड्रन लीडर लाल ने अपने सभी पॉयलटों के सामने अच्छा उदाहरण पेश किया।*

इसे पाकर मैं खुश हुआ, लेकिन जब मैं उस युद्ध में मारे गये दोस्तों को याद करता हूँ तो मेरा मन करता है, अगर वे वापस आ जाते तो मैं डी. एफ. सी. को खुशी-खुशी छोड़ देता।

भाग–दो

विकास के वर्ष

4 स्वतन्त्रता

युद्ध की समस्याएँ समाप्त होते ही शांति की समस्याएँ उठ खड़ी हुईं। उन दिनों इंडियन नेशनल आर्मी पर मुकदमा एक उत्तेजक घटना थी। यह भारतीय सेना का वह हिस्सा था जिसे पहले जापानियों ने युद्ध में बंदी बनाया था। किंतु बाद में वे एक देशभक्त और विवादास्पद व्यक्तित्व नेताजी सुभाषचंद्र बोस की प्रेरणा और नेतृत्व में बर्मा में अंग्रेजी फौजों के खिलाफ लड़ने को तैयार हो गये थे। उन्हें उम्मीद थी कि अंग्रेजी साम्राज्य को उखाड़ फेंकने और आजादी हासिल करने का यही तरीका है। अखबारों में जो नाम छपते थे वे शाहनवाज, ढिल्लो, सहगल और लक्ष्मी स्वामीनाथन के थे। लालकिला परिसर में उन्हें और उनके तमाम सहयोगियों को ठहराने के लिए तंबू लगाये गये थे। पंडित जवाहरलाल नेहरू और सर तेज बहादुर सप्रू जैसे नामी वकील बचाव के लिए खड़े हुए थे। आई. एन. ए. के काम को सही कहें या गलत, पर यह घटना झकझोर देनेवाली थी।

रक्षाबलों के ज्यादातर लोग आजीविका के सांसारिक व सामान्य कार्यों में लग गये थे। कई निजी विमान सेवाएँ गठित कर ली गयीं और वायुसेना के कुछ लोगों को उनमें नौकरियाँ मिल गयीं। वायुसेना के मुकाबले नागरिक उड्डयन में अधिक आय है जैसे व्यावसायिक समुद्री परिवहन में नौसेना की तुलना में ज्यादा आमदनी है। लेकिन संतोष की एक वजह यह भी होती है कि आप कौन-सा काम पसंद करते हैं, क्योंकि यह जरूरी नहीं कि हर व्यक्ति धन ही अधिक चाहता हो। कुछ लोगों को नागरिक उड्डयन का जीवन और उसकी कार्यशैली (या उसका अभाव) पसंद नहीं आयी तो वे पुनः वायुसेना में लौट आये। टेक्नीशियनों को कहीं और नौकरी मिलने में अधिक कठिनाई नहीं हुई। हम में से ज्यादातर लोगों ने स्थायी कमीशन पसंद किया और वह उन्हें मिल भी गया।

मेरे स्क्वाड्रन का समय समाप्त हो चुका था। वे दिन जीवन के अविस्मरणीय दिन थे। मैं वायुसेना मुख्यालय पर सैनिक प्रबंधन (मैनेजिंग) में तैनात किया गया। उस समय उस विभाग को इसी नाम से जाना जाता था। एक तरफ सैन्य विघटन चल रहा था, चूँकि युद्ध की मजबूरियाँ खत्म हो चुकी थीं इसलिए दीर्घकालीन और स्थायी मुद्दों को ध्यान में रखते हुए अति विशिष्ट भर्तियाँ ही की जा रही थीं। अगस्त, 1946 में मुझे पूर्वी भारत के लिए मुख्य अंतःसेवा भर्ती केंद्र का काम सँभालने के लिए कलकत्ता में तैनात किया गया।

अंतःसेवा भर्ती केन्द्र कार्यालय दक्षिण कलकत्ता की एक आलीशान इमारत में था। मैंने एक वरिष्ठ अंग्रेज अफसर से चार्ज लिया। जिसने मुझे संदेह और उपेक्षा की दृष्टि से देखा। मैंने सोचा अधिक उम्र का अनुभव नवयुवकों की अपरिपक्वता का अहसास कर लेता है। मैं तब सिर्फ 29 साल का था। नया कार्यालय भव्य था। पालिश की हुई एक बड़ी मेज, दीवारों से सटी--पूरे फर्श पर बिछी कालीन और ऊँची अलंकृत कुर्सी छोटे-मोटे सिंहासन जैसी लगती थी। मैं उन दिनों आमतौर पर बहुत खुश रहता था। संभवतः यह युद्ध के बाद के विश्राम-बोध और सुख के अनुभव का विस्तार था। चूँकि घरेलू मोर्चे पर कलकत्ता मेरा ससुराल का शहर था, इसलिए ससुराल में पूरा परिवार, उनके मित्र और सगे-संबंधी मेरे साथ काफी औपचारिक थे। हालाँकि उस समय तक मेरी पत्नी वहाँ नहीं पहुँची थी।

दफ्तर में पहले दिन मैं अपने स्टाफ के आने के इंतजार में था। अपनी कुर्सी थोड़ी-सी पीछे झुकाकर और झूलते हुए मैंने सोचा--'क्या मजे हैं।' उसी समय तीनों सेवाओं के मेरे तीन अधीनस्थ अफसर कमरे में आये और तीनों ने फुर्ती से मुझे सैल्यूट किया। तभी धड़ाम-से मैं कुर्सी सहित पीछे लुढ़क गया। मैं फर्श पर उत्तान गिरा था और चमचमाते जूतों के भीतर मेरे भद्दे पैर चमकती मेज से लग गये थे। सैल्यूट की मुद्रा में मेरे अधीनस्थ कुछ देर के लिए सकपका गये, वे तय नहीं कर पाये कि इस अप्रत्याशित स्थिति में क्या किया जाये। सहज रूप से दौड़कर वे मेज के पास आये और उन्होंने पकड़कर मुझे उठा लिया। बात बड़े अफसरों तक पहुँची और मुझे तुरंत वायुसेना मुख्यालय में वापस भेज दिया गया।

दिसंबर, 1946 में मुझे वरिष्ठ कमांडर कोर्स के लिए इंग्लैंड भेजा गया। कड़ाके की सर्दी थी, तेज बर्फ गिर रही थी, पानी की नालियाँ बर्फ से पट चुकी थीं। बैरक के ढीले-ढाले दरवाजे और खिड़कियाँ जाड़े के झंझावात से उखड़ गये थे और उनसे बर्फ अंदर गिर रही थी। ऐसे में पानी और ईंधन की कमी हो गयी थी। दरअसल युद्ध के बाद का इंग्लैंड भारी कीमत पर जीती गयी लड़ाई की मार से उबरने की कोशिश कर रहा था और वहाँ आमतौर पर रोजमर्रा के इस्तेमाल की चीजों की कमी थी। मेरे एक मित्र, रॉयल एअरफोर्स में अधिकारी थे, वे तीन दिन के निमंत्रण पर

सेले व हैमवर्ग देखने के लिए जर्मनी गये। जर्मनी में तैनात मित्र राष्ट्रों की सेनाएँ ब्रिटेन की सेना के मुकाबले विलासितापूर्ण जीवन जी रही थीं। जर्मनवासियों की स्थिति निश्चित रूप से वैसी न थी। चाकलेट जैसी सामान्य वस्तु का विनिमय मूल्य उसके वास्तविक मूल्य की तुलना में कहीं ज्यादा था। मैं स्वतंत्रता प्राप्ति के अवसर पर अपने घर लौट आया था।

इस दौरान चर्चिल को प्रधानमंत्री पद छोड़ना पड़ा, हालाँकि अपने देश को विजय उन्होंने ही दिलाई थी। लेबर पार्टी सत्ता में आयी और भारत की आजादी की लगातार बढ़ती हुई माँग को देखते हुए उन्होंने फरवरी, 1947 में ऐलान किया कि जून, 1948 तक भारत आजाद हो जायेगा। एक महीने के भीतर लार्ड लुई माउंटबेटन को भारत का अंतिम वाइसराय और गवर्नर जनरल नियुक्त किया गया। अगर लैरी कॉलिंस और डॉमिनीक लैपियर के शोध को गंभीरता से लिया जाये तो, लार्ड लुई ने 14/15 अगस्त, 1947 तक भारत को सत्ता सौंपने का फैसला मनमाने तरीके से ही नहीं, बल्कि हद से बाहर जाकर किया। कई लोगों ने सवाल उठाया था कि क्या भारतीय उपमहाद्वीप के विभाजन की उथल-पुथल में जो सावधानियाँ बरती जानी हैं, उनके आवश्यक इंतजाम के लिए साढ़े चार महीने का समय काफी है ? विभिन्न धर्मों, जातियों, पंथों और यदा-कदा राजनीति से प्रेरित संघर्ष के बावजूद प्राचीन काल से एक शरीर की तरह जीवित इस देश के अंगों, हड्डियों, मांसपेशियों और नसों को चीरकर अलग करना कोई आसान काम नहीं था। जैसा कि सभी जानते हैं, उसके बाद जो जनोन्माद उभरा, रक्तपात हुआ और जनसंख्या का सामूहिक पलायन हुआ, उस भयानक स्थिति की कल्पना पहले नहीं की गयी थी। भारतीय वायुसेना का अकेला परिवहन स्क्वाड्रन कुछ समय पहले डकोटा को लेकर गठित किया गया था। देश के हर उपलब्ध परिवहन साधनों से मिलकर उसने उस स्थिति में बेहतरीन योगदान दिया।

स्थिति को सँभालने के लिए तत्पर सरकार अभी तक अपना स्वरूप गठित नहीं कर पायी थी और न ही पकड़ बना पायी थी। हमारे यहाँ संसदीय शासन प्रणाली है जहाँ विकास, दिशा और सेना की नौकरियाँ जनता के चुने हुए प्रतिनिधियों के नियंत्रण में होते हैं। हमारे यहाँ नागरिक सत्ता की श्रेष्ठ स्थिति पर कभी सवाल नहीं किये गये। उच्च रक्षा संगठन, नागरिक सत्ता और उसके सैनिक उपक्रम का अंतरापृष्ठ है। मंत्रिमंडल सिर्फ संसद के प्रति जवाबदेह होता है। इस जवाबदेही की सीमा में, वह रक्षा-नीति निर्धारित करता है, सैनिक उद्देश्यों को परिभाषित करता है, सेना के गठन और रख-रखाव के लिए संसाधन प्रदान करता है। शुरुआती दिनों में यह दायित्व ब्रिटिश मॉडल पर बनी कैबिनेट की रक्षा-समितियों का था। बाद में, 1962 में चीन के साथ विवाद पैदा होने पर उसकी जगह कैबिनेट की एक बड़ी

आपातकालीन कमेटी गठित की गयी। राजनैतिक मामलों की समिति उसी की उत्तराधिकारी है। कमेटी की संरचना में कुछ हद तक फर्क आया लेकिन प्रधानमंत्री, रक्षामंत्री और वित्तमंत्री सभी कमेटियों में शामिल थे। जब सैनिक मामलों पर चर्चा होती थी तो चीफ्स ऑफ स्टाफ (सेना के तीनों अंगों के प्रमुख) मौजूद होते थे। सरकार के सर्वोच्च स्तर पर यही वह बिंदु हैं, जहाँ तीनों सेनाओं के प्रमुख सीधे देश के राजनेताओं की इच्छाओं और फैसलों से परिचित होते हैं।

कैबिनेट और सेना के बीच प्रमुख कड़ी के रूप में रक्षामंत्री हैं, जिनके सामने तीनों सेनाओं के अध्यक्ष ब्यौरे प्रस्तुत करते हैं। उनका सचिव एक वरिष्ठ लोक-सेवक होता है, जिसे रक्षा सचिव कहते हैं। रक्षा सचिव सेना में नीचे से ऊपर तक सभी स्तरों पर वित्त, प्रशासन और आपूर्ति के अनगिनत मामलों पर नज़र रखता है।

रक्षामंत्री और सैन्य सेवाओं के अध्यक्षों के संबंधों के दो आयाम हैं। रक्षामंत्री के प्रमुख सलाहकार होने के साथ सेनाध्यक्ष सेवा के समुचित प्रबंध और कुशलता के लिए उनके प्रति जवाबदेह होते हैं। इस तरह वे सलाहकार और प्रशासक का काम एक साथ करते हैं। ये भूमिकाएँ चीफ ऑफ स्टाफ कमेटी के काम में स्पष्ट होती हैं। कमेटी का काम सैनिक समस्याओं का अध्ययन और उसे हल करने के उपाय सुझाना है। एक बार सरकार के उपायों को मंजूरी देने पर कमेटी एक नियोजन और समन्वय इकाई बन जाती है। चूँकि अपनी सलाह और योजना के आधार पर उठाये गये कदम के लिए अध्यक्ष उत्तरदायी होते हैं, इसलिए इसे 'उत्तरदायी नियोजन' कहा जाता है। यह एक अच्छी परंपरा है, जिससे सैनिक विचारधारा में एक तरह का यथार्थवादी बोध पनपता है।

रक्षा सचिव के अलावा कैबिनेट के लिए एक सैनिक सचिव भी होता है। इस सचिवालय में तीनों सेनाओं के अधिकारी शामिल होते हैं।

चीफ ऑफ स्टाफ कमेटी के तहत 1962 के भारत-चीन-युद्ध तक संयुक्त खुफिया कमेटी काम करती थी। उसके बाद सुधार करके उसमें व्यापक प्रतिनिधित्व दिया गया और उसे कैबिनेट सचिवालय के सीधे नियंत्रण में लाया गया जहाँ उसे नागरिक सैनिक, आंतरिक और बाह्य--सभी के स्रोतों से खुफिया जानकारी मिलती है।

चीफ ऑफ स्टाफ के मातहत काम करनेवाली एक और समिति का नाम संयुक्त नियोजन समिति (जे. पी. सी.) था। इसमें वायु और नौसेना के परिचालन निदेशक, नीति और योजना निर्देशक भी थे। स्वतंत्र भारत के पहले तीन वायु सेनाध्यक्ष--एअर मार्शल सर थॉमस डब्ल्यू, एल्महर्स्ट के. बी. ई., सी. बी., ए. एफ. सी., सर रोनाल्ड आइमेलौ चैपमैन के. बी. ई., सी. बी., डी. एफ. सी., ए. एफ. सी. और सर जेरल्ड अर्नेस्ट गिब्स के. बी., सी. आई. ई. एम. सी--रॉयल एअरफोर्स के थे। हम

सौभाग्यशाली थे कि ऐसे योग्य, कर्तव्यनिष्ठ और अनुभवी लोग हमारे चीफ ऑफ एअर स्टाफ थे। सर थामस ने शुरू में ही स्पष्ट कर दिया था कि वायुसेना को थलसेना की सहायक की बजाय स्वतंत्र सेना के रूप में गठित करना है। हालाँकि वायु सेना दुनिया की पुरानी सेनाओं में से एक है। मार्च, 1954 तक उपवायुसेनाध्यक्ष मुखर्जी कमान में दूसरे नंबर पर थे। एअर कमोडोर ए. एम. इंजीनियर कार्मिक और संगठन के इंचार्ज बना दिये गये और एअर कमोडोर आर. एच. डी. सिंह, तकनीकी सेवाओं और उपकरण के नंबर एक इंचार्ज। परिचालन दल एअर कमोडोर मेहर सिंह के सक्रिय और समर्थ नेतृत्व में और बंगलूर का प्रशिक्षण दल एअर कमोडोर नरेंद्र के मातहत कर दिया गया।

अविभाजित भारतीय वायुसेना के दस महत्त्वपूर्ण स्क्वाड्रनों में से तीन पाकिस्तान को सौंप दिये गये। इसमें दो लड़ाकू विमानों के और एक परिवहन विमानों का। कराची, रिसालपुर, पेशावर, मिरानशाह, कोहाट, लाहौर (वाल्टन) जैसे महत्त्वपूर्ण स्टेशन पाकिस्तान के हिस्से में चले गये। ये वही स्टेशन थे जहाँ भारतीय वायुसेना अस्तित्व में आयी और कड़े प्रशिक्षण और अनुभव के साथ आगे बढ़ी, पहली बार यहीं उसे अपने जानी दुश्मनों से साबका पड़ा और उनके मुकाबले में उन्होंने भारी सफलताएँ हासिल कीं। भारतीय वायुसेना के सभी मुसलमान धर्मतंत्रीय राज्य में यकीन नहीं करते थे, जो अपने को असुरक्षित या सताया हुआ महसूस नहीं कर रहे थे, वे यहीं रह गये थे।

खंडित भारतीय वायुसेना को एक लड़ाकू बल में परिवर्तित करने का दायित्व एअर मार्शल एल्महर्स्ट पर आया, हालाँकि उस समय वायुसेना बहुत छोटी थी और इसे सुधारने का मौका मिलने से पहले ही उन्हें एक लड़ाई और लड़नी पड़ी।

5 कश्मीर 1947–48
पहला दौर

भारत में ब्रिटिश राज के अलावा छोटी-बड़ी 565 रियासतें भी थीं। इनमें कुछ वर्गमील से लेकर हजारों वर्गमील के क्षेत्रफल वाली रियासतें थीं। इनमें उन छोटे सरदारों, राजाओं और महाराजाओं का शासन-कुशासन था, जिनकी अंग्रेजों से विशेष संधि थी। अंग्रेजों ने हर रियासत में अपने राजनैतिक प्रतिनिधि नियुक्त किये थे। जब भारत आजाद हुआ तो संधियाँ रद्द कर दी गयीं और रियासतों को भारत या पाकिस्तान में से किसी एक देश में शामिल होने का विकल्प दिया गया। सरदार वल्लभ भाई पटेल राजनेता ही नहीं थे बल्कि चतुर, दूरदर्शी और योग्य राजनीतिज्ञ भी थे। भौगोलिक स्थितियों के अनुसार उन्होंने ज्यादातर रियासतों को भारत में शामिल होने के लिए सहमत कर लिया। लेकिन कश्मीर, हैदराबाद और जूनागढ़ की तीन रियासतें ऐसी थीं जो किसी **डोमिनियन** में शामिल होने को तैयार नहीं थीं।

जम्मू-कश्मीर के शासक महाराजा हरिसिंह हिंदू थे, लेकिन उनके राज्य में मुसलमान बहुसंख्यक थे। संभवतः स्वतंत्र राज्य बनने की मिथ्याभिमानी और गैरवास्तविक महत्वाकांक्षा के कारण वे अंतिम समय तक दुविधा में रहे।

जैसी कि उम्मीद थी, पाकिस्तान की एक नज़र कश्मीर पर टिकी थी। कश्मीर पर सैनिक आक्रमण करने के बजाय पाकिस्तान ने जेहाद के आह्वान के साथ 15,000 कबाइली पठानों को भेजा। वे नैसर्गिक रूप से युद्धानुरागी थे और या तो दूसरों से लड़ते थे या आपस में ही लड़ते रहते थे। पाकिस्तान ने इस अभियान का खर्च उठाया, कबाइलियों को आधुनिक हथियार दिये, पाकिस्तानी सेना ने उन्हें प्रशिक्षित किया और किंचित् नेतृत्व प्रदान किया। 1947 के सितंबर और अक्तूबर के शुरुआती दिनों में लड़ाई की तैयारियाँ चलती रहीं। इसका नाम ऑपरेशन गुलमर्ग

रखा गया और इसका नेतृत्व जेबेल तारिक के छद्म नाम से मेजर जनरल अकबर खान ने किया। जेबेल तारिक मोरक्को की भाषा में जिब्राल्टर का असली नाम है। अक्तूबर के तीसरे हफ्ते तक यह दस्ता कश्मीर में घुस आया था। पाकिस्तानी सेना के कमांडिंग इन चीफ मेजर जनरल डगलस ग्रेसी ने भारतीय सेना के कमांडिंग इन चीफ लेफ्टिनेंट सर रॉब लॉकहार्ट को इस घटना की जानकारी 24 अक्तूबर को दी। लेफ्टिनेंट जनरल लॉकहार्ट ने वायसराय लार्ड लुई माउंटबेटन को इसकी सूचना दी। इस जानकारी को प्रधानमंत्री जवाहरलाल नेहरू तक पहुँचने में छह घंटे लग गये। एक-एक घंटे की देरी भारत के लिए भारी पड़ रही थी और कार्रवाई का समय हाथ से निकलता जा रहा था। 23 अक्तूबर को मुजफ्फराबाद पर हमला करके उस पर कब्जा कर लिया गया। 24 तारीख तक हमलावर बारामूला यानी श्रीनगर से 35 किलोमीटर पश्चिम तक पहुँच चुके थे। उन्होंने महुरा के पावर हाउस से श्रीनगर की बिजली काट दी और इस तरह राजधानी में अंधेरा छा गया।

स्वतंत्र कश्मीर के बारे में महाराजा का भ्रम दूर हो गया। उनकी रियासती फौजें हमले को रोक पाने में पूरी तरह नाकाम थीं। उन्हें यह दुखद खबर दशहरा दरबार में मिली। 24 अक्तूबर को देर रात उन्होंने भारत सरकार से मदद माँगी। लेकिन जब तक वे कश्मीर का भारत में विलय नहीं करते, कानूनन यह मदद दी नहीं जा सकती थी। राज्यों के मामले में सरदार पटेल के सुयोग्य सहायक वी. पी. मेनन को अगली सुबह श्रीनगर भेजा गया। उनके साथ कर्नल के. एस. काटोच, विंग कमांडर एच. सी. दीवान भी थे। उन्हें स्वयं स्थिति का आकलन करना था। महाराजा ने 26 अक्तूबर को अधिमिलन पत्र पर हस्ताक्षर किये और श्री मेनन ने महामहिम हरिसिंह को श्रीनगर से जम्मू चले जाने का सुझाव दिया।

पंजाब के मैदानी इलाके से कश्मीर जानेवाली अच्छी सड़क पाकिस्तान में पड़ती थी। यह सड़क रावलपिंडी से शुरू होकर चीड़ों से ढंकी पहाड़ियों के बीच से मरी कोहाला, उड़ी, बारामूला होते हुए झेलम के ऊपर डोमेल की ढलान से गुजर कर श्रीनगर पहुँचती थी, जबकि जम्मू होकर जाने वाली भारतीय हिस्से वाली सड़क अच्छी नहीं थी। बनीहाल दर्रे की सुरंग तो 1955 में बनी। इसलिए सड़क के रास्ते सेना भेजने में बहुत समय लगता। खतरे का मुकाबला जल्दी से जल्दी किया जाना था। दरअसल उससे तुरंत निपटा जाना था। इसलिए विमानों की मदद से सेना भेजने के अलावा कोई चारा नहीं था। किंतु यह कार्य भी आसान नहीं था, क्योंकि श्रीनगर और जम्मू दोनों जगहों पर महाराजा के छोटे और हल्के निजी विमानों के लिए बनी हवाई पट्टियाँ छोटी और ऊबड़-खाबड़ थीं। वहाँ विमानों के मार्ग-निर्देशन या उतरने में मदद की भी कोई व्यवस्था नहीं थी, दुर्घटना-परिचारक नहीं थे और न ईंधन भरने की समुचित व्यवस्था थी। ऊँची पहाड़ियाँ अक्सर बादल या कुहासे से घिरी रहती थीं।

इन्हीं से होकर कम ऊँचाई पर उड़ने वाले डकोटा को गुजरना था। जितनी बार विमान उड़ता और उतरता, उतनी बार धूल उठती और धुंध छा जाती। स्थिति से निपटने के लिए भारी संख्या में सेना और हथियारों की जरूरत थी, जिसका मतलब था कि धूल का गुबार बैठने से पहले जल्दी-जल्दी उड़ानें भरी जायें। रन-वे को दुर्घटना की आशंका से मुक्ति नहीं मिलने वाली थी, क्योंकि इससे उड़ानों में अनिश्चितकालीन देरी हो जाती। दुश्मन पाँच मील दूर था। भारत सरकार तथा जम्मू और कश्मीर की सरकार विश्वास के साथ यह कहने की स्थिति में नहीं थी कि दुश्मन हवाई अड्डे पर नहीं पहुँच पाया है। अभियान के पहले दिन, यानी 27 तारीख को 28 उड़ानें भरी गयीं। सबसे पहले जो टुकड़ी श्रीनगर पहुँची वह लेफ्टिनेंट कर्नल दीवान रंजीत राय के नेतृत्व में पहली सिख रेजीमेंट की टुकड़ी थी। रंजीत राय और उनके सैनिकों ने आक्रमणकारियों को बारामूला से श्रीनगर की तरफ बढ़ने से रोकने की कोशिश की। लेकिन यह देर से की गयी कार्रवाई थी। रंजीत राय लड़ाई में मारे गये और पुनर्गठन के लिए उनकी सेना को श्रीनगर वापस होना पड़ा।

ब्रिगेडियर एल. पी. सेन, डी. एस. ओ. की 161 नंबर की पूरी ब्रिगेड पाँच दिन में विमानों से कश्मीर पहुँचा दी गयी। डकोटा ने परिवहन विमान का काम किया और लड़ाकू एवं लड़ाकू बमवर्षक विमान स्पिटफायर्स, टेम्पेस्ट और यहाँ तक कि हार्वर्ड ने भी उस दौरान साल भर सेना को ठोस मदद पहुँचाई। एअरलाइंस, उसके पालयट, चालक दल और तकनीशियनों की भी सैनिकों को पहुँचाने में मदद ली गयी और उन्होंने शानदार काम किया। एअर मार्शल एल्महर्स्ट इस इमरजेंसी अभियान के केंद्र में थे और एअर कमोडोर मेहर सिंह सामरिक दल (ऑपरेशन ग्रुप) के प्रमुख थे। उड्डयन के इतिहास में इस उपलब्धि के टक्कर की बहुत कम घटनाएँ हैं। स्पिटफायर्स का रेंज सीमित होने के कारण उसके लिए कश्मीर के बाहर स्थिति हवाई पट्टी से उड़कर काम पूरा कर पाना मुश्किल था। हार्वर्ड के साथ इससे भी ज्यादा मुश्किल थी। इसलिए इन दोनों विमानों को अपना अड्डा श्रीनगर में ही बनाना था। ईंधन भरना बड़ी समस्या थी, कभी-कभी डकोटा से ईंधन निकालकर लड़ाकू विमानों में भरा जाता था। उसके बाद रख-रखाव की एक यूनिट श्रीनगर की हवाई पट्टी पर गठित की गयी। टेम्पेस्ट विमान अंबाला या अमृतसर से उड़ान भरकर भी ज्यादा कुशलता से काम कर रहे थे।

3 नवंबर को श्रीनगर के विमानन क्षेत्र के निकट निर्णायक युद्ध हुआ। वहाँ दुश्मनों ने अचानक हमला कर दिया था। वे संख्या में बहुत ज्यादा थे। कुमाउँनी बटालियन के एक कंपनी-कमांडर मेजर शर्मा मारे गये। इसके बाद स्पिटफायर्स सेना की मदद के लिए आये। उन्होंने हवाई अड्डे की रक्षा की और हार से बचाया। कबाइली समूह और पाकिस्तानी पीछे हट गये। अगले दिन श्रीनगर से दक्षिण-पश्चिम

बदगाम में घनघोर लड़ाई हुयी। सेना और वायु सेना ने मिलकर यह लड़ाई लड़ी। वायु सेना ने ब्रिगेड कमांडर के नक्शे का इस्तेमाल किया। सात तारीख तक बख्तरबंद टुकड़ी भी सड़क के रास्ते श्रीनगर पहुँच गयी। फिर हमारी सेना ने धावा बोला और श्रीनगर बारामूला उड़ी रोड पर आगे बढ़ गयी। असली लड़ाई शैलातेंग के पास हुई। बारमूला 8 को और उड़ी 13 तारीख को जीत लिया गया। हालाँकि इस तारीख के बाद भी इस सीमाई इलाके पर दुश्मनों का कब्जा था। हर कदम पर थल सेना वायु सेना की मदद ले रही थी--टोह लगाने और लड़ने में भी विमान राकेट, बंदूकों और बमों का प्रयोग कर रहे थे।

कश्मीर में पाकिस्तान का पहला हमला यानी 'पहला दौर' काफी सोच-विचार कर तैयार किया गया था और उसके अचानक किये जाने का फायदा भी था। यह एक साथ तीन तरफ से किया गया हमला था। एक हमला डोमेल-कोहाला-उड़ी-बारामूला-श्रीनगर के मुख्य मार्ग से किया गया। दूसरा हमला पुंछ के दक्षिण पाकिस्तान के सीमाई क्षेत्र कोटली झंगर, नौशेराँ, राजौरी, मीरपुर और भींबर में हुआ। तीसरा पुंछ के उत्तरी-पश्चिम में रावलकोट में हुआ। इनमें से कुछ इलाकों में पश्चिमी पंजाब से आये शरणार्थी भी थे। शायद जेहाद से पुण्य कमाने के भाव से और लूट के लालच में कुछ स्थानीय निवासियों ने पाकिस्तान का साथ दिया। आध्यात्मिक और लौकिक उपलब्धियों को एक साथ पाने का यह अच्छा तरीका था। रियासत की सेना के कुछ मुसलमानों ने भी, जिन पर महाराजा को काफी विश्वास था, गद्दारी करते हुए अपने हिंदू भाइयों को मार डाला।

पहल और अचानक हमला करने के अलावा पाकिस्तान को उसके मुख्य अड्डे की तरफ से उसकी सड़कों का लाभ भी मिल रहा था। उनकी रणनीति उन जगहों को घेरकर अलग-थलग कर देने, रियासत की रक्षक सेना और हिंदू आबादी का सफाया करने और फिर उस पर कब्जा करने की थी। सिर्फ राजौरी में 12 नवंबर को 30,000 लोगों की सामूहिक हत्या कर दी गयी। इस रणनीति से भारतीय सेना और राज्य बल को राजधानी और कश्मीर की मुख्य घाटी से अलग रखने का उनका दोहरा मकसद भी पूरा हो रहा था। उन घिरी हुई जगहों पर वायु सेना को दुश्मन से लड़ने के साथ-साथ गोला-बारूद और जरूरत के अन्य सामान की सप्लाई भी करनी थी। दुश्मनों ने रावलकोट जीत लिया। मीरपुर और कोटली अनिश्चित और निराशाजनक स्थिति में फँस गये थे। इस दौरान श्रीनगर-बारामूला-उड़ी-डोमेल मुख्य मार्ग पर लड़ाई जारी थी। मध्य नवंबर तक भारतीय सेना यहाँ अपनी फौजें भेजने और दुश्मन से मुकाबला करने की स्थिति में आ गयी थी।

तीन नवंबर को कबाइलियों और पाकिस्तानियों ने पुंछ के दक्षिण में मंधार नामक जगह पर एक लड़ाई जीत ली। उनका अगला निशाना हाजी पीर दर्रे के

दक्षिण में स्थित पुंछ था।

लेफ्टिनेंट कर्नल प्रीतम सिंह पुंछ पहुँचने में कामयाब तो हो गये, लेकिन आसपास की पहाड़ियों पर मोर्चा जमाये बैठा दुश्मन बेहतर स्थिति में था। पुंछ भींबर, मीरपुर, राजौरी, कोटली में धार के उत्तर, श्रीनगर के दक्षिण-पश्चिम और बाग के दक्षिण-पूर्व में स्थित है। पूरे कश्मीर में यहाँ सबसे लंबी घेराबंदी और लड़ाई हुई और यहीं सेना व वायुसेना के साहस और दृढ़ता की परीक्षा हुई।

दिल्ली में सर्वोच्च नियोजन इकाई कैबिनेट की रक्षा समिति के सदस्य जनरल सर रॉब लॉकहार्ट, लेफ्टिनेंट जनरल रसेल, दिल्ली और पंजाब के जनरल आफिसर कमांडिंग-इन-चीफ ने पुंछ की स्थिति को बेकाबू जानकर उसके खाली करने का सुझाव दे दिया। पंडित जी डटे हुए थे कि पुंछ दुश्मन के हाथों में नहीं जाने देना है, लेकिन दो ब्रिटिश जनरलों का कहना था कि पुंछ की हिफाजत आत्मघाती होगी। यह असाधारण स्थिति थी। इस अभियान के दौरान सेना की कमान और नियंत्रण देख रहे सेना के कमांडर-इन-चीफ, जनरल सर रॉब लॉकहार्ट यह फैसला करते थे कि सेना को जम्मू-कश्मीर में क्या करना चाहिए, पर उन्हें राज्य में कदम नहीं रखने दिया गया।

दरअसल पुंछ में कोई विमानन क्षेत्र नहीं था, बल्कि कोई हवाई पट्टी तक नहीं थी। इसलिए हथियार, कारतूस, खाना और दवाइयाँ सब विमानों से गिराना पड़ता था और यह काम सिर्फ सेना के लिए ही नहीं, वहाँ के 40,000 शरणार्थियों के लिए भी करना पड़ रहा था। एक और दिक्कत थी, उन तमाम कीमती और जरूरी चीजों का एक हिस्सा खो जाता था क्योंकि उस प्रतिबंधित क्षेत्र में जितनी चीजें गिराई जाती थीं सब ढूँढ़ी नहीं जा सकती थीं। ऐसी स्थिति में लेफ्टिनेंट कर्नल प्रीतम सिंह ने एक हवाई पट्टी बनानी शुरू की, जिस पर डकोटा उतर सके। हालाँकि इतने बड़े काम के लिए उनके पास कोई यांत्रिक उपकरण नहीं था, लेकिन शरणार्थियों की मदद से सेना के जवानों ने जम्मू और कश्मीर मिलिशिया परेड ग्राउंड पर एक हवाई पट्टी बनाने में सफलता प्राप्त कर ली। यह 600 गज लंबी थी और इसे बनाने में छह दिन लगे। इस दौरान वायु सेना के लड़ाकू विमानों ने इस इलाके के चारों तरफ चौकसी बनाये रखी, ताकि दुश्मन काम में दखल न दे सके। दिसंबर के दूसरे हफ्ते में जब पट्टी बनकर तैयार हो गयी तो साहसी और कुशल पायलट एअर कमोडोर मेहर सिंह ने उस पर पहला डकोटा उतारा। उनके साथ एअर वाइस मार्शल सुब्रतो मुखर्जी थे और भारी मात्रा में आवश्यक आपूर्ति भी। यह छोटी हवाई पट्टी एक पहाड़ी के समतल शिखर पर थी। उसके तीन ओर नदियाँ बह रही थीं और चौथी ओर खड़ी चट्टान थी। वहाँ पहुँचने का रास्ता भी ढलान वाला था, इसलिए वहाँ सुरक्षित उतरने के लिए कुशल और सतर्क उड़ान की जरूरत थी। उन्हें चारों तरफ फैले दुश्मनों को छकाकर

और डकोटा को छलनी कर देने वाले उनके निशाने से बच कर उतरना होता था। 12 नंबर के स्क्वाड्रन के पायलटों ने वास्तव में यह काम बहुत अच्छे ढंग से किया। वे एक दिन या एक हफ्ते के लिए नहीं, बल्कि साल भर उड़ान भरते रहे। पहले हफ्ते में तो वे प्रतिदिन एक दर्जन उड़ानें भरते थे। लौटते वक्त वे हताहतों और शरणार्थियों को बाहर निकालते थे।

वहाँ सबसे पहले उतारी जाने वाली चीजों में पहाड़ी बंदूकों की खेप थी। लेकिन दुश्मन जल्दी ही लंबी दूरी तक मार करने वाली फील्ड गनें ले आया। इसलिए मार्च के मध्य तक लेफ्टिनेंट कर्नल प्रीतम सिंह ने 225 पाउंडर बंदूकों की माँग की। इन बंदूकों को ला रहे डकोटा को दिन में उतारना काफी जोखिम भरा था, क्योंकि दुश्मन चारों तरफ से हवाई पट्टी पर बमबारी की तैयारी में था हालांकि यह काम दिन में बहुत मुश्किल नहीं था, लेकिन एअर कमोडोर मेहर सिंह ने फैसला किया कि लालटेनों के सहारे विमान रात में उतारा जायेगा। जमीन पर सेना के हर व्यक्ति ने इस काम में सहयोग दिया और वे कामयाब रहे। इस सिलसिले में जो नाम मैं विशेष रूप से याद करता हूँ वे हैं स्वर्गीय विंग कमांडर के. एल. भाटिया (पूर्व में 7 स्क्वाड्रन से संबद्ध और आगरा की परिवहन विंग के कमांडिंग अफसर), फ्लाइंग अफसर एल. एस. ग्रेवाल और स्क्वाड्रन लीडर डी. ई. पुशोंग। एअर कमोडोर मेहर सिंह की कल्पनाशील आविष्कारिता से पाँच डकोटाओं में संशोधन कर उन्हें बम ले जाने लायक बना दिया गया। इस तरह का काम पहले स्क्वाड्रन लीडर के. के. मजूमदार ने बर्मा अभियान के दौरान किया था। (बाद में यही काम ए. एन. 12 के साथ 1971 में किया गया।) मेहर बाबा और विंग कमांडर एम. एम. इंजीनियर व एच. एस. मुलगांवकर को महावीर चक्र दिया गया। विंग कमांडर के. एल. भाटिया को वीर चक्र से सम्मानित किया गया और क्रमशः स्क्वाड्रन नंबर 7 और नंबर 10 को संचालित करने वाले स्क्वाड्रन लीडर एस. बी. नरोन्हा और जफर शाह को भी वीर चक्र से सम्मानित किया गया। आखिरकार नवंबर 1948 के अंत तक भारतीय सेना ने पुंछ की घेराबंदी तोड़ दी।

कश्मीर अभियान की रणनीति काफी जटिल थी। यहाँ एक साथ कई मोर्चों पर कार्रवाई चल रही थी, इसलिए उनके बारे में सिलसिलेवार बता पाना मुश्किल है। जिस दौरान लंबा 'पंचिंग ऑपरेशन' चल रहा था, उसी दौरान कई और लड़ाइयाँ भी लड़ी जा रही थीं। दिसंबर 1947 में सेना और वायुसेना ने छंब के संवेदनशील इलाकों (जिन्हें बाद में भारत-पाक युद्ध के दौरान पाकिस्तानी हमलों की मार झेलनी पड़ी।) को खाली करा लिया। जाड़े में ऊपर वर्णित तमाम जगहों पर युद्ध छिड़ गया। 1948 की जनवरी के अंत और फरवरी की शुरुआत में नौशेरों के पास ब्रिगेडियर मोहम्मद उस्मान के नेतृत्व में दुश्मन की बड़ी फौज से लोहा लेना पड़ा। हमेशा की तरह

वायुसेना ने पूरी मदद की। यह लड़ाई भारतीयों ने जीत ली। दुर्भाग्य से बाद में 3 जुलाई को झांगर में एक कार्रवाई में ब्रिगेडियर उस्मान शहीद हो गये।

जाड़े के आखिरी दिनों में एक और अभियान के तहत दुश्मन के मुख्यालय मुजफ्फराबाद पर दोतरफा हमला किया गया। एक हमला उत्तर में तिथवाल से होकर किशनगंगा घाटी के बगल में और दूसरा श्रीनगर-डोमेल मुख्य मार्ग के बगल में थोड़ा दक्षिण की तरफ से किया गया। हमारी सेना ने एक महीने में तिथवाल पर कब्जा कर लिया। लेकिन मुख्य सड़क के नीचे दूसरी टुकड़ी अपने मकसद में नाकाम रही।

थोड़ा और उत्तर की तरफ पाकिस्तानियों ने थोड़े समय के लिए किशनगंगा घाटी के गुरेज़ पर कब्जा कर लिया, लेकिन जून तक भारतीय सेनाओं ने इसे वापस ले लिया। बाद में वायु सेना गिलगिट विमानन क्षेत्र पहुँची और कार्रवाई के दौरान वहाँ वायरलेस स्टेशन कायम किया गया। इसी तरह सेना ने इसी क्षेत्र के चिलास हवाई अड्डे पर भी अपनी छाप छोड़ी।

कश्मीर घाटी के पूर्व में लद्दाख जिला है, जिसका मुख्यालय सिंधु नदी के किनारे लेह में है। हरी-भरी घाटी के विपरीत यह इलाका वनस्पतिहीन और बांगर जैसा है। देखने में यह चन्द्रमा का कोई हिस्सा लगता है। कुछ इलाके की चट्टानें असाधारण सुंदर रंग लिए हुए हैं। हल्के पीले, बैंगनी या सुर्ख लाल रंग की इन चट्टानों का रंग संभवतः उनके खनिज अवयवों की वजह से ऐसा है। वहाँ खेती सिर्फ नदी के किनारे ही संभव है, जहाँ छोटे गाँव फसलें और फल पैदा करते हैं। इनमें खुबानी मुख्य है। यहाँ के निवासियों का मुख्य धर्म बौद्ध है। इसके गवाह बौद्ध कला का बहुमूल्य खजाना सहेजे वहाँ के हेमिस, लेह के गुम्पा तथा कारगिल और लेह के बीच का मशहूर लामाचारू बौद्ध विहार। उस समय रियासत की जो थोड़ी-बहुत फौजें उत्तर की बालतिस्तान जैसी जगहों पर थीं, वे अपनी चौकियाँ खाली करके दक्षिण की तरफ लेह में आ गयी थीं।

24 मई को 19वीं डिवीजन के जी. ओ. सी. मेजर जरनल के. एस. थिमैया को साथ लेकर मेहर बाबा ने 24,000 फुट ऊँची पहाड़ी पार कर ली। अपने पुराने डकोटा के सहारे, जिसमें बर्फ साफ करने, दबाव बढ़ाने की कोई व्यवस्था नहीं थी और बिना किसी मार्गदर्शक चित्र के मेहर बाबा समुद्र तल से 11,500 फुट की ऊँचाई पर लेह पहुँच गये और एक लद्दाखी इंजीनियर एस. नारबू द्वारा बनाई गयी कामचलाऊ हवाई पट्टी पर उन्होंने अपना विमान उतारा। यह बात जाहिर हो चुकी थी कि भारतीय सेना को अगर आपातकालीन ठिकाने पर हथियार, उपकरण, भोजन, कपड़े, दवाइयाँ तम्बू और अन्य जरूरी सामान के साथ समय पर पहुँचना है तो फिर

से विमानों का सहारा लेने के अलावा और कोई रास्ता नहीं है। अलगे तीन दिनों तक मौसम खराब रहा। लेकिन 28 मई को स्क्वाड्रन नंबर-12 ने अपना काम शुरू कर दिया।

इतनी ऊँचाई नंगे पहाड़ और विरल हवा—युद्ध के लिए यह एकदम सब नया था। लड़ाई की तो बात छोड़िए, जब तक आप उस वातावरण के अभ्यस्त न हो जायें वहाँ साँस लेना, खाना और सोना तक मुश्किल था। ऑक्सीजन की कमी से भूख, निद्रा और ऊर्जा की कमी हो गयी थी। इतनी ऊँचाई पर फेफड़ों में पुलमोनरी ओडेमा भी हो सकता था, जो एक नया जोखिम था। लेकिन दुश्मन जब तक दिखाई पड़े, हमारी सेना उसके लिए तैयार थी। पाकिस्तानी परास्त होकर पीछे हट गये। लेकिन वे जोजीला दर्रे में जम गये। जब तक उन्हें वहाँ से नहीं हटाया जाता, श्रीनगर-लेह के बीच का सड़क संपर्क टूटा ही रहता। श्रीनगर से दर्रे तक और उससे आगे की सड़क काफिलों के आने-जाने के लिए पुरानी सड़क थी। टैंकों के साथ वहाँ पहुँची सेना की टुकड़ी ने इस मार्ग को सुधारा, लड़ाई लड़ी गयी, दुश्मन को भगाया और दर्रे का रास्ता साफ किया। नवंबर तक भारतीय सेना ने द्रास और कारगिल पर कब्जा कर लेह तक की पूरी सड़क को साफ कर दिया। इस दौरान वायुसेना, थलसेना की मदद के लिए वहाँ हर वक्त मौजूद थी। वह जरूरत का सामान गिरा रही थी, बमबारी, गोलाबारी कर रही थी और संक्षेप में सेना के साथ जहाँ भी और जब भी जरूरी हुआ, युद्ध में पूरा साथ दे रही थी। अगर वायुसेना न होती तो कश्मीर युद्ध की कहानी कुछ और ही होती। इसके अलावा हमें विंग कमांडर एम. एम. इंजीनियर जैसे लोगों के दोस्ताना व्यवहार के प्रति शुक्रगुजार होना चाहिए कि सेना की विभिन्न सेवाओं में अच्छे संबंध बने रहे। सेना को मई, 1948 में विमान से लेह पहुँचाने की घटनाओं का सिलसिला उन्हीं के शब्दों में अच्छी तरह जाना जा सकता है।

> *1958 में श्रीनगर घाटी में वसंत शुरू हो रहा था। सेना के पास दो गोरखा बटालियनें थीं जिन्हें जम्मू और कश्मीर डिवीजन के जी. ओ. सी. जनरल कलवंत सिंह ने स्काडू की रक्षक सेना को मोहलत देने के लिए पहले ही भेज दिया था। लद्दाख में सिंधु घाटी के ऊपरी इलाके में स्थित यह कस्बा किले के भीतर बसा है।*
>
> *दुर्भाग्यवश स्काडू के करीब समतल इलाकों तक पहुँचने से पहले ही दोनों गोरखा प्लटूनों पर घात लगाकर हमला कर दिया गया। स्काडू किले का मोर्चा संभाले रियासती सेना के कर्नल ने महसूस किया कि गोरखा प्लटून तो रास्ते में खत्म कर दी गयी और द्रास दर्रे से घुसपैठियों को हटाकर रास्ता खोले बिना श्रीनगर से कुमुक नहीं पहुँच सकती। दर्रे को साफ करने का यह अभियान तभी चल सकता था जब जोजिला दर्रा खुला हो। रक्षक*

सेना के कमांडर ने सोचा कि अगर किले को आक्रमणकारियों ने घेर लिया तो उन्हें पानी या अन्य चीजों की आपूर्ति नहीं हो सकती।

अपनी नियति का अहसास करते हुए उन्होंने तेजी से किले के बगल में अच्छे मौसम में इस्तेमाल हो सकने वाली एक हवाई पट्टी बना डाली। उन्हें उम्मीद थी कि यहाँ डकोटा कुमुक और आपूर्ति के साथ उतर सकते हैं।

रक्षक सेना के कमांडर की तरफ से आपातकालीन वायरलेस संदेश मिला। उन्होंने वायुसेना से अनुरोध किया कि इससे पहले कि किला आक्रमणकारियों से घिर जाये, वे यहाँ डकोटा से पहुँचें। सामरिक दल के एअर आफीसर कमांडिंग एअर कमोडोर मेहर सिंह का कहना था कि 9,500 फुट ऊँची हवाई पट्टी से डकोटा मार्क-III कैसा काम करता है, उन्हें यह जानकारी नहीं है। इसके अलावा चालक दल और यात्रियों के लिए ऑक्सीजन भी नहीं है। विमान की सीमित क्षमताओं को देखते हुए मेहर सिंह ने स्काड़ू को बचाने का प्रयास उचित नहीं समझा, हालांकि प्रधानमंत्री जवाहरलाल नेहरू के पास भी मदद के लिए आपातकालीन संदेश भेजे गये।

मेहर सिंह इस इलाके में उड़ने वाले टेम्पेस्ट लड़ाकू बमवर्षकों से सप्लाई गिराने को राजी हो गये। किले पर सप्लाई कनस्तर गिराए गये। कुछ सामान तेज हवा के कारण किले से बाहर गिर गया। लेकिन हमें यह नहीं पता चल पाया कि क्या उन्हें दोबारा हासिल किया जा सका या नहीं। फिर भी इस बात में काफी शक था कि क्या रक्षक सेना का काम टेम्पेस्ट विमान से गिराये गये सामान से ही चल सकता था।

किले के कमांडर ने आखिरकार आक्रमणकारियों के आगे हथियार डाल दिये। बाद में हमें पता चला कि रक्षक सेना युद्ध बंदी बनाकर पाकिस्तान भेज दी गयी। स्काडू पर कब्जा करने के बाद हमलावरों ने लद्दाख की राजधानी लेह जाने का फैसला किया। उसके थोड़ी देर बाद ही एक छोटी टुकड़ी को पहाड़ी तोपों के साथ लेह रवाना कर दिया गया।

इस बीच जम्मू और कश्मीर में सेना को दो डिवीजनों में पुनर्गठित किया गया : श्रीनगर डिवीजन और जम्मू डिवीजन। जनरल थिमैया को श्रीनगर डिवीजन की कमान दी गयी और उनका मुख्यालय बारामूला रखा गया। उनकी पहली वरीयता लेह को बचाने की थी। वे इस मकसद को वायुसेना के सहयोग से ही पूरा कर सकते थे। जनरल थिमैया ने महसूस किया कि उन्हें मेहर बाबा को पहले यह समझाना होगा कि लेह को हारना भारत की रणनीतिक हार होगी। उन्हें पता था कि मलाई और स्ट्राबेरी ये दोनों चीजें बारामूला में पर्याप्त मात्रा में थीं और वे इन चीजों के शौकीन हैं।

बाबा को बारामूला आमंत्रित किया गया। उनका शानदार सत्कार किया गया। थिमैया और बाबा झेलम नदी के तट के पास खिले हुए चेरी के बगीचे में स्ट्राबेरी और मलाई की दावत पर जम गये।

दिल्लगी खत्म होने के बाद जनरल थिमैया ने लेह को बचाने की सख्त जरूरत पर जोर दिया। मेहर सिंह ने कहा कि सेना के लोग यह महसूस नहीं करते कि जोजिला और फातुला दर्रों के ऊपर इतनी ऊँचाई पर विमान उड़ाने में कितना खतरा है। डकोटा इस काम के लिए नहीं बना था।

जनरल थिमैया ने तुरंत जबाव दिया कि वायुसेना के साथ वे अपनी जान जोखिम में डालने को तैयार हैं। मेहर सिंह निरुत्तर हो गये और उन्होंने पहला विमान खुद लेह ले जाने का फैसला किया। वास्तव में वहाँ स्ट्राबेरी इतनी ज्यादा थीं कि मेहर बाबा को चुनौती स्वीकार करनी ही पड़ी। उनकी यह उड़ान बेहद सफल रही और इसी के साथ अच्छा मौसम देखकर सेना की पूरी तरह सुसज्जित एक छोटी टुकड़ी विमान से लेह रवाना कर दी गयी।

लेह बचा लिया गया, पर यह विवाद का विषय है कि क्या वायुसेना स्कार्डू को भी बचा सकती थी ?

मेहर सिंह और इंजीनियर दोनों को अपने काम के लिए महावीर चक्र मिला।

हमारे सैनिक संगठन में संचालन और नियंत्रण-प्रणाली के अपने नियम हैं। इसकी अंतर्निहित निगरानी और नियमन इसके सकारात्मक पक्ष हैं, पर कुछ ऐसी दिक्कतें हैं जिन्हें दूर भी किया जाना चाहिए। विशेषकर कार्रवाई के दौरान फुर्ती, सफलता दिलाने में सर्वाधिक सहायक होती है। उदाहरण के लिए जब 161 ब्रिगेड से लेह और कारगिल में कुमुक की जरूरत थी तो श्रीनगर में योजना बनी, लेकिन उसे जम्मू में जम्मू और कश्मीर बलों के मुख्यालय पर मंजूर किया जाना था, जिसके इंचार्ज जनरल कुलंवत सिंह थे। इस प्रक्रिया में कुमुक भेजे जाने में कई दिन की देरी हुई और अभी भी जब किसी यूनिट को अनुभवी कुमुक या बख्तरबंद गाड़ियाँ, तोपखाना सिगनल उपकरण जैसे अत्याधुनिक विशिष्ट उपकरणों की जरूरत हो या सामान्य उपकरणों की, ऊँचाइयों पर ठंड से जमा देने वाले माहौल में शीतदंश या गैंग्रीन के शिकार सैनिकों को कपड़ों और जूतों की सख्त जरूरत होती है, तो ये सब चीजें उच्च स्तर से मंजूर होती हैं। जीवन के तमाम क्षेत्रों की तरह यहाँ भी यह देखना जरूरी है कि सर्वोत्तम दक्षता के लिए कैसे संतुलन बनाया जाये।

इस कठिन दौर में एअर कमोडोर मेहर सिंह के इस्तीफे से वायुसेना को गहरी क्षति पहुँची। वे अनजान नहीं थे। उन्हें अपनी विलक्षण योग्यताओं और अनोखे योगदान का पूरा अहसास था। उन्हें अपने अधिकारियों और सैनिकों पर जो भी खतरा आता दिखता था, उसका सामना वे पहले खुद करते थे। लेकिन इन चीजों ने उन्हें समझौता न करने वाला व्यक्ति बना दिया, जैसा कि वे मानते भी थे कि वे जन्मजात डिक्टेटर हैं। वायुसेना और सरकार के वरिष्ठ अधिकारियों से उनके मतभेद थे और उन्हें लगा कि उनके साथ उचित बर्ताव नहीं किया जा रहा, और न उनकी योग्यता को महत्त्व दिया जा रहा है। सही या गलत, जो भी रहा हो, उन्होंने अगस्त में अपना इस्तीफा दे दिया। वे बिना तराशे हीरे थे जिसकी कीमत तो बहुत थी, पर दुनियादारी का रंग उस पर नहीं चढ़ा था। तत्कालीन रक्षामंत्री सरदार बलदेव सिंह ने सितंबर, 1948 में उनका इस्तीफा मंजूर कर लिया। उन्होंने नागरिक उड्डयन की नौकरी की और 11 मार्च, 1952 को एक दुर्घटना में मारे गये। यह भारी क्षति थी।

अंत में कश्मीर पर भारत और पाकिस्तान के विवाद को संयुक्त राष्ट्र संघ में ले जाया गया और वास्तविक नियंत्रण रेखा पर 31 जनवरी, 1949 को युद्ध विराम पर सहमति हो गयी।

6 वायुसेना का विस्तार

कश्मीर में 1948 में भी लड़ाई जारी रही। सौभाग्य से पाकिस्तान के पास इतने संसाधन नहीं थे कि वह लड़ाई को तेज कर सके या इसे और फैला सके, न ही ऐसा करने के लिए भारत के पास संसाधन थे। विभाजन की उथल-पुथल के तुरंत बाद यह हिसाब लगाने का समय किसे था कि किसके पास क्या है और क्या नहीं है और कितना जुटाया या पैदा क़िया जा सकता है। वायुसेना मुख्यालय पर भविष्य के लिए योजना बनाने, उपलब्ध कराने और व्यवस्थित करने का काम होता था। मुझे योजना और प्रशिक्षण का निदेशक बनाया गया, लेकिन जल्दी ही यह महसूस किया गया कि एक व्यक्ति के लिए ये दोनों जिम्मेदारियाँ भारी पड़ेंगी और वह दोनों के साथ न्याय नहीं कर सकता। इसलिए तत्कालीन ग्रुप कैप्टन अर्जन सिंह को प्रशिक्षण का इंचार्ज बनाया गया। निकट भविष्य के लिए सबसे सख्त जरूरत विमान प्राप्त करने की थी।

वी. के. कृष्ण मेनन उस वक्त लंदन में भारतीय उच्चायुक्त थे। वे अपनी ऊर्जस्विता और 'पहल' के लिए मशहूर थे। उनमें पश्चिमी दृष्टि भी थी, जिसकी वजह से गलती की भी संभावना रहती थी। उनकी जबरदस्त जल्दबाजी और अधीरता उनकी शक्ति भी थी और कमजोरी भी। इससे अक्सर भारत को भारी लाभ पहुँचाने वाली उपलब्धियाँ होती थीं। लेकिन कभी-कभी विफलताएँ भी मिलती थीं, जिनमें कुछ तो इतनी भारी पड़ती थीं कि भारत उन्हें बर्दाश्त नहीं कर सकता था। वे लंदन में कई साल रहे और अन्य गुणों के अलावा लेबर पार्टी के सक्रिय समर्थक के रूप में भी उनकी अपनी छाप थी। एटली उनके 'प्रिय' थे।

अगर कोई महँगी चीज खरीदने की योजना बना रहा हो तो यह बात आश्चर्यजनक रूप से फैल जाती है। भावी क्रेता को एजेंट ढूँढ़ने की जरूरत नहीं पड़ती। यह पता चलते ही कि भारत विमान खरीदने की तैयारी में है, कोई पॉटर

नाम के सज्जन कहीं से पहुँचे और उन्होंने श्री मेनन से कहा कि उनके पास बेचे जाने लायक कुछ विमान हैं और उनकी शर्तें बहुत आकर्षक और वाजिब हैं। श्री मेनन ने भारत सरकार को इसकी जानकारी दी। वायुसेना मुख्यालय ने मुझे और तकनीकी अधिकारी भास्करन को इस प्रस्ताव की जाँच करने और विमान का मूल्यांकन करने का जिम्मा सौंपा। भास्करन वही थे, जिन्होंने स्क्वाड्रन नंबर-7 के विमानों की बर्मा में अप्रैल, 1945 में 97 प्रतिशत और मई में 99.43 प्रतिशत प्रयोज्यता कायम की थी।

हम दोनों लंदन पहुँचे और हमने श्री मेनन से भेंट की। पॉटर या उसकी कंपनी का नाम टेलीफोन डायरेक्टरी में नहीं ढूँढ़ा जा सका, पर वे हम लोगों का पता लगा रहे थे और उन्होंने हमसे संपर्क भी साध लिया। जब हमने विमान देखना चाहा तो वे बोले–विमान तो अमेरिका में है। हम लोगों ने उससे संबंधित कुछ साहित्य माँगा तो उन्होंने ऐसी चीजें दीं जिससे कुछ पता नहीं चलता था। खैर, वे पैम्फलेट जैसे भी रहे हों, एअर एडवाइजर ग्रुप कैप्टन वीरेन सेन गुप्ता ने उन्हें अपने ब्रीफकेस में सँभालकर रख लिया। श्री मेनन ने कहा कि यह प्रस्ताव उनकी निजी प्रतिष्ठा और प्रभाव की वजह से आया है। उन्होंने ऐसा क्यों कहा, इसकी वजह वे खुद ही जानें। लेकिन इसकी वजह से हमें अमेरिका में अपने राजदूत से मिलने की मनाही कर दी गयी और हम पॉटर की देख-रेख में भेजे गये। यह एक गोपनीय अभियान था और हमें अपनी पहचान छिपाने के लिए नकली मूँछें और बैंजो या गिटार लेकर कैलिपमो गाते हुए जाना था।

जिस रात हमें अमेरिका के लिए रवाना होना था, उस रात विमान लेट था। हमने एक रेस्तराँ में खाना खाया और हीथ्रो हवाई अड्डे के लिए रवाना हो गये। हम थोड़ी दूर तक गये होंगे कि एअर एडवाइजर चौंक कर बोला–"मेरा ब्रीफकेस कहाँ है।" वह अपना ब्रीफकेस रेस्तराँ में भूल गया था। हम वापस गये लेकिन रेस्तरां तब तक बंद हो चुका था और वहाँ अंधेरा था। वहाँ हम बेचैनी के साथ इधर-उधर टहलते हुए यह सोच रहे थे कि आगे क्या किया जाये, तभी अपनी बीट पर तैनात एक सिपाही वहाँ आया। उसने पूछा कि इतनी रात में हमारा इधर-उधर झाँकने का मकसद क्या है। मकसद सुनकर वह जोर से हँसा और बोला–हम ज्यादा से ज्यादा यही कर सकते हैं कि सुबह रेस्तराँ खुलने के बाद अपना ब्रीफकेस प्राप्त करें। लेकिन जिस विमान में हमारी बुकिंग थी, वह उसी रात रवाना हो रहा था। हमने उससे कहा कि हम बहुत परेशानी में हैं, क्या वह हमारी कोई मदद नहीं कर सकता ?

उसने एक जगह पर तेज निगाह दौड़ाई और बोला, "पहली मंजिल पर एक खिड़की अधखुली है और उसके बगल में एक ड्रेन पाइप है। मैं यह सब कुछ अनदेखा कर दूँगा। तुम ड्रेन पाइप से चढ़कर अपना सामान ले आओ। लेकिन अगर

तुमने कोई शरारात की तो मैं तुम्हें सीधा हवालात में डाल दूँगा।"

वीरेन ने ड्रेन पाइप पर चढ़ने की कोशिश की। वह बमुश्किल तीन या चार फुट चढ़ पाया होगा कि फिसलकर नीचे आ गया। मैं भी उससे बेहतर साबित नहीं हुआ। हम सर्कस के कलाबाज नहीं थे। सिपाही हम लोगों की अयोग्यता पर उत्तेजित हो उठा और कुछ अकथनीय विशेषण बरसाते हुए खुद पाइप पर चढ़ गया। कुछ ही देर में वह बेहद सफाई के साथ ब्रीफकेस लेकर नीचे उतर आया। उसमें रखे सामान को उसने देखा और हमें जाने दिया। मुझे उम्मीद है, अपनी रोजमर्रा की नीरस ड्यूटी से अलग इस काम से वह खुश हुआ होगा।

हम अमेरिका तो पहुँच गये, पर विमानों का पता नहीं चला। वे न तो न्यूयार्क में थे और न ही वाशिंगटन में। पॉटर ने कहा कि वे लॉस ऐन्जिलेस के पास कैलीफोर्निया में पश्चिमी तट पर हैं। हमें ट्रेन का टिकट दिया गया और कहा गया कि हम चाहें तो एक साथ में सहायक भी ले जा सकते हैं। हमने अपने दूतावास को सूचना नहीं दी थी। हमारा महँगाई-भत्ता केवल आठ डालर था। यात्रा के अंत में हमने अपना हिसाब लगाने के बाद उस सहायक को सम्मानजनक बख्शीस देनी चाही। उस व्यक्ति नै उस पर एक नजर डाली और सौम्य व चकित मुस्कान के साथ कहा, "आप ही रख लीजिए, इसकी आप लोगों को जरूरत पड़ेगी।"

हम अपने गंतव्य पर पहुँचे और एक होटल में ठहराये गये और यथासमय उन दुर्ग्राह्य विमानों को देखने ले जाये गये। वह विमानों का 'कब्रिस्तान' था और वहाँ कँटीले तारों से घिरे एक इलाके में कई विमान पड़े हुए थे। उन्हें उड़ाने की इजाजत मिलना तो दूर, हमें उनमें कदम तक नहीं रखने दिया गया, बल्कि छूने तक नहीं दिया गया। हमने उन्हें सिर्फ दूर से देखा। कितनी व्यर्थ की मेहनत की गयी थी।

हम होटल लौटे, वहाँ दूतावास से आये एक संदेश में कहा गया था कि "वाशिंगटन लौटिए और तुरंत हमसे मिलिए।" हम काफी झेंपते हुए दूतावास पहुँचे। वहाँ हमें बताया गया कि अमेरिकी खुफिया सेवा हम लोगों को पकड़ने वाली थी, क्योंकि हम अमेरिकी सरकार की आज्ञा के बिना अमेरिका युद्ध अधिशेष निपटान कचरे का गुप्त निरीक्षण कर रहे थे और वह भी संदेहास्पद संगत में। हम स्कूली बच्चों की तरह फटकार सुनकर इंग्लैंड लौट आये। उपायुक्त अशोकचंद्र ने हमारी कहानी सुनी और हँस पड़े। उनकी टिप्पणी थी, "आप छूट देंगे तो कृष्ण मेनन आपको पायंदाज की तरह इस्तेमाल कर डालेंगे।" हमने श्री मेनन के गुस्से की परवाह किये बिना वायुसेना मुख्यालय, दिल्ली को अपनी रपट भेज दी। हमने सौदा तो रुकवा दिया, पर पेशगी की रकम मारी गयी। यह उस समय के जीप घोटाले की टक्कर का ही मामला था। यह पहला मौका था जब प्रतापी कृष्ण मेनन से हमारी टक्कर हुई और दुर्भाग्य से यह मौका अंतिम नहीं था।

मई, 1949 में हम और ग्रुप कैप्टन एम. एम. इंजीनियर करीब एक साल के लिए इंग्लैंड के रॉयल एअरफोर्स स्टाफ कालेज गये। इस बीच स्वतंत्र भारत की वायुसेना का धीरे-धीरे गठन हो रहा था। पालम (दिल्ली) का सामरिक दल 15 सितंबर, 1949 को सामरिक कमान में बदल दिया गया। जबकि बंगूलर का प्रशिक्षण दल पहले ही 1 फरवरी, 1948 को ट्रेनिंग कमान हो चुका था। शुरुआती उड़ान प्रशिक्षण स्कूल जोधपुर में और उच्च प्रशिक्षण स्कूल अंबाला में था। बंगूलर के पास जालाहाली में एक तकनीकी प्रशिक्षण केंद्र कायम किया गया। वायु सैनिकों के लिए तीन ग्राउंड ट्रेनिंग स्कूल थे। थोड़े दिन बाद जामनगर में शस्त्र प्रशिक्षण विंग कायम किया गया।

कश्मीर अभियान के बाद भारत सरकार वायुसेना का अविलंब विस्तार करके 10 स्क्वाड्रन बनाने और अंत में उसे 20 स्क्वाड्रन तक करने की तैयारी करने को सहमत हो गयी। वर्ष 1950-51 के दौरान जब लियाकत अली खान पाकिस्तान के प्रधानमंत्री थे, तो भारत और पाकिस्तान के संबंध फिर बिगड़ गये। हमारे रक्षा बल सतर्क कर दिये गये, पर शुक्र मनाइए कि पंडित नेहरू की कूटनीति ने स्थिति को सामान्य कर दिया। तब सरकार ने पाँच साल में 15 स्क्वाड्रन की आवश्यकता को मंजूर कर लिया।

1948 में भारत ने पहली बार वैम्पायर टर्बोजेट हासिल किया और यह सबसे पहले स्क्वाड्रन नंबर-7 में शामिल किया गया। अपने पैरों पर खड़ा होना जरूरी था, इसलिए सन् 1950 में लाइसेंस के तहत भारत में वैम्पायर विमान बनाने के लिए डी हविलैंड से एक समझौता किया गया। भारत सरकार ने यह परियोजना बंगलूर के हिंदुस्तान एअरक्राफ्ट लिमिटेड को दे दी। एच. ए. एल. की स्थापना सर वालाचंद हीराचंद ने मैसूर राज्य सरकार के सहयोग से 1940 में की थी। 1942 में इस संस्थान का भारत सरकार ने अधिग्रहण कर लिया था। युद्ध के दौरान इसका काम कई गुना बढ़ गया। लेकिन जब उसने वैम्पायर परियोजना पर काम शुरू किया तो राजनीतिक हस्तक्षेप से प्रगति रुक गयी। 1951 के भारत-पाक तनाव के दौरान बाधा आ गयी, 'धीमे काम करने' की चाल के तहत गॉब्लिन इंजनों की आपूर्ति घट गयी। सरकार ने एक से ज्यादा आपूर्ति-स्रोतों की जरूरत महसूस की, हालाँकि उससे रख-रखाव की समस्या और लागत बढ़नी थी।

युवा वायुसेना के पास बमवर्षक नहीं थे। ब्रिटेन ने पुराने लैंक्सटर्स बेचने का प्रस्ताव रखा। लेकिन इसका विकल्प यह भी था कि युद्ध के बाद में कलपुर्जों की कानपुर के देखभाल और रख-रखाव यूनिट में रखे गये अमेरिकी वायुसेना के सौ बचे-खुचे लिबरेटर्स को झाड़-पोंछ कर उन पर आजमाया जाये। यह वास्तव में विमानों का कब्रिस्तान था, क्योंकि उनकी मशीनें जान-बूझकर तोड़ डाली गयी थीं, ताकि वे दोबारा इस्तेमाल न किये जा सकें। काफी सोच-विचार के बाद वायुसेना मुख्यालय ने

उनमें से कुछ विमानों का पुनरुद्धार करने का फैसला किया। कुछ के पुर्जों का इस्तेमाल करके और कुछ की मरम्मत करके। तब तक कानपुर नंबर-1 बेस रिपेयर डिपो (बी. आर. डी.) बन चुका था। इसके इंचार्ज ग्रुप कैप्टेन हरजिंदर सिंह थे। उनके संगठन और एच. ए. एल. ने मिलकर करीब 50 विमानों को इस्तेमाल में आने लायक बना लिया। पहला लिबरेटर स्क्वाड्रन (नं.-5) नवंबर, 1948 में गठित किया गया। उसने समुद्री क्षेत्र में टोह लगाने और आसमान व समुद्र में बचाव कार्य में सार्थक भूमिका निभाई। 1953 में जब सर जान हंट के अभियानी दल के सर एडमंड हिलेरी और तेनसिंग नोरगे एवरेस्ट पर चढ़े तो एक लिबरेटर ने चोटी के ऊपर उड़ान भरकर बेहतरीन चित्र खींचे।

पाकिस्तान अमेरिका की तरफ झुका और 1954 में सीएटो (दक्षिण-पूर्व एशिया संधि संगठन) और 1959 में सेंटो (केंद्रीय संधि संगठन) का सदस्य बना। बदले में उसे रक्षाबलों के लिए भारी मात्रा में अत्याधुनिक उपकरण मिले। जबकि भारत को गुटनिरपेक्षता की नीति के कारण सैनिक साजो-सामान के लिए कहीं और कोशिश करनी थी। इंग्लैंड ने वैम्पायर में सुधार करके मीटियॉर बनाया था। उसके विकल्प के तौर पर फ्रांस से ओरेगॉन लिया जा सकता है। मीटियॉर बिक्री के लिए उपलब्ध था और काम में यह ओरेगॉन की टक्कर का था। उस वक्त के वायु सेनाध्यक्ष एअर मार्शल गिब्स स्वाभाविक रूप से मीटियॉर के पक्ष में थे। लेकिन वायुसेना मुख्यालय ओरेगॉन के पक्ष में था। एअर मार्शल गिब्स खुले दिमाग के व्यक्ति थे और उन्होंने कैबिनेट की रक्षा समिति के सामने दोनों विमानों का तुलनात्मक अध्ययन करते हुए निष्पक्ष मूल्यांकन प्रस्तुत किया। कैबिनेट की रक्षा समिति ने ओरेगॉन खरीदने का फैसला किया। भारत में इनका नाम 'तूफानी' रखा गया और ये 1953 से 1966-67 तक इस्तेमाल में रहे।

परिवहन के मोर्चे पर सरकार ने अमेरिकी विमान फेयरचाइल्ड पैकेट सी-119 खरीदने का फैसला किया। भारतीय वायुसेना ने 1954 से उनका इस्तेमाल शुरू कर दिया। कश्मीर अभियान से हर किसी को कुशल परिवहन विमान की जरूरत समझ में आ गयी थी। ये विमान लड़ाई के अलावा सामान्य समय में भी जरूरी व उपयोगी होते हैं और ये 31 मार्च, 1986 तक इस्तेमाल में रहे। इस विशाल विमान में एक साथ तीन जीपें ले जाने की क्षमता थी। पीछे की तरफ लगे चिपकने वाले दरवाजों की वजह से इसमें सामान चढ़ाने-उतारने में काफी सुविधा होती थी। 1957 में एक बार यह विमान पूरे नैट को मूल्यांकन के लिए इंग्लैंड से भारत ले आया था। इसके अलावा एक बार यह काराकोरम की पहाड़ियों पर 17,400 फुट ऊँची दौलत बेग ओल्डी हवाई पट्टी पर उतरा था। यह दुनिया की सर्वाधिक ऊँची हवाई पट्टी है।

इस तरह उन वर्षों में वायुसेना का लगातार विस्तार होता रहा और उसके

सैनिकों का प्रशिक्षण और अनुभव भी बढ़ता गया। इन दिलचस्प और गंभीर परिवर्तनों के अलावा कभी-कभार के हल्के-फुल्के क्षण भी स्मरणीय हैं। एक घटना नवंबर, 1950 की है। 10 तारीख की शाम को एअर कमोडोर एस्पी इंजीनियर की तरफ से मेरे लिए फोन आया। जिसमें कहा गया था कि मैं तुरंत उनके घर जाकर उनसे मिलूँ। यह अगले दिन के अत्यंत महत्त्वपूर्ण और गोपनीय अभियान के सिलसिले में बेहद गोपनीय बैठक थी। मैं घर आया और पत्नी से कहा कि अगली सुबह मेरे लिए सैंडविच और एक थर्मस कॉफी तैयार रखें, क्योंकि मैं जल्दी निकल जाऊँगा।

मेरी माँ ने पूछा, "क्या तुम्हीं कल महाराज त्रिभुवन को काठमांडू से लाने जा रहे हो ?"

मेरे पैरों तले की जमीन सरक गयी। क्योंकि मैं ठीक उसी काम के लिए जा रहा था। जिस कमरे में बैठक हुई थी, उसका दरवाजा एअर कमोडोर इंजीनियर ने बंद कर लिया था। अति गोपनीयता और उसके महत्त्व को समझते हुए वे फुसफुसाकर बात भी कर रहे थे। सारा इंतजाम भी उसी तरह किया गया था। फिर मेरी माँ को कैसे पता चल गया ? क्या यह ई एस पी ने बताया है ? बिल्कुल नहीं। दरअसल यह खबर आकाशवाणी ने प्रसारित कर दी थी कि नेपाल में राजतंत्र के खिलाफ जनता ने विद्रोह कर दिया है और वहाँ के राजा की जान को खतरा है, इसलिए भारतीय वायुसेना के अधिकारी उन्हें भारत लाने जा रहे हैं।

मैं अपने चालक दल के साथ तड़के दिल्ली से एक डकोटा में रवाना हुआ। हमारे साथ एक और डकोटा भी था, यानी दो डकोटा विमानों का जोड़ा रवाना हुआ। हम गोचर हवाई पट्टी पर उतरे और वहाँ से राजप्रासाद में गये। सड़कों पर भीड़-भाड़ और व्यस्तता थी, महल में और ज्यादा भीड़, व्यस्तता और हलचल थी। आसपास कई कारें और छोटे ट्रक खड़े थे। तमाम संदूक और बक्से वहाँ खड़े विमानों में लादे जाने के लिए हवाई पट्टी पर ले जाये जा रहे थे। उसके बाद राजा, उनका परिवार और सहायक निकले और इंतजार कर रही कारों में बैठने लगे। उनमें खास तौर पर एक बड़ी केसरिया रंग की कार थी, उसका मेक इतने सालों बाद मुझे ठीक से याद नहीं, जिसमें हमें बैठने को कहा गया। हम हवाई अड्डे के लिए रवाना हुए। हमारी कार इस काफिले की अगुआई कर रही थी। सड़क पर जनता उमड़ी हुई थी। मैंने सोचा—'यही है' कहकर कोई गोली चलाने लगेगा। हमारी कार थोड़ा आगे सरकी। फिर उसे जल्दी ही रोकना पड़ा, क्योंकि लोग काफिले का साष्टांग अभिवादन कर रहे थे। जब वे खड़े हुए तो उनमें से कुछ लोग करीब आये और कार में झाँककर पूछने लगे, "पर हमारे नरेश कहाँ हैं ?" हमने उनसे कहा कि वे पीछे की कारों में से किसी में हैं। वे बहुत हैरान हुए और बोले केसरिया कार तो हमारे नरेश की निजी और पवित्र कार है। तब

हमें महसूस हुआ कि गाड़ी में नरेश नहीं हैं, बल्कि ड्राइवर को छोड़कर कोई नेपाली व्यक्ति नहीं है। मैंने सोचा कि अगर हमें निशाना बना दिया गया तो रक्षक विमान को कौन उड़ाएगा। पर किसी तरह की गोलीबारी नहीं हुई, बल्कि कुछ लोग हमारी गाड़ी में यह कहते हुए जबदरस्ती घुस गये कि वे हवाई पट्टी तक अपने नरेश को विदा करने जायेंगे। लगता था, हर आदमी को मालूम था कि नरेश और उनका शाही परिवार यहाँ से जा रहा था। यह भावभीनी विदाई थी। नरेश ने प्राचीन बॉक्स कैमरे के सामने चित्र के लिए मुद्रा बनाई। मैं तब तक चौकन्ना रहा जब तक राजघराने के लोग सुरक्षित विमान में बैठ नहीं गये। विमान का दरवाजा बंद होते ही कोई चिल्लाया कि एक बच्चा नहीं मिल रहा है। इस पर उन लोगों ने दरवाजा खोलने की माँग की, ताकि बच्चे को ढूँढ़ा जा सके। सौभाग्य से बच्चा विमान में ही मिल गया और हम समय से काठमांडू से रवाना हो गये और सुरक्षित दिल्ली पहुँच गये।

एक अप्रैल, 1954 हमारे लिए अविस्मरणीय दिन था। उस दिन एअर मार्शल रैंक के अधिकारी सुब्रोतो मुखर्जी भारतीय वायुसेना के पहले कमांडर-इन-चीफ बने। 21 साल पहले चार वॉपिटी के साथ कराची के ड्रिग रोड में भारतीय वायुसेना का गठन हुआ था। उस वक्त श्री मुखर्जी सिर्फ 43 साल के थे। उसी नौजवान ने अगस्त, 1943 में उत्तर-पश्चिम सीमांत प्रांत के मिरानशाह में तैनात स्क्वाड्रन लीडर के तौर पर कमाल किया था। श्री मुखर्जी ने संकट में फँसी सेना की एक टुकड़ी के पास अपने विमान की मशीनगन से कारतूस निकालकर उन्हें मोजों में भरकर गिराया था और इस तरह अगली मदद पहुँचने तक वह टुकड़ी अपनी हिफ़ाजत कर सकी थी। कल्पना, सुधार और त्वरित प्रतिक्रिया उनके गुण थे। उल्लेखनीय बात यह है कि वे बेहद संतुलित थे, सर्वाधिक कठिन परिस्थितियों में भी वे तनावग्रस्त नहीं होते थे। जैसे कि दिल्ली में विभाजन के दौरान हुए दंगे, 1947-48 का कश्मीर युद्ध, हैदराबाद अभियान या रक्षा मंत्री कृष्ण मेनन जैसे जबरदस्त व्यक्तित्व के साथ काम करना। यह सब करते हुए उन्होंने संयम बनाये रखा, जबकि श्री मेनन बेहद कटु, कसैले स्वभाव और अनायास सर्वनाशी भाषा बोलने और आचरण करने वाले व्यक्ति थे। संभवतः उन पर तनाव का एक ही चिन्ह दिखाई पड़ता था और वह था उनका लगातार सिगरेट पीते जाना और कुछ कश लगाने के बाद ही उसे बुझा देना। वे अक्सर और अचानक मुस्कराते रहते थे।

उनकी पत्नी शारदा मुखर्जी उनकी एक योग्य सहयोगिनी थीं और उनमें एक पूर्ण सहायक के सारे गुण थे। फौज और विशेषकर वायुसेना की जिंदगी जिससे मैं ज्यादा वाकिफ हूँ, नागरिक जीवन से बहुत अलग होती है। यह काफी हद तक सामुदायिक

जीवन होता है और यहाँ सहनशीलता का सिद्धांत काम करता है। यहीं दो जमा दो सिर्फ चार नहीं होते, बल्कि चार से अधिक होते हैं। किसी सेवा और समुदाय से जुड़े होने के बोध का महत्त्वपूर्ण योगदान होता है, लेकिन उससे भी ज्यादा महत्त्वपूर्ण चीज मनोबल और संघ-भावना है। हर स्टेशन पर उपयुक्त आवास के इंतजाम होने चाहिए और किये भी जाते हैं। दूरदराज जगहों पर भी बच्चों की शिक्षा का इंतजाम किया जाना चाहिए। स्वास्थ्य संबंधी देखभाल तो सबसे जरूरी है। यहाँ मनोरंजन की भी व्यवस्था की जाती है, पर जब विपत्ति की घड़ी आयेगी, तो आपको दुखी व्यक्ति के साथ उसी क्षण के लिए ही नहीं, भविष्य के लिए भी खड़ा रहना पड़ेगा। यह सब कुछ औपचारिक स्तर पर होता है। लेकिन महत्त्वपूर्ण योगदान कमांडिंग अधिकारी और उसकी पत्नी के व्यक्तित्व, ऊर्जस्विता, संवेदनशीलता, करुणा और भावनात्मक लगाव से होता है। वे एक स्टेशन या कमान को बाँध सकते हैं और एक बड़े परिवार के रूप में रख सकते हैं। किसी व्यक्ति को जब जोखिम उठाने का आदेश दिया जाता है, तो यदि उसे परिवार की समुचित देखभाल का भरोसा रहे तो वह ज्यादा अच्छा प्रदर्शन कर सकता है। छोटे कद की छरहरी, खुशमिजाज, बुद्धिमति और गहरे आत्मविश्वास से भरी शारदा मुखर्जी ने, जिनमें इन गुणों को लेकर कोई दिखावा भी नहीं था, सेना के जीवन में विशिष्ट योगदान दिया। उन्होंने ऐसा उदाहरण प्रस्तुत किया, जिसका अनुकरण किया जा सके, ऐसी परंपरा डाली, जिसको जिया जा सके। वायु-सेना में कई अन्य लोगों की पत्नियों ने भी ऐसा ही किया है।

1954 का वायुसेना दिवस 28 मार्च को दिल्ली से थोड़ी दूर तिलपत रेंज पर विध्वंसक शक्ति के जबर्दस्त प्रदर्शन के साथ मनाया गया। यह भारत में अपने ढंग का पहला प्रदर्शन था। उसमें करीब सौ विमानों ने हिस्सा लिया। उस दिन के लिए विशेष परिवहन सेवाओं की व्यवस्था की गयी। उसे देखने इतनी भारी भीड़ उमड़ी कि लौटते वक्त शाम तक ट्रैफिक जाम लगा रहा। सेनाध्यक्ष राजेंद्र सिंह जी अपनी कार से उतर पड़े और खुद यातायात व्यवस्था को ठीक कराने लगे।

मुझे उस प्रदर्शन की कमेन्ट्री करनी थी। फिजूलखर्ची बताकर कोई आलोचना हो, उससे पहले हमने श्रोताओं, जिसमें हमारे राष्टीय कोष की देखभाल करने वाले सांसद, मंत्री और वरिष्ठ अफसर भी थे, को बता दिया कि यह सब प्रशिक्षण-कार्यक्रम का बेहद जरूरी हिस्सा है और प्रशिक्षण के बजट में ही इसकी व्यवस्था है। यह प्रदर्शन दर्शकों के फायदे और शिक्षा के लिए था, क्योंकि सामान्यतः तो प्रशिक्षण सामान्य जनता के लिए खुला नहीं होता।

मुझे कई बार इस बात को लेकर हैरत हुई है कि क्या कुछ निश्चित सेवाएँ

खास मिजाज के लोगों के लिए बनी होती हैं या वे सेवाएँ ही उनका मिजाज बदल देती हैं। जहाँ तक धन की बात है तो मैं समझता हूँ कि एक गरीब देश की इस अमानत को सावधानीपूर्वक रखा जाना चाहिए। लेकिन धन होता किसलिए है ? क्या वह रखवाली करने और जमा करने के लिए होता है या उसका किसी काम में इस्तेमाल होना चाहिए ? एक बार वायुसेना के लिए कुछ जरूरी चीजें खरीदने का प्रस्ताव रखते हुए मैं रुकावट डालनेवाले इस तरीके से जूझ रहा था। आखिरकार मेरा धैर्य टूट गया। मैंने अपनी सारी मेहनत दाँव पर लगाते हुए पूछा, "श्रीमान, कृपया यह बताएँ कि क्या आप हमें धूर्त समझ रहे हैं या बेवकूफ ? यदि आप इनमें से कुछ भी हमें समझ रहे हैं तो हमें बात और आगे नहीं बढ़ानी चाहिए, क्योंकि उससे आपका और हमारा दोनों का समय खराब होगा।" इसके बाद से हमारी बातें ज्यादा सहानुभूतिपूर्वक सुनी जाती थीं और अच्छे नतीजे भी निकलते थे।

अक्तूबर, 1954 को तीन सदस्यों का एक मूल्यांकन दल यूरोप भेजा गया। वह यह देखने गया था कि वैम्पायर के बाद हम किस तरह का विमान खरीदें और भारत में किस तरह का विमान बनाएँ। मैं उस समय कैबिनेट का उपसचिव (सेना) था। ग्रुप कैप्टन एच. एस. मुलगांवकर एक स्टेशन की कमान सँभाले हुए थे और फ्लाइट लेफ्टिनेंट रोशन सूरी प्रशिक्षित टेस्ट पायलट थे जो एच. ए. एल. के विमान उड़ाते थे। हम फ्रांस, इंग्लैंड और स्वीडन गये और उन्होंने वहाँ कई अन्य विमान उड़ाये। 15 अक्तूबर को हमने फ्रांस में मिस्टीयर 4-A सुपरसानिक विमान उड़ाया, उसके बाद इंग्लैंड गये और वहाँ सुपरमैरीन स्विफ्ट को हमारी वायुसेना के लिए आदर्श विमान (लिखित रूप से) मान लिया गया। इसमें रेंज, शक्ति और बंदूक सब कुछ थी। रोशन सूरी ने उसे सबसे पहले उड़ाया। अब हमें अपनी परीक्षण उड़ान भरनी थी। इस बार हमारी बारी थी। मैं काकपिट में घुस ही रहा था कि सुपरमैरीन का मुख्य पायलट, जो विमान लेकर आया था, मेरे पास आया। विमान तब तक स्क्वाड्रन में शामिल नहीं किया गया था, बल्कि अभी उस पर काम चल रहा था। उस पायलट ने मुझसे कहा, "अगर कभी इंजन बंद हो जाये तो 20,000 फुट से नीचे आने पर ही उसे दोबारा चालू करें।" मैंने कहा, "धन्यवाद। मुझे उम्मीद है कि वह बंद नहीं होगा।" मैं उछलकर विमान में घुसा और उड़ान भरी। परीक्षण उड़ान में अन्य चीजों के अलावा सुपरसानिक चक्कर लगाना था। लेकिन इंग्लैंड में जमीन के ऊपर सुपरसानिक चक्कर लगाने की इजाजत नहीं है। ऐसा समुद्र के ऊपर किया जा सकता है। मैं विमान जमीन से बाहर ले गया, इंगलिश चैनल के ऊपर उड़ा और फिर तट के साथ चलने के लिए हल्के से उसे बायीं तरफ घुमाया। इसके बाद अपनी हवाई पट्टी की पीछे की तरफ मुड़ा जो कि चैनल से सटी साउथ हैम्प्टन के पास थी। मैं करीब 40,000 फुट की ऊँचाई पर रहा हूँगा और जैसे ही मैं मुड़ा, एक इंजन बंद हो गया। उसने जोर से

टिन के पत्तरों जैसी खड़खड़ाने की आवाज की और मैं विमान को चक्कर काटते हुए देख रहा था। अब मैं जल्दी-जल्दी 18,000 फुट की ऊँचाई पर उतर आया। यह दूरी मैंने दो मिनट से भी कम समय में तय की और इंजन चालू करने में सफल हो गया। इंजन फिर चालू करने के बाद मैं चिल्वोल्टन की तरफ मुखातिब हुआ। और मैंने फटकार के अंदाज में पूछा, "इंजन बंद क्यों हुआ ? मैं कुछ भी गड़बड़ नहीं कर रहा था।" उसने संक्षिप्त जवाब दिया, "राल्स रॉयस ने खराब इंजन बनाया है, हालाँकि उसका नाम एवन इंजन है।"

मैं डर्बी स्थित रॉल्स रॉयस के कार्यालय गया और पूछा, "आपने कैसा इंजन बनाया है ? हमने हल्के से मोड़ा और वह बंद हो गया।"

जवाब मिला, "इंजन तो बढ़िया है पर विमान बेकार है।" हम भारत में उस तरह का इंजन बनाने के लिए रॉल्स रॉयस से समझौता करने वाले थे। मैंने एक तार भेजकर कहा, "भगवान् के लिए आप चाहें जो करें, पर वह इंजन न बनायें। पूरी रपट भेज रहा हूँ।" जब रायल एअरफोर्स को पता चला तो उन्होंने इस विमान में इतना सुधार किया कि वायुयान को नष्ट कर डाला। उन्होंने इन पर 30 करोड़ पौंड खर्च करके कई इंजन बनाये और सबको खारिज कर दिया। वही इंजन कैनबरा में ठीक काम करता था, पर जब इसे किसी लड़ाकू विमान में फिट किया जाता था तो एअरफ्रेम डिजाइन की वजह से इंजन में जाने वाली हवा का आवेग इतना जबरदस्त था कि वह तेज गति वाले कम्प्रेसर में घुसकर उसे रोक देता था। लगता था कि जैसे छः इंच की इस्पात की छड़ कम्प्रेसर में डाल दी गयी हो। सौभाग्य से मेरे मामले में यह उस तरह से नहीं बंद हुआ, वरना मैं इंगलिश चैनल में गोता लगा चुका होता।

जब हम स्विफ्ट उड़ाते हुए उसकी दिक्कतों से वाकिफ हो रहे थे, तभी हमने उसी हवाई पट्टी पर एक और विमान को टेढ़े-मेढ़े उड़ते देखा। हम स्वीडन गये वहाँ हम उनके विमानों का परीक्षण ले चुके थे, इसी तरह फ्रांसीसी विमानों का परीक्षण भी ले चुके थे। लेकिन उनमें से किसी में एवन इंजन नहीं था, जबकि हमारी तलाश उस विमान की थी जो एवन इंजन के साथ अच्छी तरह उड़ सके। हम स्विफ्ट उड़ा रहे थे, तभी हमने चिल्वोल्टन में अपने ऊपर एक छोटा-सा विमान देखा। हमने पूछा वो क्या है। मुझे बताया गया कि वह नैट है और इसे डब्लू. ई. डब्लू. पेटर नाम के एक आदमी ने नेटो के लिए डिजाइन किया है। उसी ने कैनबरा भी तैयार किया था। मैंने यह पता करने के लिए कि क्या वह नैट मुझे बेचेगा, साउथ हैम्पटन जाने का फैसला किया। जब मैं उससे मिला तो उसने मुझे ऊपर से नीचे तक देखा और बोला, "माफ करना, यह विमान भारत को नहीं बेचा जा सकता।" मैंने तपाक से जवाब दिया, "फिर आपने इसके बारे में चर्चा के लिए मुझे लंदन से साउथ हैम्पटन तक क्यों आने दिया ?"

तब तक लंच का समय हो चुका था और उसने मुझे अपने साथ लंच पर आमंत्रित किया। वह बहुत औपचारिक और विनम्र था, पर शांत और कुछ दूरी रखने वाला भी था। लंच के दौरान कंपनी के और कई निर्देशक भी मौजूद थे, जिन्होंने हमसे भारत में क्रिकेट के बारे में पूछा।

मैंने कहा, "हाँ क्रिकेट खेला जा रहा है। एक दिन राष्ट्रपति एकादश और नेहरू एकादश का मैच हुआ। आप उस दिन का 'इलस्ट्रेटेड लंदन न्यूज' पढ़ सकते हैं।" मैंने कुछ दिन पहले इसे पढ़ा था। इस विषय पर आर्थर ब्रायंट ने लंबा लेख लिखा है। ब्रायंट मशहूर ब्रिटिश इतिहासकार हैं। इस बातचीत के दौरान मैंने देखा कि पेटर कुछ न कुछ नोट करता जा रहा है। दो दिन बाद अभी मैं लंदन में ही था कि पेटर का फोन आया, "मि. लाल क्या आप मेरे पास आ सकेंगे ? मैं आपके लिए कार भेज दूँ या कहें तो खुद ही लंदन आ जाऊँ ?" मैंने कहा, "नहीं, मैं आ रहा हूँ।"

मैं पहुँचा तो जबरदस्त आवभगत हुई। उन्होंने मुझसे कहा, "क्या आप नेट उड़ाना चाहेंगे ?" मैंने कहा, "हाँ, बिल्कुल।" इस तरह हमने नेट के उड़ने का परीक्षण किया और पाया कि यह सर्वोत्तम छोटा विमान है। हमने उसके निर्माण को मंजूरी दे दी और वह स्वीकृत हो गयी। कुछ वर्षों बाद जब विमान बंगूलर के एच. ए. एल. में बन रहा था तो पेटर वहाँ आया। तब तक हम अच्छे दोस्त बन चुके थे। मैं तब ट्रेनिंग कमान का एअर आफिसर्स कमांडिंग-इन-चीफ था। पेटर मेरे साथ ठहरा। एक दिन उसने कहा, "प्रताप मुझे एक बात के लिए माफी माँगनी है।"

मैंने कहा, "वह क्या है।" उसने कहा, "जब तुमने नेट माँगा था, तो मैंने सोचा था कि तुम लोग कम्युनिस्ट हो और मैं किसी कम्युनिस्ट देश को अपना विमान नहीं बेचना चाहता था। लेकिन जब तुमने कहा कि हिंदुस्तान में क्रिकेट खेला ज़ाता है और मैंने आर्थर ब्रायंट का वह लेख पढ़ा तो मुझे महसूस हुआ कि तुम कम्युनिस्ट नहीं हो और मैंने तुम्हें फिर बुलाया।"

नेट एक सीट का लड़ाकू या बमवर्षक विमान था जिसका आकार पारंपरिक जेट विमान का एक तिहाई और वजन आधा था। नेट किसी भी समकालीन विमान की तुलना में ज्यादा ऊँचाई चढ़ने जल्दी, मुड़ने और जल्दी गति पकड़ने में सक्षम था। एच. ए. एल में बना नेट 1959 से इस्तेमाल में आना शुरू हुआ। 1965 और 1971 की लड़ाई में उसने दुश्मनों को उसी तरह परास्त किया था जिस तरह डेविड ने गोलियथ को तलवार से काट डाला था। इस विमान के लिए एअरफ्रेम की संविदा फालैंड और आरफिउस इंजन की संविदा ब्रिस्टल एअरो-इंजन लिमिटेड के साथ हुई। उस पर सितंबर, 1956 में दस्तखत हुए।

भारत सरकार ने उपयुक्त विमान यहाँ-वहाँ तलाश करने और बनाने के लिए लाइसेंस हासिल करने के अलावा मैक-1 के एक लड़ाकू विमान को घरेलू स्तर पर

बनाने का इंतजाम किया। बंगलूर के एच. ए. एल. में डॉ. कुर्त टैंक के नेतृत्व में एक भारत-जर्मन दल को 1956 में वह जिम्मेदारी सौंपी गयी। उस परियोजना को उड़ान भरने में काफी समय लगा। एक स्क्वाड्रन को ट्रांससोनिक लड़ाकू विमान एच एफ-24 (हिन्दुस्तान फाइटर्स) या 'मारुत' से सुसज्जित होने में 11 साल लग गये।

वायुसेना में उड़ान भरना गौरवपूर्ण काम है। लेकिन उसके लिए रन-वे के अलावा भारी रख-रखाव की भी जरूरत होती है। यानी मरम्मत, उपकरणों का संयोजन और तकनीकी काम। अगर उन्हें उपयुक्त महत्त्व नहीं दिया गया तो वे दक्षता से काम नहीं करेंगे। अगर शांति काल में उन्हें सुव्यवस्थित नहीं किया गया तो युद्ध के समय वे कहर ढा देंगे। इस तथ्य को महसूस करते हुए जनवरी, 1955 में रख-रखाव कमान कायम की गयी। इसका मुख्यालय कानपुर में बनाया गया, जिसे बाद में नागपुर ले जाया गया। 1957 में इन समस्याओं पर वरिष्ठ अधिकारियों की एक समिति ने विचार किया। युद्ध के अग्रिम क्षेत्रों में खाली पुर्जों के रख-रखाव और आपूर्ति को गतिशील बनाने के लिए उन क्षेत्रों में एअर स्टोर्स पार्क कायम करने का फैसला किया गया। इस व्यवस्था से 1965 और 1971 की दो लड़ाइयों में भारी मदद मिली।

7 विराम-आई. ए. सी.

मैं नवंबर, 1957 से पाँच साल तक वायुसेना से अलग इंडियन एअरलाइंस कारपोरेशन में महाप्रबंधक के रूप में नियुक्त किया गया। द्वितीय विश्वयुद्ध खत्म होने के बाद कई निजी एअरलाइंस खड़ी हो गयीं। युद्ध में खाली बचे विमान उन्हें जहाँ भी सस्ते मिले, उन्होंने खरीद लिए। लेकिन उन्हें खरीदना आसान था, चलाना नहीं। ये एअरलाइंस घाटे में चल रही थीं और लगातार सरकारी मदद की माँग करती रहती थीं। आखिरकार 1953 में सरकार ने आठ निजी एअरलाइंस का राष्ट्रीयकरण कर उन्हें एक साथ मिलाकर इंडियन एअरलाइंस कारपोरेशन बना डाला। अब यह देश के भीतर चलने वाली राष्ट्रीय विमान सेवा बन गयी और एअर इंडिया ने अंतर्राष्ट्रीय एअरलाइन की जिम्मेदारी सँभाली। फिर भी इंडियन एअरलाइंस कारपोरेशन घाटे में ही रही और सरकार ने इसका जिम्मा मुझे सौंपने का फैसला किया। मैंने महसूस किया कि कारपोरेशन में शामिल विभिन्न विमान सेवाओं की आंतरिक होड़ अभी भी बरकरार है और उनमें कोई तालमेल नहीं है। फिजूलखर्ची वाले काम जोरों पर थे, जिससे कंपनी का तो नुकसान होता ही था, व्यक्तिगत स्तर पर लोग खूब फायदा उठा रहे थे। मुझे ट्रेड यूनियन, न्यायाधिकरण के फैसलों या नेताओं का कोई अनुभव नहीं था और मैंने इस अज्ञान के आनंद और आत्मविश्वास के साथ अपना काम शुरू कर दिया। इसके अलावा मेरा पाला फिर श्री वी. के. कृष्ण मेनन से पड़ा।

नेफा पर भारी मात्रा में आपूर्ति गिराई जा रही थी और यह काम डकोटा कर रहे थे। डकोटा का दूसरी जगहों पर भी अच्छी तादाद में इस्तेमाल हो रहा था। वे अच्छे विमान थे, भरोसेमंद मालवाहक थे, लेकिन पुराने पड़ रहे थे और लगातार बढ़ती दुर्घटनाओं से आजिज आ चुके थे। इंडियन एअरलाइंस कारपोरेशन को शीघ्र ही डकोटा की जगह किसी सुपरीचित विमान की जरूरत थी। भारतीय वायुसेना को भी

डकोटा बदलने की जरूरत थी, लेकिन एअरलाइंस को तुरन्त उनकी आवश्यकता थी, क्योंकि उन्हें विमानों और कर्मचारियों की क्षति हो रही थी।

हॉकर-सिडली की सहायक कंपनी मैनचेस्टर इंग्लैंड की ए. वी. रो. एंड कंपनी द्वारा बनाये गये एच-एस-748 को इस विस्थापन के लिए सर्वाधिक उपयुक्त समझा गया। यह दो इंजनों वाला टर्बो प्रोपेलर था जो तुलनात्मक रूप से जल्दी उड़ और उतर सकता था। इंग्लैंड में इस योजना पर 1957 में ही काम शुरू हो पाया और इसका उत्पादन 1959 में शुरू हुआ। (पहली उड़ान एक साल बाद जनवरी, 1960 के अंत में हो सकी।) 1959 के मध्य में जब डकोटा को बदले जाने के लिए मूल्यांकन और चयन चल रहा था, तो तीन विकल्प सामने थे—एवरो एच-एस-748, फॉकर फ्रैंडशिप-27, एक डच विमान और अमेरिका का लॉकहीड सी एल-49। एच एस-748 के अच्छे होने की बात ही अलग थी, तब तक उसका नमूना भी नहीं उड़ाया गया था। लेकिन एवरो कंपनी इस बात के लिए तैयार थी कि हम भारत में इसका निर्माण कर सकते हैं और एक बार विमान बनाने की इकाई कायम कर लें तो इसे बेच भी सकते हैं। यह विमान अभी भी काल्पनिक स्तर पर था, जबकि फोकर फ्रैंडशिप ने आसमान में अपनी क्षमता साबित कर दी थी। एअर मार्शल मुखर्जी चयन समिति के अध्यक्ष थे। रक्षामंत्री के रूप में कृष्ण मेनन के विकट व्यक्तित्व ने एअर चीफ और हम पर जितना दबाव डाला जा सकता था, डाला। उनका कहना था कि हम दोनों लोग दृढ़ता के साथ एवरो खरीदने का प्रस्ताव रखें। हालाँकि अभी तक वह विमान किसी भी तरह अस्तित्व में नहीं था। उसकी लागत और काम के आकलन की बात तो जाने दीजिए, अब तक न तो उसका कोई नमूना तैयार था और न ही कोई विस्तृत खाका। विमानों की सुरक्षा, उनकी आयु और हजारों यात्रियों की सुरक्षा के सवाल को देखते हुए हम कोरे कागज पर दस्तखत नहीं कर सकते थे।

रक्षामंत्री ने हमें धमकाया, "लाल, याद रखो, तुम सेना के असफर हो। मैं तुम्हें ठीक कर दूँगा।" यह ताकत का सबसे फूहड़ प्रदर्शन और दुरुपयोग था। यह कहना जरूरी नहीं कि मैं बुरी तरह आहत और अपमानित हुआ। इस फैसले से इंडियन एअरलाइंस कारपोरेशन फिर लंगड़ा हो गया होता, लेकिन संयोग से पंडित जी ने इस बात पर सहमत होकर उसे बचा लिया कि जब तक एच एस-748 मूल्यांकन के लिए तैयार नहीं होता, तब तक फ्रैंडशिप खरीद लिए जायें और एच एस-748 के व्यावसायिक उपयोग की स्थिति में आने तक फ्रैंडशिप को इस्तेमाल किया जाये।

कृष्ण मेनन की इच्छा और हौसला फिर भी बना रहा और 27 जून, 1959 को फैसला किया गया कि वह विमान भारत में बनाया जायेगा। अब सवाल पैदा हुआ कि नयी फैक्टरी कहाँ लगाई जाये। वह बंगलूर के एच. ए. एल. में नहीं लगाई गयी। कृष्ण मेनन के एक चेहेते एअर वाइस मार्शल हरजिंदर सिंह ने कानपुर में विमान

N.E.F.A. WESTERN SECTOR
PART KAMENG DIVISION
NOT TO SCALE
TIBET
INDIA
Thag-La
Bum-La
Kenzemane
Chuna
Tawang
Hot Spring
Bleting
TAWANG CHU
Se-La
Bameng
Nyukmadong
Sepla
Dirang
Tashigang Dzong
Bomdi-La
Rupa
Chakoo
Kalaktang
BHUTAN
Foot Hills
Charduar
Misamari
Balipara
Tezpur
BRAHMAPUTRA R.
Silghat
Rangia
Mairabari RS.
Mangaldai
INDIA
Amingaon RS
Guwahati

तैयार करवाने का जिम्मा सँभाला। हमारे देश में 'एच. एच.' से हरजिंदर सिंह और हॉकर सिडली दोनों का बोध किया जा सकता है। कृष्ण मेनन चाहते थे कि विमान सात महीने के भीतर यानी अगले गणतंत्र दिवस की परेड पर आसमान में दिखाई पड़े। हरजिंदर ने इसे दो साल में बनाने का वादा किया। खैर, कानपुर में संयोजित पहला नमूना नवंबर, 1961 में उड़ा और अन्य दो नमूनें जनवरी, 1964 में उड़े।

ये विमान इंडियन एअरलाइंस कारपोरेशन को 1966-69 में दिये जाने लगे, जब मैं इंडियन एअरलाइंस कारपोरेशन छोड़कर एच. ए. एल. का महाप्रबंधक बन गया था। इसे भाग्य की विडंबना कहें या आदर्श न्याय कि इन विमानों को इंडियन एअरलाइंस कारपोरेशन को सप्लाई करने की अंतिम जिम्मेदारी मेरी ही थी। परिचालन और प्रदर्शन के मामले में तो उस विमान की तुलना फॉकर फ्रैंडशिप-27 से की जा सकती थी, लेकिन जहाँ तक यात्रियों की सुविधा और रख-रखाव का मामला था, यह उससे पीछे था। उपयुक्त समय में, जो कि वास्तव में काफी लंबा था, विमान अच्छा साबित हुआ और इसे भारतीय वायुसेना और इंडियन एअर लाइंस ने कई उद्देश्यों के लिए इस्तेमाल किया। सवाल यह था कि क्या विमान फैक्टरी मुख्यालय रख-रखाव कमान और बेस-रिपेयर डिपो के साथ स्थापित की जाये। क्या एक काम से दूसरे को नुकसान नहीं पहुँचेगा ? रख-रखाव कमान के एअर-आफिसर, कमांडिंग-इन-चीफ जो कि रक्षामंत्री कृष्ण मेनन के बेहद विश्वासपात्र थे, चाहते थे कि ये पूरी परियोजना उनके मातहत चले। रक्षामंत्री की अधीरता इस बात से पता चलती थी कि वे विमान को सात महीने में आसमान में देखना चाहते थे।

जिन नेताओं या व्यक्तियों के साथ मुझे काम करने का सौभाग्य मिला, उनमें पंडितजी और कृष्ण मेनन सबसे बड़े थे। उन दोनों व्यक्तियों में एक दूसरे के प्रति भारी लगाव और सम्मान-भाव था, हालाँकि दोनों अलग-अलग तरह के व्यक्तित्व थे। पंडित जी द्रष्टा थे। वे सिर्फ एक राजनेता ही नहीं, राजनीतिज्ञ और करुणामय इंसान भी थे। मैंने कैबिनेट के सैनिक सचिव के रूप में 1953 से 1955, यानी तीन साल तक सीधे पंडित जी के मातहत काम किया। स्वाधीन भारत के अपने स्वप्नों को साकार करने में पंडितजी को मैं सदा श्रद्धा भाव से देखता था। वे काफी महत्त्वपूर्ण घटनाएँ थीं। मैंने उन्हें उन मामलों को भी निपटाते हुए देखा है, जो विश्व स्तर के महत्त्व के न होकर आम नागरिक के जीवन में अहमियत रखते थे। एक बार किसी ने उनके सामने एक ऐसा मामला पेश किया जो कई सालों से सुलझाया नहीं गया था। यह सैनिकों की विधवाओं की पेंशन-दर का मामला था। वे खफा नहीं हुए बल्कि दुखी हुए। बोले, "चंद रुपयों के इस तरह या उस तरह खर्च होने से भारतीय कोष पर क्या फर्क पड़ेगा ? आप लोगों ने इन्हीं वजहों से इन विधवाओं की पेंशन इतने दिनों से नहीं दी ? क्या आप हृदयहीन हैं ? क्या आपने कभी सोचा कि इस

वजह से इन अभागी महिलाओं को कितनी दिक्कत हुई होगी, जबकि उनकी कोई गलती नहीं है ? उनकी पेंशन तुरंत शुरू कीजिए।"

कृष्ण मेनन तेज-तर्रार और पंडित जी की तरह द्रष्टा भी थे। 1957 में उन्हें रक्षा-विभाग दिया गया। सापेक्ष रूप से सैनिक हार्डवेयर के क्षेत्र में आत्मनिर्भरता लाने का श्रेय श्री मेनन को जाता है, जो कि देश की एक बड़ी ताकत है। इस वजह से देश अपने नीति-निर्धारण में स्वतंत्र होता है और किसी अन्य शक्ति का मोहरा नहीं बनता। उन्होंने 29 दिसंबर, 1961 को मद्रास के पास अवाड़ी में टैंक फैक्ट्री की नींव रखी। हालाँकि उस फैक्ट्री से 1965 में पहला विजयंत टैंक बनकर निकलते देखने का श्रेय उनके उत्तराधिकारी श्री चव्हाण को प्राप्त हुआ। तमाम रक्षा-उपकरणों के स्वदेशी उत्पादन शुरू करने का श्रेय कृष्ण मेनन को जाता है। इनमें तोपें, भारी मोर्टार, गाड़ियाँ और भारी व मध्यम तोपों के लिए बफर, कारतूस, छोटे हथियार, बम, गोले, नौसैनिक बारूदी सुरंगें, भारी विस्फोटक, बारूद, पैराशूट, पहाड़ पर लड़ाई वाले उपकरण, शक्तिमान ट्रक, भारी गाड़ियाँ, नौसेना के इंजन, स्वचालित और अर्द्धचालित हथियार, मिश्रधातु इस्पात और डिहाइड्रेटेड खाद्य। इनमें से कुछ वस्तुओं का उत्पादन 1962 के अंत या 1963 के आरंभ में शुरू होने वाला था। कई खाली पड़े स्टोरों और गाड़ियों को उनके प्रबंधन में जुटाकर फिर खड़ा किया गया। यह अच्छा प्रबंधन था। शोध और विकास के काम ने तेजी पकड़ी, आधुनिक उपकरणों के उत्पादन के लिए वैज्ञानिक और प्रौद्योगिक कुशलता जुटाई गयी और उसे प्रोत्साहित किया गया। उनके मंत्रित्वकाल में ही फरवरी, 1960 में प्रधानमंत्री की अध्यक्षता में सीमा सड़क विकास बोर्ड बनाया गया और उन दोनों ने मिलकर इस संगठन को उसके कठिन काम में भारी प्रोत्साहन दिया। बहुत कुछ शुरू हुआ, पर घटनाओं ने साबित कर दिया कि 1962 के संकट को टाला नहीं जा सकता था। इसी से जुड़ा था भारतीय वायुसेना के लिए एच एस-748 का निर्माण और बाद में रूसी सुपरसानिक मैक-2 फाइटर, यानी मिग-21। इनके निर्माण का आयोजन कृष्ण मेनन ने किया था। उनकी सबसे बड़ी कमजोरी यह थी कि वे देशभक्ति की भावना में इतने रम जाते थे कि व्यावहारिकता समाप्तप्रायः हो जाती थी। जैसा कि उन्होंने 1948 में विमान खरीदने या एच एस-748 के लिए मुझे जल्दबाजी में पक्का प्रस्ताव करने के लिए मजबूर किया। सेनाध्यक्षों को वे स्कूली बच्चे जैसा समझते थे और उनके प्रति कोई लिहाज, निष्पक्षता या औपचारिकता का भाव नहीं रखते थे। जनरल थिमैया ने फरवरी, 1960 में इसी के विरोध में इस्तीफा दे दिया था, लेकिन पंडित जी ने उन्हें समझाकर इस्तीफा वापस लेने के लिए मना लिया। कृष्ण मेनन जिन अफसरों को पसंद करते थे, उन्हें अपने निजी सपंर्क में रखना चाहते थे, लेकिन सेनाध्यक्षों की उपेक्षा करते थे। यह अनुशासन को कमजोर करने का अचूक नुस्खा था। यह भी समझना मुश्किल

था कि अकारण अशिष्टता में उन्हें इतना आनंद क्यों आता था। मुझे एअर हाउस में उस समय का एक रात्रिभोज याद है, जब एअर मार्शल गिब्स वायुसेनाध्यक्ष थे। कृष्ण मेनन उस समारोह के एक अतिथि थे। श्रीमती गिब्स ने विनम्रता से बात शुरू करते हुए कहा, "मैंने अपने पर्दे अभी बदले हैं। आपको कैसे लगे मेनन साहब ?"

"मैंने इससे अच्छे पर्दे देखे हैं।" मेनन का संक्षिप्त जवाब यह था। निश्चित रूप से ये शब्द दिल्लगी वाले नहीं थे और इसी से एक बेहद अखरने वाला सन्नाटा वहाँ छा गया।

इस बात से इंकार नहीं किया जा सकता कि कृष्ण मेनन की उपलब्धियाँ महान् थीं। देश के प्रति उनका प्रेम और गर्व की भावना भी उचित थी। अगर वे केवल अपनी अधीरता और अड़ियल रुख को आत्मानुशासन से कुछ कम कर पाते तो उनकी उपलब्धियाँ और ज्यादा हो सकती थीं। उन्हें उनके प्रयास में सहयोग देने के लिए अनेक ईमानदार और बुद्धिमान लोग मिल सकते थे, क्योंकि देशभक्ति और देश की सेवा करने की इच्छा रखने वाले वे अकेले भारतीय नहीं थे। यह जानना और विश्लेषण करना कठिन है कि किसी व्यक्ति के हृदय की गहराई में दया या कटुता का स्रोत कहाँ से होता है।

एअर इंडिया ने नवंबर, 1960 के पहले हफ्ते में टोक्यो के लिए उड़ान भरकर वहाँ अपनी सेवा शुरू की। एअर मार्शल मुखर्जी और मैं उस उड़ान में गये। यह सुखद यात्रा थी। टोक्यो पहुँचने पर वे शहर में ठहरे और मैं माउंट फुजियामा और हैकोन झील देखने गया। मैंने उस यात्रा का आनंद लिया और फिर रात को एक जापानी सराय में आराम किया। देर रात को फोन आया। संदेश बिजली गिरने जैसा था, "एअर मार्शल मुखर्जी नहीं रहे।" कल शाम को ही तो मैं उनसे मिलकर आया था। वे पूरी तरह स्वस्थ और प्रसन्नचित्त थे। क्या गड़बड़ हो गयी ? क्या दिल में खराबी आ गयी थी ? मैं तुरंत टोक्यो लौट आया। यहाँ मुझे बताया गया कि वे एक जापानी सराय में अपने मित्र व भारतीय नौसेना के एक वरिष्ठ अधिकारी के साथ भोजन कर रहे थे, तभी कुछ ग्रास कण श्वासनली में चले गये और उनकी साँस बंद हो गयी। जब तक डॉक्टर आता, तब तक सब कुछ खत्म हो चुका था।

हम उनका शव लेकर वापस लौटे। यह एक दुखद यात्रा थी। उनका पूरे सैनिक सम्मान के साथ अंतिम संस्कार किया गया। उनकी 49 साल की सेवाओं की याद में 49 विमानों ने उड़ान भरी। सम्मान और शोकसभा सिर्फ औपचारिकता नहीं थे, बल्कि सभी की आँखें भरी हुई थीं। वे भारत में सैनिक उड्डयन के अग्रणी लोगों में थे और उनके मित्रतापूर्ण, उदार व्यवहार के कारण तमाम लोग उन्हें प्यार करते थे।

एअर मार्शल एस्पी इंजीनियर को अगला सी. ए. एस. नियुक्त किया गया। वे 1 दिसंबर, 1960 से 31 जुलाई, 1964 तक इस पद पर रहे। उनके कार्यकाल में स्मरणीय घटनाएँ घटीं, जिन्हें हम शायद चाइनीज चेकर की संज्ञा देंगे।

इंडियन एअरलाइंस कारपोरेशन का पाँच साल का कार्यकाल पास आ रहा था। मैं बेहद संतुष्ट था कि एअरलाइन अब घाटे में नहीं रही। हमारी एअरलाइंस के लोग अब नाइजीरिया और इराक जैसे अन्य देशों की एअरलाइंस की मदद कर रहे थे। मुझे महसूस हुआ कि मैं वायुसेना से काफी दिन दूर रह लिया और अब मेरी लौटने की इच्छा हो रही थी। लेकिन कृष्ण मेनन रक्षामंत्री थे और वे न तो भूले थे और न ही उन्होंने मुझे माफ किया था। यही मौका था जब वे मुझे चोट पहुँचा सकते थे।

मुझे सूचित किया गया कि वायुसेना को अब मेरी सेवाओं की जरूरत नहीं है। नागरिक उड्डयन मंत्री बाबू जगजीवनराम को भी मेरी सेवाओं की जरूरत नहीं थी। इसलिए मुझे भविष्य-निधि ग्रैच्युटी और पेंशन देकर बाहर कर दिया गया।

कई दिनों तक मैं ठीक से खा नहीं सका और कई रातों तक मुझे नींद नहीं आयी। मेरे गले में एक हल्की तकलीफ थी और मैने सोचा, यह कैंसर है। पर मेरा शक निराधार साबित हुआ। इंडियन एअरलाइंस में काम करने के आखिरी दिनों में 30 सितम्बर, 1962 को, रक्षा सचिव ने मुझे टेलीफ़ोन पर बताया कि पंडित जी जानना चाहते हैं कि क्या मैं सार्वजनिक क्षेत्र की किसी इस्पात मिल में कोई पद सँभालना पसंद करूँगा। मेरा जवाब था नहीं, धन्यवाद। मैं सरकार से या तो वायु सेना की नौकरी चाहता था या कुछ नहीं। लेकिन पंडित जी तो निष्कपट, विशाल और उदार हृदय के व्यक्ति थे। यह यों ही नहीं था कि वे भारतीय जनता के प्रिय नायक थे और मेरे भी।

जब मैं 1966 से 1969 तक बंगलूर एच. ए. एल. में था, तो मुझे एक सेवा निवृत्त वित्तीय सलाहकार ने बताया कि एक बार तो मेरे कोर्ट मार्शल के कागजात तैयार कर लिए गये थे, लेकिन कृष्ण मेनन को समझाकर अभियोग समाप्त करवाये गये।

डॉ. भरतराम हमारे स्कूल और कॉलेज के सहपाठी थे। उन्होंने मुझे राजस्थान के कोटा में लगाई जा रही रेयान कार्ड फैक्टरी के प्रबंध निदेशक बनने का प्रस्ताव किया और मैं तैयार हो गया। मैं रेयान का रैसायनशास्त्र पढ़ने और एक फैक्टरी खड़ी करने में जुट गया। इस काम के दौरान मुझे चैंबर ऑफ कामर्स की एक बैठक में शामिल होने के लिए जयपुर जाना पड़ा। वहाँ एक अजीब घटना घटी। जब हम हॉल में दोपहर का भोजन कर रहे थे तो कोने में दाढ़ी बढ़ाये एक फटीचर-सा दिखने वाला व्यक्ति अकेला बैठा दिखाई दिया। मैं जैसे ही उधर से गुजरा, उसने मुझे संबोधित करके कहा, "साहेब, आप अगले कुछ हफ्तों में अपनी नौकरी बदलनेवाले हैं।" उसने

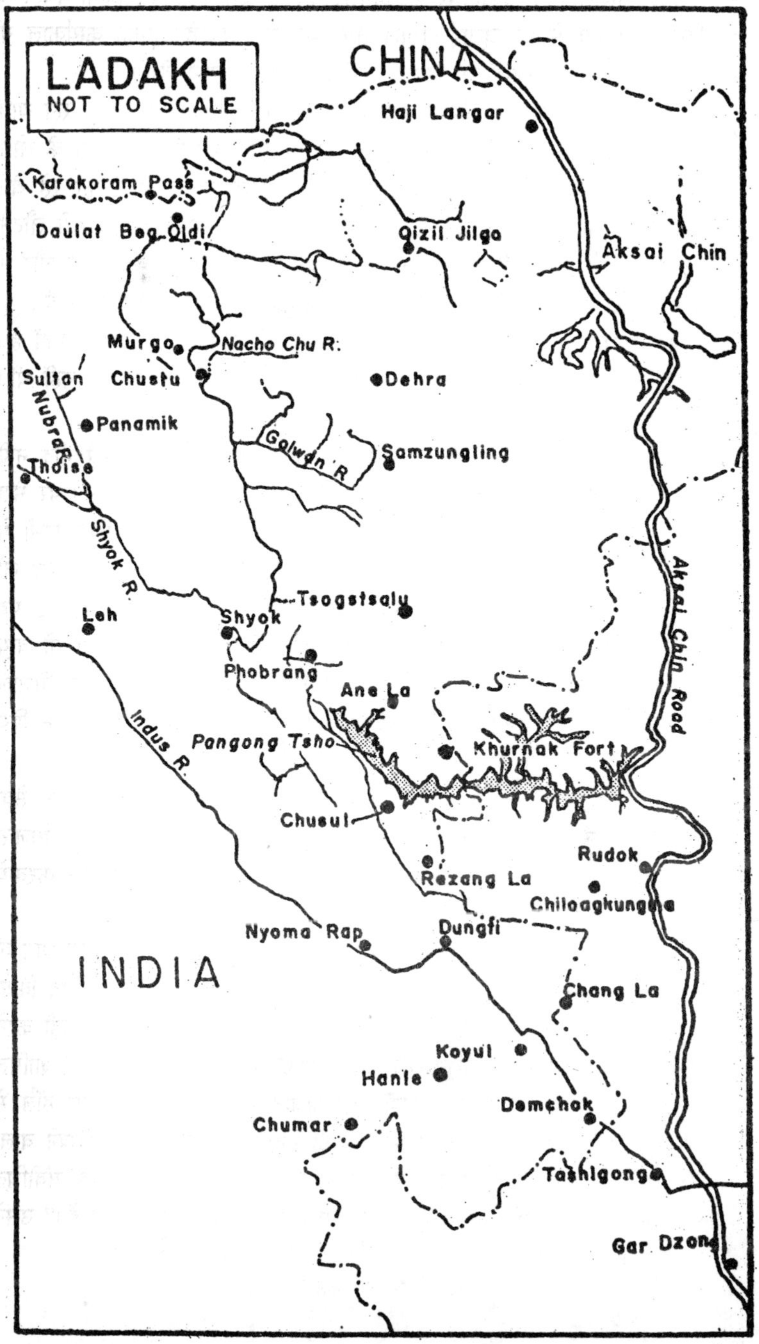

LADAKH
NOT TO SCALE
CHINA
Haji Langar
Karakoram Pass
Daulat Beg Oldi
Qizil Jilga
Aksai Chin
Murgo
Nacho Chu R.
Sultan
Chustu
Dehra
Nubra R.
Panamik
Galwan R.
Samzungling
Thoise
Shyok R.
Aksai Chin Road
Tsogstsalu
Leh
Shyok
Phobrang
Ane La
Indus R.
Pangong Tsho
Khurnak Fort
Chusul
Rudok
Rezang La
Chiloagkunga
Nyoma Rap
Dungti
INDIA
Chang La
Koyul
Hanle
Demchok
Chumar
Tashigong
Gar Dzong

ज्योतिष में मेरे अविश्वास की पुष्टि की लेकिन मैंने उसे संदेह का लाभ दिया और समझा कि उसका मतलब कुछ हफ्तों पहले किये गये मेरे नौकरी परिवर्तन से होगा। लेकिन वह इतना चतुर था कि उसे भी ताड़ गया।

वह कहता रहा, "अगले कुछ महीनों तक नयी गाड़ी में न चढ़िएगा।" चूँकि मैं अपने लिए नयी कार खरीद नहीं सकता था, न ही मुझे जरूरत थी, इसलिए इस अकारण चेतावनी से मुझे कोई दिक्कत नहीं थी।

लेकिन भाग्य अजीब ढंग से हिसाब बराबर करता है। अक्तूबर, 1962 में चीन ने नेफा में भारत के रक्षा-ठिकानों पर हमला बोल दिया। देश फिर युद्ध में उलझ गया। देश को अग्नि-परीक्षा के इस दौर से गुजरते देखकर मेरा मन रेयान तंतु बनाने में नहीं लग रहा था। मैंने स्वयं को देश सेवा के लिए समर्पित किया था और इस दौरान मैं नागरिक जीवन में था। कश्मीर-अभियान के दौरान मैंने ज्यादा विमान नहीं उड़ाये थे, पर बर्मा-अभियान में मैं था। मैं एक अजीब भावना और इच्छा से भर उठा, जिसका वर्णन करना कठिन है। मैंने वायुसेना के मुख्यालय से कई बार संपर्क किया। जो व्यक्ति मुझे वायुसेना में नहीं देखना चाहता था, अब वह खुद अपनी जिम्मेदारियों से पल्ला झाड़ चुका था और संयोग से सरकार ने मुझे फिर वापस ले लिया।

मैं तीन महीने तक बाहर रहा था। इस समय को वेतनरहित छुट्टियों के रूप में समायोजित किया गया और मैं वायुसेना में एअर ऑफिसर मेंटीनेंस बनाया गया। यह शान-शौकत वाली नौकरी नहीं थी—इसमें भारतीय वायुसेना का रख-रखाव करना था। लेकिन यह आवश्यक थी और महत्त्वपूर्ण भी।

8 चीनी चेकर्स

पचास के दशक में भारत अपने लोकतांत्रिक पथ पर धीमी गति से लड़खड़ाते हुए आगे बढ़ रहा था। पंचवर्षीय योजना का लक्ष्य ऊँचा था और हमने कृषि, उद्योग (विशेषकर सार्वजनिक क्षेत्र) शिक्षा, विज्ञान और प्रौद्योगिकी के क्षेत्र में किसी हद तक प्रगति की। राजनैतिक रूप से सत्तारूढ़ पार्टी की समाजवाद और गुटनिरपेक्षता के सिद्धांत से दृढ़ प्रतिबद्धता थी। वह दो प्रमुख शक्ति केंद्रों में से किसी में शामिल न होने पर दृढ़ थी। इस सिलसिले में उपनिवेशवाद की बेड़ियों से मुक्त होने की कोशिश कर रहे एशिया और अफ्रीका महाद्वीप स्थित तीसरी दुनिया के देशों के लिए हमारे प्रधानमंत्री पंडित जवाहरलाल नेहरू प्रेरणा-स्रोत थे। उन सभी देशों में लोकतंत्र कायम नहीं हो सका, ज्यादातर देशों में दुलमुल किस्म की तानाशाही स्थापित हुई, जिसकी राजनैतिक विचारधारा ही अलग थी। अन्य क्षेत्रों की राजनीतिक परिपक्वता हल्के तरीके से या रातों रात कायम नहीं की जा सकती थी।

दुनिया में कुछ ऐसी महत्त्वपूर्ण घटनाएँ घटीं, जिनका भारत पर सीधा असर पड़ा। अमेरिका ने पाकिस्तान को अपने गुट में शामिल होने के लिए राजी कर लिया और पाकिस्तान ने इसकी कीमत वसूली। 1954 में पाकिस्तान दक्षिण-पूर्व एशिया संधि संगठन (सीएटो) का और 1959 में केंद्रीय संधि संगठन (सेंटो) का सदस्य बन गया। इन सैनिक संगठनों में शामिल होने का उसे भारी लाभ मिला। उसे आधुनिक सैनिक उपकरणों की उदार आपूर्ति तो की ही गयी, उन उपकरणों के इस्तेमाल के प्रशिक्षण की अतिरिक्त सुविधा भी जुटाई गयी। भारत अपनी विदेश-नीति की स्वतंत्रता बनाये रखना चाहता था, इसलिए उसे जिस भी सैनिक सामान की जरूरत थी, उसे खुले बाजार से ऊँची दरों पर खरीदना पड़ा। हालाँकि भारत को विकास संबंधी कुछ वित्तीय सहायता मिली। 1954 में भिलाई का इस्पात कारखाना लगाने में

सोवियत संघ ने मदद दी । दुर्गापुर का इस्पात कारखाना ब्रिटेन के सहयोग से और राऊरकेला का कारखाना जर्मनी के सहयोग से कायम किया गया। पाकिस्तान को अमेरिकी सुपरसानिक जेट लड़ाकू विमान, एफ-66 सैबर्स और साइडविंडर मिसाइलों के साथ एफ 104 स्टार फाइटर की आपूर्ति से भारत के लिए भी उसके टक्कर में मिग-21 जैसे कुछ विमान हासिल करना जरूरी हो गया। लेकिन यह जरूरत 60 के दशक की शुरुआत में पैदा हुई और सौदा 1962 के मध्य तक तय नहीं हो पाया था।

पारंपरिक रूप से पाकिस्तान को शत्रु माना जाता था, इसलिए यह बहुत देर से महसूस हुआ कि कहीं और से भी खतरा हो सकता है। चीन की कम्युनिस्ट पार्टी ने अक्तूबर, 1949 में पेईचिंग में अपनी सत्ता कायम की। 1950 में चीन ने तिब्बत पर हमला करके अपनी पहली वर्षगाँठ मनाई। 23 मई, 1951 को चीन और तिब्बत के बीच एक संधि हुई, जिसमें धर्म और जीवन पद्धति के मामले में चीन तिब्बत को आजादी देने पर राजी हो गया। हालाँकि यह बात जल्दी ही जाहिर हो गई कि नवोदित कम्युनिस्ट चीन न सिर्फ इस सिद्धांत पर चल रहा है कि सत्ता बंदूक की नाल से निकलती है, बल्कि वह बेहद चतुराई के साथ दोगला राजनय भी अपना रहा है।

1954 की गर्मियों में भारत ने चीन के साथ एक समझौता किया, जिसमें तिब्बत को चीन का हिस्सा मानते हुए कुछ व्यापारिक समझौते किये गये। इस समझौते के आमुख में दोनों देशों ने 'पंचशील' के पाँच सिद्धांतों को मानने की प्रतिज्ञा की :

1. एक दूसरे की प्रादेशिक अखंडता और संप्रभुता का पारस्परिक सम्मान।
2. पारस्परिक अनाक्रमण।
3. एक दूसरे के भीतरी मामलों में हस्तक्षेप न करने की नीति।
4. समानता और पारस्परिक लाभ।
5. शांतिपूर्ण सहअस्तित्व।

लेकिन इस समझौते के एक महीने के भीतर ही चीन ने उत्तर प्रदेश की बाराहोती सीमा चौकी पर दावा पेश किया। यह चौकी ब्रदीनाथ के उत्तर-पूर्व और कामेत पर्वत के पूर्व में स्थित है और चीन ने उसे 'वूंजी' कहना शुरू कर दिया।

सेना और वायुसेना मुख्यालयों ने पचास के दशक में एक साथ रक्षा मंत्रालय को तीन रपटें दी थीं जिनमें संकेत किया गया था कि चीन से खतरा है और इस खतरे से निपटने के उपाय भी सुझाये गये थे। लेकिन सत्तारूढ़ पार्टी समाजवादी रुझान की थी और वह 'हिंदी-चीनी भाई-भाई' की भावना में पूरा विश्वास करती थी। इसके अलावा हिमालय की अभेद्यता पर सदियों पुराने विश्वास ने भी एक छद्म सुरक्षा का भाव बनाये रखा। यह भौतिक बाधा मनोवैज्ञानिक बाधा बन गयी। सरदार पटेल,

जिनका निधन 1950 में हो गया था, के अलावा किसी और राजनीतिज्ञ में इस तरह की अंतर्दृष्टि नहीं थी। इस दिशा में पहल के लिए कोई तैयार नहीं था।

अक्तूबर, 1954 में हमारे प्रधानमंत्री पंडित जवाहरलाल नेहरू को चीन के दौरे पर आमंत्रित किया गया। उन्होंने इस मौके पर चीनी प्रधानमंत्री चाऊ-एन-लाई से कहा कि चीन में हाल में प्रकाशित कुछ नक्शों में भारत-तिब्बत सीमा के कुछ हिस्सों को चीन का हिस्सा जताया गया है। दरअसल इस नक्शे में न सिर्फ भारतीय सीमा, बल्कि कुछ अन्य देशों के हिस्सों को भी इसी तरह दिखाया गया है। इन नक्शों में पूर्वी साइबेरिया, सिंकियांग और अफगानिस्तान को घेरने वाले केंद्रीय एशिया के सोवियत संघ के हिस्सों, बाहरी मंगोलिया, नेपाल, बर्मा, सिक्किम, कोरिया, वियतनाम और दक्षिण पूर्व एशिया के बड़े हिस्से को भी चीन में शामिल दिखाया गया है। पंडित नेहरू से बहाना यह किया गया कि ये नक्शे नये नहीं पुराने हैं और नयी सरकार को इन्हें संशोधित करने का समय नहीं मिला।

1955 की गर्मियों में चीन ने बाराहोती में फिर घुसपैठ की और नीति दर्रे में भी। उसके बाद के साल में उन्होंने शिटिकला दर्रे के माध्यम से हिमाचल प्रदेश पर भी नजर डाली।

इन घुसपैठों के बावजूद पंडित नेहरू ने जावा के बांडुंग सम्मेलन में चाऊ-एन-लाई के प्रति काफी दोस्ताना रुख दिखाया। पंडित नेहरू कम्युनिस्ट चीन को संयुक्त राष्ट्र का सदस्य बनाने की वकालत करते रहे।

सितंबर, 1956 में भारत का सैनिक सद्भावना दल चीन के निमंत्रण पर वहाँ के दौरे पर गया। मेजन जनरल जे. एन. चौधरी उस दल के अगुआ थे। वायुसेना की तरफ से मुझे और एअर कमोडोर एम. एस. चतुर्वेदी को उस दल में शामिल किया गया। उनकी खातिरदारी से परिपूर्ण भोजन और मनोरंजन काफी खर्चीली, व्यवस्थित शिष्ट और परिष्कृत थी। यहाँ तक कि वह बहुत कुछ सिखाने वाली थी। हमने स्वयं वहाँ हर क्षेत्र में हो रहे जबरदस्त विकासों, प्रयासों और उपलब्धियों को देखा। हमें वहाँ की गोदी, विमान कारखाने, इस्पात मिलें और रुचि की अन्य जगहें दिखाई गयीं। सेना के तत्परता भरे प्रदर्शन को दिखाने के लिए हमें ऐसी जगह ले जाया गया, जो एकदम खुला मैदान लगता था। वह जमीन बंजर जरूर लगती थी, पर उस पर जगह-जगह झाड़ियाँ और झुरमुट थे और कहीं गड्ढेनुमा खाइयाँ थीं। कुछ लोग इधर-उधर टहल रहे थे। उन्होंने कहा—यहाँ हम पूरी तरह से तैयार हैं। हालाँकि हमें कोई सैनिक टुकड़ी दिखाई नहीं पड़ रही थी। लेकिन अचानक एक सिगनल मिलते ही जैसे जमीन में बने छोटे बिल और गड्ढे खुल गये। उन्हें लकड़ी के पटरों से ढककर रखा गया था, जो अच्छी तरह छद्मावृत थे और बड़े-बड़े बक्सों के ढक्कन की तरह कब्जे से फिट थे। लकड़ी के इन पटरों में भीतर लाइट मशीनगनें फिट थीं।

हर गड्ढे में दो-दो व्यक्ति थे। इन यंत्रों के खुलते ही गुलामों की तरह तमाम सैनिक बाहर आ गये। उन्होंने फुर्ती से पोजीशन ली, निशाना साधा, वापस गड्ढे में गये, ढक्कन बंद किया और इस तरह हर चीज वहाँ से गायब हो गयी ! एक बार फिर वहाँ अनजान, सुनसान और बंजर जमीन दिखने लगी। मैंने उसी वक्त सोचा चीनियों को मित्र बनाना तो बहुत अच्छी बात है, ऐसी बुद्धिमत्ता, दृढ़ संकल्प और क्षमता के लोग बहुत खतरनाक दुश्मन साबित हो सकते हैं।

अपने दौरे में मैंने देखा कि रूसी टैक्नीशियन किसी उद्योग में उनकी मदद नहीं कर रहे हैं। वे पीछे खड़े रहते थे। लेकिन साल खत्म होने से पहले ही चीन और रूस का टकराव खुलकर सामने आ गया।

1956 के जाड़े में चाऊ-एन-लाई भारत आये। उन्होंने हमारी सरकार को बताया कि चीन ने बर्मा और चीन की सीमा तय करने वाली मैकमोहन रेखा को मान लिया है। इसे सर हेनरी मैकमोहन की अध्यक्षता में बनी कमेटी ने 1914 में तय किया था। उन्होंने कहा कि जहाँ तक उत्तर-पूर्व भारत में मैकमोहन लाइन का सवाल है, उसे जल्दी ही शांतिपूर्वक हल किया जायेगा। सामान्य तौर पर दो देशों की सीमाएँ स्पष्ट भौगोलिक आकृतियों, जैसे पर्वत-शृंखला, झरने या नदियों द्वारा तय की जाती हैं। भारत और चीन के बीच में भी इस सीमा-रेखा पर स्पष्ट भौगोलिक विभाजन था। हिमालय की छोटी-बड़ी पहाड़ियों के बीच एक थाग्ला रेंज है, जिसकी तलहटी में पूर्व से पश्चिम दिशा में नमका-चू नाम की नदी बहती है।

कुछ महीने बाद ही चीनी थोड़ी देर के लिए लोहित के वालांग क्षेत्र में दिखाई पड़े। यह जगह सर्वाधिक उत्तर-पूर्व प्रखंड में स्थित है। जिसे उन दिनों नेफा कहा जाता था।

1957 में भारत इस तथ्य से अवगत हुआ कि चीनियों ने लद्दाख क्षेत्र में अक्साई चिन क्षेत्र (श्वेत प्रस्तर मरुस्थल) से होते हुए सिंकियांग को तिब्बत से जोड़ने के लिए यारकंड से गारतोक तक एक सैनिक मार्ग बनाया है, जिसकी लंबाई 750 मील और चौड़ाई 12 फुट है। अक्साई चिन 14,000 फुट ऊँचा निर्जन और बंजर पठार है। पर्वतमालाओं से बचने के लिए खासगर से हुंजा के काफिले इसी पठार से होकर गुजरते हैं, क्योंकि पहाड़ के रास्ते जाड़ों में बर्फ से बंद हो जाते हैं। यह सड़क बनाकर चीन ने रूसी सीमा पर स्थित सिंकियांग तक पहुँचना आसान कर लिया और भारत को इस सड़क के बारे में तब मालूम हुआ, जब उसका काम पूरा हो गया। तब तक चीनी भारतीय सीमा में 50 मील भीतर घुसकर चीनी सड़क के 32 मील पश्चिम में स्थित कोंगाला दर्रे के पास मजबूत मोर्चेबंदी कर चुके थे।

जनवरी, 1959 में पंडित नेहरू के एक पत्र के जवाब में चाऊ-एन-लाई ने कहा कि भारत-चीन सीमा के सवालों पर पहले कभी चर्चा नहीं हुई, क्योंकि "तब इसके

समाधान की उपयुक्त स्थितियाँ नहीं थीं।" बाद की घटनाओं ने इस गूढ़ उक्ति का अर्थ खोल दिया कि यह उपयुक्त अवसर आने तक झाँसे में रखने की कला थी। संकट के आसार उस समय दिखाई पड़ने लगे, जब तिब्बत और चीन में संधि होने के बावजूद दलाई लामा को तिब्बत छोड़ने पर मजबूर होना पड़ा। वे तवांग के पास एक उत्तर-पूर्वी दर्रे से होकर 31 मार्च, 1959 को भारत आये और उन्हें राजनैतिक शरण दी गयी।

अगस्त, 1959 तक चीन ने नेफा की एक सीमाई चौकी लांग्जू पर कब्जा कर लिया। यह चौकी सुबनसीरी और सियांग मंडलों के बीच बहने वाली सुबनसीरी नदी के करीब सीमा के बीचोंबीच स्थित थी। सितंबर तक चीन ने मैकमोहन लाइन को सीमा मानने से इंकार कर दिया और नवंबर तक वास्तविक नियंत्रण रेखा से 20 किलोमीटर या 12½ मील भीतर तक पूरी भारत-चीन सीमा से सेनाएँ हटाने का सुझाव दिया। भारत सरकार इस प्रस्ताव को स्वीकार नहीं कर सकती थी और उसने जवाब में कुछ प्रस्ताव रखे। चीन सरकार ने भारत के जवाबी प्रस्ताव ठुकरा दिये।

अप्रैल, 1960 में दोनों देशों के प्रधानमंत्रियों की दिल्ली में फिर मुलाकात हुई। जैसा कि अनुमान था, बातचीत का कोई नतीजा नहीं निकला। "अभी समझौते की स्थितियाँ नहीं बनी थीं। बेज़िंग, दिल्ली और रंगून में अधिकारियों की अन्य बैठकें भी हुईं। इसी के साथ पूर्वी और पश्चिमी दोनों क्षेत्रों में घुसपैठ जारी रही। यह लगातार और दृढ़ता के साथ होनेवाली प्रक्रिया थी। भारतीय सेना की छोटी टुकड़ी ने लद्दाख में अग्रवर्ती चौकी कायम की। 1962 के मध्य तक भारतीयों ने चीनी सप्लाई लाइन में बाधा डालने और उसे काटने के लिए कुछ नयी सीमा चौकियाँ कायम कीं। तब तक चीनियों ने गाड़ियाँ जाने लायक एक और सड़क तैयार कर ली और वे अग्रवर्ती ठिकानों पर ज्याद मजबूती से जम गये।

पूर्व में थागला शृंखला के दक्षिण स्थित हमारी ढोला चौकी को चीनियों ने 8 सितंबर तक घेर लिया और 20 अक्तूबर की सुबह तक समझौते की स्थितियाँ बन गयीं। उन्होंने नेफा और लद्दाख में अपनी फौजें झोंक दीं। वे संख्या में हमसे छह गुना ज्यादा थे और उनके साथ तोपखाना और बख्तरबंद गाड़ियाँ भी थीं।

पंडित नेहरू ने स्वीकार किया कि भारत हकीकत से वाकिफ नहीं है और अपने द्वारा बनाये नकली माहौल में जी रहा है। प्रत्यक्ष दिख रहे खतरे की उपेक्षा हमारे निर्णय की गंभीर गलती थी। भारत तैयार नहीं था, उसके पास सैनिक, हथियार, गोला-बारूद, राशन, कपड़े, जूते, सड़कें, एक सक्षम कमान और यहाँ तक कि एक सुलझी राष्ट्रीय नीति की भी कमी थी। पहले दौर की लड़ाई 20 से 24 अक्तूबर, 1962 के बीच हुई। चीन की तरफ की सड़कें तैयार थीं। यहाँ तक कि उन्होंने विद्युत गति से भारतीय सीमा में भी कुछ सड़कें बना डालीं थीं। लेकिन लोहित डिवीजन में

वे वालांग से हायुलिनांग की तरफ, लोहित नदी से 80 मील नीचे तक आ गये थे।

अक्तूबर में पांचवें दिन की लड़ाई के बाद विराम आया और चीन ने वास्तविक नियंत्रण रेखा से 20 किलोमीटर पीछे हटने का एक और प्रस्ताव रखा, जिसे मंजूर करना भारत के लिए असंभव था। लोकसभा में हंगामा मचा हुआ था। कृष्ण मेनन 31 अक्तूबर को रक्षामंत्री के पद से हटा दिये गये। पंडित जी उनको बचा पाने में नाकाम रहे। उनकी जगह पर एस. बी. चव्हाण रक्षामंत्री बनाये गये।

दूसरा और अंतिम हमला 14 से 19 नवंबर के बीच नेफा में और 18 से 21 नवंबर के बीच लद्दाख में हुआ। यह पूर्ण पराजय थी। नेफा के डिरांग डिजोंग इलाके में :

> *"हमारे 20,000 वर्ग किलोमीटर भूभाग की रक्षा करने के लिए तैनात 15,000 सैनिकों की कमान और केंद्रीय ढाँचा मिनटों में ध्वस्त हो गया और इस तरह 18 नवंबर, 1962 की सुबह 6 बजे हम बिना लड़े ही लड़ाई हार गये। दूसरे विश्व युद्ध में गौरव प्राप्त करने वाली और युद्ध क्षमता की परंपरा कायम करने वाली डिवीजन अपने ही जनरल आफिसर कमांडिंग और ऑपरेशन स्टाफ की वजह से ध्वस्त हो गयी। छह चीनी ब्रिगेडों ने सेला दर्रे पर कब्जा कर लिया और बोमडिला से होते हुए सीमा से नीचे 96 मील दक्षिण स्थित तेजपुर को घेर लिया। वे इतने आगे सिर्फ चार दिनों में बढ़ आये।"**

चीन ने 21 नवंबर को एकतरफा युद्ध विराम घोषित कर दिया, लेकिन छिटपुट लड़ाई काफी बाद तक चलती रही। हमारे वरिष्ठ नेताओं और सरकार में समझदारी लाने के लिए सिर्फ खून-पसीना और आँसू ही नहीं बहाना पड़ा, बल्कि राजनीतिक और राजनय की पेचीदगियों से अनजान लोगों को फ्रॉस्टबाइट, गैंगरीन, पल्मोनरी ओडेमा झेलने के अलावा अपनी जान भी गँवानी पड़ी।

अक्साई चिन में चीन ने अपने को इतनी मजबूती से जमा लिया कि उसके वहाँ से जाने की कोई संभावना नहीं है और न ही उसे ताकत के बल पर वहाँ से खदेड़ा जा सकता है। वहाँ सड़क बन जाने के बाद भारत, रूस और पाकिस्तान की तुलना में चीन भारी फायदे में है। जहाँ तक पाकिस्तान का मामला है तो वह अपने शत्रु के शत्रु को अपना मित्र मानता है। दुनिया को अपनी ताकत दिखा देने के बाद चीन भी अतिरिक्त समझदारी के चलते ही चीनी सेना भारतीय सेना से मैदान में लड़ने नहीं आयी, क्योंकि मैदान में हिंदुस्तानी कमजोर नहीं थे। भारत की पराजय ने हमारे संदर्भ में पाकिस्तान की सैन्य शक्ति में निश्चित रूप से ज्यादा आत्मविश्वास भरा। दूसरी ओर भारत भी सबक मिल जाने के बाद अपनी भीतरी गड़बड़ियाँ ठीक करने में लग गया।

---

* लेफ्टिनेंट कर्नल जे. आर सहगल के दि अनफॉट वॉर आफ 1962, एलाइड पब्लिशर्स, नयी दिल्ली 1979, पृ. 70

भारतीय वायुसेना की भूमिका

इस दुखद घटना में भारतीय वायुसेना ने क्या भूमिका निभाई, हालाँकि वह लड़ने की भूमिका में नहीं थी, पर महत्त्वपूर्ण थी। उसने संभार तंत्र की भूमिका निभाई—यानी उसने भारी परिवहन विमानों और हेलीकाप्टरों के माध्यम से व्यक्तियों, वस्तुओं को ढोने और सामान गिराने का काम किया। नेफा की ऊँची पर्वत-शृंखलाओं, घने शीतोष्ण जंगलों और कम सड़कोंवाले क्षेत्र में विमान ही सबसे त्वरित संचार-माध्यम था। इंडियन एअरलाइंस के पाँच साल के कार्यकाल में हमने उस इलाके के आरपार व्यक्तियों और वस्तुओं को लेकर काफी उड़ानें भरी थीं। वहाँ के डफलास, मिरिस, मोनपास, मिशहमिस, अपलानिस और अन्य आदिवासियों ने हमारा डकोटा तो देखा था, लेकिन मोटर-परिवहन नहीं देखा था, बल्कि उन्होंने साइकिल तक नहीं देखी थी। इस बारे में विवाद चलता रहा कि परिवहन और संचार-व्यवस्था विकसित करके दूरस्थ आदिवासी इलाकों को आधुनिक सभ्यता के दायरे में ले आना चाहिए या रूसो के 'नैसर्गिक जीवन' में पड़ा रहने देना चाहिए। नृतत्वशास्त्री डॉ. वेरियर एलविन का उन दिनों पंडित नेहरू पर काफी प्रभाव था और उन्होंने ही नैसर्गिक जीवन को बचाये रहने की सलाह दी थी। वहाँ कोई हवाईअड्डा नहीं था। हमने अपनी पसंद के पुराने मैदान में विमान उतारे। यह सही मायने में अग्रणी भूमिका थी। वहाँ की जलवायु भारी और लंबा मानसूनी मौसम, जाड़ों की बारिश, कोहरा और 'झूम' खेती से उठते कुहासे ने वहाँ विमान उड़ाना खतरनाक बना दिया था। मैदान या घाटी में विमान उतारना या आपूर्ति गिराना अपेक्षाकृत आसान था, पर पहाड़ों में विमान उतारना असंभव था। बस हेलीकाप्टर किसी हद तक इसके अपवाद थे। चीजें गिराना कठिन था, क्योंकि एक तो वह भूभाग ऐसा था जहाँ विमान के साथ ज्यादा छूट नहीं ली जा सकती थी; दूसरे किसी सामान को गिराने के लिए बहुत छोटी जगह मिल पाती थी। वहाँ गिराये गये पार्सल ढलान से नीचे लुढ़क सकते थे और फिर उन्हें पाना असंभव था। युद्ध शुरू होने के बाद दुश्मन इतनी तेजी से आगे बढ़ा कि हमारे पास सामान गिराने का क्षेत्र नहीं बचा। फिर हेलीकाप्टर सेना की एक पूरी डिवीजन का संभारतंत्र नहीं सँभाल सकते थे, बल्कि वे तो एक ब्रिगेड के लिए भी पर्याप्त नहीं थे।

अक्तूबर, 1947 के कश्मीर अभियान की तरह यहाँ भी हवाई परिवहन की जरूरत तब तक नहीं पड़ी, जब तक लड़ाई शुरू नहीं हो गयी। विमान से सामान उठाने के काम की शुरुआत पचास के दशक से ही हो गयी थी। लद्दाख में 14,000 फुट ऊँची चुशूल हवाईपट्टी 1954 में इस्तेमाल के लिए तैयार थी। गर्मी में श्रीनगर और जाड़ों में जम्मू में तैनात स्क्वाड्रन नंबर-12 के पैकेट उस इलाके में सेना के लिए आवश्यक सामग्री पहुँचा रहे थे। नंबर-43 स्क्वाड्रन के डकोटा और नंबर-42 के आइ एल-14 की टुकड़ी संभार-तंत्र के उस काम में लगी थी। हवाई पट्टियाँ बनाने के लिए

अग्रिम अड्डों पर भारी मात्रा में रंध्रित इस्पात की प्लेटें ले जाई गयीं। चीन ने जब 1957 में अक्साई चिन क्षेत्र में सड़क बनाने का एलान किया और जब भारत उसके पूरा होने पर चौंक उठा तो उस इलाके में गतिविधियाँ तेज हो गयीं। सेना को अग्रवर्ती चौकियाँ बनाने का आदेश दिया गया, पर सड़कों के अभाव में सैनिकों और उनकी जरूरत की चीजों को विमान से पहुँचाया गया।

इस सेक्टर में उड़ान भरना बेहद कठिन काम था। पैकेट, आइ एल-14 और पुराना डकोटा सभी विमान पिस्टन इंजनवाले थे। वे समुद्र-तल से 12 से 15,000 फुट की ऊँचाई तक सुरक्षित और आसानी से उड़ सकते थे। लेकिन पर्वत-शृंखला पार करने के लिए उन्हें 17 से 20,000 फुट या उससे भी ज्यादा ऊँचाई तक उड़ना होता था। विमान में वायु के दवाब को समायोजित करने की व्यवस्था नहीं थी, इसलिए ऑक्सीजन सिलेंडर का इस्तेमाल करना पड़ता था, जोकि एक भद्दी और थकाऊ व्यवस्था थी। वायु-दाब का समायोजन न किये जाने से केबिन में ठंड रहती थी, जिससे बचने के लिए भारी कपड़े पहनने पड़ते थे जो चालक दल के लिए कष्टदायक थे। मौसम और हवा का रुख अक्सर उड़ान में झटके और असुविधा पैदा करता था, विशेषकर द्रास घाटी में और हर कोई जानता था कि अगर अचानक विमान उतारने की जरूरत पड़े तो यह कितना मुश्किल होगा।

चूँकि जाने और लौटने का वही मार्ग होता था, इसलिए दिक्कत और बढ़ जाती थी। विमान एक जंक्शन से उड़ते थे और उनके गंतव्यों में थोड़ा अंतर जरूर होता था, पर लौटते समय वे एक ही जगह से गुजरते थे। परिणामस्वरूप एक खास ऊँचाई पर हमेशा ज्यादा विमानों का आवागमन होता था। चूँकि उस इलाके में उड़ान भरने या उतरने के लिए कोई सुविधा नहीं थी, इसलिए पायलट को बेहद सतर्क रहना पड़ता था। श्रीनगर में सीमित सुविधाएँ थीं, कारगिल में कुछ नहीं थीं और लेह में दस मील रेंज का एक रेडियो टेलीफोन था। चुशूल, फुक्चे, थोइसे, डारबक में विमान और जमीन के बीच कोई संपर्क-सूत्र नहीं था। उड़ान भरने या उतरने की प्रक्रिया या तो चाक्षुष थी या फिर "पॉयलट के अपने विचार के अनुसार।" मौसम की भविष्यवाणी की व्यवस्था सिर्फ श्रीनगर में थी और हमारे मौसम विभाग के लोग आश्चर्यजनक रूप से अच्छे थे। कश्मीर के मौसम और भू-भाग ने हर उड़ान को जोखिम भरा बना दिया था। हर विमान दिन में दो से तीन उड़ान भरता था। कभी ऐसा भी होता था कि श्रीनगर का मौसम अच्छा है, लेकिन मौसम विज्ञानियों की भविष्यवाणी होती थी कि या तो वह रास्ते में खराब हो जायेगा या गंतव्य तक पहुँचकर। चालक दल उड़ान भरने के लिए तैयार रहता था, लेकिन मजबूरन रुककर इंतजार करना पड़ता था। सेना के लोग अक्सर विमान की मदद लेने आते थे, लेकिन चालक दल को अच्छे मौसम में भी इंतजार करते पाते थे। हालाँकि वे इस बारे में

कुछ कहते नहीं थे, पर उनकी आँखों और परोक्ष टिप्पणियों में आक्षेप दिखाई पड़ते थे। न कोई इतवार था न कोई छुट्टी। सुबह चार बजे जानकारी दी जाती थी और साढ़े चार बजे उड़ान भरनी होती थी। जाड़े में जब सब चोटियाँ बर्फ से ढकी होती थीं तो जमीनी निशान भी मिट जाते थे। श्रीनगर ऐसा स्टेशन था जहाँ परिवार नहीं रखा जा सकता था, इसलिए वहाँ कोई घरेलू सुविधा नहीं थी। बाद में लोगों को अपना इंतजाम खुद करने की इजाजत दे दी गयी। यह जीवन कठिन था।

इन्हीं कठिन परिस्थितियों में ज्यादा शक्तिशाली बनाने के लिए यह फैसला किया गया कि विमान में एक और इंजन, जेट इंजन लगाया जायेगा। यह काम बंगलूर के एच. ए. एल. वैमानिकी इंजीनियरों ने अमेरिका के स्टीवर्ड डेविस इन्कारपोरेट के माध्यम से किया। पहली सफल उड़ान 9 नवंबर, 1961 को भरी गयी। जून, 1962 तक एक विमान कश्मीर में परीक्षण के लिए तैयार था। यह उड़ान 23 जुलाई, 1962 को श्रीनगर से दौलतबेग ओल्डी तक भरी जानी थी। यह जगह कराकोरम क्षेत्र में 17,400 फुट ऊँचाई पर है। स्क्वाड्रन लीडर सी. एस. राजे (बाद में एअर मार्शल) को यह काम सौंपा गया। दौलतबेग ओल्डी में सिर्फ दो हवाई पट्टियाँ थीं, जिनमें एक उतरने और दूसरी उड़ने के लिए इस्तेमाल होती थी। दरअसल यहाँ दोनों काम के लिए पर्याप्त समतल जमीन ही नहीं थी। हवाई पट्टियाँ ढलानवाली जमीन पर थीं और जमीन की इस स्थिति का फायदा उठाया जाता था। उड़ान भरते समय विमान को ढलान की तरफ ले जाया जाता था, जिसके सामने अचानक खड़ी चट्टान आती थी, जबकि उतरते समय विमान चढ़ाई की ओर ले जाया जाता था ताकि गति कम करने में सुविधा हो। पश्चिमी कमान के एअर आफिसर कमांडिंग इन-चीफ एअर मार्शल ई. डब्ल्यू. पिंटो, जो एक तेज चालक थे, इस अवसर को गौरवान्वित करने श्रीनगर पहुँचे। स्टेशन कमांडर भी इस उड़ान में जाना चाहता था। योजना थी कि स्क्वाड्रन लीडर राजे वाली उड़ान, जो परीक्षण उड़ान थी, पर खाली विमान लेकर जायें और इसमें सहयात्री के तौर पर सिर्फ ए. ओ. सी.-इन-सी. और स्टेशन कमांडर रहें। लेकिन सवेरे स्क्वाड्रन लीडर राजे ने देखा कि 30 सैनिक अपने सामान के साथ पहले ही विमान में बैठे हुए हैं। सेना ने उन्हें यह कहते हुए उतारने से इन्कार कर दिया कि दौलतबेग ओल्डी इलाके में सेना की सख्त जरूरत है। सौभाग्य से यह उड़ान सुरक्षित पहुँच गयी और यह अपने में एक रिकार्ड था।

भारतीय वायुसेना के जवानों को उड़ान और रसद पहुँचाने के लिए अपने तरीके विकसित करने पड़े थे, क्योंकि अक्सर उनके विमान लदे हुए होते थे और ज्यादातर हवाई पट्टियाँ उतनी लंबी नहीं होती थीं, जितनी लंबी होनी चाहिए थीं। एक बार आसमान में पहुँचने के बाद वे अपने भरोसे होते थे। विमान गति-नियंत्रण केंद्र, एक वायरलेस यूनिट के सहारे, सिर्फ विमान की स्थिति की जानकारी दे सकता था, उससे

बात नहीं कर सकता था। कश्मीर में यह यूनिट जम्मू में थी और पूर्व में शिलांग में। इसलिए उड़ान भरने और उतरने का काम चाक्षुष तरीके से ही होता था।

दुर्गम क्षेत्रों में तैनात सेना की अग्रिम चौकियों पर भंडार जमा करने का असली मौसम गर्मी का ही होता है, क्योंकि इस दौरान कम से कम अच्छे मौसम के बारे में आश्वस्त हुआ जा सकता है। इस मौसम में हथियार और गोला-बारूद, दवाइयाँ, निर्माण-सामग्री, मशीन, राशन—आटा, दाल, चावल, मसाले, मैदा, डिब्बाबंद खाद्य पदार्थों, आलू और प्याज के अलावा पिंजड़ों में बंद बकरियाँ भी पैराशूट के सहारे उठाकर पहुँचाई जाती थीं। लेह, कारगिल, चुशूल जैसी जगहों पर उतरने की सुविधा थी और बाद में कराकोरम दर्रे के पास दौलतबेग ओल्डी में भी यह सुविधा उपलब्ध करा दी गयी। कारगिल में उतरनेवाली पट्टी की ढलान नदी की तरफ है और वहाँ विमान घुमाने की जगह इतनी कम है कि उसे अचानक नीचे ले जाना पड़ता था। संयुक्त राष्ट्र के एक दल को ला रहे विदेशी पॉयलटों को इस तरह की जगहों पर नहीं ले जाया जाता था, क्योंकि प्रतिक्रिया की सहज कल्पना की जा सकती है। अन्य जगहों पर सिर्फ डीज़ेस (ड्रॉप जोन) ही थे। जैसे उत्तर में गलवान और शाइओक, पांगोंग झील के उत्तर में स्थित सुल्तान चुश्तू, सासर ब्रांग्जा, सोग्तसालू और खुरनाक किला। इसके अलावा शाइअक नदी की घाटी के करीब नुब्रा घाटी में स्थित पुनामिक ग्लेशियर उस निर्जन और आलीशान भूभाग में अविस्मरणीय दृश्य उपस्थित करते थे। वहाँ डारबक, फोब्रांग, तारतर कैंप, अपकार, भुजंग, न्योमा रैप, डुंगटी और दक्षिण-पूर्व के डेनचोक वगैरह में भी डीज़ेस थे। कुछ जगहों का तो सर्वे तक नहीं हुआ था और उनका कोई नाम भी नहीं था, हालाँकि उनको कोई न कोई नाम दे दिया गया था, जैसे बिसमुथ, आस्कर, माइक या गोल्फ। दौलतबेग ओल्डी का नाम कैसे पड़ा, यह दिलचस्प है। यह काफिलों का मार्ग है और स्थानीय लोगों का कहना है कि ज्ञात स्मृति में बहुत खराब मौसम में यहाँ दौलतबेग नाम का एक व्यापारी आया था। मौसम इतना खराब था कि वह माल एक जगह रखकर कोई पनाहगाह ढूँढ़ने वापस चला गया। कुछ समय बाद जब मौसम ठीक हुआ तो वह वापस लौटा और देखा कि उसका सारा माल सही-सलामत है और वह खुशी-खुशी आगे बढ़ा।

अग्रवर्ती चौकियों में लागत का खयाल किये बिना खुले हाथों रसद गिराई जाती थी। वे छोटे-छोटे इलाके, जहाँ सामान उठाने और स्टोर करने के लिए पर्याप्त सैनिक भी नहीं थे, वहाँ भी रसद गिराई जाती थी।

सन् 1961 तक वायुसेना ने चंडीगढ़ का इस्तेमाल शुरू कर दिया, जो पहले एक नागरिक हवाई अड्डा था। संभार तंत्र की सभी सहायक उड़ानें ए. ओ. सी. जम्मू और कश्मीर के तहत चंडीगढ़ से होती थीं, जो ए एन-12 का अड्डा बन गया था। सन् 1960 में सीमा सड़क-संगठन बनने के बाद विमान इनके लिए भी काफी सामग्री ले

जाते थे। जैसे-जैसे गतिविधियाँ तेज हुईं, दैनिक उड़ानों की संख्या भी बढ़ने लगी और वह 50-60 उड़ान प्रतिदिन तक पहुँच गयी। यह अपने में एक उपलब्धि थी। विमानों ने सिर्फ पश्चिमी सेक्टर के लिए ही नहीं, बल्कि पूर्वी क्षेत्र के लिए भी उड़ानें भरीं। वही विमान सुबह कश्मीर में उड़ान भरता था और अपराह्न में असम के तेजपुर का चक्कर लगाता था। डकोटा को श्रीनगर से चुशूल तक पहुँचने में ढाई घंटे लगते थे, जबकि ए एन-12 चंडीगढ़ से चुशूल 55 मिनट में पहुँच जाता था। ए एन-12 के साथ सुविधा यह थी कि बादलों और कोहरे के ऊपर उड़ सकता था। चूँकि ए एन-12 को दूसरे विमानों से ज्यादा बड़ी हवाई पट्टी की जरूरत थी, इसलिए लेह और चुशूल की हवाई पट्टी बढ़ानी पड़ी। इस विमान ने कठिन परिस्थितियों में अच्छा काम किया। निश्चित रूप से ये विमान जिस देश में बनाये गये, वहाँ उन्हें इतने वजन और ऐसी भौगोलिक स्थितियों का सामना नहीं करना पड़ा होगा और वह भी चंद सुविधाओं या विना किसी सुविधा के।

पश्चिमी क्षेत्र

20 अक्तूबर, 1962 को स्क्वाड्रन लीडर चंदन सिंह का ए एन-12 चंडीगढ़ से दौलतबेग ओल्डी की उड़ान पर था। वह चीनियों के एल एम जी (हल्की मशीनगन) से चोटिल होकर वापस लौटा। अघोषित युद्ध शुरू हो चुका था। हमारी सेना निराशा की स्थिति में थी। उसे चुशूल में पाँच ए एम एक्स टैंकों की जरूरत थी, जिन्हें विमान से पहुँचाया जाना था। यह बहुत बड़ा काम था, जिसे वायुसेना ने आज तक नहीं किया था। लेकिन वायुसेना ने यह चुनौती स्वीकार की। समस्या यह थी कि ए एन-12 में इतनी बड़ी मशीनों को कैसे चढ़ाया जाये। विमान चाहे जितना मजबूत हो, आशंका इस बात की थी कि टैंक के पहिए उसकी सतह को चीर देंगे। सर्वोच्च प्राथमिकता के आधार पर बढ़ई को यह काम सौंपा गया कि ऐसी सतह बनाये, जिसमें लकड़ी के पटरे लगे हों और वे विमान में इस तरह फिट बैठें कि खिसकें नहीं। अगला सवाल यह था कि क्या विमान का पिछला हिस्सा टैंक के अंदर आने के बाद उसका वजन सँभाल सकेगा ? यह काफी जोखिम भरा काम था। इस चुनौती का भी समाधान निकाल लिया गया। लकड़ी का एक बड़ा और चंद्राकार पटरा नीचे लगाने के लिए तैयार किया गया और लकड़ी के पटरे और विमान की सतह के बीच झटके झेलने के लिए बालू के बोरे भरे गये। जब हम आश्वस्त हो गये कि विमान विशाल, भारी और नाजुक कारगो को सुरक्षित ले जा सकता है तो अगला काम उसे चढ़ाने का था। वायु सैनिकों के साथ सेना के तीन जवानों का एक दल टैंक को चढ़ाने के काम में जुटा। एक व्यक्ति टैंक चला रहा था, दूसरा ड्राइवर को काफी सावधानी से टैंक चलाकर सीधे विमान में ले जाने का निर्देश दे रहा था और तीसरा

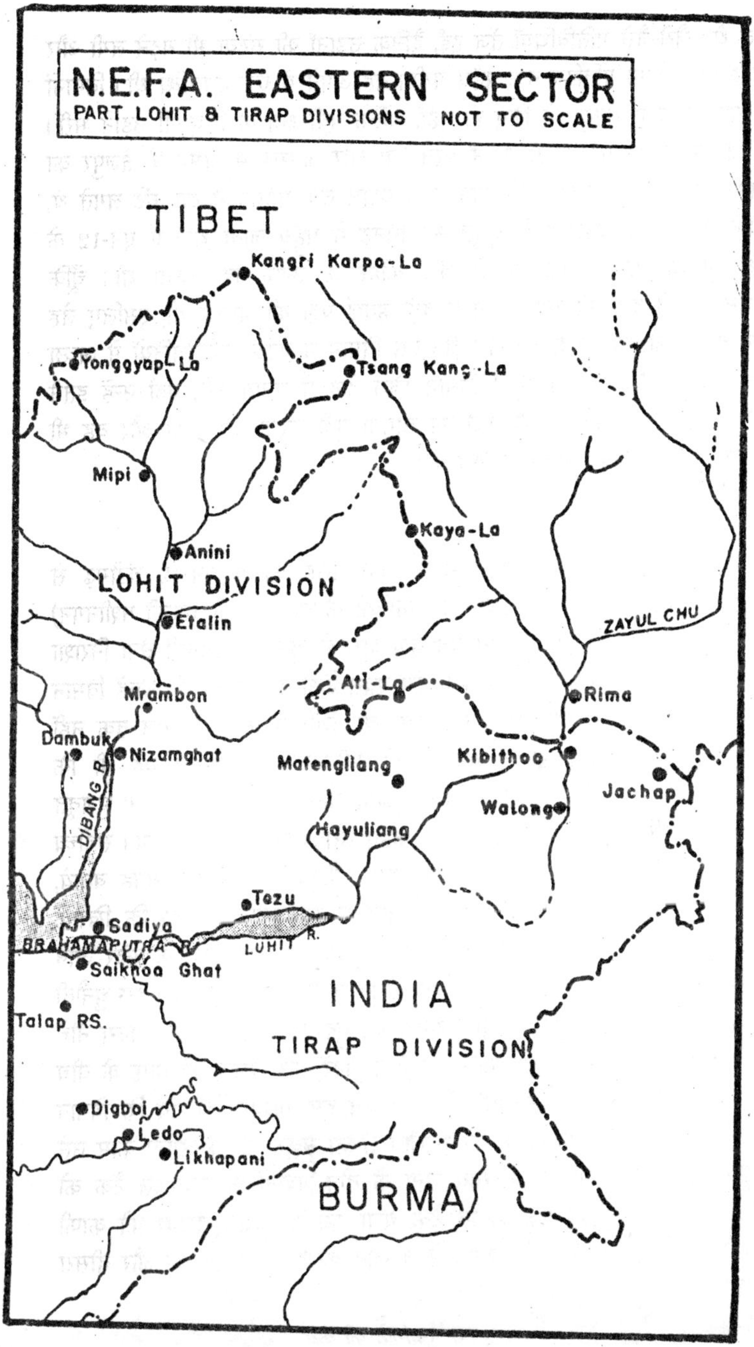
N.E.F.A. EASTERN SECTOR
PART LOHIT & TIRAP DIVISIONS NOT TO SCALE
TIBET
Kangri Karpo-La
Yonggyap-La
Tsang Kang-La
Mipi
Kaya-La
Anini
LOHIT DIVISION
Etalin
ZAYUL CHU
Ati-La
Mrambon
Rima
Dambuk
Nizamghat
Matengliang
Kibithoo
Jachap
DIBANG R.
Walong
Hayuliang
Tezu
Sadiya
BRAHAMAPUTRA R.
LUHIT R.
Saikhoa Ghat
INDIA
Talap RS.
TIRAP DIVISION
Digboi
Ledo
Likhapani
BURMA

इस पूरे काम की निगरानी कर रहा था। इस महान् अभियान की तारीख 25 अक्तूबर रखी गयी थी।

24 तारीख को सेना के तत्कालीन अधिकारी ने कहा कि इनमें से एक टैंक ड्राइवर को छुट्टी पर जाना है और उसकी जगह पर वैकल्पिक व्यवस्था की जायेगी। इस सूचना से वायुसेना के लोग भौचक्के थे। उन्होंने बड़ी मुश्किल से इसका अभ्यास किया था और इस नाजुक अभ्यास में सबने एक टीम की तरह अपनी भूमिका अदा की थी। अगर कोई नया आदमी आयेगा तो वह भारी गड़बड़ी कर सकता है। वे आखिरी मौके पर टैंक-ड्राइवर को बदलने की स्थिति में नहीं थे। उस नौजवान ड्राइवर का गाँव पास में ही था और उसकी पत्नी के प्रसव का समय करीब था। यह उसकी पहली संतान थी, इसलिए पत्नी और परिवार के लोगों ने उसे बुला रखा था। वायुसेना के लोगों ने कहा कि काम हो जाने के बाद ड्राइवर को घर भेजा जाये। ड्राइवर नहीं बदला गया और काम सफलतापूर्वक सम्पन्न हुआ। पाँच विमान एक-एक करके उड़े। दूसरा विमान 45 मिनट बाद उड़ा और बाकी 15-15 मिनट के अंतराल पर। जब वे विमान वापस लौटे तो टैंक ड्राइवर को बच्चे और हँसती हुई पत्नी का चित्र पेश किया गया। कमांडिंग अफसर ने उस व्यक्ति के घर यूनिट से एक डॉक्टर को भेज दिया था, ताकि सब कुछ अच्छी तरह से सम्पन्न हो जाये और सबूत के तौर पर एक चित्र भी खींच लाया गया था। बाद में उस नौजवान को घर जाने की छुट्टी दे दी गयी।

भारतीय सेना की इकाइयाँ जाड़े की वजह से हटाई जा रही थीं, तभी 20 अक्तूबर, 1962 को चीनी सेना ने आधी रात के बाद आक्रमण कर दिया। दोपहर बाद तक उन्होंने दौलतबेग ओल्डी के पूर्व चिप-चाप नदी-घाटी पर कब्जा कर लिया और हमारी सेना को दौलतबेग ओल्डी वापस लौटना पड़ा। 22 तारीख को चीनियों ने दौलतबेग ओल्डी घेर लेने की धमकी दी। हमारी सेना थोइस तक पीछे हट आयी। उसी दिन चुशूल हवाई पट्टी के लिए भी खतरा पैदा हो गया। वहाँ रक्षा के लिए 114 थलसेना ब्रिगेड और नौ फील्ड कंपनियाँ थीं। उन्होंने जमा देनेवाले जाड़े में आसपास की पहाड़ियों—लुकुंग (24,000 फुट), गुरुंग (25,000 फुट), मग्गर पहाड़ी (17,000 फुट) और स्पैंगुर (14,000 फुट) पर बारूदी सुरंगें बिछा दीं।

'इंजीनियर कोर* के इतिहास' के अनुसार :

> *"युद्ध के पहले चुशूल की हवाई पट्टी का कम इस्तेमाल होता था। उस पर एक दिन में एक ही विमान उतरता था, लेकिन युद्ध के समय वहाँ छह ए एन-12 और 8 पैकेट विमान रोजाना उतरने लगे और उसका रख-*

---

* हिस्ट्री ऑफ दी कोर्ज़ ऑफ इन्जीनियर्स, पलित एन्ड पालित, 1980, पृ. 122-23।

रखाव मुश्किल हो गया। उसे उसके रख-रखाव के लिए रोजाना 4 टन आर सी-3 नाम के डामर की जरूरत थी, जिसकी उन दिनों भारी कमी थी। 13 नवंबर तक चुशूल हवाई पट्टी पर 95 ए एन-12 और 57 पैकेट उतर चुके थे। घर्षण से सुरक्षा देनेवाली पी. एस. पी. की चादर उधड़ रही थी। उसी दौरान अवंतीपुर और चुशूल हवाई पट्टी को ठीक करने का काम शुरू हुआ और दो पैकेट विमानों के प्लांट और मशीनों के साथ सफलतापूर्वक उतरने के बाद थोइस हवाई पट्टी चालू कर दी गयी।"

18 नवंबर की सुबह और 19 नवंबर को चुशूल हवाई पट्टी और पास के पहाड़ी ठिकानों पर चीनियों ने जबरदस्त बमबारी की। चीनियों को अक्साई चिन वाली सड़क और पास के रूडोक अड्डे से भारी मदद मिली। चीनी स्पैंगुर के रास्ते से घुसने की कोशिश कर रहे थे, पर टैंकरोधी बारूदी सुरंगें, ए एम एक्स टैंकों की एक टुकड़ी और हमारे बहादुर सैनिकों ने चुशूल को बचा लिया।

पूर्वी क्षेत्र

वायुसेना के उन जवानों के संस्मरणों के आधार पर कठिनाइयों, परेशानियों और स्थिति के तनाव का अनुमान होता है, जिन्होंने पूर्वी क्षेत्र में सेना को संभार संबंधी मदद दी थी। चाहे वह वी. आई. पी. (अतिविशिष्ट व्यक्तियों) को ले जाने का मामला रहा हो या हताहतों को। 11 नंबर स्क्वाड्रन के चार डकोटों की पहली टुकड़ी नवंबर, 1961 में बैरकपुर से गुवाहाटी भेजी गयी, जो पहले एक नागरिक हवाई अड्डा था। चालक और रख-रखाव दल के भी सदस्यों को शुरू में तंबुओं में ठहरना पड़ा। हर विमान एक दिन में तवांग, खिनजेम्ने, सेला और बोमडिला के लिए चार से पाँच उड़ानें भरता था। जिस तरह क़श्मीर में तापमान, मौसम की स्थितियों और उड़ान भरने व उतरने में किसी तरह की मदद न मिलने से विमान को उठाना कठिन और जोखिम भरा काम था, उसी तरह यहाँ की भी स्थिति थी। जैसे-जैसे काम का बोझ बढ़ता गया, इस टुकड़ी में ज्यादा-से-ज्यादा विमान शामिल होते गये।

जुलाई, 1962 तक नंबर-12 स्क्वाड्रन के तीन पैकेट भी मैदान में आ गये। जब लड़ाई शुरू हुई तो एअर वाइस मार्शल जसवंत सिंह खुद कलकत्ता से गुवाहाटी आये और सैनिकों की निगरानी करते हुए उन्हें प्रोत्साहन देते हुए खुद उनके साथ रहे। रोज सुबह कोहरे और धुंध भरे मौसम में सबसे पहले उन्हीं का विमान आसमान में होता था। लड़ाई तेज हो रही थी। गोलियों से छलनी होकर विमान लौटने लगे। सितंबर के शुरू में ही चाय बागान के मजदूर और विदेशी लोग भागने लगे और बाद में तो यहाँ से सामूहिक पलायन होने लगा। बढ़ते आ रहे चीनियों से आतंकित मर्द

और औरतें कीमती चीजों के अलावा सब कुछ छोड़कर भाग रहे थे।

युद्ध का दूसरा दौर पहले के मुकाबले ज्यादा विनाशकारी था। इसमें तो हम सिर्फ पीछे हटते रहे। 16 नवंबर को लोहित नदी की घाटी के सबसे पूर्वोत्तर हिस्से वालांग में चीनी घुस आये और हमारी सेना को फिर पीछे लौटना पड़ा। अगला मुकाम हायुलियांग पर था। तवांग के दक्षिण में, सेला को पूरब से छोड़ते हुए चीनी निकल गये। सेला के दक्षिण-पूर्ण लगाम में हमारी सेना ने काफी चीनियों को मारा, लेकिन आखिरकार उन्हें वापस चारद्वार लौटना पड़ा। 18 नवंबर को चीनियों ने दिरांग जाँग पर कब्जा कर लिया, जहाँ से 4 इन्फैंट्री डिवीजन और 65 इन्फैंट्री ब्रिगेड का मुख्यालय हटा लिया गया था। मैदान के किनारे और पहाड़ की तलहटी में स्थित तेजपुर को भी खाली करने की तैयारी चल रही थी। वायुसेना के जवान, विशेषकर हेलीकाप्टर के पॉयलट, जो अपनी पूरी क्षमता से काम कर रहे थे, नहीं जानते थे कि उन्हें अगली बार भोजन कहाँ मिलेगा। तेजपुर के स्टेशन कमांडर, विंग कमांडर अर्जुन भवनानो ने जो पहल की, उसकी वजह से सब उनके कृतज्ञ हो गये। उन्होंने रसाईघर के चारों तरफ गार्ड तैनात कर दिये, ताकि रसोइए भाग न जायें और इस तरह चीनी तेजपुर से कुछ दूर पहले रुक गये।

23 नवंबर को चीन ने एकतरफा युद्धविराम घोषित कर दिया, लेकिन लड़ाई तुरंत बंद नहीं हुई। युद्धविराम की घोषणा के बाद भी कुछ लड़ाई हुई। हमारे एक बहादुर सेनानी ब्रिगेडियर होशियार सिंह और उनकी सेना के कुछ जवान इस दौरान मारे गये। अब हेलीकाप्टर यूनिट का काम जख्मी, हताश और पीछे हट रहे भटके लोगों को उठाना था। उन्होंने कई लोगों की मदद की, विशेषकर भूटान की पूर्वी घाटी, सकदेन, ताशिगांग जाँग, देवनागिरि, दोनांग की छोटी पहाड़ियों की शृंखला के साथ नेफा के कामेंग डिवीजन के मिसामारी, चाकू, फूटहिल्स और कलाकतंग में एअर कमोडोर एम. एम. इंजीनियर ने ड्यूटी की हद पार करके काम किया। वे उन हेलीकाप्टर-पॉयलटों के साथ खुद जाते थे जिन्हें लाचार, टूटे और शरण ढूँढ़ते सैनिकों को रसद पहुँचाने के लिए दुर्गम स्थानों पर उतरना पड़ता था। ये खुद विमान से सामान उठा कर उन सैनिकों तक ले जाते थे। उन्होंने साकदेन में एक चाय की दुकान खोले जाने का आदेश दिया और वहाँ एक डॉक्टर, डॉ. दत्त को नियुक्त किया। उसी इलाके कामेंग में संचालन के लिए नया अड्डा भी कायम किया गया, जो साल भर तक रहा।

1962 का यह हादसा देश के लिए एक पीड़ादायक अनुभव था। लेकिन इसकी वजह से हमें पुनर्विचार और पुनर्गठन की प्रेरणा मिली। शायद उस युद्ध को व्यापक परिप्रेक्ष्य में देखने पर इसका एक ही आयाम ऐसा था जो हमें शर्मिंदा नहीं करता और वह था हेलीकाप्टर-पॉयलटों का काम। और वे भी ऐसी भूमिका इसलिए निभा

सके, क्योंकि सही समय पर सही उपकरण उपलब्ध हो गये। यहाँ इस शाखा के विकास की संक्षिप्त चर्चा अप्रासंगिक नहीं कही जा सकती।

हेलीकॉप्टर यूनिट

हेलीकॉप्टरों ने उड़ान में नया आयाम जोड़ा, हालाँकि आज हम उन्हें कोई महत्त्व नहीं देते। एस. के. मजुमदार हेलीकॉप्टर पॉयलटों में वरिष्ठ थे। नील टॉड, बी. एस. जायसवाल, स्वर्गीय स्क्वाड्रन लीडर वी. के. सहगल, एम. एस. कपूर, जानसन बेरी, के. एल. नारायणन, ए. एस. विलियम, अदलखा और राजगोपाल को उनका हमउम्र कहा जा सकता है। पर शुरुआती दिनों के यही चंद पॉयलट थे। वे लोग ऐसी जगहों पर गये जहाँ पारंपरिक विमान नहीं पहुँच सकते थे और उन्होंने वे काम किये जो पारंपरिक विमान नहीं कर सकते थे।

1954 में भारतीय वायुसेना के पहले हेलीकॉप्टर सिकोर्स्की एस-55 थे। उनमें दो चालक होते थे और 8 से 12 लोगों के बैठने की व्यवस्था थी। पहले दो पॉयलट एस. के. मजुमदार और टॉड ने अमेरिका में प्रशिक्षण प्राप्त किया था। एस. के. मजुमदार ने भारत में अन्य लोगों को प्रशिक्षण दिया। उसके बाद 1957 में बेल-47 जी-II आया। वे सिकोर्स्की से छोटे थे। उनमें एक ही पॉयलट होता था और वे सिर्फ दो यात्रियों को ले जा सकते थे। वे बहुत आसानी से घुमाए जा सकते थे और उन्हें घर की छत पर भी उतारा जा सकता था। वे 8,000 फुट की ऊँचाई तक आसानी से उड़ सकते थे। 1960 में दो सिकोर्स्की एस-62 बी लाये गये, पर वे भारत के लिए उपयोगी साबित नहीं हो सके।

शुरू में हेलीकॉप्टर यूनिट का केंद्र पालम था। दो वर्ष बाद उसे कानपुर भेज दिया गया। लेकिन दो साल बाद 1958 में इसे फिर पालम ले आया गया। मजुमदार प्रशिक्षक थे और सुबह से शाम तक उड़ान भरते थे। यूनिट में कोई इंजीनियरिंग अफसर नहीं था और न ही कोई सहायक, लेकिन कानपुर के विंग कमांडर खरास और उपकरण अधिकारी विंग कमांडर ए. सी. लाल काफी मदद करनेवाले थे। इस यूनिट में चार मशीनें थीं, जिनमें 250 से 300 घंटों की उड़ानें दर्ज थीं। एक पॉयलट को प्रशिक्षित करने के लिए 50 घंटे की उड़ान जरूरी थी। अगला कदम प्रशिक्षण के दौरान ही परिचालन ड्यूटी देना था और इस दौरान वह पूरी तरह योग्य पॉयलट बन जाता था। यूनिट खुद विमानों की देखरेख करती थी और हेलीकॉप्टरों की उच्चस्तरीय देखरेख होती थी। देखरेख में प्रथम श्रेणी का काम रोज जाँच करना होता था। यह काम 24 घंटे होता था। देखरेख की दूसरी श्रेणी का काम मशीन को विमान से निकालकर किया जाता था, यह निर्माताओं के सुझाव थे। देखरेख की तीसरी श्रेणी का काम भी यूनिट खुद ही करती थी।

1959 की गर्मियों में दो सिकोर्स्की की 104 यूनिट और दो बेल असम ले जाये गये। बेल पैकेट के माध्यम से गये। अगस्त के अंत तक जोरहाट स्थित दो सिकोर्स्की और चार बेल विमानों को मिलाकर एक टुकड़ी गठित की गयी। रसद गिराने का काम वायुसेना और नागरिक विमान सेवा के माध्यम से पहले से ही चल रहा था। इस दौरान दलाई लामा के भारत आने के बाद हेलीकॉप्टरों का उपयोग तिब्बती शरणार्थियों को लाने में किया गया। सुबनसिरी नदी पर स्थित दापोरिजो जैसे नये क्षेत्र में किया जानेवाला यह काम बिल्कुल नये किस्म का था। मजुमदार, जायसवाल, राजगोपाल, अदलखा, जानसन बेरी और कुछ अन्य हेलीकॉप्टर-पॉयलट इस काम में व्यस्त थे।

शरणार्थी-शिविर 5,000 फुट की ऊँचाई पर एक तंग घाटी में स्थित लिमेकिन नामक स्थान में था। ज्यादातर शरणार्थी समृद्ध तिब्बती थे और पारंपरिक वेशभूषा और पगिया में सजे वे लोग घुटनों तक आलीशान जूते पहने हुए थे। कई बार नौ सीटों वाले हेलीकॉप्टर में सिर्फ चार लोगों को बिठाकर भी पॉयलट को उड़ने और ऊँचाई पर पहुँचने में दिक्कत होती थी। यह बात उनको तब तक समझ में नहीं आयी थी, जब तक उन्हें यह न महसूस हुआ कि ये समृद्ध लोग सोना लादे हुए हैं। हालाँकि सभी शरणार्थी अमीर नहीं थे। एक लड़का था जिसका परिवार खो गया था या जो परिवार से बिछुड़ गया था। उसने सोचा कि उसे बचानेवाला पॉयलट उसका सौतेला पिता हो चुका है। दया तथा शारीरिक और भावनात्मक सुरक्षा की उसकी जरूरत ने भाषायी दीवार तोड़ दी थी, क्योंकि न तो जानसन बेरी और न ही वह लड़का एक दूसरे की भाषा का एक भी शब्द बोल सकते थे।

लिमेकिन में एक बार खराब मौसम के कारण दो हफ्तों तक खाने का संकट रहा। खाने की आपूर्ति नहीं हो पा रही थी और लोग बेचैन थे। राजनैतिक अधिकारी की पत्नी ने बाँस की जड़ों-जैसी स्थानीय चीजों के खाद्य बनाये और उनकी जान बचाई। निराशा में एक पॉयलट मजुमदार ने हाथ से मछली पकड़नी चाही। वे नदी के किनारे खामोश बैठ गये और जब पानी में उछाल देखा तो हाथ डाल दिया। बाहर लाकर देखा तो उनके हाथ में पनीला साँप था !

वे किसी खुरवाले जानवर का गोश्त खाना चाहते थे और एक या दो जिंदा बकरों का इंतजार कर रहे थे। कई दिनों के खराब मौसम के बाद जब आसमान साफ हुआ तो एक विमान आया। विमान के उतरते ही इंजन बंद भी नहीं हो पाया था कि लोग पॉयलट से संकेत की भाषा में पूछने लगे कि क्या, "लंबी दाढ़ीवाला तंदुरुस्त व बड़ा बकरा लाये हो ?" पॉयलट ने अपनी ठोढ़ी की तरफ संकेत करते हुए कहा कि हाँ, लाया गया है। इंजन बंद हुआ और दरवाजा खुला, और भीतर से उछलकर एक जिंदादिल दाढ़ीवाला सिख बाहर निकला ! वे ऑपरेशन ग्रुप-I के एअर

आफिसर कमांडिंग इन-चीफ थे।

नवंबर तक ये हेलीकॉप्टर जोरहाट वापस बुला लिए गये और यूनिट-105 स्थापित की गयी। यहाँ भी रहने की जगह कम थी और चालक दल तंबुओं में रहता था।

जनवरी 1960 तक वी. आई. पी. (अतिविशिष्ट व्यक्ति)–रक्षामंत्री, सी. ए. एस., सी. ए. ओ. एस. अपने नेफा-दौरे के लिए हेलीकॉप्टर का प्रयोग कर रहे थे। सी. ए. ओ. एस. जनरल थिमैया का लिमेकिन दौरा सैन्य चौकी को चौंकानेवाला था। मेजर बाहर गये थे। एक सूबेदार वहाँ का इंचार्ज था। मेजर कब तक के लिए बाहर गये हैं ? कम से कम दो हफ्ते के लिए–पाँच दिन जाने, पाँच दिन ठहरने और काम करने के और पाँच दिन लौटने के लिए। जनरल और उनके स्टाफ अधिकारी आराम करने लगे। सूबेदार लंच का इंतजाम करने लगा। जानसन बेरी ने सुझाव दिया कि लंच का इंतजाम करने में समय लगेगा और तब तक मौसम खराब हो गया तो यह सब फँस जायेंगे। आखिरकार जनरल का कार्यक्रम तय था, इसलिए वे पकौड़े खाने, गर्म चाय पीने और कुछ गपशप करने के लिए बैठ गये। जनरल ने पूछा, "आप में से कितने लोग यहाँ एक साल से हैं ?" सभी लोगों ने हाथ उठा दिये। "कितने लोग यहाँ दो साल से हैं?" करीब आधे लोगों ने हाथ उठाये। "कितने लोग यहाँ दो साल से ज्यादा समय से हैं ?" थोड़े से हाथ उठे। जनरल ने स्टाफ अधिकारियों से कहा, "दर्ज कर लीजिए। किसी भी व्यक्ति को इस दुर्गम जगह में एक साल से ज्यादा नहीं रखा जायेगा। अगर बहुत जरूरी हुआ तो यह अवधि दो साल तक हो सकती है।"

दिसंबर, 1960 तक भारतीय वायुसेना ने कुछ एम-I 4 रूसी हेलीकॉप्टर ले लिये और कुछ पॉयलटों को प्रशिक्षण के लिए रूस भेज दिया गया। 1961 में फ्रेंच ऐल्यूएट-II प्रदर्शन के लिए आया। डिजाइनर व परीक्षण पॉयलट एम बाउले ने कुल्लू से रोहतांग दर्रे तक सफल प्रदर्शन-उड़ान भरी और 19,000 फुट की ऊँचाई पर उतारा। उन्होंने लाइसेंस के तहत विमान बनाने और बेचने का प्रस्ताव रखा। लेकिन तब तक भारतीय अधिकारियों ने नहीं सोचा था कि यह निवेश सार्थक होगा।

उसके बाद 107 यूनिट के हेलीकॉप्टरों की उड़ान बढ़ा दी गयी और यह यूनिट लेह ले जायी गयी। वहाँ के प्रमुख पॉयलट जायसवाल, नारायणन, विलियम्स थे। विमानों ने जी. आर. ई. एफ. की पायनियर कंपनी को सेना और वायुसेना के लिए इमारत, रनवे, हैंगर और अन्य ढाँचे बनाने में मदद की। 1962 में सिकोर्स्की टेस्ट पॉयलट ने प्रदर्शन-उड़ान भरी। इस बीच बर्फ पर उतरते समय एक विमान बुरी तरह टूट गया। इस दौरान एम-I 4 विमान को भौगोलिक और जलवायु संबंधी स्थितियों के कारण दिक्कतें हो रही थीं। उन्हें ज्यादा वजन लादे 'स्टाल' (छोड़ी उड़ान और लैंडिंग) विमान के लिए छोटी हवाई पट्टी की जरूरत थी और विशेष विरल वातावरण

में इसकी व्यवस्था करनी जरूरी थी। बेल-47 और जी-3 विमानों में भी इस तरह की दिक्कत महसूस की गयी। इसीलिए हमारी सेना की अग्रवर्ती चौकियों, जैसे अक्साई चिन के गलवन में दुनिया में सबसे बेहतरीन इच्छाशक्ति वाले हेलीकॉप्टर भारतीय सेना की उतनी मदद नहीं कर सके जितनी जरूरत थी, खासकर उस समय जब चीन की आगे बढ़ती सेना के सामने भारतीय सेना पीछे हट रही थी। पॉयलटों के लिए इतनी ऊँचाईवाले विरल वातावरण में काम करना, यहाँ तक कि सोना भी एक समस्या थी, जो अक्सर वास्तविक थी और कुछ मनोवैज्ञानिक भी थी। जब यह मनोवैज्ञानिक होती थी तो अनजाने में ऑक्सीजन की खाली बोतल भी उन्हें राहत देती थी, और इस दृश्य का जलवायु के अभ्यस्त वरिष्ठ लोग काफी मजा लेते थे।

अधिकारियों ने आखिरकार एल्यूएट में निवेश करने का मन बना लिया और कुछ पॉयलट उसे लाने फ्रांस भेजे गये जहाँ पहले उन्हें फ्रांस वायुसेना द्वारा प्रशिक्षण दिया जाना था। भारत-चीन-संबंधों में बढ़ते तनाव के मद्देनजर भारत सरकार फ्रांस सरकार को यह समझाने में कामयाब हो गयी कि कुछ एल्यूएट-III विमानों से मेक्सिको का निशान मिटा कर प्राथमिकता के आधार पर उन्हें भारत को दे दे। वे विमान पैकेट से लाये गये। ऐल्यूएट विमानों को ला रहे पहले पैकेट का स्वागत करने के लिए पालम हवाई अड्डे पर रक्षामंत्री कृष्ण मेनन खुद मौजूद थे।

इस बीच एम-I 4 के सहारे चंडीगढ़ में नंबर-110 हेलीकॉप्टर यूनिट गठित की गयी। ये हेलीकॉप्टर सीमा सड़क-संगठन की मदद कर रहे थे, लेकिन जब युद्ध शुरू हुआ तो उन्हें वहाँ से हटा कर पूर्वी सेक्टर में सेना की मदद के लिए लगाया गया। तेजपुर केंद्र से तवांग और ढोला के लिए उनका काफी इस्तेमाल किया गया। टुकड़ियों का केंद्र पहले तवांग और दारांग में था, बाद में उन्हें लोहित जिले के तेजू और पश्चिमी क्षेत्र में तैनात किया गया। लेकिन तेजी से अग्रसर होती चीनी फौजों के कारण उन्हें तेजपुर लौटना पड़ा। दुश्मन की फायरिंग के कारण इनमें से एक विमान वालांग के पास खो गया।

इस इलाके में पहली हेलीकाप्टर-दुर्घटना स्क्वाड्रन लीडर वी. के. सहगल द्वारा उड़ाए जा रहे बेल की हुई। उस विमान में 4 इन्फैंट्री डिवीजन के मेजर रामसिंह बैठे हुए थे। जब वे नहीं लौटे तो स्क्वाड्रन लीडर ए. एस. विलियम दूसरा बेल विमान लेकर संभार क्षेत्र में सहगल की तलाश करने गये। उन्होंने गायब हुए हेलीकॉप्टर और उसके राटेर को सावधानीपूर्वक एक घेरे में रखा हुआ देखा। लेकिन तभी चीनी आ गये और उन्होंने उनके हेलीकॉप्टर पर भी निशाना लगा दिया। हेलीकॉप्टर के तेल की पाइप लाइन फूट गयी। जैसे-तैसे उन्होंने रिज पार की और एक धारा के पास एक छोटी समतल भूमि पर उतरे और अपने अड्डे तक वापस आ गये। जल्दी ही उस इलाके पर चीनियों ने कब्जा कर लिया। भारतीय सेना खदेड़ दी गयी और हेलीकॉप्टर

यूनिट को तेजपुर वापस लौटना पड़ा लेकिन उन्होंने रसद उठा ली और जहाँ तक संभव हो सका, सेना और हताहतों को भी ले आये।

ऐल्यूएट-III और फ्रांस में प्रशिक्षित पॉयलट जानसन बेरी, राजगोपाल, सिन्हा, एवं धीर नवंबर में उस समय पहुँचे, जब पहले दौर और दूसरे दौर की लड़ाई के बीच विराम का दौर चल रहा था। उन्हें तुरंत काम में लगा दिया गया और उन्होंने इस क्षेत्र में बहुत अच्छा काम किया।

पुनर्गठन

चार्ल्स डिकेन्स के शब्दों में हम कह सकते हैं, "यह सबसे अच्छा वक्त था, यह सबसे बुरा वक्त भी था।" बुरा इसलिए था, क्योंकि हम दुनिया के सामने अपमानित हुए थे। जैसा कि राष्ट्रपति राधाकृष्णन ने कहा था, "वे हमारे घर में घुस आये और हमें थप्पड़ मार कर वापस चले गये।" अक्तूबर, 1962 में थागला रिज, नमका-चू और वालांग सेक्टर में हमारी सेना संख्या-बल और हथियार हर तरह से कमजोर पड़ गयी। इसके अलावा हम नीचे घाटी में होने के कारण कमजोर स्थिति में थे, जबकि चीनी सेना ऊँचाई पर थी और हमारे सैनिकों को निशाना बना रही थी। नमका-चू में सेना को पीछे लौटने से रोक दिया गया, यहाँ तक कि वह मजबूत स्थिति में आने के लिए भी पीछे नहीं लौट सकती थीं। लेकिन हमारा मनोबल बुरी तरह टूट चुका था। हालाँकि नवंबर में सेला और बोमडिला में हमारी सेना की संख्या और हथियार कम नहीं थे और वह एक तरह से मजबूत स्थिति में, अपने इर्द-गिर्द से अच्छी तरह सुरक्षित थी और उसे विजय के लिए ज्यादा प्रयास भी नहीं करना था, लेकिन फिर भी 'अज्ञात कारणों से' उन्हें अपने ठिकाने छोड़ने का आदेश दिया गया, "नतीजतन उन पर असाधारण पराजय थोप दी गयी।" यह जानकारी उस लड़ाई में हिस्सा लेने वाले कुछ लोगों ने दी।* सेना की ताकत और कमजोरी, लड़ने की इच्छा और उसकी कमी के बारे में सेना में दो तरह के विचार थे और वे दोनों एक दूसरे के विपरीत थे।

मनोबल का सवाल पेचीदा होता है। इसका एक हिस्सा मूलतः किसी भी भावनात्मक और बौद्धिक विश्वसनीयता व ईमानदारी से जुड़ा होता है और दूसरा हिस्सा दूसरों के सामने एक तरह का बचाव करने से। यह हर युद्ध की आम समस्या है, बल्कि युद्ध ही नहीं, हर कठिन काम में यह समस्या खड़ी होती है। दृढ़ और गंभीर युद्ध के बाद, यहाँ तक कि जब विजय और सफलता सामने खड़ी होती है, तब भी उसमें हिस्सा लेने वाले शारीरिक और मानसिक रूप से थक गये होते हैं। कोई भी क्षति, दोस्तों और साथियों व बच गये लोगों पर निश्चित रूप से अपना प्रभाव डालती

---

* ले. ज. सेगेल की 'दी अनफाट वार ऑफ 1962' एलाइड पब्लिशर्स 1979

है। उसके बाद मनोबल की वास्तविक परीक्षा होती है, शेष युद्ध पर जिसका गंभीर असर पड़ता है और परिणामस्वरूप विजय अधर में लटक जाती है। ब्रिटेन के मशहूर युद्ध में इसका प्रमाण उस समय मिलता है, जब पहले दर्जे के लोगों का मनोबल भी टूट गया था। जब समझाने-बुझाने का तरीका नाकाम हो गया और कमांडिंग आफिसरों ने कामचोरों को उदासीनता और निराशा से निकालकर काम में लगाने के लिए खतरनाक नतीजों की चेतावनी दी। मैं भी स्वीकार करता हूँ कि इस तरह की भावना मैंने भी महसूस की है। बर्मा-अभियान के दौरान जापानियों के कब्जेवाले इलाके पर उड़ान भरते समय अपनी क्षमताओं को साबित करने और दूसरे लोगों को नेतृत्व देने की इच्छा रहती थी। लेकिन इसी के साथ हम यह नहीं कह सकते कि मैं कभी डरा नहीं या मैंने कभी लौटने के बारे में नहीं सोचा। लेकिन काम करना था और जितना अच्छी तरह हो सके, उतनी अच्छी तरह से करना था। और काम किया गया।

फिर इस वक्त को 'अच्छा वक्त' भी क्यों कहा जा सकता है ? क्योंकि हम सोचने और काम करने की अपनी क्षमताओं के बारे में निराश हो चुके थे, जिसकी हमारे राष्ट्रीय स्वास्थ्य को बड़ी सख्त जरूरत थी। उसने हमें आत्म-संतुष्टि के घेरे से बाहर निकाला। हमारे प्रमुख राजनीतिज्ञों ने भारत-चीन संबंधों के बारे में जो आकलन किया था, वह बिल्कुल गलत था और जरूरी तैयारियाँ अपर्याप्त थीं। आजादी के तुरंत बाद कश्मीर में हुई सीमित लड़ाई के बाद यह पहला मौका था जब भारत की दूरदर्शिता, शक्ति और संकल्प की परीक्षा हुई और उसमें कमी पायी गयी। इन क्रूर और महंगे झटकों की वजह से हम यथार्थ की जमीन पर आ गिरे। काफी सोच-विचार और काफी काम किया जाना था। वायुसेना ने अपनी 45 स्क्वाड्रन गठित करने की तैयारी कर ली।

सैनिक सामानों की आपूर्ति किसी विक्रेता से खरीदारी करने का ही मामला नहीं होता। इसमें काफी राजनीतिक कपट की जरूरत होती है और इसके परिणाम व्यापक होते हैं। सेना के तमाम तरह के कामों के लिए विभिन्न प्रकार के विमान खरीदे जाने थे। उनके अतिरिक्त पुर्जों की सप्लाई की व्यवस्था की जानी थी। उनके बारे में पॉयलट, इंजीनियर और अन्य तकनीकी स्टाफ को प्रशिक्षित किया जाना था। जो वायुसेना छोटे और सरल संगठन का संचालन कर रही थी, उसे बड़े और ज्यादा जटिल तकनीकी क्षमतावाले संगठन के संचालन और नियंत्रण के लिए पुनर्गठित किया जाना था। हमारी राष्ट्रीय सुरक्षा और प्रादेशिक अखंडता पर खतरे में बढ़ोतरी के लिहाज से जिम्मेदारियाँ भी बढ़ी थीं। खासकर पूरी उत्तरी सीमा पर खतरा बढ़ गया था। जिसे भौतिक रूप से अनुल्लंघनीय और राजनीतिक रूप से सुरक्षित माना जाता था।

लड़ाकू विमानों की सूची में हमारे पास पहले ही मिस्टीयर्स, हंटर्स, नैट कैनबरा, पुराने वैम्पायर और तूफानी थे। मिग का सौदा हो चुका था और उसका पालन शुरू कर दिया गया। लेकिन जहाँ तक नये विमान को शामिल करने का सवाल है, हम चाहे जितनी जल्दी करें, पर उसमें समय लगता है। मारुत (एच एफ-24) भी तैयार हो रहे थे। परिवहन विमानों की श्रेणी में भद्दे डकोटा और फेयर चाइल्ड पैकेट (सी-119) के अलावा हमने कुछ आई एल-14 खरीदे। ए-एन-12 1961 में खरीदे गये। उस साल एअर इंडिया से सुपर कांस्टेलेशन विमान ले लिये गये। कैरिबुस चीन से युद्ध के बाद लिया गया। अपनी स्टाल क्षमता और छोटे होने की वजह से ओटर्स की मशीनों का दुर्गम पर्वतीय क्षेत्रों में ज्यादा इस्तेमाल किया गया। हमारे पास और भी कई किस्म के हेलीकॉप्टर थे। अगर हम विभिन्न तरह के आपूर्ति-स्रोतों, विशेषकर अन्वेषण और रख-रखाव की सुविधाओं की जटिलताओं पर गौर करें तो चमत्कृत हो जायेंगे या चौंक पड़ेंगे। लेकिन निश्चित तौर पर इस स्थिति के अपने फायदे हैं, विशेषकर तब जब देश आत्मनिर्भर न हो।

एच. ए. एल. का काम दिन दूना-रात चौगुना बढ़ा। एच. ए. एल. पहले हिंदुस्तान एअरक्राफ्ट लिमिटेड के लिए प्रयुक्त होता था, लेकिन 1964 से इसका नाम हिंदुस्तान एअरोनॉटिक्स इंडिया लिमिटेड हो गया था। इसमें न सिर्फ पुराना एच. ए. एल. शामिल था, बल्कि एअरोनॉटिक्स इंडिया लिमिटेड भी शामिल था। यह संगठन 1963 में बना था। इसका काम 1959 में रक्षामंत्री कृष्ण मेनन द्वारा एअर वाइस मार्शल हरजिंदर सिंह की निगरानी में कानपुर में मिग निर्माण काम्प्लेक्स और निर्माण डिवीजन स्थापित करना था।

मिग परियोजना में ही तीन फैक्टरियाँ शामिल थीं—एअरफ्रेम, इंजन और इलेक्ट्रानिक्स। एअरफ्रेम फैक्टरी महाराष्ट्र के नासिक में स्थापित की गयी, इलेक्ट्रानिक्स हैदराबाद में और इंजन बनानेवाली फैक्टरी कोरापुट में। लेकिन किसी का भी यह पूछना स्वाभाविक ही है कि कोरापुट है कहाँ ? और इसी के साथ एक कहानी याद आ जाती है।

कोरापुट उड़ीसा में है। इस जगह को सत्तारूढ़ पार्टी ने चुना था और निश्चित रूप से उसकी निगाह राजनीति और वोट पर थी। नारा था—'पिछड़े इलाकों का विकास, सामाजिक प्रगति'। यह इलाका उड़ीसा के पहाड़ी इलाके के इतने भीतर था कि वहाँ के आदिवासी जीवनयापन के लिए खेती पर निर्भर नहीं थे, बल्कि वे धनुष-बाण के सहारे जीते थे। उत्पादन की तो बात छोड़िए, वहाँ के लोगों ने बाल्टी और मग के बारे में भी नहीं सुना था। जहाँ किसी तरह के औद्योगिक श्रमिक नहीं थे, वहीं औद्योगिक संयंत्र स्थित था। इस पिछड़े इलाके में शून्य से शुरू करके सड़कें और पूरा शहर बनाना पड़ा।

ग्राम्य वातावरण का आकर्षण कुछ दिनों तक बना रहा। औद्योगिक क्षेत्र का निर्माण पूरा हो चुका था, लेकिन रिहायशी इलाके नहीं बने थे, तब भी उद्घाटन काफी धूम-धड़ाके के साथ हुआ। अतिथियों को बुलाकर गेस्ट हाउसों में ठहराया गया। प्रबंध निदेशक का बंगला भी अभी पूरा नहीं बना था। सुबह के धुँधले उजाले में एम. डी. के बंगले की बैठक के आसपास एक भारी-भरकम, बालोंवाला चौपाया भदभदाते हुए देखा जा सकता था। वह एक भालू था। वह बेचारा अपने इर्द-गिर्द दोपाए इंसानों को देखकर आतंकित था और जब-तब उन्हें दौड़ाता भी था।

जब मजदूरों के क्वार्टर बन गये तो एक दिन वहाँ से गुजरते हुए एक व्यक्ति के सिर पर मिट्टी की-सी महकवाली कोई गीली चीज छपाक से गिरी। वह गोबर था। कोई व्यक्ति अपनी गाय को मकान के ऊपर चढ़ा ले गया था और उसका फायदा उठा रहा था !

संयोग से हर चीज योजनानुसार पूरी हो गयी। लेकिन एअरफ्रेम फैक्टरी का नासिक में और इंजन फैक्टरी का कोरापुट में होना ऐसा ही था, जैसे आपके मोजे ऊपर की मंजिल पर पड़े हों और जूते निचली मंजिल पर। विमान तो बन गये, लेकिन क्या वे तीव्र, सर्वाधिक कुशलता और किफायती तरीके से बने, इस बात पर विवाद है।

वायुसेना के आकार और दायित्व में वृद्धि के साथ-साथ उसके कमान और नियंत्रण के ढाँचे पर पुनर्विचार और उसे फिर से समायोजित करना पड़ा। मूल रूप से कमान क्रियात्मक आधार पर संगठित किये गये थे। ट्रेनिंग कमान सबसे पहले 1 फरवरी, 1948 को बनी, जिसका मुख्यालय बंगलूर में था। परिचालन अभी भी पालम स्थित एक ग्रुप के पास था, जो स्वतंत्रता के तुरंत बाद बना था। उसे दो साल बाद 15 सितंबर, 1949 को कमान में बदल दिया गया। अनुरक्षण (रख-रखाव) कमान का गठन कानपुर में 1955 में गणतंत्र दिवस के अवसर पर किया गया। लेकिन चीनी संकट के पहले पूर्वी वायु कमान की जरूरत महसूस की गयी और उसे 1 दिसंबर, 1959 को गठित कर लिया गया। उसका मुख्यालय कलकत्ता रखा गया। उसके बाद क्षेत्रीय आधार पर परिचालन कमान का गठन किया जाने लगा। अक्तूबर, 1962 में चीन के खतरे को देखते हुए नंबर-1 ऑपरेशन ग्रुप गठित किया गया, जिसका मुख्यालय असम के तेजपुर में रखा गया। पालम का ऑपरेशन कमान जून, 1963 में पश्चिमी एअर कमान हो गया। केंद्रीय एअर कमान का गठन किया गया और इसका मुख्यालय इलाहाबाद, उत्तरप्रदेश में रखा गया। पूर्वी एअर कमान का मुख्यालय कलकत्ता से तेजपुर ले जाया गया, जहाँ वह नंबर-1 आपरेशन ग्रुप बना। इसके

अलावा अनुरक्षण-कमान का मुख्यालय भी कानपुर से नागपुर ले जाया गया। वर्ष 1963 के अंत तक पूर्वी एअर कमान तेजपुर से शिलांग ले जाया गया।

इस तमाम अदला-बदली के बावजूद हमारे पास वायुसेना के पर्याप्त सामरिक स्टेशन नहीं थे, जहाँ से असरदार ढंग से परिचालन किया जा सकता। पश्चिम में हमें कुछ और तथा पूर्व में कुछ अधिक अतिरिक्त स्टेशनों की जरूरत थी। पंजाब में पठानकोट, आदमपुर और चंडीगढ़ वायुसेना के अड्डे बनाये गये; उत्तरप्रदेश में बरेली, लखनऊ, गोरखपुर; बिहार में दरभंगा; उत्तरी बंगाल में बागडोरा (सिलीगुड़ी) और बंगाल के उत्तर में हाशिमारा। असम का तेजपुर पहले से इस्तेमाल में था। झाबुआ स्टेशन द्वितीय विश्वयुद्ध के दौरान अमेरिकियों ने बनाया था। यह भारत का सबसे लंबा और सबसे मजबूत रनवे था, जो उनकी बी-29 बमवर्षकों के लिए इस्तेमाल होता था। यह बमवर्षक चीन और जापान तक जमीन और पठारों के ऊपर से होकर चीन हमला करने जाता था। दुर्भाग्य से इस हवाई पट्टी को बचाये न रखा जा सका। इसे फिर से बनाया गया और उसका पुनरुद्धार किया गया। मोहनबाड़ी परिवहन विमानों के लिए था। दिनजान स्टेशन भी कायम किया गया। गुवाहाटी शुरू में एक नागरिक हवाई अड्डा था, लेकिन बाद में उसे वायुसेना ने ले लिया। सिलचर (कुंभिरग्राम) का भी पुनरुद्धार किया गया।

चीने के हमले के बाद हमने अमेरिका और ब्रिटेन दोनों से मदद माँगी। ब्रिटेन से हमें सेना के लिए कुछ गोला-बारूद और जाड़े में पहनने के लिए कपड़े मिले। अमेरिका से हमें कुछ अहिंसक किस्म की मदद, जैसे—कुछ पैकेट विमान और कुछ खाली इंजन मिले। चूँकि हमारे पास 1954 से ही कुछ पैकेट सी-119 विमान थे, इसलिए उन विमानों से हमें कोई मदद नहीं मिल सकती थी।

अमेरिका से हमें कुछ पुरानी राडार यूनिटें भी मिलीं। उन्हें एअर डिफेंस ग्राउंड इनवायरनमेंट सिस्टम—ए. डी. जी. ई. एस. कहा जाता था। अनुवर्ती विकीरण संचार-प्रणाली पर पारस्परिक सहमति हुई। 1965 में पाकिस्तान से युद्ध शुरू होने के कारण जब पहली यूनिट स्थापित की गयी, तो यह योजना रद्द कर दी गयी, लेकिन तब तक यह शुरू नहीं हुई थी। हमारे अपने तकनीशियनों ने बाकी इंतजाम कर लिया।

भारत को परिवहन के लिए सी-130 लॉकहीड हरक्यूलिस की जरूरत थी। सी-130 का स्क्वाड्रन दिल्ली में दिसंबर, 1962 में पहुँचा। वे दिल्ली से सीधे लेह तक उड़ान भरा करते थे। पॉयलट उन आदिम स्थितियों को देखकर दंग थे, जिनमें उड़ने और उतरने की किसी सुविधा के बिना हमारे सैनिक रोज विमान उड़ाते थे। उन्होंने अपना संचार-तंत्र बनाया और छह हफ्तों में वापस चले गये। ऐसे समय में अमेरिका को हमारी योजना की जानकारी थी, लेकिन उसने हमारी कोई मदद नहीं की।

आखिरकार हमें रूसी विमान ए एन-12 मिल गया। उसकी भी भारवाहक क्षमता, मजबूती और प्रदर्शन उसी टक्कर के थे। हमने एफ-104 भी माँगा था, लेकिन इसके लिए हम कोई राजनैतिक दबाव नहीं बना पाये थे। अमेरिका ने फिर हमें मना कर दिया। उन्होंने हमें जमीनी हमले और आकाशी रक्षा के लिए फ्रीडम फाइटर देने का प्रस्ताव किया, लेकिन वे एफ-104 विमानों की टक्कर के नहीं थे।

सेना के त्वरित प्रसार के लिए एक और कदम उठाया गया, जिसमें उड़ान और तकनीकी प्रशिक्षण पाठ्यक्रम को घटाकर या चुस्त बनाकर उसे आधे समय का करना था। अधिकारियों और सैनिकों की भर्ती में भी तेजी से बढ़ोतरी हुई। भविष्य में कैरियर प्लानिंग के विचार ने मुझे परेशान किया और मैंने अपनी चिंता और आशंका चीफ एस्पी इंजीनियर को बताई, जिन्होंने गंभीरता से जवाब दिया, "यह तुम्हारी चिंता होगी, मेरी नहीं।" क्या वे उपाय वास्तव में समय की माँग थे और क्या उन्होंने युद्ध जीतने के लिए लक्षित क्षमता और आत्मविश्वास हासिल किया, उस समय इसका फैसला भावी घटनाओं का कोई मूल्यांकनकर्ता ही कर सकता था।

चीन युद्ध के बाद के दौर में 27 मई, 1964 को पंडित नेहरू के निधन के रूप में भारत की भारी क्षति हुई। उन्होंने चाहे जो गलतियाँ की हों या उनमें चाहे जो कमजोरियाँ रही हों, लेकिन वे हर लिहाज से महान् विश्वनागरिक और एक अंतर्राष्ट्रीय व्यक्तित्व थे। उसी साल वायुसेना की एक महत्त्वपूर्ण उपलब्धि यह थी कि एअर मार्शल अर्जन सिंह 1 अगस्त, 1964 को चीफ ऑफ एअर स्टाफ बने। वे शांत, साहसी व्यक्ति थे, जिनमें कोई तड़क-भड़क नहीं थी और जो गरिमा, शालीनता, दृढ़ता और निर्णय-क्षमता—इन सभी श्रेष्ठ गुणों के अद्‌भुत मिश्रण थे (हैं)। अपने कार्यकाल के अंत तक वे उड़ाकू रहे, उन्हें उड़ान का ज्ञान और अनुभव था। उड़ान की समस्याओं के बारे में उनका साफ दृष्टिकोण था और वे इसमें आनंद भी लेते थे। लेकिन उन्हें कुछ परेशानियाँ विरासत में मिली थीं और उन्हीं के दायरे में उन्हें काम करना था। उन पर कम समय में वायुसेना जैसे संगठन को दोगुना करने और उसे अत्याधुनिक बनाने की जिम्मेदारी थी। एअर मार्शल इंजीनियर रिटायर होने से पहले उस पद पर डेढ़ साल रहे। क्या एअर मार्शल अर्जन सिंह ने कल्पना की होगी कि उनके कार्यभार सँभालने के साल भर बाद ही उनका इम्तहान शुरू हो जायेगा।

वायुसेना में मुझे फिर से नियुक्त हुए ज्यादा दिन नहीं हुए थे, कि तभी मुझे गंभीर पर्यवेक्षण की जिम्मेदारी सौंपी गयी। यह निजी और प्रोफेशनल दोनों तरह की थी। यह कुछ उसी तरह हुआ जैसे मुझे ग्लाइडिंग में हमेशा मजा आता था। मैं जनवरी, 1958 से फरवरी, 1962—चार साल तक दिल्ली ग्लाइडिंग क्लब का अध्यक्ष था।

फरवरी, 1963 के पहले इतवार को अपराह्न में मैं क्लब में ग्लाइडिंग कर रहा था। वहाँ एक नया ग्लाइडर अश्विनी आया था, जिसका परीक्षण किया जाना था। मैंने उसे उड़ाना चाहा। इस खेल के लिए यह एक आदर्श अपराह्न था। मैंने ग्लाइडर उड़ाया, वह थोड़ा गर्म हुआ, थोड़ी देर तक वसंतपूर्व के हल्के जाड़े वाले नीले आकाश की ध ूप में मैंने चक्कर लगाया और ग्लाइडर को उतारने का फैसला किया। मैं नहीं जानता कि मुझे क्या मानसिक विचलन हुआ कि जमीन की तरफ आते-आते मेरा विचार बदल गया। मैंने सोचा ग्लाइडर थोड़ी देर और उड़ाया जाये। उतरने के बजाय मैंने गति बढ़ाने और ऊपर उठने की कोशिश की। उस वक्त मैं जमीन से आठ या दस फुट ऊपर रहा होऊँगा। लेकिन मैं पहले ही गति इतनी कम कर चुका था कि ग्लाइडर ठहर गया और जमीन पर गिर पड़ा। थोड़ी देर तक घिसटने के बाद वह एक स्टाप से टकराया और ढेर हो गया। यह शुद्ध निर्णयात्मक चूक थी। वास्तविक और दिखावटी रूप में एक क्षण के लिए कोई व्यक्ति दुनिया के शिखर पर हो सकता है और दूसरे क्षण कचरे के ढेर पर। ग्लाइडर टूट गया और मैं भी।

मेरी रीढ़ में झटका लगा था। सफदरजंग अस्पताल बगल में था। मैं एक्स-रे के लिए तुरंत वहाँ ले जाया गया। रविवार के अपराह्न में डॉक्टर मिलना मुश्किल था, खासकर एक्स-रे विभाग में। वहाँ मौजूद व्यक्ति ने कहा, "साहब, कहाँ दर्द हो रहा है," मैंने अपने शरीर के उस हिस्से की ओर संकेत किया। उसने मेरी पीठ का एक्स-रे लिया और हम इंतजार करते रहे। एक्स-रे विकसित किये जाने के बाद उसने उस पर निगाह डाली और भरोसे के साथ कहा, "साहब, परेशान मत होइए, सब ठीक है। कुछ दिनों दर्द रहेगा, इसलिए आप आराम करें।" मैं घर लौटा और बिस्तर पर पड़ गया। लेकिन एक हफ्ते तक बिस्तर पर पड़े रहने से कोई लाभ नहीं हुआ। दर्द तेज हो गया और मैं खड़ा नहीं हो पा रहा था।

अंत में मैं सैनिक अस्पताल गया, जहाँ उन्होंने मेरी रीढ़ का एक्स-रे किया और चोट लगी कशेरुका को पहचान लिया। वह पृष्ठ कटि भाग का कशेरुका थी, जिसमें चोट लगने के अलावा थोड़ा बाल पड़ गया था और वह अपनी जगह से थोड़ा हट भी गयी थी। मुझे अपना नाइटसूट और टूथ ब्रश लेने के लिए घर लौटने की इजाजत नहीं मिली। मुझे एक स्ट्रेचर पर लिटाया गया और अस्पताल के एक कमरे में कैद कर दिया गया। दो दिनों के भीतर डॉक्टरों ने प्लास्टर लगाने की कोशिश की, लेकिन इस प्रक्रिया में मैं बेहोश हो गया। इसलिए उन्होंने प्लास्टर लगाने का इरादा छोड़ दिया और कड़े बिस्तर पर पीठ के बल अगले तीन महीनों तक लेटने का आदेश दिया। इस पूरी तरह क्षैतिज जिंदगी का अभ्यस्त होने में थोड़े समय की जरूरत थी। शुरू के कुछ दिन तो दिक्कततलब रहे। लेकिन यह आश्चर्यजनक है कि मानव शरीर कितना समायोजन कर सकता है। मैं लेटे-लेटे शेव बनाना सीख गया। मैंने एक

विशेष स्टैंड बनवाया जो मुझे बिस्तर में लेटे हुए पढ़ने-लिखने और टाइप करने में मददगार साबित हुआ। दर्द और बेचैनी के बीच बिस्तर में लेटे हुए मेरे दिमाग में एक बात कौंध गयी—"साहब, अगले कुछ महीनों में नयी गाड़ी में न चढ़िएगा !" यह भविष्यवाणी मैंने जयपुर में सुनी थी। मैंने गाड़ी का मतलब कार से लिया था, लेकिन ग्लाइडर भी एक गाड़ी थी और अश्विनी नया भी था। मेरा कार्यालय सुबह के वक्त एक तरह से मेरे अस्पताल के कमरे में आ गया। चूँकि मैं ए. ओ. एम. था, इसलिए मुझे वायुसेना की कुछ समस्याओं को नये दृष्टिकोण से देखना था, और अस्पताल के कमरे में शांत पड़े रहने से समस्याओं पर सोचने का समय मिल जाता है। मैंने कुछ विचार कागज पर दर्ज कर लिये (परिशिष्ट-क), उनमें से कुछ बातें लागू हो गयीं लेकिन कुछ ऐसी बातें और सामान्य दिशा-निर्देश हैं, जो अभी भी सहायक हो सकते हैं।

24 नवंबर 1963 को मैं ए. ओ. सी.-इन-सी पश्चिमी कमान नियुक्त किया गया और 1 अक्तूबर 1964 को मैं वाइस चीफ ऑफ एअर स्टाफ के रूप में वायुसेना मुख्यालय में आ गया।

9 भारत–पाक युद्ध 1965 : दूसरा दौर

पाकिस्तानी वायुसेना के आठ साल तक अध्यक्ष रहे (और 1946 में अविभाजित भारतीय वायुसेना के स्क्वाड्रन नंबर-9 के कमांडिंग अफसर) एअर मार्शल एम. असगर खान ने इसे लड़ाई का 'पहला दौर' कहा था। परन्तु ऐसा नहीं था, युद्ध का पहला दौर 1947-48 में कश्मीर में खत्म हो चुका था। यह दूसरा दौर था।

पंडित नेहरू को उम्मीद थी कि उनकी गुटनिरपेक्षता की नीति से भारत युद्ध से बच सकेगा, क्योंकि युद्ध किसी भी देश के विकास को रोक देता है, विशेषकर ऐसे समय जबकि आबादी का एक बड़ा हिस्सा गरीबी, अशिक्षा और अनुदारवाद की गिरफ्त में हो। "युद्ध विलासिता का चरम है, जिसे ऐसे राष्ट्र नहीं झेल सकते।" हमारी आर्थिक और सामाजिक स्थितियाँ कठिन थीं। विभिन्न जातीय समूहों के बहुसंख्यकों और अल्पसंख्यकों की विशाल आबादी थी, जिसके पंथ और विश्वास अलग-अलग थे और जो कट्टरता, रूढ़िवाद और गुटबाजी में योगदान दे सकते थे। ऐसी स्थिति में नवजात स्वतंत्र भारत सरकार ने स्वेच्छा से धर्मनिरपेक्षता और अगर कह सकें तो समाजवादी लोकतंत्र का कठिन आदर्श अपनाया। अन्य पंथों की तरह समाजवाद और लोकतंत्र के भी कई रंग और स्वर हो सकते हैं। बहुत कम शब्द और अवधारणाएँ पूर्ण हैं। भारत धर्मतंत्रीय और मध्ययुगीन मार्ग पर वापस नहीं लौटा। लेकिन ऐसा नहीं था। उस समय और आज कोई विभाजक प्रवृत्तियाँ नहीं थीं। एक खुले समाज में, जहाँ हमारे देश की तरह विभिन्न इकाइयों का घालमेल हो, वहाँ ऐसी प्रवृत्तियाँ होना स्वाभाविक है। लेकिन भारत सरकार ने सामाजिक संस्कृति के विभिन्न दायरों में अलग-अलग योगदान देते हुए और उनके बीच गहरा सद्भाव विकसित करते हुए इन समस्याओं से टकराने का काम सँभाला। इस राजनैतिक दर्शन और

दृष्टि के बावजूद आजादी के बाद भारत पर चार बार हमले किये गये। 1954 में पाकिस्तान द्वारा अमेरिका के सैनिक संधि संगठन में शामिल होने के बाद उसे सैनिक सहायता कार्यक्रम के तहत भारी मात्रा में अत्याधुनिक सैनिक उपकरण मिलने लगे। इसी के साथ भारत और पाकिस्तान के बीच दोतरफा समझौते की सँभावना घट गयी और सोवियत संघ भारत के भविष्य के साथ जुड़ गया।

आत्मरक्षा के लिए भारत को कश्मीर का सामरिक महत्त्व 1962 में चीनी हमले के समय स्पष्ट दिखाई पड़ा। इसी के साथ पाकिस्तान का चीन से मेलजोल बढ़ने लगा। राजनैतिक जरूरत वास्तव में अजीब दोस्तियाँ कायम कर देती है। दुनिया में कोई स्थायी मित्र या शत्रु नहीं है। 1951 में शेख अब्दुल्ला और उनकी नेशनल कांफ्रेंस पार्टी ने कश्मीर में चुनाव जीता। महाराजा की शक्तियाँ खत्म हो चुकी थीं। 24 जुलाई, 1952 को पंडित नेहरू ने लोकसभा में ऐलान किया कि कश्मीर का विशेष दर्जा रहेगा जो कि पहले के भारतीय राज्यों से अलग होगा। उदाहरण के लिए, कश्मीरी भारत के किसी भी हिस्से में संपत्ति खरीद सकते हैं लेकिन अन्य भारतीय कश्मीर में सम्पत्ति नहीं खरीद सकते। जब महाराजा हरिसिंह गद्दी से हटे तो उनके बेटे कर्णसिंह राज्य-प्रमुख बने। भारतीय संविधान के अनुच्छेद-370 ने कश्मीर को विशेष दर्जा दिया। लेकिन सत्ता एक मादक पेय है। वह जिसके भी हाथ में जाती है, उसे बदले बिना नहीं रहती और यह घटना भी अपवाद नहीं है। अगस्त, 1953 में शेख का मंत्रिमंडल बँट गया। उनके डिप्टी बक्शी गुलाम मोहम्मद और उनके कुछ साथी शेख अब्दुल्ला के खिलाफ हो गये और सरकार पलटने का खेल खेलने लगे। शेख अब्दुल्ला को उनके पद से हटाकर गिरफ्तार कर लिया गया। ऐसा नहीं कि बक्शी गुलाम मोहम्मद की सरकार भ्रष्ट और बेईमान नहीं थी। फरवरी, 1954 में कश्मीर विधानसभा ने भारत में कश्मीर के विलय की पुष्टि कर दी और दो महीने के भीतर सीमा शुल्क की चौकियाँ हटा दी गयीं। राष्ट्रपति राजेंद्रप्रसाद ने 14 मई, 1954 को अनुच्छेद-370 की वैधानिकता के मद्देनजर कश्मीर को भारतीय संघ के हिस्से के रूप में मान्यता दे दी। सारी औपचारिकता जनवरी, 1957 तक पूरी हो गयी। अगले तीन साल में सुप्रीम कोर्ट को कश्मीर पर क्षेत्राधिकार मिल गया। इस दौरान शेख अब्दुल्ला का गिरफ्तार होने और छूटने का क्रम चलता रहा। पाकिस्तान स्वाभाविक रूप से इन उपायों से नाराज था। और उसने यह महसूस किया कि अब यह मामला उसके हाथ से निकल रहा है।

1962 में चीन से युद्ध हारने के बाद भारतीय सेना के कुछ हिस्से बिखर गए। अपने गलत आकलन और निर्णय-क्षमता की कमी के अहसास के बाद पंडित नेहरू का दिल टूट गया। वे राजनैतिक विवाद और युद्ध करनेवाले व्यक्ति नहीं थे। 27 मई, 1964 को एक निराश और थके हुए व्यक्ति की तरह उनका निधन हो

गया। उनकी जिम्मेदारी श्री लालबहादुर शास्त्री के कंधों पर आई, जो उसी मिजाज और राजनीतिक सोच के व्यक्ति थे। लेकिन इस सच्चे और साधु व्यक्ति की पृष्ठभूमि और अंतर्राष्ट्रीय कद पंडित जी जैसा नहीं था। वे एक ऐसे शालीन और ईमानदार भारतीय थे, जो अपनी जिम्मेदारियाँ कुशलता और साहस के साथ निभाता है।

1965 में पाकिस्तान को स्वाभाविक रूप से यह लग रहा था कि वह दुनिया में झंडे गाड़े हुए है। राष्ट्रपति अयूब खान कुछ समय तक दो जिम्मेदारियाँ सँभालते हुए काफी ताकतवर थे। जनवरी, 1951 में वे पाकिस्तानी वायुसेना के कमांडर-इन-चीफ बने। वे ताकतवर व्यक्ति थे और न सिर्फ सैनिक क्षेत्र में, बल्कि राजनीतिक क्षेत्र में भी सक्रिय थे। विदेश नीति के निर्धारण में भी वे असरदार भूमिका निभा रहे थे।

27 अक्तूबर, 1958 को एक सैनिक तख्तापलट के दौरान अयूब खान ने 20 दिन पहले राष्ट्रपति बने जनरल सिकंदर मिर्जा को हटाकर सारी शक्ति अपने हाथ में ले ली। उन्होंने भूमि-सुधार लागू किया और कृषि की वृद्धि-दर में तेजी आयी। अमेरिका ने औद्योगिक विकास के लिए धन झोंक दिया। हालाँकि उस धन ने पहले से अमीर और असरदार चंद परिवारों के हाथों में ही मुनाफा केंद्रित कर दिया, जिस वजह से उन्होंने और ज्यादा निजी संपत्ति अर्जित की। प्रेस पूरी तरह नियंत्रित था। पूरा मीडिया उग्रराष्ट्रवाद और भारत-विरोधी प्रचार में लगा हुआ था। तमाम जगहों पर 'भारत को कुचल दो' के पोस्टर देखे जा सकते थे। अंतर्राष्ट्रीय स्तर पर अफ्रीकी और अरब देशों में भारत के असर को घटाने के लिए मुसलमान देशों का खेमा बनाने में राष्ट्रपति अयूब खान ने कोई कसर नहीं छोड़ी। उन्होंने भारत की उत्तरी सीमा पर नेपाल को भी अपने साथ मिलाने की कोशिश की। अमेरिका से अपनी दोस्ती के उफान में उन्होंने जुलाई, 1961 में अमेरिकी कांग्रेस के संयुक्त सत्र को संबोधित करते हुए पाकिस्तान को सतत अमेरिकी अनुदान की वकालत की। उन्होंने इसकी वजह बताते हुए कहा कि अगर वास्तव में कोई संकट (यानी कम्युनिस्ट संकट) खड़ा होता है तो एशिया में कोई ऐसा देश नहीं है, जहाँ आप पैर रख सकें। आपके साथ अगर कहीं के लोग खड़े होंगे तो वे सिर्फ पाकिस्तान के लोग। चार साल बाद 3, मार्च 1965 (डॉन में छपी खबर के अनुसार) को उसी व्यक्ति ने पेईचिंग में कहा, "पाकिस्तान और चीन हर तरह के साम्राज्यवादी अवशेष का उन्मूलन करने के साझा संकल्प के साथ एकजुट हैं।" बाद में उन्होंने कहा कि "चीन से हमारी मित्रता की एक दीर्घकालीन नीति है, यह जरूरत का मामला नहीं है।"

जनवरी, 1965 में पाकिस्तान में चुनाव का नाटक हुआ और सैनिक तानाशाह राष्ट्रपति चुन लिया गया। विपक्ष ज्यादा राजनीतिक स्वतंत्रता की माँग कर रहा था।

पूर्वी पाकिस्तान की ज्यादातर आबादी आर्थिक, राजनीतिक और सांस्कृतिक कई तरह की समस्याओं से घिरी थी। पाकिस्तान के विभिन्न हिस्सों को एक रखने में भारत-विरोधी प्रचार एक हथियार था। एअर मार्शल असगर खान की किताब के परिशिष्ट-II में 22 सितंबर, 1968 को लाहौर में उर्दू में दिये उनके एक व्याख्यान का अनुवाद शामिल है, जो 1965 के युद्ध का कीर्तिगान लगता है। वे कहते हैं, "यह सिर्फ हमारी आजादी को संरक्षित करनेवाला युद्ध नहीं था, बल्कि हमारे अस्तित्व को बचाने की लड़ाई थी। पाकिस्तान के सामने ऐसा दुश्मन खड़ा था जिसने अपनी दुर्भावना के पर्याप्त सबूत दिये थे। हिंदुस्तान ने अपने घर-परिवार से 70 लाख मुसलमानों को खदेड़कर पाकिस्तान में ठेल दिया था।" इस तरह की स्पष्ट, भड़कानेवाली, दुर्भावनापूर्ण और आक्रामक बात न सिर्फ युद्ध के तीन साल बाद नफरत बनाये रखने के लिए की गयी थी, बल्कि इसका इस्तेमाल व्यापक रूप से अशिक्षित जनता में भारत-विरोधी भावना जगाने के लिए किया गया था। इस प्रवृत्ति और इसके फलस्वरूप भड़कनेवाले युद्धोन्माद की तुलना एक असंबद्ध, यानी निष्पक्ष और प्रसिद्ध विदेशी पत्रकार की इस टिप्पणी से की जा सकती है :

> *"पूरे आजाद कश्मीर या उसके एक बड़े हिस्से पर कब्जा करने के लिए भारतीय सेना की कार्रवाई की संभावना चीन-पाक समझौते और हुंजा पर चीनी मोर्चा बनने के बाद स्पष्ट रूप से खत्म हो गयी है। चीनी ठिकानों के पास किसी सामरिक क्षेत्र पर हुए भारतीय हमले में चीन के कूद पड़ने की संभावना है। इस संभावना ने पाकिस्तान की वाजिब सैनिक आशंकाओं को शांत करने में महत्त्वपूर्ण भमिका निभायी है। यहाँ तक कि आजाद कश्मीर के खिलाफ भारत की सीमित सैनिक कार्रवाई की भी संभावना नहीं है। स्वाभाविक रूप से घरेलू राजनीतिक वजहों से पाकिस्तान आजाद कश्मीर के किसी हिस्से को खो नहीं सकता, भले ही भारत कश्मीर के किसी हिस्से को छोड़ सकता है। युद्ध विराम रेखा पर कश्मीर का मौन विभाजन दोनों देशों की घरेलू राजनीति में बिना किसी अड़चन के जारी है। संभव है, इसे औपचारिक रूप दे दिया जाये क्योंकि भारत ने बिना किसी कठिनाई के कई बार इस तरह का सुझाव दिया है।"**

1964 में पाकिस्तान ने फिर संयुक्त राष्ट्र में कश्मीर के बारे में सुरक्षा परिषद की बैठक का प्रस्ताव रखा। भारत की तरफ से न्यायमूर्ति छागला और पाकिस्तान की तरफ से जुल्फिकार अली भुट्टो गये। पाकिस्तान का आरोप था कि "भारत पाकिस्तान के खिलाफ लगातार हमला कर रहा है।" पता नहीं इस 'हमले' का भौतिक या

*इंडो पाकिस्तान कॉनफ्लिक्ट (1965) लेखक, रसेल ब्राइन पाल, माल प्रेस, लन्दन 1968, पृ. 229

वास्तविक तथ्यों में क्या अर्थ है। जबानी विवाद से कोई हल नहीं निकला। इस बीच कश्मीर में युद्ध विराम रेखा पर घटनाएँ बढ़ती गयीं। संयुक्त राष्ट्र शांति सेना इन चीजों से पूरी तरह वाकिफ थी।

कुल मिलाकर पाकिस्तान का मनोबल बढ़ानेवाली काफी चीजें थीं, जैसे आंतरिक अर्थव्यवस्था में सुधार, पाकिस्तान के विभिन्न घटकों को एकीकृत करने के लिए जबरदस्त भारत विरोधी प्रचार, लगातार ताकतवर हो रहे पड़ोसी चीन का सहारा जिसने 1964 में पहली बार एटमी विस्फोट किया, सफल विदेश नीति जिसके सहारे पाकिस्तान ने विपरीत विचारधारावाले पूँजीवादी और कम्युनिस्ट देशों से एक साथ सैनिक सहायता प्राप्त की और उन इस्लामी देशों का ठोस समर्थन हासिल किया। जिसे हासिल करने में भारत भी लगा हुआ था। मार्च, 1965 में चीन-पाक सीमा प्रोटोकोल संधि पर दस्तखत किये गये।

1962 के चीन युद्ध के समय अमेरिका और ब्रिटेन थोड़ी-बहुत सैनिक सहायता के लिए राजी हुए थे, जिसमें परिवहन विमान, संचार-इंजीनियरिंग और चिकित्सा-उपकरण जैसी गैर-घात सामग्री और पहाड़ी डिवीजन के लिए कुछ थल सेनाई हथियार थे। इस देय सामग्री का आधा हिस्सा अमेरिका ने और आधे से कुछ अधिक ब्रिटेन ने 1965 के मध्य तक दे दिया था। लेकिन भारत और पाक में विवाद शुरू होने के साथ यह मदद भी बंद कर दी गयी। अमेरिका की तरफ से पाकिस्तान को दी जानेवाली सहायता को किसी हद तक संतुलित करने के लिए भारत रूस से मिग का सौदा करने में सफल रहा। मिग-सौदा रुपये के भुगतान पर आधारित था और भारत ने 1965 की शुरुआत तक 12 मिग-21 हासिल कर लिये। किंतु इस विमान का पूरा फायदा उठाने का मौका मिलने से पहले ही 1965 में लड़ाई शुरू हो गयी (हिंदुस्तान एअरोनाटिक्स लिमिटेड की फैक्टरियों में इस विमान का उत्पादन 1967 में शुरू होनेवाला था)। भारत ने रूस से परिवहन विमान ए एन-12 और हेलीकॉप्टर एम आई-4 खरीदे थे, जो काफी उपयोगी साबित हुए। लेकिन अमेरिका पाकिस्तान को जो भारी रियायत दे रहा था, उसकी तुलना में सोवियत संघ से भारत को मिलनेवाली मदद बेहद कम थी।

भारतीय सेना कश्मीर के हिमालय क्षेत्र में चीन के सामने तथा पूर्वी और पश्चिमी पाकिस्तान के क़रीब जिस तरह से तैनात की गयी थी, स्वभावतः उसका मकसद हमले के बजाय रक्षात्मक उपाय करना था। दूसरी ओर पाकिस्तानी सेना तुरंत, हालाँकि सीमित, हमले के लिए तैयार थी और मोर्चे के करीब तैनात की गई थी। यों उनके पास हिंदुस्तान से कम विमान थे, पर वे आधुनिक ज्यादा थे। उनके टैंकों में इनफ्रा-रेड उपकरण लगे हुए थे, रात को देखने की सुविधा थी और उनके तोपखाने की रेंज लंबी थी। इस तरह यह बेहद नाजुक संतुलन था।

असीमित आत्मविश्वास, उन्माद और आक्रामकता के साथ पाकिस्तान ने कच्छ के रन में टोही अभियान शुरू कर दिया। यह इलाका भारत के पश्चिमी तट पर काठियावाड़ प्रायद्वीप के भीतर की ओर 300 मील लंबा और 50 मील चौड़ा है। यह ऑपरेशन डिजर्ट हॉक था। झड़प उस समय शुरू हुई जब भारतीय सीमा के डेढ़ मील भीतर भारतीय गश्ती पुलिस का टकराव पाकिस्तानी सीमा रक्षकों से हुआ। 1965 की शुरुआत तक यह लड़ाई कंजरकोट किले के खंडहरों के उत्तर-पूर्व दस मील के इलाके में फैल गयी। 9 अप्रैल तक पाकिस्तानी सेना की दो बटालियनों ने कंजरकोट के पास सरदार चौकी पर हमला कर दिया। पैटन टैंक और भारी तोपें मैदान में आ गयीं। आखिरकार 24 अप्रैल को युद्धविराम घोषित कर दिया गया। ब्रिटिश प्रधानमंत्री की मध्यस्थता में बातचीत हुई। पाकिस्तान जो यह सोच रहा था कि भारत के पास अपनी प्रादेशिक अखंडता की रक्षा के लिए इच्छा-शक्ति की कमी है, तो यह उसकी गलतफहमी थी।

कच्छ के रन के बारे में 30 जून को एक समझौते पर दस्तखत किये गये। लेकिन अंतिम सीमांकन के पहले ही सीमा पर वारदातें और कश्मीर में युद्ध-विराम-रेखा का उल्लंघन बढ़ गया। कारगिल क्षेत्र में श्रीनगर-कारगिल-लेह मार्ग पर पाकिस्तान ने सुविधाजनक ठिकानों पर कब्जा कर लिया और ऊँची जगहों पर किलेबंदी कर ली, ताकि उनकी सेना सड़क से गुजरती भारतीय सेना पर गोलाबारी कर सके। 1965 की मध्य मई में 13,620 फुट ऊँची (इनका कोई नाम नहीं था) दो पहाड़ियों को पाकिस्तानी सेना से खाली करा लिया गया। इन नंगी, बंजर, बड़े-बड़े पत्थरोंवाली पहाड़ियों पर हमला करना बहुत मुश्किल था। क्योंकि वहाँ पहाड़ी की ऊँचाई पर दुश्मन पहले से ही मोर्चा जमाए बैठा था और उससे छुपकर आगे बढ़ने के लिए पेड़ तो दूर, कोई झाड़ी तक नहीं थी। 1972 की गर्मियों में हम 13,620 फुट ऊँची उन पहाड़ियों पर गये। उस इलाके को दिखा रहे सैन्य अधिकारी से मैंने पूछा कि इस कठिन अभियान की सबसे बड़ी कठिनाई कौन-सी है। उनका जवाब था, 'प्यास'। यहाँ की पहाड़ियों के नंगे पत्थर रात में ठंडे हो जाते हैं, और जैसी कहावत है उन्हें 'स्टोन कोल्ड' कहा जाता है, जबकि दिन में जब सूरज तपता है तो वे गर्म हो जाते हैं। उनका तापमान धरती की सामान्य सतह से ज्यादा गर्म होता है। सैनिकों को यह हिसाब रखना पड़ता था कि हमला पूरा करने वाली आखिरी चढ़ाई में रात को उन्हें कितना समय लगेगा। पूरा अभियान अँधेरे में ही करना पड़ा। सैनिक एक दिन पहलेवाली सुबह को एक खास ऊँचाई तक पहुँच जाते थे और फिर दिन-भर पत्थरों की आड़ में छुपे रहते थे। इस दौरान वे इधर-उधर खिसकते हुए यह कोशिश करते थे कि उन्हें कोई देख न ले। सबसे कष्टकारी समय उन गर्म पत्थरों पर पड़े-पड़े इंतजार करना होता था। इस दौरान ज्यादा हिलने-डुलने या पानी पीने से भी बचना

पड़ता था। मैंने पूछा कि इस कठिन कार्य को पूरा करने के बाद सैनिकों की प्रतिक्रिया क्या थी, यानी जब वे कठिन लड़ाई के बाद पहाड़ी पर पहुँच गये तो क्या बोले। उनका कहना था, "सर, हम लोग लड़ाई और तनाव खत्म होने तक इतने थक गये हैं कि जीत का आनंद ही नहीं ले सकते।" लेकिन वहाँ उन्हें जो सामान मिला था उसमें उन्हें बढ़िया घी के चार टिन मिले और उन्होंने मुस्कुराते हुए कहा, "साहब, हिंद सरकार तो हमें सिर्फ डालडा देती है !" हममें से हर व्यक्ति को यह जानना चाहिए कि सेना को हम जितनी रसद देते हैं, वह उनके काम के मुकाबले कम है। शांति-काल में सेना का जीवन आसान हो सकता है, पर युद्ध-काल में उसे इसका कई गुना चुकाना पड़ता है।

अब मुद्दे पर लौटते हैं। 1965 की मध्य मई तक जबरदस्त लड़ाई के बाद दो या तीन चौकियों पर कब्जा कर लिया गया, क्योंकि उनके करीब तैनात पाकिस्तानी सेना हमारी सेना को सड़क का इस्तेमाल नहीं करने देती थी। हालाँकि एक महीने बाद ही युद्धविराम समझौते के तहत इन चौकियों को पाकिस्तान को सौंप दिया गया और पाकिस्तानी सेना फिर अपनी पुरानी तिकड़मों पर लौट आयी। क्या यह 'सद्भावना' का सबूत था ? कड़ी लड़ाई के बाद भारतीय सेना ने इन चौकियों पर फिर कब्जा कर लिया। लेकिन जनवरी, 1966 में ताशकंद समझौते के बाद उन चौकियों को फिर वापस कर दिया गया। इससे भारतीय सेना को काफी खीझ हुई, क्योंकि उसने जान की बाजी लगाकर और कई लोगों के हताहत होने के बाद उन पर कब्जा किया था।

पाकिस्तान ने अपनी किलेबंदी मजबूत कर ली। इलाके में बारूदी सुरंगें बिछा दीं और ज्यादा होशियारी से अपनी तोपें तैनात कर लीं। 1971 में उसने फिर उनका इस्तेमाल किया। भारतीय सेना को उन्हें वापस लेने के लिए फिर युद्ध करना पड़ा। वह दिसंबर का महीना था जब तापमान शून्य से भी नीचे चला जाता है। सारी चुनौतियों के बावजूद हमारी सेना कामयाब हुई और इस बार वे चौकियाँ पाकिस्तान को नहीं लौटाई गयीं। पहली बार 1965 में उन चौकियों को पाकिस्तान को लौटाया जाना इस बात का सबूत है कि भारत लंबे हमले को तैयार नहीं था।

पाकिस्तान का इरादा कुछ अलग था। बंदी बनाये गये घुसपैठियों से मिली जानकारी, तटस्थ सूत्रों और संयुक्त राष्ट्र पर्यवेक्षकों से की गई पुष्टि के आधार पर जाहिर है कि कश्मीर में भारी घुसपैठ की योजना तैयार थी और कच्छ के मामले में अंतिम समझौते से पहले मई के अंत तक जोरदार तैयारी चल रही थी। कच्छ तो एक भुलावा था। यह भारत की बख्तरबंद सेना के वापस जाने और थल सेना को उत्तरी पंजाब के रणक्षेत्र से हटाकर दक्षिण में फँसा देने की चाल थी।

ऑपरेशन ग्रैंड स्लैम

पाक अधिकृत कश्मीर में सोलह से पैंतालीस साल के पुरुषों के लिए एक अल्पकालिक अनिवार्य सैनिक प्रशिक्षण कार्यक्रम शुरू किया गया, जिसमें छापामार तरीकों पर विशेष जोर था। इस तरह मुजाहिदों और रजाकारों की एक बड़ी फौज खड़ी कर ली गयी और उसे पाकिस्तानी सेना के मातहत कर दिया गया। इसे ऑपरेशन ग्रैंड स्लैम नाम दिया गया। यह बारहवीं इन्फैंट्री डिवीजन के कमांडर जनरल अख्तर हुसैन मलिक के दिमाग की उपज थी। इस नयी फौज को लाइट मशीनगन, स्वचालित हथियार, हथगोले और परिवहन व संचार-साधनों से सुसज्जित किया गया। यह अभियान पाँच अगस्त को शुरू हुआ। घुसपैठियों ने अच्छी तरह चुने गये ठिकानों से युद्ध-विराम-रेखा पार की और जब तक वे पकड़े जाते, तब तक कश्मीर में काफी भीतर घुस चुके थे। पाकिस्तान का अनुमान था कि एक आंतरिक विद्रोह, यानी कश्मीर में बगावत होगी और फिर वे वहाँ की जनता को मुक्ति दिलाएँगे। लेकिन बगावत नहीं हुई। जनरल निम्मो के नेतृत्व में संयुक्त राष्ट्र पर्यवेक्षक दल ने इसे देखा और अपने मुख्यालय को इसकी जानकारी दी, जो बाद में प्रकाश में आयी। यह रपट, जो बाद की घटनाओं को बदल सकती थी, प्रचारित क्यों नहीं की गयी, यह समझना मुश्किल है। क्या ऐसा करने से संयुक्त राष्ट्र के कुछ प्रभावशाली राष्ट्रों के सदस्यों का हित सधता था ? या यह पाकिस्तान को दिया गया एक तरह का विश्वास था कि कश्मीर में चाहे जितनी गंभीर घुसपैठ और लड़ाई हो, भारत सीमित प्रतिक्रिया ही करेगा ?

अगस्त के मध्य तक पाकिस्तान की एक सशक्त टुकड़ी ने युद्ध-विराम-रेखा पार की और जम्मू क्षेत्र में हमला शुरू कर दिया। भारी तोपखाने और मोर्टार का इस्तेमाल करते हुए उन्होंने कई भारतीय चौकियों पर कब्जा कर लिया। चंद दिनों से वे टिथवाल, उड़ी, पुंछ क्षेत्रों पर बमबारी कर रहे थे। पाकिस्तानी वायुसेना के सी-130 विमान उनके लिए सामान गिरा रहे थे। कारगिल क्षेत्र में उन्होंने फिर लेह-कारगिल-श्रीनगर मार्ग को काटना शुरू कर दिया। बदले में भारतीय सेना ने उन पहाड़ियों पर फिर कब्जा कर लिया जो हाल में कच्छ की लड़ाई खत्म होने के बाद पाकिस्तान को दी गयी थीं। टिथवाल इलाके में भारतीय सेना ने पीर साहिबा चोटी पर कब्जा कर लिया। उड़ी क्षेत्र में कठिन लड़ाई के बाद उन्होंने पीछे से हमला करके हाजीपीर दर्रा और उसके उभार पर कब्जा कर लिया, जो कि घुसपैठियों के लिए आसान रास्ता था। हालाँकि यह इलाका भारत के लिए स्थायी सिरदर्द था, फिर भी युद्ध-विराम-रेखा का खुला उल्लंघन करते हुए इसे लड़ाई के अंत में ताशकंद समझौते के तहत पाकिस्तान को वापस कर दिया गया।

1 सितंबर, 1965 को पाकिस्तान ने छंब पर हमला बोल दिया। भारत के लिए यह सबसे नाजुक क्षेत्र था और इसका रणनीतिक महत्त्व काफी था। यहाँ से पाकिस्तान आसानी से घुस सकता था। यह भारतीय पंजाब और कश्मीर के बीच संपर्क काटने की दिशा में एक कदम था। पाकिस्तानियों ने भारी तोपखाने, करीब 70 से 80 टैंकों और थलसेना के दो ब्रिगेडों का इस्तेमाल किया। भारत के पास इसके एक तिहाई सैनिक और एक छोटा तोपखाना था, क्योंकि भारत उस समझौते का पालन कर रहा था, जिसके तहत युद्ध-विराम-रेखा पर सेना और बख्तरबंद डिवीजन की संख्या सीमित करने की व्यवस्था थी। हालाँकि पीछे ज्यादा सैनिक थे, जो पाकिस्तानी सेना के भारी हमले के बाद आगे बढ़ आये।

भारतीय वायुसेना को घटनाओं से अवगत रखा गया और थलसेना की मदद के लिए वह करीब-करीब तैयार थी, लेकिन वे तब तक मदद नहीं कर सकते थे जब तक सरकार या सेना की तरफ से उन्हें ऐसा करने को कहा न जाये।

पुणे स्थित नंबर पैंतालीस वैम्पायर स्क्वाड्रन की एक टुकड़ी और 220 स्क्वाड्रन की भी एक टुकड़ी 30 अगस्त को पठानकोट के लिए रवाना हो गयी। एक सितंबर के अपराह्न में सेनाध्यक्ष जनरल जे. एन. चौधरी ने रक्षामंत्री से कहा कि वे भारतीय वायुसेना से मदद का अनुरोध करें। रक्षामंत्री ने शाम चार बजे अनुरोध किया। पाँच बजकर उन्नीस मिनट पर पठानकोट में वैम्पायर विमान उड़ान भर चुके थे। इस अभियान में बारह वैम्पायर विमानों ने हिस्सा लिया। वे पूरे दिन इस काम के लिए संकेत का इंतजार कर रहे थे। उन्हें अपराह्न में पश्चिम की तरफ उड़ना था, जोकि डूबते सूरज की वजह से पूरी तरह धुँधला चुका था। लेकिन वक्त की जरूरत थी और अभियान की अहमियत। उन्होंने अपना अभियान सफलतापूर्वक संपन्न किया, लेकिन उनमें से तीन युवक अपने जीवन के सूर्यास्त की ओर उड़ गये। फ्लाइट लेफ्टिनेंट भारद्वाज, वी. एम. जोशी और भगवागर को जीवन से हाथ धोना पड़ा और पाठक छतरी से कूदकर बच गये। अपराह्न के उस थोड़े-से वक्त में वैम्पायर और मिस्टियर्स विमानों ने 28 हमले किये और भारी संख्या में टैंकों, तोपों, गाड़ियों और सैनिकों को तबाह कर दिया। भारतीय अनुमान के अनुसार तेरह-चौदह टैंक, दो तोपें, बासठ गाड़ियाँ नष्ट हुईं और कुछ ज्यादा क्षतिग्रस्त हो गयीं। लेकिन सही आँकड़ा हमेशा एक विवाद ही रहा। नंबर-3 और 31 स्क्वाड्रन के मिस्टियर्स IV ए विमान जब समानांतर उड़ते थे तो उनकी गति ध्वनि से कम होती थी और जब डुबकी लगाते थे तो उनकी गति कुछ ज्यादा होती थी। इन विमानों ने इस अभियान में प्रभावशाली ढंग से हिस्सा लिया। 1947-48 के कश्मीर-अभियान के बाद यह पहला पूर्णरूपेण शक्ति-परीक्षण था। कश्मीर-अभियान हालाँकि गंभीर था, पर था सीमित। इस समय तक पाकिस्तान ने अमेरिका से इतने आधुनिक हथियार जुटा लिये थे कि

भारतीय सेना और वायुसेना की संख्यात्मक श्रेष्ठता की बात का कोई मतलब नहीं रह गया था।

पाकिस्तानी वायुसेना सेबर जेट विमान लेकर अपनी थलसेना की मदद में उतरी। इनमें से करीब 2 दर्जन विमान हवा से हवा में मार करने वाली ताप-अनुवर्ती मिसाइलों से लैस थे। इन विमानों की बड़ी धाक थी। पाकिस्तानी वायुसेना के पास इसी तरह से सुसज्जित एक दर्जन लॉकहीड स्टार फाइटर्स (एफ-104) के अलावा सौ सेबर जेट विमान थे। इससे भी बड़ी बात यह कि पाकिस्तान के पास ये विमान छठे दशक के मध्य से ही थे और उसे इन पर महारत हासिल करने का काफी मौका मिला था। दूसरी तरफ भारत को बमुश्किल एक दर्जन मिग-21 विमान मिले थे और वे भी लड़ाई छिड़ने के थोड़े दिन पहले ! इसलिए भारतीय वायुसेना के युद्धक बल को मिस्टियर्स नैट और हंटर का ही असली सहारा था। ऊँचाई पर उड़ रहे मिस्टियर्स विमानों को सुरक्षा प्रदान करने के लिए नैट का इस्तेमाल छतरी-जैसा आवरण बनाने में किया जाता था, क्योंकि अपना काम वे कम ऊँचाई पर बेहतर ढंग से कर पाते थे। जब सेबर विमान उन पर हमला करते थे तो नैट बहुत फुर्ती से, विशेषकर नीचे की तरफ गोता लगाकर साइडविंडरों के बावजूद उन्हें मार गिराता था, क्योंकि साइडविंडर उड़ान के एक निश्चित दायरे में ही प्रभावी थे।

स्क्वाड्रन लीडर ट्रेवर कीलर, ए. एस. संधू और फ्लाइट लेफ्टिनेंट वी. एस. पठानिया ने इस इलाके में तीन और चार विमान मार गिराये। इस सफलता ने वरिष्ठ पदों पर बैठे कुछ लोगों के दिमाग से यह शक दूर कर दिया कि इतने छोटे और साधारण नैट विमान में पैसा लगाना बेकार न चला जाये। भारी-भरकम और ज्यादा ताकतवर विमान से पहली ही टक्कर में नैट ने अपनी योग्यता साबित कर दी। शुरुआती कामयाबी के बाद नैट ने पीछे मुड़कर नहीं देखा। इस विमान को लेकर पूरी तरह आत्मविश्वास कायम हो गया और इसे साहसिक हमलों में प्रयोग किया जाने लगा।

पाकिस्तानी सेना को छंब क्षेत्र में दुश्मन पर अचानक हमला करने का लाभ मिला। 2 सितंबर तक उन्होंने करीब 30 वर्गमील पर कब्जा कर लिया था। युद्ध-विराम रेखा से पाँच मील पूरब मुनावर तवी नदी की तरफ और छंब गाँव की सीमा से 6 मील उत्तर का इलाका पाकिस्तानियों के कब्जे में चला गया। यह कामयाबी उन्होंने पीछे से हमला करके प्राप्त की। उम्मीद यह थी कि वे पश्चिम से हमला करेंगे, पर वे पूरब से आये। 5 सितंबर तक वे चेनाब नदी पर बने महत्त्वपूर्ण पुल अखनूर की तरफ जौरियन गाँव तक आ गये। अखनूर जम्मू से सिर्फ बीस मील दूर है। अगर वे यहाँ तक आ जाते तो उन्होंने हमें कश्मीर से जोड़नेवाली जीवन-रेखा को काट दिया होता। लेकिन वे नहीं पहुँच सके। उन्हें वहीं रोक दिया गया।

दूनी ताकत से

हमारे प्रधानमंत्री ने साफ तरीके से बार-बार ऐलान किया कि कश्मीर पर हमला भारत पर हमला है। इसलिए बदले में भारत ने 6 सितम्बर को पंजाब से पश्चिम की तरफ तीन मोर्चों से हमला बोल दिया। पहला हमला मेजर जनरल निरंजन प्रसाद के नेतृत्व में ग्रांटट्रंक रोड के समानांतार, दूसरा मेजर जनरल सिब्बल के नेतृत्व में भारत के खालड़ा से थोड़ा दक्षिण पाकिस्तान में बुर्की की तरफ और तीसरा हमला मेजर जनरल गुरुबख्श सिंह के नेतृत्व में दक्षिण से थोड़ा हटकर भारत के खेमकरण से पाकिस्तान के कसूर की तरफ किया गया।

भारत और पाकिस्तान के बीच सीमा के करीब-करीब समानांतर ही उत्तर से दक्षिण की तरफ इछोगिल नहर बहती है। रावी से सतलुज के बीच में बहने वाली इस नहर की लंबाई करीब सत्तर मील है। इसे बी. आर. बी. यानी बम्वनसला-रावी-बेंदिन नहर भी कहते हैं। करीब 90 से 140 फुट चौड़ी और पंद्रह फुट गहरी नहर एक सुरक्षात्मक खाई की तरह है। इसमें काफी ऊँची सीमेंट और कंकरीट की ढालू दीवारें हैं और इसके तले पर कंकरीट की कोठरियाँ, बंकरों, टैंक छुपाने के ठिकानों और तोप लगाने के अड्डों सहित जबर्दस्त किलेबंदी है। इस नहर को पार करने के लिए कई पुल भी हैं। नहर के दोनों तरफ करीब 6 टैंक रेजीमेंट थी। भारत के पास थलसेना थोड़ी ज्यादा थी, लेकिन पाकिस्तान का तोपखाना बड़ा था और वह अच्छे किस्म का और ज्यादा दूर तक मार करने वाला था। यह अमेरिका की कृपा थी। इसके अलावा उसे पाकिस्तान, वायुसेना का प्रबल समर्थन प्राप्त था।

6 सितंबर को सबसे उत्तर वाले अभियान में तीन जगह टुकड़ियों और डिवीजन कमांडर के साथ थल सेना अपनी बख्तरबंद टुकड़ी से आगे बढ़कर इछोगिल नहर पार कर गयी और सुबह 10 बजे तक बाटा शूफैक्ट्री के स्थान जल्लो पहुँच गयी। लेकिन पाकिस्तानी वायुसेना की कार्यवाही की वजह से आगे बढ़ चुकी इस थोड़ी-सी सेना को वापस लौटना पड़ा। अगले दिन डिवीजन कमांडर पर नहर के पास घात लगाकर हमला किया गया। वे तो किसी तरह बच निकले, पर दुश्मन ने उनकी कई जीपों और सैनिकों पर कब्जा कर लिया। मेजर जनरल प्रसाद ने प्रत्यक्षतः इस बात की इजाजत माँगी कि अँधेरे में कुछ घंटों का फायदा उठाने के लिए उन्हें थोड़ा पहले मार्च करने की इजाजत दी जाये। लेकिन उन्हें इजाजत नहीं मिली। उन्होंने यह भी चाहा था कि उनकी डिवीजन का बँटवारा न किया जाये, ताकि वह असरदार बनी रहे लेकिन उनका यह अनुरोध संपूर्ण योजना के अनुरूप नहीं था, इसलिए उनकी डिवीजन को तोड़ना पड़ा। मेजर जनरल सिब्बल ने लाहौर से करीब 20 मील दूर इछोगिल के पूर्व में स्थित बर्की पर 10 सितंबर को कब्जा कर लिया। मेजर जनरल गुरुबक्श सिंह का हमला कामयाब नहीं हुआ। जबर्दस्त लड़ाई के बावजूद दुश्मन ने

खेमकरण पर कब्जा कर लिया और हमारे सैनिकों को पीछे लौटना पड़ा।

जम्मू से थोड़ा दक्षिण सियालकोट क्षेत्र में ग्रांटट्रंक रोड के उत्तर में लेफ्टिनेंट जनरल पी. ओ. डनू की कमान में एक नंबर कोर में सात-आठ सितंबर की रात को चार मोर्चों से हमला किया। इस हमले ने कश्मीर के दक्षिण-पश्चिमी कोनों के चंद क्षेत्रों में पाकिस्तानी सेना के दबाव को कम कर दिया। इन चारों मोर्चों का नेतृत्व सँभालने वाले चार मेजर जनरलों के नाम थे—इस्पैरो राजेंद्र सिंह, एस. के. कोरला, रंजीत सिंह और एम. एल. थापन। इस अभियान में सबसे ज्यादा सफलता मेजर जनरल थापन को मिली। उन्होंने सुचेतगढ़-सियालकोट सड़क के उस पार एक आधार जमा लिया। एक-एक इंच जमीन के लिए जमकर लड़ाई हुई। फिल्लौरा क्षेत्र के लिए आठ तारीख से पंद्रह तारीख तक लड़ाई लड़ी गयी। आखिरकार उसे जीत लिया गया। इसी तरह अल्हर रेलवे स्टेशन के लिए लड़ाई हुई। पसरूर और सियालकोट के बीच का रेल सपंर्क टूट गया। लेकिन चविंडा नहीं जीता जा सका। फिल्लौरा और अइक नदी के बीच स्थित लिब्बे, महाराज के सुबाज़पीर कई बार कब्जे में आये। उसके बाद गतिरोध पैदा हुआ और कोई पक्ष आगे नहीं बढ़ पाया।

हालाँकि हम खेमकरण हार गये थे, जहाँ पाकिस्तान की I बख्तरबंद डिवीजन ने हमला किया था, लेकिन हमारी सेना—थलसेना बख्तरबंद डिवीजन ने पुनः संगठित होकर खेमकरण से थोड़ा उत्तर-पूर्व असलउत्तर नामक गाँव के पास अड्डा जमा लिया। यह जगह अब हमारे युद्ध-इतिहास में काफी प्रसिद्ध हो चुकी है। इस इलाके में जनरल गुरुबक्श सिंह और जनरल योगेंद्र सिंह ढिल्लों ने दृढ़ता से मोर्चा जमाया। यहाँ मशहूर पाकिस्तानी पैटन टैंक, जिनकी मारक क्षमता 2 हजार गज या उसके आसपास थी और जो रात में इन्फ्रारेड किरणों के सहारे आगे बढ़ सकते थे और जिनमें कम्प्यूटर से संचालित शस्त्र प्रणाली लगी थी, घेर लिए गये। वे नौ फुट लंबे गन्नों और कपास के खेतों में फँस गये। उन्होंने खेमकरण लौटने की कोशिश की। भारत ने इनमें से 30 पैटन टैंक साबुत पकड़ लिये। 50 को ध्वस्त कर दिया और करीब 20 क्षतिग्रस्त कर दिये। इस लड़ाई में 18 राजपूत राइफल्स और 4 गैनेडियर्स ने अपने आपको गौरवान्वित किया। अब्दुल हमीद को व्यक्तिगत बहादुरी के लिए भारत का सर्वोच्च सम्मान परमवीर चक्र दिया गया (मरणोपरांत यह सम्मान पाने वाले अन्य व्यक्ति पूना हार्स के लेफ्टिनेंट कर्नल तारापोर थे)। सियालकोट क्षेत्र और असलउत्तर में हुआ यह युद्ध द्वितीय विश्वयुद्ध के बाद सबसे बड़ा टैंक-युद्ध समझा जाता है।

पाकिस्तानी अमृतसर की तरफ आना चाहते थे, लेकिन खदेड़ दिये गये। डेरा बाबा नानक में रावी के पुल पर जबर्दस्त लड़ाई हुई। आखिरकार पुल इतनी बुरी तरह टूट गया कि दोनों में से कोई पक्ष भारी गाड़ियों के साथ इधर से उधर नहीं जा

सकता था।

राजस्थान और सिंध क्षेत्र में हमारी सेना ज्यादा आगे नहीं बढ़ सकी। उन्होंने कुछ चौकियाँ और जमीन खोई तो कुछ हासिल भी किया। यहाँ की खुफिया जानकारी विशेषकर रेतीले इलाकों की सड़कों के बारे में, बेहद अपर्याप्त थी।

वायुसेना ने क्या किया ? वायुसेना के गठित किये जाने का मकसद ही यह होता है कि वह युद्ध के दौरान दुश्मन की तमाम युद्ध क्षमताओं को बेकार कर दे और हर तरह से अपनी क्षमताओं की रक्षा करे। इसका मतलब उसे विभिन्न तरह के काम करने होते हैं, जिनमें सिर्फ विमान चालक दल और स्टेशन का ही स्टाफ शामिल नहीं होता, बल्कि विभिन्न तरह के उपकरण और प्रशिक्षित लोग भी शामिल होते हैं। इसमें हमला और रक्षा दोनों शामिल हैं। अपने अड्डों की रक्षा विभिन्न तरह से की जाती है जिसमें राडार युद्धक विमानों की गश्त, अग्रिम चौकियों के सैनिकों को हमेशा लड़ाई के लिए तैयार रखना और हमला करने का आदेश मिलते ही 90 सेकेंड के भीतर उड़ने के लिए तैयार रहना शामिल है। छद्मावरण और सैनिकों और मशीनों को फैलाना बहुत महत्त्वपूर्ण काम होता है। जब हम इसे महसूस नहीं करते तो हमें इसकी कीमत चुकानी पड़ती है। एक बार कलाईकुंडा में ऐसा ही हुआ। लेकिन ये सब रक्षा-उपाय हैं और हम हमला करने में कामयाब नहीं थे।

लड़ाकू बमवर्षकों के आक्रमण की योजना बनानी पड़ती है और उसे कुशलता, कल्पना और सर्वाधिक सावधानी के साथ संगठित करना पड़ता है। दुश्मन के हवाई क्षेत्रों पर हमले, निषेधात्मक अभियान, दुश्मन की संचार लाइन, सप्लाई लाइन—जैसे रेलवे, सड़क और पुल पर हमले या ऊर्जा—जैसे ऑयल रिफाइनरी, गोदाम या गैस संयंत्रों पर हमले की सफलता जितना अभियान की कुशलता पर निर्भर करती है उतना ही खुफिया जानकारी और सर्वेक्षण पर भी निर्भर करती है और इस सबके साथ हमला करनेवाले चालक दल का मनोबल भी महत्त्व रखता है। वे सेना के भाग्य की तरह होते हैं।

वायुसेना का यह सारा काम उसकी अपनी रणनीति है, लेकिन वायुसेना की एक विशिष्ट भूमिका यह भी है कि वह सिर्फ अपनी लड़ाई नहीं, बल्कि थलसेना और नौसेना की लड़ाई भी लड़ती है। वह अन्य दो सेनाओं के मुकाबले ज्यादा गतिशील और तेज होती है और पूरे इलाके पर वास्तव में एक विहंगम दृष्टि रख सकती है। इसलिए यह कोई आश्चर्य की बात नहीं है कि थलसेना और नौसेनाएँ अपनी-अपनी वायुसेना रखने को उत्सुक रहती हैं। विभिन्न सेनाओं के बीच नियोजन और सहयोग वायुसेना का विशेषाधिकार है और उपलब्ध संभावनाओं और क्षमताओं का पूरा फायदा उठाना अन्य सेनाओं का। वायुसेना जिस तरह 1947-48 और 1962 में अपने काम के लिए तैयार रहती थी, उसी तरह 1965 में भी तैयार थी।

भारतीय हवाई अड्डों पर पाकिस्तान का पहला हमला 6 सितंबर को पश्चिमी सीमा के पास शाम पाँच बजे शुरू हुआ था। उन्होंने सरगोधा और पठानकोट से आदमपुर और हलवाड़ा को निशाना बनाया तथा पेशावर से श्रीनगर और कराची से जामनगर को साधा। हमारे कुछ राडार-ठिकानों, जैसे पंजाब के फिरोजपुर और गुजरात के पोरबंदर पर भी हमला किया गया। आदमपुर की तरफ बढ़ रहे सेबर जेटों को चार हंटरों ने रास्ते में ही रोक लिया और उनका अभियान कामयाब नहीं हुआ। हलवाड़ा में भी हंटरों ने सेबरों को घेर लिया और दो सेबर मार गिराये गये, सिर्फ एक विमान पाकिस्तान लौटने में कामयाब हो सका। पठानकोट से दुश्मन हमारे कुछ नये खरीदे गये मिग-21 विमानों और मिस्टेयर को नुकसान पहुँचाने में कामयाब रहा। वे नीचे खड़े थे। लेकिन हमारे फ्लाइट लेफ्टिनेंट राठौर और फ्लाइंग आफिसर नेब और गांधी जैसे युवा पॉयलटों ने बेहतरीन प्रदर्शन किया। उनकी बहादुरी और दक्षता की तारीफ दुश्मन ने भी की। दुश्मन के पहले हवाई हमले का जवाब देते हुए 7 सितंबर की सुबह साढ़े पाँच बजे छह मिस्टेयर विमानों ने सरगोधा पर हमला किया। यह पाकिस्तान स्थित पंजाब का ही नहीं, शायद पूरे पाकिस्तान का सबसे महत्त्वपूर्ण वायुसेना केन्द्र है। एक स्टार फाइटर छीना-झपटी में लग गया और उसने एक मिस्टेयर पर हमला कर उसे मार गिराया। लेकिन दूसरा मिस्टेयर इस स्टार फाइटर को मार गिराने में कामयाब रहा। इन दोनों विमानों की सुयोग्य साझेदारी को देखते हुए इसे एक उपलब्धि कहा जा सकता है। उस दिन सरगोधा पर चार हमले किये गये।

उसी सुबह पाकिस्तानी वायुसेना ने कलकत्ता (बैरकपुर) और कलकत्ता के पश्चिम में स्थित कलाईकुंडा और उत्तरी बंगाल के बागडोगरा पर दो बार हमले किये। कश्मीर के छंब इलाके में पाकिस्तानी हमले के खिलाफ भारत ने पश्चिमी पाकिस्तान पर हमला कर दिया। लड़ाई बढ़ने से रोकने के लिए भारतीय सेना ने पूर्वी पाकिस्तान पर कोई हमला नहीं किया। इसलिए पूर्व में पहला पाकिस्तानी हमला अप्रत्याशित था जिसमें हमने नुकसान भी उठाया। लेकिन सुबह किये गये दूसरे हमले में कलाईकुंडा के ऊपर हुए घनघोर आकाश-युद्ध में हमारे हंटरों ने दो सेबर मार गिराए। खड़गपुर की आई. आई. टी. की ऊँची इमारत इस उत्तेजक युद्ध को देखने वालों की दीर्घा बन गयी। एक बार यह मोर्चा खुल जाने के बाद कोई रुकावट नहीं रही और भारतीय वायुसेना ने ढाका के दो हवाई अड्डों में से एक कुर्मीटोला पर हमला किया। पाकिस्तान के सरगोधा मौरीपुर (कराची), पेशावर जैसे वायु सैनिक अड्डों पर महत्त्वपूर्ण विमान-रोधी सुरक्षा थी। इसके अलावा उत्तरी क्षेत्र में साकेसर में उनकी राडार सिगनल यूनिट बहुत ताकतवर थी। इसी तरह सिंध के बादिन, कराची के पास कोरंगी क्रीक और ढाका में भी उनकी यूनिटें बहुत अच्छी थीं। इन सभी सतर्कताओं के बावजूद हमारी वायुसेना ने दुश्मन के इलाके में भीतर घुसकर सरगोधा,

रिसालवाला, चक झुमरा, मुल्तान, नवाबशाह, पेशावर और कोहाट विमान क्षेत्रों पर बमबारी की। इन हमलों और 7 सितंबर को पश्चिमी सीमा पर हुए हमलों में कोई विफल नहीं किया जा सका। सरगोधा में 21 सितंबर को हमारा एक कैनबरा जमीन पर लगी आग में नष्ट हो गया।

जमीन पर हमले के लिए मिस्टेयर IV ए और युद्धक आवरण प्रदान करने के लिए नैट की साझेदारी अच्छे ढंग से चली। नंबर एक मिस्टेयर स्क्वाड्रन ने खेमकरण क्षेत्र में असलउत्तर के प्रख्यात जमीनी युद्ध में मदद की। नंबर-31 स्क्वाड्रन ने सप्लाई लाइन पर हमला किया और टैंक और युद्ध के लिए अन्य जरूरी सामान ले जा रही रेलगाड़ियों को निशाना बनाया। नंबर-32 स्क्वाड्रन लाहौर क्षेत्र में इछोगिल नहर के आसपास सक्रिय थी। इस स्क्वाड्रन ने सियालकोट क्षेत्र में भी जमीनी लड़ाई में मदद पहुँचाई। विंग कमांडर भरत सिंह की कमान में नंबर-29 और नंबर-23 स्क्वाड्रन के नैटों ने उन्हें ऊपरी सुरक्षा दी। 19 सितंबर को स्क्वाड्रन नंबर-9 के स्क्वाड्रन लीडर डेनजिल कीलर और फ्लाइट लेफ्टिनेंट विनय कपिला ने फिल्लौरा-चविंडा क्षेत्रों में एक-एक सेबर मार गिराया।

नंबर 7, 20 और 27 हंटर स्क्वाड्रन कई तरह का काम करने में व्यस्त थे, जैसे सी. ए. पी. उड़ाना, निषेधात्मक अभियान और पंजाब के बड़े युद्धक्षेत्र की लड़ाई में मदद। उन्होंने कसर-खेमकरण क्षेत्र की तरह रायविंड रेलवे स्टेशन पर विशेष ध्यान दिया। असलउत्तरी क्षेत्र की तरह यहाँ भी उनका इनामी निशाना पैटन टैंक होता था।

युद्धक विमानों के जत्थे के साथ एक-दूसरे के हवाई अड्डों पर अधिकतम हमले 7 सितंबर को किये गये। नतीजतन कुछ नुकसान दोनों तरफ हुआ। पाकिस्तान की तरफ से एक प्रायोजित इतिहासकार ने लिखा है, "हल्के नैट के अलावा भारतीय वायु सेना के सारे जेट उपकरण आधुनिक नहीं थे। इस वजह से भारत घिसाई सह सकता था।" ऐसी हृदयहीन टिप्पणी दुश्मन के खिलाफ भी नहीं की जानी चाहिए। यह कहना ज्यादा सही होता कि दोनों पक्ष ज्यादा संघर्ष नहीं करना चाहते थे।

दोनों ही ओर से रणनीति में कुछ परिवर्तन और समायोजन किये गये। दिन में हमले कम कर दिये गये। पाक सेना ने श्रीनगर और जम्मू पर 11, 13 और 14 सितंबर को नयी रणनीति के तहत कुछ हमले किये। 13 और 14 की रात को नंबर-5 कैनबरा स्क्वाड्रन का पेशावर पर किया गया हमला इतना प्रभावी था कि पाकिस्तानी बमवर्षक बल का एक हिस्सा रिसालपुर ले जाया गया। दिन में किये गये अपेक्षाकृत बहुत कम हमलों में एक हमला 15 सितंबर को किया गया। हमारे कैनबरा ने नैट के संरक्षण में कसूर क्षेत्र में पाकिस्तानी सैनिक ठिकानों पर बमबारी की।

इस तरह दोनों तरफ के कैनबरा विमानों ने रात में काफी बमबारी की। नंबर-5

स्क्वाड्रन ने मिस्टेयर नैट और हंटरों के साथ थलसेना की मदद का मुश्किल काम भी किया। बमवर्षकों का काम भी आसान नहीं था, पर उन्होंने विशेषकर छंब और खेमकरण क्षेत्र में यह काम अच्छी तरह से किया। रात्रिकालीन बमबारी से दोनों तरफ के रणनीतिक लक्ष्यों को कुछ नुकसान हुआ। हालाँकि दोनों पक्षों का दावा है कि उन्होंने एक-दूसरे पर भारी तादाद में बम गिराए, लेकिन सौभाग्य या दुर्भाग्य से उनमें से कुछ फूटे नहीं। दरअसल वे पुराने थे और दोनों देशों को एक ही जगह से मिले थे। पाकिस्तान मानता है कि उसने सरगोधा जैसे स्टेशनों पर विमानरोधी तोपों की संख्या बढ़ाई थी। इससे साफ जाहिर है कि रात की बमबारी असरदार रही।

अमृतसर की हमारी सिगनल यूनिट, जिसे कोड में पाकिस्तान 'फिश आयल' कहता था, पाकिस्तानी वायुसेना की आँख की किरकिरी थी। इसके सम्मान में रोजाना सुबह-शाम एफ-104 विमानों के घेरे में आनेवाले सेबर विमानों की संख्या बढ़ने लगी और आखिर में 12 सितंबर को वे चार कैनबरा विमानों के साथ सुबह को भी आये और शाम को भी। इसके बाद सिगनल यूनिट की जगह बदलनी पड़ी। युद्ध के अंत में 19 तारीख को जम्मू सिगनल यूनिट को नुकसान पहुँचाया गया। हमारे अपने कैनबरा ने 21 सितंबर को बादिन में पाकिस्तान की सिगनल यूनिट पर सफलतापूर्वक बमबारी की।

पश्चिमी क्षेत्र की कार्रवाई में विंग कमांडर जोग, फ्लाइट लेफ्टिनेंट राठौर और सिन्हा काफी सक्रिय थे। उन्होंने अपना अनुभव इस तरह व्यक्त किया :*

> *"अगस्त, 1965 तक भारत और पाकिस्तान के संबंधों में फिर तनाव बढ़ गया था। रक्षाबलों को सतर्क कर दिया गया था। अफसरों और सैनिकों की नियुक्ति प्रशिक्षण संस्थानों और नेशनल कैडेट कोर से भी की जा रही थी, ताकि स्क्वाड्रन की ताकत बढ़े, क्योंकि युद्ध की स्थिति में सांग्रामिक तैयारी 24 घंटे, दिन-रात हर समय होनी चाहिए। पाकिस्तान ऐसा ही कर रहा था। लेकिन जम्मू कश्मीर में कोई युद्धक या बमवर्षक विमान नहीं था, क्योंकि युद्ध-विराम समझौते के अनुसार थलसेना और वायुसेना जम्मू-कश्मीर में अपनी ताकत नहीं बढ़ा सकती थी। भारत इस समझौते का पालन मूर्खतापूर्ण तरीके से कर रहा था। जबकि जम्मू-कश्मीर के वायुसेना के अड्डों को तैयार रखना था। मिस्टेयर आदमपुर में थे, हंटर हलवाड़ा भेज दिये गये थे। नंबर 7 स्क्वाड्रन अंबाला से हलवाड़ा गया था। रख-रखाव में सुधार आया। कलपुर्जों को आगे ले जाया गया। पाकिस्तानी वायुसेना का हमला संभावित था। इसलिए अगस्त के उत्तरार्ध से सी. ए. पी. ने शाम से सुबह तक गश्त शुरू कर दी थी।*

---

*बैटिल फॉर पाकिस्तान लेखक जॉन फ्रिकर, लन्दन 1979, पृ. 65

हालाँकि 1965 में भारत युद्ध के लिए तैयार हो गया था, पर उसे तैयारी के लिए पर्याप्त समय नहीं मिला। इससे पहले हमें युद्ध का पूरा अनुभव नहीं था। हमारा खुफिया तंत्र पर्याप्त नहीं था या अधिकारी इतनी सतर्कता और गोपनीयता बरतते थे कि जिन्हें असली लड़ाई लड़नी होती थी, उन्हें भी पूरी जानकारी नहीं दी जाती थी, हमें रणनीतिक सर्वे के कुछ और चित्रों की जरूरत थी। वायुसेना के लिए यह लाचार होनेवाली बात थी, क्योंकि हमें न सिर्फ सीमा पर हमला करना होता था, बल्कि दुश्मन के इलाके में भीतर घुसकर मार करनी पड़ती थी। हमलावर विमान जब निशाने के ऊपर पहुँचता, तब समय बहुत कम होता था। इसलिए उड़ान भरने से पहले जितनी अधिक जानकारी हो, सफलता की उतनी ही अधिक संभावना रहती है।

जम्मू और कश्मीर के छंब क्षेत्र में लड़ाई एक सितंबर के पहले से चल रही थी। पाकिस्तान को शायद यह उम्मीद थी कि लड़ाई सिर्फ कश्मीर में सिमट कर रह जायेगी, जबकि इस मुद्दे पर भारत का साफ मानना था कि कश्मीर पर किया गया हमला भारत पर किया गया हमला है। इसलिए भारतीय सेना ने 6 तारीख को पंजाब में हमलावर रुख अपनाया। उस शाम पाकिस्तान ने भारत के पश्चिमी सेक्टर पर हवाई हमला किया। उस अपराह्न पाकिस्तानी वायुसेना के हमले से पहले स्क्वाड्रन नंबर-7 के चार हंटर अमृतसर के दक्षिण-पूर्व में तरनतारन इलाके के आसमान में गश्त लगा रहे थे। इस दस्ते का नेतृत्व कमांडिंग अफसर विंग कमांडर ज़करिया कर रहे थे। उनके बाद स्क्वाड्रन लीडर ए. के. रावल्ली (पीटर के नाम से लोकप्रिय) थे। तीसरे नंबर पर स्क्वाड्रन लीडर एम. एम. सिन्हा थे और चौथे पर फ्लाइट लेफ्टिनेंट एस. के. शर्मा थे। इस बीच वे हमारे इलाके में घुस आये चार सेबर विमानों के ऊपर उड़ने लगे थे। सेबर कम ऊँचाई पर उड़ रहे थे। टोह लिए जाने पर सेबर विमानों ने अपने ड्राप टैंक खोले और ऊपर उठने लगे। हमारे विमान भी अपने ड्राप टैंक खोलकर ऊपर उठने लगे थे। इस लड़ाई में रावल्ली का विमान ध्वस्त हुआ और वे खुद भी मारे गये।

उस शाम पाकिस्तानी वायुसेना ने आदमपुर, हलवाड़ा, पठानकोट और अमृतसर की राडार यूनिट, पंजाब के फिरोजपुर और गुजरात के पोरबंदर के वायु सैनिक ठिकानों पर हमला किया। हमारी राडार की चौकसी ने आदमपुर और हलवाड़ा के हमले को ही नहीं रोका बल्कि हलवाड़ा के नंबर-27 स्क्वाड्रन के फ्लाइट लेफ्टिनेंट डी. एन. राठौर, फ्लाइंग आफिसर

नेब, स्क्वाड्रन नंबर-7 के फ्लाइंग आफिसर गांधी और पिंगले ने पाकिस्तान के तीन सेबर विमानों को भी मार गिराया। उस रात दोनों ओर से कैनबरा बमवर्षक विमानों ने बम गिराने की कार्रवाई शुरू की । 7 तारीख की सुबह युद्धक विमानों ने यह जिम्मा सँभाल लिया था।

लायलपुर के उत्तर-पश्चिम में स्थित झेलम और चेनाब नदी के बीच स्थित सरगोधा वायुसेना का बहुत बड़ा ठिकाना है। बीच में सरगोधा का मुख्य हवाई अड्डा और उसके इर्द-गिर्द कई छोटे-छोटे अड्डे हैं। पश्चिम में छोटा सरगोधा, कुछ उत्तर में वेगोवाल और थोड़ा-सा पूरब की ओर भगतानवाला अड्डा स्थित है। भारत स्थित हलवाड़ा में नंबर-27 स्क्वाड्रन को छोटा सरगोधा अड्डे को निशाना बनाने की जिम्मेदारी सौंपी गयी। निशाने पर पहुँचने का समय सुबह सवा छह बजे तय किया गया। यह हमला इससे पहले आदमपुर से किये जानेवाले मिस्टेयर के हमलों के बाद किया जाना था। ठिकाने तक पहुँचने का समय 28 से 29 मिनट के बीच रखा गया। पाकिस्तान के ये हवाई अड्डे हमारे हंटर विमानों की रेंज की हद पर स्थित थे। सुबह साढ़े चार बजे जब 27 स्क्वाड्रन के कमांडिंग अफसर जोग परिचालन-कक्ष में हमले की तैयारी कर रहे थे, तभी पाकिस्तानी वायुसेना के एक बी-57 कैनबरा विमान ने हमला कर दिया। सौभाग्य से हवाई पट्टी को कोई नुकसान नहीं पहुँचा। हवाई पट्टी के बाहरी क्षेत्र को सिर्फ थोड़ी-सी क्षति पहुँची थी। इसलिए योजना में कोई परिवर्तन नहीं किया गया।

इस अभियान के लिए छह विमान नियत किये गये। इसके लिए जो पायलट चुने गये उनमें कमांडिंग अफसर, विंग कमांडर जोग, स्क्वाड्रन लीडर कक्कड़, फ्लाइंग अफसर परिहार और फ्लाइट लेफ्टिनेंट चौधरी थे। इसके अलावा दो विमानों को मार्गरक्षण का जिम्मा सौंपा गया। जमीन पर हमला और आकाश में प्रतिरक्षा करने के लिए हंटर विमान में गोला-बारूद अलग-अलग तरह से भरा जाता है। एक मार्गरक्षी विमान का इंजन चालू नहीं हो पाया। इसलिए फ्लाइट लेफ्टिनेंट डी. एन. राठौर एक ही मार्गरक्षी विमान लेकर उड़े। हमें रास्ते में रोका नहीं गया। हमने दाहिनी तरफ की छोटी-छोटी किराना पहाड़ियाँ देख ली थीं। लेकिन जब हम लक्ष्य पर पहुँचे तो वहाँ विमानन क्षेत्र में एक भी विमान नहीं था। उस सुबह मौसम खराब था और कुछ भी साफ-साफ नहीं दिख रहा था। लौटते समय हमने देखा कि पीछे की तरफ एक और विमानन क्षेत्र है, जहाँ विमान खड़े हैं। राठौर ने सीधे नीचे की तरफ निशाना लगाया, लेकिन दुर्भाग्य से वह बेकार

गया। हमें आगे एक फैक्टरी जैसी आकृति दिखाई दी और हमने उस पर हमला कर दिया । लेकिन तब तक बर्रे का छत्ता छेड़ा जा चुका था। हमारे ऊपर सेबर मँडराने लगे थे। राठौर के बायीं ओर से एक सेबर चौधरी पर निशाना लगा रहा था, इसलिए राठौर ने उसकी तरफ जोर से काटा और दोनों ने एक-दूसरे की जगह बदल ली। चूँकि हम लौट रहे थे, इसलिए राठौर ने रक्षात्मक लड़ाई लड़ी। अचानक उन्होंने देखा कि कक्कड़ अपनी गति खो रहे हैं। जोग ने अपनी गति घटा दी ताकि जत्था एक साथ रहे। लेकिन कक्कड़ के साथ ईंधन की समस्या थी। उनकी ईंधन की चेतावनी देनेवाली बत्ती बैंगो लाइट जल गयी और अंत में उनका विमान आग की लपटों में था। उन्हें पैराशूट के सहारे बाहर उतरना पड़ा। चौधरी के ड्राप टैंक में गोलियों से छेद हो चुका था। हम चार लोग वापस लौट रहे थे, तभी चार हंटर काफी तेज गति से विपरीत दिशा में गुजरे। संभवतः वे नंबर-7 स्क्वाड्रन के रहे होंगे। हमें इस योजना की जानकारी नहीं थी और न ही हम उन्हें चेतावनी दे सकते थे कि सेबर और एफ-104 विमान शिकार पर निकले हुए हैं, क्योंकि हम वायरलेस की समान आवृत्ति फ्रीक्वेन्सी पर नहीं थे।"

इतनी जल्दी दूसरा मिशन भेजना अड्डे के कमांडर की बुद्धिमानी नहीं थी, क्योंकि तार्किक रूप से यह संभावना बनती थी कि पहले के हमले से पाकिस्तानी वायुसेना पहले ही चौकन्नी हो गयी है। नंबर-27 स्क्वाड्रन के चार विमान लौटकर जब तक हलवाड़ा में उतरे, तब तक उनकी टंकियों में जरा-सा तेल बचा था। उधर नं. 7 के तीन विमान वहाँ पहले से खड़े थे। उनका अभियान बीच में ही रोककर नाकाम कर दिया गया। वे दो विमान गँवा कर वापस लौट आये। उस दिन सरगोधा पर दो उड़ानें भरी गयीं। एक सुबह 9.45 पर और दूसरी शाम के 3.40 पर।

इस हमले में शामिल पॉयलटों के मन में यह संदेह बना रहा कि "क्या हम सही निशाने पर पहुँचे थे ?" सूचनाओं की कमी और 25 से 30 मील की गलती की गुंजाइश से इस बात की संभावना थी कि उन्होंने छोटा सरगोधा पर हमला करने के बजाय वेगोवाल पर बमबारी कर दी हो। राठौर वहाँ की जो तस्वीरें खींचकर लाये थे, बाद में उन्होंने शक की पुष्टि कर दी। जहाँ तक हंटर विमानों के काम का सवाल था, उनके पॉयलटों को यकीन था कि वे सेबर से श्रेष्ठ हैं और सेबर विमान मिस्टेयर-IV ए से बेहतर नहीं है। नैट अक्सर सेबर से आगे निकल जाता था और फुर्ती से पलटकर उसे छका देता था। लेकिन एफ-104 ऐसी चीज थी, जिसका लोहा मानना पड़ा।

कश्मीर में हमला सफलतापूर्वक रोक दिया गया। पाकिस्तान ने छंब क्षेत्र में

अपनी सेना की कमान जनरल अख्तर हुसैन मलिक से लेकर जनरल याह्या खान को सौंप दी। हालाँकि ऑपरेशन की योजना और शुरुआत अख्तर हुसैन ने ही की थी। एअर मार्शल असगर खान ने इसे मझधार में घोड़े बदलने की संज्ञा दी।

पाकिस्तानी योजना का एक आयाम समझ में नहीं आता। पहले दिन जब लड़ाई शुरू हुई तब पाकिस्तानी वायुसेना ने अपने सी-103 विमानों से तीन अग्रिम हवाई अड्डों—पठानकोट, आदमपुर और हलवाड़ा में दो बजे सुबह कुछ कमांडो उतारे। वह गलत तरीके से बनाई गयी योजना थी और नाकाम रही। पठानकोट इलाके में करीब 60 लोग उतारे गये। वे नहरों के एक नेटवर्क के बीच उतरे और पहले से तय जगह पर नहीं मिल सके। पठानकोट भारत-पाक सीमा से सिर्फ 10 किलोमीटर दूर है, लेकिन उनमें से सिर्फ 10 लोग पाकिस्तान लौट सके और बाकी सब पकड़ लिए गये। हलवाड़ा और आदमपुर में कुछ सैनिक रिहायशी इलाकों और कुछ पास के गन्ने के खेतों में उतरे, जिन्हें गाँववालों ने पकड़कर पुलिस या सेना के हवाले कर दिया। पाकिस्तान इस अभियान से क्या हासिल करना चाहता था, यह समझना मुश्किल है।

इन कुछ दिनों की लड़ाई में भारत की कोई खास उपलब्धि नहीं कही जा सकती। दरअसल दोनों पक्ष विजयी होने का दावा कर रहे थे। अब पता चला है कि पाकिस्तान ने कश्मीर पर हमला करके लड़ाई छेड़ दी, लेकिन पहला हफ्ता बीतने तक ही उसे आपूर्ति की कमी पड़ने लगी। एअर मार्शल असगर खान पाकिस्तान के स्वयंभू दूत बनकर रसद की तलाश में चीन, इंडोनेशिया, तुर्की और ईरान का कार्यक्रम बनाकर वहाँ जा पहुँचे। यह भी संभव है कि इस कमी की वजह किसी हद तक खराब नियोजन रहा हो। भारतीय वायुसेना को पाकिस्तानी सेना, उसकी आवश्यक युद्ध-सामग्री के भंडार, संचार-प्रणाली और मालवाही ट्रेनें उड़ाकर सप्लाई लाइन को सफलतापूर्वक नष्ट करने का श्रेय जाता है। भारतीय हथियार और राडार आदि उपकरण अमेरिका द्वारा पाकिस्तान को दिये गये (साम्यवाद के ज्वार को रोकने के लिए) उपकरणों जितने आधुनिक नहीं थे, लेकिन भारतीय वायुसेना ने जल्दी ही तिकड़मी समायोजन कर लिया और उन्हें अगले छह महीनों की लड़ाई के लिए तैयार कर लिया। इसके अलावा अगर पाकिस्तान एक मोर्चे पर लड़ रहा था तो भारत को अन्य कई मोर्चों पर तैयार रहना पड़ता था और उसी तरह अपने संसाधनों को बाँटना होता था। वायुसेना किसी देश के रक्षात्मक बल का वह हिस्सा है, जिसमें जबर्दस्त गतिशीलता होती है। यह वायुसेना ही है जो जमीन पर चल रही वास्तविक युद्ध-रेखा से बहुत आगे बढ़कर दुश्मन की सीमा में घुसती है और उसकी युद्ध-क्षमता को नष्ट कर सकती है या नुकसान पहुँचा सकती है। हमारी वायुसेना ने अपनी यह क्षमता

साबित कर दी थी।

अयूब खान परेशान थे। 22 सितंबर, 1965 को संयुक्त राष्ट्र सुरक्षा परिषद में जुल्फिकार अली भुट्टो ने कहा, "हम हजार साल तक लड़ेंगे।" लेकिन अगले ही दिन 23 सितंबर को युद्ध-विराम घोषित कर दिया गया। राष्ट्रपति अयूब खान ने करीब एक दर्जन जनरलों और करीब 40 कर्नलों और ब्रिगेडियरों को सेना से हटा दिया। भारत के लिए यह संख्या इतनी बड़ी नहीं थी।

हमारे यहाँ तीन महावीर चक्र (विंग कमांडर डब्ल्यू. एम. गुडमैन, पी. पी. सिंह और स्क्वाड्रन लीडर पी. गौतम) और 40 वीर चक्र दिये गये। यहाँ कुछ ही लोगों का नाम दिया जाना संभव है, लेकिन सम्मानित होने वाले अन्य लोगों की उपलब्धि और साहस का प्रमाण कम नहीं था। इसके अलावा वीरता पुरस्कार पानेवाले लोगों के अतिरिक्त अन्य लोगों के योगदान से ही बड़े पैमाने पर काम किया जा सका।

एक युद्ध, जिसका नतीजा निर्णायक न रहा हो, वहाँ दावे और प्रतिदावे अतिशयोक्तिपूर्ण हो सकते हैं। भूभाग का नुकसान या फायदा तो करीब-करीब स्पष्ट होता है, लेकिन उपकरणों के नुकसान का अनुमान और सही आकलन नहीं हो सकता। इसकी कुछ कारण तो राष्ट्रीय गरिमा और प्रचार-मूल्य होते हैं और फिर सही आकलन की व्यावहारिक दिक्कतें भी हैं। ऐसा दूसरे देशों में भी होता है। कहा जाता है कि युद्ध का अतिरेकपूर्ण दावा आमतौर पर कार्रवाई में शामिल विमानों की वास्तविक संख्या के समानुपाती होता है, क्योंकि कई पॉयलट दुश्मन के विमानों पर फुर्ती से निशाना लगाते हैं और उनमें से प्रत्येक पॉयलट दावा करता है कि विमान गिर गया। द्वितीय विश्वयुद्ध के दौरान बिग-विंग ने दावा किया कि 57 जर्मन विमान गिराये गये, पर जर्मनी के रिकार्ड के अनुसार सिर्फ आठ हमलावर विमान वापस नहीं लौट सके।* पाकिस्तान ने दावा किया कि आकाश युद्ध, हवाई क्षेत्रों पर हमलों और दुश्मन के क्षेत्र में जमीन से साधे गये निशानों में करीब 110 विमान नष्ट हुए और 19 क्षतिग्रस्त हुए। यह उनका बेहद आशावादी आँकड़ा था और हमारे सिर्फ 35 विमान नष्ट हुए थे। भारत दावा करता है कि उसने पाकिस्तान के 73 विमान गिराये पर पाकिस्तान सिर्फ अपनी 20 मशीनों के नष्ट या क्षतिग्रस्त होने को स्वीकार करता है। यही मनोविज्ञान टैंक, बख्तरबंद गाड़ियों, तोपखाने और सैनिकों के नुकसान के बारे में भी काम करता है। भारतीय सेना का दावा है कि उसने 38 साबुत टैंक पकड़े और 471 को बेकार कर दिया। इन आँकड़ों पर बहस हो सकती है। लेकिन भारत ने इस बात के विवेकपूर्ण और निष्पक्ष प्रमाण दिये हैं कि पाकिस्तान के अस्तित्व को संकट में डालने का हमारा कोई इरादा नहीं है, हालाँकि पाकिस्तान ने इसी तरह का प्रचार किया।

* 'फाईटर' में लेन डाईटन द्वारा वर्णित–ट्रॉयड पैन्थर बुक्स लि. लन्दन, 1979, पृ. 240

1965 के युद्ध में हिस्सा लेने वाले एम. एम. सिन्हा का निजी अनुभव बताता है कि ये दावे और प्रतिदावे कितने गुमराह करनेवाले हो सकते हैं। 1969 में भारत और पाकिस्तान दोनों ने अपने अफसरों को इंग्लैंड के लैटिमर स्थित ज्वाइंट सर्विसेज स्टाफ कालेज भेजा था। एक शाम बॉर में पढ़ाई करने गया एक पाकिस्तानी अफसर मिलने आये एक अन्य पाकिस्तानी अधिकारी से बात कर रहा था। उसने गहरे संतोष के साथ पुराने दिनों की बात करते हुए कहा कि उसे 7 सितंबर, 1965 की सुबह पाकिस्तान के सरगोधा में हुई घटना याद आती है। उससे एक दिन पहले 6 सितंबर को पाकिस्तान ने भारत पर अपना विफल हवाई हमला शुरू किया था। भारत ने उस दिन सुबह साढ़े पाँच बजे मिस्टेयर-IV ए विमानों से सरगोधा पर हमला किया। वहाँ गश्त लगा रहे पाकिस्तानी वायुसेना के स्टार फाइटर एफ-104 विमानों ने छह में से दो को मार गिराया। स्क्वाड्रन लीडर जसबीर सिंह और देवैया मारे गये। उसने कहा कि अगला हमला हंटर से किया गया और उनमें से पाँच को स्क्वाड्रन लीडर आलम ने अकेले मार गिराया, जैसा कि जॉन फ्रिकर ने अपनी किताब 'बैटल फॉर पाकिस्तान' (अध्याय 1 : सरगोधा के ऊपर 30 सेकेंड) में लिखा है। उसी कोर्स में शामिल भारतीय अधिकारी ग्रुप कैप्टन एम. एम. सिन्हा ने उस बात को सुन लिया।

उन्होंने कहा, "ऐसा नहीं हुआ। आपने सिर्फ दो को गिराया था।"

पाकिस्तानी अधिकारी ने कहा, "बकवास। तुम्हें कैसे मालूम कि वास्तव में क्या हुआ था ?"

सिन्हा ने कहा, "मुझे मालूम है। मैंने उस हमले में हिस्सा लिया था। हमारे सिर्फ दो पॉयलट फ्लाइंग अफसर बराड़ और स्क्वाड्रन लीडर भागवत मारे गये थे। स्क्वाड्रन लीडर कक्कड़ को छतरी से नीचे उतरना पड़ा था, क्योंकि उनके विमान में कुछ गड़बड़ी हो गयी थी और वह ईंधन की कमी के कारण जल उठा था। बाद में वह युद्धबंदी हुए।" एम. एम. सिन्हा के इतना कहते ही वहाँ अजीब सन्नाटा छा गया। उन्होंने अपनी बात जारी रखी, "उस हमले बल्कि दोहरे हमले में शामिल बाकी लोग अभी जिंदा हैं। अगर तुम चैक करना चाहो तो मैं तुम्हें उनके पते दे सकता हूँ। उनमें से एक नाम विंग कमांडर ए. टी. आर. एच. ज़कारिया है, जो 7 स्क्वाड्रन के पूर्व कमांडिंग अफसर हैं और उनकी पत्नी अंग्रेज हैं जो यहीं इंग्लैंड में रहती हैं।"

मेरी डायरी में लिखा है

ताशकंद, तीन से 10 जनवरी, 1966। परिणाम ? बातचीत की औपचारिकताएँ सही तरीके से निभाई गयीं। हकीकत में भारत-पाक संबंध वहीं के वहीं रहे। भारत की क्षति—प्रधानमंत्री लालबहादुर शास्त्री।

हर स्थिति या तो बेहतरी या बदतरी की तरफ बढ़ती है। कोई चीज स्थिर नहीं रहती। लेकिन सुधार के लिए प्रयास की जरूरत होती है। भारतीय वायुसेना ने वह काम शुरू कर दिया। 1959 में भारतीय वायुसेना में सिर्फ 15 स्क्वाड्रन थे। 1962 के अंत तक उसकी स्वीकृत क्षमता 45 स्क्वाड्रन थी। लेकिन विस्तार में समय लगता है। 1965 के भारत-पाक युद्ध के बाद अमेरिका और ब्रिटेन ने जो सामान देने का वादा किया था, उसे रद्द कर दिया गया। देशी उत्पादन की जरूरत पर नये तरीके से विचार किया गया। लेकिन आधुनिक विमान बनाने के लिए किसी देश का बुनियादी ढाँचा तैयार रहना चाहिए। विकासशील देश में इसी प्रौद्योगिक तरक्की और संसाधन जुटाने में समय लगता है। इसी बीच बाहर से सप्लाई जारी रहनी चाहिए। इसलिए प्रयास जारी रहा। बाहर से विमान और अतिरिक्त पुर्जों का खरीदा जाना, सैनिकों को विमान उड़ाने और उनके रख-रखाव का प्रशिक्षण, कमान में आवश्यक समायोजन और संरचना पर नियंत्रण, नियोजन और नये अड्डे बनाये जाना या पहले से बने अड्डों का विस्तार और अन्य काम चल रहे थे।

एच. ए. एल. में बने दूसरे दर्जे के युद्धक विमान मिग-21 स्क्वाड्रन में शामिल होने लगे। एच. ए. एल. दो इंजनों के फैले पंखों वाले जेट-युद्धक विमान मारुत (एच एफ-24) का जोरशोर से उत्पादन करने लगा। सुखोई (एस-22) युद्धक-बमवर्षक खरीदे गये और भारतीय वायुसेना में मार्च 1968 में शामिल कर लिये गये। धीरे-धीरे वे पुराने लेकिन भरोसेमंद मिस्टेयर की जगह ले रहे थे।

विभाजन के समय से ही एक केंद्रीकृत वायुसेना अकादमी गठित करने की योजना पर चर्चा चल रही थी। उसे अंतर्राष्ट्रीय सीमा से दूर, यानी दक्षिण में स्थित होना था। लेकिन सरकार की प्राथमिकता-सूची में इसकी बारी कई साल बाद आयी। इसके लिए 1948 में तत्कालीन प्रशिक्षण निर्देशक द्वारा सर्वेक्षण शुरू किया गया था। परियोजना दिसंबर 1966 में अंतिम रूप से मंजूर हो पायी। सिकंदराबाद से 20 मील उत्तर-पश्चिम में डुंडीगल में पाँच हजार एकड़ जमीन अकादमी के लिए आबंटित की गयी। राष्ट्रपति जाकिर हुसैन ने 11 अक्तूबर, 1967 को उसका शिलान्यास किया। उसे बनने में तीन साल से कुछ ज्यादा समय लगा और आखिरकार 16 जनवरी, 1971 को उसका उद्घाटन किया गया। इसके पहले पुणे के खड़गफासला स्थित राष्ट्रीय रक्षा अकादमी में तीनों सेनाओं के असफर कैडेट के लोगों के शुरुआती प्रशिक्षण के बाद वायुसेना के फ्लाइंग ड्यूटी के अफसरों को दो धाराओं में बाँट दिया जाता था और ऐसा अब भी किया जाता है। युद्धक पॉयलटों का शुरुआती प्रशिक्षण जोधपुर में होता था, बीच का प्रशिक्षण अंबाला में हार्वर्ड पर होता था और उच्च प्रशिक्षण हैदराबाद के हकीमपेट में स्पिटफायर पर दिया जाता था। परिवहन पॉयलटों को हैदराबाद के ही बेगमपेट में प्रशिक्षित किया जाता था। बाद में हार्वर्ड प्रशिक्षण

कोठार ले जाया गया। लेकिन हर बार भारत और पाकिस्तान के रिश्ते पहले से ज्यादा तनावपूर्ण हो गये और लड़ाई की संभावना पैदा हो गयी। सीमा के पास स्थित प्रशिक्षण विद्यालय हटाये गये। सबसे स्वाभाविक उन्हें सीमा के पास से हटाना था, क्योंकि वहाँ पर सामरिक अड्डे की जरूरत थी। डुंडीगल में अकादमी स्थापित किये जाने के बाद यह आवश्यकता आखिरकार पूरी हो गयी। इसके अलावा 1962 के बाद वायुसेना के त्वरित विस्तार के उद्देश्य से विभिन्न कामों का जो प्रशिक्षण-काल घटाया गया था, उसकी भी समीक्षा की गयी, ताकि ज्यादा परिपूर्णता और क्षमता विकसित की जा सके। सभी शाखाओं के प्रशिक्षण में इसी तरह का परिर्वतन किया गया।

श्रेष्ठ हथियारों और उनके इस्तेमाल की तैयारी के कारण पाकिस्तान हमसे बेहतर स्थिति में था। उसने 1956 में सेबर जेट हासिल कर लिये थे और पेशावर, सरगोधा, चकलाला, कराची और कई अन्य अड्डों में, जहाँ से उन्हें उड़ान भरनी थी, सुधार कर लिया था। हमारे जेट और बड़े, भारी और तेज परिवहन विमानों को बाद में हासिल किया गया था, इसलिए उनके लिए पूर्वी और पश्चिमी सेक्टर में हवाई पट्टियों को चौड़ा और मजबूत किये जाने का काम अभी किया जाना था। लेह में पी. एस. पी. की हवाई पट्टी 1962 के युद्ध के दौरान ही ए एन-12 विमानों के बोझ से टूटने लगी थी। अक्तूबर 1963 तक एक स्थायी हवाई पट्टी तैयार हो गयी। नल (बीकानेर) और हरियाणा के सिरसा में विपथन हवाई पट्टी 1964 तक तैयार हो गयी। कश्मीर में अवंतीपुर तैयार था। राजस्थान के बाडमेर में उत्तरलाई वायुसेना अड्डा तैयार हो गया। इसी तरह जैसलमेर भी बन गया। कच्छ के रन की घटना के बाद भुज की हवाई पट्टी बढ़ाई गयी और उसमें सुधार किया गया। 1965 के युद्ध के बाद कार-निकोबार द्वीप की हवाई पट्टी की भी देखभाल की गयी। असम में कुंभीग्राम की तरफ भी उपयुक्त ध्यान दिया गया।

उड़ान भरने के लिए उपयुक्त हवाई पट्टियों के अलावा सामरिक रूप से असरदार होने के लिए हर विमान को जरूरत के मुताबिक कल-पुर्जे, हथियार और गोला-बारूद तैयार मिलने की जरूरत थी। भारत जैसे विशाल देश में एक केंद्रीय अड्डे से तमाम तरह की समस्याएँ और देरी हो सकती थी। इसलिए हवाई अड्डों के करीब डिपो या एअर स्टोर पार्क स्थापित करने आवश्यक थे।

भारत और पाकिस्तान की रक्षा और आक्रमण की अवधारणाओं में काफी फर्क था। इछोगिल नहर और सीमा के साथ संरक्षात्मक व्यवस्था के बाद उनकी मैगिनो लाइन थी और उसके काफी पीछे सीमा से दूर उनका मजबूत सैनिक जमावड़ा था। इसलिए पाकिस्तानी सैनिक अड्डों पर हमले के लिए भारतीय वायुसेना को काफी भीतर तक जाना पड़ता था। पाकिस्तान ने भारत से बहुत पहले सशक्त राडार

प्रणाली प्राप्त कर ली थी। लेकिन सतर्क नियोजन के सहारे सुरक्षा की युक्तिसंगत गुंजाइश के साथ हम इस समस्या को सुलटा ले गये। पाकिस्तान के विपरीत भारतीय हवाई अड्डे इस मान्यता के तहत सीमा के पास बनाये गये हैं कि आक्रमण ही सर्वश्रेष्ठ प्रतिरक्षा है। लेकिन 1965 में हमारे अग्रिम अड्डों पर भारतीय विमानों के लिए पक्के शरणस्थलों का अभाव था, जहाँ वे आराम से उतरें और अच्छी तरह छुप सकें। इसके अलावा हमें एक एकीकृत रक्षा-प्रणाली की जरूरत थी, जिसमें विमानभेदक तोपें, राडार, सिगनल यूनिटें, स्थिर, गतिशील और सतह से सतह पर मार करने वाली मिसाइलें हों। वास्तविक लड़ाई के दौरान हमने सुरक्षित जगहों पर उन सैनिकों के आराम की व्यवस्था भी कर रखी थी जो ड्यूटी पर नहीं होते थे। उस समय यह व्यवस्था चल सकती थी। आज अत्याधुनिक उपकरणों की पैनी निगाहें हृदयावरण को बेध देती हैं, शायद फालतू बना देती हैं। लेकिन हमारे जैसे विकासशील देश में जहाँ पारंपरिक हथियार और उपकरण हैं, यह विचार आज भी महत्त्वपूर्ण है। 3 दिसंबर, 1971 की शाम को यह सिद्ध भी हो गया। उस दिन इज़राइल की तर्ज़ पर हमारे कई अड्डों पर किये गये पाकिस्तानी हमले हमारे विमानों को कोई क्षति नहीं पहुँचा सके।

थलसेना, नौसेना और वायुसेना—ये तीनों हमारे देश की सैन्य-शक्ति के तीन आयाम हैं। ये सब एक साथ प्रादेशिक अखंडता के लिए सीधे जिम्मेदार हैं। यहाँ सहक्रियावाद का सिद्धांत लागू होता है। यानी इन तीनों की साझा कार्रवाई का उनकी अलग-अलग की गयी कार्रवाई से ज्यादा असर होता है। दो और दो हमेशा चार ही नहीं होते, बल्कि उससे ज्यादा भी होते हैं। अगर सेना के विभिन्न अंगों में सहयोग हो तो इससे हर अंग ज्यादा मजबूत हो जाता है और उनका कुल नतीजा अकेले प्राप्त किये गये नतीजे से बेहतर होता है। इसका दूसरा स्वाभाविक पहलू यह है कि अगर विभिन्न सेवाओं में आपसी प्रतिद्वंद्विता हो तो हर सेवा की संभावना घट जाती है। इस बात को वैसे ही निष्पक्ष रूप से स्वीकार करना चाहिए कि वायुसेना अपने स्वभाव—गति, गतिशीलता और फुर्ती—के कारण अन्य दोनों सेवाओं के प्रयास में भारी योगदान दे सकती है, जैसे यह भी मान्य तथ्य है कि यह अपने आप लड़ाई नहीं जीत सकती। युद्ध एक भयानक घटना है। यह जिस पैमाने पर विनाश और दुःख-दर्द पैदा करता है, उससे कोई भी व्यक्ति द्रवित हो सकता है। यह मान्यता हमारे काम, हमारी ड्यूटी को एक आनंद में बदल देती है। मई 1940 में द्वितीय विश्वयुद्ध के दौरान जर्मनी के लोग अर्डेन्स के सहारे आगे बढ़ रहे थे। उस समय मित्र राष्ट्रों की ओर से कोई हवाई हमला न होने से वे चकित थे। जर्मनों की सफलता में हवाई हमलों ने भारी योगदान दिया। अगर उनकी बिजली की गति से हो रही प्रगति को हिटलर ने स्वयं संगठित होने के लिए न रोका होता तो डनर्किक की

कहानी कुछ और ही होती। यह बात लिडैल हर्ट ने अपनी किताब 'द अदर साइड ऑफ द हिल' में लिखी है। (यह कहानी इस अभियान में शामिल जर्मन जनरलों के इंटरव्यू पर आधारित है।)

सेना के विभिन्न अंगों में सहयोग किस तरह कमाल दिखाता है और उसे सेना के विभिन्न स्तरों पर शुरू से ही किस तरह पैदा किया जाता है, इस पर चंद पंक्तियों में चर्चा नहीं की जा सकती और यहाँ उसके विस्तार में जाने की जरूरत भी नहीं है और न ही इसके महत्त्व और संभावनाओं पर जरूरत से ज्यादा जोर दिया जा सकता है।

एच. ए. एल. में

1965 के बाद के दौर में वक्त की जरूरत के मुताबिक भारतीय वायुसेना ने अपने विमानों के बेड़ों में सुधार, सैनिकों को उसके मुताबिक प्रशिक्षित करने, अड्डों को चलाने और अपनी कमान के ढाँचे को उसके मुताबिक समायोजित करने, राडार और संचार प्रणाली में सुधार करने का काम शुरू किया और उसे काफी हद तक पूरा भी किया। लक्ष्य था बेहतर प्रदर्शन ।

उस वक्त देश का लक्ष्य, रक्षा-उद्योग में खासतौर से अधिकाधिक आत्मनिर्भरता प्राप्त करना था। इसे प्राप्त करने के लिए एक कदम था सार्वजनिक क्षेत्र की इकाइयों को झकझोरना और 1966 में मुझे हिंदुस्तान एअरोनॉटिक्स लिमिटेड का प्रबंध निदेशक नियुक्त किया गया।

सार्वजनिक क्षेत्र की औद्योगिक इकाइयों की नौकरियाँ रक्षा-सेवाओं से काफी अलग होती हैं। रक्षा-सेवाओं में जहाँ काफी परेशानियाँ और जोखिम होते हैं, वहीं सरकार के कई ऐसे कानून होते हैं जो उन सेवाओं को सुरक्षा, समर्थन या सुविधा प्रदान करते हैं। उद्योग और व्यापार की चुनौतियाँ अलग होती हैं। उद्योगपति, चाहे वह निजी क्षेत्र का हो या सार्वजनिक क्षेत्र का, को तमाम दबावों के तहत काम करना पड़ता है। ट्रेड यूनियनों की जायज और नाजायज माँगों की सामूहिक सौदेबाजी की शक्ति बहुत महत्त्वपूर्ण होती है। फिर एक ओर वरिष्ठ नौकरशाहों का दबाव रहता है तो दूसरी ओर राजनेताओं का। इस काम में मुझे कई नयी चीजें सीखने का मौका मिला। इनमें श्रम कानून और न्यायाधिकरणों के समझौते प्रमुख हैं। समस्याओं से निपटने का काम उन पर नये सिरे से विचार करके ही किया जा सकता है।

हिंदुस्तान एअरोनॉटिक्स लिमिटेड की समस्याओं पर नये सिरे से विचार करने के लिए हमने अहमदाबाद के भारतीय प्रबन्धन संस्थान से एक मैनेजमेंट विशेषज्ञ को बुलाने और उसे किसी एक या हरेक क्षेत्र की गतिविधियों की जाँच करने और ऊपर से नीचे तक हर व्यक्ति से बातचीत की छूट देने का फैसला किया। यह काम हो

गया। इस काम को श्री बलदेव शर्मा ने अच्छी तरह पूरा किया। वे कारखाने की इस मंजिल से उस मंजिल तक, इस दफ्तर से उस दफ्तर तक बराबर चक्कर काटते रहे। यहाँ विस्तृत रपट दिये जाने का कोई औचित्य नहीं है, लेकिन एक घटना याद करने लायक है, हालाँकि उससे बड़े पदों पर बैठे लोग निश्चय ही खुश नहीं होंगे। जाँचकर्ता ने पाया कि मजदूर लोग अफसरों के मुकाबले काम के प्रति ज्यादा भावनात्मक लगाव और गर्व का अनुभव करते हैं। इसका एक स्वाभाविक कारण संभवतः यह था कि मजदूरों का एक फैक्टरी से दूसरी फैक्टरी, एक डिवीजन से दूसरे डिवीजन में तबादला नहीं किया जाता। वे जहाँ रहते हैं वहाँ अपनी जड़ें जमा लेते हैं और निश्चित रूप से उन्हें अपनी पहचान और तरक्की की जरूरत होती है। इसके विपरीत अधिकारी चलायमान होते हैं और एक कंपनी से दूसरी कंपनी में अच्छी संभावनाओं के लिए जाने को तैयार रहते हैं। नौकरी के प्रति उनका भावात्मक लगाव अपरिहार्य रूप से कम होता है।

हमने उत्पादन, वित्त और प्रशासन पर निगाह रखने के लिए एक नयी प्रणाली शुरू की, जिसको प्रबंधन सूचना-प्रणाली नाम दिया गया। एक तीन स्तरीय प्रबंधन-प्रणाली शुरू की गयी। इसमें बंगलूर कांप्लेक्स और मिग कांप्लेक्स के प्रबंधक निर्देशकों को शामिल किया गया। संयोग से मिग कांप्लेक्स की फैक्टरियाँ इंजन की कोरापुट (उड़ीसा) में, एअरफ्रेम की नासिक (महाराष्ट्र) में और एवियोनिक्स की हैदराबाद में हैं। बंगलूर कांप्लेक्स में पाँच उत्पादन इकाइयाँ हैं। हर एक की बागडोर एक महाप्रबंधक के हाथ में थी जो कांप्लेक्स के प्रबंध निर्देशक को अपनी रपट देते थे। कंपनी की तरफ से बने विमानों के लिए उपकरण बनाने, वातानुकूलन और दाबानुकूलन यूनिटें, अंडरकैरिज व सीटें बनाने की फैक्टरियाँ लगाने के लिए एक्ससरीज प्रोजेक्ट शुरू किया गया। इस परियोजना के तहत लखनऊ डिवीजन स्थापित किया गया। बेहतर ढंग से कार्यक्रम तय करने, मशीनों के प्रभावी उपयोग और सामानों के ज्यादा किफायती इस्तेमाल के लिए एक नयी उत्पादन नियोजन और नियंत्रण प्रणाली शुरू की गयी। इससे उत्पादकता बढ़ाने और लागत घटाने में मदद मिली। कंपनी 'लागत से ज्यादा' निवेदित भाव से 'नियत दाम के निवेदित भाव' की तरफ बढ़ने लगी। इस तरह वह लागत के प्रति ज्यादा सचेत हो सकी। 'लाभ केंद्र' की अवधारणा भी लागू की गयी।

पहली बार हम मुख्यालय के लोग कंपनी में सभी मान्यता प्राप्त ट्रेड यूनियनों से बात करने लगे। इसी तरह कर्मचारियों को प्रभावित करने वाली कंपनी की सभी नीतियों पर चर्चा होने लगी। इस तरह बातचीत में समन्वय हुआ तथा किसी समझौते पर पहुँचने में समय की कटौती भी हुई। वेतनमान में सुधार का पहला समझौता 1969 में एक साथ सभी यूनियनों से हुआ। उसमें महँगाई-भत्ते को उपभोक्ता

मूल्य-सूचकांक से जोड़ दिया गया, जो अपने में एक नयी बात थी।

1966-68 के दौरान भर्ती, तरक्की, अनुशासनात्मक कार्रवाई, आचरण और कंपनी के मानव-संसाधन को प्रभावित करनेवाले प्रबंधन के अन्य आयामों के बारे में कारपोरेट नीतियाँ बनाई गयीं। ग्रेड III या उससे ऊपर के कर्मचारियों के लिए सामान्य कंपनी कैडर लागू किया गया, ताकि तरक्की की संभावनाएँ बढ़ें और निष्पादन में गतिशीलता आये। 1968 में प्रशिक्षु प्रबंधकों के लिए एक स्टाफ कालेज स्थापित किया गया। हमने विदेशों से प्रतिभाशाली इंजीनियर भर्ती करने शुरू कर दिये। उन्हें परिरूप और उत्पादन इंजीनियरों का पद दिया गया। एक संशोधित प्रोत्साहन योजना शुरू की गयी।

इस बीच दिन-ब-दिन मिग-21 की उत्पादन-व्यवस्था में सुधार होता जा रहा था। हम बंगलूर में पुष्पक, कृषक, एच टी-2, किरन या एच जे टी 16 नैट, मारुत, एल्यूएट-III हेलीकॉप्टर और कानपुर डिवीजन में एच एस-748 बना रहे थे। भाग्य की विडंबना है कि मुझे अब एच एस-748 के संतोषजनक उत्पादन का श्रेय दिया जाता है। यह वही विमान है, जिस पर कृष्ण मेनन और मेरे बीच मतभेद हुआ था और जब वह सिर्फ काल्पनिक स्तर पर था, तो मैं उससे असहमत था। उस वक्त मैं वायुसेना से बाहर कर दिया गया था और अब एच. ए. एल. के चेयरमैन के रूप में अपने कार्यकाल के अंत में वायुसेना की अध्यक्षता के लिए वायु-सेनाध्यक्ष (चीफ ऑफ एअर स्टाफ) नियुक्त किया गया।

भाग–तीन

1971 का टकराव : तीसरा दौर

10 युद्ध की भूमिका

"उन्होंने हमला कर दिया", वायुसेना उपाध्यक्ष एअर मार्शल एच. एन. चटर्जी शुक्रवार 3 दिसंबर, 1971 को शाम 5.50 पर हमेशा की तरह वायुसेना मुख्यालय स्थित मेरे कार्यालय में खामोश तरीके से घुसते ही बोले। कुछ ही क्षणों में हवाई हमले के अलार्म ने सबको सतर्क कर दिया और जाड़े की उस शाम को भारत के ज्यादातर हिस्सों के साथ दिल्ली भी अँधेरे में डूब गयी।

इस तरह वह लड़ाई छिड़ गयी, जिसकी धमकी भारत को 1971 के शुरू से ही पाकिस्तानी राष्ट्रपति, मुख्य मार्शल लॉ प्रशासक, सेनाओं के सुप्रीम कमांडर, रक्षामंत्री और पाकिस्तानी थलसेना के कमांडर इन चीफ जनरल याह्या खान दे रहे थे। उन्होंने कहा कि यह 'अंतिम युद्ध' है, जिसके बाद भारत पाकिस्तान का कभी भी सामना करने का साहस नहीं कर सकेगा। यह 1965 में भुट्टो द्वारा की गयी घोषणा का दूसरा पहलू था। भुट्टो ने कहा था कि पाकिस्तान भारत से एक हजार साल तक लड़ेगा। इस बार के युद्ध में सिर्फ 14 दिनों में पाकिस्तानी सेनाएँ पराजित हुईं, उसके 90,000 से ज्यादा सैनिक युद्धबंदी बनाये गये और पूर्वी पाकिस्तान ने एक नये देश—बांग्ला देश—को जन्म दिया। भारत में 17 दिसंबर, 1971 को फिर बत्तियाँ जल उठीं।

बरसों बाद आज भी उस संकटग्रस्त समय की प्रमुख घटनाएँ हमारी स्मृति में अंकित हैं। मैं असम के दौरे पर था, तभी 26 मार्च, 1971 की शाम को जोरहाट में मुझे पूर्वी पाकिस्तान में जन-विद्रोह की खबर मिली। उस दिन देर रात को दिल्ली लौटते हुए जब हम ब्रह्मपुत्र और हिमालय की नीची पहाड़ियों के ऊपर से उड़ रहे थे तो हमने उत्तरी बंगाल के मैदानों के ऊपर एक तूफान उठते हुए देखा, जो पूर्वी पाकिस्तान के दक्षिणी इलाके तक फैला हुआ था। बिजली की कौंध से बादल जल

उठते थे और उनकी गर्जन आकाश में सुनाई पड़ती थी। यह दृश्य पूर्वी पाकिस्तान में घट रही घटनाओं का प्रतीक था। अगली सुबह प्रधानमंत्री इंदिरा गांधी, रक्षामंत्री जगजीवन राम और सेनाध्यक्षों की बैठक प्रधानमंत्री कार्यालय में हुई। प्रधानमंत्री ने पूर्वी पाकिस्तान की मौजूदा स्थिति की जानकारी माँगी, जो उन्हें दी गयी। इसमें ज्यादातर बातें तो सार्वजनिक जानकारी में थीं। उस प्रांत में दिसंबर 1969 में हुए राष्ट्रीय असेंबली के चुनाव के बाद से ही पाकिस्तानी सेना तैनात की गयी थी। वह पाकिस्तान में अपनी तरह का पहला चुनाव था। उस चुनाव में शेख मुजीबुर रहमान और उनकी पार्टी अवामी लीग ने पूर्वी पाकिस्तान की 169 में से 167 सीटों पर कब्जा कर लिया था, जबकि जुल्फिकार अली भुट्टो की पाकिस्तान पीपुल्स पार्टी को पश्चिमी पाकिस्तान से 144 में से 88 सीटें मिली थीं। (6 सीटें महिलाओं के लिए आरक्षित थीं)। अवामी लीग और उसके बंगाली समर्थक उत्सुकता से उस दिन का इंतजार कर रहे थे, जब देश की बागडोर उनके हाथों में होती। यह अवसर न दिये जाने पर उनमें असंतोष था और ढाका व पूर्वी पाकिस्तान में अन्य जगहों पर गड़बड़ियाँ चल रही थीं। सरकार इसे नियंत्रित करने के लिए इस इलाके में ज्यादा सेनाएँ तैनात कर रही थी और प्रमुख शहरों में मजबूत अड्डे बना रही थी। मार्च की शुरुआत तक यह जाहिर हो गया था कि शेख के प्रति याह्या खान का रवैया सख्त हो रहा है और इस मामले में उन्हें भुट्टो का समर्थन हासिल है। 25 मार्च को जितने क्रूर तरीके से बंगाली असंतोष को दबाने की कोशिश की गयी, वह हैरत में डालने वाली घटना थी।

इंडियन एअरलाइंस के विमान एफ-27 का अपहरण कर लाहौर ले जाये जाने के बाद 30 जनवरी, 1971 से भारत के ऊपर से पाकिस्तानी एअरलाइंस की उड़ान बंद कर दी गयी थी। इससे पूर्वी पाकिस्तान में सैनिक तैनात किये जाने में बाधा आयी। भुट्टो ने एक जश्न के बीच भारतीय विमान के विध्वंस की निगरानी की और फिर उस घटना को टेलीविजन पर भी दिखाया गया, ताकि जो लोग उस वक्त वहाँ मौजूद नहीं थे, वे भी उसका आनंद ले सकें। उसके बाद पाकिस्तानी एअरलाइंस की भारत के ऊपर से उड़ान बंद कर दी गयी और पूर्वी पाकिस्तान में संचार या तो समुद्र मार्ग से होने लगा या वायुमार्ग से श्रीलंका होते हुए। पाकिस्तान की यह गतिविधि काफी प्रत्यक्ष थी और प्रेस में इसकी नियमित रपट आती थी। इससे पश्चिमी पाकिस्तान से पूर्वी पाकिस्तान जा रहे लोगों की संख्या का अनुमान लगाना अपेक्षाकृत आसान हो गया। हालाँकि पूर्वी पाकिस्तान में सेना की तैनाती स्पष्ट थी, पर उस प्रांत से भारत को कोई तात्कालिक खतरा नहीं था। हम ज्यादा से ज्यादा यही कर सकते थे कि इंतजार करें और स्थितियों में हो रहे परिवर्तन को देखें।

उस वक्त कार्रवाई को लेकर भारत में जनमत बँटा हुआ था। हालाँकि हर

व्यक्ति पाकिस्तान सरकार के उस रवैए की निंदा कर रहा था, जिस तरह से वह अपने ही नागरिकों को प्रताड़ित कर रही थी, लेकिन कुछ लोग ऐसे थे जिनका कहना था कि भारत पूर्वी पाकिस्तान की गड़बड़ी का फायदा उठाते हुए उस इलाके को सैन्य दृष्टिकोण से निष्प्रभावी कर दे। स्वाभाविक रूप से इस कदम को दूसरे देश के आंतरिक मामलों में हस्तक्षेप माना जाता और हमारी सरकार ऐसा करने के पक्ष में नहीं थी। सरकारी रवैया यह था कि पाकिस्तान खुद अपने विवाद का राजनैतिक हल ढूँढ़े। लेकिन उससे चिंता बढ़ गयी और आखिरकार हिंदू और मुसलमान दोनों समुदाय के बंगालियों पर बढ़ते जुल्म और उनके भागकर भारत में पनाह लेते जाने से खतरे की घंटी बज गयी। जुलाई तक अंतर्राष्ट्रीय सीमा के भारतीय छोर पर 70 लाख बंगाली पहुँच चुके थे। पूर्वी पाकिस्तान के बारे में हमारी जानकारी के अनुसार हमारी प्रधानमंत्री की अपील का याह्या खान और उनकी सरकार पर कोई असर नहीं पड़ा। पाकिस्तानी लेखकों के मुताबिक वहाँ यह माना जा रहा था कि बंगाली आंदोलन की कमर तोड़ दी गयी है और जल्दी ही पश्चिमी पाकिस्तान की शर्तों पर पूर्वी पाकिस्तान में शांति कायम कर ली जायेगी। इस बीच भारत में शरणार्थियों का रेला लगा रहा।

जुलाई 1971 में मैं पूर्वी पाकिस्तान की पूर्वी सीमा से सटे राज्य त्रिपुरा की राजधानी अगरतला गया। वायु-मार्ग अंतर्राष्ट्रीय सीमा के साथ-साथ गुजरता था। आसपास हर चीज बिल्कुल साफ दिखाई पड़ रही थी। पूर्वी पाकिस्तान की ओर करीब 200 किलोमीटर तक एक भी झोंपड़ी सलामत नहीं बची थी। उनमें से ज्यादातर जलाकर राख कर दी गयी थीं और कुछ को उस दिन भी जलाया जा रहा था। यह बात नीचे उठ रहे धुएँ और लपटों से साफ थी। अगरतला में हवाई अड्डे से शहर तक सड़क के किनारे शरणार्थियों की कतारें थीं।

हालाँकि मूल रूप से यह नागरिक प्रशासन की समस्या थी, लेकिन शरणार्थियों के रेले ने कई अन्य तरह की दिक्कतें पैदा कर दी थीं, जिसके लिए सेना की मदद जरूरी हो गयी। सीमा-सुरक्षा बल की मदद के लिए सेना बुलाई गयी और जिन इलाकों में शिविरों में शरणार्थी रखे गये थे, वहाँ रसद पहुँचाने के लिए अक्सर वायुसेना की मदद ली जाती थी। इसी के साथ शरणार्थियों के स्वयंसेवकों से गठित मुक्तिवाहिनी बांग्लादेश की अंतरिम सरकार के निर्देशों पर सक्रिय हो रही थी। प्रारंभ में पूर्वी पाकिस्तान में पाकिस्तानी सेना के सामने मुक्तिवाहिनी कुछ उपद्रव जैसा ही करने की स्थिति में थी, लेकिन धीरे-धीरे इसकी ताकत बढ़ी, प्रशिक्षण में सुधार हुआ और अनुभव बढ़ने के साथ पाकिस्तानी सेना पर उसका दबाव दिखाई पड़ने लगा। जुलाई 1971 के अंत तक मुक्तिवाहिनी ने पाकिस्तान के लिए दिक्कतें खड़ी करना शुरू कर दिया।

उस महीने की 31 तारीख को याह्या खान ने भारत को चेतावनी दी की पूर्ण

युद्ध सन्निकट है। पाकिस्तानी सरकार और याह्या खान के हर ऐलान में भारत पर आरोप लगाया जाता था कि वह पाकिस्तान की वैधानिक सरकार के खिलाफ मुक्तिवाहिनी को उकसा रहा है। पाकिस्तान के सैनिक शासक भारत की प्रधानमंत्री और विदेशमंत्री सरदार स्वर्ण सिंह के बार-बार दिये गये इस बयान पर बिलकुल यकीन नहीं कर रहे थे कि भारत की पाकिस्तान के किसी हिस्से पर कब्जा करने की कोई इच्छा नहीं है और पाकिस्तान की परेशानी उसकी अपनी पैदा की गयी परेशानी है। लेकिन भारत के प्रति पाकिस्तानी शासकों में इतना विद्वेष भरा हुआ था कि वे अपनी परेशानियों के लिए कोई और कारण देख ही नहीं पा रहे थे।

जैसे-जैसे पूर्वी पाकिस्तान में मुक्तिवाहिनी का हस्तक्षेप गंभीर होता गया, याह्या खान की भारत विरोधी धमकियाँ बढ़ती गयीं। वे जब भी प्रेस से बात करते या कोई भी ऐलान करते, भारत को युद्ध की धमकी दे देते। अक्तूबर तक वे भारत पर आरोप लगाते रहे कि वह पाकिस्तान पर हमला करने के लिए व्यग्रता से सैनिक तैयारी कर रहा है। कभी वे दोनों देशों में मतभेद दूर करने के लिए मध्यस्थता की बात करते। उसी दौरान पूर्वी पाकिस्तान में पाकिस्तानी सेना स्थानीय जनता के प्रति लगातार निर्मम होती जा रही थी। तब-तब वे मुक्तिवाहिनी का बढ़ाव रोकने के लिए बख्तरबंद गाड़ियों और विमानों का इस्तेमाल करने लगे।

नवंबर के मध्य तक पाकिस्तान की सैन्य गतिविधियाँ इतनी तेज हो गयीं कि उनके विमान अक्सर सीमा पार कर भारत में घुस आते थे। जब इस मामले में राजनयिक प्रयास कारगर नहीं हो सके तो भारतीय सेना और वायुसेना ने मामले को दुरुस्त करने का जिम्मा लिया। भारत के इस सुधार-अभियान का सबसे जबरदस्त प्रदर्शन 22 नवंबर को उस समय हुआ जब भारतीय वायुसेना के नैट विमानों ने कलकत्ता से उत्तर-पूर्व कुछ किलोमीटर दूर भारतीय सीमा में बोयरा के ऊपर पाकिस्तानी वायुसेना के तीन सेबर विमान मार गिराये। दो पॉयलटों को जिंदा पकड़ लिया गया और लपटों में घिरे एक विमान का पॉयलट आखिरी बार पूर्वी पाकिस्तान में घुसते देखा गया। इस घटना ने इस बात के पर्याप्त सबूत दिये कि पाकिस्तानी सेना किस तरह अपने नागरिकों का दमन करने में अंतर्राष्ट्रीय सीमा का उल्लंघन कर रहा था। उसके लिए माफी माँगने के बजाय याह्या खान ने ऐलान किया कि वे दस दिनों के भीतर भारत से जंग करेंगे और उन्होंने अपना कहा कर डाला।

3 दिसंबर, 1971 को शाम 5.40 से 5.45 के बीच पाँच मिनट के दौरान पाकिस्तानी वायुसेना के विमानों ने एक साथ भारतीय वायुसेना के सात हवाई क्षेत्रों (श्रीनगर, अवंतीपुर, पठानकोट, उत्तरलाई, जोधपुर, अंबाला और आगरा) और पश्चिमी सीमा के एक रॉडार स्टेशन पर हमले किये और करीब उसी समय

पाकिस्तानी तोपों ने कश्मीर और पंजाब में बमबारी शुरू कर दी। 'अंतिम युद्ध' शुरू हो गया।

विगत वर्षों के सबक

पश्चिमी मोर्चे पर पूरी तरह से युद्ध छेड़कर पाकिस्तानी सैनिक शासक अपने इस दृढ़ विश्वास को क्रियान्वित कर रहे थे कि पूर्वी पाकिस्तान की रक्षा पश्चिम में की गयी इस कार्रवाई से हो सकती है। दिसंबर 1971 तक पाकिस्तान ने यह सिद्धांत लागू कर दिया, ताकि वह भारत को पूर्वी पाकिस्तान और भारत के बीच अंतर्राष्ट्रीय सीमा स्थित अड्डों से मुक्तिवाहिनी की गतिविधियाँ बंद कर दे। पूर्वी प्रांत में उठ रही बगावत का राजनैतिक समाधान ढूँढ़ने के बजाय याह्या खान ने उसे सेना के माध्यम से दबाने की कोशिश की। इससे पहले के सैनिक तानाशाह ने एक अन्य संदर्भ में कहा था कि अगर 'भाषा के हथियारों' से बात नहीं बनेगी तो हम 'हथियारों की भाषा' से समझाएँगे। अयूब खान तो अपने इस मुहावरे को क्रूर यथार्थ में बदलते देखने के लिए जिंदा नहीं रह पाये, लेकिन याह्या खान ने उसे कर दिखाया। अपने गृहयुद्ध का दोष भारत के मत्थे मढ़कर पाकिस्तान ने भारत को सबक सिखाने के लिए 'अंतिम युद्ध' छेड़ दिया।

पश्चिम में युद्ध छेड़कर पूर्व को बचाने की अवधारणा 1965 के अनुभव से पैदा हुई थी। उस समय कश्मीर को भारत से छीनने के पाकिस्तानी प्रयास पर भारत ने बिखरी प्रतिक्रिया व्यक्त की थी। तब युद्ध पश्चिमी क्षेत्र में ही सीमित था और भारत ने पूर्वी पाकिस्तान पर कोई कार्रवाई नहीं की। पाकिस्तानी सैनिक योजनाकारों ने भारत के उस संकेत का गलत अर्थ लगाया। उन्होंने उस युद्ध के लचर सबूतों के आधार पर निष्कर्ष निकाला कि भारतीय सेना पाकिस्तान की कोई बराबरी नहीं कर सकती और पाकिस्तानी वायुसेना अपनी उपलब्धियों पर नाज़ करने लगी। इस मिथ्याभिमान को टिप्पणीकारों, जुल्फिकार अली भुट्टो जैसे पाकिस्तानी नेताओं और पाकिस्तानी वायुसेना के पूर्व अध्यक्ष एअर मार्शल असगर खान ने बढ़ावा दिया। असगर खान ने 1965 में पाकिस्तान की पराजय का दोष राष्ट्रपति अयूब खान के मत्थे मढ़ते हुए सेना के प्रदर्शन की तारीफ की थी।

उन्होंने पाकिस्तानी सेना की अपराजेयता का जो मिथक पैदा किया, उसने नेताओं द्वारा भारत के प्रति फैलाये गये विद्वेष के साथ मिलकर ऐसी स्थिति पैदा कर दी जिसमें यथार्थ की पूरी तरह उपेक्षा की गयी और 1971 में याह्या खान और उनके लोगों ने इसीलिए ऐसा आचरण किया। यह उनके और उनके देश दोनों के लिए दुर्भाग्यपूर्ण रहा कि उन लोगों ने सिर्फ अपने प्रचार पर विश्वास किया।

उसी तरह अगर हम भारत के लोग यह मान लें कि 14 दिन के उस युद्ध ने

हमारी सैनिक श्रेष्ठता सदा के लिए स्थापित कर दी तो यह हमारे लिए घातक होगा और हम उसी तरह अपराजेयता के जाल में फँस जायेंगे, जिस तरह हमारे पूर्व हमवतनी फँस गये थे। तथ्य यह है कि ऐसी चीजें जिन सैनिक स्थितियों और राजनैतिक परिवेश से पैदा होती हैं, वे लगातार बदलती रहती हैं जो बात कल उपयुक्त और प्रभावशाली थी वह आज या आने वाले कल तक नहीं रह जायेगी। इसलिए नयी समस्याओं का समाधान ढूँढ़ने में हमें अपने अनुभव का सहारा लेना चाहिए, जिसका अर्थ है कि हमें अपनी गलतियों से सीखना चाहिए।

इस स्थिति में

भारत में हाईकमान के ढाँचे के विकास को याद करना उपयोगी हो सकता है। किसी तर्कसम्मत गतिविधि की सबसे महत्त्वपूर्ण चीज उसका उद्देश्य, उसे पाने के तरीके उन तरीकों को जुटाने के उपाय और किसी की क्षमताओं और सीमाओं के यथार्थवादी आकलन की जानकारी होना है। सैनिक संदर्भ में इसका मतलब है कि एक उच्च कमान संगठन होना चाहिए, जो हमारी व्यवस्था में अपने उद्देश्य के लिए नागरिक प्रशासन से निर्देश लेता है और उसे क्षेत्र में तैनात कमांडरों के दिशा-निर्देश के लिए सामरिक आदेश में परिवर्तित करता है। फिर यह उनकी जिम्मेदारी बन जाती है कि उन्हें दिया गया काम पूरा किया गया या नहीं। आजादी के पहले इस तरह के नीतिगत निर्देश लंदन से भारतीय सेनाओं के कमांडर-इन-चीफ के लिए आते थे। आधुनिक शब्दावली में उन्हें थिएटर कमांडर कह सकते हैं। इसके अलावा वे भारतीय सेनाओं के कार्यकारी अध्यक्ष होते थे।

वह औपनिवेशिक व्यवस्था आजादी के साथ बदल गयी। पंडित नेहरू की व्यापक दृष्टि और उनके प्रारंभिक मंत्रिमंडलीय सहयोगियों का शुक्रगुजार होना चाहिए कि उन्होंने लार्ड माउंटबेटन और इस्मे की सलाह पर कुछ स्थानीय संशोधनों के साथ हाईकमान की अंग्रेजी पद्धति अपना ली। यह पद्धति उस सिद्धांत पर आधारित थी कि तीनों सेनाओं—थलसेना, नौसेना और वायुसेना—का देश की रक्षा में बराबर का महत्त्वपूर्ण योगदान है और यह स्वयंसिद्ध है कि वह एक साथ मिलकर काम करें। सरकार के प्रमुख सैनिक सलाहकारों के तौर पर तीनों सेनाओं के अध्यक्षों की चीफ ऑफ स्टाफ कमेटी में नियमित मुलाकात होनी थी, जहाँ वे एक साथ सैनिक महत्त्व के मसलों पर विचार करते। अंग्रेजी पद्धति से अलग हटकर हर सेनाध्यक्ष को अपनी सेवा की सामरिक तैनाती के लिए जिम्मेदार बनाया गया। इस हैसियत में तीनों सेनाध्यक्षों को संपूर्ण सैन्य वातावरण और प्रत्येक सेना की क्षमताओं और सीमाओं का ध्यान रखते हुए संयुक्त और व्यक्तिगत रूप से रक्षा-योजना तैयार करनी थी। तीनों सेवाओं के समान स्तर और स्वायत्तता पर जोर देने के लिए चीफ ऑफ स्टाफ कमेटी

की अध्यक्षता उस व्यक्ति को दी जाती थी, जो सबसे लंबे समय से अपनी सेवा का अध्यक्ष हो। इस मायने में उसके रैंक या संबंधित सेवा के आकार पर ध्यान नहीं दिया जाता था। इसके अलावा अध्यक्षों और उनकी सेवाओं में घनिष्ठ संबंध का उद्देश्य कैबिनेट सचिवालय के सैन्य प्रकोष्ठ के अंतरसेवा स्टाफ में परिलक्षित होता था। यह उनके मामलों को देखता था। हमारी हायर कमान की व्यवस्था को विधिवत् चलाने के लिए आत्मनिर्भरता और समानता के ये बुनियादी सिद्धांत जरूरी हैं। हम उनकी उपेक्षा अपने जोखिम पर ही कर सकते हैं।

भारतीय वायुसेना के शुरुआती अध्यक्ष इस अवधारणा को स्पष्ट तरीके समझते थे और यह बात उनके दिमाग में दृढ़ता से जमी हुई थी। इनमें से पहले तीन रॉयल वायुसेना के वरिष्ठ अधिकारी थे, जिन्हें उस अंग्रेजी कमान संगठन कार्यप्रणाली की निजी जानकारी थी, जिसकी वजह से दूसरा विश्वयुद्ध जीतने में मदद मिली। उनके भारतीय उत्तराधिकारियों को यह बात समझ में आ गयी और वे उसी तरह से सोचते और काम करते रहे। रॉयल वायुसेना और भारतीय वायुसेना के उन अधिकारियों में से हर व्यक्ति ने वायुसेना को अपना अनोखा योगदान दिया। उन सभी लोगों ने अपने काम में इस अहम् आवश्यकता का बोध पैदा किया कि तीनों सेनाओं का एक साथ काम करना जरूरी है।

एअर मार्शल सर थामस एल्महर्स्ट 1947-48 के कश्मीर-अभियान के दौरान वायु सेनाध्यक्ष थे। उन दिनों चीफ ऑफ स्टाफ कमेटी और कैबिनेट सचिवालय के सहायक संगठन नवजात अवस्था में थे। इसलिए एअर मार्शल एल्महर्स्ट ने उन्हें स्थापित किया और कश्मीर घाटी में विमान से सेना और सैनिक आपूर्ति पहुँचाने के काम को संभव करने के लिए अंतरसेवा कमेटी का काम स्वयं सँभाला। भारतीय वायुसेना की नवगठित डकोटा स्क्वाड्रन हालाँकि उस समय शिक्षण ही प्राप्त कर रही थी, पर उसे नागरिक एअरलाइंस के साथ काम पर लगा दिया गया। श्रीनगर में जल्दी में बनाये गये कामचलाऊ अड्डे पर उतरकर उन्होंने सेना के लिए यह संभव बनाया कि वह पाकिस्तानी घुसपैठियों से सेना की रक्षा कर सके। इसी तरह लद्दाख की रक्षा के लिए लेह में सेना पहुँचायी गयी और पुंछ में पहुँचाकर पाकिस्तानियों का जम्मू की तरफ बढ़ना रोका गया। भारतीय वायुसेना के युद्धक स्क्वाड्रन ने पूरे कश्मीर-अभियान के दौरान सेना को सघन मदद पहुँचायी। नतीजतन जम्मू-कश्मीर राज्य को हड़पने के पहले प्रयास में पाकिस्तान नाकाम रहा। हालाँकि राज्य के कुछ हिस्सों पर उसने कब्जा कर लिया, पर उसका ज्यादातर हिस्सा भारतीय संघ के साथ बरकरार रहा। यह इस बात का सबूत है कि उन शुरुआती दिनों में सेना और वायुसेना ने घनिष्ठ और प्रभावी तालमेल बनाया था।

लेकिन जब 1962 में चीन से लड़ाई हुई तो लगा कि वायुसेना में युद्धक और

हमलावर तत्त्व हैं ही नहीं। उस मौके पर वायुसेना को सेना के इरादों की कोई जानकारी ही नहीं थी। उसे मालूम नहीं था कि उत्तरी और उत्तर-पूर्वी सीमा पर आये इतने जबर्दस्त खतरे से निपटने के लिए सेना क्या करने जा रही है। जैसा कि बाद में पता भी चला कि उस समय चीफ ऑफ स्टाफ कमेटी ने काम ही करना बंद कर दिया था। तत्कालीन रक्षामंत्री वी. के. कृष्ण मेनन ने सेना की कमान और चीन के खिलाफ युद्ध निर्देशों की सारी ताकत अपने हाथ में ले ली थी। वायुसेना और नागरिक एअरलाइन से सिर्फ सैनिकों और सामान को पहुँचाने के लिए कहा गया और यह काम उन्होंने अच्छे ढंग से किया। उस समय इस संभावना की भी उपेक्षा कर दी गयी कि सेना की लड़ाई में वायुसेना सहायक भी हो सकती है।

वायुसेना चीनी हमले का मुकाबला कर पाती या नहीं, यह कहना मुश्किल है। उल्लेखनीय बात यह है कि 1962 में हमारी क्षमताओं का निम्नस्तरीय प्रदर्शन हुआ। इसका बड़ा कारण यह था कि एक अत्यंत आत्मविश्वासी रक्षामंत्री ने स्वयं युद्ध को संचालित करने का फैसला लिया और तीनों सेनाओं के अध्यक्षों के मशविरे, सुझाव और सहायता के बिना जल्दबाजी में एक साथ सेना को युद्ध में झोंक दिया। फलस्वरूप उस समय के वायु सेनाध्यक्ष एअर मार्शल ए. एम. इंजीनियर बेहद कुंठित हुए।

यही कहानी कुछ भिन्न स्थितियों में 1965 भी दोहराई गयी। हालाँकि कृष्ण मेनन को रक्षा मंत्रालय से हटाये तब तीन साल बीत गये थे। उस समय रक्षामंत्री वाई. वी. चव्हाण एक सशक्त व्यक्ति थे और खामोश रहकर काम करने में भरोसा रखते थे। उन्होंने सेना में संवैधानिक व्यवस्था लागू की और सेनाध्यक्षों को उनके पद के अनुसार महत्त्व और सहायता देने का माहौल बनाया। इस बार एक अन्य दबंग व्यक्तित्व जनरल जे. एन. चौधरी का नेतृत्व था। वे थल-सेनाध्यक्ष और चीफ ऑफ स्टाफ कमेटी के चेयरमैन थे। लंबे, सुन्दर, बाँके व्यक्तित्व वाले श्री चौधरी इंग्लैंड में पढ़े थे और उन्होंने सेना के लिए सैंडहर्स्ट में प्रशिक्षण प्राप्त किया था। वे द्वितीय विश्वयुद्ध के अनुभवी थे। अच्छी तरह पढ़े-लिखे। खूब घूमने और खाने, पहनने और रहन-सहन के मामले में बेहद परिष्कृत रुचियों वाले व्यक्ति थे। मजाकिया, बातूनी, खुशमिजाज और अपनी योग्यताओं में पूरा भरोसा रखने वाले। संगीत में भी उनकी गहरी रुचि थी। 1947 में उन्होंने हैदराबाद रियासत को और दिसंबर 1961 में गोवा को भारत में मिलानेवाले सैनिक अभियान का नेतृत्व किया था। 1962 तक ऐसा लगता था जैसे कृष्ण मेनन उन्हें सर्वोच्च सैनिक पद नहीं देंगे। लेकिन चीनी हमले ने उनकी उसी तरह मदद की, जैसे मेरी की थी। कृष्ण मेनन के साथ जनरल पी. एन. थापर भी हटाये गये थे। चीनी हमले के समय भारतीय थलसेना का अध्यक्ष होने का दुर्भाग्य उन्हें ही प्राप्त था। जनरल चौधरी अपनी सफलताओं के रिकार्ड और

प्रभावशाली व्यक्तित्व के कारण सेना के मनोबल और देश के भविष्य को पुनर्जीवित करनेवाले व्यक्ति के रूप में इस काम के लिए चुने गये। थलसेना अध्यक्ष बनने के तुरंत बाद वे चीफ ऑफ स्टाफ कमेटी के चेयरमैन भी बने। उसी दौरान एअर मार्शल इंजीनियर की जगह पर एअर मार्शल अर्जन सिंह वायुसेनाध्यक्ष और एडमिरल आर. डी. कटारी की जगह पर वाइस एडमिरल वी. एस. सोमन नौसेनाध्यक्ष बनाये गये।

अन्य दो नौसेनाध्यक्षों के मुकावले जनरल चौधरी का कार्यकाल काफी लम्बा था। 57 साल की अपनी उम्र को वे बहुत हल्के तरीके से लेते थे। (वे 1908 में पैदा हुए थे) एअर मार्शल अर्जन सिंह उनसे उम्र में बहुत छोटे थे। वे द्वितीय विश्वयुद्ध शुरू होने से पहले भर्ती किये गये थे। युद्ध के समय उन्होंने क्रैनवल में प्रशिक्षण पाया और 1940 में कमीशन प्राप्त किया। जनरल चौधरी वायुसेना और वायुसेनाध्यक्ष सहित उसके हर व्यक्ति को कमतर और अनुभवहीन मानते थे और उन्हें गंभीरता से नहीं लेते थे। युद्ध के समय भी उपयोगी भूमिका निभा सकनेवाली वायुसेना की क्षमता को गंभीरता से नहीं लिया गया। जो भी हो, पर सेना और वायुसेना को अपने विस्तार, संरचनात्मक पुनर्गठन और उत्तर-पूर्वी सीमा पर चीन का मुकाबला करने की तैयारी के लिए बहुत कुछ करना था। सेना ने कई पहाड़ी डिवीजन खड़े किये, जो हिमालय में लड़ने के लिए प्रशिक्षित और हथियारों से सुसज्जित किये गये थे, जबकि वायुसेना ने 15 से 45 सांग्रामिक स्क्वाड्रन खड़ी करने की तैयारी शुरू कर दी। पूर्वी सीमा की देखभाल के लिए पूर्व में शिलांग में एक नया कमान मुख्यालय स्थापित किया गया। इसके अलावा असम, उत्तरी बंगाल और बिहार में सामरिक अड्डे और एक राडार—अग्रिम चेतावनी और संचार-प्रणाली कायम की गयी। तेज और ज्यादा आधुनिक विमानों की भी जरूरत थी। 1964 में वायुसेना ने स्क्वाड्रन के कामों में मिग-21 को शामिल करना शुरू कर दिया था। पूर्वी क्षेत्र के हवाई अड्डे और मिग-21 कृष्ण मेनन के जमाने की विरासत थे। हवाई अड्डे इसलिए कि कृष्ण मेनन ने अपने कार्यकाल में यह साबित कर दिया था कि उस इलाके में हम चीन के सामने कितने भेद्य हैं और मिग इसलिए कि उन्होंने जोर देकर कहा था—कोई और विमान खरीदने के बजाय मिग का भारत में ही निर्माण किया जाये। जैसा कि हम बाद में देखेंगे, 1971 के युद्ध के लिए वायुसेना उनकी बहुत शुक्रगुजार है।

1962 तक पाकिस्तान को ही संभावित हमलावर माना जाता था और वह भी जम्मू-कश्मीर और पंजाब में। लेकिन चीन ने इस खतरे में एक नया आयाम जोड़ दिया। 50 के दशक की शुरुआत में चीन एक मित्रशक्ति माना जाता था और 'हिंदी-चीनी भाई-भाई' के नारे लगते थे। 10 साल बाद सीमांकन के सवाल पर भारत के प्रति बढ़ी चीन की शत्रुता ने इस उक्ति को सही साबित कर दिया कि राष्ट्रों में

स्थायी मित्र नहीं होते, बल्कि स्थायी हित होते हैं और ज्यादा दिन नहीं बीते, यह बात भी सच निकली कि शत्रु का शत्रु तुम्हारा मित्र होता है। पाकिस्तान ने बहुत पहले साम्यवाद, यहाँ तक कि चीनी साम्यवाद के दृढ़ विरोध की शपथ ली थी और इसी कारण अमेरिका ने उसे दिल खोलकर सैनिक और आर्थिक मदद दी थी। लेकिन चीन-भारत-युद्ध के कुछ हफ्तों के भीतर ही पाकिस्तान चीन से दोस्ताना संबंध बना रहा था। इसी के चलते पाक-अधिकृत कश्मीर के हुंजा इलाके में कुछ भूभाग पर चीनी दावा तुरंत मान लिया गया। बदले में चीन ने सिक्यांग से पाकिस्तान तक कराकोरम मार्ग बनाने में मदद की। इस वक्त तक भुट्टो के सितारे बुलंदी पर थे और उन्होंने यह प्रस्ताव तैयार किया कि पाकिस्तान को बढ़त हासिल करने के लिए किसी और शक्ति की सहायता लेनी चाहिए; और चीनियों ने उनकी यह इच्छा पूरी कर दी।

लगता है, पश्च दृष्टि के कारण पाकिस्तान ने समझा कि कश्मीर का जो मुद्दा 1947-48 में नहीं सुलझ पाया, उसे 1965 में ताकत के बल पर सुलझा लिया जाये। जनवरी 1965 में कच्छ के रन की सीमा पर भारत के निराशाजनक प्रदर्शन ने उसके आत्मविश्वास को बढ़ा दिया। उसने इसे भारत की प्रत्यक्ष सैनिक कमजोरी समझा, क्योंकि पंडित नेहरू के निधन के करीब साल-डेढ़ साल बाद यह युद्ध हुआ था। लेकिन उसके पहले 27 दिसंबर, 1963 को कश्मीर में हजरत बल दरगाह से 'पवित्र बाल' के गायब होने के बाद जो व्यापक गड़बड़ी हुई थी, उसने उसमें इस विश्वास को पैदा किया था कि बगावत की फसल काटने का समय आ गया है।

पाकिस्तानियों ने ऑपरेशन जिब्राल्टर योजना इस विश्वास के साथ तैयार की कि उनके छापामार कश्मीरियों को भारतीय शासन के खिलाफ उकसा सकते हैं और अचानक उठे इस विद्रोह के युद्ध में बदलने की कोई संभावना नहीं है। असगर खान और टिप्पणीकारों द्वारा तैयार की गयी इस योजना को पढ़कर किसी को भी इसके बनानेवाले और मंजूर करनेवाले—दोनों के भोलेपन और अज्ञानता पर हैरत हो सकती है।

कहा जाता है कि ज्यादातर महत्त्वपूर्ण आविष्कार साधारण होते हैं, क्योंकि वे जीवन के तथ्यों के समरूप होते हैं। लेकिन ऑपरेशन जिब्राल्टर ऐसा नहीं था, क्योंकि वह कश्मीर की जनता के मिजाज को समझ पाने में नाकाम रहा, जिसने बगावत नहीं की। न ही वह भारत सरकार की इस मजबूरी को समझ सका, जिसके तहत बिना युद्ध के वह कश्मीर छोड़ ही नहीं सकती थी।

कश्मीरी जनता को भड़काने में नाकाम होने पर पाकिस्तान ने सेना और टैंकों के माध्यम से जम्मू में हमला बोल दिया। भारत ने इस हमले का न सिर्फ प्रतिरोध किया, बल्कि पंजाब में हमला कर उसका माकूल जवाब भी दिया। भारत ने हमेशा कहा था कि कश्मीर पर हमला भारत पर हमला माना जायेगा और भारत ने अपना

यह दावा साबित किया। 22 सितंबर को जब युद्ध समाप्त हुआ तो भारत और पाकिस्तान, दोनों पक्ष बराबर गर्व करने की स्थिति में थे। पाकिस्तान ने इसका फिर गलत अर्थ निकाला। ऑपरेशन जिब्राल्टर नाकाम हो गया था और जम्मू-कश्मीर की स्थिति जस की तस रही।

कच्छ के रन का विवाद कई तरह से महत्त्वपूर्ण है। जब यह पता चला कि पाकिस्तानी सेना ने भारत के छाड़बेट नामक विवादित अंतःक्षेत्र पर कब्जा कर लिया है तो सेना और वायुसेना हैरत में पड़ गये। रन के खारे कच्छ और सूखे रेगिस्तान में सैनिक कार्रवाई की संभावना ही किसी ने नहीं देखी थी। उस इलाके में नाम के लिए भी कोई सड़क नहीं थी और उस दुर्गम क्षेत्र में पर्याप्त सेना ले जाने के लिए कोई साधन भी नहीं था। वहाँ पीने का पानी भी नहीं मिलता था। पाकिस्तान के लिए स्थितियाँ इतनी कठिन नहीं थीं। क्योंकि विवादित अंतःक्षेत्र उनके इलाके से एकदम सटा हुआ था। उनका इलाका अपेक्षाकृत विकसित था और वहाँ सड़क से आने-जाने और आपूर्ति करने में कोई समस्या नहीं थी। इसके अलावा वह अंतःक्षेत्र जामनगर से उड़नेवाले विमान की रेंज के आखिरी छोर पर था और जामनगर ही वहाँ से सबसे करीबी हवाई क्षेत्र था। लेकिन उसका प्रयोग करने में इसलिए बाधा आ रही थी कि बादिन स्थित पाकिस्तानी वायुसेना का राडार-स्टेशन पाक युद्धक विमानों को बहुत जल्दी बुला सकता था। इस तरह छाड़बेट के हालात पर पाकिस्तान का नियंत्रण था, जबकि भारतीय सेना उसका विरोध करने के लिए कुछ भी नहीं कर सकती थी। आखिरकार ब्रिटिश सरकार ने दखल देकर मामले का समाधान निकाला।

मैंने छाड़बेट की घटना का विस्तार से जिक्र इसलिए किया, क्योंकि बाद में जनरल चौधरी ने कहा कि उस घटना से उन्हें कश्मीर के संदर्भ में पाकिस्तानी इरादे का स्पष्ट तौर पर पता चल गया। अगर ऐसा था तो उन्होंने शेष दोनों सेनाओं के अध्यक्षों को आसन्न खतरे के प्रति आगाह क्यों नहीं किया। जनवरी 1971 में दिए राष्ट्रीय सुरक्षा अभिभाषण (नेशनल सिक्योरिटी लेक्चर) में उन्होंने कहा कि "5 मई, 1965 को कश्मीर हड़पने के पाकिस्तानी इरादे का पर्दाफाश हो पाया।" उन्होंने आगे कहा कि उन्होंने इस संभावना के परिणामों पर रक्षामंत्री और प्रधानमंत्री से चर्चा की और "उनसे आवश्यक आदेश प्राप्त किया", पर वह स्पष्ट नहीं था। कुछ समय बाद वायुसेनाध्यक्ष को भी स्थितियों की जानकारी दी गयी। यह काम अनौपचारिक मुलाकात में किया गया और नौसेना अध्यक्ष को इससे अलग रखा गया, क्योंकि "नौसेना की कोई बड़ी भूमिका नहीं लग रही थी।" सुरक्षा सुनिश्चित करने के लिए जनरल ने 'जानने की जरूरत' का पैमाना इतनी अच्छी तरह लागू किया कि चीफ ऑफ स्टाफ कमेटी तथा संयुक्त खुफिया और योजना स्टाफ को पूरी तरह दरकिनार कर दिया गया। कोई आकस्मिक योजना भी नहीं तैयार की गयी और न ही तीनों सेनाओं के अध्यक्षों को युद्ध की स्थिति में अपनी भूमिका तय करने को कहा गया।

जनरल चौधरी पूरे संतोष के साथ सुनाते हैं कि उन्होंने प्रधानमंत्री और रक्षामंत्री के साथ कितनी खुलकर बात की और कितनी तेजी से फैसला हुआ। उनके भाषण से यह साफ लगता है कि उन्होंने पूरे मामले को अपना निजी मामला या ज्यादा से ज्यादा सिर्फ सेना का मामला समझा और वायुसेना को निष्क्रिय दर्शक और नौसेना को उस मामले से पूरी तरह अलग समझा। उन्होंने हमारे उच्च रक्षा संगठन की बुनियादी अवधारणा की उपेक्षा की और अपने को 'परमाधिकारी' मान बैठे। यह एक ऐसा रोग है जिसमें व्यक्ति को विश्वास हो जाता है कि उसका दिमाग तीन लोगों से बेहतर है। इस रोग की उत्पत्ति स्वाधीनता-पूर्व के दिनों में देखी जा सकती है, जब सेनाध्यक्ष भारत की सभी सेनाओं का कमांडर-इन-चीफ हुआ करता था।

पाक छापामार जब कश्मीर में बगावत कराने में नाकाम रहे तो पाकिस्तानी सेना और उसके टैंक छंब क्षेत्र में भारतीय सीमा में घुस आये और युद्ध के सीमित रहने की सारी संभावना खत्म कर दी। भारतीय थलसेना संख्या और शस्त्रबल हर तरह से कमजोर पड़ गयी। सिफ भारतीय सेना को पकड़े जाने की देर थी कि कश्मीर घाटी की जीवनरेखा जम्मू-श्रीनगर-राजमार्ग पाकिस्तानियों के लिए खुल जाता। जब खतरा सिर पर आ गया तो 1 सितंबर के दोपहर बाद जनरल चौधरी रक्षामंत्री के दफ्तर में दाखिल हुए और अपनी घिरी हुई सेना की रक्षा के लिए वायुसेना के समर्थन की माँग की। उस वक्त रक्षामंत्री वायुसेनाध्यक्ष से वायुसेना के आधुनिकीकरण पर चर्चा कर रहे थे।

घंटे भर में ही पठानकोट से चार वैम्पायर विमानों का हमलावर दस्ता रवाना हो गया। इस दस्ते ने अपने तीन विमान खोकर जौरियन में पाकिस्तानी सेना का आगे बढ़ना रोक दिया। यह सब चल रहा था कि जनरल चौधरी ने दिल्ली में यह दलील पेश की कि कश्मीर को बचाने का एक ही चारा है कि पाकिस्तान के पंजाब पर हमला कर दिया जाये। एक सितंबर की देर शाम प्रधानमंत्री लालबहादुर शास्त्री ने उनकी इस दलील को मान लिया, पर उन्होंने आदेश दिया कि थलसेना और वायुसेना पश्चिमी पाकिस्तान के सिर्फ सैनिक ठिकानों पर हमला करेंगे। पूर्वी पाकिस्तान को इस दायरे से बाहर रखा गया।

पूर्ण युद्ध की संभावना किसी को थी ही नहीं, इसलिए उसका विस्तार से अध्ययन करने की बात भी नहीं थी। सेना एक तरह से काफी घाटे में थी, क्योंकि उसके ज्यादातर सैनिक पूरे देश में अंग्रेजी काल की छावनियों में फैले हुए थे। ऐसी स्थिति में पाँच दिनों के भीतर युद्धक बलों को इकट्ठा करना एक महत्त्वपूर्ण उपलब्धि थी। 6 सितंबर की सुबह हमारी सेना ने पंजाब की अंतर्राष्ट्रीय सीमा पार कर ली और उधर उत्तर में सियालकोट की तरफ भी जा पहुँची। वायुसेना ने उसकी मदद की और सैनिक ठिकानों या पाकिस्तान के अहम ठिकानों पर बमबारी की। वायुसेना का यह भी प्रयास था कि पाकिस्तानी वायुसेना को पस्त कर दिया जाये या उसकी युद्धक

क्षमता घटा दी जाए। इसमें पाकिस्तानी वायु सैनिक हवाई अड्डों पर एक यथेष्ट दूरी से नीचे उतरकर हमला करना शामिल था। इन हमलों में कई बेहतरीन लोग मारे गये। दरअसल उनके पास निशानों के बारे में पर्याप्त जानकारी ही नहीं होती थी, नतीजतन उसके परिणाम तय कर पाना असंभव था। यह मान भी लिया जाये कि उन्होंने पाकिस्तानियों के लिए कुछ दिक्कत खड़ी की तो भी इस दिक्कत की कीमत उस कीमत के बराबर नहीं है जो उन्होंने अपनी जान देकर या मेहनत करके चुकाई।

वायुसेना एक महत्त्वपूर्ण क्षेत्र में पिछड़ रही थी और वह था थलसेना से करीबी तालमेल। वायुसेना से समर्थन लेने की प्रक्रिया द्वितीय विश्वयुद्ध के दौरान मित्र राष्ट्रों की सेनाओं ने शुरू की थी। तब आत्मनिर्भर रणनीतिक वायुसेना सैनिक टुकड़ियों से करीबी तालमेल बनाकर चलती थी। इस तरह के सैन्य बल और संगठन के अभाव और अच्छी तरह विकसित संचार-प्रणाली के बिना किताबी प्रक्रिया बेकार थी। उससे अराजक और भ्रम की स्थिति पैदा होती थी और जमीन पर लड़नेवाली सेना किंकर्तव्यविमूढ़ और कुंठित हो जाती थी। 1965 के युद्ध में थलसेना और वायुसेना में कमान और नियंत्रण--हर स्तर पर कमजोरी थी। 1966 और 1971 के बीच अंतरसेवा सहयोग को सुधारने के लिए बहुत काम करना पड़ा।

एक और जो गंभीर कमी सामने आयी, वह थी राजस्थान में सामरिक अड्डों की कमी। पाकिस्तानी थलसेना भारतीय वायुसेना की किसी दखलंदाजी के बिना गदरा रोड तक घुस आने में सक्षम थी। इसकी वजह राजस्थान में सिर्फ एक वायु सैनिक अड्डे का होना था। यह अड्डा जोधपुर के फ्लाइंग ट्रेनिंग स्कूल में था। युद्ध छिड़ने के बाद यहाँ कुछ युद्धक विमान भेजे गये, लेकिन न तो उनकी संख्या इतनी थी और न ही मारक क्षमता कि वे जमीनी युद्ध में कोई बदलाव ला सकें (जिसके लिए सेना भी तैयार नहीं थी)। युद्ध के बाद वायुसेना अकादमी जोधपुर से हटा ली गयी और वहाँ एक बड़ा सामरिक अड्डा बनाया गया। बाड़मेर और जैसलमेर में नयी हवाई पट्टियाँ बनाई गयीं।

इसके अलावा एक कमी थी नौसेना अड्डों के लिए एक संयुक्त नौसेना वायु-सेना-योजना का पूरी तरह अभाव। जामनगर वायुसैनिक अड्डे की नाक के नीचे पाकिस्तानी नौसेना ने सौराष्ट्र में नौसैनिक अड्डे पर बमबारी की और उन्हें कोई जवाब नहीं दिया जा सका। यह घटना नौसेना और वायुसेना--दोनों के लिए एक सबक थी। 1971 में उन्होंने ऐसा नहीं होने दिया।

जमीन पर विमानों की रक्षा का एक और सबक पाकिस्तानी वायुसेना ने खड्गपुर के पास भारतीय वायु सैनिक अड्डे पर बमबारी करके सिखाया। भारतीय वायुसेना पर पूर्वी पाकिस्तान पर किसी तरह का हमला करने की पाबंदी थी, लेकिन पाकिस्तानी वायुसेना पर ऐसी कोई पाबंदी नहीं थी। पाकिस्तानी वायुसेना ने एक हमले में जमीन पर खड़े कई कैनबरा बमवर्षक और हंटर युद्धक विमान नष्ट कर

दिये। बस यही जानकर थोड़ी तरावट मिलती है कि हमारे युद्धक विमानों ने पाकिस्तानी वायुसेना के दो सेबर मार गिराये। फिर हमें महसूस हुआ कि अगर हम द्वितीय विश्वयुद्ध की तरह ही अपने विमानों को खुले बाड़े (ओपेन ब्लास्ट पैन) में रखेंगे तो उन्हें आसानी से निशाना बनाया जा सकता है। उस तरह के बाड़े बम-विस्फोट या पत्थरों से तो बचाव कर सकते हैं, लेकिन उन नीचे उड़नेवाले विमानों से वे कोई सुरक्षा नहीं दे सकते जो बंदूकों और राकेटों से हमला करते हैं। इस कारण मजबूत छतवाले आश्रय बनाये गये। कंकरीट और मिट्टी से बने इन आश्रयों में ही अब विमान खड़े किये जाते हैं और उनका रख-रखाव किया जाता है। यहाँ वे हवाई हमले से अपेक्षाकृत सुरक्षित रहते हैं।

1965 की लड़ाई के ये कुछ सबक थे और 1971 में उन्होंने काफी फायदा पहुँचाया। उस युद्ध से हुए आत्ममंथन ने वायुसेना के जीवन और उसके काम के हर पहलू को खँगाल डाला। यहाँ दिये जाने वाले उदाहरण नमूने के लिए हैं, संपूर्ण नहीं। इनमें सबसे महत्त्वपूर्ण बात यह निकलती है कि कोई कमांडर कितना भी योग्य या बुद्धिमान क्यों न हो—और जनरल चौधरी हर तरह से एक असाधारण व्यक्ति थे—वह सिर्फ अपने बूते पर लड़ाई नहीं लड़ सकता। चीफ ऑफ स्टाफ कमेटी के माध्यम से योजना बननी चाहिए और नौसेना और वायुसेना को आवश्यक रूप से विश्वास में लिया जाना चाहिए। आकस्मिक योजना बनाने में उन्हें भी अपने विचार और विशेषज्ञता के योगदान का मौका मिलना चाहिए। अगर जनरल चौधरी ने चीफ ऑफ स्टाफ कमेटी के चेयरमैन के तौर पर ऐसा किया होता तो युद्ध का नतीजा ही कुछ और होता। उस तरह की लड़ाई में सेना के तीनों अंगों को नुकसान उठाना पड़ा और थलसेना को सबसे ज्यादा। हालाँकि उस युद्ध ने सैनिक सोच और तैयारी को एक नया मोड़ दिया, क्योंकि संगठन और कार्य-प्रणाली में जो कमियाँ थीं, उन्हें सामने लाया जा सका और उपकरणों और संसाधनों के स्तर पर दूर किया जा सका।

वायुसेना के लिए 1965 का वर्ष बहुत महत्त्वपूर्ण था। चीन-युद्ध के चंद वर्षों बाद हुए इस युद्ध में भारतीय वायुसेना को अपने विचारों को अधिकाधिक विकसित करने और परिमार्जित करने का मौका मिला और यह अनुभव किया जा सका कि उन्हें कैसे लागू किया जा सकता है।

जनरल चौधरी, एअर मार्शल अर्जन सिंह और उनके मातहत सेना के प्रति पूरी निष्पक्षता दिखाते हुए यह कहा जाना चाहिए कि यदि बारीक विश्लेषण में जाया जाये तो युद्ध में वे नाकाम दिखेंगे, लेकिन कुल मिलाकर कश्मीर में पाकिस्तानी साजिश को बेकार करने में कामयाब रहे। भारतीय सेना का उन्होंने मनोबल बढ़ाया और उसमें लड़ने का जोश पैदा किया जो 1962 में चीन युद्ध के दौरान बुरी तरह टूट गया था। पाकिस्तान में 1965 के युद्ध को प्रथम चक्र का युद्ध कहा गया। उनका कहना था कि अभी और चक्र होने हैं।

11 अभियानों की योजना

1971 में दो असाधारण राजनेता सबसे ताकतवर थे और 1971 के युद्ध का कोई भी वर्णन उनकी प्रशंसा के बिना अधूरा रहेगा। सबसे आगे थीं प्रधानमंत्री श्रीमती इंदिरा गांधी। जटिल स्थितियों को समझने, प्रमुख समस्याओं को पहचानने और कार्रवाई की स्पष्ट दिशा तय करने की उनकी क्षमता असाधारण थी। दूसरे नंबर पर जगजीवन राम थे, जिन्होंने 1969 से 1973 तक रक्षामंत्री का पद सँभाला और श्रीमती गांधी को योग्य समर्थन दिया। चीफ ऑफ एअर स्टाफ के रूप में इस दौरान हमें उन्हें करीब से काम करते देखने का सौभाग्य मिला। मैं एक मंत्री के बारे में जो कल्पना करता था, उस मायने में वे आदर्श थे। उन्हें सेनाध्यक्षों और सचिवों में पूरा विश्वास था। सरकार के उद्देश्यों और इरादों को वे बिना किसी लाग-लपेट के बताते थे और उन्हें स्पष्ट करने के बाद काम का जिम्मा संबंधित व्यक्ति पर छोड़ देते थे। वे शांत, साहसी, हाजिरजवाब, खुशदिल और मजाकिया स्वभाव के व्यक्ति थे और कभी किसी को अपमानित करनेवाली बात नहीं करते थे।

सेनाध्यक्षों को उपमहाद्वीप की घटनाओं में हो रहे परिवर्तन और उस बारे में कैबिनेट के विचारों की हमेशा जानकारी दी जाती थी। सेनाध्यक्षों में विचारों की पूरी तरह और खुलकर अदला-बदली होती थी। 26 मार्च से 3 दिसंबर तक देखने और इंतजार करने के वक्त का अच्छी तरह उपयोग किया गया। इस दौरान चीफ ऑफ स्टाफ कमेटी, अंतरसेवा कमेटी, सेवा मुख्यालय और रक्षा मंत्रालय ने सहज और समन्वित तरीके से काम किया। इसलिए 3 दिसंबर, 1971 को जब पाकिस्तानी विमानों ने हमारी हवाई पट्टियों पर हमला किया तो हम जितना तैयार हो सकते थे, उतना तैयार थे।

जब युद्ध की तैयारी की बात की जाती है तो दिमाग में स्टाफ कालेजों के

युद्धाभ्यास का चित्र उभरता है, जहाँ कई कारकों को ध्यान में रखकर तय स्थितियाँ बनाई जाती हैं और एक कार्रवाई योजना—काल्पनिक कार्रवाई योजना बनाई जाती है जिसमें सफलता की सारी संभावनाएँ मौजूद होती हैं। वह युद्ध में होनेवाली वास्तविक लड़ाई नहीं, तार्किक सोच का अभ्यास है। जब युद्ध में वास्तव में लड़ना पड़ता है तो ऐसे कारक सामने आते हैं, जिन पर फैसला करना मुश्किल हो जाता है और जिनके बारे में पहले से जानकारी नहीं होती। ऐसी स्थितियाँ सामने आ जाती हैं, जिनकी पहले से कल्पना भी नहीं की जा सकती थी। मुख्य सवाल यह है कि दुश्मन कैसा आचरण करेगा। निःसंदेह बुद्धिमत्ता के सहारे कुछ ठोस अनुमान लगाए जा सकते हैं। इसी तरह शत्रु सेना के कमांडर भी अनुमान लगा सकते हैं। लेकिन यह निश्चयपूर्वक कहना मुश्किल होता है कि दुश्मन कब, कहाँ और कैसे कौन-सा कदम उठाने जा रहा है। इसी तरह युद्ध की तैयारी के दौरान कई तरह की आकस्मिकताओं के लिए तैयार रहना पड़ता है। हम सिर्फ उसी घटना को अनुमान में रखकर नहीं चल सकते, जिसकी सबसे ज्यादा घटित होने की संभावना होती है।

1971 के युद्ध में यह बार-बार साबित हुआ है। अखबार, विदेशी संवाददाता और सभी स्वतंत्र सूचनाएँ यह साबित कर रही थीं कि पूर्वी पाकिस्तान में पाकिस्तानी सेना का भारी जमावड़ा है। उसी दौरान जाहिर था कि पश्चिम में युद्ध की तैयारी चल रही है। जनरल याह्या खान ने इस बात को छुपाया भी नहीं था। दरअसल चंद हफ्तों बाद जब भी वे कोई एलान करते थे, उसमें कहते थे कि अगर भारत अपना व्यवहार ठीक नहीं करेगा और पूर्वी पाकिस्तान के मामले में दूर नहीं रहेगा तो उसे सबक सिखाना पड़ेगा। सभी जानकारियों से हमें यह संकेत मिलता था कि वे पूर्वी पाकिस्तान के बदले में पश्चिम में भारत को दंडित करने की व्यवस्था कर रहे हैं। लेकिन इस सिलसिले में पूरी तैयारी का अनुमान नहीं लगाया जा सका। हम स्पष्ट तरीके से यह अनुमान नहीं लगा सके कि वे क्या करना चाह रहे हैं और किस सेना के साथ कहाँ हमला करेंगे। पूर्वी पाकिस्तान से भागकर भारत आ रहे बंगाली अधिकारी और नागरिक जो सूचनाएँ दे रहे थे, उनसे इस शक की पुष्टि तो हो रही थी लेकिन वे जानकारियाँ टुकड़ों-टुकड़ों में और सतही थीं, क्योंकि उनमें से कोई भी इतने बड़े पद पर नहीं था जो युद्ध की योजना बनाने में शामिल रहा हो। जो बंगाली अफसर पाकिस्तानी सेना में महत्त्वपूर्ण पदों पर थे, उन्हें पश्चिमी और पूर्वी पाकिस्तान में जहाँ भी पता चला, जेल में डाल दिया गया था।

हमें पूरब में असंतोष और अशांति तथा पश्चिम में पाकिस्तानी सेना के बंगाली अफसरों और सैनिकों के छोड़ने की तस्वीर तो मिली थी, लेकिन उसके आधार पर हम ठोस योजना नहीं बना सकते थे। इसलिए हमें मुक्त खुफिया सूत्रों से जो भी जानकारी मिल रही थी, उसके आधार पर आगे बढ़ते हुए भारत में सैनिक योजना को

सुधारा और संशोधित किया जाना था।

एक महत्त्वपूर्ण कारक युद्ध का समय था, जिस पर विचार किया जाना था। अगर पाकिस्तान मानसून के दौरान हमला करता है तो वह बहुत सीमित क्षेत्रों में कुछ कर सकता था। उस दौरान हम पूर्वी पाकिस्तान में भी ज्यादा गतिविधियाँ नहीं कर सकते थे, क्योंकि नदियाँ उफान पर होती थीं, जमीन दलदली और धान के खेतों में पानी भरे होने के कारण हमारा परिवहन असंभव था। पश्चिमी क्षेत्र में मानसून का असर इतना ज्यादा नहीं होता, लेकिन गतिविधियों को अपेक्षाकृत सूखी जमीन पर केंद्रित करना होता, यानी रेगिस्तान में मुख्य मार्ग और राजमार्गों पर ही चलना पड़ता। अगर पाकिस्तानी मानसून के बाद, यानी शरद में हमला करते हैं तो स्थितियाँ अलग होंगी और हमारी सेनाओं को पूर्वी और पश्चिमी, दोनों क्षेत्रों की बदली स्थितियों का मुकाबला करना होगा।

जाड़े में भी युद्ध की संभावना पर विचार किया जाना था, हालाँकि उस दौरान रास्तों पर बर्फ जमी होती है और चीन से आसानी से पाकिस्तान को मदद नहीं मिल सकती थी। उत्तरी सीमा के बर्फ से ढकने से पहले चीनी कभी भी आ सकते थे, लेकिन जाड़ों में आने की स्थिति में वे नहीं थे। इसके अलावा पाकिस्तान और चीन के संभावित खतरे से निपटने में हमारी सेना की व्यूह-रचना पर भी विचार करना और उसे उसके लिए तैयार करना था।

सेना को जिन विभिन्न परिस्थितियों और स्थितियों में लड़ना पड़ सकता था, उसके मद्देनजर कई योजनाएँ तैयार की गयीं। इन आकस्मिक योजनाओं की तैयारी आवश्यक रूप से उच्च स्तर पर, यानी सेवा मुख्यालय के स्तर पर करनी पड़ती थी। निश्चित रूप से इस बारे में मैदान में रहनेवाले लोगों फील्ड कमांडर, पश्चिमी, पूर्वी और दक्षिणी कमान के जनरल ऑफ़िसर्स कमांडिंग-इन-चीफ से मशविरा किया जाता था। दूसरी तरफ वे कोर या डिवीजनल कमांडरों से मशविरा करते थे। इसलिए जब से पाकिस्तान से युद्ध का मामला सिर्फ खतरे से आगे बढ़ गया था और संभाव्यता से ज्यादा संभावना में बदल गया था; योजना बनाने, उसे बदलने और उसमें सुधार करने की प्रक्रिया लगातार चलती रही।

जहाँ तक सेना की योजना का मामला था, उसमें एक खास बात यह थी कि लगता था वह ज्यादातर सेना मुख्यालय से नियंत्रित होता है। वायुसेना के मामले में थोड़े-से लोगों को संगठित करने की समस्या थी। सुविधा यह थी कि विमान तय अड्डों से उड़ान भरते हैं, जो लड़ाई के लिए तुरंत तैयार हो सकते थे और जवाबी हमले में अगर परिवहन-प्रणाली को निशाना बनाना हो तो लक्ष्य बताना आसान होता है। हालाँकि सेना और नौसेना को वायुसेना से किस तरह की मदद की जरूरत थी, यह उनकी योजना पर निर्भर करता था, जिसकी जानकारी बाद में मिलती थी। इस

तरह वायुसेना की बुनियादी व्यूह-रचना और तैनाती का निर्णय तमाम जरूरी परिवर्तनों के बिना किया जाना था।

नौसेना को मदद देने में वायुसेना को एक और स्थिति का सामना करना पड़ता था। नौसेना बेमतलब की निष्क्रिय सेवा नहीं है। वह अपनी योजनाओं की गोपनीयता को बहुत ज्यादा महत्त्व देती है। वह एक विस्तृत क्षेत्र में युद्ध लड़ती है और बेहद गतिशील होती है। वह 24 घंटों में सैकड़ों नाटिकल मील दूर जा सकती है। नौसैनिक जमीन पर लड़नेवाली सेना के मुकाबले बहुत आसानी से सीमा से आगे बढ़कर हमला कर सकते हैं और गायब हो सकते हैं। इसलिए नौसेना के साथ तालमेल बैठाने में वायुसेना के सामने अलग तरह की समस्या आती है। एक बेड़े या एक जहाज के कमांडर को स्थितियाँ बदलने के साथ फैसले लेने पड़ते हैं और उसके पास जितनी गतिशीलता और अस्त्र-क्षमता होती है, उसके मुताबिक वह बिना किसी तामझाम या अन्य सेनाओं के समर्थन के लड़ाई लड़ सकता है, जबकि सेना की एक ब्रिगेड को युद्ध में उतरने से पहले अन्य सेनाओं के समर्थन की व्यवस्था करनी पड़ती है। समुद्र के जिस इलाके में नौसेना अपनी गतिविधियाँ चला सकती है, वह उसकी ईंधन ले जाने की क्षमता, पीने के पानी और भोजन ले जाने की क्षमता के अनुसार तय होता है। चूँकि वायुसेना निश्चित अड्डों से काम करती है, वह समुद्र को एक निश्चित दूरी तक तय कर सकती है। उसकी ईंधन-सीमा, हर विमान की कार्रवाई का दायरा–ये चीजें मिलकर तय करती हैं कि वायुसेना नौसेना को कितनी मदद दे सकती है। नौसैनिक बल की विशिष्टता को देखते हुए वायुसेना द्वारा किया जा सकनेवाला समर्थन बेहद सीमित होता है।

इसलिए तीनों सेनाओं के लिए संयुक्त अभियान की योजना बनाना जटिल काम है। सेना को जमीन पर जितनी भारी संख्या में मानव-शक्ति, गाड़ियों, आपूर्ति-सुविधाओं की जरूरत होती है उससे वह बँधी होती है। उसकी गतिविधियों का दायरा सीमित होता है। युद्ध-क्षेत्र और योजना में ऋतु, मौसम, तात्कालिक स्थितियों, दुश्मन की कार्रवाई व अन्य बातों की वजह से परिवर्तन होता रहता है। नौसेना थलसेना के मुकाबले ज्यादा तेज और बड़ी रेंजवाली होती है। वायुसेना के पास स्थायी अड्डे होते हैं, जहाँ वह आपूर्ति जमा कर सकती है और अगर यह ज्ञात हो कि उसके विमान को कहाँ से कार्रवाई करनी है, तो उसे मदद भी दे सकती है। हालाँकि युद्ध के समय टुकड़ी को अग्रवर्ती अड्डों से काम करना होता है और आमतौर पर यह अपनी गतिविधियों को नौसेना और सेना के मुकाबले ज्यादा स्थिर वातावरण में चला सकती है। तीनों सेनाओं को एक साथ काम करने के लिए तैयार करना सिर्फ इतना ही नहीं है कि हरेक को दूसरे के काम के बारे में जानकारी दिये जाने से पहले एक लिखित योजना बना ली जाये, बल्कि जरूरत इस बात की है कि हर एक को एक

दूसरे की क्षमता का अहसास हो जाए, वे यह जान जायें कि आकस्मिक स्थितियों में हर अंग क्या कर सकता है और वह दूसरे अंग को सामान्य सीमाओं के भीतर किस हद तक मदद दे सकता है। एक प्रभावी अंतरसेवा सहयोग के लिए जो कारक जिम्मेदार होते हैं, वे कामचलाऊ इंतजाम, त्वरित निर्णय, गतिशीलता और नम्यता हैं। सबसे बुनियादी जरूरत यह है कि सेवाओं में एक दूसरे से सहयोग करने की इच्छा हो, यानी वे सहयोग ले सकें और जरूरत पड़ने पर दे भी सकें। इस तरह का सहयोग यूनिटों और निचले स्तर पर तभी विकसित किया जा सकता है, जब कमान में ऊँचे स्तर पर कमांडरों के बीच एक तरह का सहयोग हो।

1971 की लड़ाई में हम किसी हद तक एक दूसरे की क्षमताओं और सीमाओं को समझने और उनकी ताकत का सदुपयोग करने में सफल रहे।

यहाँ मैं निश्चित तौर पर एक संदेह दूर करना चाहता हूँ, जो मेरे दिमाग में था और दूसरों के दिमाग में था; वह यह कि 1971 के युद्ध का उद्देश्य क्या था ? जैसा कि चीफ ऑफ स्टाफ और हर सेना के अध्यक्ष ने बताया था कि युद्ध का मकसद पूर्व में ज्यादा से ज्यादा आगे बढ़कर पाकिस्तानी सेना को यथासंभव बेअसर करना और संभावित बांग्लादेश राज्य के लिए एक आधार तैयार करना है। पश्चिम में इसका उद्देश्य पाकिस्तानी सेना को बढ़ने से रोकना था। हमने समझ लिया था कि युद्ध अनिश्चित काल तक नहीं चलेगा। ऐसा इसलिए नहीं कि सैनिकों, विमानों या आपूर्ति की सीमाएँ हैं, बल्कि इस बीच हस्तक्षेप के लिए संयुक्त राष्ट्र सुरक्षा परिषद और दूसरे प्रभारी संगठनों को मजबूर होकर आगे आना पड़ेगा। हमने महसूस कर लिया कि पश्चिम में हम जिस भी भूभाग पर कब्जा करेंगे, उसे पहले की तरह लड़ाई खत्म होने पर पाकिस्तान को सौंप दिया जाना है। यह शुरू से ही स्पष्ट था कि हमारी सरकार का यह इरादा कभी नहीं रहा कि वह पश्चिम में पाकिस्तान को कमजोर करे या उसके बड़े भूभाग पर कब्जा करे। हालाँकि हमारा यह इरादा जरूर था कि पूर्वी पाकिस्तान के लोग जहाँ तक संभव हो, अपने भविष्य का निर्णय स्वयं करें और इसी उद्‌देश्य के लिए पूर्वी पाकिस्तान में एक अड्डा बनाया जाना जरूरी था लेकिन इस बात की संभावना पर नहीं सोचा गया था कि पूर्वी पाकिस्तान में पाकिस्तानी सेना पूरी तरह पराजित हो जायेगी, जैसा कि हुआ, और वे ढाका हार जायेंगे और पूरा देश स्वतंत्रता-संग्राम के नेताओं को मिल जायेगा। सतर्क किया गया था कि पूर्वी कमान सँभालनेवाले सीमित लक्ष्य के लिए काम करेंगे, लेकिन उसे जल्दी से जल्दी प्राप्त करेंगे। आशंका थी कि दो या तीन हफ्तों की भी देर की गयी तो संयुक्त राष्ट्र सुरक्षा परिषद दखलंदाजी करेगी और दोनों पक्षों को कश्मीर की तरह युद्ध-विराम के लिए मजबूर कर देगी। हम ऐसी स्थिति आने नहीं देना चाहते थे। हमने जो भी किया, उसे जल्दी ही करना चाहते थे और उस पर हम सभी एकमत

थे।

तीनों सेनाओं—थलसेना, नौसेना और वायुसेना में इस बुनियादी समझदारी के साथ उन्हें इस बात के लिए मुक्त कर दिया गया कि वे अपनी कार्रवाई की जो बेहतर समझें, योजना बनायें। सेना ने पूर्व में इस विश्वास के साथ ज्यादा बल तैनात किये कि उस इलाके में पाकिस्तानी बल भारी संख्या में मौजूद हैं। युद्ध के बाद हमें अहसास हुआ कि पाकिस्तान में जिन डिवीजनों के होने की जानकारी थी, वे वास्तव में फर्जी थीं और हमें धोखा देने के लिए तैनात की गयी थीं। उन्होंने चुंबक की तरह भारी संख्या में भारतीय सेना और टैंकों को वहाँ फँसा लिया था। ऐसा पश्चिमी कमान की कीमत पर किया गया था, जबकि मूल रूप से यह माना गया था कि पश्चिम में भारतीय सेना आक्रामक भूमिका निभाएगी। लेकिन पूर्व में ज्यादा डिवीजनों और सैनिकों के चले जाने के बाद सैनिक कमान को पश्चिम में रक्षात्मक रुख अपनाना पड़ा, हालाँकि शकरगढ़ वगैरह कुछ जगहों पर आक्रामक रुख भी अख्तियार किया गया, लेकिन जोर रक्षा पर ही था।

नौसेना, जिसने पहले के युद्धों में हिस्सा नहीं लिया था, इस बार कुछ करने का संकल्प ले चुकी थी। नौसेनाध्यक्ष एडमिरल नंदा, पश्चिमी बेड़े के कमांडर एडमिरल कोहली और पूर्वी बेड़े के कमांडर एडमिरल कृष्णन के नेतृत्व में नौसेना ने फैसला कर रखा था कि अगर लड़ाई हुई तो वह आक्रामक रुख अख्तियार करेगी। जैसा कि हम जानते हैं, कोहली के बेड़े ने कराची में और विक्रांत पर सवार कृष्णन के हवाई बेड़े ने पूर्वी पाकिस्तान में मोर्चा जमाया।

थलसेना और नौसेना के समर्थन में वायुसेना की भूमिका खुद वायुसेना ने स्पष्ट तरीके से तय कर ली थी। 1965 में सबक सीखने के बाद वायुसेना के कमांडरों ने एक साथ बैठकर अपनी युद्धक प्राथमिकताएँ तय कर ली थीं। भारतीय वायुसेना में मूल विचार रॉयल एअरफोर्स के दर्शन पर आधारित था, जिसमें द्वितीय विश्वयुद्ध या उसके बाद तक यह माना जाता था कि वायुसेना का मुख्य हथियार बमवर्षक है। परन्तु सन् 1965 में हमें यह ज्ञात हो गया कि बॉम्बर की उपयोगिता में अत्यधिक विश्वास रखना वायुसेना को इस बात के लिए प्रेरित करना है कि वह थल युद्ध में रणनीतिक हवाई संरक्षण को अधिक महत्त्व न दे। जबकि तथ्य यह है कि द्वितीय विश्वयुद्ध में भारतीय वायुसेना ने बुनियादी तौर पर बर्मा में सेना को हवाई सुरक्षा प्रदान की थी। बाम्बर तो कदाचित् ही बर्मा की सीमा में दिखाई देते थे। अमरीकनों द्वारा उड़ाये जाने वाले कुछ ही मिशेल बॉम्बर थे। इनके अलावा लम्बी दूरी तक मारक क्षमता रखने वाले बॉम्बर भी थे। वे भारत से बाहर सक्रिय थे तथा जापानी लक्ष्यों पर बमबारी करते थे।

भारतीय वायुसेना के स्क्वाड्रन जिनकी संख्या युद्ध के अंत तक 10 हो गयी थी,

जापानियों के हवाई आक्रमण के विरुद्ध थलसेना की सहायता कर रहे थे।

यह दुर्भाग्यपूर्ण है कि जबकि हमारी अपनी सैनिक योजनाएँ स्वतंत्र रूप से बनायी जाती थीं फिर भी हम उस पारम्परिक विचारधारा से जुड़े हुए थे कि बॉम्बर वायुसेना का विशिष्ट हथियार होता है। इसीलिए 1965 में हमने कैनबरा का इस्तेमाल करने की कोशिश की, लेकिन उसका ज्यादा असर नहीं हुआ। किसी हद तक हमने पाकिस्तानी वायुसेना को उसके अपने अड्डों की रक्षा में फँसा दिया। हालाँकि बमवर्षकों का इस्तेमाल सिर्फ रात में किया जाता है, क्योंकि दिन में वे आसानी से निशाना बनाये जा सकते हैं। रात में भी कैनबरा अपना जमीनी निशाना साध लेता था। उसे अपना उच्च विस्फोटक बम गिराने के लिए 6000 फुट या करीब उसी ऊँचाई तक जाना पड़ता था। अगर वे थोड़ा नीचे जाकर बम गिराते तो इस बात की ज्यादा संभावना थी कि वे अपने बम से ही नष्ट हो जाते। उड़ते वक्त जब वे ऊपर उठकर सीधे उड़ते थे तो उन पर जमीन से विमानबेधी निशाना आसानी से लगाया जा सकता था। फिर यह बमबारी ज्यादा सटीक और प्रभावी नहीं होती थी 1965 के युद्ध के बाद वायुसेना ने अपनी कार्य प्रणाली की विस्तृत समीक्षा की।

1969 की शुरुआत में कमांडरों के सम्मेलन में हमने फैसला किया कि हवाई युद्ध की प्राथमिकताएँ बदलनी चाहिए। अगला सर्वाधिक महत्त्वपूर्ण काम सेना और नौसेना की मदद करना था। इसमें सेना का नंबर पहले आता था। बमबारी करना या दुश्मन की वायुसेना का मुकाबला करना हमारी प्राथमिकता में तीसरे नंबर पर आती थी। छाताधारी सैनिक उतारने या परिवहन का नंबर उसके बाद आता था। हमने अपने कमान की प्राथमिकताओं में इस तरह के जो परिवर्तन किये, उसके बाद उन कमानों के संगठन में भी परिवर्तन करना पड़ा। जैसा कि हमने देखा कि वायुसेना मूलतः और आवश्यक रूप से आकाशीय रक्षा के लिए थी। इसलिए दो प्रमुख युद्धक कमानों–पश्चिमी एअर कमान और पूर्वी एअर कमान–ने इसे अपनी पहली जिम्मेदारी के रूप में अपनाया।

अगला महत्त्वपूर्ण काम, जिसके लिए तैयारी करनी थी और जो 1971 के बहुत पहले या पूर्वी पाकिस्तान की गड़बड़ी शुरू होने से पहले आकांक्षित थी, वह थी सेना की मदद। उसके बाद जितना संभव हो, उतना नौसेना की मदद करने का काम था।

मेरे खयाल से हवाई रक्षा और हवाई समर्थन का काम इतना ज्यादा था कि उसे समुद्रतटीय समर्थन, पैराट्रूपिंग, परिवहन और बमवर्षकों के अभियान से अलग रखना सही था। इसलिए पूर्व में बंगाल से लेकर पश्चिम में दिल्ली, हरियाणा और पंजाब तक तथा उत्तरप्रदेश के ज्यादातर गंगा के मैदानी भाग की निगरानी करनेवाले केंद्रीय वायुसेना कमान को युद्ध में बमवर्षक स्क्वाड्रन, परिवहन स्क्वाड्रन और नौसेना को मदद करने की जिम्मेदारी सौंपी गयी। कर्तव्य का यह पुनर्निर्धारण 1971 के युद्ध का

महत्त्वपूर्ण आयाम था। इससे पहले पूर्वी एअर कमान पर असम या बंगाल के बाहर या उससे पूर्व के इलाके को सँभालने की जिम्मेदारी थी। अब उसे कलकत्ता के इलाके और पश्चिम बंगाल की आकाशीय रक्षा की जिम्मेदारी दी गई, हालाँकि केंद्रीय एअर कमान को भी इसमें से कुछ हिस्से की रक्षा की जिम्मेदारी दी गयी थी। पूर्वी एअर कमान को कलकत्ता में थलसेना की मदद के लिए तैनात पूर्वी सैनिक कमान के साथ मिलकर काम करना था। कमानों के दायरे को फिर से परिभाषित करने के बाद पूर्वी एअर कमान, जिसका मुख्यालय शिलांग में था और पूर्वी सैनिक कमान, जिसका मुख्यालय कलकत्ता में था, दोनों का दायरा एक ही था।

पश्चिम में सेना और वायुसेना के मुख्यालयों में इसी तरह का अलगाव था और उन्हें एक साथ काम करना था। सामान्य दिनों में सेना का मुख्यालय शिमला में था और पश्चिमी एअर कमान का मुख्यालय दिल्ली में। आशय यह था कि युद्ध के समय पश्चिमी सेना कमान मुख्यालय, जालन्धर में या अमृतसर या किसी अन्य सुविधाजनक स्थान पर भेज दिया जाये जबकि पश्चिमी वायु कमान दिल्ली में ही स्थित रहे।

सेना तथा वायुसेना के बीच निकट सहयोग तथा आपसी समझ के लिए पश्चिमी वायु कमान को अग्रिम मुख्यालय तथा पूर्वी वायु कमान को उनके अपने सैनिक कमान के नजदीक रखा जाये।

अग्रिम मुख्यालय एअर कमांडरों के मातहत थे, जिनको सेना को जरूरत के मुताविक समर्थन देने का जिम्मा सौंपा गया था। पश्चिमी सेना और पूर्वी सेना के मातहत हर एक का मुख्यालय था। इसके अलावा एक ग्रुप कैप्टन के नेतृत्व में काम करनेवाला एक रणनीतिक एअर सेंटर था, जो पश्चिमी एअर कमान और पूर्वी एअर कमान के प्रति सीधे जवाबदेह था। इसके अलावा युद्धक्षेत्र में आगे फारवर्ड एअर कंट्रोलर थे, जो सेना के समर्थन में आये विमानों के हमले को निर्देशित करते थे।

इस तरह से सेना की मदद के लिए पूरे संगठन को चुस्त बनाया गया। 1965 में हमारे पास पश्चिमी सेना कमान का अग्रिम मुख्यालय था। लेकिन उसे कोर और ब्रिजेज के स्तर तक नहीं ले जाया गया, जहाँ फारवर्ड एअर कंट्रोलर काम करते थे। लेकिन वे अंग काम नहीं आये। नतीजतन अग्रिम इलाकों से सेना की माँग सीधे अग्रिम मुख्यालय पर आती थी। वहाँ टोकरियों में संदेशों का ढेर लगा रहता था और उसमें से जरूरी और गैर-जरूरी संदेश छाँटने के लिए या उनका वरीयता-क्रम तय करने के लिए सेना या वायुसेना के अफसर वहाँ मौजूद नहीं रहते थे। 1965 में भारी विभ्रम की स्थिति रहती थी, लेकिन 1971 में वह काफी कम कर दी गयी। हालाँकि भ्रम में डालनेवाली स्थितियाँ आती थीं, पर आमतौर पर 1971 तक व्यवस्था सुधार ली गयी थी। कोर के साथ रणनीतिक वायुकेंद्र और सेना कमान के साथ अग्रिम

मुख्यालय महत्त्वपूर्ण और गैर-महत्त्वपूर्ण माँगों में फर्क कर पाते थे और हम उसी तरह से वायुसेना के प्रयास करते थे।

1965 में खास कोर या इलाके को मदद देने के लिए स्क्वाड्रनों या यूनिटों को अलग चिह्नित नहीं किया गया था। 1971 में हम इस कमजोरी के प्रति सतर्क थे, इसलिए विशेष इलाके के विशेष तरह के रणनीतिक समर्थन के लिए विमान तय किये गये थे और उन विमानों की उपलब्धता के बारे में रणनीतिक एअर सेंटर, यहाँ तक कि फारवर्ड एअर कंट्रोलर के स्तर तक जानकारी उपलब्ध थी। दरअसल वायुसेना के समर्थन का यह पूरा नेटवर्क अच्छी संचार-प्रणाली पर निर्भर था, अड्डे के कमांडर को यह मालूम होना चाहिए था कि कब उनकी जरूरत होती है, विमान के पॉयलटों को काम की किस्म के बारे में जानकारी दी जाती थी और यह सुनिश्चित करना जरूरी होता था कि सही हथियार का इस्तेमाल हो रहा है या नहीं।

अमेरिकी सेना में एक उक्ति मशहूर है कि कांग्रेस जनरल नियुक्त करती है, लेकिन सिगनल कोर कमांडर बनाती है। पहले सेना को अग्रिम इलाके से वायुसेना द्वारा अपनी माँग पूरी करवाने में एक या दो दिन लग जाते थे। लेकिन 1971 के युद्ध में पूरे पश्चिमी क्षेत्र में वायुसेना किसी यूनिट, फील्ड यूनिट या अग्रिम यूनिट से माँग आने के एक या डेढ़ घंटे के भीतर अपने विमान भेज देती थी। वायुसेना के प्रभावी समर्थन के लिए इस तरह का कार्य महत्त्वपूर्ण है।

कुछ प्रकार की लड़ाइयों की तो पूर्व योजना बनाई जा सकती है, लेकिन जब सेना दुश्मन के संपर्क में होती है तो ऐसी भी स्थितियाँ पैदा हो सकती हैं, जिनकी पूर्व कल्पना नहीं की जा सकती। ऐसी स्थिति में वायुसेना की मदद की त्वरित जरूरत होती है। ऐसी स्थितियाँ अपरिहार्य रूप से पैदा होती हैं और दोनों सेनाओं में, विशेषकर उच्च स्तर पर तालमेल असरदार भूमिका निभा सकता है। इसे हासिल करने के लिए आपसी विश्वास और यह भरोसा होना चाहिए कि माँगें फालतू नहीं हैं और वायुसेना से जिस तरह की माँग की गयी है, परिस्थितियों को उसकी जरूरत है। यही आदर्श स्थिति है। लेकिन हमेशा ऐसा होता नहीं। 1971 में कई विमान बेकार गये और फील्ड कमांडरों ने वायुसेना के प्रयासों का अपव्यय किया। हालाँकि युद्ध में जुटे लोगों के लिए इस तरह का भ्रम या गलती शायद अपरिहार्य होती है—ज़ब आकस्मिक स्थितियाँ आती हैं, जब पूरे इलाके में युद्ध का कोहरा छा जाता है और यह स्पष्ट नहीं होता कि आप जीत रहे हैं या हार रहे हैं; या मैदान में हार रहा कमांडर अपने समस्त उपलब्ध संसाधनों को वहाँ जुटा लेना चाहता है। 1971 के युद्ध में ऐसा ही हुआ था।

दूसरी ओर 1971 में वायुसेना के समर्थन के ऐसे कई असाधारण उदाहरण हैं जिन पर विचार जरूरी है, क्योंकि उन्होंने युद्ध के नतीजों को बदलने में भारी योगदान

दिया। लेफ्टिनेंट जनरल सगत सिंह के नेतृत्व में पूर्व में सेना कोर नं. 4 ने सबसे अधिक तेज आक्रामक बल की ख्याति अर्जित की। यह कोर सिलहट से फेनी या उसके आगे तक हमला करती थी और मेघना नदी के पूर्व में सक्रिय थी। यह त्रिपुरा के अगरतला से आयी थी और मेघना के पश्चिम तक गयी। फिर ढाका जाने के लिए उसे पार कर आगे बढ़ी। युद्ध खत्म होने के बाद यह ढाका के बाहरी इलाके में नारायणगंज तक पहुँच चुकी थी। कोर-4 की गतिशीलता का काफी श्रेय उसके हेलीकॉप्टरों के बुद्धिमत्तापूर्ण और निर्भीक अभियान को जाता है। इसके अलावा उसका अपना सड़क-परिवहन और नौका एवं बजरे की व्यवस्था होती है। कामचलाऊ व्यवस्था इस पूरे मामले की कुंजी थी। उन्होंने आगे बढ़ने, हमला करने और ढाका के करीब पहुँचने के लिए कामचलाऊ व्यवस्था की। निश्चित रूप से जिस तालमेल के साथ वायुसेना और कोर-4 ने एक साथ मिलकर काम किया, उससे पूर्वी पाकिस्तान में पाकिस्तानी विपक्ष की पराजय में भारी मदद मिली।

इस इलाके में वायुसेना का प्रमुख योगदान यह था कि उसने लड़ाई के पहले दो दिनों में पाकिस्तानी वायुसेना को ध्वस्त कर दिया। पाकिस्तान के कई विमान मार गिराये गये और जब हमने ढाका के पास स्थित उनके अड्डों कुर्मीटोला और तेजगाँव पर हमला किया तो कई विमान रनवे पर ही बेकार हो गये। कैनबरा की शुरुआती बमबारी असरदार नहीं रही। उन्होंने हवाई पट्टियों की मरम्मत करके अविलम्ब उनका इस्तेमाल शुरू कर दिया। यहाँ पर कुछ प्रतिभाशाली फौरी व्यवस्था अपने आप हो गयी। मुख्य रूप से सुपरसानिक उच्च प्रदर्शनवाले मिग-21 का इस्तेमाल किया गया। वे बमों से भरे हुए थे और उन्हें दिन में दो हवाई पट्टियों पर बमबारी के लिए भेजा गया। वे ऐसे विमान थे जिनसे अगर पाकिस्तानी विमान मुठभेड़ करते थे तो वे लड़कर अपना रास्ता निकाल लेते थे। अगर कोई न मिलता तो वे बिना किसी व्यवधान के बमबारी करते रहते। वे बेहद सटीक बमबारी करते थे और मिग विमानों की वजह से ही कुर्मीटोला और तेजगाँव के आसमान पर हमारा पूरा नियंत्रण था और पाकिस्तानी वायुसेना के हमले का कोई खतरा नहीं था। इसी माहौल में हमारी सेना मुक्त रूप से आगे बढ़ रही थी और नौसेना पूर्वी पाकिस्तान के भीतर और बाहर से खुलकर हमले कर रही थी। विजय प्राप्त करने में यह एक प्रमुख कारक था और इसी कारण से जनरल नियाज़ी पराजित हुए और बांग्लादेश मुक्त हुआ। यह उन छुपी हुई संभावनाओं और सफलताओं की कुछ स्थितियाँ हैं। कोई कह सकता है कि यही हमारा उद्देश्य था, पर ऐसा था नहीं। वास्तव में हमें ढाका को जीतने की उम्मीद नहीं थी। लेकिन वायुसेना के बुद्धिमत्तापूर्ण इस्तेमाल और उसके और नौसेना के सहयोग के कारण उस इलाके में पाकिस्तान की पराजय हुई।

इसी तरह पश्चिम में जहाँ सेना और वायुसेना में तालमेल कायम हुआ, वहाँ

हमने असरदार और महत्त्वपूर्ण परिणाम प्राप्त किये। इनमें सबसे असाधारण घटना जैसलमेर के उत्तर-पश्चिम रेगिस्तान में पाकिस्तान के टैंक और सेना को बर्बाद किया जाना था। 4 दिसंबर की रात को पाकिस्तानी सेना जैसलमेर के उत्तर में स्थित भारतीय सेना के प्रमुख आपूर्ति केंद्र रामगढ़ पर चढ़ आयी। रामगढ़ के उत्तर में किशनगढ़ में सीमा के पास मेजर जनरल खम्बाटा के नेतृत्व में 12 इन्फैंट्री डिवीजन पाकिस्तान पर हमला करने के लिए तैयार थी। उसका उद्देश्य कराची को पंजाब से जोड़नेवाले रेलवे के एक महत्त्वपूर्ण केंद्र रहीमयार खान पर कब्जा करना था। इस डिवीजन का मुख्य सप्लाई डिपो रामगढ़ में था। अगर थलसेना के साथ ब्रिगेड में आये पाकिस्तानी टैंक किशनगढ़ के पीछे तक पहुँच जाते तो वे हमारी थलसेना को लड़ने के लिए आवश्यक आपूर्ति का बड़ा हिस्सा काट सकते थे। पाकिस्तानी सेना को रामगढ़ हथियाने के लिए सेना की एक छोटी चौकी लोंगेवाल से होकर गुजरना पड़ा। पाकिस्तानी रात में आये। उजली चाँदनी रात थी। ऐसे में वे रेगिस्तान के रास्ते से नहीं, बल्कि उस चौड़ी सड़क से आये जिसे हमने लोंगेवाल की तरफ बनाया था और जो रामगढ़ की तरफ घूमी हुई थी। लोंगेवाल के कंपनी कमांडर मेजर कुलदीप सिंह चौधरी ने शोर मचाया और रामगढ़ की ओर बढ़ रहे पाकिस्तानी टैंकों के बारे में अपने डिवीजन कमांडर को सूचित किया। पहले उनकी रपट की अनदेखी कर दी गयी। लगता है, डिवीजन ने सोचा होगा कि वे बौखला गये हैं। उन्हें दुश्मन की सेना के उत्तरी इलाके, यानी रहीमयार खान की तरफ से आने की उम्मीद थी। पाकिस्तानी टैंक लोंगेवाल से आगे निकल गये और बाद में चौकी की ओर मुड़े। उनके पीछे लौटने की असली वजह नहीं मालूम, पर समझा जाता है कि आगे के टैंक बहुत तेज जा रहे थे और पीछे के टैंकों, विशेषकर थलसेना का उनसे तालमेल बिठाना मुश्किल हो रहा था। जब तक वे अपनी शेष सेना को देखने के लिए पीछे मुड़ते, वे सुबह तक लोंगेवाल तक पहुँच चुके थे। कंपनी कमांडर ने अपने डिवीजनल मुख्यालय को इसकी पुष्टि कर दी कि पास में पाकिस्तानी बख्तरबंद सेना पर्याप्त संख्या में मौजूद है। कंपनी कमांडर खुद कुछ नहीं कर सकता था। उसे सिर्फ चंद टैंकरोधी बंदूकें दी गयी थीं, जो 60 से 70 टैंकों और थलसेना की पूरी ब्रिगेड को रोकने के लिए अपर्याप्त थीं।

लोंगेवाल से 10-15 मिनट की उड़ान पर जैसलमेर स्थित वायुसैनिक यूनिट को सतर्क कर दिया गया। उस वक्त वहाँ छह हंटर विमान मौजूद थे। यह अग्रिम हवाई पट्टी 1965 के युद्ध से सबक लेकर बनाई गयी थी। उस वक्त हमारे पास राजस्थान में जोधपुर के अलावा कोई और सामरिक हवाई अड्डा नहीं था और वह भी प्रशिक्षण स्कूल था। इसी वजह से 1965 में पाकिस्तान ने हमारी बड़ी धुनाई की थी, क्योंकि वहाँ से उड़नेवाले युद्धक विमान अक्सर बेअसर होते थे। हमने जैसलमेर के अलावा

बाड़मेर के पास उत्तरलाई में भी एक हवाई पट्टी बनाई थी, ताकि अगर सेना को उस इलाके में फिर सक्रिय होना हो तो ऊपर से उसे सुरक्षा दी जा सके। जैसलमेर विशेष रूप से सुविधाजनक था। जब युद्ध छिड़ा तो हम जामनगर के शस्त्र-प्रशिक्षण विंग से वहाँ के लिए विमान ले गये। उन छह विमानों में से दो हंटर प्रशिक्षक थे, जिनका प्रयोग शस्त्र प्रशिक्षण विंग में पॉयलटों को विमान से टक्कर लेने का प्रशिक्षण देने में होता था। इसके अलावा चार विमान एक सीटवाले युद्धक विमानों से टकरानेवाले थे। ये चारों क्रमिक उड़ान भरते थे। इनमें दो एक साथ उड़ते थे। उन्होंने 5 और 6 तारीख के बीच करीब 40 टैंक नष्ट किये, पाकिस्तान की थलसेना को रेगिस्तान में खदेड़ा और उनके परिवहन को नष्ट कर दिया।

उन्होंने पूरी तरह से तबाही मचा दी। सेना ने इसमें बहुत कम योगदान दिया। सिर्फ वायु पर्यवेक्षण चौकी के एक विमान की उन्होंने मदद की, जो जैसलमेर से बाहर सक्रिय था। यह विमान गोता लगाकर बहुत नीचे आ जाता और धीमे-धीमे उड़ता था। वह रेगिस्तान की एक-एक झाड़ी और बालू के टीले को देख सकता था और हंटरों को, थलसेना ले जा रहे टैंकों और ट्रकों को निशाने बना सकता था। इससे यह जाहिर हुआ कि वायुसेना और रणनीतिक वायुसेना की शक्ति किस हद तक थलसेना को उदासीन बना सकती है। वास्तव में यह एक अलग ही स्थिति थी, जो हर जगह संभव नहीं होती। हम ऐसा काम जंगल में नहीं कर सकते, क्योंकि वहाँ सैनिक या टैंक छुपे हो सकते हैं और उन्हें आसमान से नहीं देखा जा सकता। लेकिन रेगिस्तान में बिना हवाई समर्थन या बंदोबस्त किये बिना उतरना पाकिस्तान के लिए पूरी तरह घातक सिद्ध हुआ। वे हमारे चार लड़ाकू विमानों के आगे बिछे पड़े थे और एक-एक ने औसतन 10-12 टैंक ध्वस्त किये। इस तरह रामगढ़ की तरफ किया गया मार्च और जैसलमेर के लिए उत्पन्न खतरा पूरी तरह से बेकार कर दिया गया।

1971 की लड़ाई में एक और घटना, जिसने निर्णायक भूमिका निभाई, वह थी जम्मू-कश्मीर के छंब और पुंछ क्षेत्र में सेना की मदद करना। छंब में सेना समझती थी कि उसने आक्रामक रुख अख्तियार कर रखा है। वे हमले की तैयारी कर रहे थे, पर योजना में कई तरह की फेरबदल की गयी और पाकिस्तान द्वारा पश्चिम में युद्ध शुरू करने के सिर्फ तीन दिन पहले ही जिस डिवीजन को आक्रामक रुख अख्तियार करना था, उसे रक्षात्मक होने का आदेश दिया गया। उसे अपने सैनिकों की फिर से तैनाती का समय ही नहीं मिला। उसका तोपखाना मुनव्वर तवी नदी से आगे पश्चिम में स्थित था। उसकी एक ब्रिगेड भी मुनव्वर तवी के पश्चिम में थी और उसके पास हमले की तैयारी के लिए भारी मात्रा में हथियार और गोला-बारूद थे। दरअसल जब पाकिस्तानियों ने हमला किया तो वह डिवीजन बारूदी सुरंग बिछा रही थी और तवी के पश्चिम में रक्षात्मक तैयारी कर रही थी।

दो दिनों तक, यानी 4 और 5 दिसंबर तक ब्रिगेडियर (अब लेफ्टिनेंट जनरल) आर. के. जसवीरसिंह के नेतृत्व में 196 ब्रिगेड ने उन्हें रोके रखा लेकिन 6 तारीख को वह काफी भारी पड़ रही पाकिस्तानी सेना को नहीं सँभाल पा रही थी और उसे मुनव्वर तवी नदी के पूर्व की ओर हटना पड़ा। वहाँ उनकी अच्छी रक्षात्मक तैयारी थी और वे पाकिस्तानियों से लोहा ले सकते थे। नदी के पूर्व में उन्होंने पाकिस्तानियों को पैर नहीं जमाने दिया। भ्रम की स्थिति में जब 191 ब्रिगेड तवी के पश्चिम में पाकिस्तानियों का हमला झेल रही थी तो उसकी मदद के लिए वायुसेना बुलाई गयी। लेकिन 191 ब्रिगेड को सिर्फ सीमित समर्थन दिया जा सकता था। उस ब्रिगेड क्षेत्र की स्थिति काफी भ्रमपूर्ण थी। लड़ाई के दौरान भारतीय सेना और पाकिस्तानी सेना एक-दूसरे से ऐसे गुत्थमगुत्था हो गयी थीं कि वायुसेना के हमले के लिए उनमें विभाजन-रेखा खींचना मुश्किल था। इस बात का खतरा था कि कहीं हमारे विमान अपनी ही सेना पर हमला न कर बैठें और ऐसा हुआ भी। शायद ऐसी गड्डमड्ड स्थिति में ऐसा अपरिहार्य था। इसलिए वायुसेना ने पाकिस्तानी लाइन के पीछे से हमला किया ताकि और सेना न आ सके।

यहाँ दिये गये ये दोनों उदाहरण वायुसेना की अन्य दो सेनाओं संबंधी भूमिका को स्पष्ट करने के लिए पर्याप्त हैं। युद्ध जीतने के लिए समान रूप से महत्त्वपूर्ण दो अन्य अनिवार्य तत्त्वों पर फिर जोर दिया जा सकता है। उनमें पहला है किसी व्यक्ति की निजी जिम्मेदारियों के बीच उसकी क्षमता और दूसरा है शुरू से आखिर तक तीनों सेवाओं में सहयोग। यह सहयोग प्रशिक्षण और नियोजन के स्तर से लेकर वरिष्ठ स्तर से कनिष्ठ स्तर तक कार्यान्वियन और निष्पादन तक में होना चाहिए।

पूर्वी पाकिस्तान पर 25-26 मार्च, 1971 के दौरान हुए हमले के बाद उपमहाद्वीप की स्थिति अस्थिर हो गयी और अब उपवायु-सेनाध्यक्ष के नेतृत्व में एक प्रतिनिधि मंडल अंदर तक घुसकर मार करनेवाले विमान और आकाशीय रक्षा के लिए मिसाइल की तलाश में विदेश भेजा गया, ताकि हम अपने पुराने बेड़े को बदल सकें। लेकिन पता नहीं क्यों, न हमें फ्रांस का मिराज मिला और न ही रूस का कोई विमान। हम वास्तव में जो चाहते थे या हमें तात्कालिक रूप से जिसकी जरूरत थी, उनमें से कोई भी विमान नहीं मिला। इसलिए हमें अपनी कमर कसते हुए उपलब्ध संसाधनों के सहारे ही कामचलाऊ तैयारी करनी पड़ी। हम टी यू-22 जैसी अनुपयुक्त चीजें खरीदकर धौंस खाना नहीं चाहते थे। हमारे पास जो था और जिसके हम अभ्यस्त थे, उसके माध्यम से ही लड़ना बेहतर था, न कि उन विमानों का जखीरा जमा लेना जो हमारे उद्देश्य के लिए अनुपयुक्त थे। इसलिए हमने अपने गले में बोझ लटकाने के बजाय अपनी वायुसेना को चुस्त और चौकस रखने का फैसला किया।

आकाशीय युद्ध

अब मैं अन्य सेवाओं के समर्थन में किये गये वायुसैनिक अभियान के बजाय उसके स्वतंत्र अभियान का जिक्र करूँगा। 1971 में सेनाध्यक्षों, संयुक्त योजनाकारों और वायुसेना के वरिष्ठ कमांडरों के बीच हुई एक चर्चा के माध्यम से आकाशीय युद्ध के लिए 'लक्ष्य-प्रणाली' विकसित की गयी। चूँकि इस प्रणाली को सिर्फ पाकिस्तानी अच्छी तरह से जान गये थे, इसलिए उसका ब्यौरा यहाँ कोई रहस्योद्‌घाटन नहीं करेगा।

आकाशीय युद्ध की बुनियादी जरूरत हवाई श्रेष्ठता का होना है। दूसरे शब्दों में, दुश्मन के दखल के बिना जहाँ चाहें वहाँ जा सकें। पूर्ण श्रेष्ठता, जैसी कि पूर्वी पाकिस्तान के मामले में हासिल की गयीं दुर्लभ होती है। ज्यादातर मामलों में वायु श्रेष्ठता का संघर्ष अन्य अभियानों के साथ चलता है। इसमें अपने आकाश की रक्षा और दुश्मन पर हमले के लिए युद्धक विमानों का इस्तेमाल, युद्धक-बमवर्षक और बमवर्षक विमानों के माध्यम से दुश्मन के इलाके में भीतर घुसकर उसके महत्त्वपूर्ण ठिकानों पर हमला करना शामिल है। इंसानी जिंदगी और विमानों के लिहाज से महँगे बैठनेवाले इस खतरनाक काम को 1971 में पूरी तरह से किया गया। इसके तहत पाकिस्तानी वायुसेना के पूर्व और पश्चिम में स्थित सभी ज्ञात ठिकानों को निशाना बनाया गया। पाकिस्तानी वायुसेना द्वारा ज्यादातर क्षेत्रों में हमारे थल और नौसैनिक अभियान में किसी भी मोर्चे पर सीमित या बिल्कुल दखल न जमा पाने का कारण हमारी वायुसेना के इसी प्रयास में है।

वायुसेना ने 'लक्ष्य-प्रणाली' के दूसरे सर्वाधिक महत्त्वपूर्ण विषय हर आकार और स्वरूप में ऊर्जा को परिभाषित किया था। इसमें कराची बंदरगाह का ईंधन भंडारण टैंक, सिंध का सुई गैस संयंत्र, अटक तेल-शोधक संयंत्र और उसका भंडारण टैंक तथा पंजाब का मांगला जल विद्युत संयंत्र शामिल थे। पाकिस्तान को कितना नुकसान हुआ, इसकी संक्षिप्त जानकारी तो नहीं है लेकिन इतना तय है कि युद्ध के दौरान उसकी ईंधन-आपूर्ति बहुत घट गयी और उसे ईरान से सड़क मार्ग द्वारा टैंकरों में ईंधन लाना पड़ा। अटक तेल-शोधक संयंत्र में 1971-72 में कोई फायदा नहीं हुआ और सुई संयंत्र अपने उपभोक्ताओं को मार्च 1972 में गैस की आपूर्ति शुरू कर सका।

तीसरा और अंतिम विषय परिवहन, यानी सड़क और रेल दोनों थे। पश्चिमी पाकिस्तान का भूगोल कुछ ऐसा है कि उसके पास सिर्फ एक समुद्री बंदरगाह कराची है, जहाँ से उसका सभी आयात और निर्यात गुजरता है। पंजाब और उत्तर-पश्चिमी सीमांत प्रांत का इलाका, जहाँ पाकिस्तान का ज्यादातर अनाज पैदा होता है, ज्यादातर आबादी रहती है और जहाँ उसके ज्यादातर सैनिक ठिकाने हैं, 400 से 700

किलोमीटर उत्तर में स्थित है। कराची से 300 से 350 मील उत्तर-पूर्व में भारतीय सीमा पाकिस्तान में उभरती है। उस उभार के विपरीत दिशा में सिंधु नदी के पश्चिमी तट के साथ पहाड़ी इलाका आता है। इस तरह उत्तरी और दक्षिणी पाकिस्तान के बीच का रास्ता नदी के पूर्व में है और बमुश्किल सौ मील चौड़ा है। इसी गलियारे से सड़क और रेल लाइन गुजरती है। इसलिए उनकी सड़कें और रेलवे भारतीय सीमा के सामने और हमारी अग्रिम चौकियों की पहुँच में हैं। पाकिस्तानी सैनिक जीवन का एक तथ्य यह है कि सक्खर से सियालकोट तक 500 मील की दूरी की इसकी संचार-व्यवस्था पर 1971 की तरह भारतीय वायुसेना हावी हो सकती है। अगर पाकिस्तान सुरक्षा देने के लिए हवाई अड्डे बनाये भी, तो वह हमेशा मील दर मील सड़क और रेलवे की निगरानी नहीं करता। पाकिस्तानी रेलवे लाइन को उड़ाने के लिए कुछ बमों या राकेट का एक हमला काफी है। 1971 में पुराने पड़ चुके वैम्पायर और हार्वर्ड विमान रात में वहाँ के सड़क और रेल परिवहन को गंभीरता से प्रभावित कर सके थे। दूसरी ओर भारत में इस मोर्चे के सामने की सड़कें और रेलवे पाकिस्तान से दूर हैं और महत्त्वपूर्ण अड्डों पर हमला करने के लिए पाकिस्तानी वायुसेना को जबर्दस्त तरीके से सुरक्षित भूभाग में काफी भीतर तक घुसना पड़ेगा।

क्या पाकिस्तान उत्तर में चीन से जुड़ी सिल्क रोड या चीनी हवाई मार्ग से या कहीं और से आपूर्ति प्राप्त कर सकता है। यह विवाद का विषय है। चूँकि चीन के मुख्य औद्योगिक केंद्र एशिया के पूर्वी तट पर 2000 मील की दूरी पर हैं और सिल्क रोड कई महीने तक बर्फ से ढकी रहनेवाली ऊँची पहाड़ियों से गुजरती है, इसलिए उस मार्ग से भारी आपूर्ति की संभावना भी क्षीण लगती है। जहाँ तक वायु-परिवहन का सवाल है, उसके माध्यम से छोटे हथियार और हल्के उपकरण तो आ सकते हैं, भारी हथियार नहीं आ सकते। आनेवाले कुछ समय तक पाकिस्तानी सेना को ज्यादातर उसी मौजूदा परिवहन-प्रणाली पर निर्भर रहना पड़ेगा जो कराची और उसके मुख्य भूभाग को जोड़ती है और उसे और बेहतर सुरक्षा देने के लिए कुछ खास नहीं किया जा सकता।

इस तरह यही वह 'लक्ष्य-प्रणाली' थी, जिस पर 1971 का आकाशीय युद्ध लड़ा गया। इसके ब्यौरे में अंतर होना अनिवार्य है, लेकिन जहाँ तक मेरी राय है, मुख्य सामरिक आयाम के रूप में यह आनेवाले अनेक वर्षों तक वैध रहेगा। भौगोलिक तथ्य स्पष्ट रूप से बताते हैं कि पाकिस्तान का भारत से युद्ध करना घातक होगा।

12 पूर्वी क्षेत्र

पश्चिमी पाकिस्तान ने पूर्वी पाकिस्तान पर 25-26 मार्च, 1971 की रात को दमनचक्र शुरू किया। अप्रैल के अंत तक देश के विभिन्न हिस्सों में उठी बगावत को सख्ती से दबा दिया गया। उसके पूर्वी समुद्र तट के कुछ इलाके, जैसे चटगाँव और पश्चिमी क्षेत्र में जैसे बेनापोल, जेसोर, झेनिदा, कुश्तिया, पाबना, राजशाही में जबरदस्त लड़ाई हुई। चटगाँव में रेडियो ट्रांसमीटरों, पूर्वी पाकिस्तान राइफल्स के मुख्यालय और रिजर्व पुलिस लाइंस पर बागियों के गढ़ को ध्वस्त करने के लिए पश्चिमी पाकिस्तानियों ने न सिर्फ सेना, बल्कि नौसेना के एक विध्वंसक, कुछ युद्धनौकाओं, टैंकों, एक भारी मोर्टार बैटरी और सेबर जेटों से हमला किया। यह क्रूर अभियान था। कभी-कभी दोनों तरफ से क्रूरता का प्रदर्शन किया गया। लेकिन एक क्रूरता से दूसरी क्रूरता खारिज नहीं की जा सकती। इस तरह कुछ समय के लिए पूर्वी पाकिस्तान को 'निष्प्रभावी', 'सुरक्षित' और 'शांत' कर दिया गया।

सीमा-पार से पूर्वी पाकिस्तान के शरणार्थी भारत में अप्रत्याशित संख्या में चले आ रहे थे। वे पूर्व में त्रिपुरा में और उत्तर में कूच-बिहार और सिलीगुड़ी इलाकों में आ रहे थे। जैसे-जैसे हमारे सामाजिक-आर्थिक ढाँचे पर दबाव बढ़ता गया, वैसे-वैसे भारत और पाकिस्तान में तनाव बढ़ता गया। इतनी बड़ी, अभागी विस्थापित आबादी की देखभाल के लिए न्यूनतम बुनियादी जरूरतों जैसे भोजन, आश्रय, सफाई, चिकित्सा-सुविधा जुटाने तथा महामारी और संभावित नागरिक असंतोष की रोकथाम के इंतजाम किए गये, लेकिन भारत के लिए वह भारी प्रशासनिक और वित्तीय समस्या थी। ऐसी स्थितियों में यह आवश्यक था कि भारत सरकार सभी घटनाओं के लिए चौकस और आकस्मिक योजनाओं के साथ तैयार रहे। दिन बीतने के साथ याह्या खान अपने युद्धक इरादों को ज्यादा साफ और जोरदार तरीके से रखने लगे।

इस तरह का एक ऐलान 19 जुलाई, 1971 को लंदन के 'फाइनेंसियल टाइम्स' में छपा, "दुनिया जान ले, मैं युद्ध का ऐलान करूँगा" और कहा कि वे इस युद्ध में अकेले नहीं होंगे। शायद उन्हें चीन और अमेरिका के सक्रिय सहयोग का भरोसा था। पेरिस के अखबार 'ल फिगारो' के विशेष संवाददाता पियरे लुई को दिए एक इंटरव्यू में 1 सितंबर, 1971 को उन्होंने फिर ये धमकियाँ दोहराईं। आखिरी धमकी युद्ध के दस दिन पहले पाकिस्तान आये एक चीनी मेहमान के स्वागत में आयोजित भोज में दी गयी।

भारत इन धमकियों की परवाह करते हुए तैयारी करने के लिए मजबूर था। पाकिस्तानी सेना की युद्ध की तैयारियों की सूचना देने का एक स्रोत पूर्वी और पश्चिमी पाकिस्तान से भाग रहे बंगाली सैनिक थे। इसके अलावा राडार से सीमा के पास उनकी हवाई गतिविधियों के सबूत भी मिल रहे थे। वे अपने काम में जुटे थे।

नवंबर की शुरुआत में फिरोजपुर और बीकानेर के बीच उड़ान पर जा रहा एक ए एन-12 विमान रेडियो कंपास सेटिंग की गलती से छिटक कर पश्चिमी पाकिस्तान में चला गया। पाकिस्तानी वायुसेना ने उस पर तुरंत हमला बोल दिया। लेकिन इससे पहले कि पाकिस्तानी वायुसेना उसे पकड़ पाती, सौभाग्य से वह भारतीय सीमा में लौट आया।

जासूसी गतिविधियाँ तेज हो गयीं। आदमपुर हवाई पट्टी के पास छोटी-सी दुकान चला रहे एक कटपीस-विक्रेता को लड़ाई के दौरान अपनाई जानेवाली प्रक्रिया और कोड के माध्यम से पाकिस्तानी वायुसेना को भारतीय वायुसेना के विषय में संदेश भेजते हुए पकड़ा गया।

उधर पूर्व में निर्वासित बांग्ला देश सरकार के प्रधानमंत्री ताजुद्दीन अहमद ने अप्रैल 1971 में मुक्तिवाहिनी के गठन का ऐलान किया। पूर्वी बंगाल रेजीमेंट के कर्नल एम. ए. जी. उसमानी को उसका कमांडर-इन-चीफ बनाया गया। उनका काम दूर तक बिखरे समूहों में तालमेल बिठाना था। मई का महीना अपेक्षाकृत शांत था। उस दौरान प्रतिरोधी शक्तियाँ संगठित हो रही थीं। जून तक उन्होंने अपनी छापामार लड़ाई शुरू कर दी। अगस्त तक जब उन्होंने अनुभव हासिल कर लिया तो वे ज्यादा प्रभावी हो गये। पूर्वी पाकिस्तान की जनता भारी मानसूनी जलवायु की अभ्यस्त थी, पर पश्चिमी पाकिस्तानी भारी नुकसान में थे। वे बेचैन होने लगे। अक्तूबर तक मुक्तिवाहिनी बंदरगाहों, सीमाओं और कुछ हद तक देश के भीतर प्रभावी हो उठी थी। एक पाकिस्तानी इतिहासकार मानता है, "पाकिस्तानी सेना की गश्ती आक्रामकता और लड़ने का टिकाऊपन तब तक कमजोर पड़ने लगा था।* सीमा से सटे इलाकों जैसे जेसोर के पास बोयरा में; उत्तर-पश्चिम क्षेत्र के हिल्ली और पचगढ़ में; उत्तरी क्षेत्र

* विटनेस सरेन्डर, लेखक सिद्दीक सालिक, आक्सफोर्ड यूनिवर्सिटी प्रेस, दिल्ली, पृ. 118

के कमालपुर में; छटक, अटग्राम, और सिलहट के पास उत्तर-पूर्व के चाय बागान क्षेत्र के जकीग्राम में। इसके अलावा अखौरा और बेलोनिया में जारी छापामार लड़ाई में मुक्तिवाहिनी हावी थी।"

पूर्वी वायु कमान

पूर्वी एअर कमान एअर आफिसर कमांडिंग-इन-चीफ एअर मार्शल एच. सी. दीवान के जिम्मे थी। उनके वरिष्ठ एअर स्टाफ आफिसर एअर वाइस मार्शल देवाशर थे। एअर कमोडोर के. एम. राय थे और उन पर विमान-परिचालन का जिम्मा था। विंग कमांडर एस. के. मेहरा ने युद्ध शुरू होने के दो हफ्ते पहले मुख्यालय ज्वाइन किया था। पूर्वी पाकिस्तान की उथल-पुथल भारत के लिए एक खतरनाक संकेत थी। सेना मुख्यालय की तरह सरकार भी सतर्क थी, इसलिए सरकार ने मुख्यालयों से संपर्क बनाया। खुफिया रपटों के अनुसार आकस्मिक योजनाएँ बनाई गयीं। जैसे-जैसे स्थितियाँ बदलती गयीं, योजनाएँ भी बदलनी पड़ीं। वायुसेना मुख्यालय आखिरी समय तक योजनाएँ बदलता रहा और सबसे ताजा योजना लड़ाई छिड़ने से एक रात पहले वायुसेना उपाध्यक्ष एअर मार्शल एच. एन. चटर्जी ने खुद पूर्वी एअर कमान के ए. ओ. सी.-इन-सी को सौंपी। वायुसेना मुख्यालय ने इस बात की पर्याप्त गुंजाइश छोड़ी कि मैदान में तैनात कमांडर अपनी पहल और कल्पना का पूरा इस्तेमाल कर सके। स्टेशनों से कमान मुख्यालय, कमान मुख्यालय से वायु मुख्यालय को रोज जानकारी देना पूरी तरह आवश्यक था। कम से कम 24 घंटे पहले रणनीतिक लक्ष्य तय करना जरूरी था। पहला काम आकाश की रक्षा करना और जहाँ तक संभव हो, पाकिस्तानी वायुसेना को बेअसर करना था। उतना ही महत्त्वपूर्ण सेना को समर्थन देना था। 4-कोर से शिलांग की पूर्वी एअर कमान मुख्यालय को माँग और आवेदन भेजे जाते थे, जो बाद में वहाँ से गुवाहाटी और कलकत्ता के 2-कोर उच्च मुख्यालय को भेजे जाते थे। पूरे युद्ध के दौरान कोई माँग ठुकराई नहीं गयी। वायुसेना के लगभग 60 फीसदी काम को सेना के करीबी समर्थन के लिए छोड़ा गया। नौसेना के साथ सहयोग का मामला जरूरत पर छोड़ दिया गया। उदाहरण के लिए जब संयुक्त राष्ट्र के विमान ढाका पहुँचे, तो विक्रांत के सी हॉक ने पूर्वी वायु कमान मुख्यालय की चेतावनी के बावजूद सी-130 पर फायर किया। सौभाग्य से वह चूक गया।

पूर्वी वायु कमान की राडार प्रणाली अच्छी थी, लेकिन ढाका की भी इससे कम अच्छी नहीं थी। पाकिस्तानी वायुसेना भारतीय वायुसेना के हर हमले का अनुमान लगा लेती थी और लड़ाई के पहले दो दिनों तक हमारे विमानों को रोकने के लिए झपट्टा भी मारा। जमीनी लाइन को रेडियो टेलीफोन से जोड़नेवाली संचार-प्रणाली बहुत अच्छी थी। इसमें 1965 के बाद काफी सुधार किया गया था।

पूर्वी वायु कमान मुख्यालय ने हमले की योजना बनाई और अपने स्क्वाड्रनों को काम सौंपा और हर छोटे-छोटे तथ्य पर पूरा ध्यान देते हुए प्रशासकीय और संभारतंत्रीय सहायता जुटाई। कलकत्ता के पश्चिम कलाईकुंडा में कुछ स्क्वाड्रन तैनात किये गये, ताकि जरूरत पड़ने पर उनमें से एक या दो जल्दी से पहुँच सकें। उनका संभारतंत्र कलकत्ता के हवाई अड्डे दमदम पर जमा किया गया। इसी तरह कोर को हेलीकॉप्टर से उठाने का प्रसिद्ध अभियान पूर्वी वायु कमान की पहल पर आयोजित किया गया। इसमें न सेना या सेना मुख्यालय ने कोई पहल की और न ही प्रमुख सैनिक 4-कोर जी. ओ. सी-इन-सी. लेफ्टिनेंट जनरल सगत सिंह ने कुछ किया था। योजनाओं की शुरुआत में ढाका पर कब्जे का उद्देश्य स्पष्ट नहीं था। लेकिन लेफ्टिनेंट जनरल अरोड़ा, लेफ्टिनेंट जनरल सगत सिंह और पूर्वी एअर कमान के मुख्यालय को भी यह बात अच्छी तरह से मालूम थी कि अनेकानेक नदियों के इस देश में पुल बनानेवाले उपकरणों की कमी पड़ जायेगी। इसलिए विमान-परिवहन की जरूरत पड़ेगी। हमारे कैप्टन चंदन सिंह जोरहट के स्टेशन कमांडर थे, जो धुर पूर्व में एक परिवहन अड्डा था और उस समय बहुत व्यस्त नहीं था। उन्होंने स्ववित्त सुविधाएँ देकर जोरहट के एक दुर्गम स्टेशन को बहुत ही आकर्षक स्टेशन में बदल दिया था। लेकिन इसके लिए असली काम, यानी फ्लाइंग के साथ कोई समझौता नहीं किया था। युद्ध शुरू होने के कुछ हफ्ते पहले पूर्वी एअर कमान मुख्यालय ने तैयारी के सिलसिले में ग्रुप कैप्टन चंदन सिंह को अस्थाई रूप से कोर में भेज दिया। इस बीच लेफ्टिनेंट जनरल सगत सिंह भी विचार कर रहे थे और योजनाएँ बना रहे थे। वायुसेना और 4-कोर में जबरदस्त तालमेल था, जो बाद में और बढ़ गया। यह इस युद्ध की एक विशेषता थी।

पूर्वी क्षेत्र में पूर्वी पाकिस्तान से मुक्तिवाहिनी का पीछा करती हुई पाकिस्तानी सेना और वायुसेना अक्सर भारतीय सीमा में घुस आती थी। वास्तव में पाकिस्तानी वाय सेनाध्यक्ष और मेरे बीच इस तरह की हवाई घुसपैठ को रोकने के लिए संदेशों का आदान-प्रदान हुआ, लेकिन वह बेकार रहा। घुसपैठ जारी रही। इसी सिलसिले में भारतीय वायुसेना 22 नवंबर, 1971 को फिर सुर्खियों में आ गयी। तीन किलोमीटर की चौड़ाई में पूर्वी पाकिस्तान के भीतर उभरनेवाले बोयरा क्षेत्र के ऊपर स्क्वाड्रन-22 के चार नैटों ने झपट्टा मारकर चार सेबरों को घेर लिया। इनमें से तीन मार गिराये गये। एक भाग निकला।

इस 'हमले' के बारे में पढ़ना उत्तेजनापूर्ण और नाटकीय लगता है और आम आदमी को इस बारे में कोई अनुमान नहीं होता कि चंद मिनटों और सैकेंडों के इस काम को आयोजित करने में हफ्तों और महीनों लगते हैं। टारगेट एरिया के इर्दगिर्द या सीमा के आसपास सेक्टरवार वायुरक्षा निर्देशन केंद्र होते हैं। यहाँ ये केंद्र पूर्वी

पाकिस्तान के दक्षिण-पश्चिम, उत्तर-पश्चिम, उत्तर और धुर उत्तर-पूर्व में थे। वायुरक्षा निर्देशन केंद्र (ए. डी. डी. सी.) का काम घुसपैठ कर रहे विमानों का पता लगाना, पीछा करना, पहचानना और उन पर रणनीतिक कार्रवाई करना होता है। उनका मुख्य उपकरण राडार और पूरी तरह विश्वसनीय आर/टी (रेडियो, टेलीफोन) संचार-प्रणाली होता है। यह वायुसेना गतिविधि संपर्क सेल के साथ काम करता है और उसे नागरिक विमानों की गतिविधि के बारे में जानकारी देता रहता है। किसी नागरिक या परिवहन विमान को तब तक नहीं छुआ जाता, जब तक वह किसी ऐसे काम में शामिल न हो, जिसे स्पष्ट रूप से शत्रुतापूर्ण न कहा जाये। जो लोग ए. डी. डी. सी. सँभालते हैं, वे पॉयलट नहीं होते, प्रशासकीय शाखा के अधिकारी होते हैं, जिन्हें एअर डिफेंस कॉलेज, लखनऊ में विशेष प्रशिक्षण दिया जाता है। 1971 में सबसे प्रमुख व्यक्ति सेक्टर डायरेक्टर फ्लाइंग अफसर या एक फ्लाइट लेफ्टिनेंट हुआ करता था। अब इस पद पर स्क्वाड्रन लीडर या विंग कमांडर नियुक्त किये जाते हैं।

युद्ध-काल में जैसे ही कोई विमान हमारी आकाश-सीमा में घुसता था और यह पहचान लिया जाता था कि वह दुश्मन का विमान है, तो इस घुसपैठ से निपटने के लिए किस हथियार का इस्तेमाल किया जाये, यह तय करना सेक्टर डायरेक्टर की जिम्मेदारी हो जाती थी। पहला चयन रेंज के लिहाज से किसी विमान का किया जाता था। अगर वह बहुत नजदीक होता था और उस काम के लिए मिसाइल ठीक तरह से लगाये गये हैं, तो मिसाइलों का ही सहारा लिया जाता था। मिसाइल के अलावा मिसाइल स्क्वाड्रन के पास एक्विजिशन राडार और एक फायरिंग राडार या मिसाइल गाइडेंस राडार भी होता है। तीसरा हथियार विमानबेधी तोपें (अक-अक गन) होती है। सेक्टर डायरेक्टर के पास सलाह देने के लिए तोपखाने का एक अधिकारी भी होता है। वहाँ तैनात तोपें एक दूसरे से और केंद्र द्वारा रेडियो टेलीफोन से जुड़ी होती हैं। एक बार जब सेक्टर डायरेक्टर यह फैसला कर लेता है कि दुश्मन के विमान को रोकना है और वह तेजी से उसके लिए अपना दिमाग बना लेता है तो हमले का आदेश दिया जाता है। जिस विमान से हमला करना होता है, वह युद्ध-तैयारी आधार (ऑपरेशनल रेडीनेस प्लेटफार्म) पर इस आदेश का इंतजार कर रहा होता है। वह पॉयलट को क्लॉक कोड के माध्यम से दुश्मन के विमान की गति, दिशा और स्थिति की सूचना देने, दूरी और विमान की किस्म--युद्धक या बमवर्षक--की जानकारी देने के साथ शुरू हो जाता है। ये अवरोधक विमान 90 सेकेंड के भीतर आसमान में होते हैं। अगर वे चाक्षुष संपर्क में होते हैं तो सेक्टर डायरेक्टर पॉयलट को उसकी स्थिति और दाँव बताता है और निशाना लगाने को कहता है। एक बार इतना होने के बाद अवरोधक और घुसपैठिया खुद गुत्थमगुत्था हो जाते हैं।

नैट

पाकिस्तानी वायुसेना के सेबर आमतौर पर तेजगाँव (ढाका) से कम ऊँचाई पर उड़ते आते थे और जेसोर (कलकत्ता से 110 किलामीटर दूर) के ऊपर इकट्ठे होकर एक साथ बढ़ते थे और फिर सीमा की तरफ उत्तर-पश्चिम दिशा में बढ़ जाते थे। उनका लक्ष्य भारतीय सीमा पर जेसोर के पास स्थित बोयरा था। यह इलाका भारत की ओर से पूर्वी पाकिस्तान में उभरता हुआ है। इसकी चौड़ाई तीन किलोमीटर है। यहाँ मुक्तिवाहिनी अक्सर छापा मारा करती थी। सेबर सीमा तक आकर फिर दक्षिण की तरफ 180 डिग्री घूमते थे। गोलीबारी या गोता लगाकर सामने से फायरिंग करते और नीचे उतरकर जेसोर चले जाते थे। हर उड़ान में सात या आठ बार यही हरकत की जाती थी। उनका मार्ग पगडंडी के किनारे पड़े दिल की तरह से होता था। उसका नुकीला सिरा जेसोर के ऊपर और आधार सीमा के साथ होता था। विंग कमांडर बी. एस. सिकंद (अब एयर मार्शल) के नेतृत्व में 32 स्क्वाड्रन, जो कलाईकुंडा में तैनात थी, सितंबर के बाद दमदम हवाई अड्डे से काम कर रही थी। उस हवाई अड्डे को सेना के लड़ाकू विमानों को उतारने के लिए काफी सक्रिय कर दिया गया था। शुरू के कुछ दिन हमारा वायु-रक्षातंत्र इन घुसपैठियों को रोक पाने में असमर्थ था। 21 नवंबर को जमीन पर टैंक और तोपों की लड़ाई चल रही थी। भारतीय सेना ने 13 पाकिस्तानी टैंक नष्ट कर दिये। 22 नवंबर को इस इलाके पर जेसोर के खास पहले पाकिस्तानी उड़ान को हमारे राडार ने सुबह 8.11 पर पकड़ा। नंबर-22 स्क्वाड्रन के चार नैट विमानों ने उन पर हमला करके उन्हें रोक लिया। सेबर तेजी से भागे और उनका पीछा नहीं किया गया। भारत का इरादा उन्हें चेतावनी देना था। दूसरी उड़ान 10.28 पर देखी गयी और फिर वही कार्रवाई की गयी। तीसरी उड़ान को राडार ने 14.48 पर (दो बजकर 48 मिनट पर) जेसोर के ऊपर देखा। वे राडार पर एक या दो मिनट तक रहे और 2,000 फुट (600 मीटर) की ऊँचाई पर उत्तर-पश्चिम दिशा में चले गये। उसके बाद उनका गोता लगाकर हमला करने का इरादा था। उन पर हमले का आदेश 14.49 पर (2 बजकर 49 मिनट पर) दिया गया। दो बजकर 51 मिनट पर दमदम हवाई अड्डे से चार नैट विमान उड़े। हमारे युद्धक विमान 4,000 फुट (1200 मीटर) की ऊँचाई पर थे। सेक्टर डायरेक्टर फ्लाइंग अफसर के. बी. बागची ने टुकड़ी के अगुआ फ्लाइट लेफ्टिनेंट आर. मैसी से कहा, "एक बजकर 10 मिनट" (नाटिकल मील)। मैसी ने जवाब दिया, "कांटेक्ट, वे आगे बढ़ रहे हैं, पर अभी भी अपने क्षेत्र में हैं और घुसने के लिए दक्षिण की ओर मुड़ रहे हैं।" सात या आठ मिनट में, जब तक नैट दमदम से बोयरा पहुँचे होंगे, तब तक वे 6 या 7 बार घुस चुके थे। सेबर अगली बार घुसने के लिए 600 मीटर की ऊँचाई से 150 मीटर या इसके आसपास की ऊँचाई तक उतर रहे थे और नैट को उन्हें भारतीय उभार की

तीन किलोमीटर की चौड़ाई में पकड़ना था।

बागची चिल्लाया, "दाहिने पंख के ऊपर हमला करो। हाफ ट्वैल्व, हजार यार्ड।"

मैसी ने जवाब दिया, "कांटैक्ट"।

बागची ने कहा, "किस तरह के विमान हैं।"

"सेबर्स"।

"दागो।" उस वक्त तीन बजने में एक मिनट बाकी था।

फ्लाइट लेफ्टिनेंट एम. ए. गणपति और फ्लाइंग अफसर लैजारस टुकड़ी में तीसरे और चौथे नंबर पर थे। तीन बजे गणपति आर. टी. पर चिल्लाया, "मर्डर ! मर्डर ! मर्डर !" सेबर बेवकूफी से आगे बढ़ आये थे और बिल्कुल सामने आ गये। गणपति और लैजारस यह मौका हाथ से नहीं जाने देना चाहते थे। उन्होंने सेबर विमानों पर हमला किया और एक-एक को मार गिराया। उन्होंने देखा कि पॉयलट छतरी से उतरे और विमान का मलबा बोनगाँव में गिर गया।

मैसी का निशाना भारी धुआँ छोड़ते हुए पूर्वी पाकिस्तान में घुस गया और बाद में चौगाछा के एक पोखर में गिर गया। बाद में पता चला कि वह पॉयलट विंग कमांडर चौधरी था। छतरी के सहारे कूदनेवाले दो पॉयलट युद्धबंदी बना लिये गए। उनके नाम थे–फ्लाइट लेफ्टिनेंट परवेज़ मेहंदी कुरैशी और फ्लाइंग अफसर खलील अहमद। यह एकदम उचित लड़ाई थी–चार नैट विमान चार सेबर विमानों से भिड़े, न कि आठ, जैसा कि एक पाकिस्तानी जनरल ने कहा और न ही 'पाकिस्तानी वायुसेना के इतिहास' में दर्ज दस विमान।*

संभावित बदले की कार्रवाई से रक्षा के लिए सेक्टर निदेशक ने उस दिन शाम होने तक दमदम, पानागढ़ और कलाईकुंडा पर लड़ाकू विमानों की गश्त (सी. ए. पी.) जारी रखी। दमदम में नैट तथा पानागढ़ और कलाईकुंडा में मिग विमान खड़े थे। 30 स्क्वाड्रन के मिग असम के तेजपुर से कलाईकुंडा के लिए आये थे और सी. ए. पी. व ओ. आर. पी. ड्यूटी के लिए पानागढ़ में चार मिग रखे हुए थे। इस घटना के तुरंत बाद मैंने बैरकपुर और दमदम पहुँचकर अच्छी शुरुआत के लिए अपने बहादुरों को बधाई दी। लगा कि वास्तविक नभ-युद्ध शुरू होने से पहले ही हमने उसे जीत लिया। दमदम में मोटी छाजन के अभाव में कुछ समय के लिए नैट कलाईकुंडा भेज दिये गये, लेकिन थोड़े दिन बाद उन्हें फिर वापस ले आया गया। चार विमानों के

* देखें मेजर जनरल फजल मुकीम खाँ द्वारा लिखित 'क्राइसिस इन लीडरशिप' पृ.-164 तथा 'हिस्ट्री ऑफ दी पी. ए. एफ. 1947-1982, लेखक सैयद सब्बीर हुसैन और स्क्वाड्रन लीडर एम. तारिक कुरैशी–पी. ए. एफ. प्रेस मस्तूर–कराची 1982, पृ. 181

नुकसान से पाकिस्तानी वायुसेना ने अपनी हरकतें बंद नहीं कीं, अगली सुबह चार सेबर आये और सीमा पर 12 मिनट तक गोलीबारी करते रहे। पानागढ़ और कलाईकुंडा से दो-दो मिग भेजे गये। उन्हें पहुँचने में 13 मिनट लगे। तब तक सेबर चले गये थे।

इस घटना के बाद पाकिस्तानी राष्ट्रपति ने 23 नवंबर, 1971 को राष्ट्रीय आपातकाल घोषित कर दिया।

भारत की पश्चिमी सीमा पर 3 दिसंबर, 1971 को पाकिस्तान ने हमला बोल दिया। हैरत की बात यह थी कि याह्या खान ने कोड संदेशों के माध्यम से भी इसकी कोई सूचना पूर्वी पाकिस्तान को नहीं दी। जैसा कि सादिक मलिक ने बताया* कि उन्हें यह संदेश रेडियो पर सुनाई पड़ा। उस दिन का जो कार्यक्रम तैयार किया गया, उसमें सेना को खुली छूट दी गयी थी। कहा गया कि अंतर्राष्ट्रीय सीमा की परवाह किये बिना वे दुश्मन पर जहाँ पायें, वहाँ हमला कर सकते हैं। उन्हें यह भी याद दिलाया गया कि उन्हें आखिर तक लड़ना है, क्योंकि जमीन, समुद्र और आसमान से होकर कोई ऐसा रास्ता नहीं है जिससे वे पूर्वी पाकिस्तान से भाग सकें। यह संदेश तैयार किया गया। अगले दिन उसकी डुप्लीकेट कॉपी निकाली गयीं, पर परिवहन की कमी के कारण वितरित नहीं की जा सकीं। बाद में सभी कॉपियों को जलाना पड़ा।

मुझसे पूछा गया कि जवाबी हमला करने में इतनी देर क्यों लगी, जबकि सरकार ने सेनाध्यक्षों को अक्तूबर में ही यह अधिकार दे दिया था कि अगर पाकिस्तान भारतीय जमीन पर हमला करे तो वे उसे सज़ा दें। उनका हमला पौने छह बजे शुरू हुआ और हमारा पहला विमान रात साढ़े दस और 12 बजे पाकिस्तान पहुँचा। वे आगरा के बमवर्षक थे और हमने उन्हें एक या दो अन्य हवाई क्षेत्रों में तैनात कर रखा था। इसके अलावा यह भी ध्यान देने की बात है कि बमवर्षक विमानों में पूरी तरह बम भरे नहीं रहते और वे सिर्फ 'जाओ' के आदेश से नहीं जा सकते। बम निष्क्रिय अवस्था में रखे रहते हैं। उन्हें इस्तेमाल करने के पहले उनमें फ्यूज लगाया जाता है और उन्हें बाकायदा विमान में फिट करना होता है। बम एक परिवाहक पर लादकर विमान तक ले जाये जाते हैं और फिर एक-एक कर विमान में रखे जाते हैं। इसमें समय लगता है।

उसी शाम श्रीमती गांधी कलकत्ता से लौटीं। रक्षामंत्री पटना से लौटे। रात साढ़े ग्यारह बजे बैठक हुई। जो कार्रवाई की गयी थी, उसकी जानकारी मंत्रिमंडल को दी गयी और उसे ठीक बताया गया। अगर हमने अंतिम आदेश तक इंतजार करने के बाद बमवर्षकों को तैयार किया होता तो बहुत देर हो चुकी होती।

---

* देखें सादिक मलिक, ओ. पी. सी. आई. टी., पृ. 129-130

पूर्व में हमने कई वर्षों में पूर्वी पाकिस्तान को घेरते हुए कई हवाई अड्डे बनाये थे। वे हमारे उत्तरी सीमा के लिए भी कवच का काम कर रहे थे। हमारा एक अड्डा कलाईकुंडा में था और दूसरा कलकत्ता में। हमने कलकत्ता के पश्चिम में पानागढ़ में एक अस्थायी अड्डा बनाया था। उत्तरी बंगाल में हमारा एक अड्डा बागडोगरा और दूसरा हाशिमारा में था। असम में गुवाहाटी में अड्डा बनाया गया, इंफाल का अड्डा इस्तेमाल में नहीं था। इसके अलावा सिलचर के पास कुंभीरग्राम का अड्डा था, जिसका इस्तेमाल हमने अतीत में मिजो पहाड़ियों और नागालैंड में आपूर्ति के लिए किया था।

स्थायी अड्डों की रक्षा के लिए काफी चौकसी बरती गयी और अक्तूबर 1971 में हम पानागढ़ में कुछ अतिरिक्त विमान ले आये, जो एक अस्थायी अड्डा ही था। 3 दिसंबर की रात को जब लड़ाई शुरू हुई तो हमने तेजगाँव और चटगाँव पर बमबारी की। 4 दिसंबर की सुबह से हमने उन सभी हवाई अड्डों पर हमला बोल दिया, जहाँ से पाकिस्तानी वायुसेना उड़ान भरती थी। इसने उत्तर और पश्चिम के लड़ाकू विमानों का इस्तेमाल किया। पाकिस्तान के मुख्य अड्डे ढाका के पास तेजगाँव और कुर्मीटोला के पास थे। बाद में हमने 11 विमानों को धराशायी पाया। उनमें से कुछ हमारे हवाई हमले से नष्ट हुए थे, कुछ पाकिस्तानियों ने खुद नष्ट किये थे।

पूर्वी पाकिस्तान में पाकिस्तानी वायुसेना बहुत छोटी थी और वह शुरुआती 48 घंटों के भीतर ही ध्वस्त हो गयी। उसके बाद हम पूर्वी आकाश में आजाद थे। इस्का इस्तेमाल हम सेना को ढाका की ओर बढ़ने में मदद पहुँचाने में करते रहे।

नैट के बारे में कुछ और तथ्य बताकर उसकी कहानी पूरी की जाये। नंबर-22 स्क्वाड्रन का रिकार्ड बेहतरीन था। उसकी उपयोगिता सौ फीसदी थी। उसके सभी 12 विमान युद्ध के दौरान रोज उड़ान भरते थे। वे कुल 250 अभियानों पर गये। उनका काम आसपास की रक्षा और ज़मीन पर हमला करना था। वे बमबारी नहीं करते थे। आकाशीय प्रतिरक्षा के दो दिन के बाद वे थलसेना की मदद में लग गये। वे जेसोर, इशुर्दी, सथकिरा, गोलांदो-घाट, कुश्तिया, हरडिंगे ब्रिज और बारिसाल के ऊपर उड़ते थे। वे तंगेल में पाराड्रोप से और कैनबरा बमवर्षकों की दिन की उड़ानों के लिए हवाई छतरी प्रदान करने का काम करते थे। 12 से 15 दिसंबर तक नंबर-22 स्क्वाड्रन के विमानों ने देसी नौकाओं और डोंगियों पर निगाह रखने के लिए कई उड़ानें भरीं, क्योंकि इनमें पाकिस्तानी भेष बदलकर भाग रहे थे या खुलना और चालना से आपूर्ति लेने जा रहे थे। मुक्तिवाहिनी इन घटनाओं की खबर देती थी और उन्हें आसमान से भी देखा जा सकता था।

इलाके में अन्य नैट स्क्वाड्रन विंग कमांडर एम. एम. सिंह (अब एयर मार्शल) के नेतृत्व में नंबर-15 और विंग कमांडर बधवार के नेतृत्व में नंबर-24 थे। पहला

स्क्वाड्रन थोड़ा उत्तर से सक्रिय था, जबकि दूसरा अगरतला चला गया था।

पूर्वी पाकिस्तान और भारत की पूर्वी सीमा के पास, यानी त्रिपुरा में हमारे पास कोई हवाई क्षेत्र या हवाई पट्टी नहीं थी, जहाँ से लड़ाकू विमान उड़ान भर सकें। इसके अलावा अगरतला सीमा के काफी करीब था। जब याह्या खान की युद्ध की धमकी पूरे उपमहाद्वीप में गूँज रही थी, तो हमने यह सोचना शुरू कर दिया था कि इस विशेष दिक्कत का क्या किया जाये। वह अकेला लड़ाकू विमान नैट ही था जो अगरतला से कार्रवाई कर सकता था। पास के दो स्क्वाड्रन 15 और 24 के कमांडिंग अफसरों से इस समस्या की जाँच करने को कहा गया। स्क्वाड्रन नंबर-15 के विंग कमांडर एम. एम. सिंह उस इलाके का सर्वे करने के लिए गये। उत्तरी बंगाल में बागडोगरा (सिलीगुड़ी) में उन्हें अगरतला जितनी लंबी 1500 गज़ से 1600 गज़ की हवाई पट्टी मिली। उन्होंने स्वयं उतनी लंबाई से उड़ने और उतरने की कोशिश की और फिर वह दायित्व स्वीकार किया। स्क्वाड्रन के लोगों को युद्ध के लिए यह अभ्यास करना था। बागडोगरा से उन्होंने सी. ए. पी. उड़ान भरी और हिल्लई में सक्रिय रहते हुए 20 माउंटेन डिवीज़न को भी मदद पहुँचाई। इसके बाद कुछ समय के लिए वे दमदम चले गये और स्क्वाड्रन नं.-22 के साथ चालना, खुलना, बारीसाल, झेनिदा, मागौरा, चाँदपुर, ढाका, कुश्तिया और हार्डिंग ब्रिज पर सेना को मदद पहुँचाई। उन्होंने कई स्टीमरों को निशाना बनाया और डुबो दिया। नौसेना ने दावा किया कि चालना बंदरगाह की पूरी तरह घेराबंदी है, लेकिन इन स्क्वाड्रनों ने जो घुसपैठ की, उससे लगा कि ऐसा नहीं था। यात्री और मालवाहक दोनों नौकाएँ चल रही थीं, और उन्हीं को निशाना बनाया गया। विक्रांत से उड़नेवाली सी हॉक की गति भारतीय वायुसेना के वैम्पायर जितनी थी, यानी सेबर से बहुत कम। इसलिए वे नदी में चल रही नौकाओं या स्टीमरों को तब तक निशाना नहीं बना सके, जब तक भारतीय वायुसेना ने सेबर विमानों की खबर नहीं ले ली। इस काम में शुरुआती दो दिन लगे।

नंबर-24 स्क्वाड्रन, 'द हाक्स' कलाईकुंडा में तैनात थी। वहाँ से उसे तेजपुर भेजा गया और तेजपुर में तैनात नंबर-30 स्क्वाड्रन को कलाईकुंडा भेजा गया। तेजपुर से एक फ्लाइट कमांडर स्क्वाड्रन लीडर जयकुमार को कुंभीरग्राम (सिलचर) की देखभाल के लिए भेजा गया। उन्हें संचार, विमानों के आश्रय, मरम्मत, और रख-रखाव की व्यवस्था जैसी आवश्यक सुविधाओं की देखभाल की जिम्मेदारी सौंपी गयी। उनका मुख्य काम वायु-रक्षा, मार्ग-रक्षण और सेना को मदद पहुँचाना था। कुंभीरग्राम से मदद लेकर हमारे कुछ युवा पॉयलटों, जैसे पॉयलट अफसर शाहिद और फ्लाइंग अफसर सुनील मेहता ने अपने काम में महान् साहस और दृढ़ निश्चय का परिचय दिया। नंबर-24 स्क्वाड्रन 12 दिसंबर को तब अगरतला गया, जब यह पक्का

हो गया कि पाकिस्तानी सेना, विशेषकर तोपखाने की तरफ से कोई दखल नहीं होगा। नंबर-15 स्क्वाड्रन 15 तारीख को अगरतला ले जाया गया।

अगरतला की हवाई पट्टी तैयार होने के बाद भी उतरने के लिए छोटी थी। इसलिए हवाई पट्टी पर एक निशान बनाया गया, जहाँ पॉयलट को ब्रेक लगाना था। जैसे ही विमान घातक गति-सीमा को पार कर धीमा होता था, वैसे ही किनारे खड़े लोग उसका संवेग कम करने के लिए उसके पंख पकड़ लेते थे। इस दौरान कोई दुर्घटना नहीं हुई, न किसी को चोट आयी और न दुश्मन की कार्रवाई से इन तीनों स्क्वाड्रनों के एक भी विमान का नुकसान हुआ। पूर्वी पाकिस्तान में कोई मिसाइल नहीं थी, लेकिन कई नालवाली चीन की 'ऐक-ऐक' बंदूकें काफी थीं।

हंटर

एक कुशल पॉयलट अपने विमान के प्रति समर्पित हो जाता है। वह अपने जंगी विमान से इस तरह जुड़ जाता है जैसे विमान जिन्दा वस्तु हो, उसे अपनी सवारी पर बहुत ज्यादा भरोसा रहता है। अगर आप हंटर विमानों के लिए मिग द्वारा मार्ग-रक्षण की बात करेंगे तो हंटर का पॉयलट नाराज हो जायेगा। जैसे 1971 के युद्ध में नंबर-17 स्क्वाड्रन के विंग कमांडर के तौर पर इंचार्ज एअर कामोडोर छत्रत ने कहा था कि "हंटरों को मार्ग-रक्षण की जरूरत नहीं होती, वे अपनी लड़ाई खुद लड़ते हैं।" नंबर-14 स्क्वाड्रन पहले विंग कमांडर सुंदरसन के नेतृत्व में कलाईकुंडा में तैनात थी, जो बाद में जेसोर गयी। विंग कमांडर छत्रत, एस. के. कौल हाशिमारा में क्रमशः नंबर-17 और 37 स्क्वाड्रनों का नेतृत्व कर रहे थे। यह नया स्टेशन उत्तरी बंगाल में बना था।

हंटर की रेंज हाशिमारा से उड़ान भरकर ढाका पहुँचने की थी। इस दौरान उसे हवाई पट्टी छोड़ने और वहाँ लौटने में भी दस मिनट लगते थे। यह काम चार टंकियों से हो सकता था और हर टंकी की क्षमता 100 गैलन थी।

हंटर का मुख्य काम पूर्वी इलाके में पाकिस्तान की हवाई पट्टियों पर बमबारी करके उसकी हवाई शक्ति को नष्ट करना और उन्हें लड़ाई के लिए बाहर निकालना था। दूसरा महत्त्वपूर्ण काम मदद पहुँचाना और जमीन पर हमला करना था। हंटर अपनी चार बंदूकों के अलावा बम और राकेट ले जा सकते थे। हमलों की व्यापक योजना और समन्वय की जिम्मेदारी पूर्वी एअर कमान मुख्यालय की थी। नंबर-17 और 37 स्क्वाड्रन का मुख्यालय हाशिमारा में था और नंबर-17 स्क्वाड्रनों की 8 या 10 विमानों की एक उड़ान वहाँ लौटती थी। वरिष्ठ फ्लाइट कमांडर स्क्वाड्रन लीडर लेले के नेतृत्व में अन्य विमान 4 दिसंबर की सुबह कुंभीरग्राम में आ गये। यहाँ से परिचालित होकर वे पूर्वी पाकिस्तान में भीतर घुस सकते थे। दक्षिण में चटगाँव और

उस दायरे में जो भी जगह आती, उस पर हमला कर सकते थे। उस जगह से उड़ान भरकर इन विमानों ने काफी कमाल किया।

पूर्वी वायु कमान के मुख्यालय ने इन दो हंटर स्क्वाड्रनों को ढाका पर हमला करके सेबर विमानों को जमीन पर ही ध्वस्त करने का आदेश दिया था। विंग कमांडर छत्रत ने दो जोड़ा विमानों के पहले हमले का नेतृत्व सँभाला। लेकिन साथ के विमानों में कुछ यांत्रिक गड़बड़ी (निचला हिस्सा बंद न होना) आ जाने से उन्हें वापस अड्डे पर लौटना पड़ा और हमले का इरादा छोड़ दिया गया। तीन विमान ढाका की एक हवाई पट्टी कुर्मीटोला के पर्यवेक्षण अभियान पर निकले। वे गंगा, जिसे वहाँ पद्मा कहते हैं, पर सरसरी निगाह डालते हुए निकले। हालाँकि सुबह के कोहरे के कारण साफ नहीं दिखाई पड़ रहा था, फिर भी वे नीचे होकर उड़ रहे थे। ढाका के पास निगरानी के लिए राडार के अलावा वायरलेस सेटों के साथ मोबाइल आब्जर्वर यूनिट थी। हंटरों के आने का पहले ही पता चल गया और उन्हें ढाका से 20 नॉटिकल मील उत्तर में चार सेबर विमानों ने घेर लिया।

हंटर ने अपनी गति और फुर्ती बढ़ाने के लिए अपने ड्राप टैंक बाहर निकाल लिए, जोकि हवाई युद्ध लड़ने का एकमात्र तरीका था। सेबर हंटर की बायीं तरफ थे। हंटरों ने लड़ने की पोजीशन ले ली। तीन के मुकाबले चार के इस आसमानी युद्ध में हर हंटर को अपनी लड़ाई खुद लड़नी थी। यह लड़ाई पेड़ जितनी ऊँचाई पर लड़ी जा रही थी और चार या पाँच मिनट तक चली। छत्रत ने अपने प्रतिद्वंद्वी पर कुछ निशाने लगाये और खुद भी कुछ गोलियाँ झेलीं। दोनों तरफ के निशाने रंगीन और चमकदार थे। सेबर जल्दी ही लपटों में था। उसका पॉयलट छतरी से बाहर कूद गया।

अन्य दो पॉयलट फ्लाइट लेफ्टिनेंट बंसल और डिक्सन चालबाजी से गच्चा देकर सुरक्षित अड्डे पर लौट आये। सेबर के पास बंदूकों के अलावा साइडविन्डर मिसाइलें थीं, जबकि हंटरों के पास सिर्फ बंदूकें थीं। 'स्टेट्समैन' ने सटीक कैप्शन लगाया—'हाशिमारा के सेबर-शिकारी (हंटर) जो सिर्फ गरजते ही नहीं'।

हाशिमारा और कुंभीरग्राम के इन दो अड्डों से विमानों ने मौलवी बाजार, अखौरा, ब्राह्मणवारिया, लक्ष्मण और मैनामती कांप्लेक्स और ढाका के पूर्व में लालमई को शानदार मदद पहुँचाई। उत्तर में उनके सामने चुनौती देनेवाले दो गढ़ थे—एक सीमा स्थित कमालपुर और दूसरा कमालपुर और टंगैल के बीच स्थित जमालपुर। वहाँ ठोस किलेबंदी थी, इसलिए बमों का इस्तेमाल करना पड़ा।

पहले दिन नंबर-37 स्क्वाड्रन के हाशिमारा से उड़े दो हंटर विमानों को ढाका के ऊपर मार गिराया गया। एक 'ऐक-ऐक' बंदूक द्वारा और दूसरा सेबर से लड़ाई के दौरान।

बाद में पहाड़ी क्षेत्र में अभियान के दौरान फ्लाइट लेफ्टिनेंट डिक्सन मारे गये। इसके अलावा कुंभीरग्राम में भी उड़ान के दौरान क्षति हुई। इन युवा पॉयलटों ने अच्छी तरह काम करने के उत्साह में जरूरत से ज्यादा जोखिम उठाया और मृत्यु को आमंत्रित किया। 6 दिसंबर के बाद कोई सेबर लड़ने को बचा ही नहीं था। मिग विमानों ने ढाका की दो हवाई पट्टियों को मरम्मत लायक भी नहीं छोड़ा था। टी. ए. सी. और एफ. ए. सी. ने बेहतरीन काम किया। हर स्क्वाड्रन के पास अपनी एफ. ए. सी. थी, क्योंकि उन पर मदद देने की भारी जिम्मेदारी थी।

6 तारीख की शाम को विंग कमांडर छत्रत नंबर-37 स्क्वाड्रन के फ्लाइंग अफसर अरोड़ा को साथ लेकर दिन की अंतिम सहायता उड़ान पर हिल्ली की तरफ गये। आधार संपर्क अधिकारी (ग्राउंड लाएजाँ ऑफिसर) मेजर धवन ने उन्हें नक्शे पर बमबारी की रेखा समझाई। हिल्ली से पाँच किलोमीटर पहले बम रेखा के पूर्व टैंक और बख्तरबंद गाड़ियों के एक काफिले से भारी धुआँ उठ रहा था। जी. एल. ओ. की सूचना के अनुसार वह इलाका हमारे हाथ में था। वहाँ 6,000 फुट से 8,000 फुट के बीच दो हंटर उड़ रहे थे। वे देखने और यह पता करने कि वह कारवाँ भारतीय है या पाकिस्तानी, नीचे उतरे। लेकिन आसमान से यह पता लगा पाना आसान नहीं था। वे उन्हें पाकिस्तानी लगे और इसीलिए उन्होंने फायरिंग की। विमान ने एक चक्कर काट लिया। छत्रत ने पहला हमला किया। उन विमानों में चार टी-10 राकेट लगे थे और चार बंदूकें भी थीं। छत्रत का पहला राकेट उस टैंक को नहीं साध पाया जो छुपने के लिए पेड़ों के झुरमुट की तरफ बढ़ रहा था। लेकिन अन्य तीन राकेटों ने दो टैंकों पर निशाना साधा और उनमें आग लग गयी। अरोड़ा ने भी एक टैंक पर निशाना लगाया। उन्होंने इस काफिले पर अपने सारे हथियार खर्च कर दिये और लौट आये।

अड्डे पर लौटकर उन्होंने जी. एल. ओ. को अपनी मुठभेड़ की जानकारी दी और विमान में लगे कैमरे से लिया गया चित्र दिखाया। जी. एल. ओ. को पूरा भरोसा था कि उन्होंने हमारे अपने काफिले पर हमला किया है। इससे दोनों पॉयलटों का बेचैन होना स्वाभाविक था। उन्होंने कहा कि हमने यह पता लगाने के लिए कि ये पाकिस्तानी काफिले हैं न कि हमारे अपने, बार-बार पूछा और निशाना लगाने के बाद वे 7,000 फुट (2,000 मीटर) की ऊँचाई पर चढ़ गये और नक्शे के माध्यम से उस जगह की पुष्टि करने की कोशिश की। उन्हें जबरदस्त अपराध-बोध और अक्षमता का अहसास हुआ। जी. एल. ओ. ने उन्हें यह कहकर सांत्वना दी कि अब कुछ किया नहीं जा सकता और युद्ध में ऐसी घटनाएँ हो जाती हैं। लेकिन आधी रात को एच क्यू-33 कोर से एक बधाई संदेश आया, "धन्यवाद, बहुत अच्छा किया।" उस संदेश से पॉयलटों ने राहत की साँस ली और जाम उठाये। युद्ध के दौरान थलसेना

को मदद देना पॉयलटों के लिए आसान काम नहीं होता, विशेषकर तब जब प्रतिद्वंद्वी पक्ष एक-जैसे दिखते हैं और एक ही तरह के उपकरणों का इस्तेमाल करते हैं।

6 तारीख के बाद स्क्वाड्रन का काम नदियों, समुद्रों और तटवर्ती जहाजों पर हमला करना और रेलवे यार्ड व कुर्मीटोला, तेजगाँव, बोगरा और रंगपुर जैसे हवाई अड्डों को निशाना बनाना था। इनमें बोगरा 16 पाकिस्तानी डिवीजन का मुख्यालय था। सेना को मदद पहुँचाने के दौरान स्क्वाड्रन को लगा कि उन्हें जरूरत से ज्यादा बड़े खतरे का सामना करना पड़ेगा। उन्हें पूर्वी एअर कमान मुख्यालय से आदेश मिला कि वे बेवजह के खतरे न मोल लें। नंबर-17 स्क्वाड्रन ने तीन विमान और पॉयलट खो दिये और दुश्मन को किये गये अन्य नुकसानों के अलावा उन्होंने दो सेबर भी गिराये। स्क्वाड्रन नंबर-37 को थोड़ा ज्यादा नुकसान हुआ, पर दोनों का योगदान भारी था।

सुखोई

पूर्वी क्षेत्र के युद्ध में भाग लेने वाले विमानों ने किस तरह अपने को तैयार किया, यह दर्ज करने लायक है। सुखोई के स्क्वाड्रन नंबर-221 का नेतृत्व करनेवाले विंग कमांडर श्रीधरन की कहानी इस तरह है। श्रीधरन विमान स्क्वाड्रन के काम में 1968 के मध्य से शामिल हुए। वे जुलाई 1971 में कमान सँभालने से पहले स्क्वाड्रन में फ्लाइट कमांडर थे। ए. ओ. सी.-इन-सी केंद्रीय वायु कमान ने उनसे पूछा था कि वे असम के गुवाहाटी या कलकत्ता के पश्चिम में स्थित पानागढ़ में से किसको अपना अड्डा बनाना चाहेंगे। उन्होंने पानागढ़ को चुना, हालाँकि वह एक अस्थायी स्टेशन था और वहाँ की व्यवस्था भी सामान्य और कठिन थी। उनके तर्क क्या थे ? एक तर्क संभारतंत्रीय था। पानागढ़ के मुकाबले गुवाहाटी के लिए सैनिक उपकरण और ईंधन पहुँचाना मुश्किल था। चूँकि गुवाहाटी के लिए मीटर गेज लाइन थी, इसलिए उसमें सामान की अदला-बदली करने और ले जाने में ज्यादा समय लगता था। युद्ध छिड़ने की स्थिति में यह फायदा था कि पूर्वी पाकिस्तान के तमाम हिस्सों, जैसे ढाका की दूरी गुवाहाटी से भी कम बैठती थी। इसलिए गुवाहाटी को अड्डा बनाने में हवाई हमले के लिए ज्यादा ईंधन की जरूरत थी। उनसे कहा गया कि वे स्क्वाड्रन कमांडर के अलावा बेस कमांडर का कार्यभार भी सँभालें। उन्होंने सोचा कि ऐसी स्थिति में वे किसी काम के साथ न्याय नहीं कर सकेंगे और उन्होंने बेस कमांडर होने से इन्कार कर दिया।

स्क्वाड्रन बरेली से अक्तूबर में वहाँ पहुँचा। वहाँ विमानों के खड़े करने की जगह पर कोई मजबूत छत नहीं थी। कुछ बाड़ों में बालू के बोरों की दीवार थी और बाकी के लिए छद्मावरण वाले जाल प्रयोग में आते थे। रक्षा के लिए छह या आठ

ऐक-ऐक बंदूकें थीं। चूंकि बैरकपुर स्टेशन की हवाई पट्टी पर्याप्त नहीं थी, इसलिए हमले से लौटकर आये विमानों को उतारने के लिए कलकत्ता का दमदम हवाई अड्डा तैयार किया गया।

मैंने स्टेशन का दौरा किया, पॉयलटों से मिला और सी. ओ. से पूछा कि युद्ध की स्थिति में उनकी रणनीति क्या होगी। उन्होंने पूछा कि स्क्वाड्रन को काम क्या सौंपा जायेगा। उन्हें जवाबी हवाई हमला, सचित्र सर्वे और अच्छी तरह मदद करने की जिम्मेदारी दी गयी। आमतौर पर ये लड़ाकू बमवर्षक एक साथ चार की संख्या में कार्रवाई करते हैं, लेकिन श्रीधरन ने कहा कि वे बहुत जल्दी-जल्दी केवल जोड़े में कार्रवाई करेंगे, चाहे वह एक मिनट के अंतराल पर ही करना पड़े। ईंधन एक अड़चन थी, इसलिए उन्होंने लड़ने पर जोर देने के बजाय काम करके लौट आने का भरोसा दिया। उन्होंने अपनी योजना में एक बात और जोड़ी। वह थी निर्धारित लक्ष्य से दस किलोमीटर पहले ही दोनों विमान अलग हो जायेंगे और विपरीत दिशाओं से हमला करेंगे। क्यों ? ताकि वे ऐक-ऐक बंदूक को धोखा दे सकें। क्या इस तकनीक में बीच हवा में टक्कर होने की संभावना नहीं रहेगी ? श्रीधरन ने कहा कि वे देखेंगे कि ऐसा न हो। वे अपनी बात की तरह खरे उतरे और कोई टक्कर नहीं हुई।

सिर्फ एक ही क्षति हुई। वह स्क्वाड्रन लीडर भूटानी के विमान की थी। फ्लाइट कमांडरों में से एक भूटानी ऐक-ऐक बंदूक का निशाना बन गये। वे विमान से कूद पड़े और युद्धबंदी बना लिए गये। फ्लाइट लेफ्टिनेंट चावला सेना की मदद करते समय जमीन से दागी गयी गोली से जख्मी हो गये गोली उनके पैर में लगी थी। उनके जख्म की मरहम-पट्टी की गई और विमान की मरम्मत कर दी गयी। विमान फिर उड़ने लायक और लड़ने लायक हो गया।

4 दिसंबर को पहले दिन के हमले में स्क्वाड्रन ने तेजगाँव में जमीन पर खड़े तीन सेबर, पाँच स्टीमर और फील्ड बंदूकों के कई ठिकाने ध्वस्त कर दिये। मुक्तीवाहिनी ने इस बारे में कई उपयोगी खुफिया जानकारियाँ दीं।

यह स्क्वाड्रन जब 5, 6 और 7 दिसंबर को जेसोर और झेनिदा में सेना को मदद पहुँचाने में व्यस्त थी, तभी वे इलाके जीत लिए गये। उन्हें इस काम में 2 कोर से जुड़े 9 टी ए सी ने निर्देशित किया।

मेजर जनरल डी. के. पालित 'द लाइटनिंग कैंपेन' (पृ. 119-21) में लंदन के 'संडे टाइम्स' में छपी एक रपट का हवाला देते हैं। उस अखबार का एक संवाददाता 7 दिसंबर को जेसोर जीतने के बाद दक्षिण खुलना की तरफ बढ़ रही भारतीय सेनाओं के साथ हो लिया था। उसने सुखोई द्वारा सहज, त्वरित और असरदार तरीके से मदद पहुँचाने की एक घटना का आँखों देखा वर्णन किया। संभवतः 8 दिसंबर रहा होगा। एक बड़ा पाकिस्तानी सैन्य दल दक्षिण की तरफ लौट रहा था। कुछ

पाकिस्तानी सेनाएँ लड़ती हुई भारतीय सेना का आगे बढ़ना रोक रही थीं। इस दौरान कमान सँभाल रहे लेफ्टिनेंट कर्नल ने हवाई मदद माँगी। "रेडियो घड़घड़ाए और नक्शों की अदला-बदली और पुष्टि की गयी।" निश्चित रूप से 9 टी ए सी सक्रिय रही होगी। जल्दी ही 2 सुखोई दिखाई पड़े। ऊँचाई पर थोड़ी देर चक्कर काटने के बाद वे नीचे पेड़ की ऊँचाई तक आये गये, उन्होंने पाकिस्तानी बंदूकों को निशाना बनाया और चले गये। पाकिस्तानी बंदूकें खामोश हो गयीं और भारतीय टुकड़ी ने आगे बढ़ना शुरू कर दिया।

यह क्रम कुश्तिया क्षेत्र में तीन दिन तक चलता रहा। गंगा पर बने हरडिंगे पुल पर 11 दिसंबर को जबर्दस्त बमबारी में दो पाये ध्वस्त हो गये। इन विमानों ने 14 दिसंबर तक 150 से ज्यादा उड़ानें भरीं। उसके बाद वे अमृतसर में तैनात नंबर-32 स्क्वाड्रन की जगह लेने पश्चिमी क्षेत्र में चले गये।

फोटो सर्वे, विशेषकर रणनीतिक उद्देश्य के लिए सुखोई सर्वोत्तम विमान थे। वे दोपहर ढाई बजे से तीन बजे तक अच्छे उजाले में चित्र खींचते थे, जिसे उसी शाम धुलाकर अगली सुबह सेना और वायुसेना दोनों के कमान मुख्यालय को भेज दिया जाता था। वहाँ उनका विश्लेषण किया जाता था। उदाहरण के लिए तेजगाँव और कुर्मीटोला में मिग-21 की बमबारी से हुए नुकसान का अनुमान लगाने के लिए सुखोई विमानों ने सर्वश्रेष्ठ चित्र उतारे। उन चित्रों से हथियारों की प्रभावशीलता का मूल्यांकन किया जाता था। इसीलिए रन-वे के लिए राकेटों का प्रयोग बंद करके बमों का प्रयोग किया जाने लगा। उदाहरण के लिए, जो रणनीतिक चित्र हंटरों द्वारा लिए गए थे, वे डेढ़ घंटे के भीतर संगठन को सौंप दिये गये।

मिग

विंग कमांडर बी. के. बिश्नोई ने जून 1970 से सितंबर 1973 तक मिग-21 उड़ाने वाले 28 स्क्वाड्रन का नेतृत्व किया। वे पहले तेजपुर में थे, पर पूर्व योजना के अनुसार युद्ध शुरू होने पर उन्हें गुवाहाटी भेज दिया गया। गुवाहाटी में नंबर-4 स्क्वाड्रन भी तैनात थी। वे अपनी सामान्य उड़ान रात को दस बजे कोड संदेश—'सभी प्रणालियाँ चालू हों' सुनने के बाद करते थे। युद्ध शुरू हो चुका था।

नंबर-28 स्क्वाड्रन का पहला काम हवाई और नजदीकी मदद देना था। वे अन्य विमानों को मार्ग-रक्षण प्रदान करना, लड़ाकू हवाई गश्त और आक्रामक हवाई अभियान का काम भी करते थे। गुवाहाटी के नंबर-4 स्क्वाड्रन ने 4 दिसंबर को ढाका की कुर्मीटोला हवाई पट्टी पर हमला करने के लिए हाशिमारा से विंग कमांडर छत्रत के नेतृत्व में उड़े तीन हंटर विमानों को ऊपर से आवरण प्रदान किया। यह युद्ध के दौरान लड़ाकू विमानों का पहला हमला था। हंटरों को चार सेबर विमानों ने

घेर लिया, जिनमें से एक मार गिराया गया। हंटर और मिग सुरक्षित लौट आये। उस सुबह पहला जत्था लौटने के पाँच मिनट के भीतर बिश्नोई के नेतृत्व में दूसरा जत्था हमले के लिए उड़ा। पहली उड़ान से लौट रहे पॉयलटों ने उन्हें रेडियो पर सचेत किया, "सावधान रहें।" बिश्नोई की यह उड़ान गुवाहाटी से किया जानेवाला मिग का पहला हमला था। उनका लक्ष्य तेजगाँव था। उनकी टुकड़ी ने सेबर नष्ट करने के लिए ऑपरेशनल रेडीनेस प्लेटफार्म पर राकेटों से हमले किये। इस उड़ान में दो मिग मार्गरक्षक की भूमिका में थे। उनका नेतृत्व स्क्वाड्रन लीडर मनबीर सिंह कर रहे थे। ऊपर उठते हुए बिश्नोई ने उड़ान भरने की तैयारी में एक सेबर देखा और स्क्वाड्रन लीडर मनबीर सिंह का ध्यान उसकी तरफ खींचा। मनबीर सिंह ने दो के-13 मिसाइलें, जो उनके पास थीं, दाग दीं और सूचना दी, "कांटेक्ट।" हालाँकि दोनों मिसाइलें चूक गयीं।

अपना हथियार इस्तेमाल करने के बाद अड्डे की तरफ लौटते हुए बिश्नोई ने फ्लाइट लेफ्टिनेंट सुबैया को, जो एक सेबर से लड़ रहे थे, कहते हुए सुना–उन्होंने अपने दूसरे हमले के दौरान एक और विमान देखा है। बिश्नोई ने उन्हें ईंधन की स्थिति जाँचने के लिए सचेत किया। उनका जवाब था, "900 लीटर।" बिश्नोई ने उनसे लड़ाई बंद करके अड्डे पर लौटने को कहा। बिश्नोई के जत्थे ने अपनी गति घटाई और दूसरे सेबर को तलाशने लगे। उन्होंने सुबैया को फिर आदेश दिया, "तीन किलोमीटर की ऊँचाई पर चढ़ जाओ और रेंज की तरफ उड़ो।" सुबैया ने आदेश का पालन किया। जब वे शिलांग के ऊपर थे, तो उन्होंने बताया कि उनके विमान में सिर्फ 50 लीटर तेल है। उन्होंने सीधा रास्ता पकड़ा और गुवाहाटी हवाई अड्डे पर बिना तेल के उतरे। रोचक तथ्य यह है कि ऑफ्टर बर्नर के साथ एक मिग-21 हर मिनट में 500 लीटर तेल इस्तेमाल करता है, जबकि सामान्य विमान में कम ऊँचाई पर 50 लीटर प्रति मिनट और ज्यादा ऊँचाई पर 30 लीटर प्रति मिनट तेल खर्च होता है। लड़ाकू विमानों का ईंधन सिर्फ तीन मिनट के युद्ध की इजाजत देता है। स्क्वाड्रन कमांडर इस युवा पॉयलट की इस बात से खुश थे कि उसने अपने नेतृत्व के आदेश का शांत चित्त और साहस से अनुकरण किया। उससे एक प्रशिक्षित पॉयलट की मूल्यवान जिंदगी बच गयी और एक महंगा विमान दूसरे दिन की लड़ाई के लिए भी बचा रह सका। वास्तव में यह पहले हमले की अच्छी शुरुआत थी।

नंबर-28 स्क्वाड्रन का हर पॉयलट पूरी लड़ाई के दौरान रोजाना दो या तीन उड़ान भरता था। इस तरह स्क्वाड्रन ने 320 से ज्यादा उड़ानें भरीं। (हथियार प्रयोग करते हुए) इन आंकड़ों में मार्गरक्षक उड़ानें शामिल नहीं हैं।

खुफिया विभाग ने विमानों के छितरानेवाले क्षेत्र और उनके बाड़े के बारे में वास्तविक जानकारी नहीं दी थी। इसलिए राकेटों के इस्तेमाल से उम्मीद नहीं बँधती

थी। ऊपर जाल लगे बाड़ों का पता तो चला, लेकिन समर्पण के बाद ही। एक ही हमले में कुछ निशाने लगा पाना मुश्किल होता है। आमतौर पर पहले चक्कर में लक्ष्य का पता लगाया जाता है और दूसरे में वह सही निशाना लगाने के लिए अपने को सीध में लाता है। जब तक वह दोनों काम नहीं कर लेता पूरा प्रयास, समय, ईंधन और उस उड़ान में उठाया गया पूरा जोखिम बर्बाद जाता है।

बिश्नोई दो गोलियों से छिदा हुआ विमान लेकर अपने अभियान से वापस लौटे। ये निशान छोटी क्षमता वाली ऐक-ऐक बंदूकों के थे, जो संभवतः चीन की बनी थीं। तीसरे अभियान में बिश्नोई ने फ्लाइंग कंट्रोल के करीब स्थित मुख्य हैंगर के पास खड़े ट्विन ओटर [शार्ट टेक ऑफ लैंडिंग एअरक्राफ्ट (स्टाल)] को देखा। उन्होंने इसे पहले चक्कर में देखा और दूसरे चक्कर में उस पर राकेट दाग दिया।

अगले दिन पाँच दिसंबर को स्क्वाड्रन एक अन्य अभियान पर तेजगाँव गयी और राकेट दागे। हालाँकि स्क्वाड्रन कमांडर ने महसूस किया कि हवाई पट्टी पर राकेट का हमला बेअसर था और वे हवाई पट्टी को ज्यादा नुकसान नहीं पहुँचा सके। इसलिए गुवाहाटी के बेस कमांडर ग्रुप कैप्टन एम. वलेन ने बमों के इस्तेमाल का सुझाव दिया। दिन का शेष मिशन ढाका के उत्तर-पूर्व और सिलहट के दक्षिण में मौलवी बाजार में सेना को सघन समर्थन देना था।

6 दिसंबर की सुबह 9 बजे से 10 बजे के बीच बिश्नोई ने तेजगाँव पर बम से हमला किया। विमानों का जत्था पहले सामान्य तौर पर नीचे आया फिर ऊपर उठा और उसके बाद हवाई-पट्टी की पूरी लंबाई में गोता लगाकर बमों के चारों सेटों से सीधा हमला किया। यह खड़ी ग्लाइड बमबारी का पहला अच्छा उदाहरण था। इससे हवाई-पट्टी पर 20 फुट गहरे और 40 फुट चौड़े गड्ढे पड़ गये और वह इस्तेमाल के लायक नहीं रह गया। आमतौर पर बमबारी ऐसे कोण से की जाती है कि उस पर ऐक-ऐक बंदूकें निशाना न लगा सकें, क्योंकि वे हवाई-पट्टी के साथ लगी होती हैं। इसलिए अगर विमान हवाई-पट्टी के साथ सीधे उड़ता है तो उस पर ऐक-ऐक बंदूकों से हमला होने की ज्यादा संभावना रहती है और तेजगाँव में ऐक-ऐक विमानों की बड़ी जबर्दस्त सुरक्षा थी। वक्त की जरूरत को देखते हुए स्क्वाड्रन कमांडर ने जोखिम उठाना जरूरी समझा। उस शाम उन्होंने इसी मकसद के लिए एक और उड़ान भरी। उन्होंने पहले की तरह ही बेहतरीन काम किया, क्योंकि उन्होंने हवाई-पट्टी पर लाल रंग के बड़े-बड़े जोड़ देखे थे। ये वही जगहें थीं, जहाँ सुबह की बमबारी से गड्ढे बनाये गये थे और उनमें तेजी से सूखने वाली सीमेंट भर दी गयी थी। उन्होंने उसी तरह से हमले किये और ज्यादा गड्ढे बना दिये। वे गड्ढे एक-दूसरे से सटे हुए थे।

इसी तरह ढाका के एक अन्य हवाई अड्डे कुर्मीटोला पर बमबारी करके उसे बेकार कर दिया गया। इस बमबारी में नंबर-4 स्क्वाड्रन ने भी हिस्सा लिया। हालाँकि

कुर्मीटोला के गड्ढे नहीं भरे गये।

7 तारीख की सुबह बिश्नोई फिर तेजगाँव पर बमबारी करने गये वहाँ उन्होंने देखा कि एक दिन पहले किये गड्ढे भर दिये गये हैं। 7 तारीख के बाद गड्ढों की मरम्मत नहीं की गयी। रन-वे पूरी तरह बेकार हो गया। 8 तारीख को स्क्वाड्रन ने ढाका के उत्तर में जयदेवपुर आयुध फैक्टरी पर बमबारी की और सीधे निशाना लगाया। 9 तारीख को ढाका रेडियो स्टेशन खामोश कर दिया गया, हालाँकि रेडियो यूनिटों का पता लगाना मुश्किल था। बाकी काम जमीन पर मदद पहुँचाने का था।

11 तारीख के बाद कोमिल्ला, सोनामुरा और मौलवी बाजार पर राकेटों से हमला किया गया। इसी तरह लालमाई और मैनामती पर भी हमला हुआ। राकेट पुलों और बंदूकों के ठिकाने के लिए तो पर्याप्त थे, लेकिन कंकरीट-निर्माण को वे नहीं तोड़ पाते थे और उसके लिए बमों का इस्तेमाल करना पड़ता था।

केंद्रीय क्षेत्र में गुवाहाटी से आये मिग विमानों ने सघन समर्थन का एक महत्त्वपूर्ण काम उस समय किया, जब ब्रिगेडियर क्लेर के नेतृत्व में 95 माउंटेन ब्रिगेड ने टँगैल के उत्तर में जमालपुर के चारों तरफ सुदृढ़ घेरा बना रखा था। 5 से 10 दिसंबर 1971 के बीच सेना की मदद के लिए कई हवाई हमले (राकेट हमले) किये गये। मिशन की रपटों के अनुसार इन हमलों में सैनिक उपकरणों और सैनिकों को ले जा रही दो ट्रेनों को जमालपुर रेलवे स्टेशन पर नष्ट कर दिया गया। इसके अलावा कई बंकरों और बंदूक के ठिकानों को भी नष्ट किया गया। नुकसान और घेराबंदी के फलस्वरूप 9 दिसंबर को ओ. सी. जमालपुर कर्नल सुल्तान महमूद और ब्रिगेडियर क्लेर के बीच संदेशों का आदान-प्रदान हुआ। ब्रिगेडियर क्लेर ने एक सफेद झंडे के साथ संदेश भेजा कि आपकी हार तय है, इसलिए सैनिकों की जान लेने के बजाय समर्पण कर दीजिए। हालाँकि कर्नल महमूद बहुत बुरी स्थिति में फँसे थे, लेकिन उन्होंने एक जोशीला जवाब भेजा :

प्रिय ब्रिगेडियर,

1. आशा है आप खुश होंगे। पत्र के लिए धन्यवाद।
2. हम जमालपुर में युद्ध शुरू होने का इंतजार कर रहे हैं। पर यह अभी शुरू नहीं हुआ है इसलिए हमें बातचीत के बजाय उसके शुरू होने का इंतजार करना चाहिए।
3. मेरा कहना है कि 40 हवाई हमले अपर्याप्त हैं। कृपया कुछ और माँगिए।
4. अपने संदेशवाहक के साथ अच्छा बर्ताव किये जाने के बारे में आपकी टिप्पणी बेवजह है। इससे लगता है कि आप हमारे सैनिकों को कितना तुच्छ समझते हैं। मुझे उम्मीद है, उसे चाय पसंद आयी होगी।

मुक्तिवाहिनी वालों को मेरा प्यार कहिएगा।

5. उम्मीद है, अगली बार आपके हाथ में कलम के बजाय स्टेनगन होगी। क्योंकि आप कलम के ही महारथी लगते हैं मैं हूँ–

आपका अति विश्वसनीय

कमांडर, जमालपुर किला

लगता था कर्नल को कलम और बंदूक पर बराबर की महारत हासिल थी। यह निश्चित रूप से बहुत अच्छी तरह लिखा गया चुनौती भरा पत्र था।

जमालपुर पर सबसे जबर्दस्त हमला 10 दिसंबर, 1971 को किया गया। 10-11 दिसंबर की रात में जब ब्रिगेडियर की सेनाएँ अँधेरे में बिलकुल खामोश पड़ी थीं, तभी कर्नल ने जमालपुर से ढाका के रास्ते की सुरक्षा का पता लगाने और सर्वे करने के लिए एक छोटी टुकड़ी भेजी। आदेश के मुताबिक भारतीय सेना ने फायरिंग नहीं की। कोई भी आवाज नहीं हुई। पाकिस्तानी लौटकर कर्नल के पास गये और रपट दी। नतीजतन उनकी मुख्य टुकड़ी बाहर निकल पड़ी। क्लेर की सेना ने तब तक फायरिंग नहीं की जब तक पाकिस्तानी उनके बिलकुल सामने नहीं आ गये। उसके बाद वे शुरू हो गये। यह एक नरसंहार था।

11 तारीख की रात इस युद्ध की जानकारी एक 'छद्म हवाई पट्टी' से दी गयी। अगले दिन विंग कमांडर बिश्नोई दो अन्य विमानों के साथ जाँच करने गये। उन्होंने ढाका से करीब 20 मील दूर एक 1200 यार्ड की हवाई पट्टी देखी। उन्होंने रन-वे पर अचूक बमबारी की। शायद ये हमला पाकिस्तान के आठ हेलीकॉप्टरों (4 एम-18 और 4 एलाउट्स) वाले 4 आर्मी एविएशन स्क्वाड्रन के करीब था। इसका जिक्र जनरल फैज़ल मुकीम खान ने अपनी किताब 'पाकिस्तानी नेतृत्व का संकट' में किया है।

नंबर-28 स्क्वाड्रन का एक दल स्क्वाड्रन लीडर गिल के नेतृत्व में तेजगाँव पर फिर बमबारी करने गया। श्री गिल पर ऐक-ऐक बंदूक ने निशाना साधा। वे ऊपर उठे और त्रिपुरा के अगरतला की तरफ जाने लगे, लेकिन जा नहीं सके। वे पूर्वी पाकिस्तान में चार मील भीतर कूद पड़े पर स्थानीय लोगों ने उन्हें बचा लिया और चंद घंटों के भीतर अगरतला अस्पताल पहुँचा दिया। इस तरह दुश्मन की कार्रवाई से सिर्फ दो विमानों का नुकसान हुआ।

स्क्वाड्रन-28 के पॉयलटों की उपलब्धि 14 तारीख की सुबह शीर्ष पर थी। बिश्नोई उस सुबह अपने दल को लेकर मैनामती गये थे। वे सेना को सघन समर्थन देने के लिए कुछ उन हिस्सों पर राकेट दाग रहे थे, जहाँ दुश्मनों के मोर्चे बचे हुए थे। वे लौटकर गुवाहाटी आये और ईंधन भरने लगे। तभी उन्हें आदेश मिला कि वे ढाका पहुँचकर सर्किट हाउस पर राकेट दागें। वहाँ कैबिनेट मीटिंग हो रही थी। यह

जानकारी पूर्वी और पश्चिमी पाकिस्तान के बीच सुबह एक रेडियो संदेश को पकड़ लिए जाने से प्राप्त हुई। चूँकि बिश्नोई व उनके दल ने पहले भी ढाका के कुछ ठिकानों पर राकेट दागे थे, इसलिए उन्हें सर्किट हाउस की स्थिति मालूम थी। इसके अलावा सही निशाना लगाने के लिए उन्हें ढाका का पर्यटक मानचित्र भी उपलब्ध कराया गया। बिश्नोई के नेतृत्व में यह राकेट लगे चार मिग विमानों का अभियान था। यहाँ राकेटों का इस्तेमाल करना था न कि बमों का। पूर्वी पाकिस्तान वास्तव में युद्ध हार गया है, इस तथ्य की जानकारी देने का एक मनोवैज्ञानिक असर था। बिश्नोई अपना इंजन चालू कर रहे थे, तभी एक अधिकारी दौड़ता हुआ उनके पास आया। वह अधिकारी एक बेहद महत्त्वपूर्ण संदेश लाया था। बोला, "सर्किट हाउस नहीं, बल्कि गवर्नमेंट हाउस—उसका दक्षिणी-पश्चिमी हिस्सा !" सुरक्षा के लिहाज से बिश्नोई ने फिलहाल यह जानकारी अपने पास ही रखी। जब वे ढाका के करीब पहुँचे तो उन्होंने अन्य तीनों विमानों को निशाने में परिवर्तन की सूचना दी। उनमें से हर विमान ने दो-दो वार किये, यानी कुल आठ वार किये गये। 'द टाइम्स ऑफ इंडिया' ने बी. बी. सी. की एक रपट का हवाला देते हुए राज्यपाल मलिक की प्रतिक्रिया का वर्णन किया, "गवर्नमेंट हाउस के लोग हवाई हमले से छुपने के लिए भागने लगे। उस कमजोर बूढ़े व्यक्ति ने अपनी नमाज अता करने के बाद जैसे-तैसे कहीं से एक कागज जुटाया और उस पर अपना इस्तीफा लिखा। जैसे ही हवाई हमला समाप्त हुआ, उनमें से ज्यादातर अफसर इंटरकांटीनेंटल होटल में चले गये जो कि रेडक्रास क्षेत्र होने के कारण तटस्थ इलाका था।

इस हमले के दौरान एक नाटकीय क्षण आया। जब मिग किसी अन्य विमान के ऊपर से गुजर रहे थे, तभी आर/टी पर एक घबराई आवाज सुनाई पड़ी, "बॉस, 4 फैंटम नीचे, चार बजे, हो सकता है सातवें बेड़े से हों।" दूसरे ने बीच में टोककर कहा, "चुप मूर्ख, वे हमारे सुखोई हैं !" यह विमानों के पहचानने का महत्त्व था।

15 तारीख को नंबर-4 और नंबर-28 स्क्वाड्रन ने दिन में ढाका विश्वविद्यालय पर तीन बार हमला किया। वह जगह सेना का अड्डा बन चुकी थी। उन्होंने रात को भी ढाका पर उड़ान भरी। इस बार वे गोलाबारी करने या राकेट दागने नहीं गये थे। उनका उद्देश्य दुश्मन को धमकाना था।

पूर्वी पाकिस्तानी सेना के कमांडर जनरल नियाज़ी ने 16 दिसंबर को समर्पण कर दिया। 17 दिसंबर की सुबह विंग कमांडर बिश्नोई तेजगाँव गये। वे पॉयलट-कक्ष में गये और देखा कि श्यामपट पर 5 दिसंबर तक के आदेशों को समझाया गया है। उसके बाद कुछ नहीं था। वे रूसी दूतावास के कुछ कर्मचारियों से मिले, जिन्होंने बताया कि वे भारत की अचूक बमवारी से बहुत प्रभावित हैं। उन्होंने यह भी पूछा कि क्या वे कम्प्यूटरों की मदद लेते हैं। उन्हें यह जानकर हैरत हुई कि यह पॉयलट

का अपना निर्णय होता है।

इसी तरह की एक प्रतिक्रिया पश्चिमी पाकिस्तान में एक अमेरिकी जनरल से सुनने को मिली। वह एक युद्धबंदी वरिष्ठ भारतीय पॉयलट स्क्वाड्रन लीडर डी. एस. जाफा से पूछ रहा था कि सुखोई इतनी अचूक बमबारी कैसे करते हैं। उसे यह जानकार यकीन नहीं हुआ कि यह एक भारतीय खोपड़ी में लगी दो भारतीय आँखों से ज्यादा या कम किसी और चीज का कमाल नहीं है।

नंबर-4 स्क्वाड्रन का एक मिग दुश्मन की कार्रवाई के दौरान नहीं, शुद्ध दुर्घटना में खो गया। स्क्वाड्रन लीडर राव ने गुवाहाटी के वायु यातायात नियंत्रण केंद्र से लौटने का रास्ता पूछा, लेकिन गलती से वे आगे निकल गये। उनके विमान में ईंधन बिलकुल नहीं बचा था और उन्हें उतरना पड़ा। वे विमान से बाहर कूदे और गुवाहाटी अस्तपाल के परिसर में जा उतरे। उन्हें कोई चोट नहीं लगी पर विमान जाता रहा। इस तरह दुश्मन दो मिग-21 को गिराने का दावा कर सकता है।

अन्य मिग स्क्वाड्रन नंबर-30 का कलकत्ता के पश्चिम में अड्डा था। उसने भी वायु-प्रतिरक्षा में अपनी भूमिका निभाई और जेसोर-खुलना क्षेत्र में 2-कोर की मदद की और उसके आगे उन्होंने ढाका तक भी मदद की। उसके बाद वे पश्चिमी सेक्टर में चले गये।

4-कोर के साथ साझा अभियान

1971 में भारत-पाक युद्ध के दौरान 4-कोर पर भारत और पूर्वी पाकिस्तान की पूरी पूर्वी अंतर्राष्ट्रीय सीमा की जिम्मेदारी थी। यह क्षेत्र उत्तर में दावकी और सिलहट से लेकर दक्षिण में काक्स बाजार और आगे तक फैला हुआ था। पश्चिम में करीब आठ किलोमीटर तक कोर का इलाका सरमा और मेघन नदियों से घिरा हुआ था।

जी ओ सी 4-कोर लेफ्टिनेंट जनरल सगत सिंह को जो काम दिया गया था, वह यह था कि वे इस क्षेत्र पर जितना हो सके, उतना कब्जा करें। इस प्रक्रिया में उनसे उम्मीद की जाती थी कि वे अखौरा ब्राह्मणबाड़िया और आशुगंज में तैनात भारी संख्या में पाकिस्तानी सेना को नाकाम करें। आशुगंज वह आखिरी बिंदु था, जहाँ पुल मेघना नदी को काटता था। इसी तरह उनसे उम्मीद की जाती थी कि वे दक्षिण में कोमिल्ला, लक्षम और चाँदपुर की तरफ बढ़ें। चाँदपुर की तरफ बढ़ना महत्त्वपूर्ण था, क्योंकि मेघना के पूर्वी तट पर स्थित वह कस्बा ढाका को जानेवाले जलमार्ग को नियंत्रित करता था। इसलिए इन पर कब्जा करने का मतलब था कि पाकिस्तानी न तो ज्यादा फौज पूर्वी पाकिस्तान में भेज सकते थे और न ही वहाँ से बड़े पैमाने पर अपनी सेनाएँ हटा सकते थे।

इस कोर को वायुसेना की मदद देने के लिए मिग-21 के दो स्क्वाड्रन लगाये

गये थे। वे शिलांग के पास से गुवाहाटी से उड़ते थे। इसके अलावा कुंभीरग्राम से हंटर भी उनकी मदद के लिए थे। हवाई कार्रवाई की त्रिज्या गतिविधियों के क्षेत्र को 23 डिग्री अक्षांश के उत्तर तक सीमित कर देती थी। इसका मतलब था कि फेनी के दक्षिण में पहुँचना उसकी क्षमता से बाहर था। यह मिग-21 पर विशेष रूप से लागू होता था, हालाँकि हंटर बड़ी टंकियों के साथ चटगाँव तक वार कर सकता था। लेकिन ऐसी स्थिति में वे सिर्फ 30 किलोमीटर की फ्रंट गन और हर पंख के नीचे दो जोड़े राकेट ले जा सकते थे। त्रिपुरा में अगरतला के प्रमुख अड्डे सहित कई हवाई अड्डे हैं, लेकिन अंतर्राष्ट्रीय सीमा से सटे होने के कारण इनमें से कोई भी प्रयोग में नहीं लाया जा सकता था। दरअसल अगरतला में पूर्व की तरफ मुँह करके उतरनेवाला विमान अंतर्राष्ट्रीय सीमा के ऊपर से गुजरता था।

हंटरों के अलावा कोर को दो हेलीकॉप्टर यूनिट नंबर-105 और 110 का भी सहयोग मिल रहा था। इनमें एम आई-4 उपकरण लगे हुए थे। उन दोनों इकाइयों से कभी भी 11 विमानों को इकट्ठा किया जा सकता था। बाद में यूनिट नंबर-111 से दो हेलीकॉप्टर भी इस बेड़े में शामिल हुए।

सामान्य समय में कोर और उसकी मदद के लिए तय मिग स्क्वाड्रन ब्रह्मपुत्र के उत्तर में तेजपुर में तैनात थे, जबकि हेलीकॉप्टर यूनिट हाशिमारा में थी। हंटर, जो कि असम में सिलचर के पास स्थित कुंभीरग्राम में तैनात नहीं थे, उन्हें उत्तरी बंगाल के हाशिमारा से लाया जाता था। योजना बनाने के दौरान यह तय किया गया कि मिग स्क्वाड्रन गुवाहाटी से कार्रवाई करेगी। इससे वे मेघना के पश्चिम में सेना की 4-कोर को भी मदद दे सकेंगे। हंटर और एम आई-4 विशेष तौर पर मेघना के पूर्व में इस्तेमाल के लिए थे।

युद्ध जो कि अपरिहार्य लग रहा था, उसकी योजना बनाते समय जनरल सगत सिंह ने तय किया था कि वे त्रिपुरा से पूर्वी पाकिस्तान पर हमला करेंगे। यहाँ का ज्यादातर ग्रामीण क्षेत्र अविकसित है और सड़कें बहुत कम हैं। हालाँकि राज्य की सीमाएँ पूर्वी पाकिस्तान से लाखों शरणार्थियों के आ जाने से बुरी तरह तंग और भीड़ भरी हो गयी थीं। ये शरणार्थी राज्य की अर्थव्यवस्था पर भारी बोझ बने हुए थे, लेकिन वे एक बड़ी श्रम-शक्ति भी थे, जिसका इस्तेमाल उनकी अपनी मुक्ति और 4-कोर का हमला शुरू करने में किया जा सकता था। ऐसा उन्हें त्रिपुरा के भीतरी हिस्से से पूर्वी पाकिस्तान तक सड़क बनाने के काम में लगाकर किया गया। सड़क की शुरुआत अगरतला के उत्तर में स्थित धर्मनगर से की गयी, जहाँ रेलवे लाइन खत्म होती थी। युद्ध शुरू होने के पहले इन सड़कों का प्रयोग शरणार्थी-शिविरों तक राहत सामग्री पहुँचाने में किया जाता था। युद्ध शुरू होने के बाद सेना इन सड़कों पर तेजी से आगे बढ़ सकी। उसने जब सीमा पार की तो शरणार्थी मजदूरों की फौज

इसके पीछे उन इलाकों में भी सड़कें बनाने चल पड़ी, जहाँ 4-कोर को युद्ध लड़ना था। कोर के साथ एक गंभीर कमी थी। उसके पास उन क्षेत्रों के चित्र नहीं थे, जिनसे होकर उन्हें गुजरना था। स्वाभाविक रूप से यह महसूस किया गया कि वास्तविक युद्ध शुरू होने से पहले इस तरह का कोई चित्र नहीं लिया जा सकता, क्योंकि वायुसेना से सीमा पार के आकाश के बार-बार उल्लंघन की उम्मीद नहीं की जा सकती। हालाँकि युद्ध शुरू होने के बाद ऊपर से लिये गये चित्र कोर के पास बहुत धीरे-धीरे पहुँच रहे थे और कोमिल्ला से आगे का कोई चित्र नहीं लिया जा सका था। सौभाग्य की बात यह थी कि पूर्वी पाकिस्तान का मानचित्र सही था।

चूँकि कोर को मुख्य, पर प्रवर्तक युद्ध लड़ना था इसलिए जनरल सगत सिंह ने जोर दिया कि सारे हवाई हमले अग्रिम वायु नियंत्रक के माध्यम से जमीन से नियंत्रित किये जाने चाहिए।

उनके अनुसार सिर्फ एक मौके पर ग्राउंड कंट्रोलर और विमान में सपर्क कायम नहीं किया जा सका, जब अखौरा पर हमले के लिए कुंभीरग्राम के विमान बुलाये गये। ग्राउंड कंट्रोलर और विमान दोनों ने एक दूसरे से संपर्क कायम करने की कोशिश की, पर नाकाम रहे और आखिरकार हमले का इरादा छोड़ना पड़ा। यही अकेला मौका था, जब संचार की कमी के कारण विमान आबंटित कार्य नहीं संपन्न कर सका। इसके अलावा बाकी आक्रामक उड़ानें (करीब 409) बिना किसी झिझक के पूरी हुईं। थलसेना वायु अड्डा-नियंत्रक और वायुयान के बीच संचार-प्रणाली इस क्षेत्र में पूरे अभियान के दौरान दुरुस्त थी।

अगरतला से उत्तर की तरफ शुरू किये गये अपने अभियान में कोर के सामने जो पहली अड़चन थी, वह छोटी नदियों की थी। इस इलाके में दुश्मन की दो ब्रिगेड थीं और उन्होंने उनकी अच्छी तरह मोर्चाबंदी की हुई थी। उनके तोपखाने के ऊपर हवाई हमले के विरुद्ध रक्षा का बढ़िया बंदोबस्त था। बाद में यह पता चला कि इस तरह की रक्षा-व्यवस्था मजदूरों ने तैयार की थी और उन्हें 1970 में पूर्वी पाकिस्तान में आये भयंकर तूफान के बाद मिले अंतर्राष्ट्रीय अनुदान से नकद और सामान के रूप में भुगतान किया गया था। वायुसेना ने नापाम बम का प्रयोग किया था। वह बम दुश्मनों को अपने धुएँ से बंकरों और खाइयों से बाहर निकाल सकता था। लेकिन इस्तेमाल के दौरान पाया गया कि नापाम बम स्वयं नहीं फटता। इन्हें गिराने के बाद हंटर के पॉयलटों को उन पर 30 मिलीमीटर की बंदूकों से निशाना लगाना पड़ता था। इस कमी को बाद में दूर किया गया, लेकिन इससे पहले वह प्रयास बेकार हो गया, जिसका दूसरी जगह अच्छी तरह इस्तेमाल किया जा सकता था।

दक्षिण क्षेत्र में हवाई छतरी का न होना योजना बनाने के वक्त भी कोर के लिए परेशानी का स्थायी कारण था। उस समय यह आश्वासन दिया गया कि बंगाल की

खाड़ी में तैनात विक्रांत से उड़नेवाले विमान मदद करेंगे। लेकिन युद्ध शुरू होने के बाद इस तरह का कोई समर्थन उपलब्ध नहीं था, क्योंकि नौसेना अधिकारियों ने कहा कि उनके पॉयलटों को लड़ाई के मैदान में सेना की मदद करने का प्रशिक्षण नहीं दिया गया है। इसलिए हंटर को जल्दी से जल्दी और दक्षिण ले जाना जरूरी समझा गया। इसके लिए कोर ने हंटर के लिए उपयुक्त जगह के रूप में कैला शहर की विपरीत दिशा में शमशेरनगर हवाई पट्टी को चिह्नित किया। लेकिन जब सेना वहाँ पहुँची तो पता चला कि वह जगह सिर्फ डकोटा के लिए उपयुक्त है। इसलिए हंटर कुंभीरग्राम से उड़ते रहे। तब तक एम आई-4 कैला शहर पहुँच चुके थे। वहाँ उसके ईंधन और रख-रखाव उपकरण की पहले से व्यवस्था थी।

युद्ध के पहले तीन दिन वायुसेना ने पाकिस्तानी वायुसेना को बेअसर करने में लगाये। आकाश में धाक जमाने के बाद जनरल सगत सिंह ने इसका काफी फायदा उठाया। उनका काम पाकिस्तानी सेना को भैरव बाजार की तरफ बढ़ने से पहले मौलवी बाजार में रोक लेना था। क्योंकि वहाँ उनका डिवीजनल मुख्यालय था, इसलिए उन्होंने ज्यादा से ज्यादा पाकिस्तानी सेना को मौलवी बाजार से सिलहट की ओर आकर्षित करने के लिए दाँव खेला।

7 दिसंवर की शाम को सिलहट के सामने सेना की बटालियन को सुरमा नदी के दक्षिण में विमान से ले जाया जाने लगा। इसके लिए कैला शहर से लाये गये हेलीकॉप्टरों का इस्तेमाल किया गया। हेलीकॉप्टरों की आवाज और देर रात तक सैनिकों के उतारे जाने से यह आभास हुआ कि विमान से भारी संख्या में सेना ले लायी गयी है। विमान से सेना लाने का यह क्रम 8 और 9 दिसंबर को भी जारी रहा। इस दौरान सिलहट की पाकिस्तानी ब्रिगेड और मौलवी बाजार में तैनात एक अन्य ब्रिगेड तेजी से वहाँ से चल दी। इस पाकिस्तानी सेना ने पूरी लड़ाई के दौरान हेलीकॉप्टर से लायी गयी एक बटालियन को रोके रखा और यह बटालियन कस्बे पर कभी हमला नहीं कर सकी। इस दाँव ने पाकिस्तानियों को एक ऐसे क्षेत्र में कैद कर दिया, जिसका कोई खास रणनीतिक महत्त्व नहीं था, इसके अलावा उसने एक बटालियन के उत्तर में दावकी से सिलहट की तरफ जाने का रास्ता साफ कर दिया।

लड़ाई का मुख्य क्षेत्र कोमिल्ला और लालमाई के और दक्षिण में था। उत्तर से दक्षिण तक फैले 150 से 200 फुट ऊँचे बालू के टीले बनाकर मजबूत मोर्चे बनाये गये थे। यह भी पूर्वी पाकिस्तान को मिले अंतर्राष्ट्रीय अनुदान की मदद से बनाये गये थे। यहाँ से पाकिस्तानी सेना लक्षम और चाँदपुर जानेवाले रास्तों को नियंत्रित करती थी। उन मोर्चों पर हवाई हमलों से कोई नुकसान नहीं हुआ, लेकिन उनका मनोवैज्ञानिक प्रभाव जबर्दस्त था। उस इलाके के पाकिस्तानी कमांडर ब्रिगेडियर अत्री ने समर्पण के बाद ये बातें मानीं। उन्होंने कहा कि लगातार सिर के ऊपर मँडराते

विमानों, गिरते नापाम बमों, राकेटों और बंदूकों की फायरिंग की वजह से पाकिस्तानी सैनिक यह सवाल करने लगे थे कि उनकी अपनी वायुसेना उनकी रक्षा के लिए क्या कर रही है। यह मनोबल की लड़ाई थी और आखिरकार पाकिस्तान का मनोबल टूट गया। भारतीय सेना लालमाई से पहले ही बढ़ चुकी थी। वे कोमिल्ला से चाँदपुर के उत्तर में जा चुके थे। हेलीकॉप्टर से दाऊदखंडी के दौरे के वक्त जनरल सगत सिंह देखना चाहते थे कि चाँदपुर में हमारी सेनाएँ क्या कर रही हैं। वे नदी के साथ छोड़े हथियारों की रेंज में उड़ते हुए चाँदपुर में गतिविधियों की उम्मीद कर रहे थे। उस कस्बे के ऊपर उड़ते हुए उन्होंने देखा कि भारी संख्या में झंडे लहराए जा रहे हैं। उन्होंने पॉयलट से एक खेत में उतरने के लिए कहा, जहाँ कुछ लोग खड़े हुए थे। उन लोगों से सगत सिंह को पता चला कि पाकिस्तानी चाँदपुर खाली करके जा चुके हैं। जनरल तुरंत लक्षम के बीच में स्थित निकटवर्ती सैनिक चौकी पहुँच गये और उस शाम (7 दिसंबर) तक चाँदपुर हमारे कब्जे में था। नतीजतन जनरल को चाँदपुर पर अकेले कब्जा करने का श्रेय मिला।

4-कोर ने सारी सीमाओं के बावजूद वायुसेना की उपलब्ध मदद का पूरा इस्तेमाल किया। इस धुआँधार लड़ाई में जो भी निशाना सामने दिखा, उसे खेल की तरह झपट लिया गया। इसके अलावा कोर ने आक्रामक समर्थन में आये विमानों के हमले के लिए दो क्षेत्र तय किये थे, लेकिन उन्हें कोई उपयुक्त निशाना ही नहीं मिला।

इस तरह लालमाई पहाड़ियों को रेंज 'ए' और भैरव बाजार स्थित डिवीजनल मुख्यालय को रेंज 'बी' कहा जाता था। जब किसी खास लक्ष्य के लिए समर्थन की जरूरत नहीं होती थी तो इन्हीं इलाकों पर हवाई हमले किये जाते थे। मुक्त प्रणाली की सेनाओं में ग्राउंड कंट्रोलर विमान की स्थिति और क्षमता को देखते हुए उससे रेंज 'ए' और रेंज 'बी' पर हमला करने के लिए कहता था। इस तरह यह सुनिश्चित किया जाता था कि कोई हमला बेकार न जाये और कोर के लिए उपलब्ध हर उड़ान का सार्थक उपयोग हो।

11 दिसंबर को वायुसेना ने हमारी थलसेना की सफलता में महत्त्वपूर्ण योगदान दिया। हमेशा की तरह हमारे कई हंटर और मिग तय कार्यक्रम के अनुसार आसमान में थे, तभी कोमिल्ला के पास हमारी सेना ने पता लगाया कि पाकिस्तानी बहुत-से चैफी टैंक और एक ब्रिगेड ले आये हैं। इरादा संभवतः जवाबी हमला करना है। आर-टी नेटवर्क पर आक्रामक सहायता की अपील का अपेक्षित परिणाम निकला। मिनटों में हंटर और मिग आसमान में थे। पाकिस्तानी सेना पर उनके हमले ने पाकिस्तानियों के किसी भी आक्रामक इरादे को नाकाम कर दिया।

12 दिसंबर को अगरतला की हवाई पट्टी दुश्मन की दखलंदाजी से पूरी तरह

मुक्त थी। नैट विमानों का एक स्क्वाड्रन अगरतला पहुँचा और उसने अगले दिन से काम शुरू कर दिया। इस समय तक उत्तर में सिलहट में और दक्षिण में कोमिल्ला और लालमाई क्षेत्र में काफी सेना पहुँच चुकी थी और कोर मेघना जाने को तैयार थी। उसका एक मकसद मेघना पर बने आशुगंज पुल पर कब्जा करना था। लेकिन हमारी सेना के पहुँचने के पहले ही पाकिस्तानियों ने इसे उड़ा दिया। पुल के पास ऊँचाई पर स्थित भैरव बाजार पाकिस्तानियों का गढ़ था। वहाँ पाकिस्तानियों का बड़ा तोपखाना था, जो हमारी सेनाओं को ब्राह्मणबाड़िया की तरफ बढ़ने से रोकता था। पता चला कि पाकिस्तानी तोपखाने ने अपनी निगरानी चौकी कंकरीट के एक अनाज-गोदाम की सबसे ऊपरी मंजिल पर स्थापित कर रखी है और वहाँ से वह एकदम सटीक निशानेबाजी कर रहा है। हमारे अपने हथियार और मोर्टार उस निगरानी-चौकी को हटा पाने में नाकाम थे, इसलिए इस समस्या को हल करने के लिए कलकत्ता से नैट बुलाये गये। उस कोठार की ऊपरी मंजिल में कई खिड़कियाँ थीं। नैट ने 30 मिलीमीटर की अपनी बंदूकों से सीधे उन्हीं खिड़कियों में निशाना लगाया। इस हमले से पाक तोपखाना अंधा हो गया और हमारी सेना को काफी राहत मिल गयी। यही कार्रवाई कुछ दिनों बाद नारायणगंज में हुई। वहाँ अदमजी जूट मिल्स की इमारत की चौथी मंजिल पर तोपखाने की निगरानी-चौकी देखी गयी। नैट ने उसकी भी अच्छी खबर ली।

लड़ाई तेजी से आगे बढ़ती देख कोर-कमांडर ने मेघना के पूर्वी तट पर न रुककर, संभव हो तो ढाका तक जाने का फैसला किया। मेघना पर बना पुल तो उड़ा ही दिया गया था, इसलिए भारी संख्या में सैनिकों को नदी पार ले जाना हेलीकॉप्टरों की जिम्मेदारी थी। लेफ्टिनेंट जनरल सगत सिंह और हेलीकॉप्टर यूनिट के ओ. सी. स्क्वाड्रन लीडर संधू ने उस आकस्मिक स्थिति से निपटने के लिए पहले से एक योजना बना रखी थी। लड़ाई शुरू होने से पहले हेलीकॉप्टर यूनिट के सी. ओ. से पूछा गया कि क्या वे रात में उड़ान भर सकते हैं। यह असामान्य अनुरोध था, क्योंकि आमतौर पर प्रशिक्षण के दौरान वायुसेना इतने बड़े स्तर पर रात्रिकालीन युद्ध लड़ना नहीं सिखाती और वह भी अग्रिम इलाकों में, जहाँ जमीन पर न्यूनतम सुविधाएँ होती हैं। इसके बावजूद थोड़ी देर सोचने के बाद स्क्वाड्रन कमांडर ने हामी भर ली, पर उनका कहना था कि उन्हें घरों में इस्तेमाल होनेवाली 80 टार्चों की जरूरत पड़ेगी। टार्च लायी गयीं और हेलीपैड के लिए उपयुक्त जगह पर 'H' के आकार में लगाई गयीं। इस 'H' आकृति से 200 मीटर की दूरी पर '1' आकृति थी और इससे 200 मीटर की दूरी पर '2' की आकृति थी। इसी तरह की आकृतियाँ 200 मीटर की दूरी पर चार ऐसे हेलीपैड बनाये गये थे, जहाँ हेलीकॉप्टर उतर सकें। पहले परीक्षण में पाया गया कि टार्च की रोशनी इतनी ज्यादा है कि टार्च बुझाने पर हेलीकॉप्टर का

पॉयलट चौंधिया जाता है। इसका समाधान आसान था, उन्होंने टार्चों के परावर्तक निकाल लिये और पॉयलट को रास्ता दिखाने के लिए सिर्फ बल्ब की चमक बच रही। इस तकनीक का इस्तेमाल रात में सिलहट में हेलीकॉप्टरों से सैनिक उतारने में और फिर मेघना पार करने में किया गया।

सिलहट बटालियन पहुँचाने के बाद हेलीकॉप्टर कैला शहर से अगरतला चले गये। तब तक ग्रुप कैप्टन चंदन सिंह, जोकि जोरहट से मदद के लिए विशेष तौर पर भेजे गये थे, ने सिलहट में विमान उतरने की स्थितियों का सर्वे किया और एक ऐसा उपयुक्त रास्ता भी ढूँढ़ लिया, जहाँ से वे मेघना पार करके नरसिंहगढ़ी जा सकते थे। 10 दिसंबर को लेफ्टिनेंट जनरल सगत सिंह स्थितियों का अध्ययन करने के लिए एल्यूएट में दौरा कर रहे थे। तभी कुछ पाकिस्तानियों ने उनके विमान पर कुछ गोलियाँ दागीं। सौभाग्य से टखनों और गाल की हड्डियों पर कुछ खरोंचों और एक मैप फोल्डर के गोलियों से छलनी होने के अलावा वे किसी भी जानी नुकसान के बिना अगरतला पहुँच गये।

मेघना को पार करने का अभियान 10 दिसंबर को दिन डूबने के थोड़ी देर पहले शुरू हुआ। तब 100 सैनिकों को लैंडिंग पैड नंबर 1, 2, 3 और 4 तक ले जाया गया। जब तक हेलीकॉप्टरों का दूसरा जत्था आता, तब तक काफी अँधेरा हो चुका था। लेकिन विमान उतरा और सैनिक बिना किसी वारदात के बाहर निकले। उसके बाद दो अन्य कंपनियाँ उतरीं। सावधानी के लिए अग्रिम दल ने हेलीपैड एक या दो किलोमीटर आगे खिसका दिया। ऐसा करते समय उम्मीद थी कि भैरव बाजार में तैनात पाकिस्तानी तोपखाना उतरनेवाली जगह को देख नहीं पायेगा और न ही उस पर निशाना लगा सकेगा। इस तरह सैनिकों का आना पूरी रात और अगले दिन तक भी जारी रहा। एम आई-4 की सामान्य वहन-क्षमता 14 सैनिक है, पर जैसे-जैसे ईंधन घटता गया, सैनिकों की संख्या एक बार में बढ़ाकर 23 कर दी गयी। दुबारा ईंधन लेने के लिए विमान को वापस अगरतला जाना पड़ता था। पॉयलट बिना आराम के काम करते रहे, लेकिन उनकी थकान दूर करने की नीयत से कोर ने मुक्तिवाहिनी से हर विमान के उतरने पर उसके चालक दल के लिए बिस्कुट और गर्म कॉफी का इंतजाम करने को कह रखा था। इसी दौरान बजरों और नौकाओं से भारी उपकरण और भंडार राजपुरा से नरसिंहगढ़ी लाने थे। 11 दिसंबर की सुबह हेलीकॉप्टर से 650 सैनिक और कुछ उपकरण नरसिंहगढ़ी पहुँचाए जा चुके थे।

उसके बाद हेलीकॉप्टर दाऊखंडी पहुँच गये, जहाँ उन्हें एक बटालियन को मेघना पार कराकर वैद्य बाजार पहुँचाने के लिए लगाया गया। यह बाजार ढाका के बाहरी इलाके में ढाका से बमुश्किल सात किलोमीटर दूर था। इसी समय नौकाओं और बजरों से अतिरिक्त सेना वैद्य बाजार पहुँचायी गयी और वहाँ पूरी ब्रिगेड जितने

सैनिक हो गये। इस तरह ढाका पूर्व और दक्षिण-पूर्व से घेर लिया गया।

10 तारीख की शाम से नरसिंहगढ़ी में हेलीकॉप्टर-अभियान शुरू हुआ था। तब से लेकर वैद्य बाजार में उतरने तक हेलीकॉप्टरों के चालक दल ने 36 घंटे लगातार कुल 409 उड़ानें भरीं। सिलहट, नरसिंहगढ़ी और वैद्य बाजार—इन तीनों जगहों पर सेना को पहुँचाये जाने के दौरान एक भी व्यक्ति हताहत नहीं हुआ। इस दौरान 5,000 सैनिक और 51 टन उपकरण ले जाये गये। एम आई-4 इस मामले में बेहद मजबूत साबित हुआ और इतने भारी इस्तेमाल के बावजूद किसी विमान में खराबी नहीं आयी।

उपलब्ध वायुसेना के साहसिक और कल्पनाशील प्रयोग से 4-कोर ने यह सिद्ध कर दिया कि दोनों सेवाएँ कितनी अच्छी तरह से एक साथ काम कर सकती हैं। इतने बड़े पैमाने पर यह इसलिए संभव हुआ, क्योंकि कोर के जी. ओ. सी. खुद एक छाताधारी (पैराट्रूपर) थे, जो कई साल तक वायुसेना के सक्रिय संपर्क में रहे थे। इसके अलावा उन्होंने तेजपुर में वायुसेना से करीबी संबंध उस वक्त बना लिया था, जब वे अपनी सामान्य ड्यूटी के दौरान उसके हेलीकॉप्टरों का इस्तेमाल करते थे। स्वाभाविक रूप से दोनों तरफ एक-दूसरे की क्षमताओं और सीमाओं को लेकर बेहतर समझदारी थी। 4-कोर ने वायुसेना से कभी वह करने को नहीं कहा जो वह नहीं कर सकती थी और वायुसेना से जो कहा गया वह काम उसने बेहद प्रभावी ढंग से किया। आखिरी चरण में अगरतला से नैट फिर बुलाये गये और नारायणगंज के इमारती इलाके में पाकिस्तानी सेना पर उनका बेहद प्रभावशाली इस्तेमाल किया गया।

4-कोर ढाका में घुसने को तैयार थी पर भाग्य ने उन्हें यह श्रेय लेने का मौका नहीं दिया। इसके बावजूद उनको सौंपे गये बड़े क्षेत्र में पाकिस्तानी सेना को बेअसर करने और नष्ट करने में उन्होंने जो भूमिका निभाई, वह उल्लेखनीय है। यह काम वायुसेना और कोर के घनिष्ठ सहयोग से संभव हो सका। यह सहयोग काफी हद तक व्यक्तिगत स्तर पर था, और वरिष्ठ सेना कमांडर और उनके तहत काम करनेवाले वायुसैनिकों—दोनों ने इसे बखूबी निभाया।

कोर ने जो मनोवैज्ञानिक युद्ध छेड़ा था, वह भी उल्लेखनीय है। यह युद्ध कैरिबाऊ विमानों का बमवर्षकों के रूप में इस्तेमाल करके लड़ा जा रहा था। कैरिबाऊ विमान सेना के हताहतों को उठाने के लिए लगाये गये थे, पर जनरल के कहने पर उनमें ऐसे उपकरण लगाये गये थे जिनके माध्यम से आपूर्ति की तरह बम गिराये जा सकें। हताहतों को उठाने के बाद ये विमान 500 पौंड के बम भरते थे और उन इलाकों की तरफ उड़ जाते थे, जहाँ पाकिस्तानी सेना का जमावड़ा था। ये

इलाके मौलवी बाजार, भैरव बाजार और लालमाई वगैरह थे। कैरिबाऊ ऊँचाई पर उड़ते थे और छोटे हथियारों की रेंज में नहीं आते थे। वे खास निशानों पर चक्कर काटते और थोड़ी-थोड़ी देर बाद बम गिरा देते। इस बमबारी का असर विनाशकारी नहीं था, लेकिन इसका उद्देश्य लगातार परेशान करना यानी दुश्मन को हमेशा जगाए रखना और बेचैन किये रखना था। यह मनोवैज्ञानिक युद्ध का हिस्सा और गोलीबारीवाले युद्ध का पूरक था। एम आई-4 हेलीकॉप्टरों की आवाज रात में और बढ़ जाती है। एक मशीन कई मशीनों जितनी आवाज करती है। एक इलाके में कई हेलीकॉप्टरों की गतिविधियाँ ऐसा आभास देती हैं, जैसे भारी संख्या में सेना लायी जा रही है और इससे फिर वह स्थितियाँ बन जाती हैं जहाँ दुश्मन लड़ने की हिम्मत नहीं जुटा पाता, जैसा कि सिलहट और नरसिंहगढ़ी में हुआ। वहाँ पाकिस्तानी सेना की तरफ से कोई दखलंदाजी नहीं की गयी, हालाँकि भैरव बाजार में भारी संख्या में पाकिस्तानी सेना थी।

जनरल सगत सिंह के हवाई समर्थन के लिए दो तर्क थे। सबसे पहले उनका कहना यह था कि सेना के संगठन और इकाइयाँ युद्ध के दौरान उपलब्ध होनेवाले वायुसेना के संसाधन को मद्देनजर नहीं रखते। यह संभवतः उन दिनों का प्रभाव था, जब सेना हवाई समर्थन को बेकार मानती थी। उनका यह भी मानना था कि वे पूरी तरह वायुसेना पर निर्भर भी नहीं हो सकते। सेना और वायुसेना का प्रशिक्षण इस तरह से होना चाहिए कि वे एक-दूसरे की योजनाओं को समझें और उनकी क्षमताओं के इस्तेमाल के लिए तैयार हों।

उनकी एक और बात जो उचित लगती थी, वह यह थी कि सेना को वायुसेना का समर्थन देने के लिए बने संगठन पर उपयुक्त ध्यान नहीं दिया जाता। उन्होंने यह बात हर कोर से संबद्ध रणनीतिक वायुकेंद्र (टैक्टिकल एअरसेंटर) में नेवीगेटर और सिगनलरों की नियुक्ति के संदर्भ में कही। हालाँकि वे लोग हर तरह से योग्य थे, पर वे न तो संबंधित सैनिक अधिकारियों का भरोसा जीत पाते थे और न ही थलसेना की मदद के लिए बुलायी गयी वायुसेना इकाई का। उनका कहना था कि टैक्टिकल एअरसेंटर के कमांडरों के रूप में चुने गये अधिकारियों के पास पॉयलट के रूप में अनुभव होना चाहिए न कि सिर्फ चालक दल के संकेतक या मार्गप्रदर्शक के रूप में काम करने का। इसके अलावा उन्हें जिस विमान से वास्ता पड़ता हो, उसकी अच्छी समझ होनी चाहिए और सेना एवं वायुसेना के कमांडरों को एक-दूसरे की मदद के लिए सुझाव देने में सक्षम होना चाहिए।

ये दोनों वाजिब टिप्पणियाँ थीं और इन पर विचार किया जाना था। मेरा मतलब

उन वायु सैनिक अफसरों पर प्रतिकूल टिप्पणियाँ करना नहीं है, जिन्होंने 1971 के युद्ध में सेना से कंधा मिलाकर लड़ाई लड़ी, लेकिन अगर जनरल सगत सिंह के सुझावों पर गौर करते हुए रणनीतिक वायुकेंद्रों पर वायुसेना की नियुक्तियाँ की गयी होतीं तो बेहतर नतीजे हासिल किये जा सकते थे।

टंगाइल पर छाताधारी सैनिक उतारना

उधर पूर्वी पाकिस्तान के पूर्वी हिस्से में 4-कोर के सैनिकों और उपकरणों को हेलीकॉप्टरों से मेघना नदी पार कराने का अभियान जारी था, इधर देश के केंद्रीय क्षेत्र में वायुसेना और सेना के सहयोग से एक और महत्त्वपूर्ण काम हो रहा था।

सेना मुख्यालय ने आकस्मिक योजना की स्थितियों में ब्रिगेडियर मैथ्यू थॉमस के मातहत पैरा ब्रिगेड की एक पैरा बटालियन का इस्तेमाल पूर्वी कमान के जी. ओ. सी. -इन-सी जनरल जगजीत सिंह अरोड़ा के जिम्मे छोड़ दिया था। उस बटालियन को छोड़कर बाकी पैरा ब्रिगेड सेना मुख्यालय की रिजर्व थी, जो पूर्वी कमान क्षेत्र में तैनात थी। अपनी संपूर्ण योजना में जो उपयुक्त हो, उस हिसाब से लेफ्टिनेंट जनरल अरोड़ा बटालियन को विभाजित कर सकते थे। अक्तूबर तक लेफ्टिनेंट जनरल अरोड़ा ने पूरा ब्यौरा तैयार कर लिया था और उसे अंतिम रूप नवंबर में दिया गया। उन्होंने शुरुआत में योजना बनाई थी कि पूर्वी पाकिस्तान को दक्षिण-पश्चिमी तरफ से जानेवाले रास्ते पर लेफ्टीनेंट जनरल टी. एस. रैना के मातहत 2-कोर के साथ एक कंपनी तैनात की जाये। इसके अलावा बाकी बटालियन को युद्ध की स्थिति में 101 कम्युनिकेशन जोन में तैनात कर उत्तर की तरफ से दुश्मन को धमकाना था। इस योजना के तहत चौगाछा से शुरू कर जेसोर पर कब्जा करने में 9 इन्फैंट्री डिवीजन की मदद के लिए 7 और 8 पैरा बटालियनों के अलावा फील्ड रेजीमेंट, सिगनल्स, मेडिकल कंपनी, प्रोवोस्ट डिवीजन और अन्य इकाइयाँ चिन्हित की गयीं।

सीमा पर जबरदस्त लड़ाई हुई। विभिन्न स्क्वाड्रनों के कैनबरा, हंटर, नैट, सुखोई और मिग विमानों ने जेसोर और पूरे क्षेत्र पर भयानक हमले किये। नतीजतन अच्छी तरह किलेबंद जेसोर कस्बा एक भी फायर किये बिना जीत लिया गया। पाकिस्तानियों ने कोई प्रतिरोध नहीं किया और पीछे हट गये। भारतीय सेना वहाँ 7 दिसंबर 1971 को गयी। पाकिस्तानी सेना वहाँ बँट गयी। डिवीजन का एक हिस्सा दक्षिण में खुलना की तरफ और दूसरा उत्तर में कुश्तिया की तरफ चला गया। भारत के 4-डिवीजन ने जेसोर के उत्तर में झेनिदा पर कब्जा कर लिया। पाकिस्तानी सेना का एक हिस्सा 18 मील और पूर्व की तरफ बढ़ गया। हमारी सेना ने उसका मागुरा तक पीछा किया।

जेसोर जीतने के बाद ढाका पहुँचने में पाकिस्तानी सेना के अलावा सिर्फ एक बाधा—ब्रह्मपुत्र नदी थी। इस बाधा को दूर करने के लिए सेना को नदी के पूर्व में

उतारने का फैसला किया गया। टंगाइल में 11 दिसंबर को शाम चार बजे सेना को उतारने के लिए 2-पैरा बटालियन चुनी गयी। यहाँ ये सवाल किये जा सकते हैं कि टंगाइल क्यों ? 11 दिसंबर क्यों ? शाम चार बजे क्यों ?

पूर्वी पाकिस्तान में पश्चिम, उत्तर-पश्चिम और पूर्व की तरफ से घुसने के लिए भारतीय सेना की पूरी कोर थी। हालाँकि उत्तर से, यानी कमालपुर-जमालपुर और मेमन सिंह से ढाका की तरफ सिर्फ दो ब्रिगेड थीं। इस रास्ते पर कुछ और सैनिकों की जरूरत थी और टंगाइल इसी धुरी पर नदी के उस पार स्थित था।

टंगाइल में दोस्ताना आबादी थी। मुक्तिवाहिनी की सूचना के अनुसार स्थानीय आबादी और वाहिनी का सिद्दीकी गुट सेना का मार्गदर्शन करेगा और उनके लिए भोजन-पानी पहुँचाने के अलावा उन्हें आगे ले जाने में मदद करेगा। इसलिए सेना के पास सुरक्षित उतरने और इलाके की मुख्य थलसेना से संपर्क कायम करने का उपयुक्त अवसर था। फिर चूँकि टंगाइल, जमालपुर और मेमन सिंह होते हुए ढाका आनेवाली सड़क पर ही स्थित था, इसलिए उत्तर से ढाका की तरफ पीछे हट रही पाकिस्तानी सेना को घेरने का भी अच्छा अवसर बटालियन के पास था। इससे दो मकसद पूरे होने थे। एक तो सेना हिफाजत के लिए ढाका नहीं पहुँच सकती थी, इसके अलावा दूसरा मकसद पीछे हटती इस सेना को खत्म करने, उन्हें पकड़ने और संभवतः बंदी बनाने का था।

11 दिसंबर ही क्यों चुना गया ? जनरल अरोड़ा का अनुमान था कि हमारी सेना को उस क्षेत्र में पहुँचने में इस दिन के अलावा सात दिन और लगेंगे। और शाम चार बजे क्यों ? पहले रात को सेना उतारने का फैसला किया गया था, लेकिन जब पूर्वी पाकिस्तान में पाकिस्तानी वायुसेना ध्वस्त हो गयी तो रात के आवरण की जरूरत नहीं बची। देर अपराह्न सर्वश्रेष्ठ समय था, क्योंकि जाड़े में उस महाद्वीप के पूर्वी हिस्से में चार बजे ही शाम हो जाती है। सैनिकों को नयी जगह पर कदम रखने के लिए थोड़ी रोशनी होनी चाहिए थी, तत्पश्चात् उन्हें अँधेरे का आवरण भी चाहिए था। चूँकि जल्दी ही अँधेरा हो जाना था, इसलिए आसपास अगर दुश्मन हो भी तो उसके लिए हमारे सैनिकों को तुरन्त ढूँढ़ पाना मुश्किल होता, विशेषकर तव जव स्थानीय आबादी में नवागंतुकों के प्रति सहानुभूति थी।

सैनिकों का उतारा जाना बेहद गोपनीय था और इतनी बड़ी संख्या में लोगों के शामिल होने के बावजूद यह चकित करनेवाला अभियान बना रहा। सेना जब उतार दी गयी तब भी बहुत कम लोग सही संख्या का अनुमान लगा सके। कई अखबारों और बी. बी. सी. ने रपट दी कि पूरी ब्रिगेड उतार दी गयी। वास्तव में यह अधिकारियों और सैनिकों को मिलाकर 784 की बटालियन थी।

नवंबर की शुरुआत में कलकत्ता में पूर्वी एअर कमान के अग्रिम मुख्यालय पर

एक संयुक्त समन्वय मुख्यालय स्थापित किया गया। यह मुख्यालय वायु मुख्यालय के परिवहन परिचालन निदेशालय के तहत काम करता था। ए एन-12 के एक पॉयलट ग्रुप कैप्टन गुरदीप सिंह वायु-परिवहन दल के कमांडर थे। उनके साथ विंग कमांडर रल्ली, मार्गदर्शक स्क्वाड्रन लीडर मैनी और पैरा जंपिंग इंस्ट्रक्टर स्क्वाड्रन लीडर वानिया काम करते थे। 50 परिवहन विमानों का एक दल तैयार किया गया। इनमें 22 डकोटा, 20 फेयर चाइल्ड पैकेट, 6 ए एन-12 और 2 कैरिबाऊ शामिल थे। पैरा ब्रिगेड कमांडर ब्रिगेडियर मैथ्यू थॉमस ने पूरे अभियान के अभ्यास के लिए कई बार छद्‌म युद्ध का आयोजन किया। इस दौरान कुछ लोग पैकेट से तो कूद गये, पर डकोटा से नहीं कूद सके। जो नहीं कूद सके, उनके प्रशिक्षण के लिए तुरंत कार्यक्रम चलाये गये। लेफ्टिनेंट कर्नल कुलवंत सिंह पन्नू बटालियन कमांडर थे।

डकोटा की टुकड़ी को कलाईकुंडा में विंग कमांडर सुनील राय और जे. के. सेठ, पैकेट को दमदम में विंग कमांडर एस. चंद्र और ए एन-12 का नेतृत्व विंग कमांडर जे. एस. साहनी कर रहे थे। अगस्त के बाद सीमा के करीब स्थित अपने मूल अड्डे चंडीगढ़ से ए एन-12 विमानों को नागपुर ले जाया गया। जब युद्ध शुरू हुआ तो उन्हें उत्तरप्रदेश के पूर्वी हिस्से गोरखपुर ले जाया गया। ए एन-12 का अन्य स्क्वाड्रन बरेली में था। उनका साझा अनुरक्षण अड्डा इलाहाबाद में था। शुरुआत ऐसे हुई कि योजना बनानेवाले चाहते थे कि विमान 'वी' (V) के आकार के जत्थे में उड़ें जबकि पॉयलट विमानों को एक के पीछे एक सीधी पंक्ति में उड़ाने के पक्ष में थे। इस प्रकार ए एन-12 ने नागपुर में, पैकेट ने इलाहाबाद में फाफामान में तथा डकोटा ने कलाईकुंडा में अभ्यास करना आरंभ कर दिया।

चूँकि 4 दिसंबर का दिन खत्म होने के बाद यह स्पष्ट हो गया था कि पूर्व में पाकिस्तानी वायुसेना आक्रामक नहीं है, इसलिए ए एन-12 वाले नंबर-25 स्क्वाड्रन को उत्तरी बंगाल में हाशिमारा में तैनात एल-70 तोपें आगरा पहुँचाने की जिम्मेदारी दी गयी। उन्होंने यह काम 5 दिसंबर को कर दिया। 10 तारीख को दोपहर बाद उन्हें अगली सुबह दमदम पर पहुँचने का आदेश हुआ और वे पैकेट से वहाँ पहुँचे। वहाँ उन्हें जानकारी दी गयी और लक्षित क्षेत्र का नक्शा और चित्र दिया गया।

11 दिसंबर को साढ़े नौ बजे तक कलाईकुंडा हवाई अड्डे पर डकोटा का जबरदस्त जमाव था। इस तरह का जमाव पहले 29 अप्रैल, 1945 को देखा गया था, जब द्वितीय विश्वयुद्ध के अंतिम वर्ष में 22-पैरा ब्रिगेड की 22 बटालियन को कलाईकुंडा से अक्याब तक 38 डकोटा ले गये थे। हालाँकि पूर्वी पाकिस्तान में पाकिस्तानी वायुसेना की गतिविधियाँ 6 दिसंबर की सुबह ही समाप्त हो गयी थीं, फिर भी हमारी टुकड़ी को दमदम से नैट विमानों की मार्ग-सुरक्षा प्रदान की गयी। कलकत्ता में पारा कैंप वनस्पति उद्यान में था, जोकि गंगा के किनारे एक पिकनिक

स्पाट है।

50 विमानों से सामान गिराने में अनुमान के मुताबिक 50 मिनट लगे। चूँकि हर विमान की गति अलग-अलग थी, इसलिए उनके प्रस्थान का समय और मार्ग भी सावधानीपूर्वक उसी हिसाब से तय किया गया, ताकि वे साथ रहें और एक निश्चित ऊँचाई पर रहें। दो मार्गदर्शक पैकेट 20 मिनट पहले रवाना हो गये। ड्रापिंग जोन टंगाइल से पाँच मील उत्तर-पूर्व में जमालपुर और मैमनसिंह से गुजरने वाले एक मार्ग के किनारे था, जहाँ से लोहथांग नदी को नाव से पार कर उस जगह पहुँचा जाना था।

वह तेज हवाओंवाला दिन था। 12 नाट गति की ठंडी हवा चल रही थी। कैरिबाऊ वहाँ सबसे पहले पहुँचे। उन्होंने दुश्मन को चकमा देने के लिए वास्तविक ड्रापिंग जोन से थोड़ी दूर पहले कुछ नकली चीजें गिराईं। उसके बाद बाकी चीजें गिराई गयीं। वे चीजें ढाई वर्ग मील क्षेत्र में बिखरी थीं। सबसे पहले आपूर्ति गिराई गयी, उसके बाद भारी उपकरण जोकि अच्छी तरह पैक थे और अपने आधार से बँधे थे। सबसे आखिर में सैनिक उतारे गये। हर सैनिक के पास चार दिन का राशन था। सैनिकों की बंदूक और पैकेट का वजन 55 पौण्ड तक पहुँच जाता था। छोटी-मोटी दुर्घटनाओं के अलावा पूरी प्रक्रिया आसानी से पूरी हुई। एक पैकेट से महादेव गौरव नाम का एक सैनिक लटक गया, पर उसका जीवन बचा लिया गया। एक जे सी ओ 18 सैनिकों के साथ ड्रापिंग जोन से 18 किलोमीटर उत्तर में उतरा। उतरते समय उन पर गोलीबारी की गयी और उन्हें मुख्य इकाई से मिलने के लिए संघर्ष करना पड़ा। यह करने में उन्हें एक दिन का समय लग गया। एक पैकेट विमान ने ड्रापिंग जोन से चार मील दक्षिण में एक हॉविज़र तोप और दो जीपें गिराईं। चार जीपें एक तालाब में गिर गयीं, जो ज्यादा गहरा नहीं था। इसके अलावा एक अफसर एक जे सी ओ और 38 सैनिकों को ले जा रहे विमान में कुछ गड़बड़ी आ गयी और उसे दमदम वापस जाना पड़ा। उन लोगों को अगले दिन अन्य आपूर्ति के साथ उतारा गया। जमीन से की गयी एक फायरिंग में एक ए एन पर निशाना लगाया।

उस रात और अगले दिन पीछे हटती पाकिस्तानी सेना से मुठभेड़ में पाकिस्तानियों को भारी नुकसान उठाना पड़ा। अगले दिन दोपहर बाद छाताधारियों को उत्तर में जमालपुर से आ रही 95 माउंटेन ब्रिगेड से जोड़ दिया गया। सिद्दीक़ी के दल ने उतरने के एक दिन बाद उनसे संपर्क किया। इस कार्रवाई में हमारा बहुत कम नुकसान हुआ। ढाका की तरफ दौड़ जारी थी, लेकिन हमारी विजयी सेना के पास परिवहन की कमी थी। इसलिए जो भी मिला, उसका उपयोग करते हुए हमारी सेना गरीब आदमी की राल्स रॉयस, यानी साइकिल रिक्शा में बैठ गई। यह विमान परिवहन से हटकर अनुभव भी था।

समर्पण समारोह का वर्णन कई लोगों ने इतने विस्तार से किया है कि यहाँ उस पर चर्चा की जरूरत नहीं है। यह नाटक के निदेशकों का दिन था। पूर्वी वायुकमान के ए. ओ. सी.-इन-सी के साथ वायुसेना की टुकड़ी कई हेलीकॉप्टरों में पहुँची। ग्रुप कैप्टन चंदन सिंह भी आये। जनरल नियाज़ी से बातचीत के दौरान एअर मार्शल दीवान ने पूछा कि उनकी कुछ सेना जब लड़ाई को लंबा खींचने के लिए तैयार थी, तो उन्होंने समर्पण क्यों कर दिया। ग्रुप कैप्टन चंदन सिंह नियाज़ी के पास खड़े थे। नियाज़ी ने उनके सीने पर लगे पंखों के निशान की तरफ संकेत करते हुए कहा, "इसने (यानी वायुसेना ने) समर्पण जल्दी करवा दिया। आपकी वायुसेना की वजह से हम और हमारी सेना दिन-रात चैन नहीं ले पाते थे। हम लगातार अपना ठिकाना बदलते रहते थे, ताकि थोड़ा आराम किया जा सके, सोया जा सके और हम आगे लड़ाई लड़ सकें। लेकिन हम ऐसा करने में नाकाम रहे।"

पूर्वी पाकिस्तान में वज्रपात-अभियान खत्म हुआ, पर पश्चिम में अभी भी युद्ध चल रहा था।

13 पश्चिमी क्षेत्र

एअर मार्शल एम. एम. इंजीनियर एम. वी. सी / डी. एफ. सी., दो वीरता पुरस्कार प्राप्त पश्चिमी एअर कमान के एअर आफिसर कमांडिंग-इन-चीफ थे। एडवांस मुख्यालय के ए. ओ. सी. एअर वाइस मार्शल लज़ारो थे और जम्मू-कश्मीर के ए. ओ. सी. एअर कमोडोर एस. बनर्जी थे।

पश्चिम में भारत और पाकिस्तानी सेना जमीन और आसमान में एक-दूसरे की टक्कर में थे। पाकिस्तान ने लड़ाकू विमानों के कुल 22 स्क्वाड्रनों में से करीब साढ़े 20 पश्चिम में रखे थे और हमें मालूम था कि उनकी मदद के लिए दूसरे देशों की भी सेनाएँ हैं। हमारा पश्चिमी कमान भी बिल्कुल इसी तरह था। यह स्थिति इस बात का खासा सबूत है कि जार्डनवालों ने संभवतः कराची क्षेत्र की रक्षा के लिए एफ़-104 स्टारफाइटर जैसे कुछ विमान दिये थे। हमने उनमें से चार को मार गिराया था।

मैं परम विशिष्ट सेवा मैडल (रिटायर) प्राप्त लेफ्टिनेंट जनरल के. पी. कैनडेथ से उस दौरान पश्चिमी सीमा की रक्षा के लिए जानकारी लेने के इरादे से मिला। वे 1971 में पाकिस्तान से युद्ध के समय पश्चिमी कमान के जी. ओ. सी.-इन-सी थे।

मैंने उनसे संयुक्त योजना के बारे में पूछा। उन्होंने कहा कि शुरुआती मशविरा पश्चिमी कमान और पश्चिमी एअर कमान के बीच हुआ और इन्हीं के आधार पर एअर कमान ने मैदान में सेना की मदद के लिए रणनीतिक वायुक़ेंद्र (टी. ए. सी.) और स्क्वाड्रन प्रदान किये हैं। लेकिन सेना और वायुसेना की ओर से किये जानेवाले हमले के बारे में कोई विस्तृत योजना तैयार नहीं की गयी। इसका एकमात्र अपवाद 1-कोर के लिए तैयार की गयी योजना थी, जिसे शकरगढ़ की तरफ हमला करना था। इस कोर की मदद के लिए जिन स्क्वाड्रनों को आबंटित किया गया, उनका लड़ाई में इस्तेमाल किया गया।

शुरुआत के लिए सेना मुख्यालय ने इस कमान को पश्चिमी मोर्चे पर इस्तेमाल के लिए कुछ सेना आबंटित की। उस समय यह विचार था कि युद्ध छिड़ने पर पहल लेते हुए पश्चिमी कमान को सीमा की रक्षा करनी चाहिए, इसी के मद्देनजर योजना तैयार की गयी। इसी के साथ लेफ्टिनेंट जनरल कैनडेथ को 4 और 9 नंबर की दो डिवीजन और एक बख्तरबंद डिवीजन आबंटित की गयी और उन्हें पूरब की ओर बढ़ने का आदेश दिया गया। जब उन्होंने विरोध किया तो उन्हें बताया गया कि लेफ्टिनेंट जगजीत सिंह अरोड़ा के नेतृत्व में पूर्वी कमान को उच्च प्राथमिकता दी जा रही है। उसका सार यह था कि जनरल कैनडेथ की योजना में कटौती करके पूर्वी कमान को मजबूत करना। जब तक इस तरह का परिवर्तन किया जाता, तब तक सेनाध्यक्ष जनरल मानेकशा ने पश्चिमी कमान में और परिवर्तन का आदेश दे दिया। इस तरह इसकी योजना में फिर संशोधन करना पड़ा। जनरल कैनडेथ ने बताया कि इस तरह उन्होंने करीब 15 योजनाएँ बनाईं, जिनमें से कोई भी उनके सेनाध्यक्ष ने स्वीकार नहीं की। लगातार बदलते रहने की इसी प्रक्रिया के कारण पश्चिमी एअर कमान के साथ मिलकर वे कभी साझा कार्रवाई-योजना नहीं बना सके।

लेफ्टिनेंट जनरल कैनडेथ ने अपनी पुस्तक 'द वेस्टर्न फ्रंट, इंडो-पाक वार 1971' में कहा है कि पाकिस्तान स्थित हमारे उच्चायोग से चेतावनी मिली थी कि अक्तूबर के दूसरे हफ्ते में पाकिस्तान हमला कर सकता है। इसके अलावा अन्य खुफिया सूत्रों और कराची से गुजरे एक जहाज के कप्तान से भी इस तरह की सूचना मिली थी। कैनडेथ को अपने सेनाध्यक्ष से भी इस तरह की जानकारी 14 अक्तूबर, 1971 को मिली थी और वे लिखते हैं, "मैं इतना ही कह सकता था कि अगर संभावित हमला हुआ तो हम दिक्कत में पड़ जायेंगे, क्योंकि हमारी अपनी सेना तैयार नहीं थी।" उसके बाद सेना को उसके ठिकानों पर पहुँचाने की कोशिशें तेज कर दी गयीं।

पूर्वी कमान के लिए अतिरिक्त बल आबंटित करना किसी हद तक समझा जा सकता है, क्योंकि पूर्व में खतरा तेजी से बढ़ रहा था। हम तब तक यह नहीं जानते थे कि पूर्वी पाकिस्तान की ज्यादातर टुकड़ियाँ फर्जी हैं और उनका उद्देश्य स्थानीय जनता या भारत या दोनों का मनोबल तोड़ना है। लेकिन हमें इतना पता था कि सेना पश्चिम से पूरब को समुद्र या आकाश मार्ग से ले जायी जा रही है। हमें इन जानकारियों के लिए बहुत दूर जाने की जरूरत नहीं थी। ये गतिविधियाँ तो आम जनता के सामने थीं। लेफ्टिनेंट जनरल अरोड़ा पूर्व में पाकिस्तानी सेना के जमावड़े और उनकी बढ़ती आक्रामकता की उपेक्षा नहीं कर सकते थे। जैसे-जैसे इलाके में खतरा बढ़ता गया, जनरल अरोड़ा ने ज्यादा सेना और टैंकों की माँग की।

सेना ने फोटो-सर्वे की जरूरत जताई, पर युद्ध शुरू होने से पहले यह संभव नहीं था। जैसा कि हुआ, हमला शुरू होने के बाद भी सेना के पास ज्यादा फोटो-सर्वे

उपलब्ध नहीं था। फोटो-सर्वे स्टेशन के स्तर पर, विश्लेषण वायुसेना मुख्यालय पर होता था, उसके बाद उसे सेना मुख्यालय को भेज दिया जाता था। नतीजतन अग्रिम इकाइयों को जानकारी धीमे पहुँचती थी। अगर ऐसा न हुआ होता तो उसने युद्ध में ज्यादा असरदार योगदान दिया होता। यह एक कमजोरी थी जिसे दूर किया जाना था और पानागढ़ में एक नया फोटो सेक्शन कायम किया गया।

युद्धरत सेना की टुकड़ी और वायुसेना, यानी रणनीतिक वायुकेंद्र और अग्रिम वायु नियंत्रक (एफ. ए. सी.) के बीच संपर्क की प्रक्रिया को विस्तार से तैयार किया जाना था। एडवांस हेड क्वार्टर के ए. ओ. सी. एअर वाइस मार्शल लज़ारो ने इस सिलसिले में महत्त्वपूर्ण और लंबा प्रयास किया। उन्होंने पश्चिमी कमान के प्रशिक्षु काडर को ब्रिगेड या उससे उच्च स्तर के अधिकारियों के पास यह पता लगाने भेजा कि वायुसेना से सेना के लिए किस प्रकार मदद हासिल की जाये। लेकिन इस समय तक सेनावाले उतनी ज्यादा दिलचस्पी नहीं ले रहे थे, जितनी उन्होंने जनरल भगत और सतारावाला के समय में ली थी। वे लोग वायुसेना को ज्यादा गंभीरता से लेते थे। संयोगवश सेना और वायुसेना का संयुक्त युद्धाभ्यास करानेवाले लेफ्टिनेंट जनरल पी. एस. भगत ही थे और वे मजाक में उसे 'मिडसमर मैडनस' यानी मध्य ग्रीष्म का पागलपन कहते थे।

सामान्य प्रथा के अनुसार सेना यह बताती थी कि उसे कितनी उड़ानों की जरूरत है। लज़ारो ने जोर दिया कि सेना काम बता दे और यह वायुसेना पर छोड़ दे कि कितनी उड़ानों की जरूरत है। यह प्रक्रिया 1969 में शुरू हुई और विकास के साथ-साथ इसे 1970 में परिष्कृत किया गया। समस्या यह थी कि एअर कंट्रोल टीम का अड्डा कहाँ बनाया जाये और फिर ए. सी. टी. के लिए निशाना लगाने का निर्देश कैसे हासिल किया जाये। वायुसेना ने पटियाला में इसका अभ्यास किया। इसके लिए विभिन्न स्क्वाड्रनों में ढके निशानों को ढूँढ़ने और उन्हें साधने की प्रतियोगिता आयोजित की गयी। शुरू में वायुसेना से मदद माँगने और जवाब मिलने की समय-सीमा दो घंटे रखी गयी, लेकिन सेना और वायुसेना के सतत प्रयास और प्रक्रियाओं में सुधार के साथ यह समय-सीमा डेढ़ घंटे कर ली गयी। सेना के सारे आग्रह वायरलेस/टेलीफोन के माध्यम से आसू (एअर सपोर्ट सिगनल यूनिट) कोड में आते थे। इस वजह से वायु समर्थन के लिए बने हवाई अड्डे को संदेश मिलने में देर हो जाती थी। किताबों के संकेत बहुत समय लेते थे और बहुत अव्यावहारिक थे। शीघ्र संचार का प्रभावी माध्यम जमीन की सुरक्षित लाइनें हैं। 1971 के युद्ध में डाक और तार विभाग ने इस दिशा में महत्त्वपूर्ण काम किया।

एअर वाइस मार्शल ने रणनीतिक वायु-केंद्रों को आसमान में मदद देने की जिम्मेदारी सौंपी और सुझाव दिया कि इनका इस्तेमाल सावधानीपूर्वक किया जायेगा।

एक बार मुख्य हमला पहचान लिए जाने के बाद पाकिस्तान की बख्तरबंद डिवीजन से निपटने के लिए ताकत बचाये रखनी थी। अग्रिम क्षेत्र में ब्रिगेड के साथ तैनात अग्रिम वायु-नियंत्रक अक्सर बहुत कारगर साबित होते थे। जब कभी वे उपयोगी नहीं साबित हो पाते थे, तो छंब जैसी भ्रम की स्थिति पैदा हो जाती थी। चलती-फिरती पर्यवेक्षण-चौकियों की क्षमता अनिश्चित थी। कुछ अड्डों पर उनकी चेतावनी उपयोगी साबित हुई, पर हर जगह ऐसा नहीं था। ऐसा इसलिए था, क्योंकि उनका प्रशिक्षण और अनुभव अपर्याप्त था।

कश्मीर क्षेत्र

वास्तविक युद्ध का वर्णन कश्मीर से शुरू किया जाना चाहिए, क्योंकि 1947 में हमारे इस उपमहाद्वीप के भारत और पाकिस्तान में विभाजन के बाद वही झगड़े की असली जड़ रहा है। 1965 में हमंने श्रीनगर या जम्मू में अपने लड़ाकू विमान तैनात नहीं किये, वहाँ कुछ परिवहन विमान तैनात किये गये थे। 1971 में हमने वहाँ नैट और वैम्पायर के कुछ स्क्वाड्रन तैनात किये। लद्दाख के परतापुर सेक्टर की श्योक और नुब्रा नदियों की घाटियों में सेना की चौकियों की मदद के लिए अच्छे मौसम में प्रयोग होने लायक एक हवाई पट्टी है। वहाँ से ज्यादातर लद्दाख स्काउट और नुब्रा गाइड अपनी गतिविधियाँ चलाते हैं। उनके सैनिक-प्रशिक्षण, हथियार, कारतूस और उपकरण सीमित हैं, लेकिन उनकी सबसे बड़ी योग्यता शून्य से भी कम तापमान पर जीने और लड़ने की क्षमता थी। उस वक्त वहाँ से लेह जाने के लिए 18,000 फुट ऊँचा जो खरदुंगला दर्रा है और जिससे टट्टू से जाना होता था, वह भी बर्फ गिरने से बंद हो गया था। इसलिए वह इलाका विमान से ही उतारे जाने पर निर्भर था। 1971 के युद्ध के दौरान उस क्षेत्र में हमारे लोग करीब 20 किलोमीटर आगे तक बढ़ गये और पाकिस्तान के 800 किलोमीटर के इलाके पर कब्जा कर लिया।

कारगिल

कारगिल क्षेत्र में कुछ जगहों पर जबरदस्त लड़ाई हुई। श्रीनगर और लेह के बीच अहम सड़क-संपर्क इसी क्षेत्र में पड़ता है। जैसा कि पहले बताया जा चुका है, 1965 के युद्ध के दौरान कुछ पाकिस्तानी चौकियाँ, जैसे—प्वाइंट-13620, ब्लैक रॉक और अन्य, दो बार हारी और जीती गयीं। दिसंबर 1971 में भारतीय सेना ने यह कठिन काम तीसरी बार किया। ब्रिगेडियर एम. एल. व्हिग और लेफ्टिनेंट कर्नल आर. बी. गुरंग के नेतृत्व में सेना ने सिंधु नदी की सहायक शिंगो नदी के उत्तरी तट स्थित प्वाइंट-13620 पर कब्जा किया। इसमें पीछे से हमला कर पहले उनकी सप्लाई लाइन और जल-स्रोत काट दिया गया। हमारे पुराने वैम्पायरों ने श्रीनगर से उड़कर समीपी

समर्थन दिया। विशेषकर 8 और 9 दिसंबर को। इस क्षेत्र में शिंगो नदी के दोनों तटों पर, ब्राचील दर्रे, ब्रिलारगो रिज, वाली, हाथीमथा और कुछ अन्य अच्छी तरह संरक्षित चौकियों पर हमला किया गया और अच्छी तरह जमे दुश्मन से एक-एक खाई खाली करायी गयी।

श्रीनगर

श्रीनगर घाटी में नैट विमान कड़े सुरक्षा-आवरण में अच्छी तरह संरक्षित थे। हालाँकि वैम्पायर ज्यादा उजागर थे, क्योंकि उन्हें छुपाना मुश्किल था। नैट की क्षमताओं को जानते हुए पाकिस्तानी वायुसेना ने अपने सेबर श्रीनगर नहीं भेजे। उन्होंने ज्यादातर मिराज और एफ-104 विमान ही भेजे। श्रीनगर में उन्हें पकड़ पाना मुश्किल था, क्योंकि पहाड़ों की ज्यादा ऊँचाई पर राडार बेअसर थे। प्रत्येक 30 से 35 किलोमीटर पर निगरानी चौकियाँ स्थापित की गयी थीं। सैनिकों के पास युद्ध से पहले दिये गये सिंगल साइड बैंड रेडियो थे, पर वे विमान पहचानने में सामान्यतः कमजोर थे। इसके अलावा जब वे चेतावनी देते थे तो हमला होने में बमुश्किल दो मिनट समय बचा होता था। मिसाइलें असरदार हो सकती थीं, पर उस समय वे वहाँ हमारे पास थी ही नहीं। नैट के एक पॉयलट, फ्लाइंग अफसर निर्मलजीत सिंह सेखों को यहीं पर अपनी वीरता के प्रदर्शन के लिए मरणोपरांत परमवीर चक्र प्रदान किया गया।

छंब

1965 की तरह 1971 में भी कश्मीर के दक्षिण-पश्चिमी क्षेत्र में छंब जबरदस्त युद्ध क्षेत्र था। जनरल कैनडेथ ने इस बात की पुष्टि की कि सेनाध्यक्ष की तरफ से जो मूल निर्देश था, वो यह कि 10 डिवीजन वहाँ से हमला शुरू करे और 75 किलोमीटर पश्चिम में स्थित खैराँ के महत्त्वपूर्ण सैनिक अड्डे की तरफ बढ़े। लेकिन भारत सरकार हमलावर कहलाना नहीं चाहती थी, इसलिए हमें पाकिस्तानी हमले का इंतजार करना था। पर वे एक खास वक्त और खास स्थान को चुनकर हमला करनेवाले थे और इस प्रक्रिया में वे निश्चित शुरुआती फायदे में थे। वैसी स्थिति में भारतीय सेना को शुरू में पीछे हटना पड़ता। अगर इस तरह की योजना थी तो मुनावर तवी नदी के पश्चिम में सिर्फ हल्का सैन्य बल तैनात करने की जरूरत थी, जिसका काम नदी के पूर्व स्थित मुख्य रक्षा-पंक्ति की तरफ धीरे-धीरे हटते हुए दुश्मन को छकाना था। ऐसा करते हुए वे दुश्मन को थोड़ा नुकसान पहुँचाते और उन्हें अपने क्षेत्र में खींच लाते। अगला कदम एक ऐसा अभियान शुरू करना था, जिससे हमारी सेना युद्ध-विराम रेखा के उस पार खैराँ की दिशा में पाकिस्तान से गुजरे।

अक्तूबर में जनरल मानेकशा ने 10 डिवीजन का दौरा किया और इस योजना पर कुछ विस्तार से चर्चा की गयी। एक नवंबर को सेना प्रमुख की तरफ से आदेश

आया, "न तो मुझे और न ही देश को कोई जमीनी नुकसान मंजूर होगा।"

चूँकि आदेशों का पालन किया जाना था, इसलिए 191 थलसेना ब्रिगेड नदी के पश्चिम में तैनात की गयी, ताकि उस इलाके पर अपना नियंत्रण रखा जाये जहाँ से युद्ध के दौरान दो अन्य ब्रिगेडों को आगे बढ़ना था। डिवीजन का नेतृत्व कर रहे मेजर जनरल जसवंत सिंह इस योजना से काफी उत्साहित हुए। संभावित हमले के मद्देनजर तोपखाना और सैनिक साजो-सामान का भंडार काफी आगे ले जाया गया।

यह तथ्य बाद में जाहिर हुआ कि 191 इन्फैंट्री ब्रिगेड के पास नदी के पश्चिम में खाई व अन्य सुरक्षात्मक ठिकाने बनाने के लिए आवश्यक साधन ही नहीं थे और न ही उच्च अधिकारियों ने उस तरह की सावधानीवाले उपाय करना जरूरी समझा। ऐसा, 1965 में पीछे हटने के लिए मजबूर हो जाने के बावजूद किया गया। यहाँ जनरल कैनडेथ का हवाला दिया जा सकता है :

> *खुफिया सूत्रों और अग्रिम सेना ने पूरे नवंबर माह में दूसरी तरफ गतिविधियों के तेज होने और नये सैनिकों के जमावड़े की सूचना दी। मुझे अपने सैनिकों की सुरक्षा को लेकर आशंका थी और मैंने यह बात रखी थी कि हमें बारूदी सुरंगें बिछाने की इजाजत दी जाये और पाकिस्तान की ओर से बढ़ते खतरे के मद्देनजर हम कराची-समझौते से बँधे नहीं हैं। सरकार ने यह बात मान ली। इस बीच मुख्य सैनिक पर्यवेक्षक लेफ्टिनेंट जनरल तसारा को हमारे आगे बढ़ने के अभियान से चिंता हो रही थी और उन्होंने कोर-कमांडर से कहा कि हम लोग कराची-समझौते का उल्लंघन कर रहे हैं। उसके बाद हमने उनसे मुलाकात करके उन्हें बताया कि पाकिस्तान की मोर्चाबंदी को देखते हुए हम कराची-समझौते से बँधे नहीं रह सकते और भविष्य में पर्यवेक्षकों को हमारे ठिकानों का दौरा और मुआयना करने की इजाजत नहीं दी जायेगी। जनरल तसारा ने मुझसे कहा कि उन्हें संयुक्त राष्ट्र और अपनी सरकार को सूचना देनी होगी। मैंने उनसे कहा कि वे ऐसा कर सकते हैं। हालाँकि एक अधिकारी के रूप में वे हमारी कार्रवाई को भले मंजूर न करें, पर मैं समझता हूँ कि एक सैनिक के रूप में हमारी स्थिति समझेंगे।*

इस तरह 191 थलसेना ब्रिगेड मुनावर तवी नदी के पश्चिम में थी और 52 ब्रिगेड नदी की पूर्वी दिशा का मोर्चा सँभाले हुए थी, जबकि 68 ब्रिगेड अखनूर में रिजर्व थी।

191 थलसेना ब्रिगेड मुख्य सेना का अग्रिम दल था। इसका काम सिर्फ उस क्षेत्र को सुरक्षित रखना था जहाँ से हमला शुरू किया जाना था। जनरल मानेकशा ने जब

30 नवंबर को श्री डी. पी. धर के साथ 15-कोर का दौरा किया, तब तक इसी योजना पर सहमति थी। उसके बाद लेफ्टिनेंट जनरल कैनडेथ के साथ हुई एक बैठक में निर्णय लिया गया कि 10 डिवीजन आक्रामक होने के बजाय रक्षात्मक होगी। इससे संबंधित आदेश एक दिसंबर को पश्चिमी कमान की तरफ से जारी हो गये।

योजना में परिवर्तन के कारण सेना की तैनाती में फिर बदलाव करना पड़ा। तोपखाने और भंडार को पीछे लाना पड़ा, बारूदी सुरंगें बिछाई गयीं और मुनावर तवी के पश्चिम में मजबूत मोर्चेबंदी के लिए अन्य उपाय किये गये। इससे भारी भ्रम की स्थिति पैदा हो गयी और इस भ्रम को 3 दिसंबर को, जब पाकिस्तान ने हमला किया तब, दूर किया जा सका।

2 दिसंबर की रात को छंब के दक्षिण में भारी गाड़ियों के चलने की आवाज सुनाई पड़ी और अगले दिन टांडा के पास कई टैंक देखे गये। 3 दिसंबर की शाम को जब पाकिस्तानियों ने हमला शुरू किया तो हमारी सेना तैयार ही नहीं थी। उनके इस अभियान में सबसे आगे भारी तोपखाने की दीवार थी, उसके पीछे टैंक और उसके पीछे सेना थी। 191 इन्फैंट्री ब्रिगेड को वहाँ जमाया गया, जहाँ पाकिस्तानी सेना को आगे बढ़ने से रोकना था। पाकिस्तानियों ने अपने हमले की योजना सावधानीपूर्वक बनाई थी। वे छंब के दक्षिण-पश्चिम में युद्धविराम रेखा पर स्थित एक गाँव बुरेजाल तक अपना तोपखाना ले गये, वहाँ से उन्होंने ब्रिगेड के ठिकाने पर हमला जारी रखा। जैसा कि एक दिन पहले शाम से आभास हो रहा था, वैसा नहीं हुआ। पाकिस्तानी टैंक दक्षिण के बजाय पश्चिम से पूरे जोशो-खरोश से आये। पाकिस्तानी वायुसेना भी सक्रिय थी। 191 ब्रिगेड ने जबरदस्त लड़ाई लड़ी, पर प्रतिरक्षा के लिए वह बिल्कुल तैयार नहीं थी। वह ज्यादा समय तक नहीं टिक सकी। 5 दिसंबर की शाम तक वह अव्यवस्थित हो चुकी थी। 6 दिसंबर तक यह नदी के पूर्व की ओर पहले से बनाये गये मजबूत मोर्चे पर लौट गयी। यह ब्रिगेड 17 दिसंबर, यानी लड़ाई बंद हो जाने तक वहाँ रही।

जनरल कैनडेथ ने इस बात की पुष्टि की कि छंब क्षेत्र में जब भी जरूरत पड़ी, सेना को वायुसेना का रणनीतिक समर्थन दिया गया। विमानों की कभी किसी तरह की कमी नहीं रही। वे हमेशा तैयार थे और उनसे जो कहा गया, उन्होंने किया। सामरिक रपटों के अनुसार वायुसेना ने 4 दिसंबर को सेना के समर्थन में 20, 5 दिसंबर को 28 और 6 दिसंबर को 30 हमले किये। इस क्षेत्र में वायुसेना प्रतिदिन 45 हमले करने की स्थिति में थी, जबकि माँग इसके मुकाबले काफी कम थी। पहले तीन दिनों में 191-ब्रिगेड की सीधी मदद के लिए सिर्फ तीन मिशन गये। वायुसेना जितनी गंभीरता से रुचि ले रही थी, उसे देखते हुए कई और हमले किये जा सकते थे, लेकिन नीचे की स्थिति इतनी भ्रमपूर्ण थी कि मित्रों से संपर्क की कोशिश में

पॉयलट का दुश्मनों से संपर्क हो जाता था। इसलिए सीधी मदद के लिए ज्यादा माँग नहीं की गयी। ज्यादातर हमले पाकिस्तान स्थित ठिकानों पर किये गये। उनका मकसद पाकिस्तानी सेना को छंब क्षेत्र में पहुँचने से रोकना था। इससे सेना को मदद मिलती थी। इस बात की पुष्टि 15-कोर के जी. ओ. सी. लेफ्टिनेंट जनरल सरताज सिंह और लेफ्टिनेंट जनरल कैनडेथ ने की। इन तथ्यों के मद्देनजर यह समझना मुश्किल है कि क्यों एक प्रतिष्ठित भारतीय पत्रकार ने यह लिखा कि "यहाँ भारतीयों को वायुसेना का बिल्कुल समर्थन नहीं मिला।"* यह एक गैरजिम्मेदाराना रपट थी।

लेफ्टिनेंट जनरल सरताज सिंह ने बताया कि 191-ब्रिगेड जब मुनावर नदी के पूर्व की तरफ हटी तो 10-डिवीजन में कुछ भ्रम की स्थिति पैदा हुई। डिवीजन-कमांडर मेजर जनरल जसवंत सिंह के हाथ से स्थिति निकल गयी और लेफ्टिनेंट जनरल सरताज सिंह ने बताया कि उन्हें लड़ाई की कमान खुद हाथ में लेनी पड़ी। इसके बावजूद जनरल कैनडेथ इस बात की पुष्टि कर चुके हैं कि शुरुआती तीन दिनों के बाद पाकिस्तानियों से गंभीर खतरे की आशंका कभी नहीं रही, क्योंकि तब तक वे अपने तीर चला चुके थे। उस प्रक्रिया को अग्रिम कतार से पीछे पाकिस्तानियों पर हमला कर तेज कर दिया गया।

एअर मार्शल एम. एम. इंजीनियर और लेफ्टिनेंट जनरल सरताज सिंह में घनिष्ठ निजी संबंध थे। वे दोनों राष्ट्रीय रक्षा कॉलेज में एक साथ पढ़े थे। छंब क्षेत्र में वायुसेना की मदद की सीमाओं को जनरल अच्छी तरह समझते थे। मैंने जनरल कैनडेथ से पूछा—फिर ऐसा क्यों हुआ कि जब स्थिति नियंत्रण में आ रही थी और वायुसेना की उपयुक्त मदद मिल रही थी, तो 6 दिसंबर को जनरल मानेकशा ने यह माँग कर डाली कि जितने भी विमान उपलब्ध हों वे छंब क्षेत्र में भेज दिये जायें ? उन्होंने बताया कि सेना मुख्यालय में यह हड़कंप एक संपर्क अधिकारी ने मचाया था, उसे सेना-प्रमुख ने इस क्षेत्र में नियुक्त किया था। उस संपर्क अधिकारी का काम यह था कि वह डिवीजनल और कोर-कमांडरों तथा पश्चिमी कमान के जी. ओ. सी. -इन-सी को नज़रअन्दाज़ कर सीधे सेना के उपप्रमुख को लड़ाई की स्थिति की जानकारी दे। उन्होंने देखा कि 191 इन्फैंट्री ब्रिगेड मुनावर नदी के पश्चिमी तट पर ज्यादा दिन नहीं टिक सकी, इसलिए संपर्क अधिकारी महोदय ने खुद ही यह निष्कर्ष निकाल लिया कि हम लड़ाई हार रहे हैं। इस आशंकित हार का एक अनुमानित कारण वायुसेना की मदद का अभाव बताया गया।

वायुसेना मुख्यालय पर यह रपट पहुँचने के बाद सेनाध्यक्ष ने माँग की कि छंब में पिट रही थलसेना की मदद के लिए जितने विमान हो सकें, उधर भेज दिये जायें। यह माँग एअर मार्शल चटर्जी के पास पहुँची तो उन्होंने कहा कि ऐसा नहीं हो

*इंडियाज पैराट्रूपर्स, थामसन प्रेस, नयी दिल्ली, 1974, पृ. 90

सकता, और जहाँ तक उन्हें जानकारी है, इस क्षेत्र में जितने विमान दिये गये हैं वे वहाँ की जरूरत के लिए पर्याप्त हैं। जहाँ तक मेरी जानकारी है, यह एकमात्र अवसर था जब थलसेना के समर्थन में वायु सैनिक अभियान को लेकर कोई गंभीर मतभेद हुआ। पर यह मतभेद भी थोड़े समय का था। सेनाध्यक्ष को जल्दी ही पता चल गया कि 10-डिवीजन और 15-कोर जितनी मदद का इस्तेमाल कर सकते हैं, वायुसेना की उन्हें उतनी मदद मिल रही है। इस विवाद का नतीजा यह हुआ कि संपर्क अधिकारी ब्रिगेडियर माथुर को जी. ओ. सी.-इन-सी की जानकारी के बिना सेना मुख्यालय को रपट भेजने से रोक दिया गया।

छंब क्षेत्र में सेना के समर्थन में कुल मिलाकर 78 उड़ानें भरी गयीं। सेना अगर इससे ज्यादा उड़ानें चाहती तो वायुसेना 135 से ज्यादा उड़ानें भर सकती थी। 7 दिसंबर को मोर्चा स्थापित किये जाने के बाद वायुसेना के हमले बढ़ाना संभव हुआ और तब औसतन 40 उड़ानें रोज भरी जाने लगीं। उस वक्त हमारे और पाकिस्तानी मोर्चे के बीच वह नदी विभाजन-रेखा के रूप में काम कर रही थी। इसके पश्चिम में स्थित हर चीज पर बेझिझक हमला किया जा सकता था, क्योंकि इस दौरान हमारी सेना को कोई खतरा नहीं था। जमीनी हमला करनेवाले विमान उपयुक्त निशाने की खोज में दिन-भर उस इलाके पर मँडराते रहते थे। उन निशानों का पता लगाना मुश्किल था। पर एक हेलीकॉप्टर दौरे में लेफ्टिनेंट जनरल सरताज सिंह ने आम के बाग में छुपी पाकिस्तानी गाड़ियों और टैंकों को देख लिया। एक बार उन्हें देख लिये जाने के बाद जमीन पर हमला करनेवाले विमानों को काफ़ी निशाने मिल गये और फिर आम का शायद ही ऐसा कोई पेड़ बचा हो, जिस पर हमला न हुआ हो। स्क्वाड्रन नंबर-5 के विमानों ने कैनबरा विमानों से रात को बमबारी की। उन्होंने छंब के बिल्कुल पीछे एक ऐसे इलाके का पता लगाया, जिस पर पाकिस्तानी आपूर्ति संगठन का कब्जा था। वहाँ ईंधन और गोला-बारूद वगैरह था। हमने रात को उस पर बमबारी की। काफी धुआँ उठा और खूब विस्फोट हुए। 9 दिसंबर के बाद हमारी सेना पर दबाव घट गया।

छंब के युद्ध में वायुसेना के योगदान का अब आकलन किया जा सकता है। पीछे नजर दौड़ाई जाये तो यह साफ है कि अंतिम क्षणों में सेना के आक्रामक रवैये से रक्षात्मक रवैये पर उतरने के कारण शुरुआत में उसे पीछे हटना पड़ा। इसके बावजूद मुनावर तवी नदी के पूर्व में पहले से जो रक्षात्मक तैयारी की गयी थी, उसकी वजह से स्थिति हाथ से नहीं निकली। पाकिस्तानी हमले को रास्ते में ही रोक देने का श्रेय पाकिस्तानी क्षेत्र में भीतर घुसकर किये गये हवाई हमले को जाता है। निषेधात्मक भूमिका निभाते हुए और आम के बगीचे में पाकिस्तानी ठिकानों पर हमला करते हुए वायुसेना ने छंब की लड़ाई में अहम भूमिका निभाई।

युद्ध के आरंभिक तीन दिनों में पाकिस्तानी वायुसेना अच्छी तरह सक्रिय थी। लेकिन अपनी थलसेना की मदद के लिए उसने कुछ खास नहीं किया। संभवतः इसे इसलिए रोका जा सका, क्योंकि हमारे हमलावर विमान जमीनी निशानों पर बमबारी कर रहे थे और दूसरी तरफ हमारे लड़ाकू विमान लगातार रणनीतिक क्षेत्र पर नज़र रखे हुए थे। इसके अलावा कई सुखोई और हंटर विमानों का नुकसान उठाने के बाद पाकिस्तानी इलाके में भीतर तक जानेवाले हमलावर विमानों को मिग का मार्गरक्षण प्रदान किया गया। इससे पाकिस्तानी वायुसेना को दूसरी तरफ मुड़ना पड़ा, लेकिन जमीन से भारी गोलीबारी जारी रही। इन हमलों में विंग कमांडर मंगत और अन्य लोगों के विमानों को भारी क्षति पहुँची।

अब तक जिन लोगों की बातें रखी गयी हैं, वे सब वरिष्ठ अधिकारी हैं। लेकिन जिस व्यक्ति पर सघन समर्थन की सबसे बड़ी जिम्मेदारी होती है, वह व्यक्ति टी. ए. सी. कमांडर होता है। उस वक्त 15-कोर के साथ काम करनेवाले 4-टी. ए. सी. के कमांडर आई. एस. छाबड़ा थे, जो बाद में एअर मार्शल बने। टी. ए. सी. मुख्यालय की 15-कोर के साथ ऊधमपुर में स्थित थी। उनकी जिम्मेदारी उत्तर-पूर्व लद्दाख में श्योक नदी घाटी से लेकर दक्षिण-पश्चिम में जम्मू तक फैली थी। युद्ध के दौरान एक बार फिर कोर-कमांडर लेफ्टिनेंट जनरल सरताज सिंह ने टी. ए. सी. का दौरा किया।

न तो डिवीजन और न ही कोर-मुख्यालय ने टी. ए. सी. में आनेवाली किसी माँग पर कभी रोक लगाई और न ही उनकी प्राथमिकता तय की। कोर के जनरल स्टाफ के एक मेजर को टी. ए. सी. से संपर्क बनाने की जिम्मेदारी दी गयी थी, पर वे माँगों को छाँटने और उनकी प्राथमिकताएँ तय करने में बेहद अक्षम थे, और न ही पाकिस्तानी ताकत का सही अनुमान उपलब्ध था। छंब का युद्ध उस स्थान के अनुमान और स्थिति को महसूस करते हुए लड़ा गया।

टी. ए. सी. कमांडर के अनुसार सेना-प्रमुख द्वारा छंब के लिए अतिरिक्त विमानों की माँग से कोई खास फर्क नहीं पड़ा, क्योंकि मोर्चा बमुश्किल दस मील चौड़ा था और वहाँ एक वक्त में दो से ज्यादा विमान उड़ ही नहीं सकते थे। चूँकि जो माँगें आ रही थीं, उनकी प्राथमिकता तय करने के बारे में डिवीजन या कोर-मुख्यालय की तरफ से कोई सुझाव नहीं था, इसलिए छाबड़ा ने इलाके पर 'टोह और हमले' का कार्यक्रम बनाया। वे इस तरह के हर मिशन के लिए डेढ़ घंटे का समय रखते थे और जमीन का धुँधलका छँटने से लेकर अँधेरा होने तक उड़ान भरवाते थे। इस तरह थलसेना को मदद देनेवाले 17 से 20 मिशन प्रतिदिन रहते थे। यह काम वे टी. ए. सी. पर तैनात सेना के साथ कर सकते थे और इसके लिए कुमुक की कोई जरूरत नहीं थी। वास्तव में जैसा कि पहले बताया गया, टी. ए. सी. ने 5 दिसंबर को 28 और 6 दिसंबर को 30 उड़ानें भरीं।

बाएँ से क्रमशः फ्ला. ले. आर. मैसी, फ्ला. ले. एम. ए. गणपति और फ्लाइंग ऑफिसर डी. लज़ारस; वे तीन नैट चालक जिनकी पाकिस्तानी एयरफोर्स से 22 नवम्बर 1971 को पूर्वी क्षेत्र बोयरा में चार मुठभेड़े हुईं और इन्होंने एक-एक को मार गिराया।

बमवर्षक हॉकर हंटर रॉकेट।

उड़ान भरते हुए नैट।

लोंगेवाल की लड़ाई के बाद पाकिस्तानी सेना के दो ध्वस्त टैंक।

लोंगेवाल के पास रेगिस्तान में टैंक के पहियों के निशान।

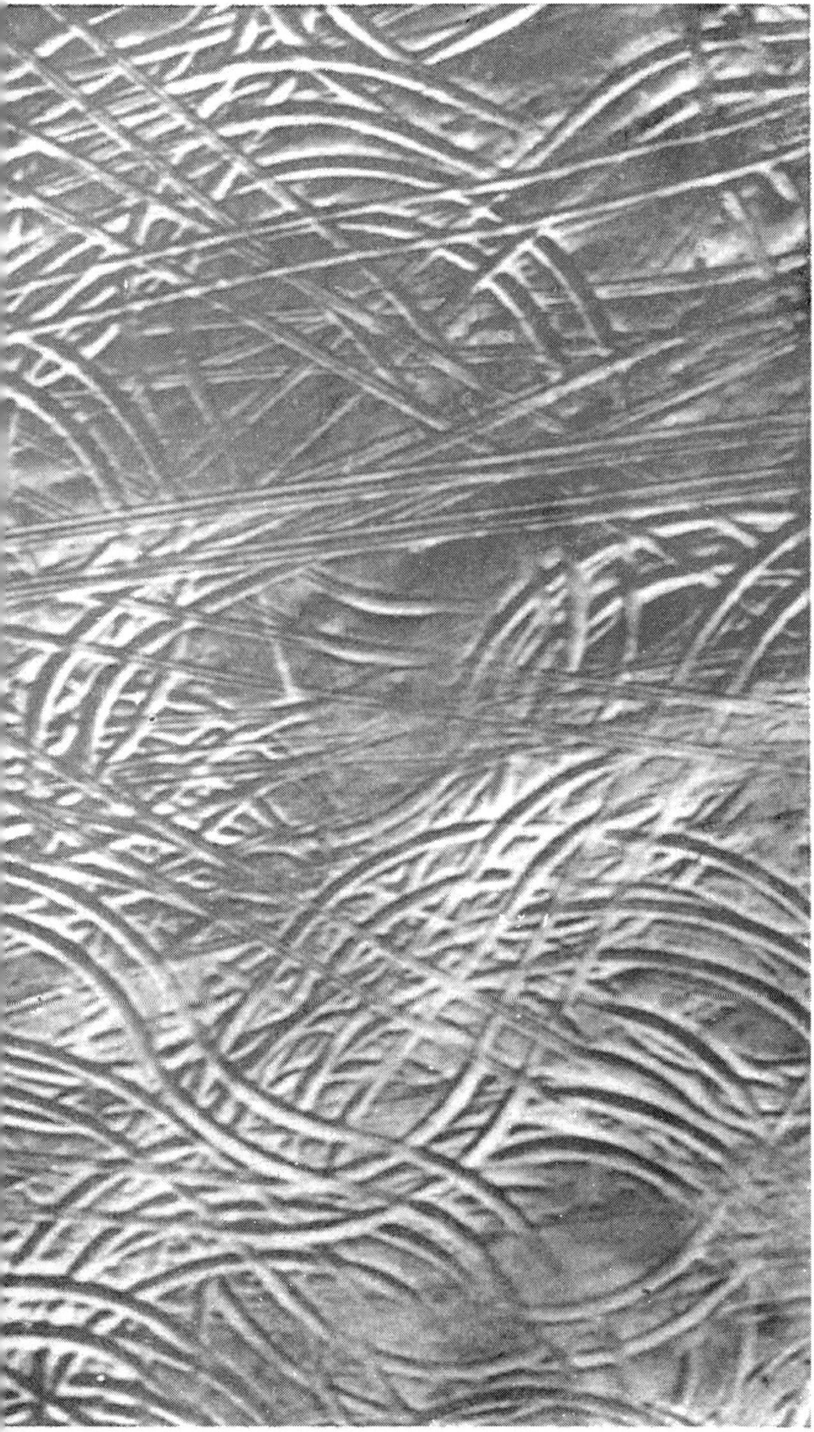

हिमालय की पर्वत श्रृंखलाओं के ऊपर मिग 21; 1971 के भारत-पाक युद्ध की महत्त्वपूर्ण कार्यवाहियों का गवाह।

आक्रमण के दौरान ड्रिग रोड एयरपोर्ट, कराँची का गोदाम, जिस पर दिसम्बर 1971 में जामनगर से हंटर और पुणे से कैनबेराज़ से आक्रमण हुआ।

1971 में बमबारी से घिरा ढाका के पास नरायणगंज बन्दरगाह।

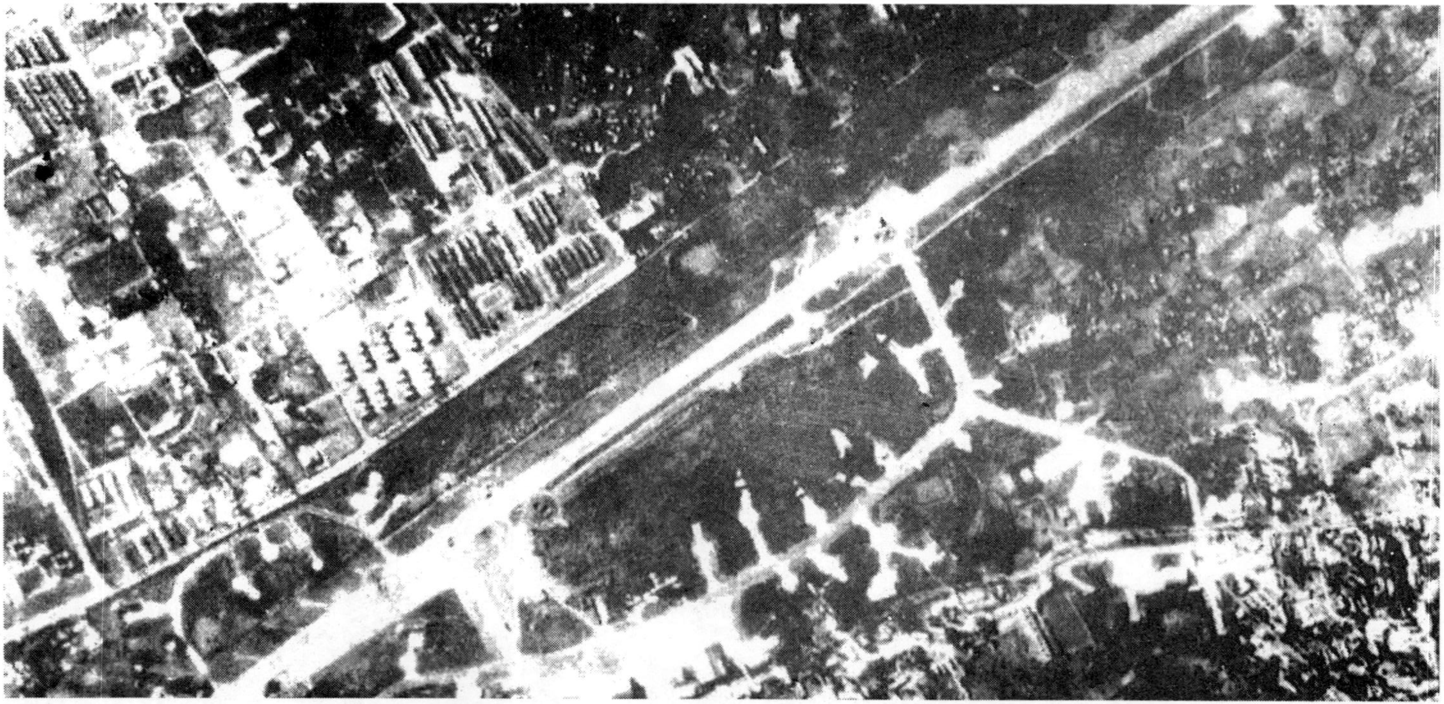

तेजगाँव हवाईपट्टी का रनवे, ढाका के पास पाकिस्तानी वायुसेना का एक बेस, जिसे भारतीय वायुसेना ने मिग से ध्वस्त किया।

1941 में मैंने टाइगर मॉथ में उड़ान भरी।

1943 के अन्त से 1944 के मध्य तक फ्लाइट कमाण्डर के रूप में 7 नम्बर स्क्वाडर्न के प्रतिशोधी गोताखोर बमवर्षक के साथ।

एयर मार्शल बॉल्डविन 1944 में कोहाट आये। संयोग से उसी समय मैंने अपनी उड़ान के एक हजार घंटे पूरे किये।

हॉकर हैरिकेन और तीन वाहक हाथी, बर्मा में (1945)।

हैरिकेन के विशेष रख रखाव के लिए जरूरी हैं फौरी तरीके।

दाएँ से क्रमशः एयर कोमोडोर पी.सी. लाल, विंग कमाण्डर एच. मुलगाँवकर और फ्लाइट लॅफ्टिनैंट रोशन सूरी, जो कि अक्टूबर 1954 में फ्रांस में मूल्यांकन दल के परीक्षक विमान चालक के रूप में ध्वनि निरोधक के बीच से गुजरे।

डी.सी. 3 डॅकोटा, दूसरे विश्वयुद्ध के दौरान गोदाम से युद्धक सामान ढोनेवाला जहाज, जो कुछ समय पहले तक उपयोग में लाया जाता था।

फेयर चाईल्ड पैकेट सी 119 सामान-वाहक जहाज। ऐसे ही जहाज में सी.के.एस. राजे (बाद में एयरमार्शल) ने समुद्र-तल से 17,400 फीट ऊँचाई पर 1961 में हवाई जहाज उतारकर (दौलत बेग ओल्डी में) रिकार्ड कायम किया। (अब इस हवाई जहाज का भारतीय वायुसेना में और इस्तेमाल नहीं होता)।

ए डे हॉवीलैंड वैम्पायर (एक सीटवाला जेट फाइटर) भारतीय वायुसेना में इसे पहली बार 1948 में उड़ाया गया। मैंने इसे पहली बार 1947 में उड़ाया था।

नेट फाइटरों के लिए विमान चालक छीना-झपटी करते हैं! मैंने इसे पहली बार 1956 में लन्दन में उड़ाया था। भारतीय वायुसेना में यह 1958 में शामिल हुआ। तेज़ उड़ान के लिए इसे सेबॅर स्लेयर भी कहते हैं।

'टोह और हमले' की रणनीति का अच्छा असर हुआ, क्योंकि मुनावर तवी ने अच्छी 'बम लाइन' मुहैया कराई। हमारी सेना के पीछे हटकर नदी के पूर्व में पहुँचने से पश्चिमी तट पर चलने या दिखनेवाली या उससे आगे की कोई चीज वायुसेना के लिए उपयुक्त निशाना थी। टी. ए. सी. कमांडर उस तरीके से नाराज थे, जिस तरह शुरुआती स्थितियों में सेना ने अपनी हार की जिम्मेदारी वायुसेना पर डाली थी। वास्तव में अगर सेना ने उसी क्षेत्र में यह माँग की होती तो 4-टी. ए. सी. के पास जितने संसाधन थे, उस लिहाज से वायुसेना ज्यादा मदद पहुँचा सकती थी। सेनाध्यक्ष से शिकायत करना गैरजरूरी था। कोर यही कर सकती थी कि वह टी. ए. सी. कमांडर से संपर्क करे और जहाँ जरूरी हो वहाँ ज्यादा उड़ानें भेजे। लेकिन शिकायत सी. ओ. ए. एस. में गयी और उसके युद्ध-निदेशक ने वायुसेना के उपप्रमुख से बात की, जिन्होंने कहा कि 4-टी. ए. सी. को पहले ही वायुसेना की यथेष्ट मदद आबंटित की जा चुकी है। उसके बाद सी. ओ. ए. एस. ने प्रधानमंत्री से बात की, जिन्होंने मुझे बुलाया। मैंने पश्चिमी वायु कमान के ए. ओ. सी.-इन-सी एअर मार्शल एम. एम. इंजीनियर से छंब को वायुसेना का और समर्थन देने का आदेश दिया और उन्होंने उस तरफ ज्यादा विमान भेजे। इसी दौरान 4-टी. ए. सी. के ओ. सी. को अहसास हुआ कि वे सेना की उम्मीदों पर खरे नहीं उतर रहे हैं। इस कहानी की असलियत यह थी कि सेना के कुछ कमांडर सेना की नाकामी की तोहमत वायुसेना के मत्थे मढ़ने की कोशिश कर रहे थे। अगर वे सफल होते तो सेना को श्रेय जाता और वायुसेना की कार्रवाई को अतिरिक्त कार्रवाई में शामिल किया जाता। इस विशेष गलतफहमी की वजह पहले ही बता दी गयी है। अब हमें कोशिश करनी चाहिए कि भविष्य में ऐसा न हो। लड़ाकू पॉयलट को संभवतः मार्गदर्शक के बजाय टी. ए. सी. का पॉयलट बनाना बेहतर होगा, क्योंकि प्रशिक्षण और अनुभव की वजह से वह मौके की नजाकत अच्छी तरह से भाँप सकता है, उपयुक्त मदद के लिए कह सकता है और उसे अधिकतम उपयोगी बना सकता है। सौभाग्य से विजय हर प्रकार की कमी पर पर्दा डाल देती है।

पुंछ

खुफिया रपटों के अनुसार हाजीपीर उभार के दक्षिण में एक बड़ा पाकिस्तानी हमला होनेवाला था (संभवतः वहाँ पाकिस्तान की 7-इन्फैंट्री डिवीजन थी)। अक्तूबर और नवंबर महीने में कहुटा के इर्द-गिर्द पुंछ के ऊपर भारी मोर्चाबंदी थी। वहाँ एक बड़ा तोपखाना था जो पुंछ पर सीधे निशाना लगा सकता था। दिसंबर तक पुंछ घेर लिया गया। 25-डिवीजन के जी. ओ. सी. मेजर जनरल कुंदन सिंह पर उस इलाके की देखभाल की जिम्मेदारी थी। निश्चित तौर पर पाकिस्तानियों का पुंछ पर हमले का

इरादा था, हालाँकि जनरल कैनडेथ ने इसे महत्त्व नहीं दिया कि हमारी सेना के तहस-नहस किये जाने का गंभीर खतरा है। पिछले 24 वर्षों में हमने सीमा पर मजबूत रक्षात्मक अड्डे बनाये थे और उन्हें ध्वस्त करना आसान नहीं था। इसके बावजूद पाकिस्तान ने इस दिशा में प्रयास किया और 3 दिसंबर की रात को कुछ भारतीय ठिकानों पर बमबारी करते हुए हमारे इलाके में कुछ कमांडो भेजे। कमांडो के पीछे कुछ बटालियन आनी थीं। उनका मकसद कुछ अहम खाइयों और निगरानी चौकियों को हटाकर पुंछ के लिए रास्ता साफ करना था। कमांडो रोक लिए गये और उनके पीछे आनेवाली बटालियनों पर युद्ध-विराम रेखा की रक्षा कर रहे सिख, जाट, महार और जम्मू-कश्मीर राइफल्स भारी पड़े। महार रेजीमेंट को पाकिस्तानी सी. ओ. को पकड़ने का श्रेय मिला। मेन्धार नदी के दोनों तटों पर लड़ाई हुई, इसके अलावा पुंछ के दक्षिण में भी लड़ाई हुई, जहाँ पाकिस्तानियों को राजपूताना राइफल्स ने खदेड़ दिया। इस इलाके में पाकिस्तानी हमला एक छोटा उपद्रव जैसा था। वास्तव में उससे हमारी प्रतिरक्षा को कभी कोई खतरा नहीं हुआ।

तोपखाने का हमला 4 दिसंबर को शुरू हुआ और 5 तक जारी रहा। हमने श्रीनगर में तैनात वैम्पायरों से कुछ हमले करवाए, लेकिन उनका कोई असर नहीं हुआ। इसकी वजह समझी जा सकती है। भारतीय वायुसेना के ये सबसे पुराने विमान इतने तेज होते हैं कि तंग और जंगलों-भरी घाटी में उनके लिए निशाना ढूँढ़ना मुश्किल होता है। नंबर-123 स्क्वाड्रन में कुल छह पॉयलट और चार विमान थे। उनके हार्वर्ड विमानों का असरदार ढंग से इस्तेमाल किया गया। वे इतने धीमे चलते थे कि तंग घाटियों में उपयुक्त कार्रवाई कर सकें। उन्हें हमारी और दुश्मन दोनों की सेनाएँ देख सकती थीं, जिससे एक का हौसला बढ़ता था और दूसरे का पस्त होता था। शुरू में पुंछ से चार पॉयलट और तीन विमानों ने कार्रवाई की। बाद में सिरसा से दो पॉयलटों और एक विमान की टुकड़ी भी वहाँ आ गयी। लेकिन पुंछ में जिस विमान ने वास्तव में कमाल दिखाया, वह था ए एन-12। उसे बमवर्षक के रूप में इस्तेमाल किया गया। ये मालवाहक अपनी पूँछ की तरफ से आपूर्ति गिराते थे। यहाँ उनका इस्तेमाल पूँछ से बम गिराने में किया गया। यह पहला मौका था जब इस भारी-भरकम विमान का इस तरह इस्तेमाल किया गया। 6 दिसंबर की रात को छह ए एन-12 विमान उत्तरप्रदेश के बरेली अड्डे से उड़े और उस चाँदनी रात में रोहतांग दर्रा और श्रीनगर होते हुए थोड़े-थोड़े समय के अंतर पर हमला किया। पाकिस्तानी बंदूकों की फायरिंग ने अपना ठिकाना बदल दिया। हमने दूसरे विश्वयुद्ध में इस्तेमाल होनेवाले 500 पौंड के बम प्रयोग किये। कहुटा पर 40 टन का बम गिराये गये। लेकिन पुराने होने के कारण वे 40 फीसदी बेकार निकले। इसके बावजूद मुझसे जनरल कैनडेथ जैसे व्यक्ति ने स्वयं कहा कि उसके बाद सेना को तोपखाने के बैराज

से और कोई दिक्कत नहीं हुई। वे पाकिस्तानी सेना या तोपों को हुई क्षति की कोई रपट तो नहीं दे सके, पर गाँववालों ने बताया कि बमबारी से भूस्खलन हुआ जिससे उस इलाके की एकमात्र सड़क बंद हो गयी। सेना की अगली कतार को दी जानेवाली आपूर्ति और तोपखाने की मदद रोकने के लिए इतना काफी था और इस तरह पुंछ की लड़ाई बिल्कुल खत्म हो गयी। वापस लौटते ए एन-12 विमानों का दो मिराज विमानों ने पीछा करने का विफल प्रयास किया। छहों विमान सुरक्षित वापस आ गये। इस अभियान और बाद में वर्णित किये जानेवाले अन्य कामों के लिए स्क्वाड्रन नंबर-44 'दी हिमालयन गीज़' के कमांडर विंग कमांडर वी. बी. वशिष्ठ को महावीर चक्र और स्क्वाड्रन लीडर सी. एस. अहलूवालिया को वीर चक्र का सम्मान दिया गया।

शकरगढ़

इस क्षेत्र में सेना ने पश्चिमी कमान के तहत एक ही बड़े हमले की योजना बनाई और चढ़ाई लेफ्टिनेंट जनरल के. के. सिंह के नेतृत्व में कोर द्वारा की जानी थी। कोर की भूमिका विशेष तौर पर आक्रामक थी। 1-कोर के आक्रमण शुरू करने के लिए लेफ्टिनेंट कैनडेथ को उत्तरदायी बनाया गया। उन्होंने सेना मुख्यालय की अनुमति के बिना उस हमले का आदेश दे दिया, जबकि जनरल मानेकशा का आदेश था कि कोई भी आक्रमण उनकी पूर्व अनुमति के बिना नहीं किया जायेगा।

जम्मू के दक्षिण में भारतीय भूभाग में घुसते एक पाकिस्तानी उभार के शीर्ष का एक कस्बा है शकरगढ़। इस उभार का आकार बमुश्किल तिकोना है। अगर इसको त्रिकोण के आकार में रखा जाये तो उसका शीर्ष शकरगढ़ के पूर्व में पड़ता है। इस उभार में स्थित अन्य कस्बे हैं—शकरगढ़ के उत्तर-पश्चिम में ज़फरवाल और दक्षिण-पश्चिम में नारोवाल। ज़फरवाल एक तरफ उत्तरी सीमा के करीब है, दूसरी तरफ पूर्वी सीमा के। जम्मू से दक्षिण-पूर्व दिशा में हमारी ओर साम्बा और कथुआ हैं और फिर उभार के ठीक सामने पठानकोट है। ये जगहें सीमा से सिर्फ दस मील दूर हैं। पाकिस्तानी 2-कोर के तहत 8-डिवीजन को बड़ा मजबूत कहा जाता है। जनरल फज़ल मुक़ीम खान के अनुसार वह डिवीजन टैंक और तोपखाने के साथ इस उम्मीद और इंतजार में बैठी थी कि भारतीय सेना इस उभार में कब घुसती है। 15-इन्फैंट्री डिवीजन सियालकोट क्षेत्र में थोड़ा उत्तर की तरफ तैनात की गयी थी।

पाकिस्तानी टुकड़ी के जवाब में हमारी ओर से लेफ्टिनेंट जनरल के. के. सिंह के तहत 1-कोर तैनात थी। उनके तहत दो बख्तरबंद ब्रिगेड और एक तोपखाना ब्रिगेड थी। मेजर जनरल डब्ल्यू. ए. जी. पिंटो के तहत 54-इन्फैंट्री डिवीजन थी। उसके साथ शकरगढ़ के उत्तर संबा में तैनात उनकी तोपखाना और बख्तरबंद गाड़ियों की

डिवीजन थी। थोड़ा-सा पूर्व की तरफ मेजर जनरल बी. आर. प्रभु के नेतृत्व में 39-इन्फैंट्री डिवीजन तैनात थी। इस ब्रिगेड की एक डिवीजन थोड़ी विरल रक्षा-पंक्ति को मजबूत करने रामगढ़ गयी जो कि कमजोर बिंदु माना जाता था। 39-इन्फैंट्री डिवीजन को आधार पंक्ति पर डटे रहना था।

नवंबर के अंत में लेफ्टिनेंट जनरल कैनडेथ ने इस डिवीजन की एक ब्रिगेड पुंछ भेज दी, इस तरह 39-डिवीजन को तीन हिस्सों में बाँट दिया। आखिरकार उस उभार के शीर्ष के दक्षिण की तरफ और शकरगढ़ के दक्षिण-पूर्व की तरफ मेजर जनरल बलवंत सिंह अहलूवालिया के नेतृत्व में 36-इन्फैंट्री डिवीजन रह गयी।

कोर की संपूर्ण योजना क्या थी। मूल रूप से इसका मकसद इस उच्च संवेदनशील इलाके की सुरक्षा करना, जम्मू और कश्मीर से मुख्य संचार-संपर्क बनाये रखना और दुश्मन को हर संभव टक्कर देते रहना था। और इसे हासिल कैसे करना था ? क्या इसे पाकिस्तान को सिर्फ घेरे रहकर हासिल किया जा सकता था या ज़फरवाल, शकरगढ़ या नारोवाल जैसे विशिष्ट ठिकानों पर कब्जा करने की कोशिश करके ? अगर पहलेवाले तरीके को आजमाने की बात थी तो 1-कोर बहुत सफल समझी जा सकती है। सेना-प्रमुख और थियेटर कमांडर के बीच इस मामले पर मतभेद था। जब सेना-प्रमुख 30 नवंबर, 1971 को श्री डी. पी. धर के साथ लेफ्टीनेंट जनरल कैनडेथ से मिले तो उन्होंने जनरल कैनडेथ से कहा कि जब तक सेना-मुख्यालय से आदेश न आये, वे आक्रमण न करें। लेकिन जनरल कैनडेथ ने कुछ और महसूस किया। उन्होंने लिखा है, "आक्रामक कार्रवाई ही वह अकेला तरीका था जिससे दूसरे मोर्चों पर दवाव घटाया जा सके, जबकि सेना-मुख्यालय चाहता था कि पश्चिमी कमान हारे बिना रक्षात्मक बनी रहे।" उन्होंने 'सीमित आक्रामकता' का फैसला लिया।

वहाँ किसी तरह का पाकिस्तानी आक्रमण नहीं हुआ। हमारी 1-कोर ने अपना हमला पाँच तारीख की शाम को शुरू किया। इस उभार में उत्तर-पश्चिम से दक्षिण-पश्चिम की दिशा में बहनेवाली कई धाराएँ हैं, जो आखिर में रावी में मिलती हैं। उनमें सबसे पूरब में बेन नदी है जो डेराबाबा नानक के उत्तर में रावी से मिलती है। उसके और पश्चिम में ज़फरवाल और नारोवाल के पूर्व में और शकरगढ़ के पश्चिम में बहनेवाली बसंतार नदी है। और पश्चिम में, ज़फरवाल एवं नारोवाल के पश्चिम में डेघ नदी बहती है।

39-डिवीजन बसंतार और डेघ नदी के बीच धीरे-धीरे ज़फरवाल और पसूर की तरफ बढ़ रही थी। तभी 7 दिसंबर को दोपहर एक बारूदी सुरंग के विस्फोट से उसे रुकना पड़ा। मेजर जनरल प्रभु ने उसे किनारे छोड़कर निकलने की कोशिश की, पर 11 तारीख को फिर बारूदी सुरंग फटी और उन्हें रुकना पड़ा। 54-डिवीजन भी

11 तक ही आगे बढ़ी और फिर बारूदी सुरंग के विस्फोट के साथ उसे रुकना पड़ा। 36-डिवीजन ने पूर्व से पश्चिम होते हुए शकरगढ़ की तरफ दबाव बढ़ाया। पाकिस्तानी सेना ने 9 दिसंबर को नैनाकोट खाली कर दिया और पीछे हटने लगी, लेकिन प्रगति अभी धीमी थी। 11 दिसंबर को लेफ्टिनेंट जनरल कैनडेथ ने लेफ्टिनेंट जनरल के. के. सिंह को आदेश दिया कि 36-डिवीजन को दो बख्तरबंद ब्रिगेड और एक इन्फैंट्री ब्रिगेड की और मदद दी जाये, क्योंकि वे आगे बढ़ने और शकरगढ़ पर, संभवतः 13/14 दिसंबर को, हमले करने के लिए अच्छी स्थिति में हैं। 54-डिवीजन को शकरगढ़ की तरफ उत्तर से बढ़ना था। इस डिवीजन की 91-ब्रिगेड 15 दिसंबर तक आगे बढ़ती रही। जबरदस्त टैंक-युद्ध हुआ। 54-डिवीजन की 74-इन्फैंट्री ब्रिगेड के 3 ग्रैंडियर्स के मेजर होशियार सिंह और सेकेंड लेफ्टिनेंट अर्जुन क्षेत्रपाल को मरणोपरांत परमवीर चक्र मिला। इस बीच 39-डिवीजन की 72-इन्फैंट्री ब्रिगेड ने बारूदी सुरंग की कमजोर जगह पर एक पुल बना डाला।

14 दिसंबर को 36-डिवीजन के साथ की एअर ऑब्जरवेशन पोस्ट ने खबर दी कि कई गाड़ियाँ शकरगढ़ से पश्चिम की तरफ जा रही हैं। डिवीजन-मुख्यालय ने इस घटना को खुले दिमाग से समझने के बजाय आशावादी तरीके से लिया। उन्होंने सोचा कि दुश्मन शकरगढ़ से उसी तरीके से पीछे हट गया, जिस तरह से वह नैनाकोट से हटा है और आक्रमण करने का निर्णय लिया। लेकिन वास्तव में कुमुक आ चुकी थी। हमारी सेना कोई प्रगति नहीं कर सकी और हमले का इरादा टाल दिया गया। अगला हमला 17 दिसंबर को रखा गया, लेकिन युद्ध-विराम ने उसे रोक दिया। हालाँकि 54-डिवीजन ज़फरवाल-शकरगढ़ रोड पर हावी थी और ज़फरवाल से सिर्फ चार मील की दूरी पर थी।

मैंने जनरल कैनडेथ से पूछा कि 1-कोर ने शकरगढ़ उभार में घुसने में क्यों इतना खराब प्रदर्शन किया ? यह ऐसा सवाल था जो युद्ध के दौरान होनेवाली सेनाध्यक्षों की दैनिक बैठक में मैं अक्सर उठाया करता था और बाद में युद्ध में हिस्सा लेनेवाली वायुसेना की यूनिटों से पूछा करता था। क्या वायुसेना ने सेना को जरूरी समर्थन नहीं दिया था ?

जनरल कैनडेथ के अनुसार के. के. सिंह बेहद सतर्क अधिकारी थे। वे अच्छे स्टाफ अफसर थे, पर उनमें एक योद्धा सेनापति की गतिशीलता का अभाव था जो अपनी सेना को आगे ले जा सके। शकरगढ़ की तरफ का उनका मार्च पाठ्य-पुस्तक के मुताबिक किया गया और वह काफी धीमा था। लेफ्टिनेंट जनरल ने महसूस किया कि :

> *अगर 1-कोर अपने और 26-इन्फैंट्री डिवीजन के बीच के अंतर पर ध्यान दिये बिना तेजी से बढ़ती जाती तो बहुत कुछ किया जा सकता था। वैसी*

स्थिति में पाकिस्तान की 33-इन्फैंट्री डिवीजन की कुमुक शायद ही समय से अपने कस्बे की रक्षा करने पहुँच पाती और तब विरोध हल्का होता। इस तरह न सिर्फ उस पर कब्जा करना आसान होता, बल्कि हमारे आगे बढ़ने की गति भी तेज हो जाती और हम उस उभार में ज्यादा गहराई तक आ सकते। इसके अलावा यह आक्रमण लेफ्टिनेंट जनरल कैनडेथ के आदेश पर किया गया था न कि सेनाध्यक्ष के आदेश पर। सेनाध्यक्ष तो यही कहते कि आप संबा और पठानकोट के बीच के मोर्चे पर बिना आगे बढ़े डटे रहिए।

1-कोर की प्रगति की धीमी रफ्तार की सफाई देते हुए जनरल कैनडेथ ने कहा कि उनका हरावल दस्ता शकरगढ़ जाते हुए सघन बारूदी सुरंगों में फँस गया था। इस पर मैंने जनरल का ध्यान इस तथ्य की तरफ खींचा कि दिवंगत मेजर जनरल सुखवंत सिंह ने अपनी पुस्तक 'डिफेंस ऑफ वैस्टर्न बार्डर' में लिखा है कि बारूदी सुरंगें खतरनाक थीं ही नहीं। उनके अनुसार ये बारूदी सुरंगें पाकिस्तानी सेना के निर्देश पर गाँव के मजदूरों ने बिछाई थीं। उनकी स्थिति खूँटियों से चिन्हित थी। उनसे पता चलता था कि उनके बीच से होकर साफ रास्ता किस तरफ है। जनरल कैनडेथ ने यह बात मानने से इंकार कर दिया। बल्कि उन्होंने मुझे बारूदी सुरंगों का एक मानचित्र दिखाया, जिसे हमारी सेना ने शकरगढ़ क्षेत्र में मार्च के दौरान हासिल किया था। बारूदी सुरंग की पहली कतार हमारे भूभाग से 2,000 गज़ दूर पाकिस्तान के भीतर थी। दूसरी कतार पहलीवाली से पाँच या छह मील दूर थी। टैंकरोधी हथियारों से लैस हमारी मजबूत रक्षा-पंक्ति ने बारूदी सुरंग की दूसरी कतार की अनदेखी की और इसी कारण हमारी बख्तरबंद डिवीजन को भारी नुकसान हुआ। हमारा इरादा रक्षात्मक ठिकानों को दक्षिण और उत्तर की तरफ से घेरने का था, लेकिन हम सिर्फ उत्तर से ही कुछ दबाव बना पाए। वे इस युद्ध में नष्ट हुए टैंकों की सही संख्या दे पाने में असमर्थ थे और कहा कि रात को बारूदी सुरंगें पार करने की कोशिश में 50 सैनिक मारे गये। टैंकों की गति में इसलिए भी रुकावट आयी कि जिन अग्रणी टैंकों को बारूदी सुरंगों से होकर रास्ता साफ करना था, वे स्वयं क्षतिग्रस्त होकर ढेर हो गये। मेजर जनरल सुखवंत सिंह के अनुसार, इस दौरान 43 पाकिस्तानी टैंक नष्ट हुए और 20 चालू हालत में पकड़ लिये गये। हताहत सैनिकों की संख्या इस तरह थी—दुश्मन की तरफ से 222 मारे गये, 900 जख्मी हुए और 60 गायब हुए; जबकि हमारी तरफ से 169 मारे गये, 506 जख्मी हुए और 17 गायब हुए।

बारूदी सुरंगें और रक्षात्मक मोर्चाबंदी यह साबित करती है कि शकरगढ़ उभार

में भारतीय हमले के प्रति पाकिस्तानी कितनी अच्छी तैयारी किये हुए थे, जबकि युद्ध शुरू होने के दो दिन बाद हुए हमारे हमले में सभी आश्चर्यजनक तत्त्वों का अभाव था और वह पाकिस्तान की जबरदस्त रक्षात्मक तैयारियों के आगे बेकार कर दिया गया।

मैं जानता हूँ कि बारूदी सुरंगों पर बमबारी के लिए वायुसेना की मदद माँगी गयी थी। पर उस हमले के प्रभाव का आकलन कर पाना संभव नहीं था, क्योंकि बम विस्फोट और बारूदी सुरंग के विस्फोट में अंतर कर पाना मुश्किल था। सीधे हमले से बारूदी सुरंग को नष्ट किया जाना भी एक संयोग था, क्योंकि जमीन पर हमला करनेवाले विमान के पॉयलट को वह दिखता नहीं। इसके अलावा इस बात की भी बहुत कम गुंजाइश थी कि बम-विस्फोट से निकले मिट्टी के गुबार से टैंकरोधी सुरंगें फट जायें। हालाँकि उनसे सैनिकरोधी सुरंगें फट सकती थीं। बारूदी सुरंगों पर हवाई हमले के प्रभाव के बारे में पूछे जाने पर जनरल कैनडेथ ने माना कि उनका इस्तेमाल नहीं होना चाहिए। उनकी राय में इस तरह की बमबारी से स्थिति जटिल हो सकती थी, क्योंकि कचरे से सुरंग के कुछ हिस्से ढक उठते और दूसरे हिस्से सैनिकों और टैंकों के लिए ज्यादा खतरनाक हो जाते।

जनरल कैनडेथ ने माना कि 1-कोर की प्रगति धीमी थी, लेकिन उनकी राय में ऐसा वायुसेना से समर्थन की कमी के कारण नहीं हुआ। मेरे इस सवाल के जवाब में कि वायुसेना से अक्सर वह काम करने को क्यों कहा जाता था जो अनुत्पादक होता था, उन्होंने कहा कि अगर किसी कमांडर को कोई सुविधा मिली होती है तो वह उसका इस्तेमाल करना चाहता है, चाहे उसे उसकी जरूरत हो या न हो। यही शकरगढ़ के युद्ध में हुआ। वायुसेना का समर्थन प्रचुर मात्रा में उपलब्ध था और 1-कोर अक्सर इसे फालतू काम में इस्तेमाल करती थी। वे उम्मीद करते थे कि जो काम थलसेना अच्छी तरह से कर सकती है, उसे वायुसेना करे।

पश्चिमी कमान की रक्षात्मक भूमिका की व्याख्या करते हुए जनरल कैनडेश ने कहा कि 26-डिवीजन जम्मू क्षेत्र में रोककर रखी गई थी, उसे पहले के किसी अभियान में हिस्सा नहीं लेने दिया गया। वह 18 दिसंबर को सियालकोट जानेवाली थी। लेकिन ऐसा होने के पहले इकतरफा युद्धविराम घोषित कर दिया गया।

8-टी. ए. सी.

1971 में 1-कोर के साथ संपर्क बनाये रखनेवाला रणनीतिक वायुकेंद्र ग्रुप कैप्टन एस. जे. सिंह के नेतृत्व में नंबर 8-टी. ए. सी. था। अब वे रिटायर हो चुके हैं। युद्ध शुरू होने से पहले 8-टी. ए. सी. दिल्ली से 100 मील दक्षिण मथुरा में 1-कोर के मुख्यालय के साथ था। पर 1-कोर के डिवीजन व्यापक क्षेत्र में फैले हुए थे। एक डिवीजन मध्यप्रदेश के सागर में और दूसरी उत्तरप्रदेश के झाँसी में स्थित थी। यहाँ टी. ए. सी.

सेंट्रल एयर कमाण्ड के मातहत थी, जबकि आदमपुर और पठानकोट अड्डे, जोकि टी. ए. सी. की मदद के लिए बनाये गये थे, पश्चिमी एअर कमान के तहत थे और अभी उसके बाद 8-टी. ए. सी. पश्चिमी वायुकमान के मातहत कर दी गयी और विमानों को कभी-कभी हिंडन से सेना और वायुसेना के साझा युद्धाभ्यास में हिस्सा लेने के लिए भेजा जाता था। लेकिन ये अभ्यास भी यथार्थवादी नहीं थे। अक्सर शांति के समय का युद्धाभ्यास बिना विमान के होता था और टी. ए. सी. के तहत जो संचार-प्रणाली थी, वह संतोषजनक नहीं थी। पूर्वनियोजित मदद तो दी जा सकती है, लेकिन हमले के दौरान जल्दी में माँगी गयी मदद कई कारणों से नहीं दी जा सकती। पहली वजह तो यह थी कि हिंडन वायुरक्षक अड्डा है। दूसरी वजह यह कि हिंडन से उड़नेवाले विमान को निशाने तक पहुँचने में काफी समय लगता था। तीसरी बात यह थी कि पॉयलट उस इलाके से अपरिचित थे। कोर और टी. ए. सी. के मथुरा से जाने के पहले पश्चिमी एअर कमान के अग्रिम मुख्यालय के एअर वाइस मार्शल लज़ारो के निर्देशन में पंजाब में वायुसेना द्वारा आक्रामक समर्थन का अभ्यास हुआ। वे सचमुच के अभ्यास थे, जिनमें विमान हवाई मदद देने की रणनीतियाँ तय कर रहे थे और एफ. ए. सी. (अग्रिम वायु-नियंत्रक) किस तरह से विमान को नियंत्रण में लेकर उन्हें लक्ष्य की ओर निर्देशित करेगा, इस समस्या का भी समाधान कर रहे थे। औपचारिक प्रक्रिया बताई नहीं गयी थी और यह एक तरह की तदर्थ व्यवस्था थी। जमीन से आकाश तक सीमित संचार रेंज और सीमित समय की समस्या कम ऊँचाई पर तीव्र गति से उड़नेवाले विमानों ने और बढ़ा दी। निशाने को पहचान पाना भी मुश्किल था। ऐसी स्थिति में एफ. ए. सी. कुल उड़ानों में सिर्फ 20 फीसदी को नियंत्रित कर पाता था।

युद्ध के दौरान 8-टी. ए. सी. को प्रतिदिन 16 उड़ानें आबंटित की गयीं। इनमें से रोजाना तीन या चार उड़ानें सर्वेक्षण के लिए की जाती थीं, बाकी नजदीकी मदद या गोलीबारी या बमवारी के लिए थीं। कोर अगर चाहे तो और उड़ानों की माँग कर सकता था। वे चाहते थे कि सी. ए. पी. युद्धक्षेत्र में माँग पर उपलब्ध हो और वह उन्हें प्रदान किया गया। अक्सर आबंटित की गयी सभी उड़ानों का इस्तेमाल नहीं हो पाता था और हम उन्हें मुख्यालय को समर्पित कर देते थे। आदमपुर के नंबर-26 स्क्वाड्रन के सुखोई और पठानकोट से हंटर 1-कोर के लिए उड़े। उनमें से ज्यादातर विमानों के मार्गरक्षण के लिए मिग-21 भेजे गये स्क्वाड्रन की एअर कांटैक्ट टीम (ए. सी. सी.) ने ब्रिगेड मुख्यालय के सेना-संपर्क अधिकारी और ब्रिगेड मेजर के साथ मिलकर काम किया, हालाँकि वे बटालियन से संदेश का इंतजार करते थे। संचार की यह शृंखला कभी इतनी लंबी हो जाती थी कि इसका प्रभाव जाता रहता था। गिराये जानेवाले बमों की मात्रा तो बहुत ज्यादा थी, पर वे सही निशाने पर लगे या नहीं;

इसकी कोई जानकारी नहीं थी। पाकिस्तान का छद्मावरण अच्छा था। उनकी बख्तरबंद गाड़ियाँ दिखाई नहीं पड़ती थीं। वे जब पेड़ों के नीचे से फायरिंग करते थे, तभी उनकी स्थिति का पता लगता था। जमीनी लाइनों से मदद की पूर्वनियोजित माँगें भेजी जाती थीं, लेकिन उनमें निशानों का कोई जिक्र नहीं होता था, न ही डब्ल्यू. टी. साइफर से भेजे गये 'टी. ओ. टी.' (टाइम ओवर टार्गेट) में। मदद की तात्कालिक माँगें कोर-मुख्यालय से आती थीं, जोकि उसके युद्धकक्ष में मिलनेवाली स्थिति से संबंधित रपटों पर आधारित होती थीं। यह कक्ष सभी कामों के लिए संयुक्त कार्रवाई-कक्ष के रूप में काम करता था। निर्धारित प्रक्रियाओं को नज़रअन्दाज़ करके कोर और टी. ए. सी. के फैसले के मुताबिक विमान भेजे जाते थे। हमले क्षेत्र की पहचान किये जाने पर निर्भर करते थे। नतीजतन ऐसा कोई विशेष लक्ष्य नहीं था, जिसको भारी नुकसान पहुँचाया गया हो, जबकि पाकिस्तानियों ने उन पर बीस-तीस हमले किये, कोर-मुख्यालय को कोई नुकसान नहीं पहुँचाया और अपनी अग्रिम पंक्ति को जो मदद दी, वह बहुत प्रभावी नहीं थी।

10 दिसंबर को थोड़ा और दक्षिण स्थित 11-कोर ने खबर दी कि उत्तर-पूर्व से बख्तरबंद गाड़ियाँ 1-कोर की तरफ बढ़ रही हैं। एअर वाइस मार्शल लज़ारो ने उनका पता लगाने की कोशिश की, लेकिन इस मामले में हमारे विमानों की टोही गतिविधियाँ नाकाम रहीं। दुश्मन के हवाई हमले से हमारी सेना की गतिविधियों पर गंभीर असर तो नहीं पड़ा, लेकिन इस क्षेत्र में हमारी सेना के आगे बढ़ने में रुकावट आयी और वह रक्षात्मक हो गयी।

मैंने टी. ए. सी. कमांडर से बात की और उसमें निराशा का तनाव साफ दिखाई पड़ता था। वैसे हमेशा सुधार की गुंजाइश रहती है। पर वहाँ जैसा भी हो, हमने शकरगढ़ और छंब क्षेत्र में पूरी तरह वायुसेना की श्रेष्ठता स्थापित कर दी थी। दुश्मन किसी भी तरह से इसे चुनौती नहीं दे पाया। 16 और 17 दिसंबर को हमारे विमान अच्छी तरह संरक्षित लाहौर के रेलवे यार्ड पर उड़े। लेकिन उधर से कोई प्रतिक्रिया नहीं हुई। हम नज़ीराबाद भी गये, लेकिन वहाँ भी कोई प्रतिक्रिया नहीं हुई। अगर वे वापस नहीं चले गये थे तो भी उन्होंने अपनी आँखें बंद कर ली थीं।

रणनीतिक वायु युद्ध विकास प्रतिष्ठान (टी. ए. सी. डी. ई.)

नियमित स्क्वाड्रन के अलावा एक और इकाई थी जो आकार में भले ही छोटी हो, पर उसका योगदान कम नहीं था। हमारे कुछ वरिष्ठ लड़ाकू पॉयलटों को नेतृत्व के बाद प्रशिक्षण के लिए ब्रिटेन डे-फाइटर लीडर कोर्स के लिए भेजा गया था। इसका उद्देश्य लड़ाई में जत्थे का नेतृत्व करना और विभिन्न स्थितियों में रणनीति विकसित करना था। पाकिस्तान भी वही कर रहा था। हमने सौराष्ट्र के जामनगर में शस्त्र प्रशिक्षण

विंग के तहत एक पॉयलट्स अटैक इंस्ट्रक्टर्स स्कूल शुरू किया। लेकिन हम चाहते थे, और हमें जरूरत भी थी, कि ब्रिटेन की तरह यहाँ भी एक स्कूल खोला जाये। इस तरह फरवरी 1971 में अंबाला में रणनीति और युद्ध विकास प्रशिक्षण स्क्वाड्रन अस्तित्व में आया। इसका उद्देश्य लड़ाकू और लड़ाकू बमवर्षक विमानों के साथ युद्ध और आक्रमण के नये तरीके विकसित करना और वायुसेना को प्रभावी बनाना था।

जब यह इकाई स्थापित हो गयी तो पॉयलट्स अटैक इंस्ट्रक्टर्स स्कूल की और जरूरत नहीं रह गयी। बाद में यूनिट का नाम बदलकर टी. ए. सी. डी. ई. कर दिया गया। यानी टैक्टिकल एअर कम्बैट डेवलपमेंट इस्टैबलिशमेंट। इसका प्रशासकीय और क्रियात्मक नियंत्रण वायुसेना-मुख्यालय के तहत था, लेकिन यह पश्चिमी एअर कमान के मुख्यालय से संचालित होता था। इस दोहरे नियंत्रण से कुछ दिक्कत होती थी, जिससे प्रतिष्ठान के विकास पर असर पड़ता था। हालाँकि इस तरह की शुरुआती दिक्कतों से नयी संभावनाएँ खुलती हैं और वे दिक्कतों के पैदा होने के साथ उनका हल भी निकालती जाती हैं।

टी. ए. सी. डी. ई. के सी. ओ. विंग कमांडर ए. के. मुखर्जी बनाये गये, जिन्होंने ब्रिटेन से डे-फाइटर लीडर कोर्स कर रखा था। उनकी यूनिट उस समय जिन दो विमानों का इस्तेमाल करती थी, वे थे सुखोई और मिग-21। दो फ्लाइट कमांडर थे। सुखोई के लिए स्क्वाड्रन लीडर डी. के. धीमान और मिग के लिए स्क्वाड्रन लीडर ओ. पी. शर्मा। उनके पास अपने कोई विमान नहीं थे। उन्हें विमान और पॉयलट स्क्वाड्रन से मिले थे। डिप्टी चीफ ऑफ एअर स्टाफ के तहत वायुसेना-मुख्यालय के आक्रामक-अभियान निदेशालय में तैनात ग्रुप कैप्टन ए. एल. माइकेल इस यूनिट की स्थापना से संबंधित फाइलों को देखते थे।

अप्रैल 1971 में यह यूनिट आदमपुर चली गयी। वह हमले की रणनीतियाँ और सी. ए. पी. तैयार करने में लग गयी। मई के मध्य तक वे जामनगर के शस्त्र-प्रशिक्षण विंग में गोलाबारी का अभ्यास कर रहे थे। शोध और प्रयोग किये गये। उदाहरण के लिए, फायरिंग की नाल कितनी मजबूत है ? उन्हें कितने गोले चाहिए और वे कितनी देर तक मार कर सकते हैं ? उन्हें गंभीर क्षति पहुँचाने के लिए 16 राकेट और चार हमलों की जरूरत थी। मई, जून और जुलाई में अभ्यास जारी रहे। जुलाई में पश्चिमी एअर कमान के मुख्यालय ने उन्हें रात्रिकालीन कार्रवाई के लिए प्रशिक्षित करन का आदेश दिया। उस वक्त लड़ाकू विमानों में रात की कार्रवाई के लिए जरूरी यंत्र नहीं थे, जैसा कि आजकल जैगुआर और मिराज-2000 में हैं। इसके बावजूद उन्होंने मार्गदर्शन उड़ानें, राकेट और बमों से छद्म आक्रमण और रात को कम ऊँचाई पर कलाबाजियाँ शुरू कर दीं। रात को, विशेष तौर पर जब चाँदनी रात नहीं होती तो जमीन के निशान पहचान पाना मुश्किल होता है। वह

अँधेरे में खो जाता है। इसलिए मार्ग जितना सीधा होगा और जितने कम घुमाव होंगे, सही गंतव्य पर पहुँचने की संभावना उतनी ही ज्यादा होगी। दिशा, गति और ऊँचाई को सावधानीपूर्वक संचालित करना होगा। रात को अच्छी तरह देखने के लिए विमान के भीतर की रोशनी जितनी धीमी हो सके, उतनी रहनी चाहिए। सुखोई की लंबी यात्रा के लिए ज्यादा क्षमतावाली तेल-टंकियों की जरूरत थी। प्रक्रियाएँ लिपिबद्ध की गयीं, सेमिनार हुए। वे अंबाला को केंद्र बनाकर काम कर रहे थे। लेकिन अंबाला में जगह की कमी थी, इसलिए तय किया गया कि वे अमृतसर से काम करेंगे। इसके अलावा और महत्त्वपूर्ण बात यह थी कि युद्ध की स्थिति में अमृतसर सीमा के करीब पड़ता था।

अंबाला के ओ. सी. फ्लाइंग स्क्वाड्रन लीडर जोग अमृतसर के बेसकमांडर बनाये गये और उन्हें इस छोटी प्रतिष्ठात्मक यूनिट की दक्ष कार्रवाई के लिए बुनियादी ढाँचा तैयार करने की जिम्मेदारी सौंपी गयीं। वहाँ हेलीकॉप्टर की कुछ टुकड़ियाँ तैनात की गयीं। शुरुआत में यहाँ सिर्फ दो अफसर और 50-60 सैनिक थे। तंबू लगाये गये। बंकर बनाये गये। गतिशील सोपानक अनुरक्षण इकाइयाँ (मोबाइल इकेलान मेंटेनेंस यूनिट्स--एम. ई. एम. यू.) स्थापित की गयीं। वहाँ पेट्रोल का थोक भंडारण नहीं था। भारतीय तेल निगम ने एक संयंत्र लगाया और उसके साथ रबड़ लगे हुए तेल-टैंक बनाये गये। बम रखने के लिए कोई भूमिगत ठिकाना नहीं था, इसलिए गोला-बारूद और बम रखने के लिए बड़ी खाइयाँ खोदी गयीं। लड़ाई की स्थिति में जरूरत के मुताबिक यहाँ से आदमपुर, पठानकोट, अमृतसर, अंबाला और हलवाड़ा को कवर किया जा सकता था।

संचार के बारे में एक समस्या स्पष्ट थी। दिन या रात में वी. एच. एफ. रेडियो (अति उच्च आवृत्ति) संपर्क प्रभावी सहायता थी। लेकिन टी. ए. सी. डी. ई. के विमानों को पाकिस्तान में भीतर तक जाना था और पाकिस्तान की वायु-प्रतिरक्षा इस तरह के संचार को पकड़ने में बहुत सतर्क थी। गृहगामी प्रकाश-स्तंभ के इस्तेमाल का सवाल ही नहीं उठता था, क्योंकि इससे दुश्मन को हमारे ठिकाने का पता लग जाता था।

एअर मार्शल एम. एम. इंजीनियर ने एक देसी तरकीब निकाली। इसके तहत मिग-21 को रिले स्टेशन के रूप में इस्तेमाल करना था। बुलाने का संकेत 'स्पैरो' था और विमान सिगनल यूनिट से क्षेत्र में उड़ रहे दूसरे विमानों को आवश्यक सूचना दे देते थे और उन्हें विशेष तौर पर रात में घर लौटने में मदद करते थे। आर. टी. प्रक्रिया का शब्द-सार तैयार किया गया और इस काम के लिए उसका कोड बनाया गया।

पंजाब

पंजाब में हमारे मुख्य परकोटे पठानकोट, आदमपुर, हलवाड़ा और अमृतसर के अड्डे थे। पठानकोट इनमें सबसे पुराना है, जोकि पश्चिमी सीमा से बमुश्किल 16 कि. मी. या 10 मील दूर है। उसके उत्तर में जम्मू और कश्मीर राज्य है। पाकिस्तान ने 1965 और 1971 के युद्ध में इन अड्डों पर विशेष ध्यान देकर इन्हें सम्मानित किया।

पठानकोट

एअर कमोडोर एल. एम. कात्रे (स्वर्गीय एअर चीफ मार्शल) पठानकोट पहुँचे और 6 दिसंबर, 1971 को उस अड्डे का चार्ज ले लिया। इस स्टेशन को पहला तीखा अनुभव 3 दिसंबर की रात को हुआ, जब पाकिस्तानी वायुसेना के विमानों ने उस पर हमला किया। पर ज्यादा नुकसान नहीं हुआ। यह हमला 4 तारीख को फिर किया गया और उस दौरान कुछ उपकरणों को क्षति पहुँची, पर कोई हताहत नहीं हुआ। वहाँ दो हंटर स्क्वाड्रन, एक नैट और मिग की एक टुकड़ी पहले से थी, जो सख्त आवरण के बाड़े में सुरक्षित और छिटके हुए थे। 7 तारीख को हंटर और मिग का एक-एक स्क्वाड्रन भी यहाँ पहुँचा। हालाँकि कुछ नुकसान जरूर हुआ, पर मनोबल ऊँचा था। पठानकोट और आदमपुर के सीमाई हिस्सों, विशेषकर छंब क्षेत्र में दुश्मन के विमानों को रोकने और वायुसेना की आक्रामक मदद के लिए प्रशंसनीय जवाबी हवाई हमले किये गये थे। हमारे हंटर पाकिस्तान में भीतर दूर तक घुसकर हमले करते थे। वे न सिर्फ लाहौर के पड़ोसी चंदर और वाल्टन जैसे हवाई क्षेत्रों पर हमले करते थे, बल्कि ज्यादा दूर के मुरीद, चकलाना, चकझुमरा, मियाँवाली, पेशावर, कोहट हवाई क्षेत्रों और साकेसर की शक्तिशाली सिगनल यूनिट की भी खबर लेते थे। नंबर-20 स्क्वाड्रन के ओ. सी. विंग कमांडर सी. बी. पार्कर ने हंटर विमानों का कुशलतापूर्वक नेतृत्व करते हुए निर्भीकता, संकल्प और वीरता के कीर्तिमान कायम किये। उन्हें इसके लिए महावीर चक्र से सम्मानित किया गया। इसकी एक झलक 6 दिसंबर को तीन विमानों की एक टुकड़ी द्वारा सिंधु नदी के सुदूर पश्चिम में स्थित अटक के तेल-शोधक कारखाने पर हुए हमले में देखी जा सकती है। उन्होंने जिस तरकीब से दुश्मन के संयंत्र को तबाह किया, वह ईश्वर-प्रेरित लगती थी। वे लक्ष्य से आगे तक उड़ गये, उसके बाद पश्चिमी तरफ से हमला करने के लिए घूमे। यह अच्छी तरह से संरक्षित इलाका था, लेकिन उनकी चालाक उड़ानों की वजह से विमानरोधी तोपें उन्हें मार नहीं सकीं। दो दिनों बाद उन्होंने उन्हीं निशानों पर फिर वही काम किया, यानी अटक के तेल-शोधक कारखाने और चकलाना हवाई क्षेत्र पर।

पार्कर के एक फ्लाइट कमांडर स्क्वाड्रन लीडर आर. एन. भारद्वाज को इसी क्षेत्र

में महावीर चक्र मिला। उन्होंने पाकिस्तानी वायुसेना के जमीन पर खड़े विमान को निशाना बनाया और छंब क्षेत्र में आकाश-युद्ध के दौरान भी पाकिस्तानी विमान मार गिराया। उनकी टुकड़ी ने मंगला बाँध और उसके जल-विद्युत पावर हाउस पर बमबारी करके उन्हें नुकसान पहुँचाया, जबकि वे ऐक-ऐक बंदूकों की भारी सुरक्षा में थे। जमीन से की गयी फायरिंग में उनको गोली लगी, पर वे बिना किसी नुकसान के अड्डे पर लौट आये।

पठानकोट के रन-वे पर जब मिराज विमानों ने बमबारी की तो उनकी शीघ्र मरम्मत की जरूरत थी। इसके लिए सी. ए. पी. आदमपुर से विमान से लाया गया और मरम्मत का काम जल्दी निपटा लिया गया। शकरगढ़ के युद्ध में पठानकोट, आदमपुर और हलवाड़ा के विमानों ने सघन समर्थन देने का काम किया। पठानकोट के राडार चूँकि बहुत प्रभावी और शक्तिशाली नहीं थे, इसलिए वायु-प्रतिरक्षा अमृतसर से तालमेल बिठाकर की जाती थी।

14 दिन की लड़ाई में बी-57 कैनबरा बमवर्षकों ने रात के वक्त पठानकोट पर 30 हमले किये। मिराज ने दिन में बहुत कम हमले किये, संभवतः चार या पाँच। सेबर या एफ-104 विमान इस इलाके में नहीं आते थे। हमारे सी. ए. पी. या तो नैट से जाते थे या मिग-21 से। हमें महसूस हुआ कि वायु-प्रतिरक्षा के लिए बेहतर बुनियादी ढाँचे की जरूरत है, जैसे कि ज्यादा ताकतवर और कम ऊँचाई पर उड़नेवाले विमानों को देखनेवाले राडार होने चाहिए। हमारे पास राडार संचालित तोपें बहुत कम थीं और उनका इस्तेमाल सेना की यूनिटें करती थीं।

दुश्मन की युद्ध-सामग्री की सप्लाई-लाइन काटने के लिए लाहौर-रावलपिंडी और मांटगुमरी-रायबिंड-लाहौर के रेलवे समाहरण यार्ड पर प्रभावी हमले किये गये। सियालकोट सेक्टर को भी नहीं बख्शा गया। इन हमलों को आयोजित करने में राडार ने दुश्मन के सी. ए. पी. से बचने में मदद की जोकि अंडाकार मार्ग में उड़ रहे थे।

हलवाड़ा

हलवाड़ा पंजाब के कृषिप्रधान क्षेत्र में स्थित औद्योगिक और समृद्ध शहर लुधियाना के दक्षिण-पश्चिम में स्थित है। ग्रुप कैप्टन सी. वी. गोले लड़ाई शुरू होने से पहले ही दो साल से बेस कमांडर थे। इस लंबी तैनाती के कारण उन्हें स्टेशन को चुस्त बनाने का मौका मिला। यह संकट की प्रतिक्रिया में नहीं था, बल्कि उनके अपने प्रशासन का तरीका था। चूँकि यह अड्डा सीमा से ज्यादा दूर नहीं है, उन्होंने नियमित 'छद्मावरण प्रणाली' विकसित की। चूँकि आसपास गेहूँ की खेती होती थी, इसलिए उन्होंने हवाई पट्टी के चारों तरफ 200 एकड़ में गेहूँ बुवा रखा था। गेहूँ की यह फसल हवाई पट्टी से सटी हुई थी। उससे हवाई पट्टी आसपास के खेतों में छुप-सी जाती थी। हलवाड़ा

में नैट विमानों की स्क्वाड्रन नंबर-9 थी। सुखोई के दो स्क्वाड्रन नंबर-222 और 108 अगस्त में यहाँ पहुँचे। बाद में हिंडन से चार मिग-21 विमानों की एक टुकड़ी यहाँ पहुँची। हमारे कुछ पुराने वैम्पायर विमानों को भी वहाँ लाया गया। वहाँ सैनिक और विमान दोनों के लिए जगह की कमी थी। अफसरों की भी कमी थी। आठ महीने तक कोई मुख्य तकनीकी अधिकारी नहीं था, चार महीने तक कोई मुख्य प्रशासनिक अधिकारी नहीं था और चार या पाँच महीनों तक कोई ओ. सी. फ्लाइंग नहीं था। सभी ऊँची दुमवाले सुखोई विमानों के लिए पर्याप्त बाड़े नहीं थे और न ही नैट विमानों के लिए। कुछ सुखोई विमानों के बाड़ों में इस्पात का ढाँचा लगाकर उसे सुधारा गया। नैट विमानों को पेड़ों के नीचे बने खड़ंजेवाले प्लेटफार्म पर खड़ा किया जाता था, जिसके किनारों पर बालू की बोरियाँ लगी थीं और जरूरत पड़ने पर ऊपर ढकने के लिए जाल लगाया जाता था। हर सुखोई स्क्वाड्रन के 520 सैनिकों के स्टेशन पर रहने की व्यवस्था करनी थी।

ग्रुप कैप्टन गोले कम ऊँचाई पर वायु-प्रतिरक्षा पर जोर देते थे। इस काम में कम ऊँचाई के राडार मददगार हो सकते थे, पर वह हमारे पास थे ही नहीं। चलनशील पर्यवेक्षक उड़ानें आयोजित की गयीं, हर उड़ान में कई यूनिटें या चौकियाँ शामिल थीं। इनको संचालित करने वालों को करीब तीन महीने का प्रशिक्षण दिया गया। उन्हें साइड-बैंड का एक-एक रेडियो दिया गया, ताकि वे आँख से देखकर जितनी जल्दी संभव हो चेतावनी दे सकें। लड़ाई के दौरान वे काफी सहायक सिद्ध हुए। साल के अंत में, पर युद्ध शुरू होने से पहले, कम ऊँचाई पर उड़ान भरने और युद्ध करने के लिए 'कैक्टस लिली' अभ्यास शुरू किया गया। कई तरीके आजमाए गये। बेस एअर डिफेंस सेंटर (बी. ए. डी. सी.) स्थापित किये गये और उसके लिए बेस एअर डिफेंस अफसर (बी. ए. डी. ओ.) तैनात किये गये। त्वरित प्रतिक्रिया के लिए कोड को सरल बनाया गया जैसे 'गो' या 'नो गो'। चलनशील पर्यवेक्षण चौकियों से रपट बी. ए. डी. सी. को आती थी, जिसके पास उन्हें प्राप्त करने के लिए एक बोर्ड था जिसमें काल-बेल वगैरह जैसी व्यवस्था थी। चौकसी गजब की थी। यह उड़ान भरने में लगनेवाले समय या मदद पहुँचाने में लगे समय पर निर्भर करती है कि वह समय 15 मिनट है या 5 मिनट या 2 मिनट। नैट 45 सेकेंड में चढ़ाई कर सकता है और मिग 1 मिनट 45 सेकेंड में। ऑपरेशन रेडीनेस प्लेटफार्म (ओ. आर. पी.) को बी. ए. डी. सी. नियंत्रित करता था। बी. ए. डी. सी. दो मिसाइल स्क्वाड्रनों को भी नियंत्रित करता था। नकली या असली उड़ानों से लौट रहे हमारे विमानों को मोबाइल ऑब्जर्वेशन पोस्ट के माध्यम से बी. ए. डी. सी. को पहचान के लिए परिचय संकेत देना पड़ता था, ताकि गलती से कहीं उन्हें हमारी तोपों या मिसाइलें मार न गिराएँ। अन्य अड्डों, जैसे कि पठानकोट, आदमपुर और चंडीगढ़ की सी. ओ. को

सलाह दी गयी कि वे एक साथ मिलकर सोचें और एक-दूसरे के विचारों का फायदा उठायें।

स्टेशन का दूसरा काम, विशेषकर फाजिल्का या सुलेमानके पर, हमले के समय वायुसेना को सघन समर्थन देना था। दोनों जगहों पर हमला हुआ और सुखोई विमानों ने वहाँ अपने कर्त्तव्य का अच्छी तरह निर्वाह किया और अन्य निशानों पर भी हमले किये। विंग कमांडर डी. कोस्टा के नेतृत्व में स्क्वाड्रन नंबर-222 ने 4 दिसंबर को सुबह लायलपुर के पास रिसालवाला हवाई पट्टी पर धावा बोला और बाद में सुलेमानके के और थोड़ा उत्तर में नदी के साथ स्थित हुसैनीवाला, डेरा बाबा नानक और शकरगढ़ क्षेत्र के नरोवाल में सेना को सघन समर्थन दिया। चिश्तिया मंडी में उन्होंने गंगानगर के पश्चिम स्थित मुख्य रेलवे स्टेशन कसूर और रायविंडा-लाहौर रेलवे लाइन समाहरण यार्ड पर निषेधात्मक हमले किये और युद्ध-सामग्री व संचार-मार्ग दोनों को पूरी तरह नष्ट कर दिया।

3 दिसंबर की शाम को पाकिस्तानी वायुसेना का पहला हमला हलवाड़ा पर संभावित था, पर वह पड़ोस के फरीदकोट इलाके और हलवाड़ा के पश्चिम में हुआ। बसाला सिगनल यूनिट ने दुश्मन के विमानों के सिर पर आने के छह या सात मिनट पहले इसकी सूचना दे दी थी। पहला वार हवाई पट्टी पर नहीं हो सका, लेकिन विमान फिर वापस आये और बंदूकें व मिसाइलें चलने लगीं। सिख लाइट इन्फैंट्री यूनिट ने जमीन की रक्षक तोपों को सँभाला, लेकिन दुर्भाग्य से कैक्टस-लिली अभ्यास के दौरान तीन महीने तक प्रशिक्षण पाया गोरखा तोपखाना रेजीमेंट यहाँ से चला गया था और यह काम एक प्रादेशिक सेना यूनिट के जिम्मे था। बी-57 कैनबरा ने आठ बम गिराये। उनमें से तीन हवाई पट्टी पर गिरे और बड़े गड्ढे बन गये, जबकि कुछ बम फट ही नहीं सके। उनमें से एक बम उस वक्त फटा, जब प्रादेशिक सेना के एक मेजर ने उस पर ठोकर मारी। उनका एक पैर जाता रहा और मिसाइल यूनिट का एक नेवीगेटर मारा गया। बम का नुकीला टुकड़ा बेस कमांडर को भी लगा, पर उन्हें मामूली चोट आयी। कैनबरा पर तीन मिसाइलें लादी गयीं। विमान दूसरा वार करनेवाला था, तभी एक मिसाइल उसे लगी। पाकिस्तानी वायुसेना के अध्यक्ष एअर मार्शल रहीम खान ने इस विमान की क्षति को स्वीकार कर लिया। विमान किसी तरह पाकिस्तान में फिरोजपुर तक गया और वहाँ गिर पड़ा। पॉयलट विमान से निकल आया। लेकिन वास्तविक साक्ष्य के अभाव में यह विमान गिराया जाना हमारे खाते में नहीं गया। उदाहरण के लिए हमारे पास विमान का मलबा नहीं था। हालाँकि रेडियो संचालित टेपों पर इसका सबूत मौजूद था।

तीन दिन बाद छह मिराज आये और उन्होंने हलवाड़ा के पूर्व में स्थित खन्ना गाँव के पास बमबारी की। यह अंबाला-लुधियाना रोड पर गेहूँ का बाजार है। अनाज

की इस मंडी पर हमला करने का सैनिक महत्त्व नहीं समझा जा सका। बाद में पाकिस्तानी विमानों ने हलवाड़ा के दक्षिण-पश्चिम में भटिंडा पर हमला किया। वहाँ गिराये गये आठ बमों में से सिर्फ दो फटे।

हलवाड़ा सदर पर सिर्फ एक हमला हुआ और वह 3 दिसंबर की आधी रात को किया गया। गड्ढे उसी रात जल्दी सूखनेवाली सीमेंट से भर दिये गये, ताकि वे जल्दी इस्तेमाल लायक हो सकें। वहाँ हवाई पट्टी और उसके आसपास मिट्टी और धूल का मलबा पड़ा था। उस नुकसान के अलावा 4 तारीख की सुबह 14 मिशन उड़े। 12 तारीख तक बहुत व्यस्त कार्यक्रम था। उस दिन प्रधानमंत्री ने दिल्ली में एक बड़ी सभा को संबोधित किया और उस सभा की सुरक्षा के लिए मिग विमानों ने लड़ाकू वायुसेना गश्त (सी. ए. पी.) लगाई।

नैट स्क्वाड्रन का प्रमुख काम मिग विमानों के साथ वायु-प्रतिरक्षा करना था। इसमें सुबह से शाम तक कम ऊँचाई पर होनेवाले हमले को रोकने के लिए हमेशा काकपिट तैयार रखना भी शामिल था। सी. ए. पी. या तो चेतावनी के बाद भेजे जाते थे या वापस लौटते मिशन को सुरक्षा देने के लिए। हमला करने का काम सुखोई सँभालते थे। यह प्रक्रिया 9 तारीख तक चली। उसके बाद गंगानगर क्षेत्र के नीचे सीमा के पास बचा-खुचा काम समेटने के लिए ऊँचाई पर जोड़ों में विमान भेजे गये। उनका काम हमारे हवाई हमले में मदद करना था और दुश्मन के विमानों को रोकना था। उड़ान का समय 20 मिनट तक था। इस दौरान कम ऊँचाई पर हमलावर मिशन पाकिस्तानी क्षेत्र में जाते थे। बाद में पाकिस्तानी राडार पर दिखाई देने के लिए समन्वित उड़ानें भेजी गयीं, ताकि पाकिस्तानी वायुसेना के विमान भड़कें और लड़ाई के लिए आयें। पर उधर से कोई प्रतिक्रिया नहीं हुई। इस स्क्वाड्रन ने सुखोई के साथ मार्गरक्षक का काम भी किया। उन्होंने आक्रमण अभियान के अलावा सघन समर्थन भी प्रदान किया। 9 दिसंबर को दो नैट विमानों की कसूर क्षेत्र में चार सेबर विमानों से मुलाकात हुई। लेकिन दुर्भाग्य से वे उनसे लड़ नहीं सके, क्योंकि यांत्रिकी गड़बड़ी के कारण उनकी बंदूकें जाम हो गयी थीं।

एक योजना बनायी गयी थी कि अगर नंबर-1 बख्तरबंद डिवीजन के इंचार्ज मेजर जनरल गुरबचन सिंह को आक्रमण का आदेश दिया गया तो उनकी डिवीजन को हलवाड़ा से सघन समर्थन दिया जायेगा। 20 से 30 मिनट में तैयार होने के लिए हलवाड़ा के ओ. सी. ने टी. ए. सी. और एफ. ए. सी. के माध्यम से संपर्क करने के बजाय सीधे संपर्क का इंतजाम किया था। उन्होंने डिवीजन में अपने अफसर भेजे, ताकि वे लोग एक-दूसरे को निजी स्तर पर जान सकें और ऐसा संबंध बना सकें जिससे काम करना आसान हो जाये। आखिरकार डिवीजन को कोई आदेश नहीं मिला और वह सेना-मुख्यालय के रिजर्व के रूप में रही।

आदमपुर

आदमपुर की महत्त्वपूर्ण सैनिक छावनी जालंधर के करीब उत्तर-पूर्व में स्थित है। वहाँ सुखोई के दो स्क्वाड्रन नंबर-26 और 101 हैं और मिग की स्क्वाड्रन नंबर-1 है। इस अड्डे की कमान एअर कमोडोर रणधीर सिंह के हाथ में, स्क्वाड्रन नंबर-26 की कमान विंग कमांडर बत्रा, नंबर-101–दि फ़ॉलकन की कमान विंग कमांडर खन्ना और मिग स्क्वाड्रन की कमान विंग कमांडर उपकार सिंह के हाथ में थी। स्टेशन अच्छी तरह से तैयार था। युद्ध-प्रशिक्षण पूरे जोरों पर था। सुबह की उड़ान, शाम की उड़ान, रात की उड़ान, कम ऊँचाई की उड़ान और हमला करने के विभिन्न तरीकों का प्रशिक्षण दिया जा रहा था। रन-वे को छद्मावृत करके रखा गया था। विमान सख्त छाजनवाले बाड़े में खड़े किये गये थे। वहाँ एक राडार, एक मिसाइल यूनिट और सचल निगरानी चौकियाँ थीं। इस युद्ध के दौरान आदमपुर पर कोई हवाई हमला नहीं किया गया। कोई चेतावनी नहीं दी गयी। हालाँकि पाँच दिसंबर को उत्तर में तीन मील की दूरी पर जबरदस्त धमाका हुआ, लेकिन राडार और निगरानी चौकियों ने इस बारे में कोई रपट नहीं दी। किसी भी तरह की चेतावनी नहीं आयी।

आदमपुर को पाकिस्तान की एक घटिया चाल से निपटना पड़ा। उन्होंने कुछ गुब्बारे उड़ाये, जिन्हें हमारे राडार पर देखा गया। इस प्रकार उन नकली 'ठिकानों' पर कुछ मिसाइलें बेकार करनी पड़ीं। इसके अलावा एक दुखद घटना भी हुई। हमारा मिग इस इलाके में एक रात दुश्मन के विमान का पीछा कर रहा था। उनकी पहचान को लेकर कुछ भ्रम हुआ और हमारा एक मिग मार गिराया गया। हमारे फ्लाइट लेफ्टिनेंट धावले की मृत्यु हो गयी।

सुखोई स्क्वाड्रन का काम शकरगढ़ और सियालकोट क्षेत्र में नंबर-26 और उसके अलावा छंब के स्क्वाड्रन नंबर-101 को सघन समर्थन देना था। मिग का इस्तेमाल सी. ए. पी. और मार्गरक्षण ड्यूटी के लिए किया जाता था। पाँच या छह तारीख को नंबर-26 स्क्वाड्रन हुसैनीवाला बुलाया गया। उसके बाद वे शकरगढ़ वापस गये। उम्मीद के मुताबिक शकरगढ़ की बेहतरीन किलेबंदी थी। जमीन पर थोड़ी-थोड़ी दूर पर तीन बारूदी सुरंगें बिछाई गयी थीं, जिससे सेना चिंतित थी। आसमान से ऊँचे टीले या ढाँचे और उनके बगल में मीनार जैसी निगरानी चौकियाँ देखी जा सकती थीं। ये ढाँचे इतने मजबूत बने थे कि हमारे हथियार उनमें खरोंच तक नहीं लगा पाये। लगता था कि उसके नीचे भूमिगत तल है, जहाँ उनके टैंक और अन्य गाड़ियाँ छुप जाती हैं। एक महत्त्वपूर्ण निशाना शकरगढ़ के दक्षिण जंगल में सैन्य शिविर और तेल भंडार था। हवाई हमले के 36 घंटे बाद लिये गये चित्र में पता चला कि वह जगह तब भी जल रही थी। भारतीय सेना के कमांडर, जिन्हें उस क्षेत्र पर हमला करना था, ने फोन करके ठीक निशाना लगाने के लिए स्क्वाड्रन को बधाई दी।

दोनों स्क्वाड्रन-26 और 101 ने अपना काम बहुत अच्छी तरह किया। उनका प्रतिदिन का औसत एक दर्जन उड़ानें थीं। इनमें किसी में चार तो किसी में दो या तीन विमान होते थे। हर विमान प्रतिदिन दो से तीन उड़ान भरता था जो ज्यादा कठिन प्रयास और एक अच्छा रिकार्ड है। हर स्क्वाड्रन ने कुल युद्ध के दौरान करीब 250 उड़ानें भरीं। नंबर-26 स्क्वाड्रन के ज्यादातर मिशन पूर्व नियोजित नहीं थे, बल्कि वे आवश्यकतानुसार तुरंत तैयार किये गये थे। उन्होंने पाकिस्तानी वायुसेना को प्रलोभन देकर बाहर आने और लड़ने के लिए उकसाया पर उधर से कोई प्रतिक्रिया नहीं हुई। नंबर-26 स्क्वाड्रन को चार विमानों की क्षति हुई। यह जमीन से हुई फायरिंग में हुई, और नंबर-101 स्क्वाड्रन को भी करीब ऐसा ही नुकसान हुआ।

नंबर-26 स्क्वाड्रन के दो पॉयलट टी. ए. सी. डी. ई. को भेजे गये थे। उनमें फ्लाइट लेफ्टिनेंट कदम और तांबे शामिल थे। तीसरे मेरे ए. डी. सी. स्क्वाड्रन लीडर डी. एस. जाफा थे, जिन्होंने वायुसेना मुख्यालय की प्रतिष्ठित और सुरक्षित नौकरी छोड़कर अपने स्क्वाड्रन में वापस जाने पर जोर दिया। वे चाहते थे कि साहस, प्रशिक्षण और क्षमता के परीक्षण और खतरा उठाने की नैतिक परीक्षा की इस नाजुक घड़ी में वे अपने विमान के साथ रहें। 5 दिसंबर को लाहौर के पास उड़ते हुए जमीन से दागी गयी गोली उनके विमान में लगी। उन्हें विमान से कूदना पड़ा और इस दौरान उनकी रीढ़ में चोट लग गयी। वे युद्धबंदी बनाये गये और पाकिस्तान में महीनों तक प्लास्टर पर रहे। उनकी चोट ऐसी थी कि अंततः उन्हें वायुसेना छोड़नी पड़ी। यह कहानी आप जाफा से ही सुनें।

व्यक्तिगत पहल

(स्क्वाड्रन लीडर धीरेंद्र सिंह जाफा, वीरचक्र वायुसेना मेडल)

मैं एअर चीफ मार्शल पी. सी. लाल के स्टाफ में जनवरी 71 में ए. डी. सी. के रूप में भर्ती हुआ। मैंने ब्रिटेन के रॉयल एअरफोर्स स्टाफ कॉलेज ब्रेकनेल से स्नातक की डिग्री ली थी। वायुसेनाध्यक्ष ने मुझे तरह-तरह का काम दिया और इस तरह मेरा काम महज ए. डी. सी. के बजाय युद्ध-संबंधी स्टाफ अफसर के रूप में फैला।

मैं 25 मार्च, 1971 के उस दुर्भाग्यपूर्ण दिन को वायुसेनाध्यक्ष के साथ जोरहाट में था जब पाकिस्तानी सेना ने बांग्लादेश पर दमन-चक्र शुरू किया। प्रधानमंत्री का तुरंत बुलावा आया और हम उसी शाम दिल्ली लौट आये। जैसे-जैसे संकट गहराता गया, भारतीय सेना ने बदलते माहौल के अनुरूप अपने को चौकस रखने और अपरिहार्य स्थितियों से निपटने के लिए तैयार किया। अपने स्क्वाड्रन में शामिल होने से पहले वायुसेनाध्यक्ष के लिए काम करना मेरे जीवन का बहुत उपयोगी अनुभव था।

मुझसे यह बार-बार पूछा गया कि मैं एक प्रतिष्ठित पद, जिससे मेरे कैरियर को बहुत ऊँचाई मिल सकती थी, छोड़कर लड़ाई लड़ने और जान देने क्यों गया ? इस सवाल को मैं आमतौर पर यह कहकर टाल देता था कि "हमारा असली काम तो यही है, है कि नहीं।" शायद इसकी असली वजह अपने भीतर ही है और इसे जाहिर करना आमतौर पर दिखावटी लगता है।

नवंबर के शुरू में यह स्पष्ट था कि इस साल के अंत तक हमें युद्ध झेलना पड़ेगा। युद्ध पर जाने का फैसला मेरा अपना था और उसके बाद मैंने अपने को युद्धक स्क्वाड्रन में भेजे जाने का प्रयास किया। मुझे यह बात अपनी पत्नी को भी समझानी थी। यह दिलचस्प बात है कि किस तरह फौजियों की पत्नियाँ समझौते करती रहती हैं। अगर पति युद्धक यूनिट में तैनात है तो वे आसानी से मान लेती हैं कि वह युद्ध पर जायेगा। उनमें किसी तरह की झल्लाहट, साहस की कमी नहीं होती, वे अपने भाग्य को खामोश होकर स्वीकार कर लेती हैं। लेकिन अगर उसका पति युद्धक स्क्वाड्रन में नहीं है तो वही औरत सहजता से यह स्वीकार कर लेती है कि उसको फिलहाल कोई खतरा नहीं है। अगर पति को सुरक्षित काम से हटाकर खतरनाक काम में झोंक दिया जाता है तो उसके साहस में कमी आने के भी उदाहरण हैं।

शाम को देर तक टहलते हुए हम युद्ध के घुमड़ते बादलों और अपने खिलाफ गोलबंद होनेवाली अंतर्राष्ट्रीय ताकतों पर चर्चा करते थे। हमारे बेहतरीन प्रशिक्षण और ऊँचे मनोबल को लेकर कोई संदेह नहीं था। दुश्मन के पास ज्यादा आधुनिक हथियार होने के बावजूद हमें उम्मीद थी कि हम भारी पड़ेंगे। चिंता की बात कुछ विदेशी ताकतों की संभावित दखलंदाजी थी। इसलिए यह जरूरी था कि हम पूरे जोर-शोर से जुट जायें। और इस मामले पर जल्दी से जल्दी पकड़ बना लें। इस उद्देश्य के लिए सभी संसाधनों, विशेषकर मानव-संसाधनों को लामबंद करना था और जो भी जहाँ कहीं भी हो, इस काम में योगदान देना उसकी नैतिक जिम्मेदारी थी। यही वह मौका था जहाँ मेरा अपना और लड़ाकू पॉयलट का व्यक्तित्व सामने आया।

मेरी पत्नी भी लड़ाकू पॉयलट के प्रति मेरे मन में बैठे सम्मान को अच्छी तरह जानती थीं और उन्हें यह समझने में देर नहीं लगी कि हर व्यक्ति अपने जीवन में कभी ऐसे मोड़ पर आता है, जहाँ उसका जीवन-भर का काम या तो स्वीकार कर लिया जाये या ठुकरा दिया जाये। ऐसे मौके पर उसके करीबी व्यक्ति की प्रेरणा निर्णायक भूमिका निभा सकती है। मुझे यह कहने में प्रसन्नता हो रही है कि मुझे सही दिशा में प्रेरणा मिली।

दूसरा काम वायुसेनाध्यक्ष यानी चीफ को समझाना था। सर्वोच्च दायित्व सँभालनेवाला व्यक्ति अक्सर उन व्यक्तियों पर बहुत ज्यादा निर्भर करता है जो उसके

काम और निर्णय-प्रक्रिया में मदद देनेवाली सेवाएँ प्रदान करते हैं। इसलिए ऐसे मौके पर मुझे स्क्वाड्रन में शामिल होने की इजाजत देने का मतलब था कि उन सेवाओं में कटौती की जाये जिनकी उनको सबसे ज्यादा जरूरत थी।

चीफ से मेरे जो संबंध थे, उनमें दफ्तर में निजी मामले कभी नहीं उठाये गये। मैंने लिफ्ट में मिले एकांत को इस मुद्दे पर चर्चा के लिए आदर्श माना। पहली बार जब मैंने विषय को छेड़ा तो विनम्रता से कहा कि शायद अब वक्त आ गया है कि व्यक्तिगत तैनातियाँ पूरी कर ली जायें। इस बात पर उन्होंने पहेली बूझने जैसा आभास दिया और खामोश रहे। दूसरी बार मैंने सुझाव दिया कि बुनियादी काम में लगे पॉयलटों को कुछ उड़ानों में शामिल किया जाना चाहिए।

उन्होंने सिर्फ इतना कहा, "तुम ऐसा सोचते हो।"

तीसरी बार मैंने हिम्मत करके कह ही दिया, "श्रीमान, क्या आप मुझे स्क्वाड्रन में लौटने की इजाजत देंगे ?"

"तुमने दो साल से उड़ान नहीं भरी। फिर क्या यह काम युद्ध के लिए महत्त्वपूर्ण नहीं है ?"

"श्रीमान, बात कुछ ऐसी है। मुझे लगता है कि लड़ाई शुरू हो तो मैं वहीं रहूँ, वरना मैं जूनियर पॉयलटों से फिर आँख नहीं मिला सकूँगा। मेरी उम्र और वरिष्ठता इस काम के बिल्कुल उपयुक्त है और मुझे उसमें जरूर शामिल होना चाहिए।"

मेरी इस बात में कुछ उत्तेजना भी थी और मुझे लगा कि शायद मैं ज्यादा बोल गया।

आधे घंटे बाद इंटर-कॉम घनघनाया। चीफ बोल रहे थे।

उन्होंने पूछा, "मैं इस शाम को किस स्टेशन पर जा रहा हूँ ?"

"पठानकोट श्रीमान !"

"ठीक है, उसे बदलकर आदमपुर कर दो...वही स्टेशन है जहाँ तुम्हारी स्क्वाड्रन है। और तुम भी अपना सामान बाँध लो।"

एक क्षण के लिए मैं अवाक् रह गया। इस तरह मुझे युद्ध में शामिल होने का मौका मिल गया। मुझे अपना सामान बटोरने और परिवार से विदा लेने के लिए केवल 20 मिनट का समय मिला था।

संयोगवश फ्लाइट लेफ्टिनेंट के रूप में सी. ए. एस. ने खुद वही काम अक्तूबर 1943 में किया था। उन्होंने एक स्क्वाड्रन में नियुक्ति के लिए उस वक्त जोर दिया था जब वे एक साल तक ओ. टी. यू. (ऑपरेशनल ट्रेनिंग यूनिट) पेशावर में प्रशिक्षक रह चुके थे और उसके पहले अंबाला में। उन्हें उस नंबर-7 स्क्वाड्रन में तैनात किया गया था जिसे उन्होंने कई महीनों तक प्रशिक्षित किया था। वे फ्लाइट कमांडर बनाये गये और मार्च 1944 को असम भेज दिये गये।

आदमपुर में जमीन पर हमला करनेवाले एस यू-7 के दो स्क्वाड्रन थे। इसके अलावा हमारा स्क्वाड्रन नंबर-26, नंबर-101 और एक वायु प्रतिरक्षा स्क्वाड्रन नंबर-1 थे। जब उसी तरह की और वही काम करनेवाली दो इकाइयाँ एक ही जगह पर तैनात होती हैं तो एक निश्चित तरह की प्रतिस्पर्धा अपरिहार्य होती है। उड़ान के घंटे, प्रशिक्षण का स्तर, पॉयलट की व्यक्तिगत क्षमताएँ, दुर्घटना की दरें, ये कुछ ऐसे क्षेत्र हैं जहाँ लाभकारी प्रतियोगिता हो सकती है।

अगले छह दिनों तक, बल्कि रात में भी, मैंने लगभग सभी पॉयलटों के साथ उड़ान का अभ्यास किया। हमने अपनी पुरानी परिचालन-प्रक्रिया को पुनर्जीवित किया जो कि दी गयी परिस्थितियों में तालमेल बिठाने जैसा होता है और मैंने जल्दी ही बेहतरीन टीम बना ली।

4 दिसंबर को पहली चेतावनी पर स्क्वाड्रन युद्ध में झोंक दिया गया। मैंने उस दिन पाकिस्तान को तीन उड़ानें भरीं। पाँच तारीख को मैंने सुबह-सुबह उड़ान भरी और ऑपरेशन कक्ष की तरफ लौटते वक्त मुझे स्क्वाड्रन लीडर फर्नांडीज़ की रपट मिली कि लाहौर के उत्तर में पाकिस्तानी तोपखाने की बड़ी टुकड़ी देखी गयी है। यह जानकारी सेना को दी गयी और सेना के लोग उस लक्ष्य पर हमले की उम्मीद कर रहे थे। मैंने चार विमानों के जत्थे को लेकर नेतृत्व करने के लिए पूरी जानकारी इकट्ठा की। मैं विमान तैयार करने जा रहा था, तभी मेरे दिमाग में एक और विचार आया। मैंने सोचा कि ये बड़ी तोपें आमतौर पर अच्छी तरह छद्मावृत्त होती हैं और नीचे से होनेवाली जबरदस्त फायरिंग के बीच उन पर निशाना साधने में कीमती वक्त जाया होगा। इसलिए मैंने फर्डी से कहा कि वह हमारी अगुआई करते हुए हमें लक्ष्य के ऊपर ले जाये। एक सुगठित टीम में इस तरह का परिवर्तन पूरी आसानी और तालमेल के साथ संभव होता है।

लक्ष्य देखते ही हमने हमला शुरू कर दिया। हममें से हर एक ने पहले वार में किसी-न-किसी महत्त्वपूर्ण चीज को बेधा। हम राकेटों से अच्छी तरह लैस थे और इतने अहम लक्ष्य पर हमला रोकने का कोई सवाल ही नहीं था। अंत में मैंने आखिरी हमले के लिए कहा (मैं समझता हूँ, यह आठवाँ हमला था) और बचे राकेट दागने के बाद मैं लौटने लगा। मुझे लगा कि मेरे विमान पर नीचे से उसी तरह हमला हो रहा है, जैसे लगातार बारिश हो रही हो। चंद सेकेंड के भीतर मैं बेकाबू होने लगा और काकपिट के आसपास लपटें उठने लगीं। मैं जानता था कि अब मुझे कूद पड़ना चाहिए, पर चूँकि घर की तरफ मुड़ चुका था और सीमा पार करने के लिए सिर्फ दो मिनट की जरूरत थी, इसलिए मैंने सोचा कि उसे पार कर जाना बेहतर है। रेडियो

पर मेरे नंबर-4 (स्वर्गीय फ्लाइट लेफ्टिनेंट) कहे जा रहे थे, "बाहर निकलो...कूद पड़ो ...जाफा...बाहर निकलो !" तब तक विमान चक्कर काटने लगा था, वह काबू से बाहर हो चुका था, भयानक लपटें निकल रही थीं और मैंने बाहर निकलने वाला लीवर दबा दिया।

लेकिन उस दो मिनट की कसर से मुझे पूरे साल पाकिस्तानी जेल में रहना पड़ा। मेरी चोट की देखभाल नहीं हुई और मैं स्थायी रूप से अपंग हो गया।

बाद में मुझे पता चला कि नंबर-26 स्क्वाड्रन के पॉयलटों ने बहुत अच्छा प्रदर्शन किया। यही उन कुछ स्क्वाड्रनों में से एक था, जिसने सबसे घनघोर लड़ाई और सबसे ज्यादा खतरेवाले इलाके में सर्वाधिक युद्धक मिशन किये थे। इसी स्क्वाड्रन में सबसे ज्यादा लोग हताहत भी हुए।

हर मिशन के बाद क्रू रूम और मेस बॉर में होनेवाले औपचारिक और अनौपचारिक विश्लेषण में कहा गया कि मैंने लक्ष्य पर ज्यादा समय लगा दिया। दो-वार के सिद्धांत के कई प्रतिपादक हैं, उसके बावजूद कई लोगों का मानना है कि पूर्ण छद्मावरण और जबरदस्त विमानरोधी फायरिंग की स्थिति में लक्ष्य ढूँढ़ पाना बहुत अनिश्चित कार्य है। ऐसी स्थिति में लक्ष्य देख लेने के बाद ज्यादा वार करने का जोखिम उठाया जा सकता है। हमने जो आठ वार किये, एक मायने में उसे अनुशासनहीनता की श्रेणी में रखा जा सकता है।

मेरा अपना मानना है कि लक्ष्य पर पहुँचने और उसे पहचानने के बाद, जब चारों तरफ से ऐकऐक बंदूकें खुली हों, जब आप गोला-बारूद और ईंधन से लैस हों, जब आपकी टुकड़ी में हर कोई कहीं-न-कहीं निशाना लगा रहा हो, जब आप नीचे आग लगती देख रहे हों, ऐसी हालत में वापस लौटना मुश्किल होता है। जब आप में लड़ाई का जोश हो और आप युद्ध के चरम पर हों, आपके पास कारतूस और ईंधन बचा हो तो आप कैसे पीछे हट सकते हैं ? किसी तरह की लड़ाई में शामिल व्यक्ति से पूछिए, आपको यही जवाब मिलेगा। पहले से सोचकर न वीरता दिखाई जाती है और न ही वीरचक्र प्राप्त किया जाता है। यह युद्ध के जोश में हो जाता है।

अमृतसर

अमृतसर पर 3 दिसंबर को चार मिराज विमानों ने पहला हमला किया। लेकिन सौभाग्य से और आश्चर्यजनक रूप से ज्यादा नुकसान नहीं हुआ। कोई चेतावनी नहीं मिली। थोड़ी देर पहले ही एक ए एन-12 विमान उड़ा था। उसके बाद ही प्रति मिनट एक की दर से हमला शुरू हो गया। लगता था कि वे राजासांसी हवाई पट्टी के ऊपर आ गये थे। उन्होंने हवाई पट्टी की शुरुआत से 600 मीटर तक चार या पाँच गड्ढे बना दिये। जब तक ऐक-ऐक बंदूकें खुलतीं, वे जा चुके थे। उस वक्त कुछ नैट

नियमित उड़ान पर थे। उनसे कहा गया कि वे ऐक-ऐक बंदूकों के रेंज से दूर रहें। जब बंदूकों ने फायरिंग बंद की तो वे सुरक्षित नीचे उतरे। ए एन-12, जिसे चंडीगढ़ जाना था, पालम की तरफ भेज दिया गया।

ए. ओ. सी. अंबाला की तरफ से संदेश आया, "क्या टी. ए. सी. डी. ई. हमला शुरू कर सकता है ?" हाँ, स्वाभाविक रूप से। टी. ए. सी. डी. ई. इसी के लिए तैयारी कर रहा था। स्क्वाड्रन लीडर जोग ने दस बजे तक आठ सुखोई और आठ मिग विमानों की माँग की। घंटे-भर में हवाई पट्टी की मरम्मत कर दी गयी। लेकिन ए. ओ. सी.-इन-सी डब्ल्यू. ए. सी. ने फैसला किया कि हमला आदमपुर से किया जायेगा।

लौटने का सिलसिला आधी रात को शुरू हुआ। सुखोई सीमा से सटे चंदर तक दो बार गये। अगली सुबह हमलावरों ने देखा कि हवाई पट्टी की मरम्मत की जा रही है, इसलिए निश्चित रूप से उस पर रात को ही हमला किया गया होगा। मिग ने अमृतसर से 200 किलोमीटर दूर पाकिस्तान के भीतर ओकारा के उत्तर-पूर्व में शोरकोट (रफीक) पर बमबारी की। हर मिग में 500 किलो के दो बम थे। मिग और सुखोई विमान अमृतसर से 180 किलोमीटर दूर लायलपुर के करीब रिसालवाला गये। उन्होंने सियालकोट के पास गुजरात और मुरीद के अलावा चकझुमरा पर हमला किया। चकझुमरा सरगोधा के बड़े संयंत्र के दक्षिण-पूर्व में स्थित है। कम ऊँचाई पर मार्ग-निर्देशन डी. आर. (डेड रिकानिंग) के माध्यम से होता था। उच्च गति पर अल्टीमीटर में शून्य की रीडिंग का मतलब था कि विमान 150 से 200 मीटर की ऊँचाई पर है और चेक पाइंट से गुजरने पर यह रीडिंग बिल्कुल सही बैठती थी। जान फ्राईकर का मई 1975 के इंटरनेशनल डिफेंस रिव्यू के लेख में भारतीय वायुसेना के विमानों के रात्रिकालीन हमलों के सटीक होने का वर्णन है। उसका श्रेय 'मास' के प्रयोग को दिया गया था, जो कि एक रूसी विमानवाहित चेतावनी और नियंत्रण-प्रणाली (अवाक्स) का विमान था। इस तरह रूस को उस उच्च इलेक्ट्रॉनिक प्रौद्योगिकी का श्रेय दिया गया, जिसका हमने 1971 के युद्ध में कोई फायदा ही नहीं उठाया।

इस संदर्भ में भारतीय पॉयलटों की सटीक बमबारी और गोलीबारी का एक और प्रशंसनीय उल्लेख किया जा सकता है। हालाँकि यह तारीफ टी. ए. सी. डी. ई. पॉयलट के बारे में नहीं है। यह सुखोई के पॉयलट स्क्वाड्रन लीडर डी. एस. जाफा के अनुभव के बारे में है, जो पाकिस्तान में विमान से कूद गये थे और युद्धबंदी बना लिए गये थे। हिरासत में उनसे न सिर्फ पाकिस्तानी अधिकारियों ने पूछताछ की, बल्कि अमेरिकी अफसर ब्रिगेडियर जनरल चार्ल्स ई. ईगर ने भी सवाल पूछे। वे यह जानने के लिए उत्सुक थे कि सुखोई लड़ाकू बमवर्षक विमानों को उड़ानेवाले पॉयलटों ने वह कौन-सी प्रक्रिया अपनाई, जिसकी वजह से वे बार-बार पाकिस्तान में भीतर

तक घुसकर, कम ऊँचाई पर अकेले या टुकड़ी में, दिन में या रात में अचूक हमला कर सके। जाफा ने कहा—हमारे पॉयलटों के पास एक चुंबकीय कुतुबनुमा और एक घड़ी के अलावा कुछ नहीं था। पर वे उस सवाल को बार-बार पूछते और जाफा अपनी बात पर अड़े रहे। दोनों पक्षों ने धैर्य खो दिया। रपट के अनुसार आखिकार जाफा ने कहा, "चुंबकीय कुतुबनुमा और घड़ी के अलावा हमारे पॉयलट के पास जो एक और चीज थी, वह थी भारतीय खोपड़ी में फिट आईबाल मार्क-2।"

अमृतसर के विमानन क्षेत्र पर अन्य विमानन क्षेत्रों जैसा अँधेरा नहीं था और वह हो भी नहीं सकता था। यहाँ इतने ज्यादा विमान उतरते और उड़ान भरते थे कि थोड़े समय के लिए आंशिक रोशनी जरूरी थी।

चूँकि रन-वे की एक लेन इस्तेमाल के लायक थी, इसलिए वहाँ से धीमन और दुरैस्वामी अपने सुखोई में उड़े। उसके तुरंत बाद पाकिस्तानी वायुसेना का एक कैनबरा आया और बमबारी करने लगा।

4 दिसंबर की सुबह जब कुहरे के कारण साफ दिखाई नहीं पड़ रहा था, तभी चार स्टार फाइटर विमानों ने अमृतसर पर बंदूकों से हमला किया। इस बार भी हवाई हमले का जवाब देने का मौका नहीं मिला। लेकिन हवाई पट्टी को इस बार भी कोई क्षति नहीं पहुँची।

4 दिसंबर की रात धीमन ने सुखोई में तीन उड़ानें भरीं। इनमें दो सरगोधा के ऊपर और एक लाहौर पर। सरगोधा काम्प्लेक्स पहुँचना हमारे पॉयलटों को मुश्किल नहीं लगता था। यह चेनाव नदी के उस पार स्थित है और इसके दक्षिण-पूर्व में किराना की नीची पहाड़ियाँ 1000 से 1500 फुट की ऊँचाई पर हैं। हवाई पट्टी पर छद्म आवरण नहीं था, वह चमकदार था और उसको पहचान पाना आसान था। ऐक-ऐक दुर्जेय थीं। पहले वार में उनकी फायरिंग बेतरतीब होती थी। उसके बाद गोलीबारी का निशाना ज्यादा सही और केंद्रित होता था। हमारे पॉयलटों के सामने सबसे बड़ी समस्या यह थी कि उन्हें पीछेवाला बर्नर जलाने की इजाजत नहीं थी, क्योंकि उससे उनकी स्थिति आसानी से पता चल जाती थी। इसके बिना विमान में तुलनात्मक रूप से शक्ति कम हो जाती थी। चंदेर पहुँचना ज्यादा मुश्किल था, हालाँकि वह सीमा के करीब था। इसकी वजह यह थी कि उसमें कोई अलग दिखनेवाली विशेषता नहीं थी, न ही उसके आसपास कोई भौगोलिक पहचान थी।

शुरुआत की तीन या चार रातों को किये गये हमले में किसी तरह की क्षति नहीं हुई। हालाँकि टी. ए. सी. डी. ई. के रात के हमलों में कटौती करनी पड़ी, क्योंकि कैनबरा बमवर्षक भी रात में उड़ रहे थे और उन दोनों को अपने सभी हमले समकालिक बनाने के लिए निश्चित समय दिया गया था। टी. ए. सी. डी. ई. का असली अड्डा अंबाला में होने के कारण कुछ दिक्कतें होती थीं। लड़ने और ठहरने की

सुविधा के लिए उन्हें अमृतसर में हर तरह की जरूरी सुविधा प्रदान की गयी। लेकिन उन्हें अक्सर आदमपुर में उतरना पड़ता था। इस तरह की लचीली व्यवस्था से कभी लाभ होता है और कभी दिक्कतें भी पैदा होती हैं। उदाहरण के लिए तुरंत ईंधन देने तथा हवा और ऑक्सीजन की बोतलों को फिर से चार्ज करने के लिए कर्मचारियों की कमी हो सकती है। यह अन्य स्क्वाड्रनों के साथ उस वक्त हुआ भी, जब अल्पकालिक सूचना पर उनकी पूरी टुकड़ी ने स्थान बदला। कुछ समस्याएँ तो नियमित स्टेशनों की फारवर्ड बेस सपोर्ट यूनिटों में मानवशक्ति घटने से पैदा हुई थीं और प्रशिक्षण स्कूलों से आयी कुमुक युद्ध-संबंधी ड्यूटी से अच्छी तरह परिचित नहीं थी। लेकिन इन सभी दिक्कतों के अलावा युद्ध में टी. ए. सी. डी. ई. का भारी योगदान था।

पाँच या छह दिसंबर की शाम को पाकिस्तानी वायुसेना का बी-57 विमान अमृतसर पर हमला करने आया। उसे हमारी ऐक-ऐक बंदूक ने गिरा दिया। सात तारीख की सुबह दो एफ-104 स्टार फाइटर आये, जिनमें से एक मार गिराया गया। पॉयलट विमान से कूद पड़ा और पास के गाँव में उतरा। उसे वापस लाने के लिए एक जीप भेजी गयी। वह अनुभवी पॉयलट लगता था, और इराक में प्रशिक्षक रह चुका था। वह हमारी चिकित्सा-सहायता को लेकर बेहद शंकालु था, हालाँकि उसे उसकी जरूरत थी। उसे उसी रात दिल्ली भेज दिया गया। टी. ए. सी. डी. ई. को पहली क्षति एक दिन रिसालवाला पर किये हमले में हुई। फ्लाइट लेफ्टिनेंट कदम मारे गए।

दिन की ड्यूटी में सुखोई विमानों ने विशेष कैमरा लगाकर फोटो खींचने के लिए कई चक्कर लगाये। टी. ए. सी. डी. ई. को सघन समर्थन के लिए भी इस्तेमाल किया गया, विशेषकर उस वक्त जब छंब को वायुसेना की मदद बढ़ाने का आदेश आया था। हालाँकि भूमिका बदलना हमेशा अधिकतम दक्षता पाने के लिए सहायक नहीं हो सकता, फिर भी दो मिस्टेयर स्क्वाड्रन ने, जिसे जवाबी हमले और दुश्मन के विमान छेदने के लिए तैयार किया गया था, ने 3 से 6 दिसंबर तक अच्छा काम किया। उसके बाद उसे सेना को, विशेषकर छंब में, सघन समर्थन देने का जिम्मा सौंपा गया। स्क्वाड्रन को अपने स्थायी अड्डे से दूर जाना पड़ा, जिससे उसका रख-रखाव मुश्किल हो गया। इसके अलावा वे टी. ए. सी. और एफ. ए. सी. के साथ काम करने के लिए प्रशिक्षित नहीं थे। इससे कुछ भ्रम पैदा हुआ और उनकी दक्षता को क्षति भी पहुँची।

अमृतसर में एक और सुखोई स्क्वाड्रन था—विंग कमांडर हरचरण सिंह मंगत के नेतृत्व में नंबर-32। 4 दिसंबर की सुबह शोरकोट पर हमले के साथ वह सक्रिय हुआ। इस हमले में एक मिराज, दो बी-57 और दो सेबर जमीन पर नष्ट हुए। बाद

में इस स्क्वाड्रन ने सरगोधा कांप्लेक्स की भी खबर ली। उन्होंने रेलवे समाहरण यार्डों और युद्ध-आपूर्ति ले जा रही मालगाड़ियों पर भी हमला किया। स्क्वाड्रन ने काफी फोटो-सर्वेक्षण भी किया। इस प्रक्रिया में विंग कमांडर मंगत का विमान नीचे से हुई गोलीबारी में बुरी तरह क्षतिग्रस्त हो गया। उन्होंने विमान छोड़ने और बाहर कूदने के बजाय उसे वापस अड्डे पर लाने का जोखिम उठाया। एक हफ्ते बाद इस स्क्वाड्रन को छंब और शकरगढ़ क्षेत्र में सेना को मदद देने को कहा गया।

इसी सुखोई स्क्वाड्रन में अरुण सथ्ये जैसे जूनियर लोग भी थे, जिन्होंने 2 दिसंबर, 1971 को पहली बार सुखोई में एकल उड़ान भरी थी। उनकी दूसरी एकल और रात्रिकालीन उड़ान तीन तारीख की शाम को होनी थी। जानकारी देने का कार्यक्रम चल रहा था कि तभी पाकिस्तान का पहला हवाई हमला हुआ। उस दिन स्क्वाड्रन अंबाला में था। एक पाकिस्तानी बी-57 ने अंबाला पर बमबारी की, पर कोई नुकसान नहीं हुआ। चार तारीख की सुबह स्क्वाड्रन अमृतसर गया और वहाँ से उसने पाकिस्तान में भीतर घुसकर दस बजे शोरकोट पर हमला किया। उनके पहले वार में कोई प्रतिरोध नहीं हुआ, लेकिन दूसरे वार में ऐक-ऐक बंदूकें गरज उठीं। सथ्ये ने जमीन पर खड़े कैनबरा बी-57 पर निशाना लगाया। स्क्वाड्रन के सी. ओ. विंग कमांडर मंगत ने तसल्ली के लिए चित्र उतारा। युवा अरुण सथ्ये को सुखोई की तीसरी एकल उड़ान में वीरचक्र का सम्मान मिला।

पंजाब से लगी सीमा

पंजाब में शकरगढ़ उभार के दक्षिण का इलाका और फॉक्सट्राट सेक्टर लेफ्टिनेंट जनरल एन. सी. रावले के जिम्मे था। वे 11-कोर फॉक्सट्राट सेक्टर, तथा 7वीं और 15वीं डिवीजनों का नेतृत्व कर रहे थे। यह सीमा करीब 700 किलोमीटर लंबी है जो पठानकोट-गुरदासपुर क्षेत्र से लेकर कुछ दूर तक रावी के किनारे होते हुए रानियाँ, हुसैनीवाला और कभी सतलुज के थोड़ा पूरब सुलेमानके और फाजिल्का से राजस्थान तक फैली हुई है।

डेरा बाबा नानक

ब्रिगेडियर गौरीशंकर के नेतृत्व में 86 इन्फैंट्री ब्रिगेड एक बख्तरबंद रेजीमेंट और कुछ तोपखाना डेरा बाबा नानक में तैनात किये गये। रावी का एक पुल था। रावी के पूर्व में एक पाकिस्तानी अंतःक्षेत्र था, जिसे खत्म करने का आदेश ब्रिगेडियर को हुआ था। पाकिस्तानी सैनिकों ने कंकरीट की खाइयों, कंकरीट के किले और मशीनगन के ठिकानों और निगरानी चौकियों के साथ जबरदस्त किलेबंदी कर रखी थी। चूँकि सामने से हमला करने पर कई जानें जा सकती थीं, इसलिए उन्होंने खाइयों के साथ

बगल से हमला करने का फैसला किया। कड़ी लड़ाई हुई पर आखिर में हमारी सेना को सफलता मिली और उसके बाद उन्होंने हमारी ओर का पुल उड़ा दिया। यह अभियान पाँच से सात दिसंबर के बीच संपन्न हुआ। हालाँकि लड़ाई की उसी शाम हम नदी के पश्चिम में स्थित धर्म इन्क्लेव हार गये।

कैप्टन गज्जर के नेतृत्व में नंबर-6 टी. ए. सी., जो शांति के समय लेह में 15-कोर के साथ थी, 1971 में 11-कोर के पास जालंधर आ गयी। उनका सामरिक ठिकाना अमृतसर में था। टी. ए. सी. ने डेरा बाबा नानक और थोड़ा दक्षिण हुसैनीवाला की लड़ाई में हिस्सा लिया। टी. ए. सी. कमांडर उन सैनिक अफसरों से बहुत खुश था, जिन्होंने डेरा बाबा नानक में पाकिस्तानी ठिकानों पर हमले का नेतृत्व किया और वे उन सैनिकों से भी बहुत प्रसन्न थे, जिन्होंने उस दिन को सफल बनाया। वे निडर और साहसी थे। जिन विमानों का सघन समर्थन के लिए इस्तेमाल किया गया, उनमें से दो जमीनी हमले में गिरा लिये गये। इसकी वजह संभवतः अति उत्साह भी था। अगर उन्होंने अपने को हर उड़ान में चंद वारों तक ही सीमित रखा होता तो वे अगले दिन भी हमला करने लायक होते। यही घटना हमारे कुछ अति उत्साही पॉयलटों के साथ पूर्वी पाकिस्तान में भी हुई।

हुसैनीवाला

फिरोजपुर सब-सेक्टर में दक्षिण की तरफ बढ़कर सतलुज पर हुसैनीवाला पुल है। लड़ाई शुरू होने के पहले नदी के पश्चिमी किनारे पर सैनिकों की एक कंपनी पुल पर तैनात कर दी गयी। युद्ध के बादल घिरने के साथ यहाँ पूरी बटालियन तैनात कर दी गयी, जिसके साथ एक फील्ड रेजीमेंट भी थी। इसके अलावा घुड़सवारों का एक स्क्वाड्रन पश्चिमी किनारे पर जाने के लिए नियत किया गया। वहाँ पर 15-पंजाब यूनिट थी। वह ऐसी यूनिट थी जिसकी पाकिस्तानियों ने भी तारीफ की थी। 3 दिसंबर को शाम साढ़े छह बजे तोपखाने की एक कतार ने हमला बोला था। उस वक्त सी. ओ. कर्नल शास्त्री एक पार्टी में थे। हड़कंप मच गया। अगली सुबह तीन बजे तक पुल तोड़ दिया गया। हमारी कुछ सेना अभी भी नदी के पश्चिमी तट पर लड़ रही थी। वायुसेना से मदद माँगी गयी और हमने जबरदस्त जवाबी हमला किया। वह 4 दिसंबर का दिन था। उस सँकरे क्षेत्र में हलवाड़ा से सुखोई ने करीब दो दर्जन उड़ानें भरीं, जिसकी वजह से शाम होने तक हमारी सेना नदी के इस पार आ गयी। वायुसेना ने दुश्मन के कई टैंक ध्वस्त किये। 7-डिवीजन का नेतृत्व कर रहे मेजर जनरल फ्रीमैंटल अच्छे और कर्त्तव्यनिष्ठ व्यक्ति थे। "उनका रहन-सहन, कार्यप्रणाली और युद्ध-शैली सादगीपूर्ण थी।" लेकिन वे इस इलाके में सफल नहीं हो पाये। टी. ए. सी. कमांडर का कहना था, "वे इतनी दूर बैठे थे कि उन्हें मालूम ही नहीं था कि

वास्तव में हो क्या रहा है।"

फजिल्का और सुलेमानके

सीमा के दक्षिणी क्षेत्र में पश्चिमी कमान के तहत फजिल्का और सुलेमानके क्षेत्र हैं। यह सच है कि 11-कोर 700 किलोमीटर की सीमा की रक्षा के लिए दूर तक फैला हुआ था और सेना मुख्यालय का आदेश था कि जब तक साफ तौर पर न कहा जाये तब तक वे आक्रामक न हों। लेफ्टिनेंट जनरल रावले इतने रक्षात्मक थे कि उनके नेतृत्व में हमारे इलाके में (नष्ट करने के लिए) 160 पुल बनाये गये।* कई वास्तव में नष्ट कर भी दिये गये। सुलेमानके में भारी वाहनों के लिए एक बहुत अच्छा पुल था। पाकिस्तान को इस इलाके में सतलुज के पूर्व में एक बड़े अंतःक्षेत्र का फायदा था। इसलिए आक्रमण करना उनके लिए कतई मुश्किल नहीं था। इस आशंका से बचाव की जिम्मेदारी रक्षक सेना की थी। हलवाड़ा के सुखोई विमानों ने इस इलाके का फोटो-सर्वेक्षण किया।

दिसंबर 1971 के पहले तीन दिन इस अग्रिम क्षेत्र में पाकिस्तान की तरफ टैंकों और गाड़ियों की काफी हलचल रही। इसी दौरान उनकी सीमा-चौकियों से काफी जोर से संगीत बजाया गया, ताकि गाड़ियों का शोर दब जाये। 3 दिसंबर को शाम साढ़े छह बजे बाकायदा हमला शुरू हुआ। हमारे कुछ सैनिक पीछे हट गये और कई बंदी बना लिये गये। हमारी सेना ने पुल उड़ा दिये। पाकिस्तानियों ने फजिल्का के उत्तर में मौज़िम और दक्षिण-पशिचम में पक्का पर कब्जा कर लिया और हमारे इलाके में सीधे सबुना नाले तक चले आये। ब्रिगेड कमांडर एस. एस. चौधरी थोड़ा और पीछे हटना चाहते थे। लेफ्टिनेंट जनरल कैनडेथ के अनुसार लेफ्टिनेंट जनरल रावले सुलेमानके छोड़ने को तैयार थे और वे चाहते थे कि पूर्वी क्षेत्र और बीकानेर नहर में रक्षात्मक मोर्चा बनाने के लिए सेना को और पीछे हटाया जाये। जनरल कैनडेथ इस योजना को पूरी तरह अस्वीकार कर रहे थे। 4 दिसंबर की शाम उन्होंने जनरल रावले के सेना द्वारा सुलेमानके छोड़ने के आदेश को रद्द कर दिया और कहा कि वे किसी अगले पाकिस्तानी हमले का मुकाबला करें, जोकि बेहद करीब था। उन्होंने कहा, पाकिस्तानी हमारी सेना के विरुद्ध ज्यादा से ज्यादा एक ब्रिगेड ला सकते हैं। हमारे पास भी एक ब्रिगेड है और अगर हम आगे नहीं बढ़ सकते तो कम-से-कम अपनी धरती पर जमे रहकर अपनी रक्षा तो कर सकते हैं। हालाँकि उन्होंने ब्रिगेड की फिर से तैनाती और ब्रिगेडियर चौधरी को हटाये जाने का आदेश दे दिया। नतीजतन हमारी थलसेना वायुसेना की मदद से अपनी जगह पर जमी रही। इस दौरान मुख्य

---

* डिफेन्स ऑफ दी वेस्टर्न बार्डर, लेखक मेजर सुखवन्त सिंह, प्रकाशक विकास, नयी दिल्ली, 1981, पृ. 136

रूप से हलवाड़ा के सुखोई और सिरसा के मिस्टेयर विमानों ने मुख्य भूमिका निभाई। दूसरी जगहों की तरह सुलेमानके में वायुसेना ने सघन समर्थन देने के अलावा पाकिस्तानी सीमा में भीतर घुसकर हमला किया और बटालियन की शक्ल में उन्हें आगे बढ़ने से रोक दिया। विशेषकर बख्तरबंद गाड़ियों को युद्धक्षेत्र में नहीं आने दिया। लेफ्टिनेंट जनरल कैनडेथ के अनुसार इससे पाकिस्तानी हमले की धार भोथरी हो गयी।

1-टी. ए. सी. के कमांडर ग्रुप कैप्टन जे. सी. सेनगुप्ता के अनुसार हालाँकि वायुसेना जनरल रावले की शुक्रगुजार हो सकती है, क्योंकि उन्होंने वायुसेना की मदद का महत्त्व समझा। 11-कोर का मुख्यालय 1971 के मध्य नवंबर में जालंधर से फरीदकोट के दक्षिण में स्थित कोट कापुरा चला गया। मुख्यालय दो हिस्सों में बँट गया। एक ने अमृतसर में जनरल गहलौत के तहत काम शुरू किया। जनरल रावले दोनों जगहों पर काम करते थे और विमान से आया-जाया करते थे। इसी तरह नंबर-1 टी. ए. सी. स्क्वाड्रन भी दो हिस्सों में बँट गया। लेफ्टिनेंट जनरल गहलौत के साथ एक विंग कमांडर थे, जबकि कोट कापुरा में जनरल रावले के साथ ग्रुप कैप्टन सेनगुप्ता थे। टी. ए. सी. को मिस्टेयर हरियाणा के सिरसा स्थित स्क्वाड्रन नंबर-3 और 31 से मिलते थे, हलवाड़ा से सुखोई, पंजाब के आदमपुर और अमृतसर से मिग-21 और सुखोई और राजस्थान के बीकानेर के पास नाल से कुछ इंटर मिल जाते थे।

11-कोर का काम मोर्चे के साथ वी. ए. (अहम क्षेत्रों) और वी. पी. (अहम बिंदुओं) की रक्षा करना था। बाद में सबसे नाजुक मामला फजिल्का के पश्चिम स्थित सुलेमानके डेडवर्क्स का बन गया। पाकिस्तानी सेना पूर्वी सिद्दीकिया नहर के साथ बख्तरबंद गाड़ियाँ और तोपखाना लेकर सीमा के पास आ गयी थी। अगर फजिल्का में हमारी रक्षा-पंक्ति भेद दी जाती तो पाकिस्तानी बख्तरबंद गाड़ियाँ हमारी जमीन में घुस आतीं। पाकिस्तानी सेना के इंजीनियरों ने सतलुज और अपने इलाके में पड़नेवाली नहर पर तीन पुल पहले ही बना लिये थे, ताकि जीतने के बाद फजिल्का पुल के सहारे तेजी से बख्तरबंद गाड़ियाँ तैनात की जा सकें। इस तरह लंबी दूरी का तोपखाना भारतीय इलाके में पाकिस्तानी सेना को भीतर तक घुसने में मददगार हो सकता था।

जैसा कि पहले बताया गया है, 3 दिसंबर की रात को सुलेमानके में भारतीय सेना को पाकिस्तानी सेना ने आगे बढ़ने से रोक दिया। हालाँकि लेफ्टिनेंट जनरल रावले और संभवतः पश्चिमी कमान और सेना के मुख्यालय ने इस सिलसिले में पाकिस्तान के सीमित फायदे का अनुमान लगाया था। 11-कोर को आदेश दिया गया कि वह सुलेमानके में हुए नुकसान की तुरंत भरपाई करे। लेकिन ऐसा करना मुश्किल

था, क्योंकि डिवीजन व्यापक मोर्चे पर फैली हुई थी और इतना आरक्षित बल नहीं था कि उसे भेजकर सुलेमानके में भारतीय सेना को संख्या-बल के भरोसे पाकिस्तान पर हावी किया जा सके। यहीं पर वायुसेना ने कमी को पूरा किया। उसने सुलेमानके, दूर-दराज के इलाके और पीछे से भी पाकिस्तानी सेना पर जबर्दस्त हमला बोल दिया, ताकि पाकिस्तानी और कुमुक न ला सकें। वायुसेना ने जवाबी बल की भूमिका निभाई।

भारतीय वायुसेना के हमले ने पाकिस्तानियों को छुपने पर मजबूर कर दिया। इस तरह उनके आगे बढ़ने पर रोक लग गयी। वायुसेना ने मोर्चे के साथ रणनीतिक सर्वेक्षण उड़ानें भरीं। उनकी सड़कों और रेलवे पर विशेष नजर रखी। मिस्टेयर ने ओकारा और मांटगुमरी के बीच 50 टैंक ले जा रही एक ट्रेन नष्ट कर दी। 5 दिसंबर को चिश्तिया मंडी में टैंक और ईंधन ले जा रही अन्य ट्रेनों पर हमला कर उन्हें नष्ट कर दिया गया। इन्हीं मिस्टेयर और सुखोई विमानों ने चंगा मंगा वनों पर हमला कर तेल के भंडार को आग लगा दी। इस इलाके पर रात को कैनबरा और ए एन-12 विमानों ने बमबारी की। चंगा मंगा पर हमला करने में बरेली (सेन्ट्रल एयर कमान्ड) के छह ए एन-12 विमानों ने तीन रात--3, 4, 5 दिसंबर तक लगातार हिस्सा लिया। पाकिस्तानी बख्तरबंद गाड़ियाँ पूर्वी सिद्दीकिया नहर के साथ छुपी हुई थीं। उन पर आसमान से हमला करके उन्हें नष्ट कर दिया गया। हालाँकि भारतीय अंतःक्षेत्रों पर कब्जे की वजह से पाकिस्तान को उन सात निगरानी स्तंभों के इस्तेमाल का मौका मिला, जिन्हें भारतीय सेना के इंजीनियरों ने बनाया था। वहाँ से पाकिस्तानियों ने अपने तोपखाने को भारतीय निशानों पर हमला करने का निर्देश दिया। मिस्टेयर विमानों ने उन स्तंभों पर हमला करके उन्हें नष्ट कर दिया। मिस्टेयर के निचले हिस्से में लगे लांचर से दागे गये राकेट प्रोजक्टाइल इस सिलसिले में शक्तिशाली हथियार साबित हुए। श्री पुष्पिंदर सिंह* ने अपनी किताब में मिस्टेयर-IV ए. एस. को सही सम्मान दिया है :

> *फाक्सट्राट क्षेत्र में सेना को सघन समर्थन देने के लिए दिन में 300 से ज्यादा उड़ानें भरी गयीं। उनका लक्ष्य फोर्ट अब्बास, भावलनगर और हवेली क्षेत्र की संचार-प्रणाली एवं पाकिस्तानी बख्तरबंद गाड़ियाँ, और भंडार थे। खुफिया सूत्रों की सूचना के अनुसार सुलेमानके, हवेली और अमरूका के बीच पाकिस्तानी बख्तरबंद डिवीजन के 300 टैंक थे। कम ऊँचाई पर उड़ रहे मिस्टेयर विमानों ने जब इन टैंकों को नष्ट करने की कोशिश की तो उन्हें जबरदस्त विमानरोधी गोलीबारी का सामना करना पड़ा। कई विमानों*

एयर क्राफ्ट ऑफ दी इण्डियन एयर फोर्स, 1933-73, ले. पुष्पिन्दर सिंह, इंग्लिश बुक स्टोर, नयी दिल्ली, पृ. 110

के पंखों और तेल की टंकियों को भारी क्षति हुई। फजिल्का में तैनात 67-इन्फैंट्री ब्रिगेड की विपरीत दिशा में मिस्टेयर ने हवेली के आसपास के जंगलों पर लगातार हमला किया और वह पाकिस्तानी बख्तरबंद डिवीजन को छिन्न-भिन्न करने तथा काफिले और रेल टैंकरों पर निशाना लगाने में कामयाब रहा। पाक पट्टन और डुगां बुगां के रेलवे यार्डों पर भी आक्रमण किये गये।

लड़ाई शुरू होने के बाद लेफ्टिनेंट जनरल रावले ने पाकिस्तानी क्षेत्र में कुछ आक्रामक अभियान शुरू करने की कोशिश की। लेकिन इनमें से कोई हमला नहीं हो सका, क्योंकि भारतीय कमांडर पाकिस्तानी वायुसेना के संभावित हमले को लेकर कुछ हताश थे। हालाँकि पाकिस्तानी वायुसेना उस इलाके में सक्रिय ही नहीं थी। शुरुआत में कोर-मुख्यालय के पास फरीदकोट और फिरोजपुर में किये गये कुछ हमलों के अलावा पाकिस्तानी वायुसेना उल्लेखनीय रूप से निष्क्रिय थी और उसने सुलेमानके में अपनी सेना को कोई मदद नहीं पहुँचाई।

करीब 11-12 दिसंबर को 2-कोर की कमान सँभालनेवाले लेफ्टिनेंट जनरल टी. एन. रैना पूर्वी क्षेत्र से इधर आ गये। उन्होंने कोट कापुरा में अपना मुख्यालय कायम किया और फज़िल्का और अपने से दक्षिण के पूरे इलाके को अपने चार्ज में ले लिया। उसके बाद लेफ्टिनेंट जनरल रावले 11-कोर के साथ अमृतसर गये। उनके दायित्व का क्षेत्र घटकर आधा हो गया। चूँकि पाकिस्तान की पहली बख्तरबंद डिवीजन फज़िल्का में भेदन की संभावना लिये खड़ी थी, इसलिए उससे निपटने के लिए फरीदकोट के पास भारतीय बख्तरबंद डिवीजन रिजर्व में रखी गयी। लेकिन उसकी जरूरत नहीं पड़ी, क्योंकि भारतीय वायुसेना ने पाकिस्तानियों को आगे बढ़ने से रोक दिया और पाकिस्तान की पहली बख्तरबंद डिवीजन को छिन्न-भिन्न कर दिया। इस इलाके में भारतीय वायुसेना को भारी नुकसान भी हुआ। विशेषकर मिस्टेयर को ज्यादा क्षति हुई, क्योंकि वे जमीनी हमला करने के लिए तो बेहतरीन थे, लेकिन लड़ाकू विमान के रूप में उनकी क्षमता सीमित थी।

वायुसेना की ज्यादातर कार्रवाई पूर्व-निर्धारित थी। उसके तात्कालिक समर्थन की कार्रवाई बहुत कम हुई, क्योंकि 11-कोर की एक छोटी-सी टुकड़ी ही वास्तव में युद्ध कर रही थी और कोर के ज्यादातर सैनिक लंबी सीमा की रक्षा में फँसे पड़े थे। लेफ्टिनेंट जनरल रावले और 11-कोर के जिम्मे जो इलाका था, उसमें कासोवाला, हुसैनीवाला और फजिल्का के पास कुछ इलाकों का नुकसान हुआ और डेरा बाबा नानक, सहिजरा और ममडाट उभार में फायदा हुआ।

यह बात उल्लेखनीय है कि 11-कोर अच्छी तरह तैयार थी और अपनी सामरिक योजना के तहत वायुसेना की मदद लेने को तैयार थी। यह प्रवृत्ति वीरचक्र विजेता

लेफ्टिनेंट जनरल प्रेम भगत ने कोर को कमान करने के दौरान विकसित की थी। उसे मैंने खुद उस वक्त देखा जब मई 1970 में मैं प्रेम के निमंत्रण पर पंजाब में कोर का एक अभ्यास देखने गया। वे उसे 'मिडसमर मैडनेस' की संज्ञा देते थे। नवीन रावले भी उसी दिशा में सोचते रहे। उन्होंने ओ. सी. टी. ए. सी. कमांडर को ब्रिगेड कमांडर के समतुल्य माना और उन्हें जालंधर में ब्रिगेडियर (एअर कमांडर के समतुल्य) वाला क्वार्टर दिया, हालाँकि ओ. सी. का दर्जा एक ग्रुप कैप्टन (यानी कर्नल) के बराबर होता है। इस तरह वायुसेना को एक आवश्यक और उपयोगी भागीदार की मान्यता देने से यह भावना पूरे कोर में फैली और लड़ाई में भी इसका असर दिखाई पड़ा।

वायुसेना के समर्थन की जरूरत इतनी गहराई से महसूस की गयी कि सेना के कमांडर अपने रक्षात्मक ठिकाने तब तक छोड़ने को तैयार नहीं थे, जब तक उन्हें पाकिस्तानी वायुसेना से हिफाजत की गारंटी न दी जाये और वायुसेना का दिन-रात समर्थन न दिया जाये। टी. ए. सी. उन्हें दिन में तो वायुसेना की रक्षा की गारंटी दे सकता था, लेकिन चूँकि रात को ऐसी गारंटी नहीं दी जा सकती थी, इसलिए सेना के कमांडर रात को शत्रु क्षेत्र में कोई अभियान नहीं चलाते थे। वास्तव में उनकी प्रतिरक्षा-प्रणाली बेहद जड़ किस्म की थी, वे भारतीय वायुसेना की श्रेष्ठता और पाकिस्तानी बख्तरबंद गाड़ियों व तोपखाने को वायुसेना द्वारा पहुँचाई गयी क्षति का कोई फायदा नहीं उठा पाते थे। इस मामले में वे संभवतः सेना-मुख्यालय के आदेशों से प्रभावित होते थे और जब मुश्किल में पड़ते थे, तो संभवतः कुमुक को लेकर अनिश्चितता के शिकार हो जाते थे। भारतीय बख्तरबंद डिवीजन फरीदकोट में इसलिए रिजर्व में थी कि अगर पाकिस्तानी सेना भारतीय इलाके में घुसे तो उसका मुकाबला किया जा सके। लेकिन इसका नतीजा यह था कि भारतीय बख्तरबंद डिवीजन के बड़े हिस्से को 11-कोर की मदद में नहीं उतारा जा सकता था। कुल मिलाकर सेना की नीति सुरक्षित लड़ाई लड़ने की थी। वह 11-कोर के सामने पाकिस्तानी क्षेत्र में युद्ध नहीं करना चाहती थी, हालाँकि वह इलाका इस कार्रवाई के लिए सर्वथा उपयुक्त था।

सेना मुख्यालय वायुसेना मुख्यालय से अपनी योजनाओं पर चर्चा करने में बेहद मौन साधे रहता था। चाहे युद्ध-पूर्व का समय हो, चाहे युद्धकाल का। उसके रक्षात्मक प्रबंध के व्यापक दायरे की जानकारी तो दे दी जाती थी, लेकिन आकस्मिक योजना पर कोई चर्चा नहीं होती थी। इस बात की कोई तैयारी नहीं होती थी कि अगर हम हारने लगें तो क्या करें या अगर हमला करने लायक स्थिति हो तो क्या करें। यह संभवतः चीफ ऑफ स्टाफ कमेटी की कमी थी, क्योंकि उसे आकस्मिक योजना के रूप में इन संभावनाओं पर विस्तार से विचार करना था। कुल मिलाकर अनुकूल परिस्थितियों का फायदा उठा पाने में नाकाम रहना उसी प्रकार निंदनीय है, जिस

प्रकार अच्छी तरह लड़ न पाना।

संदर्भतः इस मोर्चे के सिलसिले में एक उल्लेखनीय बात यह है कि पाकिस्तानी वायुसेना अपनी थलसेना की मदद के लिए दिखाई नहीं पड़ रही थी, हालाँकि शोरकोट (रफीक़ी), रिसालवाला और मांटगुमरी इस मोर्चे के करीब थे। ऐसा संभवतः टी. ए. सी. डी. ई. की जवाबी कार्रवाई की वजह से था जो कि कैनबरा और ए एन-12 ने रात में और मिस्टेयर, हंटर और सुखोई ने दिन में किया था।

मैंने सुलेमानके से लेकर फजिल्का और आगे तक पाकिस्तानी भेदन के परिणामों के बारे में जनरल कैनडेथ से चर्चा की। युद्ध के दौरान तीनों सेनाध्यक्षों की बैठक में यह संभावना जताई गयी कि पाकिस्तानी अपनी बख्तरबंद डिवीजन के साथ आयेंगे। ऐसी स्थिति में भारतीय भटिंडा की तरफ और फिर उत्तर की तरफ और फिर व्यास नदी के उस पार फरीदकोट और फिरोजपुर के पीछे चले जायेंगे। उनकी राय थी कि ऐसी स्थिति में पाकिस्तानियों की सफलता की संभावना बहुत कम थी। इस खतरे का मुकाबला करने के लिए फरीदकोट-कोट कापुरा क्षेत्र में हमारी बख्तरबंद डिवीजन तैयार की गयी और यह काम बख्तरबंद डिवीजन अच्छी तरह से कर सकती थी।

मैंने पूछा कि जब पाकिस्तानी सुलेमानके में रोक लिये गये थे तो हमारी सेना बख्तरबंद डिवीजन की मदद लेकर आक्रामक क्यों नहीं हो सकी। इन सवालों का जवाब यह था कि हमारी बख्तरबंद डिवीजन का मुख्य हथियार विजयंत टैंक रेतीले इलाके में सचल अभियान के लिए उपयुक्त नहीं था। इसकी बंदूक और देखनेवाली प्रणाली तो बहुत अच्छी थी, लेकिन इंजन और ट्रैक दिक्कत पैदा करते थे। इंजन में गड़बड़ी इसलिए होती थी क्योंकि चलते समय उसका तेल, ईंधन और एअर फिल्टर बालू और धूल से भर जाता था और ट्रैक जल्दी से उतर जाता था। वास्तव में एक अभ्यास के बाद एक डिवीजन के कुल 200 टैंकों में से सिर्फ आठ काम लायक रह गये थे। स्वाभाविक रूप से ऐसा बल सचल युद्ध के लिए अनुपयुक्त था। हालाँकि यह रक्षात्मक युद्ध में बहुत अच्छी भूमिका निभा सकता था, जोकि 1971 में उसे सौंपी गयी थी। जो भी हो, बख्तरबंद डिवीजन सेना-मुख्यालय रिजर्व का अंग थी न कि पश्चिमी कमान के अधीन थी।

मैंने जनरल कैनडेथ से यह भी पूछा कि चंगा मंगा के जंगलों में दिन-रात जो हवाई हमले किये गये, क्या उनका कोई फायदा हुआ। ये हमले सेना के कहने पर किये गये थे। रपट थी कि पाकिस्तान की बख्तरबंद डिवीजन उस इलाके में जमा हो रही है। अगर वह रपट सही थी तो फजिल्का क्षेत्र में पाकिस्तानियों के घुसने के बाद बड़ा खतरा बन सकता था। जंगलों पर हुए वायुसेना के हमले के बारे में वे कोई तथ्यात्मक जानकारी नहीं दे सके, लेकिन उन्होंने कहा कि तर्कसंगत रूप से यह उम्मीद की जा सकती है कि उनका कुछ सकारात्मक असर पड़ा हो, क्योंकि पता

चला था कि पाकिस्तानियों ने वहाँ एक आर्डिनेंस डिपो के साथ आपूर्ति केंद्र बनाया था, जहाँ ईंधन, गोला-बारूद और अन्य सैनिक सामान थे। हवाई हमले की तीव्रता और भारी बम व राकेट और तीव्र क्षमतावाली गोलियों के इस्तेमाल के बाद इस बात की संभावना थी कि कुछ नुकसान हुआ हो और पाकिस्तान की युद्ध-क्षमता में कुछ कमी आयी हो। हालाँकि कितनी क्षति पहुँची थी, इस बात पर मतभेद था। यही वजह थी कि वे पश्चिमी क्षेत्र का कोई गढ़ भेद नहीं पाये।

हवाई निषेध

मैंने सुक्कुर और मांटगुमरी के बीच रेल से पाकिस्तानी बख्तरबंद डिवीजन के चलने के बारे में जनरल कैनडेथ से जानकारी हासिल की। हमारे विमानों ने टैंक ले जा रही कई गाड़ियों को रोका था और टैंकों को छिन्न-भिन्न कर दिया था। सुक्कुर से सियालकोट तक जानेवाली रेलवे लाइन सीमा के बिल्कुल समानांतर जाती है और उनकी बख्तरबंद डिवीजन और सेना के लिए वह जरूरी है। हवाई हमले से रेलवे लाइन बेकार हो गयी। यह निश्चित-सा हो गया था कि सुक्कुर और सियालकोट के बीच मांटगुमरी, ओकारा, लाहौर और वज़ीराबाद से होते हुए यातायात लगभग समाप्त हो चुका था। उनका अनुमानित नुकसान कितना हुआ था और इसका युद्ध पर क्या असर पड़ने वाला था, इस बारे में जनरल की क्या राय थी ? जनरल इस विषय पर कोई निश्चित जानकारी देने में नाकाम रहे, क्योंकि उनकी जासूसी कमजोर थी। पाकिस्तानी बख्तरबंद डिवीजन को हुए नुकसान के बारे में वायुसेना लौटकर जो सूचना उन्हें देती थी, उसी को वे अपने आकलन का आधार बनाते थे। पूरे युद्ध के दौरान यह बात साफ थी कि वायुसेना पाकिस्तानी कुमुक को फ्रंट लाइन तक पहुँचने से रोकने में व्यापक तौर पर प्रभावी रही। इसके अलावा उसने मोर्चे पर हथियारों और अन्य आपूर्ति को कम कर दिया। हमारी थलसेना को सघन समर्थन देते हुए वायुसेना ने अपनी पारंपरिक निषेधात्मक भूमिका निभाई। इस तरह वह युद्ध-क्षेत्रों को अलग-थलग करने में कामयाब रही और हमारी सेना ने पाकिस्तानी हमले को बेकार कर दिया और कुछ जगहों पर थोड़ी जमीनी नुकसान के अलावा (हालाँकि अन्य जगहों पर फायदा हुआ) पाकिस्तान से लगी पश्चिमी सीमा की अखंडता बरकरार रखी।

जासूसी

हमारी खुफिया एजेंसियों के बारे में जनरल कैनडेथ का कहना था कि उन्हें मालूम ही नहीं कि पाकिस्तान में क्या हो रहा है। खुफिया सूत्रों की रपट के अनुसार पाकिस्तानी सेना की 7वीं डिवीजन हाजीपीर दर्रे, सियालकोट, छंब के खैरियाँ और चंगा-मंगा के जंगल में थी। खुफिया सूत्रों ने अपना जाल फैलाया और 7वीं डिवीजन उन्हें हर जगह

दिखी ! इस तरह की सूचना को बहुत कम महत्त्व दिया जा सकता है। हमारी सेना को दुश्मन की ताकत और क्षमता के बारे में किसी अनुमान के बिना, जहाँ वह दिखता वहीं लड़ना पड़ता था। सेना की वास्तविक और करीबी भागीदारी के साथ एक केंद्रीय गुप्तचर एजेंसी की बड़ी जरूरत है, विशेषकर जब सैन्य संबंधी जानकारी की जरूरत हो। इसके सदस्यों को कुछ प्रशिक्षण दिया जाना चाहिए और उन्हें सैनिक इकाइयों को पहचानने में सक्षम होना चाहिए। उस वक्त केंद्रीय जासूसी संस्थाओं की सैन्य जानकारी लगभग शून्य थी।

चंडीगढ़

चंडीगढ़ उत्तर-पश्चिम में हमारा परिवहन अड्डा था और अब भी है। 1971 में इसकी कमान एअर कमांडर ई. धतियारा के. सी. के हाथ में थी। सामान्य तौर पर हमारे ए एन-12 विमान यहीं रखे जाते थे। किसी भी संकट में ये ए एन-12 विमान स्क्वाड्रन को उनके नियत अड्डे पर पहुँचने में मदद करते थे। युद्ध के पहले और युद्ध के दौरान यह पश्च आपूर्ति संगठनों का केंद्र था जोकि लद्दाख के लिए उड़ानें भरता था, विशेषकर थोइस के उत्तर नुब्रा घाटी में। युद्ध के आखिरी दिन स्कार्दू पर चंडीगढ़ से बमबारी की गयी थी। उसके अलावा चंडीगढ़ में पूरे इलाके की रक्षा के लिए मिसाइलों की व्यापक प्रणाली है। हालाँकि उस समय ये मिसाइलें कंप्यूटरीकृत नहीं थीं, लेकिन वे असरदार निषेधक थे।

हरियाणा

सिरसा

सिरसा हरियाणा में पश्चिमी सीमा के निकट हमारा नया अड्डा था, जोकि हिसार से ज्यादा दूर नहीं था और जिसके उत्तर में पंजाब और दक्षिण में राजस्थान है। 19 जुलाई, 1971 को जब याह्या खान ने लंदन के फाइनेंसियल टाइम्स से बातचीत में युद्ध-जैसी उद्घोषणा की, "दुनिया जान ले कि मैं युद्ध घोषित करनेवाला हूँ" तो हमारे लिए युद्ध की तैयारी का समय आ गया और हमने की भी। नंबर-29 मिग स्क्वाड्रन दिल्ली के पास हिंडन में था। जुलाई में उन्होंने अपने अड्डे से उड़ना शुरू कर दिया। वे एक उड़ान जोधपुर से भरते थे और एक सिरसा से। उनकी पहली सर्विसिंग अपने अड्डे पर होती थी और दूसरी हिंडन पर। पुराने स्टेशन जोधपुर में रहन-सहन की स्थिति अच्छी थी। वहाँ अफसरों और सैनिकों के लिए मेस था। सिरसा में सिर्फ भूमिगत कमरे थे और छद्मावरण के ऊपर टैंट की चादरें पड़ी थीं। इसी तरह से पॉयलटों के लिए एक ओ. आर. पी. कक्ष बना था। मिग विमानों का काम वायु-प्रतिरक्षा और नंबर-3 और 31 मिस्टेयर स्क्वाड्रन और एच एफ-24 या मारुत के

आक्रामक बलों के लिए हवाई सुरक्षा प्रदान करना था। मारुत उत्तरलाई में भी थे। बरनाला स्थित सिगनल यूनिट (एस. यू.) और एअर डिफेंस डॉयरेक्शन सेंटर (ए. डी. डी. सी.) के निदेश पर मिग सी. ए. पी. उड़ान भरते थे। सिरसा में भी एक सिगनल यूनिट थी और दो सिगनल यूनिटों द्वारा एक दूसरे से पुष्टि के बाद वहाँ से सी. ए. पी. उड़ान भरना अच्छा रहता था। युद्ध शुरू होने के पहले भी कई बार संघर्ष हुए थे और सी. ए. पी. उड़ानें भरी गयी थीं।

3 दिसंबर, 1971 की शाम भी अन्य शामों जैसी ही थी। स्टेशन तैयार था, पर आराम से था। जिन सैनिकों का अवकाश था, वे सिनेमा देखने गये थे। सिरसा पर उस शाम तो हमला नहीं किया गया पर उसे तुरंत सतर्क कर दिया गया। विंग कमांडर के. के. मलिक बेस कमांडर थे। विंग कमांडर के. सी. सावरदेकर मिग स्क्वाड्रन कमांडर थे। स्क्वाड्रन लीडर के. सी. शेखर और यू. वी. लगाड फ्लाइट कमांडर थे।

4 दिसंबर की सुबह एक संदेश पकड़ में आया कि पाकिस्तानी सेना ने फिरोजपुर के पश्चिम में कुछ भारतीय टैंकों पर हमला कर दिया है और वे पाकिस्तानी वायुसेना को इस काम को पूरा करने के लिए बुला रहे हैं। सी. ओ. के नेतृत्व में हमारे चार विमानों ने धावा बोला, लेकिन यह व्यर्थ का श्रम था। उन्हें पाकिस्तानी वायुसेना का कोई विमान नहीं मिला। पाकिस्तानी वायुसेना को बाहर निकलने को उकसाने के लिए कई आक्रामक उड़ानें भरी गयीं, पर उनका कोई असर नहीं पड़ा। मिग हवा से हवा में मार करनेवाली दो के-13 मिसाइलों, राकेटों, 500 किलो के दो बमों और एक बंदूक से पूरी तरह लैस थे। लेकिन बंदूकें नयी लगायी गयी थीं और सभी पॉयलट उनके इस्तेमाल में सिद्धहस्त नहीं थे।

उस शाम दस बजे एक हवाई हमला किया गया। स्क्वाड्रन लीडर लगाड और फ्लाइंग आफिसर कृष्णन ने उड़ान भरी। फ्लाइट लेफ्टिनेंट गुलाटी और हरीश सिंहजी ने ओ. आर. पी. पर अपने मोर्चे सँभाल लिये। हमारे अड्डे के ऊपर एक कैनबरा आया, जिसकी बत्तियाँ बुझी हुई थीं। निश्चित रूप से वह हमारा नहीं था। लेकिन ए. डी. डी. सी. ने कहा, "बंदूकें थामकर रखो।" शायद वे उस वक्त अपनी जगह स्पष्ट नहीं करना चाहते थे। हालाँकि गुलाटी ने देखा कि एक राकेट या रोशनी जैसी कोई चीज जमीन से दागी गयी है और हवाई क्षेत्र से बाहर निकल गयी है। ऐसा लगा जैसे कोई कैनबरा के पॉयलट को निशाने की जानकारी दे रहा था। बाद में पता चला कि यह पास के किसी हवाई क्षेत्र में हुआ है लेकिन उस इलाके में तलाशी के बाद उससे संबंधित कोई सबूत नहीं मिला। कैनबरा उत्तर से दक्षिण की ओर उड़ा और उसने हवाई पट्टी पर बमबारी की। हवाई पट्टी के एक हिस्से पर निशाना लगा, लेकिन ज्यादातर बम बाहर गिर गये। हालाँकि वह हमला हवाई पट्टी को रात में इस्तेमाल के

अयोग्य बनाने के लिए काफी था। लगाड और कृष्णन को उतरने के लिए हिंडन की तरफ आना पड़ा।

बमबारी के बाद ए. डी. डी. सी. ने ऐक-ऐक बंदूकों का हमला करने का आदेश दिया, लेकिन तब तक कैनबरा जा चुका था। हवाई पट्टी पर गिराये गये बमों के फ्यूज नहीं निकाले गये थे, इसलिए वे रुक-रुककर सुबह तक फटते रहे, इस तरह मरम्मत का काम सुबह तक अटका रहा।

नंबर-29 स्क्वाड्रन के फ्लाइट लेफ्टिनेंट हरीश सिंहजी, जिन्हें 4 दिसंबर को उड़ान का मौका नहीं मिला था, अगले दिन ढाई बजे जब हमले का आदेश दिया गया तो फ्लाइट लेफ्टिनेंट दावर के साथ ओ. आर. पी. ड्यूटी पर थे। दावर को विमान स्टार्ट करने में थोड़ी दिक्कत आ रही थी, इसलिए जब तक वे आसमान में पहुँचे तब तक सिंहजी ने दो चक्कर लगा लिये थे। उन्हें सीमा के समानांतर जाने का आदेश दिया गया, ताकि पाकिस्तानी वायुसेना बाहर निकल सके। लेकिन पाकिस्तानी वायुसेना बाहर नहीं निकली। इसलिए इस अभियान में परिवर्तन करके इसे अवसर के अनुसार लक्ष्य तलाश करने और उस पर हमला करने के अभियान में बदल दिया गया और उन्हें आदेश दिया गया कि वे सुलेमानके हेडवर्क्स की तरफ जायें। उसके बाद सिगनल यूनिट का आर/टी खामोश हो गया। सिंहजी ने मान लिया कि सिंगनल यूनिट ने ऐसा हिफाजत के लिए किया है। सुलेमानके से थोड़ा पहले वे उत्तर की ओर मुड़कर सतलुज पार कर गये और फिर मौके के निशाने ढूँढ़ने के लिए नीचे आये। एक किलामीटर की ऊँचाई पर जब उनकी गति 1000 किलोमीटर प्रति घंटा रही होगी, तब दावर ने पश्चिम की तरफ देखते हुए बायें मुड़ना शुरू किया। सिंहजी ने भी वैसा ही किया। लेकिन तभी एक विस्फोट हुआ और उन्हें जोरदार झटका लगा। उन्हें पता चला कि उनका विमान पिछले हिस्से के बल खड़ा हो गया है। जमीन से हुए हमले ने उसकी हाइड्रालिक पाइप लाइन में छेद कर दिया था और नियंत्रण-प्रणाली जाम हो गयी थी। जबरदस्त आवाज हो रही थी। उन्होंने रडर को हाथ से दबाया। विमान सीधा हुआ और फिर गोता खाने लगा। 800 मीटर नीचे जमीन थी। वे हवेली के ऊपर थे और ऐक-ऐक बंदूकें नीचे से जबरदस्त फायरिंग कर रही थीं। सिंहजी ने बाहर कूदने में देरी की। वे अपने अगुआ डावर को थोड़ी दूर पर देख रहे थे। आकाश में एक काला धब्बा दक्षिण की तरफ चला जा रहा था। उन्होंने आर-टी पर संदेश दिया, "डावर, मैं बाहर निकर रहा हूँ।" उन्हें यह एहसास नहीं था कि आर-टी खराब हो चुका है। वे बच तो गये पर उन्हे युद्धबंदी बना लिया गया। (परिशिष्ट-ब में उनके अनुभव और भागने की कोशिश का वर्णन है।)

भारत में उड़ रहे स्क्वाड्रन लीडर ए. वी. कामत को सिंध प्रांत में हैदराबाद के पास ऐक-ऐक बंदूकों की गोली लगी और उन्हें बाहर कूदना पड़ा। पर उस वक्त

उनका विमान काफी नीचे था, इसलिए कूदने से उनकी दोनों टाँगें टूट गयीं। उन्हें जेल में ले जाया गया और पाकिस्तान में ही देखभाल की गयी।

मिस्टेयर के पॉयलट फ्लाइट लेफ्टिनेंट मेनन इस मामले में सौभाग्यशाली निकले। उन्हें और उनके विमान को छोटे हथियार से गोली लगी। उन्हें बुरी तरह रक्तस्राव होने लगा और वे अचेत होने लगे। उनका विमान से नियंत्रण छूटने लगा। विंग कमांडर सावरदेकर मिग में उनका मार्ग-रक्षण कर रहे थे। उन्होंने तुरंत जान लिया कि क्या हो रहा था। मेनन अचेत हो रहे थे और अपने लिए सोचने और काम करने की स्थिति में नहीं थे। लेकिन सावरदेकर पूरी कोशिश कर उन्हें आर-टी पर निर्देश देकर होश में रखने में लगे थे, ताकि वे अपनी बची शक्ति का उपयोग करते रहें। वे कामयाब रहे। मेनन एक वरिष्ठ व्यक्ति के नेतृत्व में अड्डे पर वापस उतरने में कामयाब रहे, लेकिन तब तक वे बेहोश हो चुके थे। सावरदेकर का शुक्रगुजार होना चाहिए कि उनकी देखभाल के बाद उन्हें बचा लिया गया।

11-कोर के सघन समर्थन में सिरसा के मिस्टेयर विमानों का फ़ज़िल्का और सुलेमानके के युद्ध में जो इस्तेमाल किया गया और युद्ध-सामग्री ले जा रही पाकिस्तानी गाड़ियों पर 1 टी. ए. सी. के निर्देश पर जो निषेधात्मक अभियान चलाया गया उसका ब्यौरा पहले ही विस्तार से दिया जा चुका है। इस क्षमता, समर्पण और टीम-भावना का श्रेय पूरे स्क्वाड्रन को जाता है, जिसका नेतृत्व स्क्वाड्रन कमांडरों और फ्लाइट कमांडरों ने कुशलतापूर्वक किया। हालाँकि एक नाम ऐसा है जिसका अलग से उल्लेख किया जाना चाहिए, और वह है स्क्वाड्रन लीडर जसजीत सिंह का। जसजीत सिंह भी ऐसे ही व्यक्ति थे जैसे डी. एस. जाफा, जिन्होंने वापस स्क्वाड्रन में जाने के लिए जोर दिया था (और उनके स्क्वाड्रन कमांडर उनकी माँग कर रहे थे)। जसजीत सिंह मूल रूप से मिस्टेयर के पॉयलट थे, लेकिन किसी न किसी बहाने वे स्क्वाड्रन की उड़ान से दस साल तक दूर रहे। वे मुख्य रूप से स्टाफ के काम पर रहे और 1965 के युद्ध के दौरान इराक में प्रशिक्षक थे। वे 1969 में मिग के पॉयलट बन गये। उसके बाद पी. स्टाफ में गये। 1965 के युद्ध में पॉयलटों की तैनाती तदर्थ रूप से की गयी, क्योंकि युद्ध अचानक आ गया था। 1971 में हमें पर्याप्त धमकी मिल चुकी थी और हमारे पास इसमें सुधार के लिए काफी समय था। जसजीत 1970 में एअर कमोडर दानी के नेतृत्व में निदेशालय में काम कर चुके थे। यह निदेशालय मानव शक्ति-संवर्ध्न योजना पर काम कर रहा था। इस काम में सभी पॉयलटों की जीवन-वृत्ति का संकलन करना शामिल था, ताकि न्यायिक तरीके से नियुक्तियाँ की जा सकें। एक मुख्य अर्हता यह थी कि उनके पास विशेष तरह के विमान उड़ाने का पर्याप्त अनुभव

हो। ऐसा यह सुनिश्चित करने के लिए था कि वे उस विमान से अच्छी तरह वाकिफ हों और उन्हें लगाव हो, ताकि लड़ाई के वक्त कम से कम जोखिम रह जाये। इसके अलावा उस तरह से उनके व्यक्तित्व का सबसे बेहतरीन पक्ष बाहर आ सकता था। वह फाइल तैयार थी और 'अति गोपनीय' का लेबल लगाकर ठंडे बस्ते में डाल दी गयी थी। मार्च, 1971 में पूर्वी पाकिस्तान में दमन शुरू होने के बाद जब आकस्मिक योजना तैयार करने का वक्त आया तो उस अध्ययन को निकाला गया और वह युक्तिसंगत नियुक्तियों का आधार बना। सितंबर तक ज्यादातर पॉयलट इन यूनिटों में नियुक्त किये जा चुके थे, जिनमें उन्हें उड़ना था। लेकिन तब तक जसजीत सिंह और जाफा की नियुक्ति नहीं हुई थी, क्योंकि वे स्टाफ के काम में थे। उन दोनों व्यक्तियों में एक ही तरह की इच्छा थी, जिसे 'सतही' नहीं कहा जा सकता। वे अपनी क्षमताओं को साबित करना चाहते थे। पश्चिमी एअर कमान के एस. ए. एस. ओ. एअर वाइस मार्शल सुबैया और एअर आफिसर पर्सनल एअर मार्शल तेजा सिंह विर्क ने ज़सजीत सिंह को स्क्वाड्रन में नियुक्त किये जाने पर इस आधार पर आपत्ति की कि जसजीत सिंह को बहुत जानकारी है। अगर संयोगवश वे युद्धबंदी बना लिये गए तो देश की सुरक्षा के लिए खतरा होंगे। लेकिन उन्होंने यह तर्क नहीं माना और पश्चिमी एअर कमान के ए. ओ. सी.-इन-सी एअर मार्शल एम. एम. इंजीनियर से मिलने गये और मेरे पास आये। उन्होंने हमें मना लिया और नंबर-3 स्क्वाड्रन में अपनी नियुक्ति करा ली, जो उस समय हिंडन में था। उनको मिस्टेयर में बेहद यकीन था। मेरी भी उस विमान से सहानुभूति है। मेरे दिल का भी एक टुकड़ा इस खूबसूरत विमान में पड़ा हुआ है, जिसका 1954 के अक्तूबर में पहली बार मैंने परीक्षण किया था।

मिस्टेयर-IV ए में मूलरूप से रात को बमबारी के उपकरण लगे थे, पर उनका कभी इस्तेमाल नहीं किया गया और जिन चीजों का इस्तेमाल नहीं किया जाता, वे पुरानी पड़ जाती हैं और आखिरकार गायब हो जाती हैं। उसकी उपयोगिता घट चुकी थी, लेकिन नवंबर तक उसमें जबरदस्त सुधार हुआ और यह 100 फीसदी तक आ गयी। हिंडन से मिस्टेयर विमान की एक उड़ान सिरसा भेजी गयी और जसजीत उसके साथ गये। लेकिन नवंबर के अंत तक वे तिलपट रेंज पर रात के हमले का अभ्यास करने हिंडन लौट आये।

3 दिसंबर की शाम वे रेंज से रवाना हो रहे थे, तभी युद्ध शुरू हो गया। दो मिस्टेयर विमान वापस सिरसा भेजे गये, लेकिन जसजीत को वापस आने के लिए विमान नहीं दिया गया। पर वे इससे रुकनेवाले नहीं थे। 4 दिसंबर की शाम उन्होंने एक किराये के ट्रक में लिफ्ट ली। ट्रक गोला-बारूद और अतिरिक्त पुर्जे सिरसा ले जा रहा था। वे ब्लैकआउट में चाँदनी के सहारे 30 किलोमीटर प्रति घंटा की गति से

चलकर अगली सुबह तक सिरसा पहुँचे। चूँकि सिरसा छोटा अड्डा था, इसलिए वहाँ सख्त छाजन वाले बाड़े नहीं थे। इसलिए कुछ विमान छद्मावरणवाले जाल के नीचे रखे गये थे और उन्हें बालू की बोरियों से घेर दिया गया था। उन्होंने युद्ध में अच्छी भूमिका निभाई। सिरसा से सक्रिय जसजीत सिंह ने भी अपना कर्तव्य अच्छी तरह निभाया।

सिरसा के मिस्टेयर स्क्वाड्रन को जो क्षति उठानी पड़ी, उसका ब्यौरा इस तरह है—स्क्वाड्रन लीडर जे. डी. कुमार मारे गये। स्क्वाड्रन लीडर अनुकूल विमान से कूद गए और फ्लाइट लेफ्टिनेंट दास, जिनके इंजन में आग लग गयी थी, वे भी कूद गये। नल (बीकानेर) में तैनात 7-नंबर स्क्वाड्रन (हंटर) के ओ. सी. विंग कमांडर कोएलहो का विमान हवेली इलाके में मार गिराया गया। वे विमान से कूद पड़े और नल के ही फ्लाइट लेफ्टिनेंट आदित्य विक्रम पेठिया की ही तरह युद्धबंदी बना लिए गये।

हरियाणा की जनता युद्ध के साथ भावनात्मक रूप से जुड़ गयी थी। हिसार में जनता ने मिराज मार गिराने के लिए वायुसेना के पॉयलटों को एम्बेसेडर कार भेंट कर दी। हालाँकि सेबर गिराने के लिए मोटर साइकिल ही उपहार में दी गयी।

14 दक्षिण–पश्चिमी क्षेत्र

सीमाई राज्यों राजस्थान और गुजरात में वायुसेना की कमान और नियंत्रण एक समस्या थी। आकाश-युद्ध के लिए वे पश्चिमी एअर कमान की जिम्मेदारी में थे। लेकिन जमीन पर उनकी सुरक्षा का जिम्मा पुणे स्थित सेना के दक्षिणी कमान पर था। इस तरह पश्चिमी एअर कमान के ए. ओ. सी.-इन-सी को सेना के दो कमांडरों से तालमेल रखना पड़ता था। इनमें एक कश्मीर और पंजाब राज्य के लिए बने पश्चिमी कमान और दूसरा राजस्थान व गुजरात के लिए बने दक्षिणी कमान के थे। चूँकि किसी युद्ध में असली महत्त्व का क्षेत्र पश्चिमी कमान ही होता था, इसलिए यह स्वाभाविक ही था कि पश्चिमी कमान के ए. ओ. सी.-इन-सी अपना ज्यादातर समय सीमा के उस हिस्से पर केंद्रित करें, जबकि एक डिपुटी राजस्थान और गुजरात की देखभाल करे। इसलिए एक ए. ओ. सी. राजस्थान नियुक्त किया गया, जिसका मुख्यालय दक्षिण कमान के एडवांस मुख्यालय के साथ जयपुर में रखा गया। उन्हें वायु प्रतिरक्षा और सेना की मदद, दोनों का जिम्मा दिया गया। इस तरह जहाँ ए. ओ. सी.-इन-सी पश्चिमी एअर कमान ने पूरे पश्चिमी क्षेत्र का चार्ज सँभाला, वहीं राजस्थान और गुजरात के सेक्टरों में युद्ध की गतिविधियों का व्यापक नियंत्रण उनके मातहत एक ए. ओ. सी. को सौंप दिया गया। जब 1969 में कमान की सीमाएँ और युद्ध की प्राथमिकताएँ निर्धारित की गयी थीं तो 1965 के अनुभव से सबक लेते हुए एक स्वतंत्र दक्षिण-पश्चिमी एअर कमान स्थापित कर लिया जाना था। लेकिन इसकी जरूरत को नजरअंदाज कर दिया गया और नतीजतन 1971 में कामचलाऊ व्यवस्था की गयी। आखिरकार 1981 में स्वतंत्र दक्षिण-पश्चिमी एअर कमान गठित की गयी।

1965 का भारत-पाक युद्ध राजस्थान राज्य में हमारी पश्चिमी सीमा की प्रतिरक्षा-प्रणाली की एक महत्त्वपूर्ण कमजोरी थी। उसके बाद वायु-प्रतिरक्षा और जमीनी लड़ाई में मदद के लिए कोई लड़ाकू विमान भी नहीं था। राज्य में एक ही बड़ा सैनिक हवाई क्षेत्र जोधपुर में था और उस पर वायुसेना के उड़ान-प्रशिक्षण स्कूल का कब्जा था।

1965 के युद्ध में कुछ लड़ाकू विमान अल्पकालिक सूचना पर जोधपुर लाये गये, लेकिन वे बी-57 बमवर्षकों के रात के हमले का खास मुकाबला नहीं कर सके। न ही वे जमीन पर हर हाल में कम संख्या में तैनात सेना को लंबी दूरी तक असरदार सहयोग दे सकते थे। नतीजतन पाकिस्तानी सेना नयाचोर इलाके से सफलतापूर्वक दबाव बना ले गयी और भारतीय क्षेत्र के मुनाबाओ और गद्रा रोड इलाके में घुस गयी। पाकिस्तानी बमबारी से जोधपुर को भी नुकसान हुआ।

सबक सीखने के बाद वायुसेना ने दो हवाई क्षेत्र बनाने का काम शुरू किया। एक बाडमेर के पास उत्तरलाई में और दूसरा जैसलमेर में। उत्तरलाई ही वह जगह है, जिसके सामने से 1965 में पाकिस्तानी सेनाएँ भारत में घुसी थीं। फ्लाइंग स्कूल भी आंध्र प्रदेश में हैदराबाद के पास डुंडीगुल चला गया, ताकि जोधुपर को पूरी तरह युद्धक अड्डा बनाया जा सके। नये हवाई क्षेत्रों का निर्माण और जोधपुर का पुनर्गठन 1970 की शुरुआत तक पूरा कर लिया गया।

जैसलमेर और उत्तरलाई अग्रिम हवाई क्षेत्र के रूप में बनाये गये थे, इन्हें जोधपुर से मदद मिलती थी और इनका इस्तेमाल सिर्फ युद्ध के दौरान किया जाना था। इन हवाई क्षेत्रों पर स्थायी रूप से कोई युद्धक यूनिट नहीं रखी जानी थी। बल्कि इसे एक छोटी देखरेख और अनुरक्षण यूनिट के तहत रहना था, जिसमें कि एक फ्लाइट लेफ्टिनेंट और एक दर्जन सैनिक होने थे। परिवहन के लिए हर देखरेख और अनुरक्षण इकाई में एक जीप और एक तीन टन का ट्रक होता था। रहने का इंतजाम झोंपड़ियों में था और जैसलमेर में पानी का साधन 15 किलोमीटर दूर था। तेल या गोला-बारूद और विस्फोटकों के रखने का कोई इंतजाम नहीं था और न ही उनके पास किसी तरह की विभागीय अंतर संचार-सुविधा थी। वे जोधपुर से जुड़े थे और उसके आगे नागरिक टेलीफोन लाइन से जुड़े थे, जोकि ज्यादा भरोसेमंद नहीं थी। उनके पास कोई आर/टी उपकरण नहीं था, यहाँ तक कि फ्लाइंग कंट्रोल के लिए भी नहीं। 1971 की शुरुआत में किसी तरह के सीमित युद्ध के लिए भी न तो उत्तरलाई तैयार था और न ही जैसलमेर।

जनरल याह्या खान इन खामियों को दूर करने में मददगार साबित हुए। उनके तेज होते युद्धोन्मादी ऐलानों ने युद्ध के लिए वायुसेना की तैयारी की समीक्षा जरूरी कर दी। इस समीक्षा के दौरान अग्रिम हवाई-क्षेत्रों का व्यापक अध्ययन किया गया। वायुसेना मेडल से सम्मानित विंग कमांडर एम. एस. बावा ने जो उस समय जामनगर

के शस्त्र-प्रशिक्षण केंद्र में मुख्य प्रशिक्षक थे, जैसलमेर का दौरा किया। यथासमय जुलाई महीने में उन्होंने समस्याओं के अध्ययन के लिए जोधपुर और जैसलमेर दोनों जगहों का दौरा किया, ताकि अग्रिम हवाई क्षेत्रों को सक्रिय किये जाने के वक्त इन समस्याओं को हल किया जा सके। उन्होंने जो कुछ देखा, उससे वे संतुष्ट नहीं हुए। उन्होंने महसूस किया कि जैसलमेर में हवाई पट्टी कुछ आवासीय व्यवस्था और विमानों के कुछ बाड़ों के अलावा युद्ध-संबंधी सुविधाओं की कमी थी।

अग्रिम हवाई क्षेत्र को कोई लड़ाकू विमान इस्तेमाल कर सके, उससे पहले यहाँ हर चीज का इंतजाम किया जाना था। सबसे पहले और सबसे अहम जरूरत अतिरिक्त मानव-शक्ति की थी और उसके बाद संचार, रेडियो-सहायता, परिवहन, जमीन पर प्रतिरक्षा-प्रबंध, वायु-प्रतिरक्षा-प्रबंध और उसी तरह की अन्य आवश्यकताएँ थीं।

अगस्त के अंत में एक घटना घटी, जिससे राजस्थान क्षेत्र का महत्त्व समझ में आया। इस तरह हम इस क्षेत्र पर पाकिस्तानी हमले के बढ़ते खतरे के मद्देनजर संभव तैयारियों के प्रति जागरूक हुए। यह घटना सीमा-सुरक्षा बल द्वारा भारत से पाकिस्तान जाते एक व्यक्ति के पकड़े जाने की थी। उस व्यक्ति और उसके ऊँट को यह मानकर हिरासत में ले लिया गया कि वह तस्कर है, क्योंकि रेगिस्तान में प्रतिबंधित वस्तुओं, विशेषकर सोना ले जाने की असीमित संभावनाएँ हैं। उस ऊँट सवार के पास से साबुन की एक ताजी टिकिया मिली जो बड़ी सावधानी से उसके कपड़ों में लपेटकर रखी गयी थी। यह बात काफी अजीब थी, क्योंकि रेगिस्तान के लोग नहाते समय साबुन का नियमित इस्तेमाल कम ही करते हैं। उस साबुन की टिकिया का बारीकी से परीक्षण करने पर पता चला कि उसका भीतरी हिस्सा खोखला है और उसमें एक कागज का टुकड़ा है। जब उस टुकड़े पर लिखी सांकेतिक भाषा को पढ़ा गया तो मालूम हुआ कि इसमें जैसलमेर के हवाई क्षेत्र की स्थिति और उसका खाका है। उससे और पूछताछ के बाद पता चला कि पाकिस्तानी जासूसी का जाल राजस्थान के बाहर तक फैला है और वह पंजाब में भी है। इन रहस्योद्घाटनों का असर यह हुआ कि युद्ध के अग्रिम हवाई क्षेत्रों के लिए तैयारी तेज कर दी गयी।

विंग कमांडर बावा ने 10 सितंबर को जैसलमेर के आफिसर कमांडिंग का चार्ज सँभाला और हवाई क्षेत्र की तैयारी शुरू करवा दी, क्योंकि भविष्य में कुछ भी हो सकता है। चूँकि उनके पास कम लोग थे, इसलिए सेना-मुख्यालय 40-50 वायु सैनिकों और करीब आधा दर्जन अधिकारियों को दो हफ्ते की अस्थायी ड्यूटी पर भेज देता था। इन लोगों को प्रशिक्षण और अनुरक्षण इकाई की गैरलड़ाकू इकाइयों से लाया गया था, ताकि उन्हें इस बात का कुछ भान हो जाये कि युद्ध-काल में क्या करना है। इसके अलावा वे ऐसी आकस्मिक स्थितियों के लिए अग्रिम चौकियों को

तैयार करने आये थे। उन लोगों ने इस तरह के काम में जो अल्पकालिक समय लगाया, उससे अग्रिम हवाई क्षेत्रों में काम की निरंतरता प्रभावित हुई, लेकिन उनकी मूल यूनिटों ने सामान्य गति से काम करते हुए इस नुकसान की भरपाई कर दी। इसके अलावा एक अच्छी बात यह भी हुई थी कि संबंधित लोगों के परिवारों को हटाया नहीं गया था। इसके अलावा गैर-लड़ाकू यूनिटों से भारी संख्या में लोग अग्रिम हवाई क्षेत्रों की स्थितियों से वाकिफ हो गये थे और इस तरह वे किसी भी संभावित स्थिति में काम के लिए मानसिक और शारीरिक रूप से तैयार थे। अग्रिम हवाई क्षेत्रों पर अधिकारियों और वायु सैनिकों को पूरी तरह व्यस्त रखा गया। वे कहीं तेल, गोला-बारूद और विस्फोट के भंडारण में लगे थे तो कहीं रेडियो और जमीनी लाइन की संचार-प्रणाली को स्थापित करने और सक्रिय करने में; और इस तरह युद्ध के लिए आवश्यक बुनियादी ढाँचा प्रदान कर रहे थे।

जैसलमेर में पानी की कमी के कारण रहना बहुत कठिन था। स्थानीय अधिकारियों ने बहुत सीमित मात्रा से ज्यादा जल-आपूर्ति करने में अक्षमता जाहिर की, जोकि हवाई क्षेत्र में 100 या करीब इतने ही व्यक्तियों को मुश्किल से जीवित रखने-भर को था। इसलिए अड्डे पर सैनिकों की संख्या बढ़ाने के लिए पानी का स्रोत ढूँढ़ना जरूरी हो गया। ज्यादा पानी के बिना सारे प्रयास निरर्थक हो जाते। जैसलमेर में एअर कमोडर सुन्दरेशन ने इस संकट से उबारा।

सुन्दरेशन उच्च शिक्षा प्राप्त तकनीकी अधिकारी थे, जो उस वक्त विमानों की मरम्मत और अनुरक्षण की एक बड़ी इकाई का नेतृत्व कर रहे थे। अपनी तकनीकी योग्यताओं के अलावा वे जलद्रष्टा भी थे। उन्होंने कई मौकों पर अपनी उस दैवी शक्ति का सफल प्रदर्शन भी किया था। जैसलमेर पहुँचने के बाद वे हाथ में इमली की दो शाखाओंवाली (वाई आकार की) लकड़ी लिये कई दिनों तक नंगे पैर बालू पर चलते रहे। आखिर में उन्होंने बालू के एक टीले के ऊपर एक जगह बताई और कहा कि इसके नीचे पानी मिलेगा। मिलिट्री इंजीनियरिंग सर्विस के अफसरों ने उनकी मान्यता को खारिज कर दिया और उस जगह पर बोरिंग करने से इन्कार कर दिया। लेकिन राजस्थान सरकार ने ज्यादा सहयोगपूर्ण रवैया अपनाया। उसने छेद करनेवाली एक मशीन प्रदान की, जिससे कई हफ्तों की खुदाई के बाद 905 फुट नीचे पानी निकाल लिया। पानी अच्छे किस्म का था और प्रचुर मात्रा में था। युद्ध की जरूरत को देखते हुए वह हवाई क्षेत्र में कई सौ लोगों की जरूरत को पूरा करने के लिए काफी था। यह सफलता सितंबर के अंत में मिली। उस वक्त याह्या खान के युद्ध का आह्वान और तेज होता जा रहा था और बार-बार दोहराया जा रहा था।

अगला कदम जैसलमेर में विमान तैनात करने का था। जामनगर के युद्ध सामग्री (आर्ममेंट) प्रशिक्षण विंग से दो हंटर 15 अक्तूबर को वहाँ पहुँचे। आमतौर पर नये

पॉयलटों को युद्ध सामग्री (आर्ममेंट) प्रशिक्षण देने में लगे विमान मोर्चे पर तैनात स्क्वाड्रन में शामिल किये जाने से पहले उड़ान प्रशिक्षकों के हाथ में होते हैं और वे युद्ध के काम के लिए पूरी तरह तैयार होते हैं। प्रशासकीय सुविधा के लिए ए. टी. डब्ल्यू. के हंटरों की नंबर-122 स्क्वाड्रन बना दी गयी। जामनगर से जैसलमेर तक सिर्फ दो विमान नियुक्त किये जाने की वजह यह थी कि ए. टी. डब्ल्यू. का प्रशिक्षण-कार्यक्रम अभी जारी था और वह ज्यादा विमानों को अलग नहीं रख सकता था। इसलिए यह जरूरी था कि विमान जैसलमेर से परिचालित हों, ताकि आधार संगठन को एक स्वीकृत स्तर की क्षमता प्राप्त हो। इसी के साथ विमान पहुँचने पर सेना ने मद्रास रेजीमेंट की एक कंपनी को जैसलमेर अड्डे की रक्षा के लिए नियुक्त कर दिया। हालाँकि बाद में इस यूनिट को प्रादेशिक सेना की एक इन्फैंट्री बटालियन से विस्थापित कर दिया गया। अक्तूबर के तीसरे हफ्ते तक विमानरोधी तोपों की एक टुकड़ी ने भी हवाई क्षेत्र के चारों ओर मोर्चा बाँध लिया। एक सचल राडार यूनिट के पहुँचने के साथ वायु-प्रतिरक्षा का ढाँचा तैयार हो गया। राडार यूनिट हवाई क्षेत्र की निगरानी के लिए और रेगिस्तान पर उड़ रहे विमानों की रिकवरी के लिए आवश्यक थी।

जिस समय वायुसेना जैसलमेर में अड्डा बना रही थी, उसी समय मेजर जनरल खंबाटा के नेतृत्व में सेना की 12-इन्फैंट्री डिवीजन किशनगढ़ क्षेत्र में पहुँची। इस तरह जैसलमेर में दो हंटरों के अलावा नंबर-12 एअर आब्जर्वेशन पोस्ट फ्लाइट के विमान भी उपलब्ध थे।

नवंबर के महीने में जैसलमेर और उत्तरलाई के अग्रिम हवाई अड्डों को सक्रिय करने और नया मुख्यालय बनाने के साथ राजस्थान में वायुसेना को आकार दिया गया। पूर्वी पाकिस्तान की घटनाओं के मद्देनजर प्रक्रिया को जल्दी से पूरा करने की चिन्ता लग गयी। एक-एक दिन गुजरने के साथ लगता था, युद्ध नजदीक आ रहा है और यह अहसास 22 नवंबर को तब चरम सीमा पर पहुँच गया, जब तीन पाकिस्तानी सेबर विमानों को कलकत्ता से कुछ मील उत्तर-पूर्व में बोयरा के ऊपर भारतीय क्षेत्र में चार नैट विमानों ने मार गिराया। पाकिस्तानी विमान पूर्वी पाकिस्तान से भारत में आये शरणार्थियों पर हमला कर रहे थे और इस तरह की घुसकर हमला करने की घटनाएँ लगातार बढ़ रही थीं। पाकिस्तानी अधिकारियों ने औपचारिक विरोध पर कोई प्रतिक्रिया नहीं जताई। इसलिए सीधी कार्रवाई का फैसला किया गया। जब तीन सेबर विमान मार गिराये गये तो जनरल याह्या खान ने उसी रात एक चीनी अधिकारी को दिये भोज में ऐलान किया कि वे दस दिन के बाद इस्लामाबाद में नहीं होंगे। यानी वे लड़ाई लड़ने राजधानी से बाहर जायेंगे। इस बात के तो कोई सबूत नहीं मिले हैं कि जनरल ने खुद हथियार उठाया हो, फिर भी वे अपनी दस

दिनवाली बात के पक्के निकले और ठीक दस दिन बाद तीन दिसंबर की शाम पाकिस्तानी वायुसेना और सेना ने भारत पर हमला बोल दिया। पाकिस्तानी वायुसेना ने भारत के आठ हवाई अड्डों पर हमला किया और छंब व पुंछ क्षेत्रों में भारतीय ठिकानों पर पाकिस्तानी तोपखाने ने गोलाबारी की। जनरल याह्या की चेतावनी का शुक्रगुजार होना चाहिए कि तब तक छह हंटर, दो-दो सीटों वाले ट्रेनर और चार एक सीट वाले लड़ाकू विमान जामनगर से जैसलमेर पहुँच चुके थे। वहाँ पहुँचकर विमानों ने जैसलमेर की नंबर-14 सी. एम. यू. (देखभाल व अनुरक्षण इकाई) को सक्रिय कर दिया।

लोंगेवाला

जैसलमेर में तैनात विंग कमांडर बावा को पाकिस्तानी हमला शुरू होने के चंद मिनटों में सूचना मिल गयी। उनके पास शाम छह बजे राजस्थान क्षेत्र के ए. ओ. सी. एअर कमांडर कंवर सिंह का फ्लैश संदेश आया। इसके थोड़ी ही देर बाद पश्चिमी एअर कमान के मुख्यालय से संदेश आया और फिर आकाशवाणी पर भी संदेश प्रसारित किया गया। स्टेशन तुरंत युद्ध के लिए सतर्क हो गया। उस रात हम दुश्मन का इंतजार करते रहे। हमारा मानना था कि या तो वह बमों से हमला करेगा या जमीन पर कमांडो उतारेगा या दोनों कार्रवाई करेगा। लेकिन उस रात पाकिस्तानी न तो आसमान में दिखाई पड़े न ही जमीन पर उतरे।

अगले दिन 4 दिसंबर को जब दो हंटर ट्रेनर हवाई प्रतिरक्षण कर रहे थे तो एक सीटवाले चार हंटर विमानों ने जकोबाबाद और रहीमयार खान के हवाई क्षेत्रों पर हमला किया। इसके अलावा इन विमानों ने 12-इन्फैंट्री डिवीजन के लिए सघन समर्थन उड़ान भरी। यह डिवीजन रहीमयार खान के रास्ते में पड़नेवाले सखीरेवाला खू और इस्लामगढ़ पर कब्जा करने के लिए हमला शुरू करनेवाली थी। उस रात 12-इन्फैंट्री डिवीजन उत्तर की तरफ रुख किये हुए थी, तभी पश्चिम से पाकिस्तानी भारतीय क्षेत्र में आये। बख्तरबंद गाड़ियों की एक टुकड़ी और सेना की एक ब्रिगेड के साथ उन्होंने सीमा-सुरक्षा बल की एक निगरानी चौकी के पास सीमा पार की। सेना के हरावल दस्ते ने घोटरू-लोंगेवाला सड़क पर हमला करने से पहले पूर इलाके को पार किया। उसके बाद वह लोंगेवाला की चौकी को अनदेखा करते हुए रामगढ़ की तरफ बढ़ गया। लोंगेवाला काफिले के मार्ग पर एक बहुत छोटी जगह है, लेकिन व्यापारियों और तस्करों का पसंदीदा ठिकाना है। लोंगेवाला के कंपनी-कमांडर मेजर कुलदीप सिंह चाँदपुरी ने इस मार्च को देखा तो नहीं, पर सुना जरूर और उन्होंने 12-इन्फैंट्री डिवीजन के मुख्यालय को खबर दी। हालाँकि उन्हें इसकी सत्यता पर संदेह था। रामगढ़ से कुछ किलोमीटर पहले टैंक लौट पड़े, संभवतः उनकी पीछे की

टुकड़ी छूटी जा रही थी। यह घातक साबित हुआ और संभवतः इसी वजह से युद्ध की दिशा बदल गयी। अगर टैंक आगे बढ़ते रहते तो वे रामगढ़ को आसानी से तबाह कर सकते थे, क्योंकि वहाँ प्रतिरक्षा का कोई इंतजाम नहीं था। हालाँकि वह 12-इन्फैंट्री डिवीजन का प्रमुख आपूर्ति केंद्र था। वहाँ से जैसलमेर सिर्फ 60 किलोमीटर दूर था और रक्षा पंक्ति वहाँ भी कमजोर थी। लगता है पाकिस्तानी खुफिया एजेंसियों ने उन्हें किशनगढ़ और टनोत में भारतीय सेना की अच्छी तादाद होने की सूचना दी थी। अगर पाकिस्तानी बख्तरबंद गाड़ियों का रेला लोंगेवाला में न रोका गया होता तो वे रामगढ़ पहुँच जाते और वहाँ फिर से आपूर्ति लेने के बाद जैसलमेर तक तेजी से बढ़ जाते।

अगली पंक्ति के टैंकों के लोंगेवाला की तरफ लौटने और ज्यादा टैंकों की घड़घड़ाहट के साथ बाहरी चौकी के कमांडर ने 12-डिवीजन को एक और चेतावनी भेजी। इस बार जी. ओ. सी. ने जैसलमेर स्थित वायुसेना से संपर्क साधने की कोशिश की, पर टेलीफोन लाइनों के कटे होने की वजह से सफल नहीं हुए। निश्चित रूप से यह काम मुजाहिदों ने किया था और वह ऊँट-सवार उनमें से एक था। 5 दिसंबर की सुबह जी. ओ. सी. और जैसलमेर के बेस कमांडर के बीच रेडियो संपर्क कायम कर लिया गया। उसके बाद बेस कमांडर को पाकिस्तानी आक्रमण की जानकारी मिली। तुरंत झुटपुटे में ही रणनीतिक टोही अभियान चलाने के लिए एक सीटवाले चार हंटर विमान तैयार किये गये। 12-इन्फैंट्री डिवीजन के जी. ओ. सी. की तरफ से बार-बार संपर्क किये जाने के बाद ज्यादा जल्दी मच गयी, क्योंकि उन्होंने एअर फोर्स के कमांडर के दिमाग में यह बात पूरी तरह बिठा दी थी कि लोंगेवाला की सेना चौकी अपने से काफी श्रेष्ठ सेना के सामने असहाय हो गयी है। बटालियन कमांडर लेफ्टिनेंट कर्नल मोहम्मद खुर्शीद हुसैन ने दो टैंकरोधी तोपें भेजीं। सुबह चार बजे युद्ध छिड़ गया।

दो हंटर विमानों का पहला दल 5 दिसंबर की सुबह 7.15 पर लोंगेवाला पहुँचा और उसने टी-59 टैंक होने की जानकारी दी। वहाँ भेजे गये एअर ओ. पी. ने भी बाद में इसकी पुष्टि की। हंटर विमान टैंकों को बंदूकों और राकेटों से उलझाने में लग गये। उनके आर टी प्रसारण को जैसलमेर से नियंत्रित किया गया, जहाँ से अविलम्ब जवाबी हमले शुरू किये गये। दो विमानों का मिशन एक दूसरे के बाद उड़ा। उनका उद्देश्य पाकिस्तानी टैंकों और सेना को ढूँढ़-ढूँढ़ कर नष्ट करना था। जैसलमेर की युद्ध-डायरी में लिखा गया है कि "यह पाकिस्तानी बख्तरबंद डिवीजन और भारतीय सेना के बीच अपनी तरह का अकेला साफ-सुथरा युद्ध था।" साफ-सुथरा इस अर्थ में था कि पाकिस्तानी थलसेना से सिर्फ वायुसेना लड़ रही थी, क्योंकि लोंगेवाला में तैनात छोटी कंपनी के अलावा पाकिस्तानियों के विरोध के लिए

भारतीय सेना थी ही नहीं। जैसलमेर केंद्र ने चार हंटर विमानों से 17 हमले किये और लोंगेवाला के पास दुश्मन की 50 फीसदी बख्तरबंद गाड़ियों को नष्ट कर दिया। इस बात की पुष्टि वायुप्रेक्षण चौकी और लोंगेवाला चौकी के लोगों ने टैंकों को जलते देखकर की।

शाम के समय सेना ने पाकिस्तानियों द्वारा उनकी उच्च कमान को भेजा गया एक आर टी संदेश पकड़ा। उसमें कहा गया था कि पाकिस्तानी सेना के 40 फीसदी सामान नष्ट हो गये और इतने ही सैनिक हताहत हुए। वायुसेना के सघन समर्थन के लिए भेजा गया एक 'बेतार का तार' का यहाँ उल्लेख किया जाना जरूरी है। 12-इन्फैंट्री डिवीजन ने जो संदेश रिकार्ड किया, उसमें कहा गया था :

> *दुश्मन की हवाई फौज ने नाक में दम कर दिया है। एक हवाई जहाज जाता है और दूसरा आता है और बीस-बीस मिनट ऊपर नाचता है। चालीस फीसदी फौज और सामान हलाक और तबाह हो चुका है। आगे जाना तो क्या, पीछे मुड़ना भी मुश्किल हो गया है। जल्दी हवाई फौज मदद के लिए भेजो, वरना वापस मुड़ना नामुमकिन है।*

शाम होते-होते वायुसेना ने लोंगेवाला क्षेत्र में 15 टैंक, एक आर्मर्ड रेकोनायसेन्स व्हीकल नष्ट कर दिया और 23 अन्य टैंकों को नुकसान पहुँचाया।

रहीमयार खान क्षेत्र में हमारे 'टैंक आर' हमलों के अलावा हमारे विमानों ने सात रेलगाड़ियों पर हमला कर उन्हें नष्ट कर दिया। वे भारी संख्या में टैंक, तोप, बख्तरबंद सैनिकों को ले जानेवाली गाड़ियाँ और सैनिकों को ले जा रही थीं। उस दिन के हवाई हमलों की सफलता को 12-इन्फैंट्री डिवीजन के मेजर जनरल आर. एफ. खंबाटा ने भी माना। उन्होंने एक संदेश भेजा :

> *"विंग कमांडर बावा के लिए जी. ओ. सी. की तरफ से निजी संदेश। हमने आज सर्वश्रेष्ठ सहयोग और मदद का प्रदर्शन किया। आपके सैनिकों की निशानेबाजी बेहद सटीक थी, नतीजतन दुश्मन के कई टैंक नष्ट हो गए और उनके हमले की धार कुंद हो गयी। कृपया मेरे और मेरे सैनिकों की तरफ से पॉयलटों तक यह प्रशंसा पहुँचा दें। बेहतरीन प्रदर्शन के लिए बधाई।"*

पाँच दिसंबर की रात फिर जैसलमेर हवाई क्षेत्र पर हमले के इंतजार में बीत गयी। इस चौकसी की जरूरत बावा से बातचीत के दौरान डिवीजनल कमांडर ने जताई थी। उनका कहना था : चूँकि जैसलमेर में तैनात वायुसेना दुश्मन को सबसे ज्यादा नुकसान पहुँचा रही है, इसलिए इस बात की ज्यादा संभावना है कि वहाँ के हवाई क्षेत्र को बेकार करने के लिए पाकिस्तानी अपना टैंक-स्क्वाड्रन भेजने की

कोशिश करें। डिवीजनल कमांडर ने पाकिस्तानी टैंकों के आशंकित हमले को रोकने के लिए कुछ करने में असमर्थता जताई और इसका जिम्मा बावा पर छोड़ दिया। चूँकि रात में दुश्मन की बख्तरबंद गाड़ियों पर हमला करने के लिए हंटर ज्यादा उपयोगी नहीं थे, इसलिए ज्यादा से ज्यादा ऐक-ऐक बंदूकों को तैयार रखने को कहा गया।

रात में सेना से इस सिलसिले में एक रपट मिली कि जल्दी ही जैसलमेर पर बमवर्षक विमान का हमला हो सकता है। वह तड़के 4.40 का वक्त था। तभी विमान के इंजन की आवाज सुनाई पड़ी और लगा कि उस बमवर्षक में पिस्टन इंजन लगा हुआ है। और विमान ने हवाई क्षेत्र के बाहर करीब 30 बम गिराये, ऐक-ऐक बंदूकों ने हमला शुरू कर दिया और तेजी से वापस हो लिये। एक बम ने भूमिगत बिजली के केबल और टेलीफोन खंभे को नुकसान पहुँचाया। इस तरह स्टेशन का दूर-संचार और मुख्य विद्युत सप्लाई दोनों प्रभावित हुईं। अगले छह घंटों तक जैसलमेर केंद्र का काम जनरेटर के माध्यम से चला और इस दौरान दूर-संचार संपर्क कटा रहा।

छह दिसंबर की पहली किरण के साथ टैंक आर. उड़ानें जैसलमेर आनेवाले सभी मार्गों पर यह टोह लेने के लिए भेजी गयीं कि कहीं हवाई क्षेत्र की तरफ बख्तरबंद डिवीजन तो नहीं आ रही हैं। इस तरह का कोई खतरा नहीं देखा गया और विमानों को मदद के लिए लोंगेवाला की तरफ भेज दिया गया। पहलेवाले दिन की तरह इस दिन भी पाकिस्तानी टैंकों पर चुन-चुनकर तब तक हमला किया गया जब तक वे जलने न लगें। शाम तक रेगिस्तान में करीब 40 टैंक पड़े जल रहे थे। इस तरह लोंगेवाला का युद्ध समाप्त हो चुका था और इसी के साथ जैसलमेर और राजस्थान के बड़े हिस्से की सुरक्षा सुनिश्चित कर ली गयी थी।

12-इन्फैंट्री डिवीजन की रहीमयार खान पर हमला करने की योजना सफल नहीं हो सकी। दरअसल पता चला कि उसने जिस मार्ग पर बढ़ने का फैसला किया था, वहाँ भारी संख्या में बारूदी सुरंगें बिछी हुई थीं। यह पाकिस्तान के बेहतर खुफिया तंत्र का कमाल था। इस तरह योजना के मुताबिक हमारी सेना के 48 घंटों में रहीमयार खान पहुँचने की कोई संभावना नहीं थी। 12-इन्फैंट्री डिवीजन ने लड़ाई लड़ी ही नहीं, लेकिन जी. ओ. सी. मेजर जनरल खंबाटा को परम विशिष्ट सेवा पदक से सम्मानित किया गया। इसी तरह टनोट के ब्रिगेड कमांडर, जो लोंगेवाला में पाकिस्तानी बख्तरबंद डिवीजन से लड़ने में सबसे ज्यादा कतरा रहे थे, उन्हें अति विशिष्ट सेवा पदक दिया गया। मेजर चाँदपुरी, जिन्होंने वार झेलते हुए महान् धैर्य, साहस और संकल्प के साथ लड़ाई लड़ी, को महावीर चक्र से सम्मानित किया गया। हालाँकि 12-इन्फैंट्री डिवीजन का लोंगेवाला में पाकिस्तानी टैंक को रोकने से कोई

लेना-देना नहीं है, इसके बावजूद वह अपनी जीत की खुशी में समारोह के तौर पर लोंगेवाला दिवस मनाती है। क्या वायुसेना भी मनाती है ? 7-टी. ए. सी. के अनुरोध पर पूर्वी एअर कमान से और हंटर जैसलमेर भेजे गये, लेकिन वे तब पहुँचे जब मुख्य कार्रवाई हो चुकी थी।

जैसलमेर ने पाँच या छह दिसंबर को जो सेहरा बाँधा था, वह उस पर इतराकर आराम नहीं करने लगा। 7 से 17 दिसंबर तक प्रतिदिन 10 से 24 उड़ानें भरी गयीं। उनका लक्ष्य टैंक जैसी युद्ध-सामग्री ले जा रही रेलगाड़ियाँ और दुश्मन के ठिकाने थे। उसके अलावा उन्होंने हताहतों को निकालने का काम भी किया। आठ तारीख तक जामनगर से और हंटर आ गये। इस तरह विमानों की कुल संख्या बढ़कर 14 हो गयी। बेस कमांडर विंग कमांडर बावा ने जोधपुर के टी. ए. सी. कमांडर को एक संदेश भेजा। उसमें कहा गया था, "हमारा पूरी तरह से इस्तेमाल नहीं हो रहा है। और ज्यादा उपयोग का अनुरोध किया जाता है।" उन्होंने रहीमयार खान-रोहड़ी मार्ग पर दबाव डाला, ताकि हमारी 11 और 12 डिवीजन आगे बढ़ सके पर वे सफल नहीं हुईं। जनरल फज़ल मुकीम खान ने 'पाकिस्तान'स क्राइसिस इन लीडरशिप' में ठीक ही कहा है, "भारतीय इतने दयालु हैं कि वे पीछा ही नहीं करते।"* थोड़ा और दक्षिण में नया चोर में मिग-19 विमानों ने विरोध किया।

15 दिसंबर को सूर्यास्त के एक घंटे पहले 12-इन्फैंट्री डिवीजन के जी. ओ. सी. की तरफ से एक संदेश आया, जिसमें कहा गया था कि दो एफ-104 स्टार फाइटर जैसलमेर की तरफ बढ़ रहे हैं। चूँकि अड्डे पर अब तक कोई हवाई युद्ध-प्रणाली नहीं थी, इसलिए बेस कमांडर ने उनके स्वागत के लिए तुरंत छह हंटर तैयार कर दिये। लेकिन दुश्मन दिखाई नहीं पड़े और सी. ओ. ने जी. ओ. सी. को एक संदेश भेजा, "सूचना के लिए धन्यवाद। छह हंटरों की स्वागत समिति निराश हुई।"

बेस कमांडर, विंग कमांडर बावा को अतिविशिष्ट सेवा पदक दिया गया। विंग कमांडर डी. एम. कांक्वेस्ट को अतिविशिष्ट सेवा पदक के अलावा वीरचक्र भी मिला। वायुसेना के छह अन्य पॉयलट और नंबर-12 वायु प्रेक्षण चौकी के एक मेजर और एक कैप्टन को वीरचक्र मिला। दस व्यक्तियों को 'मेनशन इन डिस्पैचेज' का सम्मान मिला। कुल मिलाकर बेहतरीन प्रदर्शन किया गया।

दक्षिणी कमान को सघन समर्थन

नवंबर 1971 में जब दक्षिणी कमान के जी. ओ. सी. लेफ्टिनेंट जनरल जी. जी. बेऊर पुणे से जोधपुर गये तो ग्रुप कैप्टन एम. एस. अरोड़ा (बाद में एयर कमोडोर)

---

* जनरल फज़ल मुकीम लिखित पाकिस्तान'स क्राइसिस इन लीडरशिप, नेशनल बुक फाउन्डेशन, इस्लामाबाद, 1972, पृ. 212

के नेतृत्व में 7-टी. ए. सी. वहाँ पहले से तैनात थी और सितंबर के बाद वहाँ संचार-व्यवस्था भी स्थापित कर ली गयी थी। ब्रिगेडियर सूरी ब्रिगेडियर जनरल स्टाफ (बी. जी. एस.) चाहते थे कि ओ. सी. टी. ए. सी. उनके मातहत काम करे। ब्रिगेडियर जनरल बेउर और उनके चीफ ऑफ स्टाफ मेजर जनरल सतिंदर सिंह ने उस समस्या का हल निकाला। उनका फैसला था कि सेना और वायुसेना एक साथ काम करेंगे, न कि वायुसेना सेना के मातहत रहेगी।

लेफ्टिनेंट जनरल बेउर ने अपना आक्रमण दक्षिणी राजस्थान से सिंध के नया चोर की तरफ शुरू किया। सीमा पर गादरा को आसानी से जीत लिया गया और इसी तरह मुल्ला फिरोज़ को भी। लेकिन ग्राउंड लायज़ॉन आफिसर (जी. एल. ओ.) दस्तूर सेना के साथ रहने के बजाय उत्साह में इतने आगे निकल गये कि उन्हें पाकिस्तानियों ने पकड़ लिया। सेना का आगे बढ़ना नया चोर (पर्बत अली) पर रोक लिया गया। नया चोर से आगे तक के लिए भी उत्तरलाई से वायुसेना की मदद दी गयी, लेकिन उसका फायदा नहीं उठाया जा सका। हवाई टोह से पता चला कि नया चोर क्षेत्र में पाकिस्तानी बख्तरबंद डिवीजन अच्छी तरह छद्‌मावृत्त है।

नगर पार्कर की ओर दक्षिण-पश्चिम दिशा में भी सेना की टुकड़ी भेजी गयी और लेफ्टिनेंट कर्नल भवानी के कमांडो ने अच्छी बहादुरी का परिचय दिया। इस इलाके के लिए किसी हवाई समर्थन की माँग नहीं की गयी। सेना की तरफ से माँग के बाद टोही और तात्कालिक सहायता मिशन शुरू किया गया। इन माँगों को स्वीकार या अस्वीकार करने का जिम्मा टी. ए. सी. के ओ. सी. पर छोड़ दिया गया। सी. ओ. एस. मेजर जनरल सतिंदर सिंह अक्सर ओ. सी. टी. ए. सी. के साथ संयुक्त कार्रवाई केंद्र में थे। लोंगेवाला सहेज लिये जाने के बाद जवाबी हवाई अभियान शुरू किया गया। एच एफ-24 (मारुत) हैदराबाद (सिंध) और नवाबशाह तक गये। रहीमयार खान, सुक्कुर और हैदराबाद के बीच में रेल यातायात रोकने का काम शुरू किया गया। संचार-क्षेत्र में जमीन की लाइन और वायुसेना-संपर्क, दोनों ने अच्छा काम किया।

उत्तरलाई

बाडमेर के पास उत्तरलाई वायुसेना का पहला स्टेशन था। उसे युद्ध का पहला अनुभव या यूँ कहें कि उसकी युद्ध-दीक्षा पहली बार 1971 में हुई। विंग कमांडर वी. के. मूर्ति स्टेशन कमांडर थे। जैसा कि अक्सर होता है, उनके पास संसाधनों की कमी थी और आदमी भी कम थे। इसलिए उन्हें जो भी मदद मिली, उन्होंने उसके सदुपयोग की कोशिश की। युद्ध शुरू होने के पहले जिला कलेक्टर श्री श्रीवास्तव ने यूनिट का दौरा किया और वे उन्हें हवाई क्षेत्र के ऊपर मजे के लिए उड़ाने ले गये। रोड़ी-तारकोल

की बनी साफ-सुथरी हवाई पट्टी ऐसी लगती थी, जैसे हवा में कोई चमकती किरण हो। मूर्ति ने जिला कलेक्टर से कहा कि यह आसानी से दुश्मन का लक्ष्य हो सकती है। जिला कलेक्टर ने सुझाव दिया कि इसे छद्मावृत किया जाना चाहिए और मूर्ति ने कहा कि वे इस मामले में कुछ नहीं करेंगे। जिला कलेक्टर ने पूरी उदारता के साथ हवाई पट्टी पर पोतने के लिए पुराने व इस्तेमाल हुए तेल का इंतजाम किया और इस काम के लिए स्थानीय खदानों से कुछ मजदूर भेजे। फर्जी हवाई पट्टी बनाने के लिए पुलिस आयुक्त श्री शांतनु कुमार ने भी सामग्री और आदमी उपलब्ध कराये। इन सावधानियों के बावजूद दुश्मन को बेवकूफ नहीं बनाया जा सका। लड़ाई की पहली शाम को ही हवाई पट्टी पर तीन बार बमबारी की गयी। चूँकि इस तरह की आशंका पहले से ही थी, इसलिए मूर्ति ने अपने पॉयलटों को टैक्सी-ट्रैक से उड़ने और उतरने का प्रशिक्षण दे दिया था। वे लोग युद्ध के पहले छह दिन तक इसी तरह उड़े। उन्होंने पूरे उत्साह और स्टाइल के साथ करीब 300 उड़ानें भरीं। इसमें पहले मारुत थे और नैट बाद में।

उत्तरलाई आक्रमण की आरंभिक चपेट में ही आ गया और दो अन्य रातों को भी उस पर हमले किये गये। पहला हमला अकेले आये एक कैनबरा बी-57 विमान ने किया। उसकी मार्गदर्शक रोशनी जल रही थी। जमीन पर सैनिकों ने उसे अपना ही विमान समझा। दूसरे चक्कर में उसने सारी बत्तियाँ बुझाकर सारे संदेह दूर कर दिये और रात साढ़े सात बजे बमबारी की। ऐक-ऐक बंदूकें खुल गयीं। बम हवाई पट्टी के एक तरफ गिरा और पूरी पट्टी सही-सलामत रही। इसका मलबा उठाया जाता, उससे पहले ही दूसरा हमला हो गया। ऐक-ऐक बंदूकों ने फिर फायरिंग शुरू की, लेकिन हमला तीसरी बार भी हुआ।

हवाई पट्टी की जल्दी से जल्दी सफाई शुरू करके उसकी तेजी से मरम्मत करनी थी। लोग बेलचा वगैरह ढूँढ़ने लगे। लेकिन उसमें समय लग रहा था। एम. ई. एस. के सूबेदार लाभ सिंह को एक तरकीब सूझी। उन्होंने अपने पगड़ी उतारी और भगवान् से प्रार्थना की कि वे जो करने जा रहे हैं, उसके लिए माफ करना। उन्होंने दूसरे व्यक्ति से पगड़ी का दूसरा सिरा कसकर पकड़ने को कहा और इस तरह मलबे को बुहारने लगे। उन्हें इस तरकीब और निजी योगदान के लिए 'मेनशन इन डिस्पैचेज' का सम्मान और मानद कमीशन दिया गया।

लड़ाकू विमान 4 तारीख को सुबह 6.30 पर दहाड़ते हुए उड़े। 11-डिवीजन के सघन समर्थन और सी. ए. पी. (गश्त) के लिए नैट तथा सिंध के हवाई क्षेत्र हैदराबाद और नवाबशाह पर हमले के लिए मारुत भेजे गये। चार मारुत विमानों की टुकड़ी का नेतृत्व 10-स्क्वाड्रन के कमांडर विंग कमांडर अग्रवाल ने किया। गाज़ी शिविर पर हमला करने जा रही दूसरी टुकड़ी का नेतृत्व स्क्वाड्रन लीडर 'जो' ने

किया। पहली टुकड़ी का अभियान तो सफल रहा, पर दूसरी के अभियान में हमने फ्लाइट लेफ्टिनेंट पी. वी. आप्टे को खो दिया। उनका विमान एक सेबर का निशाना बन गया और विमान से कूदते समय उन्हें खुद गोली लग गयी। उनका शव ढूँढ़ लिया गया। उनकी पीठ में गोलियाँ लगी थीं। नया चोर में एक और मारुत की क्षति हुई और उसके पॉयलट लेफ्टिनेंट भार्गव युद्धबंदी बना लिये गये।

7 दिसंबर को स्क्वाड्रन लीडर के. के. बक्शी ने नया चोर के दक्षिण-पूर्व में एक सेबर को गोली मार दी। उनके नंबर दो शेखर और सेना ने उनके गिराये जाने की पुष्टि की। उत्तरलाई में जमीन पर खड़े एक मारुत विमान को भी निशाना बना दिया गया।

10 दिसंबर को स्टार फाइटर उत्तरलाई के ऊपर उस वक्त आया जब फ्लाइंग अफसर एस. सी. शर्मा हताहतों को लाने के अभियान पर एम आई-4 हेलीकॉप्टर में उड़नेवाले थे। शर्मा ने सहज प्रक्रिया अपनाई : वे बेहद धूलवाले हिस्से की तरफ चले गये और हेलीकॉप्टर को नीचे लाकर पंखों को पूरी गति से चलाने के साथ वहीं मँडराने लगे। उनकी इस तरकीब से इतनी धूल उठी कि स्टार फाइटर निशाना लगाने में नाकाम रहे। इस दौरान ऐक-ऐक बंदूकें चालू हो गयीं ?

युद्ध के अंतिम दौर के तीन दिनों के लिए मिग उत्तरलाई आए। नया चोर मीरपुर खास की तरफ आक्रमण-अभियान पर गये चार मारुत विमानों के मार्ग-रक्षण में लगे दो मिग-21 विमानों की तीन मिग-19 विमानों से भेंट हुई और उन्होंने उनमें से एक को 'के-13' मिसाइल से मार गिराया। युद्ध के अंतिम दिन, यानी 17 दिसंबर को दो स्टार फाइटर विमान उत्तरलाई पर हमला करने आये। उस वक्त मारुत और मिग पहले से आसमान में थे। स्क्वाड्रन लीडर आई. एस. बिंद्रा और फ्लाइट लेफ्टिनेंट ए. के. दत्ता ने उनमें से एक-एक स्टार फाइटर को मार गिराया। बिंद्रा की कार्रवाई तो उत्तरलाई अड्डे से पूरी तरह दिखाई पड़ रही थी। हालाँकि दो 'के-13' मिसाइलों का निशाना चूक गया, पर उन्होंने उसे अपनी बंदूक से गिरा लिया।

इसके अलावा हैदराबाद अड्डे की तरफ जा रहे दो मारुत विमानों ने दो सेबर विमान देखे। उनका पीछा करने के दौरान ऊपर से तीसरा सेबर विमान प्रकट हुआ और दूसरे मारुत के पीछे लगने का प्रयत्न किया। मगर सौभाग्य से वह आगे निकल गया और मारुत के सामने पड़ गया। सही निशाना मिलने पर जो ने उसे मार गिराने में देर नहीं लगाई।

राजस्थान के मुख्यमंत्री की पत्नी और सांसद श्रीमती बरकतउल्ला खान ने अग्रिम चौकियों का दौरा करने का कष्ट किया। यह हर एक के लिए मनोबल बढ़ानेवाली यात्रा साबित हुई।

मारुत बहु-उद्देश्यीय विमान हैं। उन्होंने 3000 पौंड के बम के साथ दुश्मन के

इलाके में 200 मील भीतर घुसकर सिंध के हवाई अड्डों पर हवाई हमलों का जवाब दिया। उन्होंने नया चोर क्षेत्र में 11-इन्फैंट्री डिवीजन को सघन समर्थन दिया। पाँच या छह तारीख को इन विमानों ने लोंगेवाला पर हंटर विमानों की मदद की। निषेधात्मक अभियान के रूप में उन्होंने रोहिड़ी से खानपुर के बीच की रेलवे लाइन और मीरपुर खास के संभरण यार्ड पर बमबारी की। वे युद्ध में पहली बार उतरे थे और उन्होंने बहुत अच्छा प्रदर्शन किया। दुर्भाग्य से उनकी क्षति की दर ज्यादा थी। वास्तव में उनके लड़ाकू ज्यादा मारे गये। इसमें हवाई कार्रवाई के मुकाबले ऐक-ऐक बंदूकों से हुई क्षति ज्यादा थी।

जामनगर

गुजरात के समुद्र तट पर स्थित जामनगर भारत की प्रतिरक्षा का महत्त्वपूर्ण गढ़ है, विशेषकर वायुसेना और नौसेना का। 1971 में ग्रुप कैप्टन पी. एस. विल्सन, जिन्हें 1965 में वीरचक्र मिला था, इस अड्डे के कमांडर थे। उन्होंने अपना एडवांस कंट्रोल सेंटर बाहर खुले में, सिर्फ बालू की बोरियों से घेरकर बनाया। यह सेंटर पूरे हवाई क्षेत्र से संपर्क में था। एक खाई में अच्छी तरह संरक्षित युद्ध-नियंत्रण केंद्र बनाया गया था। जामनगर एक युद्ध सामग्री-प्रशिक्षण केंद्र था, जिसके फायरिंग रेंज पर उन्होंने नकली हवाई पट्टी बना डाली थी और असली हवाई पट्टी को तारकोल और तेल से ढक रखा था जैसा उत्तरलाई क्षेत्र में होता था। हवाई पट्टी पर पुरानी कारों की बैटरियों से टार्च जलाकर मद्धिम रोशनी की गयी थी। उन्होंने ऐक-ऐक बंदूकों को फायरिंग करने से तब तक रोक रखा था, जब तक उसे विशेष आदेश न दिया जाये, क्योंकि इससे आसानी से दुश्मन को स्थिति का पता चल जाता था। इन सभी सावधानियों के कारण वास्तविक हमला होने पर हवाई पट्टी बचा ली गयी। न तो असली हवाई पट्टी को कोई नुकसान हुआ और न ही नकली को।

उन्होंने यह भी योजना तैयार करने की कोशिश की कि कैनबरा को सबसे अच्छी तरह से कैसे रोका जा सकता है। राडार उसे एक निश्चित ऊँचाई पर पकड़ सकता था और यह तय था कि वह नीचे आयेगा। इसलिए उन्होंने मिग-21 के इस्तेमाल का इरादा बनाया, जिसमें राडार लगे होते हैं। लेकिन वह तभी प्रभावी हो सकता था जब मिग अपने को कैनबरा के पीछे लगा सके। लेकिन ये प्रयास और आजमाइश ज्यादा सफल नहीं हुई।

नंबर-47 स्क्वाड्रन के मिग विमानों का मुख्य अड्डा हिंडन में था। लेकिन उन्हें चार टुकड़ियों में बाँट रखा गया था। दो विमान हिंडन में थे, दो पालम में और चार हलवाड़ा में थे। इसके अलावा उनके छह या आठ विमान, यानी अधिसंख्य जामनगर में कमांडिंग आफिसर विंग कमांडर एच. एस. गिल के साथ थे। उनका मुख्य काम

वायु-प्रतिरक्षा, दिन और रात की ओ. आर. पी. ड्यूटी और निषेधात्मक कार्रवाई थी, लेकिन जरूरत पड़ने पर वे हवाई और जमीनी हमले के लिए भी भेजे जाते थे। इसलिए उनके लिए युद्ध-सामग्री के अलावा राकेट के खोल भी लाये गये। उनका मुख्य लक्ष्य बादिन की सिगनल यूनिट थी और इसके अलावा भी वे पावर हाउस, परिचालन-कक्ष या राडार केंद्र, जहाँ भी मौका मिले, को निशाना बना सकते थे। हालाँकि अगर वे बम ले जाते थे तो इससे उनकी ईंधन ले जाने की क्षमता घट जाती थी और इस तरह उनका रेंज भी घट जाता था।

दूसरी यूनिट ऑपरेशनल कन्वर्ज़न यूनिट (ओ. सी. यू.) थी, जिसे पहले ऑपरेशनल ट्रेनिंग यूनिट कहा जाता था। इससे मुझे 40 के दशक की शुरुआत में पेशावर के ओ. टी. यू. की याद ताजा हो जाती है। वहाँ विंग कमांडर डी. एम. कांक्वेस्ट हंटर विमानों की कमान सँभाले हुए थे। कांक्वेस्ट को मिग विमानों में ज्यादा भरोसा नहीं था, क्योंकि वे नैट और हंटर विमानों के मुकाबले हमला करने में ज्यादा समय लेते थे। लेकिन अभ्यास के दौरान मिग विमानों ने साबित कर दिया था कि वे हंटर विमानों को रोकने के लिए 1 मिनट 45 सेकेंड में चढ़ाई कर सकते हैं। इसीलिए उन्हें नयी जिम्मेदारियाँ सौंपकर उनका मान बढ़ाया गया।

हंटर पॉयलटों को निर्धारित लक्ष्यों के साथ दो दलों में बाँट दिया गया। एक निर्धारित लक्ष्य कराची बंदरगाह और उसके करीब का हवाई अड्डा था और दूसरे लक्ष्य बादिन की सिगनल यूनिट तथा उसके उत्तर में तलहर का हवाई क्षेत्र था।

जब युद्ध शुरू हुआ तो पहला हमला 4 तारीख को सुबह विंग कमांडर कांक्वेस्ट के नेतृत्व में चार हंटर विमानों ने किया। उनका निशाना कराची बंदरगाह का तेल भंडारण टैंक था। उन्होंने टैंक पर सफल निशाना लगाया। इससे इतना धुआँ उठा कि आखिरी विमान बमुश्किल निशाने को देख पाया। वह कई दिनों तक धू-धू करके जलता रहा। इसी के साथ चार हंटर विमानों की एक और टुकड़ी ने बादिन की सिगनल यूनिट पर हमला किया। उनको उड़ानेवाले चार स्क्वाड्रन लीडरों के नाम थे—कोवासजी, एफ. जे. मेहता, हिंगोरानी और एस. के. गुप्ता। बादिन पर उसी शाम फिर हमला किया गया। अगली सुबह, यानी 5 तारीख को तेल टैंकों पर फिर हमला हुआ। इस बीच मिग विमानों ने जवाबी हमले के पूर्वाभ्यास के रूप में जामनगर पर गश्ती उड़ान भरी।

मिग विमानों ने अपनी योग्यता उस समय निश्चित रूप से सिद्ध कर दी, जब दो एफ-104 स्टार फाइटरों ने जामनगर पर हमला किया। वे कम ऊँचाई पर आये, राडार उन्हें पकड़ नहीं सका लेकिन प्रेक्षण चौकियों ने अड्डे को साढ़े तीन मिनट पहले चेतावनी दे दी थी। इस तरह सी. ए. पी. नियंत्रक ने दो मिग विमानों को उन पर धावा बोलने का आदेश दिया। उन्हें फ्लाइट लेफ्टिनेंट सोनी और सहगल उड़ा रहे

थे। दोनों ने 'के-13' मिसाइलों से अपने लक्ष्य बेध दिये। सोनी ने जिस विमान को मारा, उसे लोगों ने समुद्र में गिरते देखा। उसका पॉयलट भी विमान से निकलकर समुद्र में गिरा। बचाव दल भेजा गया पर पॉयलट या उसका शव, कुछ भी नहीं मिला। हालाँकि जामनगर को इसकी कीमत चुकानी पड़ी–विंग कमांडर गिल बादिन पर हमला करते समय मार गिराये गये।

पॉयलट, विशेषकर लड़ाकू और बमवर्षक पॉयलट भारी जोखिम उठाते हैं और भारी सम्मान पाते हैं। वे वायुसेना की धार होते हैं। लेकिन वे उन विस्मृत नायकों के प्रयासों पर बहुत ज्यादा निर्भर रहते हैं, जो विमान का रख-रखाव करते हैं और मुड़ने के समय को न्यूनतम बनाये रखते हैं। इसके अलावा उन नागरिक और गैर-लड़ाकू लोगों की भारी भूमिका होती है जो हवाई हमलों से प्रभावित हुए बिना अपना काम करते रहते हैं। उदाहरण के लिए मेसों में आमतौर पर बढ़िया खाना होता है और समय से दिया जाता है। कठिन काम करने में यह भी काफी मददगार साबित होता है।

कुछ अन्य योगदान भी उल्लेखनीय हैं। इनमें से एक कनबी पटेलों का योगदान है, जो गुजरात के भुज के निवासी थे। भुज में एक हवाई क्षेत्र है और पाकिस्तानी वायुसेना ने उसकी हवाई पट्टी पर सटीक बमबारी की। वायुसेना के सी. ओ. को उसकी मरम्मत के लिए एक साथ पर्याप्त मजदूर नहीं मिल पा रहे थे, इसलिए उन्होंने जिला कलेक्टर से मदद माँगी। जिला कलेक्टर ने कनबी पटेलों से संपर्क किया। उनकी आजीविका ही निर्माण-कार्यों से चलती है। उनका काम का स्तर सामान्य मजदूरों से बहुत अच्छा होता है और वे इसके लिए मजदूरी भी ज्यादा लेते हैं। चूँकि उनकी काफी माँग रहती है, इसलिए वे संपन्न भी हैं। जिला कलेक्टर के अनुरोध पर उनका दल अपनी बस लेकर आया और साथ में अपना सामान भी लाया। मर्दों और औरतों ने मिलकर काफी तेजी और संतोषजनक तरीके से काम पूरा कर लिया। उसके बाद भुगतान की बारी आयी। वायुसेना के सी. ओ. और जिला कलेक्टर ने पूछा, "कितना दिया जाये ?" उनका जवाब था, "कुछ नहीं, धन्यवाद।" लेकिन क्यों? "अगर हमारे लोग देश के लिए अपनी जान की बाजी लगाने को तैयार हैं तो कनबी पटेल उसी मकसद के लिए अपने श्रम का छोटा-सा योगदान तो दे ही सकते हैं।" लेकिन वायुसेना उनका शुक्रिया कैसे अदा करती ? जिला कलेक्टर ने सुझाव दिया कि आप कुछ टोकरी फल और मिठाइयाँ लीजिए और उसे अपने गुरु नारायण स्वामी को चढ़ाइए, क्योंकि गुरु नारायण स्वामी ने ही उन्हें सादा जीवन जीने और ईमानदारी से काम करने की शिक्षा दी है। उनका सुझाव माना गया और फल और मिठाइयाँ प्रसाद के रूप में बाँटी गयीं। हम कामना करते हैं कि पूरे भारत में गुरु नारायण स्वामी के अनुयायियों की संख्या और अधिक हो।

15 सेण्ट्रल एयर कमाण्ड

सेण्ट्रल एअर कमाण्ड (सी. ए. सी.) का मुख्यालय गंगा-यमुना के संगमवाले शहर इलाहाबाद में था और अब भी वहीं है। सेण्ट्रल एयर कमाण्ड की जिम्मेदारियाँ चार गुना थीं। उन पर बमवर्षक स्क्वाड्रन, परिवहन स्क्वाड्रन, समुद्रतटीय युद्ध और रणनीतिक फोटो-सर्वेक्षण की सभी जिम्मेदारियाँ थीं।

हमारे मुख्य बमवर्षक विमान कैनबरा थे। हालाँकि अन्य विमान--मिस्टेयर, हंटर, सुखोई, मिग, यहाँ तक कि नैट भी कुछ बम ले जा सकते थे। कैनबरा का बमवर्षक विमान 8,000 पौंड के बम ले जाता था, जबकि निषेधात्मक विमान, बम, राकेट और 20 मिलीमीटर की चार मशीनगनें ले जाता था। कैनबरा का एक स्क्वाड्रन पूर्व की जरूरत के लिए गोरखपुर में था, दूसरा नौसेना और दक्षिण-पश्चिम सेक्टर के लिए पुणे में और पश्चिमी मोर्चे की जरूरत के लिए एक स्क्वाड्रन आगरा में था। ए एन-12 को बमवर्षक में परिवर्तित किया गया। यह विमानों के इतिहास का पहला मौका था। 3 दिसंबर, 1971 को दुश्मन के हमले के जवाब में पहले आगे बढ़कर आनेवालों में यही विमान थे।

जिन निशानों पर बमबारी करनी होती थी, उनकी योजना वायुसेना मुख्यालय में मुझसे सलाह लेकर बनाई जाती थी। उसके बाद वह योजना लागू करने के लिए सी. ए. सी. के पास भेज दी जाती थी। बमबारी के लिए सेना और पश्चिमी एअर कमान के आवेदनों की जाँच भी वायुसेना-मुख्यालय पर की जाती थी और संबंधित कमान के साथ सी. ए. सी. को जो काम सौंपा जाता था, उसको ध्यान में रखा जाता था। सभी बमवर्षक हमले संबंधित कमान से तालमेल बिठाकर किये जाते थे और ये विमान उनके आकाश क्षेत्र का इस्तेमाल करते थे। कैनबरा और ए एन-12 की तरफ से ज्यादातर बमबारी रात में उस वक्त की गयी जब लड़ाकू और लड़ाकू बमवर्षक

आसमान में नहीं होते थे।

1971 में सी. ए. सी. के ए. ओ. सी.-इन-सी एअर मार्शल मौरिस बार्कर थे। एअर I हमारे विशिष्ट कैनबरा पॉयलट ग्रुप कैप्टन (अब एयर मार्शल) पी. पी. सिंह थे, जिन्हें 1965 में महावीर चक्र का सम्मान मिला था। वे एअर ऑपरेशन के इंचार्ज थे और उनका आकलन इस तरह था :

> *हमारे पास तैयारी का काफी समय था। 1965 में हमने काफी फौरी काम किये थे। 1971 में हम पहले के मुकाबले काफी संगठित थे। सेना से अलग वायुसेना में हर चीज नियोजित होती है। हमें मालूम होता था कि किस निशाने पर बमबारी करनी है। सेना की माँग पर उसे वायुसेना का समर्थन उपलब्ध था। हालाँकि सेना को इस बारे में कुछ साफ पता नहीं था कि क्या होने जा रहा है।*

इस तरह यह उनके लिए निश्चित प्रयासों का तय हो जाना था। वायुसेना के लिए हर चीज तय होती है, यहाँ तक कि भार और फ्यूजिंग भी। कैनबरा ने छंब क्षेत्र में जरूरत पड़ने पर बमवर्षक और जमीन पर हमला करनेवाले बल, दोनों की भूमिका निभाई।

स्क्वाड्रन नंबर-5 के कैनबरा पश्चिम में व्यस्त थे। वे छंब क्षेत्र, शकरगढ़, ज़फरवाल में दुश्मन के हवाई क्षेत्रों और संचार-तंत्र पर तथा थोड़ा दक्षिण और पश्चिम में दुश्मन के अड्डों और जमावड़ों पर हमला कर रहे थे। 11 दिसंबर को जब मुन्नवर नदी बम लाइन बन गयी तो उन्होंने करीब 16,000 किलो बम बुरेजाल के पास पाकिस्तानी ठिकानों, यानी तोपखाना और बख्तरबंद टुकड़ियों पर गिराए। उन्होंने एंटी टायर इस्पात के त्रिपाद बम मियाँवाली हवाई पट्टी पर गिराये, ताकि वह बेकार हो जाये। लेकिन दुर्भाग्य से यह प्रयोग ज्यादा सफल नहीं हुआ, क्योंकि गोंद को चिपकने का पूरा मौका नहीं मिला। दिलचस्प बात यह है कि कुछ अन्य देशों ने युद्ध के बाद इन बमों के बारे में पूछताछ की। नंबर-16 स्क्वाड्रन के कैनबरा पूर्व में व्यस्त थे। वह 2-कोर की मदद के लिए जेसोर, ढाका के तेजगाँव और कुर्मिटोला हवाई क्षेत्रों, चटगाँव और लालमाई पर बमबारी कर रहे थे और कई निषेधात्मक कार्य कर रहे थे। विंग कमांडर के. के. बधवार के नेतृत्व में स्क्वाड्रन नंबर-35 पुणे में तैनात था। उसका काम नौसेना से तालमेल बिठाना और दक्षिण-पश्चिम की जरूरत को पूरा करना था।

मैंने एअर कमोडोर के. के. बधवार और एअर चीफ मार्शल दिलबाग सिंह से 9 दिसंबर, 1971 की रात को कराची के तेल-प्रतिष्ठानों पर बमबारी के बारे में बात की। दिलबाग सिंह उन दिनों पुणे के स्टेशन कमांडर थे।

मेरा विश्वास था कि तेल-प्रतिष्ठानों पर सी. ए. सी. द्वारा हमले की योजना काफी पहले तैयार कर ली गयी थी और उसी के साथ कराची बंदरगाह पर रात को नौसेना का भी हमला होना था। बधवार से बातचीत के दौरान मुझे पता चला कि स्थिति कुछ और ही थी। उन्होंने तेल-प्रतिष्ठानों पर अपनी पहल पर हमला किया, न कि ए. ओ. सी. पुणे या ए. ओ. सी.-इन-सी केंद्रीय एअर कमान के निदेश पर।

बधवार के अनुसार उनके कैनबरा को दो महत्त्वपूर्ण काम सौंपे गये। एक काम दुश्मन के जहाजों से निपटने में नौसेना की मदद के लिए निषेधात्मक विमानों का आक्रामक बल तैयार रखना था, दूसरा काम कराची और उसके आसपास के हवाई क्षेत्रों पर बमबारी के लिए विमान प्रदान करना था।

इस दौरान निषेधात्मक विमानों को नौसेना की मदद के लिए कभी नहीं बुलाया गया, लेकिन बमवर्षक विमान जवाबी हवाई-अभियान में लगातार लगे हुए थे। बधवार ने मसरूर हवाई अड्डे पर 4, 5 और 6 दिसंबर को खुद हमले का नेतृत्व किया। 8 दिसंबर की रात को दृग रोड पर हुए हमले का नेतृत्व भी उन्होंने ही किया। इन हमलों का मार्ग कुछ इस तरह था—वे उत्तर की तरफ से कराची के ऊपर पहुँचते थे, लक्ष्यों पर हमला करते थे और फिर समुद्र के ऊपर होते हुए तेजी से पुणे लौट आते थे।

बधवार ने बताया कि इन हमलों के दौरान मौसम अच्छा था और बमबारी चटख चाँदनी में की गयी थी। वे इस तथ्य से प्रभावित थे कि बंदरगाह क्षेत्र से सटे इलाके में तेल-भंडारण टैंकों की लंबी कतार थी। उन्हें देखकर बमवर्षक ललचा रहे थे। उन्होंने अनुरोध किया कि उन्हें तेल के भंडारण पर हमले की अनुमति दी जाये। पर इस अनुरोध को स्टेशन और कमान दोनों ने रद्द कर दिया। उनसे कहा गया कि उन्हें जो लक्ष्य दिया गया है, उसी पर ध्यान दें और कहीं दूसरी ओर आकर्षित न हों। वे लक्ष्य कराची के आसपास स्थित हवाई क्षेत्र थे। बधवार के आकलन के अनुसार हवाई क्षेत्र को थोड़ी क्षति पहुँची थी। उनका मानना था कि एक सौभाग्यशाली हमला मसरूर की पुलिया पर पहली रात को हुआ था। उस हमले ने दस पाकिस्तानी बी-57 विमानों को मुख्य हवाई पट्टी पर आने से रोक दिया और वे थोड़ी देर के लिए निष्क्रिय हो गये। इसके अतिरिक्त वे नहीं मानते कि पाकिस्तानी वायुसेना या उसके प्रतिष्ठानों को किसी तरह की भारी क्षति पहुँचाई जा सकी। हालाँकि खुफिया रपटों के अनुसार एक हैंगर और उसमें खड़ा इलेक्ट्रानिक जवाबी हमलावर विमान नष्ट कर दिया गया था।

नियमतः बधवार के पास हवाई हमले के लिए सिर्फ चार विमान थे। हालाँकि 9 दिसंबर की रात कराची पर हमले के लिए आठ विमान भेजे गये उस रात स्क्वाड्रन को जो लक्ष्य दिये गये थे, उनमें दृग रोड का हवाई क्षेत्र और बंदरगाह के पास के

प्रतिष्ठान थे। उन्होंने चार विमानों को वायु सैनिक अड्डे के लिए निर्धारित किया, जबकि कराची बंदरगाह स्थित तेल के टैंकों पर हमले के लिए शेष चार विमानों का खुद नेतृत्व किया। इन चार विमानों में टिप टैंक लगे थे और इनमें से हर एक में 1,000 पौंड के छह बम थे।

बधवार ने बताया कि पहले ही बम से कई टैंकों के एक साथ परखचे उड़ गये। इन टैंकों का तट पर बिखरा हुआ और बहकर समुद्र में जाता हुआ तेल बधवार ने साफ देखा था। टैंकों ने आग भी पकड़ ली थी और कुछ समय बाद खासे धधक उठे थे। फिर बाकी तीन विमानों ने भी उनका अनुसरण करते हुए तेल-ठिकानों पर बमबारी की।

9 दिसंबर की रात वह अकेला मौका था, जब बधवार को कराची बंदरगाह पर हमले के लिए कहा गया। पहले सी. ए. सी. ने बंदरगाह पर हमले की इजाजत नहीं दी थी। इसके पीछे यह आशंका थी कि बंदरगाह पर हमले से विदेशी जहाजों को नुकसान पहुँच सकता है। नौ की रात यह हमला ऐन उसी वक्त हुआ जब हमारी नौसेना ने भी कराची बंदरगाह पर हमला बोला था। बधवार खुद नहीं जानते थे कि नौसेना भी हमले में हिस्सा ले रही थी। उन्हें इस बारे में कोई पूर्व सूचना नहीं दी गयी थी। ऐसा इंतजाम एअर वाइस मार्शल पंडित और बंबई के नौसेना कमांडर के बीच तय हुआ था। बाद में तो नौसेना ने दावा किया कि कराची बंदरगाह में उसी ने आग लगायी थी। बधवार ने इस दावे को मानने से इन्कार किया। वे अपनी बात पर कायम थे कि तेल-ठिकानों पर पहला हमला सी. ए. सी. की तरफ से उन्होंने खुद किया था। वैसे इस इलाके पर 4 दिसंबर की सुबह डब्ल्यू. ए. सी. (पश्चिम कमान) के तहत जामनगर के हंटर विमानों ने भी हमला किया था।

एअर चीफ मार्शल दिलबाग सिंह इस बात की पुष्टि करते हैं कि बधवार के स्क्वाड्रन के निशानों में तेल के टैंकों का खासतौर से जिक्र नहीं किया गया था। वे इसकी भी पुष्टि करते हैं कि कैनबरा विमानों को मुख्यतः कराची के आसपास के और नवाबशाह व हैदराबाद (सिंध) के वायुसैनिक अड्डों पर हमला करने का निर्देश दिया गया था। इसके पीछे पाकिस्तानी वायुसेना का मनोबल रात में ही तोड़ने की रणनीति थी, जिससे वह दिन में हमले न कर सके। सी. ए. सी. को रणनीतिक लक्ष्य के तौर पर तेल की अहमियत का अनुमान नहीं था। इसीलिए बधवार के स्क्वाड्रन के लक्ष्यों में उसे शामिल नहीं किया गया। तेल-टैंकों पर हमला करने का निर्णय बधवार ने खुद लिया था। हमले की व्यूह-रचना भी बधवार की ही थी, जिसमें कि उन्होंने एक ठिकाने पर बम गिराने के बजाय लंबाई में बम गिराये। रणनीतिक रूप से तितर-बितर करने और बमों के फ्यूज़ निकालने की नीति भी उन्हीं की तैयार की हुई थी। इसी प्रकार बमबारी के संदर्भ में बधवार ने लगातार बम गिराने की जगह

उसमें 0.24 सेकेंड का अंतराल रखा। हमले के लिए कठोर नोकवाले बम भी चाहिए थे, लेकिन वैसे बम उपलब्ध नहीं थे।

इस प्रकार तेल-ठिकानों पर जो हमला किया गया, वह बधवार और उनके स्क्वाड्रन के दूसरे सदस्यों का कारनामा था। यह सूचना दिलबाग ने तुरंत सी. ए. सी. को दी। साथ ही यह सुझाव भी दिया कि यह जानकारी वायुसेना-मुख्यालय तक भी पहुँचा दी जाये और तेल-ठिकानों पर हमले की उपलब्धि पर वायुसेना दावा करे। लेकिन उन्हें याद नहीं कि ऐसा किया गया था या नहीं।

एअर मार्शल बार्कर उस वक्त सेण्ट्रल एयर कमाण्ड के ए. ओ. सी.-इन-सी थे। मैंने उन्हें पत्र लिखकर रणनीतिक बमबारी के लिए लक्ष्यों की योजना के बारे में पूछा। उन्होंने यह दावा तो किया कि इस संबंध में काफी सोच-विचार किया गया था। लेकिन कराची के तेल-ठिकाने भी लक्ष्यों में शामिल थे, इस बारे में उन्होंने कोई खास टिप्पणी नहीं की।

यह देखने पर, बधवार का दावा सही लगता है कि तेल-ठिकानों पर हमला उनकी पहल पर हुआ था। 9 दिसंबर की रात को सी. ए. सी. ने उन्हें कराची बंदरगाह और उसके महत्त्वपूर्ण ठिकानों पर हमला करने का निर्देश दिया था। अब कराची बंदरगाह के महत्त्वपूर्ण ठिकानों में तेल के टैंक भी शामिल थे। इस प्रकार तेल-ठिकानों पर हमला करना बधवार के लिए न्यायसंगत भी था। हमले के परिणामस्वरूप दुश्मन का तेल काफी मात्रा में नष्ट हुआ। हमले से स्थानीय आबादी के मनोबल पर भी प्रतिकूल प्रभाव पड़ा। इस प्रकार इस हमले ने हमारे युद्ध जीतने में महत्त्वपूर्ण योगदान दिया। मेरा एक विश्वस्त मित्र दिसंबर 1971 के दौरान कराची में था। इस लड़ाई के करीब एक साल बाद उसने मुझे बधाई दी कि प्रताप, इस बार तुम्हारी बमबारी ने हमें तोड़कर रख दिया।

4 दिसंबर की सुबह बंदरगाह क्षेत्र में स्थित तेल-टैंकों पर हंटर विमानों ने हमला किया। बाद में मसरूर और दरगाह रोड के वायुसैनिक अड्डों पर हवाई हमले हुए। इन हगलों ने स्थानीय आबादी को भी यह अहसास कराया कि लड़ाई शुरू हो चुकी है। इस बात की पुष्टि उस समय कराची में मौजूद कुछ अन्य लोगों की रपटों से भी हुई। इससे निःसंदेह वहाँ कुछ स्थानीय गड़बड़ियाँ भी हुईं। लेकिन ये हमले कराची में व्याप्त सुरक्षा-भावना को प्रभावितं न कर सके। शहर के लोगों में यह दृढ़ विश्वास था कि पाकिस्तानी वायुसेना और नौसेना उनके इस मुख्य बंदरगाह की रक्षा के लिए बहुत है। वे यह मानने को तैयार ही नहीं थे कि भारतीय वायुसेना और नौसेना पाकिस्तान पर गंभीर चोट कर सकती है। मगर 9 दिसंबर की रात को जब नौसेना और वायुसेना ने एक साथ कराची बंदरगाह के ठिकानों पर हमला बोला, तो पाकिस्तानियों का विश्वास बुरी तरह हिल गया। सात मिसाइल नौकाओं का भारतीय

नौसैनिक दस्ता कराची के लिए कुछ दिन पूर्व रवाना हुआ था। हर नौका अलग-अलग रास्तों से कराची के लिए चली थी। यह छोटा-सा बेड़ा रियर एडमिरल ई. सी. कुरविला की कमान में था। वे आई. एन. एस. मैसूर से इस अभियान का संचालन कर रहे थे, लेकिन कार्रवाई दस्ते में स्वयं शामिल नहीं थे। अग्रिम दस्ता दो कमांडरों के. पी. गोपाल और पी. बी. यादव के मातहत था। पहले से तय स्थान पर इकट्ठे होने के बाद 8-9 दिसंबर की रात करीब नौ बजे इस दस्ते ने कराची बंदरगाह की ओर कूच किया। इस दौरान विंग कमांडर बधवार की कमान में स्क्वाड्रन नंबर-35 के कैनबरा विमान भी इसी इलाके की ओर आ रहे थे। उनके लक्ष्यों में पाकिस्तानी वायुसेना का रख-रखाव डिपो (मेनटेनेंस डिपो), दरगाह रोड का वायुसैनिक अड्डा और कराची बंदरगाह के ठिकाने शामिल थे। बधवार को तो यह मालूम ही नहीं था कि नौसेना भी बंदरगाह पर हमला करनेवाली है। इस संयुक्त अभियान की योजना समुद्रतटीय हवाई युद्ध केंद्र के कमांडर और एअर वाइस मार्शल पंडित और बंबई के नौसेना कमांडर ने मिलकर बनाई थी। सो वायुसेना और नौसेना ने इस हमले में परस्पर सहयोगी के रूप में काम किया। हालाँकि जिन वायुसैनिकों और नौसैनिकों ने हमला किया, उन्हें हमला करने के उद्देश्य के बारे में जानकारी नहीं थी। इस हमले में नौसेना के तीन मुख्य निशाने थे—पहला निशाना युद्ध श्रेणी का एक विध्वंसक 'खैबर' था। इसे तबाह कर दिया गया। दूसरा निशाना एक और विध्वंसक 'शाहजहाँ' था। यह क्षतिग्रस्त होने के बाद हटा लिया गया, जबकि तीसरा निशाना एक टैंकर था। बदले में पाकिस्तानी वायुसेना ने एक तारपीडो नौका को डुबा दिया जोकि वास्तव में एक अरब नौका थी और जिसे पाकिस्तान ने पट्टे पर ले रखा था। इसलिए जहाँ तक कराची का संबंध है, लड़ाई का फैसला तो 9 दिसंबर को ही हो गया था।

बाद में भारतीय वायुसेना के टोही विमान ने पश्चिम की तरफ से पाकिस्तान में सड़क के रास्ते तेल लाते टैंकर देखे जाने की रपट दी। वे टोही विमान कतर से ईरान के साथ लगी अंतर्राष्ट्रीय सीमा तक घुस गये थे। निःसंदेह यह लाखों लीटर तेल का नुकसान ही था, जिसने पश्चिमी पाकिस्तान के फौजी कमांडरों के इस अहसास को गहरा किया कि वे भारत के साथ कितनी भी अवधि की कोई लड़ाई नहीं लड़ सकते। इससे उन्हें उस वक्त लड़ाई खत्म करने का बहाना मिल गया, जब 17 दिसंबर को भारत ने इकतरफा युद्धविराम की घोषणा की।

ए एन-12 बमवर्षक विमान के रूप में

बमवर्षक विमानों के तौर पर ए एन-12 का उपयोग एक सफल प्रयोग था। इस बड़े और शक्तिशाली, चार इंजनवाले मालवाहक विमान को परिवर्तित करने का काम मेरे

पूर्वाधिकारी एअर चीफ मार्शल अर्जन सिंह के कार्यकाल में शुरू हुआ। शुरुआत में इसके चालक दल ने विरोध किया, लेकिन एअर चीफ मार्शल ने जोर दिया कि एक कोशिश करके तो देखनी चाहिए। 1971 के दौरान विंग कमांडर वी. बी. वशिष्ठ की कमान में ए एन 12 का 44-नंबर स्क्वाड्रन बेहद प्रभावी विध्वंसक साबित हुआ। इस स्क्वाड्रन को 'दि हिमालयन गीज़' के नाम से भी जाना जाता था। पश्चिमी उत्तरप्रदेश में स्थित बरेली उसका युद्धकालीन अड्डा था। वैसे इस स्क्वाड्रन का मूल अड्डा पंजाब के चंडीगढ़ में था।

1969 तक इस स्क्वाड्रन की कमान विंग कमांडर वी. सी. मनकोटिया के हाथ में थी तथा वशिष्ठ एक फ्लाइट कमांडर थे। बाद में अगस्त 1971 तक वशिष्ठ चंडीगढ़ में ओ. सी. फ्लाइंग रहे। इस वक्त तक विमान को बमवर्षक-रूप देने के लिए इसके प्रारूप का तकनीक संबंधी काम जारी था। इस विमान से सामान गिराने के लिए लकड़ी के तख्ते का (स्किड बोर्ड) उपयोग किया जाता था। लेकिन एअर कमडोर सी. के. सिंघा और उनकी टीम ने इस तकनीक में सुधार किया। उन्होंने बम के लिए एक खाँचा तैयार किया, जोकि विमान में लगी कनवेयर बेल्ट द्वारा नीचे की ओर फिसलता था। इस बीच रात में और नीची उड़ानों का अभ्यास और प्रशिक्षण भी चल रहा था। तभी एक गड़बड़ हुई। अगस्त 1971 की एक अँधेरी रात को ए एन-12 प्रशिक्षण उड़ान पर था। उस रात बारिश भी हो रही थी। यह विमान पुणे के पास एक पहाड़ी इलाके में दुर्घटनाग्रस्त हो गया। विमान में मौजूद पॉयलट, विंग कमांडर भट्टाचार्य, साथी पॉयलट, मार्गदर्शक (नेवीगेटर), बंदूकची (गनर) और ग्रुप कैप्टन जे. बी. लाल, सभी मारे गये। ग्रुप कैप्टन लाल पश्चिमी कमान के एअर-II (एअर ऑपरेशंस) थे और बदकिस्मती से वे भी विमान में सवार थे। इस दुर्घटना ने सारे उत्साह पर पानी फेर दिया।

वशिष्ठ को स्क्वाड्रन का नया सी. ओ. बनाया गया। भावी युद्ध की तैयारियाँ भी चलती रहीं। वशिष्ठ ने स्क्वाड्रन के करीब 30 पॉयलटों में से आठ का चुनाव किया और आठ ही मार्गदर्शक चुने। वशिष्ठ ने इन्हें रात में और ब्लैकआउट परिस्थितियों में जमीन से सिर्फ पचास फुट ऊँचाई, यानी एक पेड़ की ऊँचाई पर विमान उड़ाने का प्रशिक्षण देना शुरू किया। सिर्फ रन-वे की बत्तियाँ ही जलाई जाती थीं, वह भी चंद सेकेंड के लिए। सो विमान को सिर्फ उसमें मौजूद उपकरणों की मदद से उड़ाया जाता था। अगर तारे नजर आ रहे हों तो उनकी भी मदद ली जाती थी। इस अभियान में तकनीकी कठिनाइयों के साथ-साथ मनोवैज्ञानिक समस्याएँ भी थीं, जिनसे पार पाना था। अब परिवहन पॉयलटों को बमबारी का कोई अनुभव नहीं था, वैसे यह उनका काम भी नहीं था। पॉयलटों के कौशल, विश्वास और मनोबल बढ़ाने के साथ-साथ विमानों को चालू हालत में बनाए रखना था। अगस्त में, दस में

से सिर्फ तीन या चार विमान ही उड़ान के लिये पूरी तरह तैयार थे। मगर नवंबर में हम सौ फीसदी तैयार रखने में कामयाब हो गये और यह क्षमता युद्ध के दौरान भी बनी रही।

30 नवंबर को स्क्वाड्रन के चंडीगढ़ से बरेली पहुँचने के आदेश आ गये। वरिष्ठ फ्लाइट कमांडर स्क्वाड्रन लीडर जी. एस. अहलूवालिया एक अग्रिम दस्ता लेकर 1 दिसंबर को ही बरेली रवाना हो गये। बरेली के स्टेशन कमांडर ग्रुप कैप्टन राघवेंद्रन थे। 3 दिसंबर को लड़ाई शुरू हुई और उसी दिन सुबह स्क्वाड्रन का मुख्य हिस्सा बरेली के लिए भेजा। स्क्वाड्रन के करीब 450 एअर मैन (कर्मचारी) थे। मगर इनमें से करीब 125 को ही बरेली लाया गया। इन सबने मास्टर वारंट आफिसर सेमुएल के नेतृत्व में दिन-रात काम किया। यहाँ तक कि चौथी पंक्ति की मरम्मत भी स्टेशन पर की गयी, जबकि सामान्यतः इस तरह की मरम्मत बेस रिपेयर डिपो में ही की जाती है। इन लोगों ने अपनी नियमित ड्यूटी से कहीं ज्यादा काम और प्रयास किया और स्क्वाड्रन ने जो उपलब्धियाँ हासिल कीं, उनमें इनके प्रयासों का भी योगदान रहा।

नवंबर के आखिर में वायुसेना मुख्यालय और ए. ओ. सी.-इन-सी पूर्वी वायु कमान ने विचार किया कि ए एन-12 के इस दस्ते को पूर्वी सेक्टर के तहत जोरहट में तैनात किया जाये, ताकि चटगाँव काम्पलैक्स, ढाका के दो वायुसैनिक अड्डों और उसके उत्तर में स्थित जयदेवपुर आयुध कारखाने पर हमला किया जा सके। विंग कमांडर वशिष्ठ ने इलाके का सर्वे किया और पाया कि इस तैनाती से बहुत-सी कठिनाइयाँ जुड़ी हैं। पहली कठिनाई तो इतने बड़े विमानों को ईंधन उपलब्ध करवाने की थी। दूसरे, ठंडा इलाका होने के कारण वहाँ प्रातः घना कोहरा होता था। फिर पहाड़ी इलाका होने से रात को वहाँ नीची उड़ानें मुश्किल थीं। इसलिए यह प्रस्ताव छोड़ दिया गया।

शुरुआत में तय किया गया कि चाँदनी रात का फायदा उठाकर धावा बोला जाये। पर इसका फायदा भी सिर्फ दो या तीन रातों को, वह भी रात के शुरुआती हिस्से में ही उठाया जा सकता था। इसलिए प्रभात या गहराती शाम को हमले करने की योजना भी बनी। और अंत में दिन के समय भी हमले किये गये।

3 दिसंबर की रात को ये विमान अपने पहले आक्रमण पर निकले। छह विमानों का नेतृत्व विंग कमांडर वशिष्ठ के हाथ में था। हर विमान 500 पौंड के बीस बमों और कुछ नापाम बमों से लैस था। विमानों का लक्ष्य था—छंगा-मंगा जंगल में मौजूद गोला-बारूद, पी. ओ. एल. (पेट्रोल, तेल और स्नेहक), टैंक और जो कुछ भी वहाँ हो उसे नष्ट करना। लक्ष्य पर पहुँचने का समय (टी. ओ. टी.) लगभग मध्यरात्रि था। इन विमानों ने हुसैनीवाला इलाके से पाकिस्तानी सीमा में प्रवेश किया। परंतु सीमा पर हमारे ही सैनिकों ने वशिष्ठ के विमानों पर गोलियाँ चला दीं ! इसलिए वशिष्ठ ने

शेष पाँच विमानों को रास्ता थोड़ा बदलने को कहा और वे विमान वशिष्ठ द्वारा तय किये गये अपने क्षेत्र के लक्ष्य की तरफ बढ़ते गये।

इससे पूर्व विमानों की अभ्यास उड़ानों के दौरान यह पाया गया था कि जब नीची उड़ान भरी जाती है तो जमीन पर मौजूद लोगों को विमान की आवाज कुछेक सेकेंड बाद सुनाई देती है। इसलिए वशिष्ठ ने फैसला किया कि विमान नीचे लाकर, करीब 180 फीट की ऊँचाई पर, बम गिरने के कोण (ट्राजैक्टरी) को ध्यान में रखते हुए लक्ष्य से करीब 1000 गज पहले बम गिरायेंगे। विमान में मौजूद कनवेयर बेल्ट को थोड़ा धीमे घुमाया गया, ताकि बम छोड़ने की गति को विमान की गति से नियंत्रित किया जा सके। इन विमानों ने अगली रात को इसी लक्ष्य पर बमबारी की।

वशिष्ठ नवंबर 1967 से ही ए एन-12 विमानों को उड़ा रहे थे और वे कश्मीर के इलाके से अच्छी तरह वाकिफ थे। उन्हें पुंछ के पास हाजीपीर घाटी में कहुटा के आसपास के इलाके पर बमबारी करने को कहा गया। यहाँ से दुश्मन हमले की तैयारी कर रहा था। यह बमबारी 6 दिसंबर को की जानी चाहिए थी। वशिष्ठ को चार-चार किलोमीटर के दो क्षेत्रों पर हमला करने को कहा गया था। छह विमानों ने पंक्ति बनाकर--एक के पीछे एक--हमले में भाग लिया। विमानों को बरेली से उत्तरप्रदेश में सहारनपुर के नजदीक सरसावा, वहाँ से कुल्लू, रोहतांग दर्रा, श्रीनगर होते हुए पुंछ पहुँचना था। वशिष्ठ ने श्रीनगर में यंत्रीय लैंडिंग प्रणाली (इंस्ट्रूमेंटल लैंडिंग सिस्टम--आई. एल. एस.) की माँग की। यह प्रणाली लैंडिंग के लिए न होकर इलाके की पहचान के लिए थी। उन्होंने जम्मू-कश्मीर के ए. ओ. सी. एअर कमोडोर एस. बनर्जी और टी. ए. सी. कमांडर से जमीन पर हाथ में टार्च लिये कुछ आदमी खड़े करने के लिए भी कहा। ये आदमी एक दूसरे से करीब पाँच गज की दूरी पर तैनात किये गये और उनकी टार्चों का रुख ऐसा रखने को कहा गया कि इनकी रोशनी लक्ष्य की ओर संकेत करे। यह काम थलसेना ने किया। वे उस वक्त इस इलाके में काफी दबाव का सामना कर रहे थे।

वशिष्ठ ने उड़ानों की योजनाएँ खुद बनाईं और वे ये योजनाएँ सिर्फ हमले में शामिल लोगों को ही बताते थे, यानी जिनको इस बारे में जानना जरूरी था। उन्होंने विमान से बम गिराने की क्रिया को एक मामूली स्टाप वॉच से संचालित किया। 'लाइट्स ऑन' उनका गुप्त संकेत (कोड वर्ड) था। विमानों की समयबद्धता में भी उन्होंने इस प्रकार परिवर्तन किया कि बमों की चपेट में पूरा इलाका आये, ताकि सभी बम एक ही समय, एक ही जगह पर न गिरें। उन्होंने विमान के पिछले हिस्से में स्थित बंदूकों को गोलीबारी का भी आदेश दिया। यह इलाका सँकरी घाटी में था और कटोरे की भाँति लगता था। लगभग एक हजार फुट की ऊँचाई (करीब 300 ए. ओ. एल.) यानी अवरोध स्तर (ऑब्स्ट्रक्शन लेवल के ऊपर) से बम गिराये गये। यह काम

कुल चार घंटे का था। करीब आधी रात को रवानगी। दो बजे बमबारी और सुबह चार बजे वापसी। अभियान कामयाब रहा। अगले दिन थल सेनाध्यक्ष ने स्क्वाड्रन को संदेश भेजकर प्रशंसा की। लड़ाई के बाद जम्मू और कश्मीर के जी. ओ. सी. लेफ्टिनेंट जनरल सरताज सिंह ने खुद वशिष्ठ को बताया कि जो पाकिस्तानी ब्रिगेड हमले के लिए जमा हो रही थी, हमले के बाद उसका पूरी तरह सफाया हो गया।

अगला लक्ष्य पाकिस्तान में किला अब्बास स्थित 18वीं डिवीजन का मुख्यालय था। यह भारत में अनूपगढ़ के थोड़ा पश्चिम, गंगानगर के दक्षिण-पश्चिम और बीकानेर के उत्तर-पश्चिम में स्थित था। दो विमानों ने बमबारी करने और तबाही मचाने का काम किया।

अगला निशाना सुलेमानके हेडवर्क्स था। इसके बाद गंगानगर के पश्चिम में बहावलनगर के पाकिस्तानी सैनिक ठिकानों पर हमले किये गये। फज़िल्का के पास सुलेमानके हेडवर्क्स और उसके आसपास के इलाके में, यानी सतलुज नदी के पूर्व में पाकिस्तानी पकड़ मजबूत थी। यहाँ हमारी सेना को शुरू में नुकसान भी उठाना पड़ा। बाद में वायुसेना के ही प्रयत्नों से थलसेना यहाँ अपनी पकड़ बना पायी। दिन में हलवाड़ा के सुखोई विमानों और सिरसा के मिस्टेयर विमानों के सहयोग से तथा रात को आगरा के कैनबरा विमानों की मदद से इलाके में हमले किये गये। कुछ सुखोई और मिस्टेयर विमानों का नुकसान भी उठाना पड़ा। यहाँ भी स्क्वाड्रन नंबर-44 के 'हिमालयन गीज़' को रात में बमबारी करने के लिए कहा गया। विंग कमांडर वशिष्ठ ने चार विमानों के दल का नेतृत्व किया। जोधपुर से उन्होंने दोबारा ईंधन लिया। वशिष्ठ काफी नीचे, करीब 180 फुट की ऊँचाई पर थे। और दूसरे तीन विमान करीब, 6,500 फुट की ऊँचाई पर उड़ रहे थे, यानी वे दुश्मन की एल-60 और एल-70 तोपों की जद से बाहर थे। वशिष्ठ नदी के ऊपर उड़ते रहे और खुशकिस्मती से जमीनी गोलीबारी से बचे रहे, जबकि दूसरे तीन विमान थोड़ी अलग दिशा से आये और उन्होंने दस सेकेंड के अंतराल से अपने-अपने बम गिराये। वशिष्ठ के विमान पर हो रही जमीनी गोलीबारी ने बाकी तीन विमानों की लक्ष्य पहचानने में मदद की।

11 दिसंबर को कुछ विमान पूर्व में टंगाइल के पैराड्राप में मदद करने भेजे गए। 12 दिसंबर यानी अगले दिन उन्होंने जयदेबपुर के हथियार कारखाने पर बमबारी की। वहाँ आकाश में कोई प्रतिरोध नहीं था, पर जमीन से फायरिंग हो रही थी। उन्होंने यह हमला दोपहर दो बजे किया और अड्डे पर वापस आ गये।

13 दिसंबर को उन्होंने रोहड़ी के रेलवे मार्शलिंग यार्ड पर हमला करने का दायित्व सँभाला। यह काम शाम के वक्त दो विमानों द्वारा किया गया। बरेली से उड़कर उन्होंने जोधपुर में फिर ईंधन लिया और रणनीतिक हंगामा करते हुए कुछ रोशनी रहते लक्ष्य पर पहुँच गये। वहाँ विमानों को ऊँचाई पर उछालकर (पाप-अप)

बमबारी की गयी। एल-70 विमानभेदी तोपें, जिनकी क्षमता करीब 4,500 फुट तक है, गोलाबारी कर रही थीं। अगुआ विमान ने पहली पड़ताल की। फिर उसने दस मिनट बाद आये विमान को बताया कि कितनी ऊँचाई तक उठना है। 16 दिसंबर को उन्होंने रोहड़ी पर फिर हमला किया।

14 दिसंबर को उन्हें सिंध स्थित सुई गैस प्लांट पर हमला करने का जिम्मा सौंपा गया। करीब पाँच सौ करोड़ की यह योजना पाकिस्तान की बिजली और ऊर्जा की महत्त्वपूर्ण स्रोत थी। यह हमला भी शाम को तीन विमानों द्वारा किया गया। उन्होंने फिर जोधपुर में ईंधन भरवाया। रेगिस्तान में शाम या रात को नीची उड़ानों के दौरान दृष्टि-भ्रम का खतरा बना रहता है। दूर दिखते दृश्य को सच मानकर पॉयलटों में उपकरणों को नकारने और फिर नीचे गिरने की प्रवृत्ति भी आ जाती है। इसलिए अच्छा यही होता है कि पॉयलट और सह-पॉयलट एक-दूसरे पर निगाह रखते हुए मिलकर विमान उड़ाएँ। सुई में एक विमान ने मुख्य प्लांट को, दूसरे ने स्टोरेज टैंक को और तीसरे ने इन दोनों के बीच के इलाके को लपेटे में लिया। फिर नीचे उड़ते हुए राजस्थान में बाडमेर के पास उत्तरलाई से भारतीय सीमा में प्रवेश किया और ऊँचाई पकड़कर जोधपुर के रास्ते वापस बरेली पहुँचे। बाद में पता चला कि सुई प्लांट को पहले से आधी क्षमता बटोरने में भी करीब छह महीने लगे।

16 दिसंबर को पूर्वी पाकिस्तान में जनरल नियाज़ी ने आत्मसमर्पण कर दिया, लेकिन पश्चिम में लड़ाई जारी थी। 17 को वशिष्ठ ने लड़ाई के आखिरी अभियान को पूरा किया। यह थोड़ा अलग किस्म का अभियान था। ए एन-12 के दस्ते का नेतृत्व करने की जगह इस बार वशिष्ठ ने कैनबरा विमानों के दल की कमान सँभाली। कश्मीर के उत्तर में स्थित स्कार्दू वायुसैनिक अड्डे पर हमला किया जाना था। मगर कैनबरा विमान ही क्यों ? सी. ए. सी. के ए. ओ. सी.-इन-सी एअर मार्शल बार्कर का मानना था कि ए एन-12 के मुकाबले कैनबरा की बमबारी ज्यादा सटीक होती है। मगर अभियान के दौरान वशिष्ठ के ए एन-12 से गिराये 36 बमों में 28 हवाई पट्टी पर गिरे और दो इससे गज-भर की दूरी पर, जबकि यह बमबारी सिर्फ 170 फीट की ऊँचाई से हुई थी। वशिष्ठ के पीछेवाले कैनबरा के मार्गदर्शक (नेविगेटर) ने इस सटीक बमबारी की पुष्टि की और खुद वशिष्ठ ने इसके चित्र भी खींचे। स्कार्दू में जमीनी फायरिंग के लिए ऐक-ऐक बंदूकें नहीं थीं। पर हमले के बाद बंदूकची (गनर) ने खबर दी—दो पाकिस्तानी मिराज विमान वशिष्ठ का पीछा कर रहे हैं। वशिष्ठ ने एक घाटी के धीरे-धीरे चक्कर लगाने शुरू कर दिये। यह सिलसिला बीस मिनट चला। चूँकि तेज गति से उड़नेवाले मिराज विमानों के लिए वहाँ वशिष्ठ का पीछा करना संभव नहीं था, इसलिए वे लौट गये। मिराज विमानों से निपटने के बाद वशिष्ठ घाटी से बाहर निकले और अपने अड्डे की ओर उड़ चले। वापसी की

योजना के तहत सभी विमानों को अलग-अलग लौटना था।

इस हमले में भाग लेनेवाले कैनबरा विमान आगरा वायुसैनिक अड्डे के स्क्वाड्रन नंबर-5 के थे। स्क्वाड्रन के कमांडर विंग कमांडर तलवार ने भी इस हमले में हिस्सा लिया। इस अभियान से लौटने के बाद जल्दी ही युद्धविराम हो गया। कैनबरा विमानों की मारक क्षमता में शायद इस बात से भी कमी आयी थी कि हमले में प्रयुक्त 500 पौंड के बम दूसरे विश्वयुद्ध के थे। पुराने होने के कारण इनमें से करीब 40 फीसदी निष्प्रभावी हो चुके थे। सामान्यतः इन विमानों को 500 पौंड क्षमतावाले 24 या 25 बमों से लैस किया जाता था, इनकी पूँछ का नुकीला आकार थोड़ा बड़ा होता था। मगर 10-11 दिसंबर के बाद बमों की संख्या 36 कर दी गयी। इन बमों की नुकीली पूँछ छोटी होती थी। विमान को जमीनी गोलीबारी से थोड़ा-बहुत नुकसान हुआ था, मगर किसी जान या विमान का नुकसान नहीं हुआ। सी. ओ. को एक महावीर चक्र और दूसरे दो अधिकारियों को वीर चक्र मिला।

उपकरणों की कमियों को इन मशीनों को उड़ानेवाले आदमियों के कौशल, समर्पण और उत्साह से पूरा कर लिया गया। मिसाल के तौर पर स्क्वाड्रन नंबर-44 में एक एंग्लो-इंडियन वारंट आफिसर गॉडफ्रे था। वह एअर गनर का काम करता था। गॉडफ्रे आस्ट्रेलिया जाने को तैयार था। उसकी नौकरी से छुट्टी का आदेश हो चुका था और वह 30 नवंबर, 1971 से प्रभावी होना था। मगर उसने भाँप लिया कि युद्ध आसन्न है। इतने सालों तक आई. ए. एफ. में काम करने के बाद वह युद्ध में हिस्सा लेने का मौका चूकना नहीं चाहता था। इसलिए उसने छुट्टी का आवेदन स्थगित करने की गुजारिश की और युद्ध में अपना जौहर दिखाया। उसे वायुसेना पदक (वी. एम.) से सम्मानित किया गया।

इसी प्रकार स्क्वाड्रन लीडर अरोड़ा युद्ध शुरू होने से कुछ ही पहले स्क्वाड्रन नंबर-44 में आये थे। वह भी अपनी क्षमता साबित करना चाहते थे। उन्होंने वशिष्ठ से प्रार्थना की उन्हें ए एन-12 का लड़ाकू विमान उड़ाने दिया जाये। वशिष्ठ ने अरोड़ा को टालने की कोशिश की और कहा कि इन विमानों को उड़ाने के लिए विशेष प्रशिक्षण की जरूरत होती है। यह बात सच भी थी। इसलिए अरोड़ा ने निवेदन किया कि उन्हें जल्दी से जल्दी प्रशिक्षण दिया जाये। इन सुस्त विमानों को दुश्मन के इलाके में कई सौ मील अंदर उड़ाने की बात भी उन्हें डिगा न सकी। वास्तव में इस मामले में उनके उत्साह को देखते हुए वशिष्ठ ने खुद अरोड़ा को प्रशिक्षण देना शुरू कया। 6 दिसंबर को पहली बार उन्हें युद्धोन्माद का स्वाद चखने का मौका मिला। इस दिन उन्हें पहली बार अभियान के तहत विमान उड़ाने दिया गया। विंग कमांडर वशिष्ठ ने उनका उपयोग सह-चालक के रूप में किया और बाद में उन्होंने दस्ते के नेता के रूप में हमले किये। अरोड़ा को भी वायुसेना पदक मिला।

फ्लाइट लेफ्टिनेंट बालासुब्रह्मण्यम एक शांत और सरल व्यक्ति थे और स्क्वाड्रन के साथ आर्मामेंट आफिसर (हथियार अधिकारी) के रूप में जुड़े थे। लड़ाई के दौरान बाला ने शानदार काम किया। सभी बंदूकें सही हालत में काम करें, विमानों को वक्त पर जरूरी सामान से लैस कर दिया जाये और इसके अलावा वे सब काम जो आर्मामेंट आफिसर के तहत हैं, बाला के जिम्मे थे। वे हमेशा हर अभियान के साथ रहते थे। प्रतिबद्धता इस हद तक कि 12-13 दिसंबर को वशिष्ठ ने साथ ले जाने से इन्कार कर आराम करने को कहा। मगर बाला ने विश्वास और दृढ़ता के साथ उत्तर दिया कि आर्मामेंट आफिसर वे हैं, तो कौन साथ जाये और कौन नहीं, यह देखना भी उन्हीं का काम है। उन्हें भी वायुसेना पदक सम्मानित किया गया।

किसी आदमी के बारे में ऊपरी अनुमान कितने गलत साबित हो सकते हैं, यह बात फ्लाइट लेफ्टिनेंट माथुर पर पूरी तरह खरी उतरती है। उन्होंने एक सच्चे पॉयलट के उत्साही और साहसी स्वभाव का जरा भी परिचय नहीं दिया। जब कोई अभियान पाकिस्तानी इलाके में ज्यादा अंदर जाने का होता था तो उनका उपयोग नहीं किया जाता था। वशिष्ठ को उन पर भरोसा नहीं था और ले जाने से इन्कार करने पर माथुर का मामूली विरोध अपनी इज्जत बनाये रखने का तरीका माना जाता था। एक दिन फ्लाइट लेफ्टिनेंट माथुर अड़ गये कि उन्हें भी क़िला अब्बास पर हमला करने भेजा जाये। वशिष्ठ साफ इन्कार नहीं कर पाये। सो थोड़ी हिचकिचाहट के साथ उन्हें अभियान के बारे में बताया गया। साथ ही यह भी कहा गया कि लक्ष्य पर बमबारी कर पायें या न कर पायें, लेकिन हर हालत में दो घंटे के भीतर लौट आयें। वशिष्ठ ने उनकी बेहतरी की दुआ की।

लेकिन जब चार घंटे बाद भी माथुर वापस नहीं आये तो सभी के मन में आशंकाएँ उठ खड़ी हुईं। हुआ यह कि मार्गदर्शक (नेविगेटर) रास्ता भूल गया, साथ ही दिशा भी। करीब दो घंटे तक वे दुश्मन के इलाके पर चक्कर काटते रहे और लक्ष्य को ढूँढ़ते रहे। समय हाथ से निकल रहा था। माथुर का कहना था, वे दुबारा ठीक उसी जगह विमान ले आयें, जहाँ से उन्होंने सीमा पार की थी। लेकिन समय और जोखिम को देखते हुए मार्गदर्शक इस सुझाव को मान नहीं रहा था। इसके बावजूद माथुर अपनी बात पर डटे रहे और अंततः क़िला अब्बास ढूँढ़ने और उस पर बमबारी करने में कामयाब रहे। किस्मत भी इस 'हिमालयन गीज़' के साथ थी क्योंकि ईंधन बचा रहा। करीब दो घंटे देर से वे सही-सलामत वापस अड्डे पर पहुँच गये।

परिवहन स्क्वाड्रन

1971 का युद्ध शुरू होने से पहले इधर-उधर सामान ले जाने के लिए हमने प्रतिदिन

चलनेवाली कूरियर सेवा शुरू की। इससे हम जहाँ कहीं जब भी जरूरत होती थी, सामान पहुँचाते थे। अग्रिम मोर्चे में कार्यक्षमता पैदा करने और वहाँ उपयुक्त सामग्री जमा करने के लिए इस कूरियर सेवा को समन्वित करने और उसका इस्तेमाल करने की जिम्मेदारी अनुरक्षण कमान (एम. सी.) और नागपुर मुख्यालय को दी गयी। सी. ए. सी. और एम. सी.–इन दोनों कमानों की जिम्मेदारी पूरे देश में फैली हुई थी। एम. सी. पर, सभी उपकरण डिपो–बेस रिपेयर डिपो, सभी रिपेयर और सैलवेज यूनिट (आर. एंड एस. यू.) जिन्हें पहले विभिन्न युद्धक कमानों में आबंटित केयर और मेनटेनेंस यूनिट (सी. एंड एम. यू.), गोला-बारूद अनुरक्षण यूनिट और विस्फोटक भंडारण यूनिट–की जिम्मेदारी थी। इन यूनिटों के काम का दायरा पूर्व में असम की गुवाहाटी के पास डिगारू जैसे दूरस्थ इलाके, दक्षिण में मद्रास और सुलूर और पश्चिम में सीमा के पास तक फैला हुआ था। सी. ए. सी. के समुद्रतटीय परिचालन में पूर्वी और पश्चिमी तटों पर स्थित नौसैनिक अड्डे भी शामिल थे। इस तरह सी. ए. सी. और एम. सी. के दायरे में पूरा देश आता था।

हमारे परिवहन विमान ऐसे टट्टू थे, जिनके काम की ज्यादा चर्चा नहीं हुई। पिछले कई सालों में इन विमानों की गति, रेंज तथा क्षमता और आयचर में काफी परिवर्तन आ चुका था।

निम्नलिखित तालिका से उसका कुछ अनुमान मिलेगा :

विमान की किस्म	अधिकतम गति		रेंज		शामिल होने का वर्ष	क्षमता या आयचर
	मील	किमी	मील	किमी		
डकोटा या डी सी-3, दो पिस्टन का इंजन	230	370	1,500	2,413	1,946	20 से 28 व्यक्ति
पैकेट सी 119, दो पिस्टनवाला इंजन +1 टर्बो जेट	296	476	2,000	3,218	1,954	10,000 पौंड या 4,540 किलो या एक बार में तीन जीपें
ए एन-12 4 टर्बो प्राप इंजन	444	714 (क्रूसिंग 670)	2,113	3,399	1,961	44,092 पौंड या 20,020 किलो
कैरिबस 2 पिस्टन का इंजन	216	348	1,307	2,102	1,963	5,152 पौंड या 2,340 किलो या 32 सैनिक या 26 छाताधारी या 22 स्ट्रेचर या तीन टन माल या दो सामान से लदी जीपें
सुपर कान्सटेलेशन 4 पिस्टन के इंजन	370	595	4,620	7,432	1,961 से 1,962	62,430 किलो

परिवहन विमानों का काम क्षमता के मुताबिक भार वहन करना और ले जाना है। प्रारंभिक परिवहन विमान डकोटा का इस्तेमाल अन्य कई उद्देश्यों के लिए किया गया। उदाहरण के लिए समुद्रतटीय उड़ान प्रशिक्षण, पॉयलटों की ट्रेनिंग, मार्गदर्शकों, हवाई सिगनल देनेवालों, पैराड्राप, लक्ष्य पहचानने, सर्वे, फोटो सर्वेक्षण, हवाई अनुरक्षण, संभरण संबंधी मदद, बाढ़-राहत और नागरिक प्रशासन को सहयोग। भारत-विभाजन के समय हुए रक्तपात के दौरान विंग कमांडर मेहर सिंह ने अपने डकोटा की हर उड़ान में शरणार्थियों की रिकार्ड तादाद को बिठाकर उन्हें सीमा के उस पार सुरक्षित जगहों पर पहुँचाया। 1947-48 का कश्मीर-युद्ध उनके बिना असंभव था। उनके बिना नेफा (आज का अरुणाचल प्रदेश) का खोला जा सकना भी असंभव था। इन दुर्गम क्षेत्रों के निवासी सड़क पर चलनेवाले किसी वाहन को देखने से बहुत पहले डकोटा से परिचित हो गये थे। 1962 के भारत-चीन युद्ध में इन विमानों ने संभरण-संबंधी जो मदद दी, वह अमूल्य थी। दिसंबर 1971 में उन्होंने टंगाइल पैराड्राप में आधुनिक, तेज और बड़े परिवहन विमानों के साथ हिस्सा लिया।

पूर्व में 3 अप्रैल और 30 नवंबर, 1971 के बीच सेना को परिवहन मदद दी गयी। इस दौरान करीब 2,400 घंटों की उड़ानें भरी गयीं, 3,700 व्यक्तियों और 1,034 टन भार का परिवहन किया गया। यह सब लद्दाख, नगालैंड और मिजो की पहाड़ियों के सामान्य अनुरक्षण और तीन राज्यों में खाद्य, राहत और चौथे में तूफान राहत के काम के अतिरिक्त था।

ए एन-12 और सुपर कांस्टेलेशंस ने कम ऊँचाई पर हजारों मील तक समुद्रतटीय जासूसी और तलाशी व बचाव अभियान में हिस्सा लिया। कम दूरी में ही उड़ान भरने और उतरने की क्षमता के कारण कैरिबस विमान अरुणाचल, नगालैंड और मिजोरम के पहाड़ी इलाकों में अभियान के लिए विशेष तौर पर उपयुक्त थे। 1971 के युद्ध में नंबर-33 स्क्वाड्रन के कैरिबस ने मनोवैज्ञानिक दबाव पैदा करने और ऊधम मचाने के लिए कुछ बमबारी की। उन्होंने पैराड्राप करने में भी हिस्सा लिया। बाद में जब पूर्वी पाकिस्तान ने समर्पण किया तो सबसे पहले वे ही जनता को लेकर ढाका के तेजगाँव हवाई अड्डे पर उतरे, जहाँ मिग-21 की बमबारी से बने गड्ढे बरकरार थे।

समुद्रतटीय जासूसी अभियान में लिबरेटर विमानों की जगह पर एअर इंडिया से लिये गये सुपर कोनी विमानों का इस्तेमाल किया गया। इन विमानों में कुछ सुधार कर उन्हें भारवाहक भी बना दिया गया था। पर चूँकि उनमें हथियार नहीं लगे थे, इसलिए वे सिर्फ दुश्मन का जहाज देखकर रपट दे सकते थे और इस दौरान दुश्मन के भाग निकलने की पूरी गुंजाइश रहती थी। दक्षिणी कमान में पुणे में कैनबरा विमानों की एक उड़ान तैयार खड़ी रहती थी, ताकि जरूरत पड़ने पर वे हमला बोल

सकें।

अरब सागर के ऊपर कम ऊँचाई की समुद्रतटीय जासूसी और तलाशी व बचाव अभियान के लिए कुछ ए एन-12 विमानों का इस्तेमाल किया गया। एक विमान में सचल वायु रक्षा-नियंत्रण चौकी लगी थी। यह संचालित करने और दुश्मन के घुसपैठिया विमानों को सीधे पकड़ने में मददगार था।

कुल मिलाकर हमारे परिवहन स्क्वाड्रन ने हालाँकि कम वाहवाही का, लेकिन बेहद उपयोगी काम किया।

1971 का समुद्रतटीय हवाई अभियान

पश्चिम भारत के ए. ओ. सी. का पद जुलाई-अगस्त के दौरान पुणे से बंबई लाया गया। इस पद को फिर ए. ओ. सी. समुद्रतटीय अभियान नाम दिया गया। एअर वाइस मार्शल पंडित को उसका जिम्मा सौंपा गया। वायुसेना के एक लायजाँ अफसर को दक्षिणी सेना कमान के साथ रखा गया। वहाँ लेफ्टिनेंट जनरल जी. जी. बेऊर जी. ओ. सी.-इन-सी थे। बंबई में 1948 से वायुसेवा की एक टुकड़ी थी। विंग कमांडर वी. एस. अय्यर ने 1968 में उस टुकड़ी की कमान सँभाली और बाद में ए. ओ. सी. समुद्रतटीय अभियान (एम. ए. ओ.) के स्टाफ में शामिल कर लिये गये, जबकि स्क्वाड्रन लीडर ला ने वायुसेना की टुकड़ी (एअरफोर्स एलीमेंट) का जिम्मा सँभाला। अय्यर और चावला दोनों ने 1971 के युद्ध के दौरान समुद्रतटीय परिचालन कक्ष का काम देखा। युद्ध के थोड़ा पहले ग्रुप कैप्टन जी. जे. शॉ सीनियर एअर स्टाफ आफिसर (एस. ए. एस. ओ.) के रूप में एम. ए. ओ. में शामिल हुए।

बंबई के अलावा विशाखापत्तनम और कोचीन में भी समुद्रतटीय वायुकेंद्रों को सक्रिय किया गया। हर केंद्र को 13 से 14 विमान आबंटित किये गये। इन विमानों ने 14 अक्टूबर से 3 दिसंबर के बीच करीब 100 मिशन, यानी 545 घंटों की उड़ानें भरीं। यह युद्ध शुरू होने के तुरंत पहले की बात थी।

पुणे में रखे गये नंबर-6 स्क्वाड्रन के सुपर-कांस्टेलेशन विमानों का काम परिवहन और समुद्रतटीय जासूसी करना था। पर उनका जोर परिवहन पर रहता था, इसलिए दूसरा दायित्व नहीं पूरा होता था। सुपर-कोनी विमानों ने नौसेना के लिए निकोबार द्वीप तक भारी दुलाई की। पनडुब्बी से लड़ने या उस पर हमला करने के लिए वायुसेना के पास कोई उपयुक्त विमान नहीं था। पुणे में तैनात नंबर-35 स्क्वाड्रन के कैनबरा विमान नौसेना के लिए वक्त-जरूरत के मुताबिक उड़ान भरने को तैयार थे। लेकिन दुर्भाग्यवश उन्हें इस काम के लिए कोई नियमित प्रशिक्षण नहीं दिया गया था। समुद्रतटीय जासूसी और बंदरगाह की जासूसी की गयी। ए. ओ. सी. एम. ए. ओ. में बल की कमी थी इसलिए बहुधा इसे इलाहाबाद में स्थित ए. ओ. सी.-इन-सी

सी. ए. सी. से सहायता लेनी पड़ती थी। सन् 1970 में रायल एअर फोर्स/रायल नेवी की संरचना को आधार मानकर संयुक्त समुद्रीय/वायु युद्ध पर एक निर्देश पुस्तिका तैयार की गयी।

ए. ओ. सी. एम. ए. ओ. के स्तर को लेकर विवाद खड़ा हो गया। वायुसेना उन्हें फ्लैग आफिसर कमांडिंग-इन-चीफ के बराबर मानती थी, लेकिन नौसेना ने उन्हें ए. ओ. सी.-इन-सी सी. ए. सी. का दर्जा दिया और ए. ओ. सी. एम. ए. ओ. को चीफ ऑफ स्टाफ टू एफ. ओ. सी.-इन-सी के बराबर माना। अगर ए. ओ. सी. एम. ए. ओ. के मातहत पर्याप्त समुद्रतटीय जासूसी और आक्रमण बल होता तो यह स्थिति पैदा न हुई होती। उसके बाद नौसेना ने समुद्रतटीय जासूसी और हमले के लिए अपना विमान हासिल कर लिया और वह इन कामों के लिए वायुसेना पर निर्भर नहीं रह गयी। नौसेना के वैमानिक दस्ते में सी हॉक्स एफ. जी. ए. बी., एलीज़ 1050, एल्यूएट-III, सी किंग, कामोर, आई. एल. 38 और सी हैरियर विमान शामिल किये गये। जबकि प्रशिक्षण के लिए बी एन-2 आइलैंडर, एच टी-2, डेवॉन, ह्यू-300, एच जे टी-16 (किरण) और वैम्पायर T 55 विमान रखे गये। सी हैरियर की अच्छी प्रतिष्ठा है। माना जाता है कि 1982 में फाकलैंड के युद्ध में 28-सी हैरियर विमानों ने बिना कोई नुकसान उठाये दुश्मन के 27 विमानों को नष्ट कर दिया था।

सन् 1971 में नौसैनिक योजनाओं की परिभाषा तथा बेड़ा और समुद्रतटीय जासूसी और हमलावर विमानों की जरूरत स्पष्ट नहीं थी। हालाँकि संयुक्त परियोजना में बहुत कुछ सुधार की गुंजाइश थी, फिर भी चार-पाँच दिसंबर की रात को जब नौसेना ने कराची बंदरगाह पर ऑपरेशन ट्राईडेन्ट शुरू किया तो नंबर-35 स्क्वाड्रन के कैनबरा विमानों ने कराची के दो हवाई क्षेत्रों पर पाकिस्तानी वायुसेना को फँसा लिया।

आठ-नौ दिसंबर के आसपास 8° के चैनल में तेज चलनेवाला एक जहाज होने की रपट आयी और इनसे निपटने के लिए पुणे से कुछ कैनबरा विमान बंगलूर में तैनात किये गये। बाद में पता चला कि वह जहाज एच. एम. एस. एलबिओं था। इसके अलावा 8 दिसंबर को हवाई हमले की गलत रपट के आधार पर बंबई में सभी विमानरोधी तोपें खुल गयीं। 10 या 15 मिनट तक काफी उत्तेजना रही, पर कोई क्षति नहीं हुई। उसी रात को पुणे के नंबर-35 स्क्वाड्रन के कैनबरा विमानों ने कराची बंदरगाह की तेल-संग्रह टंकियों पर सफलतापूर्वक बमबारी की।

10 दिसंबर को एक एलीज़ गायब हो गया। नौसेना ने कच्छ तट के पास एक अज्ञात जहाज़ से संपर्क होने की खबर दी। शाम चार बजे पता लगाने के लिए पुणे से एक सुपर-कोनी रवाना हुआ। इस बीच अय्यर ने बंबई एम. ए. ओ. स्थित नौसेना के वायुयान चालकों से कहा कि क्या जामनगर से एक एलीज़ विमान सुपर-कोनी के

पहुँचने तक निगरानी कर सकता है। इस तरह जामनगर वायुसेना की तरफ से वायु-प्रतिरक्षा संबंधी अनुमति लिये बिना जामनगर से नौसेना का एक विमान उड़ा। तभी पाकिस्तान ने एक विमान मार गिराने का ऐलान किया। संभवतः ओखा पर रोज मँडरानेवाले पाकिस्तानी वायुसेना के विमानों के हाथ अचानक एक मौका लग गया था। नौसेना ने खबर दी कि संभवतः पाकिस्तानी विमान मिसाइल नौका की तलाश में आया था। पाकिस्तानी विमान नीचे आया होगा और जब तक कोई प्रतिक्रिया हो, तेजी से हमला करके गायब हो गया होगा। सेना के विभिन्न अंगों द्वारा एक ही उद्देश्य के लिए अलग और स्वतंत्र अभियान या एक ही सेना की विभिन्न कमानों की तरफ से किये गये अभियान में अगर तालमेल न हो तो उनका शायद ही कोई अच्छा परिणाम निकलता है। सुपर-कोनी विमान की समुद्रतटीय गश्त 500 से 1,000 फुट की ऊँचाई पर होती थी। उनके साथ किसी तरह के लड़ाकू विमान का संरक्षण नहीं होता था।

हमारा पनडुब्बीरोधी बेड़ा आई. एन. एस. खुखरी 9 दिसंबर को 10 बजकर 55 मिनट पर डूब गया। खुखरी मरम्मत के लिए बंबई गया था। उसके बाद उसे दीव के पास दुश्मन के किसी खुफिया जहाज का पता लगाने के लिए आई. एन. एस. कृपाण के साथ भेज दिया गया। इस अभियान के दौरान आई. एन. एस. खुखरी को तारपीडो से मारकर डुबो दिया गया। तलाश और बचाव अभियान के लिए तुरंत एक सुपर-कोनी रवाना किया गया। अगली सुबह उसने खुखरी के डूबने की जगह से 40 मील दूर आई. एन. एस. कृपाण को देखा। एम. आर. के अनुसार 10 दिसंबर की शाम को संपर्क हुआ। नौसेना ने अपने कुछ जहाजों को कराची की तरफ से हटाकर इधर भेजा। उन्होंने ध्वनि-तरंगों के माध्यम से संपर्क स्थापित किया और पनडुब्बीरोधी हथियार इस्तेमाल किये, पर कोई परिणाम नहीं निकला। दुश्मन की पनडुब्बी की तलाश 13 दिसंबर तक चली। उसके बाद ऑपरेशन फॉलकन वापस ले लिया गया।

बंबई में वायुसेना द्वारा नागरिक विमानों को अपने नियंत्रण में लेने से पहले ही नौसेना ने खंबाटा से निजी हेलीकॉप्टर बुला लिए थे।

रणनीतिक फोटो जासूसी

रणनीतिक फोटो जासूसी हर देश करता है, बशर्ते उसके पास इसकी क्षमता हो। सूचना प्राप्त करने का यह महत्त्वपूर्ण साधन है। हालाँकि इस काम में बेहद जोखिम रहता है, फिर भी देश-हित में यह बहुत आवश्यक है। 1971 के दौरान विंग कमांडर आर. एस. बेनेगल के योग्य नेतृत्व में स्क्वाड्रन नंबर-106 ने इस काम को अंजाम दिया। यों इस प्रकार की जासूसी लड़ाई शुरू होने से पहले होती है, पर कोई भी देश लड़ाई से पहले ऐसी जासूसी की बात कबूल नहीं करता। इसलिए यहाँ इतना ही

बताया जा सकता है, जितना कुछ लड़ाई के दौरान हुआ। वायुसेना मुख्यालय में पहले सेना के तीनों अंगों की जरूरत का अध्ययन किया जाता है। फिर चीफ ऑफ एअर स्टाफ से सलाह करने के बाद स्क्वाड्रन कमांडर को काम सौंपा जाता है।

विंग कमांडर बेनेगल (अब एअर कमोडोर) ने लड़ाई के दौरान स्क्वाड्रन नंबर-106 के कामों का इस प्रकार वर्णन किया है :

जासूसी अभियान

(एअर कमोडोर आर. एस. बेनेगल, महावीर चक्र, अतिविशिष्ट सेवा पदक विजेता)

3 दिसंबर

इस दिन मैं पूर्वी एअर कमान की शिलांग में हो रही एक बैठक में मौजूद था। तभी खबर मिली कि पाकिस्तान ने हमारे बहुत-से वायुसैनिक अड्डों पर हमला कर दिया है। हम कार्रवाई के लिए मजबूर हो गये। शाम के करीब सवा छह बजे तक यह खबर सब जगह फैल चुकी थी और चुपचाप जवाबी हमले की तैयारियाँ शुरू हो गयी थीं। उस रात घाटी में घना कोहरा छाया हुआ था। मगर स्क्वाड्रन के फ्लाइट कमांडरों में से एक स्क्वाड्रन लीडर चरणजीत सिंह एक और विमान यहाँ उतारने में कामयाब हो गये, हालाँकि लैंडिंग के लिए 100-200 गज से आगे दिखाई देना मुश्किल था। हमने यह नियम बना लिया था कि सभी चालू विमान हर समय कैमरा और जरूरी उपकरणों से लैस रहने चाहिए, इसलिए बैठक के लिए जिस विमान में मैं आया था, वह भी कार्रवाई के लिए पूरी तरह तैयार था।

हमें पहला काम थलसेना के लिए सौंपा गया। थलसेना जमीन की दो काफी लंबी पट्टियों के फोटो चित्र फौरन चाहती थी। यहाँ दुश्मन का भारी जमाव था। यह जमाव पूर्वी पाकिस्तान में आगे बढ़ने पर हमारी सेना के लिए खतरा बन सकता था।

4 दिसंबर

जैसे ही कोहरा काफी हद तक साफ हुआ, दोनों विमानों ने सफलतापूर्वक यह काम संपन्न किया। अपनी सामान्य रणनीति अपनाते हुए हम दुश्मन के विमानों के सामने नहीं पड़े। रुक-रुककर होती जमीनी गोलाबारी हमारी फोटो उड़ानों को जरा भी नुकसान नहीं पहुँचा पाई। हमारी इकाई का फोटो विभाग युद्धस्तर पर काम कर रहा था। उसने रात में ही हजारों निगेटिव डेवलप किये और प्रिंट तैयार कर दिये, जिसे हम अगली सुबह प्रस्तुत कर पाने में सफल रहे।

शाम को हम बेस पर लौट आये। हमें बताया गया कि दुश्मन का एक विमान हमारी हवाई पट्टी पर एक नीची उड़ान के दौरान बमबारी कर गया है। यह बमबारी एक दिन पहले हमारे सात वायुसैनिक अड्डों पर हुई। यह पाकिस्तान की योजनाबद्ध

शुरुआती बमबारी की ही अगली कड़ी थी। मगर यह बमबारी हवाई पट्टी को सिर्फ ऊपरी नुकसान ही पहुँचा सकी थी, जिसे जल्द से ठीक कर लिया गया। इसी रात हमें बताया गया कि हमारे सहयोगी युद्धक स्क्वाड्रन में एक चालक दल (क्रू) की कमी है और स्क्वाड्रन को एक पाकिस्तानी वायुसैनिक अड्डे पर धावा बोलना है। हमारे स्क्वाड्रन के फ्लाइट लेफ्टिनेंट संधू और दीक्षित ने इस अभियान के लिए स्वयं को प्रस्तुत किया। हालाँकि उन्होंने काफी समय से युद्धक विमान नहीं उड़ाया था, लेकिन वे काफी अनुभवी चालक थे। उनका यह अभियान बेहद कामयाब रहा। हाँ, दुर्भाग्य से वापसी में उनकी हाइड्रोलिक प्रणाली बेकार हो गयी, मगर खुशकिस्मती से विमान सुरक्षित उतारने में वे कामयाब रहे, जबकि उस समय ब्लैक आउट था। बाद में इन दोनों अधिकारियों को वीरता के दूसरे कारनामों के लिए सम्मानित किया गया।

5 दिसंबर

खुंजरेब दर्रे से होती हुई चीन निर्मित एक सड़क पाकिस्तान की हुंजा और गिलगिट में बनाई सड़क से मिलती है। शायद एक तटस्थ विदेशी दूतावास के राजनयिक से यह खतरनाक खबर मिली कि इस सड़क के रास्ते चीन पाकिस्तान को हथियार और गोला-बारूद की आपूर्ति कर रहा है।

चीफ को इस खबर पर विश्वास नहीं हो रहा था, क्योंकि दिसंबर माह में वहाँ बर्फ पड़ती है और बर्फ जमने के कारण उस सड़क पर आवाजाही नहीं हो सकती। मगर सरकार इसका सचित्र प्रमाण चाहती थी, क्योंकि यह खबर अगर सच थी तो मामला बहुत गंभीर था। इसलिए मुझे यह काम सौंपा गया कि खुंजरेब दर्रे से जितना आगे जाया जा सके, वहाँ तक के चित्र खींचे जायें। खुंजरेब दर्रे से आगे जाना मौसम और अगर वहाँ दुश्मन मौजूद है तो उसकी कार्रवाई पर भी निर्भर था।

6 दिसंबर

यह अभियान लंबा और थकाऊ होने के साथ-साथ शुरू में तो काफी निराशाजनक था, लेकिन बाद में जीवंत हो गया और अंत में खुशकिस्मत भी। पश्चिम से यहाँ आनेवाले चक्रवातों के कारण पूरा इलाका बादलों की मोटी तह में छिपा था। कहीं-कहीं तो बादल 40 हजार फुट की ऊँचाई पर भी थे। लक्ष्य से करीब 180 मील (नॉटिकल) दूर हमने बादलों में प्रवेश किया। हम 27 हजार फुट की ऊँचाई पर उड़ रहे थे। क्योंकि यहाँ की सभी चोटियाँ 22 हजार फुट से नीचे हैं, अतः हम सुरक्षित थे। बादलों के बीच दरार की खोज में हम आगे बढ़ते जा रहे थे, लेकिन कहीं भी नीचे जमीन नहीं दिखाई दे रही थी। यह देखने के लिए कि थोड़ा नीचे जमीन साफ नजर आ सकती है, नीचे उतरने का सवाल ही नहीं उठता था। मैं विमान को 35 हजार फुट की ऊँचाई पर ले गया, मगर वहाँ भी ऊपर आकाश नहीं नजर आ रहा

था। इसलिए हम यंत्र के मुताबिक जितना सही उड़ा जा सकता था, उतना डेढ़ घंटे तक उड़ते रहे।

अब हम लक्ष्य से करीब एक मिनट की दूरी पर थे और बादल थे कि खत्म ही नहीं हो रहे थे। सो मैंने अभियान स्थगित करने का विचार किया। यही बात मैंने अपने मार्गदर्शक (नेवीगेटर) फ्लाइट लेफ्टिनेंट राजवाड़ से कही तो उसने कहा—"सर, तीन-चार मिनट और देख लेते हैं।" हम आगे बढ़ते गये और लक्ष्य पार करने के करीब तीस सेकेंड बाद बादलों के बीच अविश्वसनीय रूप से दरार दिखी। हमें नीचे जमीन साफ नजर आ रही थी। इस 'छिद्र' में से हम वापस मुड़े तो सीधे दर्रे के ऊपर निकले। कुछ सेकेंड में हमने फोटो उड़ान शुरू कर दी। हालाँकि आकाश अभी बादलों से भरा था, लेकिन नीचे घाटी साफ नजर आ रही थी। इसलिए हम आसानी से सड़क के ऊपर उड़ते रहे। खुंजरेब दर्रा 10,190 फुट की ऊँचाई पर स्थित था, जबकि घाटी के दोनों ओर की चोटियों की ऊँचाई 20 हजार फुट से ज्यादा थी। यह सड़क खुंजरेब नदी के साथ-साथ मुड़ती हुई गिलगिट और हुंजा पहुँचती थी। रास्ता करीब 150 मील लंबा था। मगर सड़क हिमपात और भूस्खलन के चलते काम में आने लायक नहीं है, यह साबित करने के लिए एक तिहाई रास्ते के ही चित्र लेने पड़े। हमें यह भी कहा गया था कि हम उस इलाके में ज्यादा देर तक न रहें। इसलिए काम पूरा होते ही हम बादलों की ओट में उड़ते हुए सुरक्षित अड्डे पर पहुँच गये। डेवलप और प्रिंट होने के बाद फोटो बहुत अच्छे निकले। वहाँ बादलों से भरा आकाश होने के कारण रोशनी पर्याप्त नहीं थी, लेकिन चित्र एकदम साफ थे। इस अभियान ने उस राजनयिक की आधारहीन रपट पर लगनेवाले सभी कयासों को खत्म कर दिया।

7 दिसंबर

हमारी सेना ढाका की तरफ बढ़ रही थी। आक्रमण को गति देने के लिए छाताधारी सैनिक और साजो-सामान भेजने का निश्चय किया गया। इसके लिए थलसेना ने दो इलाकों का चुनाव किया। इनमें से एक इलाका अंततः पैराड्राप के लिए चुना जाना था। हमने दो विमानों का प्रयोग कर एक साथ दोनों इलाकों पर उड़ानें भरीं। अंत में टंगाइल क्षेत्र का चुनाव किया गया। भारत में युद्ध की स्थिति में यह अपनी तरह की पहली कार्रवाई थी। इसमें भारतीय वायुसेना के पाकेट और डकोटा विमानों के जरिए पचासवीं इंडिपेंडेंट पैरा ब्रिगेड की एक बटालियन को उतारा गया। कार्रवाई खूब सफल रही। बाद में पैरा ब्रिगेड के कमांडर ने हमें बधाई संदेश भेजा। इसमें कहा गया था कि हमारे भेजे बढ़िया फोटो चित्रों ने अभियान की कामयाबी में बहुत मदद दी।

8 दिसंबर

लोंगेवाला राजस्थान से सटी पाकिस्तानी सीमा पर स्थित है। यहाँ दुश्मन के टी-59 टैंकों ने भारी जमावड़ा किया और एक साथ हमारी सीमा की ओर बढ़ने का प्रयास किया। मगर हमारे हंटर विमानों के पॉयलटों ने उनकी बुरी गत बनाई। वहाँ दुश्मन के टैंकों की बर्बादी और भगदड़ की रपटों के कारण सरकार को इसके फोटो-प्रमाणों की जरूरत महसूस हुई। इसके पीछे प्रमाण और प्रचार के अलावा उत्साहवर्द्धन का इरादा भी था। इस अभियान के साथ एक और काम भी मुझे सौंपा गया। मुझे इलाके का सर्वेक्षण कर चित्र खींचने थे, ताकि इस बात का पता चल सके कि कहीं सीमा पार दुश्मन के टैंक फिर से हमले के लिए दुबारा इकट्ठे तो नहीं हो रहे हैं।

दुश्मन की निगरानी के लिए लगे अपने ही राडार से संपर्क करने के बाद मैंने सीमा पार की। वहाँ बहुत-से निशान बने हुए थे, जो टूटे-फूटे टैंकों तक जाते थे। तेल से जलने के निशानों के कारण बेकार टैंक आसानी से पहचाने जाते थे। हमने चित्र खींचने शुरू कर दिये। कुछ चित्र बढ़िया आये। तभी हमारे राडार ने चेतावनी दी कि दुश्मन के विमान देखे गये हैं और वे इलाके की तरफ बढ़ रहे हैं। चूँकि हमारा विमान निहत्था था, इसलिए मैंने तुरंत वापसी की राह ली। जैसे ही मैंने सीमा पार की तो दो हंटर विमानों को कार्रवाई के लिए तैयार होते देखा। वे हम पर हमले की तैयारी कर रहे थे। मैं भी हंटर विमानों की ही रेडियो आवृत्ति पर था। मैंने जगुआर विमान को अपने नंबर दो को हमले के लिए तैयार होने का आदेश देते सुना। मैं दुश्मन के इलाके से आ रहा था और वह भी तेज गति से, इसलिए शंका उठनी स्वाभाविक थी कि हमारा विमान दुश्मन खेमे का है। मैंने तुरंत आर/टी पर अपना परिचय दिया और हम बाल-बाल बचे ! फिर वही दोनों विमान अपने संरक्षण में मुझे दुबारा युद्धक्षेत्र में ले गये और तब तक मेरी निगरानी की, जब तक मैंने अभियान पूरा नहीं किया। हमें जो फोटो चाहिए थे, वे सब मिल गये।

फोटो अच्छे थे और दो विशेष प्रिंट्स में बालू पर दुश्मन के टैंकों के पहियों के आड़े-तिरछे निशान दिखाई पड़ रहे थे। उनसे पता चलता था कि उन्होंने किस तरह हमारे हंटर पॉयलटों के सटीक निशाने से बचने के लिए भागने की असफल कोशिश की। इन चित्रों को प्रकाशन के लिए जारी किया गया और वे कई पत्रिकाओं में प्रमुखता से छपे।

पूर्वी पाकिस्तान में फोटो-सर्वेक्षण तीन विमानों ने एक साथ किया। उन सबका जी. ओ. टी. एक ही था। एक विमान ने कुर्मीटोला और तेजगाँव हवाई क्षेत्र के चित्र लिये। उस वक्त रोशनी थी और हवाई अड्डे पर तैनात दुश्मन की तोपों ने जबरदस्त फायरिंग की, हालाँकि कोई नुकसान नहीं हुआ। फोटो से साफ था कि हमारे मिग विमानों की सटीक बमबारी से हवाई पट्टी को भारी नुकसान हुआ था।

लक्ष्य के ऊपर निर्धारित उतने ही समय में एक और विमान ने बर्मा सीमा के पास काक्स बाजार के हवाई क्षेत्र और फिर चटगाँव हवाई क्षेत्र और बंदरगाह-बाजार क्षेत्र का चित्र लिया। यह नौसेना की माँग पर किया गया। चित्रों ने यह साबित किया कि इन हवाई क्षेत्रों में कोई विमान नहीं है न ही उस इलाके में हवाई प्रतिरक्षा का इंतजाम है और न ही नौसेना का कोई जहाज।

फिर उतने ही टी. ओ. टी. के दौरान एक तीसरे विमान ने इशुर्दी और जेसोर हवाई क्षेत्र और जेसोर के आसपास के बड़े इलाके का चित्र लिया। जेसोर के आसपासवाले इलाके में दुश्मन से घमासान लड़ाई में हमारी सेना आगे बढ़ रही थी। यह उड़ान वायुसेना और सेना की संयुक्त आवश्यकता थी।

10 दिसंबर

कराची बंदरगाह के आसपास से भागकर, पाकिस्तानी नौसेना के एक दल ने गुडार की खाड़ी में शरण ली है। ऐसी रपट हमारी नौसेना के गुप्तचरों को मिली थी। गुडार की खाड़ी ईरान के साथ लगती पाकिस्तानी सीमा के पास थी। हमसे पूछा गया कि क्या हम उस इलाके का सर्वेक्षण कर चित्र ला सकते हैं ? इस अभियान के लिए सावधानीपूर्वक योजना बनाने की जरूरत थी। खासकर दूरी को ध्यान में रखते हुए और कराची के नजदीक दुश्मन के राडार की निगाहों से भी दूर रहने के लिये। फिर सुरक्षित वापसी के लिए विमान में पर्याप्त ईंधन हो, इसका भी ध्यान रखना था।

हमने इस अभियान में दो विमानों का उपयोग किया। एक अग्रिम वायुसैनिक अड्डे से पुनः ईंधन लिया और थोड़ा दूरी पर रहते हुए, ताकि दुश्मन के राडार से बचे रहें, हम लक्ष्य की ओर चल दिये। अभियान काफी लंबा और मुश्किल था।

लक्ष्य के पास ही हमें कराची की ओर जाता हुआ ईरानी तेल टैंकर नजर आया। उसके ऊपर से उड़ते हुए हम खाड़ी पर पहुँचे। वहाँ हमें एक भी जहाज नजर नहीं आया। इसलिए इसकी पुष्टि तो हुई कि पाकिस्तानी नौसेना वहाँ छुपी हुई नहीं थी, पर एक और फायदा हुआ। हमने वहाँ एक चालू हवाई पट्टी के चित्र खींचे। वहाँ एक ईरानी परिवहन विमान सामान उतार रहा था।

काम पूरा होते ही हम लौट पड़े। हमारे पास बस बंबई तक पहुँचने लायक ही ईंधन था। हमारे कारण हवाई अड्डे पर भगदड़ मची थी, चूँकि हमने हवाई अड्डे के वायु-यातायात नियंत्रण कक्ष को किसी भी तरह की आपात कार्रवाई और लैंडिंग के लिए हवाई पट्टी खाली रखने को कहा था (क्योंकि हम ईंधन की कमी के कारण निर्धारित समय से ज्यादा देर तक फोटो नहीं खींच सकते थे)।

स्विस एअर के एक विमान के पॉयलट ने नियंत्रण कक्ष के निर्देश का अभिप्राय समझने में गड़बड़ कर दी। यह विमान उड़ान भरने की तैयारी कर रहा था। इसके

पॉयलट ने सोचा कि हमारे दो विमान पाकिस्तानी हैं और हवाई अड्डे पर बमबारी करनेवाले हैं। इसलिए उसने विमान को तुरंत पार्किंग क्षेत्र की ओर घुमाया और डर के मारे सारे यात्रियों को विमान से उतार लिया।

13 दिसंबर

थलसेना ढाका पर अंतिम, तितरफा हमला करने की योजना बना रही थी। दुश्मन की फौजों के कमांडर को पहले ही आत्मसमर्पण का अल्टीमेटम दिया जा चुका था, ताकि और खूनखराबा न हो। हमें दुश्मन की बंदूकों की स्थिति, उसकी सुरक्षा-व्यवस्था और हमले की राह में मौजूद बाधाओं के बारे में पर्याप्त चित्र उपलब्ध करवाने को कहा गया था। हमने हमले के प्रत्येक रास्ते के लिए एक-एक यानी कुल तीन विमानों का उपयोग किया। इसके अलावा ढाका की सुरक्षा की व्यूह-रचना के भी बहुत-से चित्र लिये। इन चित्रों से विस्तृत सुरक्षा-प्रबंधों का पता चला। इसमें ढाका के बाहरी घेरे के चारों ओर खाइयों का जाल और बंदूकों की स्थिति प्रमुख थी। बाद में इन चित्रों में से कुछ को सरकार ने प्रकाशित भी करवाया।

इस अभियान के दौरान खींची गयी फिल्म रिकार्ड समय में तैयार कर प्रस्तुत की गई। हालाँकि इनसे तुरंत कोई फायदा नहीं हुआ, क्योंकि कुछ ही समय बाद आत्मसमर्पण की घोषणा हो गयी।

14 दिसंबर

कुर्मीटोला और तेजगाँव के वायुसैनिक अड्डों के फिर से फोटो लिये गये। हैरानी की बात तो यह थी कि इस आखिरी स्थिति में भी छिटपुट जमीनी गोलीबारी के रूप में थोड़ा-बहुत प्रतिरोध मौजूद था, हालाँकि हमारे लड़ाकू विमानों ने इन दोनों वायुसैनिक अड्डों को बुरी तरह तबाह किया था। दोनों ही अड्डों की हवाई पट्टियाँ बेकार हो चुकी थीं।

3 से 17 दिसंबर तक स्क्वाड्रन के पी. आर. कैनबरा विमान सर्वेक्षण-अभियानों में जुटे रहे, जबकि अन्य तीन डकोटा विमानों ने कमान मुख्यालय से सूचना और संपर्क के लिए बहुत-सी उड़ानें भरीं।

17 दिसंबर को देश को पाकिस्तान के आत्मसमर्पण और युद्ध-विराम की खबर मिली। उसी रात 11 बजे समाचारों में वीरता के लिए सम्मानित होनेवाले सुरक्षाकर्मियों के पहले दल की घोषणा हुई। मेरे लिए बड़े गौरव का क्षण था, जब वायुसेना से महावीर चक्र के लिए पहले नाम की घोषणा हुई। यह हमारा स्क्वाड्रन था और मेरा नाम था। कुल मिलाकर हमारे स्क्वाड्रन को एक महावीर चक्र, चार वीर चक्र, चार वायुसेना पदक मिले और चार ही ए. ओ. सी.-इन-सी की संस्तुतियाँ मिलीं।

16 मूल्यांकन

दिसंबर 1971 में हमने सुधार कैसे किया ? आमतौर पर हम कह सकते हैं कि हमने खराब प्रदर्शन नहीं किया। वास्तव में हमने ठीक किया, हम युद्ध जीते। लेकिन यह कोरा बयान है, जो हमारी खामियों पर पर्दा डालता है।

14 दिनों में हमने लगभग 7,346 उड़ानें भरीं, यानी औसतन 500 उड़ानें रोज। आवश्यक होने पर हम इसे कुछ समय के लिए बढ़ा भी सकते थे। लड़ाकू उड़ानों की संख्या 5,400 रही। पाकिस्तानी वायुसेना की चुनौती को भारतीय वायुसेना ने दो दर्जन कैनबरा एक ए एन-12 उड़ान, तथा सुखोई एवं रणनीतिक वायु युद्ध विकास प्रतिष्ठान (टी. ए. सी. डी. ई.) के मिग की कुछ उड़ानें भरकर पहली ही रात में स्वीकार कर लिया था। वह 3 दिसंबर की रात थी। 4 दिसंबर को 7 बजे से लेकर 24 घंटे के भीतर हमने 502 उड़ानें भरीं। पूर्वी सेक्टर में 279 और पश्चिमी सेक्टर में 223 उड़ानें भरी गयी थीं। अगले दिन पूर्वी सेक्टर में 205 और पश्चिमी सेक्टर में 284 उड़ानें, यानी कुल मिलाकर 489 उड़ानें भरीं। विवरण देखें :

पहले दिन

	पश्चिमी सेक्टर	पूर्वी सेक्टर	योग
1. जवाबी उड़ानें	164	112	276
2. आत्मरक्षात्मक उड़ानें	36	111	147
3. आक्रामक उड़ानें	23	57	79
	223	279	502

दूसरे दिन

	पश्चिमी सेक्टर	पूर्वी सेक्टर	योग
1. जवाबी उड़ानें	54	52	106
2. आत्मरक्षात्मक उड़ानें	149	42	191
3. आक्रामक उड़ानें	81	111	192
	284	205	489

और इस प्रकार यह क्रम चलता रहा।

'नैट्स' ने सबसे ज्यादा उड़ानें भरीं। इनकी संख्या 1,275 थी। इनका नुकसान भी सबसे कम हुआ। पूर्वी सेक्टर में इनकी एक भी उड़ान बेकार नहीं गयी और पश्चिमी सेक्टर में सिर्फ दो उड़ानें बेकार गयीं। ज्यादा उड़ानें भरने में दूसरा नंबर मिग-21 का था। इनके भी नष्ट होने की दर काफी कम (सिर्फ 0.5 प्रतिशत) थी। पूर्वी सेक्टर में इनकी दो और पश्चिमी सेक्टर में छह उड़ानें बेकार गयीं। मिग-21 के बाद 'कैनबरा', 'सुखोई', 'हंटर' और 'मिस्टेयर' का नंबर था। 1965 के युद्ध की तुलना में इनकी संख्या दो प्रतिशत ज्यादा थी। 1965 के युद्ध की तुलना में 'मिस्टेयर' की बेकार उड़ानों की संख्या बढ़ी और 'हंटर' की कम हुई। बेहतर रणनीति से ही यह संभव हो पाया। सन् 1976 से मिस्टेयर विमानों का प्रयोग कम हो गया। उड़ानों की संख्या के हिसाब से 'मारुत' की सबसे ज्यादा उड़ानें बेकार गयीं।

इज़राइल की छोटी लेकिन कुशल वायुसेना के मुकाबले हमारी बेकार उड़ानों की संख्या 1971 में ज्यादा थी। जून 1967 के छह दिवसीय युद्ध में वहाँ बेकार उड़ानों का प्रतिशत 1.4 और 1973 की 'योम-किपर' लड़ाई में 1.1 था। लगभग 92 प्रतिशत युद्धक विमान जमीनी तोपों के फायर से नष्ट हुए थे। इसके अलावा 40 फीसदी नुकसान हमारे ही अस्त्रों के मलबे के कारण हुआ। निश्चित तौर पर हमारी रणनीति की समीक्षा की जरूरत थी। जरूरत के मुताबिक तकनीक और रणनीति को इस कदर विकसित करना था कि हमारी वायुसेना आधुनिक, गतिशील और ज्यादा सक्षम हो सके। जहाँ तक मानवीय तत्त्वों की बात है, कुछ उत्साही और समर्पित पॉयलट युद्ध के दौरान सिर्फ उतना ही नहीं करते, जितना उन्हें समझाया जाता है। वे क्षमता से ज्यादा जोखिम उठाते हैं। इस वजह से वे कई बार आगे तो निकल जाते हैं, लेकिन अक्सर उन्हें इसकी कीमत चुकानी पड़ती है।

1965 में पाकिस्तानी वायुसेना की बी-57-एस (कैनबरा) पठानकोट, आदमपुर और हलवाड़ा में कामयाब रहीं, लेकिन 1971 में नहीं। 1971 में आदमपुर पर कोई हमला नहीं हुआ, हलवाड़ा पर सिर्फ एक हमला हुआ था, वह भी लड़ाई की पहली ही रात को। पठानकोट पर कई हमले हुए। समग्र रूप से हमले अनियोजित लग रहे थे।

उनमें वास्तविकता और निर्णायकत्व की भी कमी थी तथा उत्साह और प्रशिक्षण की प्रतिकूलता झलक रही थी। संभवतः इसकी वजह सेना के वरिष्ठ जनरलों की वायुसेना संबंधी मसलों में दखलंदाजी और लापरवाही रही हो। यह मैंने पहले भी बताया है कि सेना के मुखिया का यही नुकसान है। बंगाली एअरमैनों और पॉयलटों के अलग हो जाने के बाद पाकिस्तानी वायुसेना का अनुरक्षण और सामरिक संगठन भी कमजोर हो गया था। पाक वायुसेना के युद्धबंदियों ने बताया कि वहाँ चीनी मिग-19 के पुर्जों की भी कमी थी।

17 दिसंबर, 1971 को प्रेस को जारी बयान में दिये गये आँकड़ों के अनुसार दोनों देशों की सेना के तीनों अंगों का अलग-अलग नुकसान निम्नलिखित था :

	पाकिस्तान	भारत
विमान	86	42
टैंक	226	81
फील्डगन	185	–
विध्वंसक	2	1 (फ्रिगेट)
बारूदी सुरंगें उड़ाने वाला	2	–
पनडुब्बियाँ	2	–
गनबोट	16	–
अन्य गाड़ियाँ	12	–

वास्तव में वायुसेना मुख्यालय के गुप्तचर सूत्रों के अनुसार टैंकों की संख्या 253 है, जिनमें कुछ जमीनी और कुछ हवाई हमले में नष्ट हुए। जैसलमेर के लोंगेवाला में हंटर विमानों के हमले से उन्हें भारी नुकसान हुआ। पाकिस्तान के लिए युद्ध के दो दिनों में ही दूसरा बड़ा नुकसान पश्चिमी सियालकोट में शकरगढ़ व ज़फरवाल के बीच हुआ। लेकिन युद्ध के दौरान प्रतिपक्षी हमेशा अतिशयोक्तिपूर्ण दावे करता है, जिसकी जाँच करना आसान नहीं होता।

भारतीय वायुसेना ने पूर्वी पाकिस्तान के प्रत्येक हवाई अड्डे पर हमला किया था। पूर्वी पाकिस्तान में वहाँ की वायुसेना के दो प्रमुख अड्डे ढाका में (तेजगाँव और कुर्मीटोला) तथा पश्चिमी सीमा पर जेसोर में थे। जेसोर के उत्तर में पबना, उत्तर-पश्चिम में दिनाजपुर, ठाकुरगाँव व लालमुनीरहट, दक्षिण-पूर्व में चटगाँव और इनके अलावा भी दो या तीन छोटे हवाई अड्डे थे। इस तरह नौ या दस हवाई पट्टियों में से कुछ महत्त्वपूर्ण थीं, जैसे त्रिपुरा की उत्तरी सीमा पर सिलहट के उत्तर स्थित शमशेरनगर।

पश्चिमी सेक्टर में हमने जिन हवाई अड्डों पर हमला किया, उनमें सरगोधा, मियाँवाली, मुरीद, पेशावर, चकझूमरा, शेरकोट (नया नाम रफीक़ी), भारत की सीमा से सटे चंदेर शामिल हैं। साथ ही कराची के दो हवाई अड्डों—मसरूर (पुराना नाम मौरीपुर) और द्रिघ रोड तथा बादिन के उत्तर स्थित तलहर और नवाबशाह पर भी हमले हुए। दो सिगनल यूनिटें साल्ट रेंज के पास उत्तर में स्थित सकेसर और बादिन (सिंध) में भी हमारे लड़ाकू विमानों की नजर में थीं।

जवाबी कार्रवाई में पश्चिमी सेक्टर में लगभग 50 ट्रेनें, 20 इंजन और 400 डिब्बे नष्ट हुए। युद्ध-सामग्री लेकर जा रही गाड़ियों को जगह-जगह नष्ट कर दिया गया। रणनीति के तहत पहले गाड़ियों के इंजन और पीछे के आखिरी डिब्बे पर हमला होता था। फिर एक-एक कर बाकी डिब्बों को नष्ट किया जाता था। हमने नौ रेलवे जंक्शनों पर भी हमले किये। पूर्व में रेल ढाँचा पूरी तरह निष्क्रिय हो गया था। लगभग 180 डोंगियों पर हमला हुआ, जिससे या तो वे नष्ट हो गयीं या उन्हें भारी नुकसान हुआ। हम भारत के लोग नदी-संचार और यातायात के मामले में जागरूक नहीं हैं, लेकिन बांग्ला देश की यह विशेषता है। वहाँ इस पर सबसे ज्यादा ज़ोर है। वहाँ सामान्यतः हर दस किलोमीटर पर नदी का विस्तार है और उनमें से हरेक उत्तर में चौड़े प्रवाह-क्षेत्र को समेटे दक्षिण के सारे डेल्टाई क्षेत्र की ओर प्रवाहित होती दिखती है।

भारत ने करीब 92,000 सैनिकों को बंदी बनाया। दूसरी तरफ भारत के करीब 1,000 लोग पाकिस्तान में बंदी बनाये गये हालाँकि पाकिस्तान ने उनकी तादाद सिर्फ 640 बताई। अन्य बन्दियों की जानकारी नहीं मिली।

हमारी सेना ने लद्दाख में करीब 3,200 वर्ग किलोमीटर जमीन पर कब्जा जमा लिया, लेकिन पाकिस्तानी सीमा के पास कश्मीर के दक्षिण-पश्चिम में छंब को गँवा दिया। शकरगढ़ में हमारी बढ़त सीमित थी। सिंध के भी करीब 1,200 वर्ग किलोमीटर पर हमारा कब्जा हो गया। वास्तव में कब्जेवाला इलाका बाद में लौटा दिया गया।

हमारी प्रमुख समस्या छोटे राडारों की कमी थी। रेडियो सेटों से तैयार एक उपकरण—चाक्षुष पर्यवेक्षण प्रणाली से कुछ मदद मिली, लेकिन यह काफी देर से तैयार हुआ। क्लर्क ग्रेड के लोगों से संचालित यह उपकरण पश्चिमी सेक्टर में एक दिसंबर को और पूर्वी सेक्टर में दो दिसंबर को प्रयोग में आया। लक्ष्य के बारे में यथातथ्य सूचना मिलने पर ही विमानों पर हमला करने के लिए सही हथियार और तरीके का चुनाव हो पाता है। इस बाबत अच्छी गुप्तचर व्यवस्था भी वांछित है।

लड़ाकू बमवर्षक और जमीनी हमला करनेवाले विमान, खासतौर पर अवरोधकों को हटाने के बाबत हवाई क्षेत्रों या विमानों पर हमले में कामयाब रहे। समस्या

रात-भर दबाव बनाये रखने की थी। कैनबरा की नीची उड़ान भरते हुए हवाई पट्टी पर तड़ातड़ बम बरसाने वाली कार्रवाई लीक से हटकर ज्यादा असरदार नहीं साबित हुई। टी. ए. सी. डी. ई. के सुखोई और मिग ज्यादा प्रभावशाली थे, लेकिन शुरुआती तीन रातों के बाद उन्हें रात्रिकालीन कार्रवाई से हटाकर दूसरे काम में लगा दिया गया। यह पाया गया कि पॉयलटों को रोजाना दो उड़ानों तक सीमित रखने से उनकी क्षमता और कुशलता बरकरार रहती है।

आगे के हवाई अड्डे प्रशिक्षण-कमान के सैनिकों की मदद से तैयार किये गये। अक्तूबर के आखिर में चार-पाँच हजार तकनीशियनों को वहाँ पहुँचा दिया गया। लगभग 80 हवाईकर्मियों को विभागीय नियुक्तियों एवं प्रशिक्षण पदों के जरिए इस टुकड़ी में भेजा गया था।

खुफिया फोटोग्राफी बेहद जरूरी और मूल्यवान है। 1971 में हंटर, मिग और सुखोई में इसी लिहाज से कैमरे लगाये गये। कुछ महत्त्वपूर्ण फोटो हासिल भी किए गये, लेकिन इनकी ज्यादा से ज्यादा सफलता ही मददगार हो सकती है। युद्ध के मैदान में त्वरित फोटोग्राफी डेवलपिंग तथा प्रिन्टिंग, तथा व्याख्या की व्यवस्था की जानी चाहिए।

चूँकि वायुसेना के एडवांस मुख्यालय कोर-मुख्यालय के साथ काम करते हैं और कोर कमांडर लेफ्टिनेंट जनरल होता है, इसलिए एडवांस मुख्यालय का ए. ओ. सी. एअर वाइस एडमिरल होना चाहिए और टी. ए. सी. कमांडर एअर कमोडोर (संभव हो तो पॉयलट) होना चाहिए। इससे उनकी एक साथ काम करने की क्षमता बढ़ेगी। क्या वायु-रक्षा और जमीनी कार्रवाई दोनों ही ए. ओ. सी. एडवांस मुख्यालय के मातहत होने चाहिए ? 1965 में ऐसा नहीं था, लेकिन 1971 में यह तरीका अपनाने के नतीजे सुखद रहे।

तकनीकी नजरिए से ये थोड़े-से विचार हैं, जिनसे समझा जा सकता है कि हम अपनी कार्य-कुशलता कैसे बढ़ायें। कुछ मनोवैज्ञानिक पहलुओं पर भी विचार जरूरी है, जो पॉयलटों की सेवा-शर्तों से संबंधित हैं। संक्षेप में कहें तो एअरमैन अकेले लड़ता है, जबकि सैनिक और नौसैनिक बहुतेरे साथियों के साथ।

शत्रु के इलाके में बमवर्षक या विमान का पॉयलट ज्यादा से ज्यादा समय तक रहता है और अपना काम पूरा करने के लिए अपने ही फैसले और अपनी क्षमता पर निर्भर करता है। उसे स्वयं में साहस और मशीन पर भरोसे की जरूरत होती है। आमतौर पर हरेक बमवर्षक विमान में दो या तीन हवाईकर्मी होते हैं, जिनमें हरेक को अपने काम को अच्छे ढंग से पूरा करने की परवाह होती है, और लक्ष्य तक पहुँचने और वापस आने के लिए वे पूरी तरह से कैप्टन पर निर्भर रहते हैं।

सैनिक, चाहे वह पैदल सेना में हो या आधुनिक घुड़सवार, कमांडिंग अफसरों या

जूनियर कमांडिंग अफसरों के निर्देशन में समूह में लड़ता है। उसके साथी उस पर आये खतरों में हाथ बँटाते हैं, जरूरत पड़ने पर उसे उत्साहित भी करते हैं। और ज्यादातर मामलों में वह दुश्मन को धोखा देने या शरण लेने में भी सक्षम होता है।

लेकिन वायु सैनिकों के साथ ऐसा नहीं है। विमान उड़ाने के समय से वापस अड्डे पर लौटने तक हर क्षण वह दुश्मन की नजर में रहता है। वह नीची और तेज उड़ान भरता है। राडार के सामने पहचान की संभावना कम करने पर दुर्घटना और जमीनी हमले से नुकसान की आशंका बढ़ जाती है। युद्ध में शामिल 92 फीसदी भारतीय वायुसेना विमानों पर यह खतरा बना रहता है। वायु सैनिक के रूप में हमला करके दुश्मन को पछाड़ने की कामयाबी उस सैनिक के निजी धैर्य और आत्मविश्वास पर निर्भर करती है। उसके लिए एक खास मिजाज और गहन प्रशिक्षण की जरूरत होती है। दूसरी महत्त्वपूर्ण बात यह है कि वायु सैनिक अपने कामों के नतीजों का आकलन नहीं कर पाता। जमीन पर और कुछ हद तक समुद्र पर नतीजे स्पष्ट देखे जा सकते हैं। लेकिन बमवर्षक पॉयलट को यह मुश्किल से पता चलता है कि वह अपने लक्ष्य को पाने में कहाँ तक कामयाब रहा। इसके लिए वह जमीनी पर्यवेक्षकों की रपटों पर निर्भर रहता है। तुलनात्मक रूप से लड़ाकू विमान का पॉयलट अपने दुश्मनों को नीचे गिरता देखकर संतोष पाता है। लेकिन जमीनी हमले और बम बरसानेवाले वायु सैनिक यह भी नहीं देख पाते।

कई बार वायु सैनिक का इस्तेमाल दुश्मन को डराने के लिए किया जाता है। वह इस बात से निश्चिंत रहता है कि दुश्मन को कितना नुकसान पहुँचा सकता है। वायुसेना के सामने आनेवाली माँगों से जाहिर है कि ऐसे सैनिकों की तादाद अच्छी-खासी है। वे अपनी टुकड़ी के लिए पूरी नैतिक जिम्मेदारी से काम करके दुश्मन को सिर झुकाने पर मजबूर कर देते हैं। यह एक महत्त्वपूर्ण विचार है, लेकिन ऐसे मनोवैज्ञानिक फायदों के साथ-साथ विमानों और वायु सैनिकों के संभावित नुकसान को भी मद्देनजर रखना चाहिए। जब तक अकाट्य तर्क न हों, जमीनी मोर्चे पहली ही नजर में वायुसेना को सौंपने के बजाए थलसेना के सुपुर्द करना चाहिए।

तकनीकी और मनोवैज्ञानिक पहलुओं के अलावा तीनों सेनाओं के लिए जो बात याद रखने लायक है, वह है आपसी सामंजस्य। बांग्ला देश की लड़ाई में हमारी तीनों सेनाओं की साझा रणनीति की वजह से सशस्त्र बल सशक्त साबित हुए और उनकी कार्रवाई निर्णायक साबित हुई। वास्तव में इस युद्ध से सेनाओं के परस्पर सहयोग का महत्त्वपूर्ण पाठ मिला। सेनाओं के आपसी मतभेद दूर कर एक-दूसरे की मदद की गई और सारी कार्रवाई साझा रणनीति के तहत की गयी। हरेक ने अपनी क्षमता का भरपूर उपयोग किया और साथ ही साथ अपनी अलग पहचान भी बनाये रखी। युद्ध के ठीक पहले मैंने चुस्त-दुरुस्त बनाने तथा व्यक्तिगत संपर्क स्थापित करने के लिहाज

से सेना की सभी कमानों का मुआयना किया। पश्चिमी कमान के मुख्यालय शिमला में मैं 4 अक्तूबर को, दक्षिणी कमान के मुख्यालय पुणे में 10 नवंबर को और पूर्वी कमान के मुख्यालय कलकत्ता में 19 नवंबर को पहुँचा था। युद्ध में तीनों सेनाओं के परस्पर सहयोग से उम्मीद जगी थी कि यह बरकरार रहेगा और सेना को मजबूत बनाये रखने में मददगार साबित होगा। आमतौर पर ये अमूर्त संबंध सभी स्तरों पर निजी रिश्तों की गहराई पर निर्भर करते हैं। चाहे चीफ ऑफ स्टाफ, द्वारा प्रशिक्षण और यूनिट कमांडरों के मार्फत इन संबंधों को बरकरार रखना हो या लड़ाई के मैदान, समुद्र या आसमान में लड़ रहे सैनिकों के परस्पर सौहार्द्र का मामला हो। इसके लिए राष्ट्रीय रक्षा अकादमी भी मददगार साबित हो सकती है, जहाँ तीनों सेनाओं के आफिसर-कोर में इस तरह की समझ और संबंध बढ़ाने लायक माहौल तैयार किया जा सकता है।

फिर भी घटनाएँ कभी दूसरा ही मोड़ लेती हैं। बांग्ला देश युद्ध के दौरान पूर्व में हमारी सफलता देख, थलसेनाध्यक्ष ने सार्वजनिक घोषणा कर दी कि जो भी कामयाबी मिली है, उसका श्रेय सिर्फ उन्हीं को है। उनके ये स्वर तीखे होते गये और उन्होंने यहाँ तक कह दिया कि अगर नियाज़ी ने आत्मसमर्पण नहीं किया तो वे कुछ भी करने के लिए "अपनी वायुसेना को आदेश देंगे।" सफाई पेश की जा सकती है कि यह बयान बेहद तनाव की हालत में जारी किया गया और ज़बान फिसल गयी या दुश्मन को धमकाने के लिए यह बात कही गयी। इस तरह के कई तर्क जुटाए जा सकते हैं। फिर भी इसका आशय यही दिखता है कि थलसेना सबसे वरिष्ठ है और संख्या के लिहाज से भी बड़ी है और यह भी कि भारत की सुरक्षा को सबसे ज्यादा खतरा जमीनी मोर्चे पर है। इससे यह भी लगता है कि देश की रक्षा का दारोमदार थलसेना पर ही है। इन विचारों से तो इसी धारणा को बल मिलता है कि वायुसेना को थलसेना का हिस्सा बना देना चाहिए और नौसेना अगर इन दोनों में नहीं मिल सके तो उसे संगठनात्मक रूप से छोटा कर देना चाहिए। मेजर जनरल हबीबुल्ला ने भी अपनी किताब 'द सिन्यूज ऑफ इंडियन डिफेंस' में सेना के पुनर्गठन का सवाल उठाया है, जिसे मनमाना तो कहा जा सकता है, बेमतलब नहीं।

इस तरह के विचारों से जुड़ा हुआ यह विश्वास भी है कि सेना के तीनों अंग अधिक सुचारु रूप से कार्य कर सकते हैं यदि एक चीफ ऑफ डिफेन्स स्टाफ तीनों अंगों का संचालन करे। जनरल चौधरी ने भी अप्रत्यक्ष तौर पर ऐसा सेनाध्यक्ष बनाने पर जोर दिया था। उनके पहले और बाद के दूसरे अफसरों ने भी यही सुझाव दिया है। 1971 में युद्ध के पहले और बाद में मानेकशा का जिस तरह प्रचार किया गया, उससे यही धारणा बनी कि वे पूरी की पूरी सेना के ही मुखिया हैं, जबकि उस समय वे चीफ्स ऑफ स्टाफ कमेटी के अध्यक्ष थे और इस रूप में उनकी हैसियत बाकी दो

साथियों के समान ही थी। कमेटी की दैनिक बैठकों में उनका व्यवहार और आचरण तो मित्रवत् तथा सहयोगपूर्ण था, लेकिन कई दफा उन्होंने बाकी दोनों सेनाओं के बारे में भी जानकारी माँगी। वह सेना के कार्यकलापों के बारे में चर्चा करना पसन्द नहीं करते थे परन्तु यथेष्ट कारण बताये बिना वायुसेना की सहायता की माँग करते थे। यह प्रयासों को एक लक्ष्य प्रणाली से हटाकर दूसरी ओर मोड़ता था। वह यह जताने की कोशिश करते थे कि वे वायुसेना के प्रयोग के लिए भी अधिकृत हैं न कि सेना का सहयोग देने के लिये। लेकिन मैंने और नंदा ने उनकी माँगें पूरी कीं और तनाव व भागदौड़ के जिस दौर से मानेकशा गुजर रहे थे, उसमें उनके काम में अड़ंगा नहीं लगाया। पश्चिमी मोर्चे पर पंजाब सेक्टर में सेना के कामकाज की प्रगति या अवरोध के बारे में सवाल उठाने के बावजूद कोई वैकल्पिक योजना तैयार नहीं की गयी, जिससे थलसेना इन अवरोधों को हटा सके। कई बार लगा कि थलसेना जैसा चाहेगी वैसा करेगी, वायुसेना और नौसेना पूरी क्षमता से उसकी मदद करेंगी। हमने यही किया और पूर्णरूप से। किसी भी प्रकार की व्यक्तिगत भावना को युद्ध की कार्यवाही पर हावी नहीं होने दिया। हमने सेना के संकल्प को अपना संकल्प माना और पूरी क्षमता से कार्य किया। मानेकशा का अस्वस्थ रवैया काम में रुकावट नहीं बन सका।

लेकिन युद्ध खत्म होने के बाद, उनके जो विचार तीनों सेनाध्यक्षों के ऊपर चीफ ऑफ डिफेन्स स्टाफ बनाने के बारे में थे, वे अधिक समय तक दबे नहीं रह सके और उभर कर सामने आ गये। 24 मार्च, 1972 को जब मैं डिब्रूगढ़ के पास छबुआ में था, दिल्ली से प्रधानमंत्री के प्रमुख (निजी) सचिव पी. एन. हक्सर का फोन आया और उन्होंने मुझसे बात करनी चाही। उनका कहना था कि सरकार मानेकशा को चीफ ऑफ डिफेंस स्टाफ नियुक्त करना चाहती है, इस रूप में वे बांग्ला देश युद्ध में सेना का निर्देशन कर ही चुके हैं। अंतिम फैसला करने से पहले मेरी राय माँगी गयी।

उसी दिन शाम को मैंने हक्सर को अपनी प्रतिक्रिया से अवगत करा दिया। मैंने उनका ध्यान इस तरफ आकृष्ट किया कि बांग्ला देश की लड़ाई में तीनों सेनाओं ने बराबरी से हिस्सा लिया था और बिना किसी 'सुपर चीफ' के अपनी पूरी क्षमता से लड़ी थीं। सेनाओं के बीच का विवाद खत्म करने के लिए चीफ ऑफ डिफेंस स्टाफ की नियुक्ति की दलील मैं स्वीकार नहीं कर सकता था, क्योंकि सरकार से इस मामले में निष्पक्ष फैसले की उम्मीद थी। समस्या से निजात का यह एक तरीका माना जा सकता है, लेकिन इस तरह के थोपे गये समाधान से संतोषजनक नतीजे नहीं निकल सकते। अन्य सेनाध्यक्षों की अवहेलना करके तथा विचार विमर्श द्वारा उन्हें आश्वस्त किये बिना इस प्रकार के समाधान से इस बात की पूरी संभावना थी कि सी. डी. एस. के निर्णयों को ठीक प्रकार से लागू न किया जाता। वास्तव में प्रस्तावित मसौदे में मुझे एक खतरा भी दिख रहा था कि अगर चीफ ऑफ डिफेंस स्टाफ अत्यधिक

हठी हो और दूसरों के विचारों को भी महत्त्व न देता हो, तब क्या होगा। महत्त्वपूर्ण बात, जिसे मैंने बरकरार रखी और आज भी मानता हूँ, वह यह है कि तीनों सेनाओं के प्रमुखों को समान रूप से काम करना चाहिए और बीच की प्रशासनिक व सैनिक समस्याएँ मिल-बैठकर निपटानी चाहिए। काफी हद तक मानेकशा, मैं और नंदा इससे सहमत थे तथा मैंने और नंदा ने तो बांग्ला देश युद्ध के दौरान ही नहीं, सेना से रिटायर हो जाने तक इसका पालन भी किया।

युद्ध के दौरान मानेकशा ने मेरे व नंदा के मुकाबले कुछ ज्यादा ही जिम्मेदारी निभाई। चीफ्स ऑफ स्टाफ कमेटीज़ के अध्यक्ष के तौर पर उन्होंने दैनिक बैठकों की अध्यक्षता करने के साथ-साथ डी. पी. धर की अध्यक्षता में होनेवाली विदेश नीति-योजना समिति की बैठकों में भी हिस्सा लिया। वे चीफ्स ऑफ स्टाफ कमेटीज़ (सी. ओ. एस. सी.) के प्रवक्ता भी खुद बन बैठे, इससे उन्हें (खुद-ब-खुद) प्रचार मिला। लेकिन उनकी इन अतिरिक्त जिम्मेदारियों से उन्हें प्रचार भले मिला हो, इससे सी. ओ. एस. सी. के अन्य दो सेनाध्यक्षों के कामकाज में कोई फर्क नहीं पड़ा मानेकशा ने सेना व देश की जिस समर्पित भाव से सेवा की, उससे वे वाकई फील्ड मार्शल के पद के हकदार थे। इस पद के हकदार सेना के अधिकारी को वास्तव में तेज दिमाग, हाजिरजवाबी और भरपूर कौशल व कठिन परिश्रम के सहारे हालात को अपने पक्ष में मोड़ने की क्षमता होनी चाहिए जैसी मानेकशा में थी। बहरहाल, इन सबके बावजूद मैं यह नहीं सोचता कि उन्हें चीफ्स ऑफ डिफेंस स्टाफ बनाना चाहिए था, जैसी कि 1972 की शुरुआत में तैयारी थी। यह कहा जा चुका है कि कमेटी जिस तरीके से काम करती है, यह पूरी तरह से सेना के तीनों अंगों के प्रमुखों के मिजाज पर निर्भर करता है। यह सच्चाई है और पिछले कुछ वर्षों में इसके सबूत भी मिल चुके हैं। सेना के हरेक अंग का मुखिया खासे दबाव में रहता है और उसे उपलब्ध धन से हालात के मद्देनजर सेना को तकनीकी और मानवीय तौर पर आधुनिक बनाना होता है। रक्षा-जरूरतों के साथ-साथ भौतिक और वित्तीय सीमाओं की वजह से ऐसा रास्ता निकालना पड़ता है जो सभी को मंजूर हो और कम से कम लागत से भी बेहतर नतीजे देनेवाला हो। सेना के तीनों अंगों की माँगों पर विचार करते समय यह ध्यान रखना चाहिए कि इन माँगों के कारण ही उनके बीच मनमुटाव की संभावना उत्पन्न हो सकती है। यही वह समय है जब सेनाध्यक्षों को पारस्परिक विश्वास और धैर्य प्रदर्शित करना चाहिए जो अन्तर्सेवा सहयोग के मुख्य तत्त्व हैं और जिनके अभाव में स्वतंत्र और निष्पक्ष विचारों का आदान-प्रदान असंभव है।

इन गुणों के अभाव में टकराव बढ़ता है। हाल के वर्षों में वायुसेना और नौसेना की समुद्र पर मारक क्षमता बढ़ी है। वर्षों तक वायुसेना ने तटवर्ती इलाकों पर नजर रखने के लिए नौसेना को विमान उपलब्ध कराये थे। यह व्यवस्था सेना के दोनों ही

अंगों को मंजूर थी और यह 1977 तक चलती रही। वायुसेना ने विशेष यूनिटों का गठन और प्रशिक्षण का काम सँभाला तथा योजना बनाने और नियंत्रण रखने के लिए नौसेना-वायुसेना ने साझा संगठन बनाया। इस योजना का 1971 के युद्ध में भी इस्तेमाल हुआ। यद्यपि इस कार्य के लिए इस्तेमाल होनेवाले उपकरणों के साथ कई कमियाँ थीं। राडार युक्त सुपर कंसटेलेशन एवं एवरो समुद्री जहाज की टोह ले सकते थे परन्तु जरूरी होने पर भी उस पर हमला नहीं कर सकते थे। यह स्वाभाविक ही था, क्योंकि 1971 से पहले से ही नौसेना की ठीक-ठाक मदद करने के लिए एम/आर राडारयुक्त कारगर विमान की जरूरत पड़ने लगी थी।

यह मामला तत्कालीन नौसेना और वायुसेना प्रमुखों के पास गया। उन दोनों ने नौसेना की इस जरूरत को नहीं समझा और इसे आत्मसम्मान का मुद्दा बनाकर दुष्प्रचार भी किया। दोनों ने नये विमान को अपनी-अपनी सेना में शामिल करने की माँग उठाई। आखिरकार विवाद रक्षा मंत्रालय तक पहुँच गया, जिसने नौसेना को एम. आर राडारयुक्त नया विमान सौंप दिया और वायुसेना के पास वही घिसा-पिटा पुराना बिना एम/आर उपकरण का विमान बना रहा। आज दोनों के बीच यह विवाद दब भले ही गया हो, दोनों का एक-दूसरे पर आरोप यही है कि एक ने दूसरे के हक पर नाजायज कब्जा किया है। दोनों की प्रवृत्ति एक-दूसरे से दूर रहने की है। मामले का खेदजनक पहलू यह है कि अगर ऐसी बातों को नजरअंदाज किया जाता रहा तो यह वायुसेना के विखंडन को न्यौता देगा क्योंकि थलसेना यह माँग करती रही है कि उसके नियंत्रण में अलग से एक वायुसेना होनी चाहिए।

युद्ध हमारे लोगों को साथ-साथ काम करने के लिए प्रेरित करता है। शांति उन्हें छोटे समूहों में बाँट देती है। हमें इन छोटे हितों से ऊपर उठने और वही सब करने की जरूरत है, जिसमें देश का भला हो।

जहाँ तक मेरा सवाल है, मैंने अपनी जिंदगी देश की सेवा में बिताई है। मुझे विश्वास है कि मैंने अपनी पूरी क्षमता व योग्यता और गंभीरता से देश की सेवा की है। सरकार ने मुझे 1965 की सैनिक कार्रवाई के लिए पद्मभूषण और 1971 में पद्मविभूषण सम्मान दिया। जब मैं 15 जनवरी, 1973 को वायुसेना से रिटायर हुआ तो मुझे अनेकों मर्मस्पर्शी विदाई संदेश मिले, जिनसे भी मैंने अपनेआप को सम्मानित महसूस किया। सबसे मर्मस्पर्शी संदेश विंग कमांडर के. एल. जौहरी का था, जो स्क्वाड्रन 33 के ओ. सी. थे :

> *तुमने हमें ससम्मान आकाश को छूने तथा उसे लाल (पी. सी. लाल) रंग से रँगने की प्रेरणा दी। यह रंग सदैव गाढ़ा होता जायेगा। हमारा प्रताप सदैव हमारी प्रेरणा बना रहेगा।*

अलविदा, श्रीमान।

उपसंहार

आज की दुनिया में किसी भी महत्त्वपूर्ण घटना को छिपाए रखना संभव नहीं है। 25 मार्च, 1971 की काली रात को पश्चिमी पाकिस्तान ने ज्यों ही पूर्वी पाकिस्तान में कत्लेआम शुरू किया, उसकी खबरों से भारत का भी दिल दहलने लगा। खबरें चारों दिशाओं में बड़ी तेजी से फैलने लगीं। साथ ही शुरू हो गया पलायन का सिलसिला। रोजाना औसतन 40 हजार बेसहारा, बेघर लोग शरणार्थी बनकर आने लगे। आठ महीनों में यह तादाद एक करोड़ के आसपास हो गयी। अमानवीय क्रूरता और घोर अनैतिकता से शरणार्थी बना दिये गये इन लोगों की मौजूदगी स्वीकार कर भारत के लिए सामाजिक-आर्थिक बोझ उठाना संभव नहीं था। 31 मार्च, 1971 को प्रधानमंत्री ने लोकसभा में कहा था :

> *"पूर्वी बंगाल में हमारे शूरवीर पड़ोसी के साथ यह सलूक उस समय किया गया, जब वह चुनावी जीत की खुशियाँ मनाने में मशगूल था। इस हादसे से उनके कष्ट, उनकी मातृभूमि का बेहिसाब बँटवारा और भविष्य के लिए उनकी चिंता के दौर में हम उनके साथ हैं।...हम इस अभियान के ऐतिहासिक महत्त्व के बारे में सचेत हैं।...मैं अपने सम्मानित सदस्यों से वादा करती हूँ कि इस मामले में फैसला लेने में हमें देर नहीं लगेगी, जैसाकि कई सदस्यों ने आशंका जताई है। समय बीत जाने पर फैसला लेने का कोई सवाल ही नहीं है।"*

बाद में उन्होंने कहा था :

> "इस निर्मम त्रासदी पर दुनिया ने अपनी प्रतिक्रिया जताने में जो असाधारण विलंब किया है, इस मामले में मैं भी सदन की चिंता से सहमत हूँ।"

उन्होंने फिर कहा :

"हम इस बात से सहमत हैं कि पूर्वी बंगाल की समस्या को सेना के बल पर नहीं सुलझाया जा सकता। उन्हें इसका राजनैतिक समाधान खोजना चाहिए, जिनके पास ऐसा करने की क्षमता है। विश्व-जनमत बहुत बड़ी ताकत है। यह बहुत प्रभावकारी सिद्ध हो सकता है। बड़ी ताकतों की विशेष जिम्मेदारी है। अगर वे फौरन अपनी ताकत का इस्तेमाल करते हैं, तभी हम इस उप-महाद्वीप में स्थाई शांति की उम्मीद कर सकते हैं। लेकिन अगर वे ऐसा करने में नाकाम रहे, मेरे विचार से जिसकी आशंका नहीं है, तो मानवाधिकारों का हनन, लोगों के उत्पीड़न और खासी तादाद में बेघरबार होती आबादी के चलते शांति कैसे कायम हो सकती है।"

अमेरिका के डेमोक्रेटिक पार्टी के सीनेटर एडवर्ड कैनेडी ने मौका-मुआयना करने के लिए उप-महाद्वीप का दौरा किया। उन्होंने कहा,

"हमारे रक्षा-उपकरणों, बंदूकों, टैंकों और विमानों से यह तबाही फैली है। और यह सब अमेरिकी सैन्य सहायता का इस्तेमाल न करने के समझौते को नकारकर हो रहा है।"

पाकिस्तान के जनरल फज़ल मुक़ीम ख़ान ने लिखा है :

"जून तक सैनिक कार्रवाई का कोई उद्देश्य नहीं दिख रहा था और लड़ाई की निरर्थकता जाहिर हो रही थी। पूर्वी और पश्चिमी पाकिस्तान को सिर्फ सेना के बूते एक नहीं रखा जा सकता था...राष्ट्रपति खुद को राजनैतिक रूप से बेहद कठिन स्थिति में पा रहे थे। मुजीबुर्रहमान को विश्वासघाती करार देने और अवामी लीग के टूट जाने के बाद उपजे खालीपन को वे भर नहीं सके...बहरहाल, हालात राष्ट्रपति पर भारी पड़े। बाद में उन्होंने अनमने भाव से राज्य में सरकार बनाने की कोशिश की। लेकिन तब तक बहुत देर हो चुकी थी।"

हमारे विदेशमंत्री सरदार स्वर्ण सिंह ने कहा था :

"पाकिस्तान दुनिया में यह गलत धारणा पैदा करने की कोशिश कर रहा है कि उसकी समस्या का ताल्लुक बांग्ला देश से नहीं, भारत से है। पाकिस्तान को यह समझना चाहिए कि बांग्ला देश के प्रतिनिधिमंडल के साथ बातचीत करके ही समस्या हल हो सकती है। जब तक पाकिस्तान यह नहीं महसूस करता तब तक मुक्तिवाहिनी की गतिविधियाँ बढ़ती जायेंगी और अगर पाकिस्तान ने भारत पर आक्रमण किया तो हम उसका पुरजोर मुकाबला करेंगे।"

9 अगस्त को भारत और सोवियत संघ ने परस्पर शांति और मैत्री के समझौते पर दस्तखत किये थे। सोवियत संघ ने पाकिस्तान से भी प्रस्ताव किया था बशर्ते कि वह सीटो (एस. ई. ए. टी. ओ.), सेंटो (सी. ई. एन. टी. ओ.) और मैप (एम. ए. पी) संगठनों से अलग हो जाये लेकिन पाकिस्तान ने इसे नकार दिया।

श्रीमती इंदिरा गांधी ने 23 अक्टूबर से तीन हफ्ते की विदेश यात्रा शुरू की थी। उन्होंने ब्रिटेन, फ्रांस, पश्चिमी जर्मनी, बेल्जियम, अमेरिका और आस्ट्रेलिया जाकर शरणार्थियों के लिए मदद की अपील की और पाकिस्तान के राष्ट्रपति पर यह दबाव डालने की माँग की कि वे समस्या का राजनैतिक हल खोजें। लेकिन उन्हें निराश होकर लौटना पड़ा।

अमेरिका 'सुपर पावर' है, लेकिन उसने भी मदद नहीं की। अमेरिकी राष्ट्रपति रिचर्ड निक्सन और उनके राजनैतिक सलाहकार हेनरी किसिंगर चीन से दोबारा मेल करने को उत्सुक थे, ताकि रूस के खिलाफ उससे दोस्ती काम आये और इसीलिए उन्होंने अन्य सभी विचारों को नजरंदाज किया। पाकिस्तानी राष्ट्रपति ने जुलाई में किसिंगर की बीजिंग यात्रा का बंदोबस्त किया था। श्री भुट्टो वहाँ नवंबर में गये थे। भारत को युद्ध की धमकी देने के पीछे अमेरिका और चीन से पाकिस्तान को मिला यही समर्थन काम कर रहा था। किसी देश की सरकार और वहाँ की जनता के विचारों में यह भारी असमानता इतिहास की अनोखी घटना थी।

श्री केनिथ बी. कीटिंग 1971 में भारत में अमेरिका के राजदूत और श्री आर्चर के. ब्लड् ढाका में अमेरिकी वाणिज्य दूत थे। 'वाशिंगटन पोस्ट' के रिपोर्टर श्री लारेंस स्टर्न द्वारा 6 जनवरी, 1972 को छपी खोजी खबर के मुताबिक अप्रैल के मध्य में कीटिंग ने अमेरिकी मंत्री विलियम पी. रोजर्स को एक गोपनीय तार भेजा था। इसमें कहा गया था, "पाकिस्तान के एक देश के रूप में पूरी तरह खत्म हो जाने की संभावना है। भारत वाकई दबंग है और उसके पास सैन्य ताकत भी है। कम ताकत और भारी-भरकम समस्याओं से ग्रस्त बांग्ला देश का स्वतंत्र देश के रूप में उदय भी संभव है। अमेरिका को कुछ करना होगा...।" यह पहला मौका नहीं था जब राजदूत ने यह तार भेजा हो। लेकिन पाकिस्तान में अमेरिकी राजदूत जोसफ एस. फरलैंड भी निक्सन की नीतियों के हिमायती बन गये।

कीटिंग ने रोजर्स को सलाह दी थी, "पूर्वी बंगाल के बंगालियों पर सैनिक कार्रवाई न करने के लिए पाकिस्तान पर दबाव डालें और साफ-साफ जता दें कि पूर्वी बंगाल में अमेरिकी हथियारों का जिस कदर इस्तेमाल हो रहा है, उससे अमेरिका नाखुश है। और निर्वाचित नेता शेख मुजीबुर्रहमान की रिहाई के लिए भी पाकिस्तान पर दबाव डालें।" उन्होंने यह भी कहा था, "अमेरिकी सैनिक-मदद और आर्थिक सहायता रोक देने से भी शांति हो सकती है...संक्षेप में अमेरिका की भारत, पश्चिमी

पाकिस्तान और बांग्ला देश, तीनों में दिलचस्पी है जो शायद एक साथ संभव नहीं है। हमें दक्षिण एशिया की नयी ताकत के साथ चलना होगा और सौभाग्य से इस समय नैतिकता का तकाजा भी यही है।"

विदेशी पत्रकार और संवाददाता जल्दी ही पूर्वी पाकिस्तान से हट गये। लेकिन जाने के पहले वे हजारों लोगों के कत्लेआम के गवाह थे। इन लोगों ने मशीनगनों और छोटे हथियारों की गड़गड़ाहटें सुनी थीं और कई इलाकों को आग में जलते देखा था। अमेरिकी वाणिज्य दूत ने बड़े पैमाने पर की गयी हत्याओं की रपट भेजी थी जिसे अतिशयोक्ति समझा गया था। वाणिज्य दूतावास के अधिकारियों ने अमेरिकी सरकार को एक याचिका भी भेजी थी, जिस पर श्री ब्लड् ने दस्तखत करने के बजाय 'उपयुक्त अधिकारियों' के पास भेज दिया था। ब्लड् जब जून में छुट्टियाँ मनाने अमेरिका गये तो उन्हें शेष कार्यकाल पूरा करने के लिए ढाका आने ही नहीं दिया गया।

इन घटनाओं के लिए दो तर्क दिये जाते हैं। पहला, "राष्ट्रपति निक्सन की अगले ही महीने पेइचिंग में होनेवाली बातचीत में अत्यधिक दिलचस्पी" और दूसरा, राष्ट्रपति के सलाहकार हेनरी किसिंगर का यह मत कि अमेरिका को एशिया में परस्पर विरोधी ताकतों के बीच संतुलन बिठाने की कोशिश करनी चाहिए, इसी में अमेरिकी हितों की सुरक्षा है।

दिसंबर की शुरुआत में अमेरिका ने भारत आनेवाले सेना के जहाजों के लाइसेंस रद्द कर दिये। और जब युद्ध शुरू हुआ तो संयुक्त राष्ट्र सुरक्षा परिषद् में अमेरिकी प्रतिनिधि जार्ज बुश ने भारत को आक्रमणकारी बताया। चीन के प्रतिनिधि ह्वांग-हुवा ने भारत पर पाकिस्तान के अंदरूनी मामलों में दखल का राग अलापा। चीन ने फौरन शांति की कोशिश करने को कहा और पूर्वी बंगाल से भारतीय सेना को वापस बुलाने और वहाँ संयुक्त राष्ट्र पर्यवेक्षक तैनात करने की माँग की। इस बात को लेकर उनके और सोवियत प्रतिनिधि जैकब मलिक के बीच गरमागरम बहस भी हुई। जब प्रस्ताव पर मतदान की बारी आयी तो ब्रिटेन, फ्रांस और बेल्जियम इससे हट गये। लेकिन फ्रांस ने बांग्ला देश के बारे में सहमति जताई।

संयुक्त राष्ट्र संघ की महासभा और सुरक्षा परिषद् की बैठकों के अलावा व्हाइट हाउस में 3, 4, 6 और 8 दिसंबर को वाशिंगटन स्पेशल एक्शन ग्रुप (डब्ल्यू. एस. ए. जी.) की भी बैठकें हुईं।

संयुक्त राष्ट्र संघ (यू. एन. ओ.) अपने लोगों को ढाका से वापस बुलाना चाह रहा था। इसलिए भारत ने 7 दिसंबर को सवेरे 7 बजे से 11 बजे तक के लिए तेजगाँव हवाई अड्डा सी-130 विमान के लिये खाली छोड़ दिया। भारतीय वायुसेना को बमबारी बंद करने को कहा गया, ताकि पिछली रात में मिग-21 की बमबारी से हुए

गड्ढे भरे जा सकें। खाली करने की दूसरी कार्रवाई 12 दिसंबर को हुई। विमान पहले कलकत्ता में, फिर ढाका में उतरे। उसी दिन सवेरे 8 बजे से दोपहर 12 बजे तक कराची में भी इसका बंदोबस्त किया गया। मुझे भारत में ब्रिटिश उच्चायुक्त टेरेन्स गार्वे की 12 दिसंबर की एक चिट्ठी मिली, जिसमें लिखा था :

प्रिय वायुसेनाध्यक्ष,

रॉयल एअर फोर्स की चार उड़ानें आज कलकत्ता से ढाका गयीं और ब्रिटिश मूल के व कई दूसरे देशों के लोगों को लेकर लौटीं।

यह कार्रवाई, जो अब सफलता के दौर में है, आपकी और आपकी सेना की मदद, धैर्य और समझदारी के बिना संभव नहीं थी। कृपया मेरी शुभकामनाएँ स्वीकार करें।

कराची और इस्लामाबाद से हमारे लिए विमानों का बंदोबस्त करने के लिए हम आपके आभारी हैं।

आपका ही
(हस्ताक्षर)
टेरेन्स गार्वे

संयुक्त राष्ट्र संघ (यू. एन. ओ.) महासभा की 8 दिसंबर को दोबारा हुई बैठक में युद्धविराम का मुद्दा फिर उठा। इस तरह के प्रस्ताव जरूरी नहीं होते, वे सिफारिशों के तहत लाये जाते हैं। भूटान और 9 कम्युनिस्ट देश भारत के समर्थन में थे। ब्रिटेन और फ्रांस फिर मतदान से अलग हो गये। 7 घंटे तक चली बहस देर रात को खत्म हुई, लेकिन कोई राजनैतिक समाधान नहीं सूझा।

9 दिसंबर को वाशिंगटन से कृष्णा भाटिया ने 'हिंदुस्तान टाइम्स' के लिए भेजी गयी रपट में कहा था कि वहाँ भारत-विरोधी नरम हो रहे हैं—दो दिनों से व्हाइट हाउस और सीनेट के वरिष्ठ अधिकारी संवाददाताओं को बता रहे हैं कि हमले का जो आरोप भारत पर है वह "अनधिकृत और बढ़-चढ़कर की गयी बयानबाजी करने की वजह से हुआ।" भारत पर यह आरोप इसलिए लगाया गया कि उसने "शांतिपूर्ण समाधान के सभी तरीके इस्तेमाल किये बगैर ही सैनिक कार्रवाई शुरू कर दी।" संयुक्त राष्ट्र संघ सुरक्षा परिषद् और महासभा की बैठकों में अमेरिकी राजदूत को भारत के लिए 'हमलावर' जैसे शब्दों का इस्तेमाल नहीं करने के लिए कहा गया। निक्सन भारत व पाकिस्तान के घरेलू मामलों को अपने देश की घरेलू राजनीति में लाना नहीं चाहते थे।

ब्रिटेन के पूर्व श्रममंत्री हेराल्ड विल्सन, जो संयोगवश उस समय न्यूयार्क में थे, ने एक टी. वी. इंटरव्यू में कहा था कि वे भारत-पाकिस्तान के बारे में ताजा अमेरिकी नीति से सहमत नहीं हैं।

14 दिसंबर को जब अमेरिका का परमाणु अस्त्रों से सुसज्जित सातवाँ बेड़ा 'इन्टरप्राईज़' उत्तर वियतनाम की टोंकीन खाड़ी से होते हुए बंगाल की खाड़ी में प्रविष्ट हुआ तो इरादा यह बताया गया कि बांग्ला देश में फँसे अमेरिकियों को वापस बुलाने के लिए इसे भेजा जा रहा है। सच्चाई यह थी कि अमेरिकी नागरिक विमानों के जरिए पहले ही बांग्ला देश से हटा लिये गये थे। भारत स्थित अमेरिकी दूतावास ने सातवाँ बेड़ा भेजे जाने की कोई पूर्व सूचना नहीं दी थी और दिल्ली में जब कीटिंग से इस बाबत जानकारी माँगी गयी तो उन्हें एक दिन पहले की व्हाइट हाउस की प्रेस कांफ्रेंस का हवाला दे दिया गया।

इंडो-अमेरिकन चैम्बर्स ऑफ कामर्स के अध्यक्ष ए. एल. टेलर ने भारत के बारे में अमेरिकी नीतियों की पुनर्समीक्षा की माँग की। उन्होंने भारत सरकार के बारे में कहा कि उसने "बीते नौ महीने में अत्यधिक विवेकशीलता और संयम से काम लिया है।"

पूर्वी पाकिस्तान के समर्पण के साथ ही लड़ाई का मकसद हासिल हो गया था। श्रीमती गांधी ने यह दिखा दिया कि वे विरोधी माहौल में भी साहस और विश्वास से भरी हुई हैं। उन्होंने यह भी साबित कर दिया कि उन्होंने बड़ी समझदारी का खेल खेला है। उन्हें लगने लगा कि अब इकतरफा युद्धविराम की घोषणा का वक्त आ गया है। उन्होंने न केवल कैबिनेट के साथियों से विचार-विमर्श किया, बल्कि विपक्षी दलों की भी अलग से बैठक बुलाई। उन्होंने सभी को हालात और अपने इरादे की जानकारी दी और युद्धविराम की घोषणा की। उन्होंने विपक्षी नेताओं से बातचीत में उन्हें पूरी अहमियत दी, उसका एहसास भी कराया और राष्ट्रीय संकट में मदद की अपील की। श्रीमती गांधी ने विलक्षण कूटनीतिक प्रतिभा का परिचय दिया और सारे देश का समर्थन हासिल कर लिया।

इसी बीच श्रीमती गांधी ने अमेरिकी राष्ट्रपति को एक आवेशपूर्ण पत्र भेजा। इसमें लिखा कि भारतीय सैनिकों ने अमेरिकी नागरिकों के जीवन-मूल्यों की रक्षा के लिए खून बहाया है। उन्होंने यह बात दोहराई कि वे हमेशा कहती आयी हैं, जिसे राष्ट्रपति निक्सन मान नहीं रहे कि भारत की आकांक्षा सीमा-विस्तार नहीं है, अतः रक्तपात और नहीं बढ़ना चाहिए। उन्होंने दोहराया कि युद्ध छेड़ने की बजाय कितना अच्छा होता कि एक व्यक्ति, यानी शेख मुजीबुर्रहमान से बातचीत कर ली जाती। उन्होंने यह भी कहा कि यह अमेरिकी प्रशासन की नाकामी है जो उसने इस्लामाबाद के सैनिक गुट के खिलाफ कार्रवाई नहीं की, जो बांग्ला देश में हुए नरसंहार के लिए जिम्मेदार है। उन्होंने यह भी कहा कि भारत को इन बातों के लिए उत्तरदायी ठहराये जाने से भारत को ठेस पहुँची है। जो आखिरकार देश के लिए इतना बड़ा संकट बनी। उन्होंने नाराजगी जताई कि दुनिया के शक्तिशाली देश चाहते तो इस समस्या

का शांतिपूर्ण समाधान कर सकते थे, लेकिन उन्होंने कोई परवाह नहीं की।

इस तरह युद्ध खत्म हुआ। इसी बीच 'पाकिस्तान पर हमला' शीर्षक गुप्त अमेरिकी फाइल का एंडरसन ने खुलासा किया। संवाददाता जैक एंडरसन ने भारत-पाक संकट के बारे में 3, 4 और 6 दिसंबर को व्हाइट हाउस में हुई गुप्त बैठकों के कागजात प्रकाशित किए।

जनवरी 1972 के 'शिकागो डेली न्यूज़' में किसिंगर का एक बयान छपा था : "भारत के साथ कड़ाई न बरतने की वजह से राष्ट्रपति हमें नरक में ले जा रहे हैं।" इसी अखबार में राष्ट्रपति निक्सन का बयान था, "हर कोई जानता है कि भारत आखिरकार पूर्वी बंगाल को हथिया लेगा।...इसलिए हमें भारत के साथ उदासीन रवैया अपनाना चाहिए और भारतीय राजदूत को ज्यादा महत्त्व नहीं मिलना चाहिए।"

'लास एंजिल्स टाइम्स' के जनवरी 1972 के एक अंक में स्तंभकार क्लेटन फ्रिची ने व्हाइट हाउस पासेस दी बक शीर्षक लेख में लिखा :

> *"भारत-पाक संकट पर अमेरिकी प्रशासन की गलत नीतियों पर एंडरसन के कागजातों से उठे सवालों के जवाब में व्हाइट हाउस अपने ही विभागों की जानकारी सार्वजनिक करा रहा है। यह अशोभनीय काम है... भारत-पाकिस्तान संघर्ष के बारे में राजनयिक रिपोर्टिंग उत्तम थी। भारत स्थित अमेरिकी राजदूत केनिथ कीटिंग ने हालात का सही आकलन इसके विस्फोटक होने के पहले ही अनुमान कर लिया था। उन्होंने संकट का पूर्वानुमान करके निक्सन की पाक-परस्त नीतियों के खिलाफ चेतावनी भी दे दी थी।"*

भारत में अमेरिकी राजदूत के नाते दो कार्यकाल (1949 से 1951 तक और 1963 से 1969 तक) पूरा कर चुके चेस्टर बावेल्स के विचारों को भी यहाँ प्रस्तुत करना जरूरी है। 30 जनवरी, 1972 को वाशिंगटन पोस्ट में 'दक्षिण एशिया में हमारे संकट के पाँच पाठ' शीर्षक से उन्होंने निक्सन-सरकार पर सूचना छिपाने और अपने ही प्रतिनिधियों की सिफारिशों को नजरंदाज करने का आरोप लगाया। उन्होंने सवाल उठाया, "इन भयंकर भूलों की व्याख्या कैसे की जायेगी ?" वे आगे लिखते हैं, "कुछ समीक्षकों का प्रामाणिक तौर पर मानना है कि हमारे भोले-भाले राष्ट्रपति हालात से अनजान बने रहे और पाकिस्तानी जनरलों के अंग्रेजी बोलने के लहजे तथा उनके गोल्फ और पोलो खेलने और सूखी अबाबीलों के प्रेम पर मुग्ध हो गये।"

दूसरी संभावना यह थी कि वियतनाम और मध्य-पूर्व के चक्कर में उलझी अमेरिकी सरकार "दक्षिण एशिया के खतरे को भाँप न सकी। और जब बात काफी आगे निकल गयी थी तो वह आपा खो बैठी और बचाव कर रहे भारतीयों के बारे में उल्टी राय बना ली।"

तीसरी वजह यह थी कि निक्सन पाकिस्तान के सहारे चीन से रिश्ते सुधारना चाहते थे। बावेल कहते हैं कि उन्होंने ही चीन से रिश्ते बढ़ाने का प्रस्ताव किया था। लेकिन उनका कहना है, "अमेरिका को यह सच्चाई समझनी चाहिए कि अगले दशक में हमें नष्ट करने की क्षमता चीन में नहीं, सोवियत संघ में होगी। इसलिए सोवियत संघ से कमजोर रिश्ते मजबूत करने चाहिए...अमेरिकी विदेश नीति का यह भी एक मकसद होना चाहिए, जिससे चीन भी हमारा विरोध न कर सके।" पाँच पाठ उन्होंने इस तरह गिनाए :

> *पहला, गरीब देशों की आकांक्षा हथियारोन्मुख राजनय से ज्यादा ताकतवर है।*
>
> *दूसरा, अमेरिका को ऐसी हालत में हथियारों की आपूर्ति रोक देनी चाहिए, जब इन हथियारों से शक्ति-संतुलन बिगड़ रहा हो या उससे संघर्ष का खतरा हो।*
>
> *तीसरा, हमें यह धारणा छोड़ देनी चाहिए कि आर्थिक सहायता के बदले निष्ठा भी खरीदी जा सकती है और हमें उन देशों की मदद पर केंद्रित होना चाहिए जो इसका इस्तेमाल जिम्मेदारीपूर्वक लोगों की भलाई के लिए करें।*
>
> *चौथा, हमें ऐसे देशों की मदद करनी चाहिए जो अपने यहाँ लोकतांत्रिक समाज बनाने के लिए प्रयत्नशील हैं और विध्वंसात्मक गतिविधियों व लोकतंत्र विरोधियों से लड़ रहे हैं।*
>
> *आखिरकार, हमें सोवियत संघ और चीन के आपसी टकराव का विरोध करना चाहिए। हमें दोनों ही के साथ शांतिपूर्वक रहना चाहिए।*

भारत और बांग्ला देश, एंडरसन और उनके जैसे ईमानदार व साहसी अमेरिकियों के कर्जदार हैं। लेकिन सब कुछ कहने और करने के बाद मुझे लगता है, एक बात अनकही रह गयी। अमेरिका की मध्य-पूर्व से तेल पाने और सुरक्षा-संबंधी नीतियों के चंगुल में पाकिस्तान को निर्दयतापूर्वक फँसा लिया गया है और जाहिर है, भारत भी इससे अप्रभावित नहीं रह सकता।

अमेरिका की तेजी से बढ़ती सैन्य शक्ति के लिए पाकिस्तान ऐसा मजबूत अड्डा साबित होगा, जहाँ से अमेरिका मध्य-पूर्व के देशों में अपना हस्तक्षेप कर सके। न तो अरब देशों ने और न ही ईरान ने, अमेरिका से सैनिक सहायता माँगी है, और अगर वे आपस में ही लड़ते हैं—जैसा ईरान और इराक सितंबर 1980 से लड़ते आ रहे हैं—तो अमेरिकी हस्तक्षेप कैसे नहीं होगा ? और अगर ऐसे विपरीत हालात पैदा हुए तो क्या रूसी अफगानिस्तान में चुप बैठे रहेंगे ? फारस की खाड़ी के नजदीक रूस के

लिए कोई जगह भले न हो, पाकिस्तान तो अमेरिका के लिए ऐसी ही जगह बन गया है। लेकिन दक्षिण यमन, इथियोपिया और अफ्रीका के पूर्वी तटीय देशों में रूस के लिए ऐसी जगहें हैं। मौका देखकर वे अपनी-अपनी सैन्य शक्ति को एकजुट करेंगे और अपने प्रतिनिधियों को भी इकट्ठा करेंगे, और इस तरह तीसरे विश्वयुद्ध की शुरुआत होगी।

लेकिन क्या यह ठीक होगा ? क्या मध्य-पूर्व का ज्यादा से ज्यादा तेल अमेरिका को मिलेगा ? और क्या सोवियत संघ की ओर से इसकी मनाही तीसरे विश्वयुद्ध का कारण बनेंगे ?

और यह इन्कार होगा भी कैसे ? मध्य-पूर्व के देशों के आंतरिक संघर्ष द्वारा, जैसा 1979 में सऊदी अरब में हुआ था ? इराक और ईरान के आपसी टकराव द्वारा या अरब देशों की आपसी लड़ाई द्वारा, जैसे कि इराक और कुवैत के बीच ? सिर्फ अनुमान ही लगाया जा सकता है...

परिशिष्ट–अ

आई ए एफ मेंटेनेंस सपोर्ट पर टिप्पणी
(433/63 अनुरक्षण सेवाओं की कमेटी की 8 मार्च 63 की रपट)

एक धीमी संभरण प्रणाली और अनुपयुक्त व्यवस्था की वजह से मौजूदा उपकरणों के साथ सर्वश्रेष्ठ क्षमताओं का प्रदर्शन नहीं किया जा सकता। नियोजन, कार्यक्रम-निर्धारण, निदेशन और नियंत्रण के प्रबंधन कार्यों के लिए एक पूरे प्रबंधन-सुधार कार्यक्रम की जरूरत है, तभी आधुनिक लड़ाकू बल का असरदार समर्थन प्राप्त किया जा सकता है। प्रभावशाली संचार, परिवहन और एक-दूसरे को मदद पहुँचानेवाली पद्धतियों और प्रक्रियाओं की सख्त जरूरत है।

वायुसेना अनुरक्षण की कमजोरी

1. तकनीकी अधिकारियों और कर्मचारियों को :
   (अ) ज्यादा प्रशिक्षण, विशेषकर रिफ्रेशर कोर्स,
   (ब) सुसंचालित नियुक्तियाँ, जिनमें काम व्यक्ति की क्षमता के अनुरूप हो,
   (स) काम की निरंतरता।
2. तकनीकी अधिकारियों को :
   (अ) तकनीकी प्रशिक्षण कॉलेज में भर्ती होने पर,
   (ब) और विशेष तरह के विमान या उपकरण के बारे में अस्थायी पाठ्यक्रम का प्रशिक्षण दिया जाता है।

लेकिन उन्हें नियमित रूप से अद्यतन बनाये रखने का कोई तरीका नहीं है, न ही ऐसी कोई व्यवस्था है कि उनकी तकनीकी क्षमता की सावधि जाँच की जाये। इसके अलावा स्क्वाड्रन, विंग, स्टेशन और ऊँचे फोरमों पर तकनीकी अफसरों की ड्यूटी कुछ इस तरह की होती है कि उन्हें अपने डेस्क पर ज्यादा समय देना पड़ता है

और उन्हें विमान और उपकरण के रख-रखाव का व्यावहारिक अनुभव बहुत कम प्राप्त होता है।

उच्च तकनीकी स्तर बनाये रखने के लिए जूनियर तकनीकी अधिकारियों (पॉयलट अफसर, फ्लाइंग अफसर, फ्लाइट लेफ्टिनेंट) के लिए :

(अ) मशीनों के साथ ज्यादा समय देने की व्यवस्था होनी चाहिए। स्टेशन, विंग और स्टेशन कमांडरों को इस पर निगरानी रखनी चाहिए। तकनीकी अधिकारियों को निजी लॉग-बुक रखनी चाहिए, जिससे यह पता चल सके कि दफ्तर के काम के अलावा वर्कशॉप या फील्ड में कितना काम किया गया और कितने समय तक किया गया।

(ब) तरक्की संबंधी परीक्षाएँ होनी चाहिए और उसमें तकनीकी विषयों को विस्तार से शामिल किया जाना चाहिए।

(स) पॉयलट अफसर, फ्लाइंग अफसर और फ्लाइट लेफ्टिनेंट से स्क्वाड्रन लीडर तक तरक्की दिये जाने से पहले कम से कम एक रिफ्रेशर या विशेषता वाला पाठ्यक्रम कराया जाना चाहिए।

(द) क्या इंजीनियरिंग अधिकारियों के लिए एक श्रेणीकरण कार्यक्रम और सालाना जाँच संभव है ?

(य) 'अतिरिक्त पुर्जों' की समस्या के बारे में बहुत चर्चा होती है। वास्तव में समस्या तकनीकी क्षमता की है। निम्न तकनीकी क्षमता, अपूर्ण और अशुद्ध कारीगरी की वजह से काफी बर्बादी होती है और अतिरिक्त पुर्जे बहुत ज्यादा खपते हैं। और चूँकि हमारे संसाधन सीमित हैं और अतिरिक्त पुर्जों की कमी है, इसलिए इसे पूरा करने के लिए हमारा तकनीकी और उपकरण संबंधी स्टाफ घबराहटवाले उपाय करता है। इससे और भ्रम की स्थिति पैदा होती है और तकनीकी स्तर घटता है।

कर्नल रैमसे के नेतृत्व में 28 और 29 मार्च, 1963 को जम्मू और पठानकोट आयी संयुक्त राष्ट्र वायुसेना की तकनीकी टीम ने पैकेट विमानों के अनुरक्षण की पहली और दूसरी पंक्ति के बारे में अच्छी रपट दी। उन्होंने इसे 'उत्तम', 'सम्यक्' और 'विधिवत्' वगैरह बताया था। ऐसी स्थिति में कमी कहाँ पर है ? क्या उच्च तकनीकी स्तर पर, यानी बेस रिपेयर डिपो, एच. ए. एल. या वायुसेना मुख्यालय में कमी है ?

वायुसेना की पूर्व योजना और उच्च नियंत्रण

1. वायुसेना अपने काम के लिए दुरुस्त रहे, यह जिम्मेदारी वायुसेना मुख्यालय की है। इसके जिम्मे आदमी, मशीनें, उनका प्रशिक्षण और अनुरक्षण और नियुक्ति

संबंधी योजनाएँ होती हैं। हालाँकि इसकी जिम्मेदारी पूरी होती है, पर अधिकार सीमित हैं।

(अ) नीति निर्धारण का काम रक्षा मंत्रालय के जिम्मे होता है।

(ब) कोष वित्त मंत्रालय के वित्त सलाहकार के हाथ में होता है।

(स) बाकी मामले जैसे कि स्क्वाड्रन का स्थान-निर्धारण, अधिकारियों की तरक्की, मोटर परिवहन का प्रयोग या वैसे ही अन्य कामों के लिए रक्षा और वित्त मंत्रालयों की मंजूरी की जरूरत होती है।

2. इस तरह वायुसेना पर तीन पक्षों का नियंत्रण होता है। रक्षा और वित्त मंत्रालय और वायुसेना-मुख्यालय। इसमें से अंतिम पक्ष सिर्फ उसकी क्षमता संबंधी जिम्मेदारी सँभालता है। कोई काम होने से पहले इन तीनों पक्षों का सहमत होना और एक-दूसरे की मदद करना जरूरी है। इसके बावजूद वास्तव में यह सब कभी-कभार ही होता है और वह भी संभवतः आपातकालीन दबाव में। इस तरह वायुसेना मुख्यालय को रक्षा और वित्त मंत्रालय से मंजूरी के लिए एक प्रस्ताव पेश करना पड़ता है। दस में नौ मामलों में रक्षा मंत्रालय प्रस्ताव के औचित्य पर सवाल खड़ा करता है। और अगर औचित्य स्वीकार कर लिया गया तो इस बात पर सवाल खड़ा किया जायेगा कि काम किस तरह से होगा। अगर इन बाधाओं को पार कर लिया गया तो प्रस्ताव कोष के लिए वित्त मंत्रालय के पास भेजा जाता है। वित्त मंत्रालय नयी आपत्तियाँ खड़ी करता है और संशोधन के सुझाव देता है। वह हर वायुसेना-मुख्यालय से कहेगा कि वह अपनी बातों का औचित्य सिद्ध करे। वित्त मंत्रालय का नजरिया कुछ इस तरह का होता है, जैसे कि वह रक्षा संगठन के दायरे से बाहर हो और वायुसेना के काम के बारे में उसका कोई दायित्व ही न हो। वह कोई धर्मनिरीक्षक या जज हो और जिसका हित सभी जिम्मेदारियों से ऊपर है और जिसे काम होने से कोई मतलब नहीं है।

3. रक्षा-संगठन की क्षमता सुधारने के लिए नये दफ्तर खोलना और सांगठनिक ढाँचा बदलना जरूरी नहीं है। देरी होने और अक्षमता की मौजूदा समस्या को काफी हद तक रक्षा और वित्त मंत्रालय को यह महसूस कराकर दूर किया जा सकता है कि वायुसेना का काम ठीक तरह से और समय से हो, यह देखना उनकी जिम्मेदारी है। जहाँ किसी भी मामले पर कोई संदेह हो, उसे तीनों समान और जिम्मेदार पक्षों में बातचीत के माध्यम से दूर किया जा सकता है। संदेह को दूर करने के लिए मंत्रालयों द्वारा वायुसेना से अंतहीन पूछताछ उचित नहीं।

लागत और अर्थव्यवस्था

कोष व्यय संबंधी सभी प्रस्तावों पर वित्त मंत्रालय बारीक जाँच करता है और कई

प्रस्ताव खड़े किये जाते हैं। सारी अर्थव्यवस्था यही बाल की खाल निकालनेवाले और एक-एक पैसे को पकड़नेवाले रवैए से चलती है। इसके बावजूद इसके व्यापक परिणामों की अक्सर उपेक्षा की जाती है या कभी-कभी उसका गलत मतलब भी लगाया जाता है। उदाहरण के लिए, पैकेट विमानों की संख्या बढ़ाने और उन्हें खरीदने के लिए कोष मंजूर कर दिया गया। लेकिन मंत्रालय इसके इंजनों की मरम्मत के लिए बढ़ा हुआ कोष मंजूर करने पर राजी नहीं हुआ। नतीजतन पूरा प्रयास पहले ही की तरह चलता रहा और विमानों का उपयोग वास्तव में घट गया। संबंधित व्यक्तियों को विमानों के परिचालन-व्यय की कोई जानकारी नहीं थी। वायुसेना के रख-रखाव और परिचालन की लागत का अनुमान लगाने के लिए इन बातों का अध्ययन बहुत जरूरी है। व्यावसायिक आधार पर लागत-निर्धारण न तो व्यावहारिक है और न ही जरूरी। लेकिन इस तरह का आकलन किया जा सकता है। उदाहरण के लिए एक तरफ प्रत्यक्ष परिवर्तनशील लागत जैसे कि ईंधन प्रति घंटा, दैनिक रख-रखाव के लिए अतिरिक्त कल-पुर्जे और मरम्मत पर प्रति घंटा व्यय, दैनिक रख-रखाव की मजदूरी और मरम्मत प्रति घंटा की लागत और दूसरी तरफ परोक्ष लागत।

विमान रिजर्व

1. तकनीकी सेवा के निदेशक (डी. टी. एस.) को चाहिए कि वह एअर आफिसर पालिसी एंड प्लांस (ए. ओ. पी. पी.) की तरफ से सभी विमानों को विमानों वाले 12 फीसदी अनुरक्षण रिजर्व की अपने नियोजन में समीक्षा करे।

2. किसी विशेष विमान के लिए अनुरक्षण रिजर्व का निर्धारण उस नये तिमान को शामिल किये जाने, बल्कि उसके सौदे पर दस्तखत करने से पहले किये गये विस्तृत तकनीकी अध्ययन के आधार पर किया जाना चाहिए।

3. विमान खरीदने से पहले डी. टी. एस. द्वारा अतिरिक्त इंजनों के बारे में भी तैयारी कर लेनी चाहिए।

4. संचित संपत्ति की हर दूसरे या तीसरे साल वास्तविक काम के आधार पर सावधि समीक्षा की जानी चाहिए।

पूर्व योजना

तेज या धीमे चलनेवाली वस्तुओं की इस्तेमाल हो जानेवाली या फिर इस्तेमाल हो सकनेवाली कम या ऊँचे दाम की चीजों की पहचान जरूरी है। एक विमान को शामिल किए जाने पर यह निम्नलिखित तरीके से करना होता है :

(अ) निर्माता के सुझावों पर

(ब) क्रेता और प्रयोगकर्ता के अभियंत्रण के मूल्यांकन के आधार पर

—उसी उपकरण के अपने पुराने अनुभव और

—विशेष वस्तु के अध्ययन के मुताबिक।

विमान का अनुभव हासिल कर लेने के बाद वास्तविक खपत के आधार पर प्रारंभिक आकलन की समीक्षा की जानी चाहिए और उसी के मुताबिक पूर्व योजना में संशोधन किया जाना चाहिए।

इसी के साथ पुराने, बेकार और मरम्मत के अयोग्य हो चुके उपकरणों को अलग करके हटा देना चाहिए, ताकि जहाँ तक संभव हो सिर्फ काम में आने लायक वस्तुओं पर ही तकनीकी और उपकरण विभागों का ध्यान जाये।

नीति और योजना संबंधी एअर अफसर (ए. ओ. पी. पी.) और तकनीकी मामले

ए. ओ. पी. पी. पर इस समय अन्य कामों के अलावा विमानों और संबंधित उपकरणों के मूल्यांकन का भी दायित्व है। इसी वजह से विमान और गोला-बारूद प्रशिक्षण यूनिट को भी ए. ओ. पी. पी. के तहत कर दिया गया है।

परीक्षण और मूल्यांकन का तकनीकी पक्ष तकनीकी सेवा-निदेशक के लिए असली चिंता का विषय है। यह देखना उन्हीं का काम है कि क्या हो रहा है। वह कितना कामयाब है और एक विमान में आगे क्या-क्या सुधार और परिवर्तन की गुंजाइश है। इस परीक्षण के लिए डी. टी. एस. की तरफ से निर्देश जारी होना चाहिए और उन्हीं की निगरानी में काम होना चाहिए।

यही नियम अन्य मामलों पर भी लागू होता है, जहाँ तकनीकी स्टाफ प्रमुख है। उदाहरण के लिए, जब नैट विमानों में पहली बार गड़बड़ी देखी गयी तो सी. ए. एस. ने डी. टी. एस. को कार्रवाई करने का आदेश दिया। लेकिन उसी बीच जब एच. ए. एल. और विमान और गोला-बारूद प्रशिक्षण यूनिट के कामों में समन्वय की जरूरत थी, तभी ए. ओ. पी. पी. ने काम सँभाला।

ए. ओ. पी. पी. के पास कोई तकनीकी स्टाफ नहीं है। उन्हें तकनीकी मामलों में डी. टी. एस. से मशविरा करना चाहिए। इसलिए ए. ओ. पी. पी. पूरी शृंखला की कमजोर कड़ी है और समन्वय के नाम पर काम होने में देरी करता है। मेरा सुझाव है कि सभी तकनीकी मूल्यांकनों के लिए डी. टी. एस. को उत्तरदायी होना चाहिए और ए. ओ. पी. पी. के पास परीक्षण और समन्वय की जिम्मेदारी होनी चाहिए।

1963 के मध्य में एक आपूर्ति प्रणाली-समीक्षा समिति गठित की गयी थी। व्यापार ढाँचे पर पुनर्विचार शुरू हुआ, विशेषकर विमान की किस्मों के लिहाज से तकनीकी अधिकारियों और कर्मचारियों के काम की निरंतरता के महत्त्व पर गौर

किया गया।

संपादक की टिप्पणी

इस सिलसिले में 1984 के ए. ओ. एम. (एअर मार्शल एस. के. लाल, पुत्र श्री भगतबिहारी लाल, जोकि दिल्ली फ्लाइंग क्लब, जहाँ से प्रताप ने अपना उड़ान प्रशिक्षण प्राप्त किया, के प्रशिक्षक थे) की चिट्ठी का उल्लेख किया जा सकता है। यह चिट्ठी उन्होंने तब लिखी थी, जब मैंने उनसे इन विचारों की आज के संदर्भ में प्रासंगिकता पूछी थी :

> *"निःसंदेह इन परचों में कुछ मूल्यवान टिप्पणियाँ हैं, जोकि वास्तव में उस वक्त के लिए प्रासंगिक थीं, जब एअर चीफ मार्शल पी. सी. लाल ने उन्हें लिखा था। लेकिन उन्होंने जो कमियाँ बताई थीं, उन्हें इस दौरान किये गये विभिन्न उपायों से दूर कर लिया गया। निःसंदेह इसका श्रेय उनके जैसे द्रष्टा को जाता है, जिन्होंने समय से बहुत पहले इस बारे में सोचा था।*
>
> *वायुसेना के व्यापारिक ढाँचे में भी कई परिवर्तन किये जा चुके हैं। सबसे ताजा परिवर्तन 1977 में किया गया। हालाँकि एस. एस. आर. सी. वह पहली विशेषज्ञ इकाई थी जो इस महत्त्वपूर्ण मामले पर पूरी तरह विचार करती थी और मुझे यह कहने में कोई झिझक नहीं है कि व्यापारिक ढाँचे को पुनर्गठित करने का श्रेय स्वर्गीय एअर चीफ मार्शल पी. सी. लाल को जाता है, जिन्होंने 1963 में एस. एस. आर. सी. के माध्यम से यह प्रक्रिया शुरू की।*
>
> *मैं इस बात की पुष्टि करना चाहूँगा कि एस. एस. आर. सी. की रपट 1965 से 1970 के बीच लागू की गयी। हालाँकि एस. एस. आर. सी. की रपट में निर्धारित किये गये सिद्धांत बुनियादी रूप से आज भी प्रासंगिक हैं, लेकिन जैसा कि ऊपर बताया गया है, उस समय दिये गये सुझावों को लागू किया गया और वे उसी अवधि के लिए उपयुक्त थे, जब वे दिये गये थे।"*

परिशिष्ट–ब

जेल से भागने की कहानी

हमारे पॉयलटों में से 12 को युद्ध के दौरान पश्चिमी पाकिस्तान में उतरना पड़ा। उनमें से दो को उनके खराब स्वास्थ्य एवं चोटों के कारण औरों से पहले ही वापस भेज दिया गया था। तीन लोगों ने 12 अगस्त, 1972 को रावलपिंडी के युद्धबंदी-शिविर से भागने का प्रयास किया। उन्होंने भागने का बेहतरीन प्रयास किया, लेकिन दुर्भाग्यवश उस समय पकड़ लिये गये जब वे अफगान सीमा से केवल तीन मील पीछे थे।

29वें स्क्वाड्रन के फ्लाइट लेफ्टिनेंट हरीश सिंहजी उनमें से एक थे। 5 दिसंबर, 1971 की अपराह्न में वे सिरसा से सुलेमानके की उड़ान पर थे। फ्लाइट लेफ्टिनेंट डावर नंबर एक पर थे और वे स्वयं नंबर दो पर। सुलेमानके से थोड़ा पहले वे उत्तर दिशा में सतलुज की ओर मुड़े और थोड़ा नीचे आकर मौके के लक्ष्यों को तलाशना चाहा, जिसके बारे में उन्हें संकेत केंद्र से पहले ही निर्देश मिला हुआ था। डावर अपने बायीं तरफ मुड़कर पश्चिम की ओर बढ़े और हरीश ने उनका अनुसरण किया। हरीश ने सुना और महसूस किया कि एक जोरदार धमाका हुआ है। उनका विमान लड़खड़ाया और पीछे की तरफ चला गया। भयानक रूप से कुछ फटने की आवाज आयी। विमान के सभी कंट्रोल जाम हो गये थे। उन्होंने पूरी ताकत से राडार को दबाया, विमान थोड़ा ऊपर उठा, परंतु तभी वह छिछला गोता लगाता हुआ नीचे की ओर चला गया। उस समय वे जमीन से लगभग 800 मीटर की ऊँचाई पर हवेली के ऊपर से गुजर रहे थे और नीचे ऐक-ऐक बंदूकों से फायरिंग हो रही थी। इसी कारण उनके कूदने में कुछ देरी हुई और उन्होंने अपने लीडर की ओर देखा, जो अब तक काफी आगे जाकर दक्षिण की तरफ बादलों में छुप चुके थे। हरीश ने रेडियो पर

आवाज दी : "डावर, मैं कूद रहा हूँ।" लेकिन कोई जवाब न मिला। वास्तव में रेडियो काम नहीं कर रहा था। संभवतः थोड़ी देर के लिए हरीश बेहोश हो गये, और जब उन्हें दोबारा होश आया तो महसूस हुआ जैसे वे सपना देख रहे हों—"एक ऐसा स्वप्न जिसमें सुनहरे रंग के कपास के खेत हों और कपास, शाम की धूप में चमक रही हो।" शायद एक चलचित्र की तरह। परंतु वे इससे भयभीत क्यों हो रहे हैं ? अरे नहीं ! अब तक वे पूरे होश में आ चुके थे। वे समझ चुके थे कि यह युद्ध है और वे पाकिस्तान में हैं। उनके ऊपर पैराशूट तना हुआ है और वे नीचे की तरफ आ रहे हैं। नीचे उन्हें धूल और धुएँ से भरा गुबार दिखाई दिया—यह उनका विमान था। जैसे-जैसे वे जमीन के नजदीक आते गये, उन्होंने देखा कि खेतों में दो लंबे-लंबे पेड़ हैं। घबराकर उन्होंने रस्सी हिला डुला कर अपने पैराशूट को पेड़ों से दूर ले जाना चाहा। पेड़ तो पीछे छूट गये, परंतु वे अपनी छतरी से जुड़े रहे। नारंगी और सफेद रंग का कपड़ा एक पेड़ से लटक गया और वे सुरक्षित नीचे उतर आये। उनके बायें पैर में चोट लगी, परंतु पीड़ा असहनीय नहीं थी, पीठ में कोई चोट नहीं लगी थी।

वहाँ उन्होंने किसी को नहीं देखा। सबसे पहले वे बुलावा-संकेत कार्ड फाड़ देना चाहते थे। वास्तव में जैसे ही किसी व्यक्ति के खो जाने का आभास होता है, उसके संकेत पत्र स्वतः ही बदल दिये जाते हैं, परंतु इस आश्चर्यजनक स्थिति में यह उनकी प्रतिक्रिया थी। वास्तव में जो उन्होंने फाड़ा वह उनकी माँ का खत था। उसके बाद उन्होंने अपना परिचयपत्र फाड़ना चाहा, परंतु न जाने क्यों ऐसा नहीं कर सके।

अभी वे सोच ही रहे थे कि अँधेरा होने तक खेतों में कहीं छिप जाना चाहिए और फिर किसी तरह बार्डर तक पहुँचने का प्रयास करना चाहिए। परंतु तभी कुछ ही मिनटों के अंदर उन्होंने कुछ आवाजें सुनीं और देखा कि थोड़ी ही दूर पर तीस-चालीस आदमी उनकी तरफ चले आ रहे हैं। खेतों में ऊँची-ऊँची फसलें खड़ी थीं। और उन्होंने उन खेतों में भागकर छिपना चाहा। अचानक उन्हें याद आया कि अभी वे मास्क और हेलमेट पहने हुए हैं और इससे छिपने में परेशानी हो सकती है। भागते-भागते उन्होंने इसे उतारकर फेंका। थोड़ी ही देर में वे थककर चूर हो गये, शरीर से पसीना टपक रहा था। गला और मुँह सूखकर काँटा हो गया था। फसलों के बीच छुपकर बैठ गये और इस उम्मीद के साथ प्रार्थना करने लगे कि अब उन्हें कोई नहीं देख पायेगा। उनकी यह उम्मीद निरर्थक थी। इनके ठीक दाहिनी तरफ एक आदमी खड़ा था, जिसे हरीश नहीं देख सके। वह आदमी जोर से चिल्लाया और शीघ्र ही भीड़ ने उन्हें धर दबोचा। हरीश ने देखा कि एक आदमी हवा में कुल्हाड़ी लहराता हुआ उनकी ओर बढ़ा आ रहा है। उन्होंने अपने आप को भाग्य के सहारे छोड़ दिया। कुछ दूसरे लोगों ने कुल्हाड़ीवाले आदमी को तो रोक लिया, परंतु लात-घूँसों से पिटाई और गालियों में किसी तरह की कमी नहीं थी। वे चिल्ला रहे थे—"दूसरा

पॉयलट कहाँ है ?" आखिरकार उन्हें मानना पड़ा कि वहाँ कोई दूसरा पॉयलट नहीं है। अचानक यह उन्माद रुक गया। उन लोगों ने हरीश को कब्जे में ले लिया। उनके दोनों हाथ बाँध दिये और आँखों पर पट्टी बाँध दी। हालात को देखते हुए उन्होंने पीने के लिए पानी माँगा।

उन्होंने किसी गाड़ी के आने की आवाज सुनी। शायद वह जीप थी और कोई अंग्रेजी में पूछ रहा था : "एक फ्लाइट लेफ्टिनेंट ?"

"हाँ।"

"कहाँ से ?"

"यह मैं तुम्हें नहीं बताऊँगा।"

"तुम्हारा दोस्त पकड़ा गया और उसे गोली मार दी गयी।"

वास्तव में उसके साथ कोई नहीं था। उसने प्रश्नकर्ता पर ही सवाल दाग दिया, "तुम्हारा नाम क्या है ?"

"जिम्मी" उत्तर मिला।

हरीश को जीप के फर्श पर बैठने को कहा गया और जीप एक कच्चे रास्ते पर डाल दी गयी, जो लगभग आधे घंटे तक चलती रही। उसके बाद जीप रुक गयी। वहाँ किसी ने उनके घायल पैर की मरहम-पट्टी की और एक दयालु लेफ्टिनेंट कर्नल ने एक सिगरेट भी दिया। अभी तक उनके हाथ पीछे की तरफ बँधे हुए थे और आँखों पर पट्टी भी। इसी तरह उन्हें एक ट्रक में डाल दिया गया। वहाँ उनसे उनके नाम, ओहदा, सर्विस-संख्या एवं जन्मतिथि आदि के बारे में पूछताछ की गयी। हरीश ने जिनेवा-समझौते का हवाला दिया, परंतु उन्हें डाँटकर चुप करा दिया गया।

"तुम किस स्क्वाड्रन से आये हो ?" किसी ने पूछा।

"डेल्टा स्क्वाड्रन।"

उसके बाद ट्रक लंबी यात्रा पर निकल पड़ा। अब अँधेरा बढ़ने के साथ-साथ ठंड भी काफी बढ़ रही थी। ट्रक रुकने पर दो और कैदी अंदर लाये गये। वे थे सूबेदार नूर मुहम्मद और सिपाही अली अकबर। दोनों ही किसी टैंक यूनिट से आये थे। पाकिस्तानियों को यह जानकर आश्चर्य हुआ कि भारतीय मुसलमान, जिन्हें वह काफिर कहते थे, स्वेच्छा से सेना में भर्ती हुए हैं। उनका यह मानना था कि भारत में मुसलमानों को बंदूक के जोर से सेना में भर्ती किया जाता है। यहाँ यह पूछा जा सकता है कि कोई देश युद्ध के मैदान में उस व्यक्ति से किस तरह की निष्ठा की उम्मीद कर सकता है, जिसे बंदूक के जोर पर भर्ती किया गया हो ? वास्तव में नूर मुहम्मद को वीरचक्र से सम्मानित किया गया था, जबकि वे युद्धबंदी ही थे। इसके बाद एक और युद्धबंदी को ट्रक में लाया गया, जिसका नाम कैप्टन मल्होत्रा था। एक पाकिस्तानी थलसेना के कैप्टन ने ट्रक की कमान सँभाली और हम फिर चल पड़े।

इस समय रात के करीब सात या आठ बजे होंगे। हम रात के लगभग दो बजे तक चलते रहे। इस समय भयंकर सर्दी पड़ रही थी। गार्ड ने काफी उदारता दिखाई और कंबल का आधा हिस्सा हरीश को दे दिया, जिनके दोनों हाथ अभी भी आगे की तरफ बँधे हुए थे।

गंतव्य पर पहुँचने के बाद उनकी आँखों की पट्टी खोल दी गयी। यह जगह शायद मांटगुमरी केंद्रीय जेल थी। यहाँ कैदियों को अपने सामान जमा करा देने को कहा गया, जिनमें घड़ियाँ भी शामिल थीं और जिन्हें वे फिर कभी न देख सके। उन्हें कच्चे फर्श वाली कोठरी में बंद करके ताला लगा दिया गया और एक-एक कंबल और पानी का घड़ा बिना किसी कप या गिलास के रखवा दिया गया। उन्हें तन्हाई में रखा गया जिसमें उन्हें अंधकार, एकांत, ठंडे और असुरक्षित कोठरी में जमीन पर सोना था।

सबेरा होने पर हरीश ने बैठने के लिए एक कुर्सी और पानी पीने के लिए एक गिलास की माँग की, लेकिन कुछ भी नहीं दिया गया। नाश्ते में एक आदमी थोड़े-से चने लेकर आया, जिसमें से हरीश ने थोड़ा-सा अपनी जेब में भर लिया। उसके बाद कुछ फोटो खींचे गये।

लगभग दस बजे वायुसेना का एक अधिकारी विंग कमांडर पूछताछ के लिए आया। दो कुर्सियाँ मँगाई गयीं और चाय और कुछ बिस्कुट भी रख दिये गये। हरीश के सामने कुछ सामान, जैसे कागज के टुकड़े इत्यादि, जो इन्होंने फेंक दिये थे, रखे गये। इनमें उनकी माँ का पत्र, चाय का बिल जो उन्होंने हिंडन टी क्लब में चुकाया था और अनेक अधिकारियों के पते वगैरह थे। उनसे पूछा गया, "दो मिग स्क्वाड्रन-29 और 49 हैं। इनमें से तुम किसमें हो ?"

हरीश कुछ नहीं बोले। उन्हें थर्ड डिग्री प्रयोग करने की धमकी दी गयी और कुछ समय के लिए अकेला छोड़ दिया गया।

दोपहर में यही प्रक्रिया फिर से शुरू हुई।

"हाँ बताओ। किस स्क्वाड्रन से आये हो ?" हरीश सकुचाए।

उन्होंने साइकिल के टायर को हरीश पर चाबुक की तरह इस्तेमाल किया।

"किस स्क्वाड्रन से ?"

"29..."

"भारतीय वायुसेना में कुल कितने स्क्वाड्रन हैं ?"

"60 स्क्वाड्रन।"

और इसी तरह यह क्रम चलता रहा।

दोपहर के भोजन में सूखी रोटियाँ और सूखा चना दिया गया।

इसके बाद दूसरी लंबी यात्रा शुरू हुई, जो दिन डूबने तक जारी रही। फिर से

उनके हाथ बाँध दिये गये थे और आँखों पर पट्टी चढ़ा दी गयी थी। गंतव्य पर पहुँचकर पीठ पर एक तेज मुक्का लगा, परंतु उस दिन के लिए यह आखिरी था।

कैदी को एक पिंजड़ानुमा कमरे में ठेल दिया गया।

"क्या तुमने कुछ खाया ?" किसी ने पूछा।

"केवल बिस्कुट।"

"खाने में क्या पसंद करोगे ?"

"गोमांस के अलावा कुछ भी।"

टमाटर की सैंडविच ला दी गयी। हरीश के हाथ भी खोल दिये गये और एक कंबल भी दिया गया। कंबल ओढ़कर वे जमीन पर सो गये।

7 तारीख की सुबह एक दूसरी गाड़ी में फिर एक लंबी यात्रा करनी पड़ी। थलसेना के युद्धबंदियों को लायलपुर और वायुसेना वालों को रावलपिंडी भेज दिया गया। रास्ते में गाड़ी में एक और युद्धबंदी को बिठाया गया, जोकि फ्लाइट लेफ्टिनेंट आदित्य विक्रम पेठिया थे। वे दर्द से चीख और कराह रहे थे। दिन-भर की यात्रा के बाद हम पिंडी पहुँचे, जहाँ हमें प्रोवो एवं सिक्योरिटी फ्लाइट सेल नंबर-3 में बंद कर दिया गया। वहाँ कुछ और सेल और कार्यालय थे। रात के लिए पक्का फर्श उनका विस्तर था, परंतु उसमें गद्दा एवं दो कंबल भी रखे हुए थे और पानी पीने के लिए मग था। कमरे की छत काफी ऊँची थी। खिड़कियाँ तो नहीं थीं, परंतु रोशनदान और दो दरवाजे थे। एक दरवाजा लोहे की छड़ों से बना था और दूसरा लकड़ी का। लकड़ी के दरवाजे में एक छोटा छेद भी था, जिसे लकड़ी के ही छोटे टुकड़े के सहारे बंद किया जा सकता था।

सबेरे के समय अच्छे कपड़ों से सजे एक कारपोरल मिस्टर रिज़वी ने कुछ जरूरी चीजें, जैसे टूथ ब्रश एवं पेस्ट वगैरह उपलब्ध कराईं। नाश्ते में दाल, एक पराँठा और चाय थी। वे जल्दी ही समझ गये कि पराँठा उन्हें बहुत धीरे-धीरे खाना चाहिए, जिससे देर तक उसका आनंद ले सकें। तीन हफ्ते, अर्थात् क्रिसमस तक उन्हें तन्हाई में रखा गया। उन्हें शाकाहारी भोजन तंदूरी रोटियों के साथ दिया जाता रहा।

पूछताछ भी बहुत कठोरतापूर्ण नहीं थी, तब भी जबकि वे झूठ बोलते पकड़ लिये गये हों। पाकिस्तान का खुफिया तंत्र बहुत अच्छा था। उन्हें हरीश के स्क्वाड्रन नंबर, उनके कमांडिंग आफिसर का नाम और कुछ अन्य अधिकारियों के बारे में जानकारी थी। और यह भी पता था कि सिरसा में नंबर-12 एफ.बी.एस.यू. (फारवर्ड बेस सपोर्ट यूनिट) स्थित है। उन्होंने हरीश से सिरसा और हिंडन स्थित इकाइयों के मानचित्र बनाने को कहा। हरीश ने इनमें रन-वे तो ठीक-ठीक बना दिया, परंतु बाकी चीजें गलत कर दीं। दो हफ्ते बाद उनसे कहा गया कि उनका बनाया हुआ मानचित्र खो गया है। क्या वह दूसरा बना सकते हैं ? हरीश ने फिर से वही गलतियाँ

दोहराईं। तीन-चार दिन बाद हरीश को सही नक्शा दिखाया गया।

पाकिस्तानी मिसाइलों एवं राडार केंद्रों के बारे में अधिक चिंतित दिखाई पड़ते थे। कई बार उन्होंने यह सूचना पाने के लिए स्क्वाड्रन लीडर जाफा के साथ दुर्व्यवहार किया। उनकी पीठ की हड्डी टूटी हुई थी और उस पर प्लास्टर चढ़ा हुआ था। कैप्टन जाफा से रात-भर पूछताछ की जाती रही। न तो उन्हें सोने दिया गया और न ही बैठने की इजाजत थी। यहाँ तक कि रात का खाना तक नहीं दिया गया। सिख युद्धबंदियों के साथ उनका व्यवहार नरमी का था। "दोस्तो, आनेवाले दिनों में पाकिस्तान और खालिस्तान को भारत के खिलाफ एक होना है", ऐसा वे कहते थे। परंतु भारतीय वायुसेना के मिराज स्क्वाड्रन के सिख अधिकारी इस झाँसे में कभी नहीं आये। एक बार दो विंग कमांडर हक़ीमुल्लाह दुर्रानी और नोज़े ख़ान मिग-21 विमानों के बारे में पता करने के लिए आये। वे मिग-21 विमानों की कार्य-दक्षता, गति और उड़ान भर सकने की अधिकतम ऊँचाई आदि के बारे में जानना चाहते थे। शुरू में पाकिस्तानी वायुसेना के अधिकारी भारतीय युद्धबंदियों से बात करते समय अत्यधिक औपचारिक एवं सतर्क रहते थे, परंतु कुछ महीनों बाद उनके इस व्यवहार में नरमी आ गयी। वे यह भी बताते थे कि युद्ध के दौरान उन्हें यह बुरा लगा, जब उनको बाहर जाकर युद्ध करने की इजाजत नहीं दी गयी।

प्रत्यक्ष रूप से याह्या खान का निर्देश था कि पाकिस्तानी वायुसेना के वायुयानों को तब तक किसी खतरे का सामना नहीं करना चाहिए, जब तक कि भारतीय वायुसेना के विमानों की संख्या घट नहीं जाती। संभवतः ऐक-ऐक के द्वारा ऐसा हो सकता था। एक बार पाकिस्तानी वायुसेना के एक अधिकारी ने युद्धबंदियों के लिए घर में बना हुआ गोश्त भी भिजवाया था। श्री भुट्टो के साथ हुए शिमला-समझौते के बाद युद्धबंदियों को एक टेलीविजन मुहैया करा दिया गया तथा उनके राशन का भत्ता भी दोगुना कर दिया गया।

अब हम पुनः हरीश पर आते हैं।

विंग कमांडर हरीश सिंहजी का रावलपिंडी-युद्धबंदी शिविर से भागने का प्रयास

अगस्त 1972 के आखिरी सप्ताह में 'पाकिस्तानी टाइम्स' के किसी कोने में एक छोटी-सी खबर छपी, जिसमें कहा गया था कि रावलपिंडी कैम्प से भागे तीन भारतीय युद्धबंदियों को नौशहरा के पास फिर से गिरफ्तार कर लिया गया। यद्यपि वास्तविकता कुछ और थी। युद्धबंदी लगभग खैबर दर्रे के पास पहुँच चुके थे और उनकी दोबारा गिरफ्तारी किसी विशेष खोज-अभियान के फलस्वरूप नहीं, बल्कि महज इत्तफाक से हुई थी। हम 12 पॉयलटों को 1971 के युद्ध में युद्धबंदी के रूप में

रखा गया था। विंग कमांडर बी. ए. कोलहो, स्क्वाड्रन लीडर डी. एस. जाफा, स्क्वाड्रन लीडर कामथ, फ्लाइट लेफ्टिनेंट तेजवंत सिंह, फ्लाइट लेफ्टिनेंट भार्गव, फ्लाइट लेफ्टिनेंट दिलीप पारुलकर, फ्लाइट लेफ्टिनेंट एम. एस. ग्रेवाल, फ्लाइट लेफ्टिनेंट आदित्य विक्रम पेठिया, फ्लाइंग आफीसर चाती, फ्लाइंग आफिसर के. सी. कुरुविल्ला, फ्लाइंग आफिसर एच. एन. डी. मुल्ला फिरोज और मैं स्वयं, जो 1971 में एक फ्लाइट लेफ्टिनेंट था। इनमें से दो लोग बीमारों एवं घायलों की लिस्ट में होने के कारण भारत लौट चुके थे। मुल्ला फिरोज फरवरी 1972 में और विक्रम जुलाई 1972 में; और तब हम केवल 10 रह गये थे।

प्रत्येक युद्धबंदी को तन्हाई में रखा गया था। क्रिसमस के दिन हमें एक-दूसरे से मिलने दिया गया, जो बहुत अच्छा लगा। उसके बाद हमें हर दिन थोड़ी देर को एक-दूसरे से मिलने की इजाजत मिल जाती थी। अगर मुझे ठीक-ठीक याद है तो हम सेल नंबर-4 में एक-दूसरे से मिल सकते थे, जो अपेक्षाकृत उन सबमें बड़ी थी। यह एक साधारण कमरा था, जिसमें दरवाजे और खिड़कियों में लोहे की छड़ें लगाकर सेल में बदल दिया गया था। यह युद्धबंदी-शिविर वास्तव में प्रोवोस्ट एवं सिक्योरिटी फ्लाइट रावलपिंडी का कार्यालय था, जिसके कमांडेंट स्क्वाड्रन लीडर उस्मान हामिद थे। उस्मान बहुत ही भले आदमी थे और हम लोग उन्हें बहुत ही पसंद करते थे। उन दिनों चारों तरफ इस बात की चर्चा थी कि युद्धबंदियों की अदला-बदली से संबंधित वार्ता चल रही है। इस तरह की अफवाह पाकिस्तानी एअरफोर्स के एक पुलिस कारपोरल के आने से शुरू हुई थी। उनमें से कोई कहता था कि बातचीत जारी है एवं एक पखवाड़े के अंदर कैदियों की वापसी हो सकती है। इस प्रकार हमारी आशाएँ बढ़ जाती थीं। पखवाड़ा समाप्त होने पर हमारी आशाएँ पुनः धूमिल हो जाती थीं और हम ऐसी ही किसी अगली अफवाह से चिपक जाते थे। इसी तरह की आशा-निराशा के बीच हम दिसंबर 71 से जनवरी, फरवरी एवं मार्च 72 तक झूलते रहे। मैं समझता हूँ तब जाकर श्री डी. पी. धर बातचीत के लिए मूरी आये। तभी हमें यह भी पता चला कि उस बातचीत में हमारा मुद्दा शामिल नहीं है। इसके बाद हम लोगों ने यह सोचकर कि जो होगा देखा जायेगा, वापसी का इंतजार करना छोड़ दिया। इस समय हमारे दिमाग में भागने की कोई योजना नहीं थी--केवल एक को छोड़कर।

1972 में, लगभग आधी जनवरी बीतने के बाद से, एक चहारदीवारी के अंदर लगभग 25 मी. × 40 मी. के खुले मैदान में हम लोगों को रोज कुछ समय बिताने की इजाजत मिल गयी। यहाँ हम जाड़े में धूप सेंक सकते थे। हम अपना समय '7-टाइल्स' का खेल खेलने या फिर गप्पें मारने में बिताते थे। जनवरी समाप्त होने से पहले, एक दिन जब हम आँगन में बैठे थे तो फ्लाइट लेफ्टिनेंट दिलीप पारुलकर ने

चुपके से बताया कि हम किसी तरह निकलकर भाग सकते हैं, क्योंकि उनके सेल (सेल नं. 4) में एक छड़ काफी कमजोर एवं ढीली है।

उस समय हमें पूरा-पूरा विश्वास था कि कुछ ही दिनों में हमारी वापसी होनेवाली है और ऐसे में दिलीप की बात हमें एक दुस्साहस से अधिक कुछ नहीं लगती थी। जैसे उसने हम सब पर रौब जमाने के लिए यह बात कही हो कि कम से कम वह निकल भागने के बारे में प्रयास तो कर रहा है। हमें लगता था कि वापसी के बाद, वीरगाथा के रूप में वह इसका प्रचार करेगा, जिससे लोग उसकी प्रशंसा कर सकें। किसी ने उसकी बात को गंभीरता से नहीं लिया, बल्कि हम इसे थोड़ा अपमान समझते थे। यद्यपि, हमें यह बात नहीं मालूम थी कि सालों पहले दिलीप ने युद्धबंदी बनने की इच्छा जाहिर की थी, ताकि उसे निकल भागने का अवसर मिल सके। वह कहता था—उसे यह अच्छा नहीं लगता कि उसने भारतीय जवानों के निकल भागने की एक भी कहानी नहीं पढ़ी।

उसके बाद, हम अक्सर दिलीप को उस कमजोर खिड़की के बारे में बातें करते सुना करते थे, जब तक कि सामान्य निरीक्षण के दौरान उसकी कमजोरी का पता चलने पर उसे ठीक नहीं कर दिया गया। इसी बीच, दिलीप ने एक मानचित्र का प्रबंध कर लिया। इसके लिए वह कैंप कमांडेंट, स्क्वाड्रन लीडर उस्मान से मिलकर उनकी विदेश-यात्रा के अनुभवों के बारे में बात किया करता था। वह कहता था कि वापसी के बाद वह भी विदेश-यात्रा की योजना बना रहा है, और क्या मि. उस्मान रूट तय करने में उसकी मदद करेंगे ? तथा क्या वे उसे कोई एटलस दिखाएँगे ? जैसे स्कूल एटलस ? उसने उस्मान का पीछा तब तक नहीं छोड़ा जब तक कि उन्होंने उसे एटलस लाकर दे नहीं दिया। उस समय उस्मान ने कहा कि फिर कभी बैठकर छुट्टियों के बारे में योजना बनायेंगे।

इस समय ईश्वर ने पहली बार हम पर कृपा की। उस्मान की नियुक्ति चीफ ऑफ एअर स्टाफ के ए.डी.सी. के पद पर हो गयी और उत्साह में एटलस वापस लेना भूल गये। नये कमांडेंट स्क्वाड्रन लीडर वहीदुद्दीन थे, जो बेहद घमंडी किस्म के आदमी थे। वे मूलतः फ्लाइंग कैडर के थे और साउंड ड्यूटी में कुछ ही समय पहले आये थे। जनवरी 72 के अंत में रेडक्रास की टीम ने दौरा किया और उसके बाद धीरे-धीरे हम लोग इस लायक हो सके कि दिन में रोज थोड़ी देर धूप सेंक सकें। हमें कुछ पुरानी किताबें, एक वॉलीबाल और उसका जाल भी दे दिया गया। यहाँ तक कि फरवरी के अंत तक हमें एक ट्रांजिस्टर भी उपलब्ध करा दिया गया। जैसे-जैसे समय बीतता गया, सुरक्षा-गार्डों एवं अन्य स्थानीय लोगों के व्यवहार में सहजता आती गयी और कुछ चीजों के बारे में बिल्कुल ही लापरवाह होते गये। सुरक्षा-उपायों में कमी आने लगी और दिलीप हर मौके का भरपूर फायदा उठाता रहा। सबसे पहले उसने

ग्रेवाल को अपने साथ मिलाया। गैरी दिलीप का पुराना दोस्त और इस लिहाज से काफी महत्त्वपूर्ण था, क्योंकि वह बहुत ही मजबूत कद-काठी का ताकतवर आदमी था। गैरी को दिलीप के सेल में शामिल करने में कोई खास दिक्कत नहीं आयी, क्योंकि दिलीप और जाफा ने गार्डों को बड़े सुंदर ढंग से वश में कर रखा था। वे, उन्हें अपने हाथों से खाना खिलाते थे। चूँकि सेल नंबर-4 काफी बड़ी थी, उसमें और भी लोग रह सकते थे तथा आग जलाने का स्थान भी उसमें था, इसलिए चाती भी उसमें आ गया। चाती को उसमें लाने के लिए चिकित्सा-संबंधी कारण बताये गये, ताकि वह अपने हाथ की चोट को रात में सेंक सके। चूँकि अब चाती भी उसी सेल में आ गया था, अतः भागनेवालों में उसे भी शामिल कर लिया गया था। संपूर्ण योजना भारत-पाक नक्शे के अध्ययन पर आधारित थी।

उनकी योजना थी कि रात के समय निकला जाये और पश्चिम की तरफ रेलवे-रोड क्रॉसिंग से 8-10 कि. मी. आगे चलकर उत्तर दिशा में मुड़कर पहाड़ तक पहुँचा जाये। वहाँ से वे दिन में पहाड़ों में छिप सकेंगे और रात के समय भाग सकेंगे। पूर्वोत्तर दिशा में जाना श्रेयस्कर रहेगा और फिर झेलम नदी को पार करना होगा। वहाँ से फिर ऊपर पहाड़ के रास्ते उड़ी और पुंछ के बीच में कहीं से बार्डर को पार किया जा सकता है। ऐसे में लगभग 100 कि. मी. का पहाड़ी रास्ता पार करना पड़ता। एक दिक्सूची, कुछ कपड़े और खाने-पीने के सामान की जरूरत थी। एक झोला रहता तो और अच्छा होता। पाकिस्तानी एअरफोर्स के जेलर, आर्मी जेलर की तरह कूपन देने की बजाय हमारी तनख्वाह नकद दिया करते थे। इस तरह हमारे पास थोड़े पैसे भी इकट्ठे हो गये थे। विशेष रूप से उनके पास जो सिगरेट नहीं पीते थे। संयोग से, जिनेवा कन्वेंशन के अनुसार उस समय 60 रुपये मिला करते थे। बाद में पाकिस्तानी मुद्रा का दाम घट जाने से यह रकम और बढ़ गयी।

उस समय की स्थिति यह थी कि डी. पी. धर आकर वापस जा चुके थे और यह अप्रैल 1972 चल रहा था। जहाँ तक मेरा सवाल है, जब भी मैं ऊपर आकाश की ओर देखता था, मुझे लगता था कि मैं बिल्कुल आजाद हूँ। परंतु चूँकि उस समय मैं बहुत कमजोर था और सोचा करता था कि क्या दिलीप मुझे अपने दल में शामिल करेगा। अब चूँकि इस बात का पता केवल पूछने से ही चल सकता था, इसलिए एक दिन मैंने साहस करके कहा, "दिलीप, अगर तुम्हें लगता है कि मैं तुम्हारे ऊपर बोझ नहीं बनूँगा तो कृपया मुझे भी अपने साथ रखने के बारे में सोच लेना।" संयोगवश, जंगलों एवं बर्फीले क्षेत्रों में प्रशिक्षण के दौरान मैं अत्यधिक सफल रहा था। अगले दिन जाफा को मेरे प्रस्ताव के बारे में बताया गया तो उसने नाक-भौं सिकोड़ी, क्योंकि उसे मेरी सफलता पर संदेह था। मैंने उससे झूठ बोला कि जे. और एस. एस. कोर्स के दौरान मैं प्रथम आया था और यह भी कि मेरी रिपोर्ट में लिखा गया था कि

यद्यपि मैं देखने में कमजोर लगता था, फिर भी मैंने अप्रत्याशित रूप से अपने कार्य को बखूबी पूरा किया है। यद्यपि उस समय मुझे केवल आंशिक रूप से आश्वासन दिया गया, परंतु जाफा ने अपनी ओर से स्वीकृति दे दी। अब मुझे सेल नंबर-4 में लाने के लिए हमने गार्डों से प्रार्थना की कि वह हम चार लोगों को देर रात तक ब्रिज खेलने की इजाजत दे दें, क्योंकि हमें नींद नहीं आती। वे राजी हो गये। यह कहानी तीन-चार रातों तक लगातार दोहराई जाती रही और उसके बाद सबने यही समझा कि मुझे सेल नंबर-4 में रहने की सरकारी आज्ञा मिल गयी है।

यह कैंप बहुत छोटा था। रावलपिंडी से पेशावर जानेवाले मुख्य मार्ग से एक छोटा रास्ता कटता था, जिसे माल के नाम से जाना जाता था। मुख्य मार्ग से करीब 100 गज आगे जाने पर बायीं तरफ प्रोवोस्ट एवं सिक्योरिटी फ्लाइट कार्यालय का गेट था। अंदर जाकर बायीं ओर सुरक्षा गार्डों का कार्यालय था, जहाँ ड्यूटी पर तैनात पुलिस कारपोरल प्रायः बैठा करते थे। उसके आगे चार सेल बने हुए थे एवं एक बाथरूम था। सेल नंबर-4 एवं शौचालय के बीच एक सँकरी गली थी। गली के दक्षिणी तरफ कँटीले तारों की बाड़ लगी थी। कँटीले तारों की बाड़ के उस पार भर्ती-कार्यालय एवं पेट्रोल पंप स्थित था। दूसरे शब्दों में आजादी या तो कँटीले तारों के उस पार थी या फिर सेल नंबर-4 के पीछे की तरफ, और इस पूरे क्षेत्र की सुरक्षा का भार पेट्रोल पंप के चौकीदार पर डाला गया था। लेकिन भीतर की ओर अपने राउंड के दौरान गार्डों की निगाह अक्सर गली इत्यादि पर पड़ती रहती थी।

तभी एक दिन वॉलीबाल खेलते समय चाती के टखने में बुरी तरह मोच आ गयी। ऊपर से दाँतों का पुराना जख्म उभर आया एवं विषाणुओं के कारण उसे बुखार भी हो गया। इस घटना से स्क्वाड्रन लीडर जाफा के मन में एक खूबसूरत विचार आया और तय हुआ कि चाती हमारे साथ नहीं जायेगा, बल्कि वह एक अवांछनीय परंतु अति आवश्यक कार्य को पूरा करेगा, यानी प्रस्तावित पलायन के बाद सेल में बने रहना।

लगता था जैसे किस्मत हमारा साथ दे रही थी। एक दिन दिलीप को उसकी बहन का भेजा हुआ पार्सल मिला, जिसमें बड़ी चतुराई से दो कमीजें एवं एक जोड़ी पायजामे रखे हुए थे। पार्सल में कपड़े रखकर भेजने पर पाबंदी है, परंतु उसमें रखे हुए थे। अतः उन कपड़ों को दिलीप के गद्दे के नीचे छिपा दिया गया। इसके अलावा दिलीप ने अपने मासिक भत्ते की रकम से चुपके-चुपके हल्के हरे रंग का कुर्ता-पायजामा सिलवा लिया था। ऐसा स्थानीय लश्कर के एक सिपाही की मदद से संभव हो पाया था, जिसे थोड़ा-बहुत लालच एवं कुछ पैसे दिये गये थे। इस प्रकार हमारे कपड़ों की समस्या हल हो गयी। यह तय हुआ कि दिलीप हरे रंग का कुर्ता-पायजामा पहनेगा। गैरी को हल्के भूरे रंग की टेरीलीन शर्ट एवं नीले रंग की

ऊनी पैंट मिलेगी। मुझे हरी बुशर्ट मिली और वही भूरे रंग की पैंट, जो प्रत्येक युद्धबंदी को दी गयी थी। जूतों के लिए हमारे पास कोई विकल्प नहीं था, बल्कि सबको कैनवास के जूते ही पहनने थे।

हम सबने तय किया कि अपना युद्धबंदी-परिचयपत्र अपने साथ रखेंगे, जिससे संकट की घड़ी में आखिरी हथियार के रूप में जिनेवा कन्वेंशन के तहत संरक्षण की माँग कर सकें। हमने अपनी पहचान बदल ली थी। दिलीप का नाम एल. ए. सी. जान मैसी था, और गैरी का एल. ए. सी. अली अकबर और दोनों ही पाकिस्तानी एअरफोर्स, लाहौर के सदस्य थे। चूँकि मेरी उर्दू, हिंदी से भी कमजोर थी इसलिए मैं हेरोल्ड जैकब नाम का एंग्लो-पाकिस्तानी बना जो ला-बेला होटल, हैदराबाद फ्लेमिंगो बैंड में ड्रम बजाया करता था। मैंने बहाना किया कि मैं लाहौर में अपना 'शो' करने के लिए आया था, जहाँ इन दोनों हवाई सैनिकों के साथ मेरी दोस्ती हो गयी।

कामथ ने अत्यधिक परिश्रम एवं उत्साह का परिचय देते हुए हमारे पलायन का सारा साजो-सामान बहुत जल्दी तैयार करा दिया। कैमी की दोनों टाँगों में दो जगह फ्रैक्चर था और उन पर प्लास्टर चढ़ा हुआ था। यदि ऐसा न होता तो अवश्य ही वह हमारे गैंग का सदस्य होता। अपनी क्षमता के अनुसार उसने हम लोगों की महत्त्वपूर्ण सहायता की। कैमी ने हमारे लिए एक दिशा-सूचक यंत्र का निर्माण किया। इसे उसने ट्रांजिस्टर बैटरी, थोड़े से बिजली के तार, कुछ पोलीथीन और चुंबकीय सुई का इस्तेमाल करके बनाया था। चुंबकीय सुई उसने कमीज की प्रेस बटन से निकालकर बनाई थी, जिससे इसे संतुलित रखा जा सके। जब इस प्रेस बटन की सुई को वॉलपेन की निब के साथ जोड़कर संतुलित किया जाता था तो सुई उत्तर की दिशा में झूलने लगती थी। इस सुई को पैन में ही छिपाकर ले जाया गया था।

इसके बाद हमने चाती का पैराशूट भी इस बहाने से ले लिया कि इसकी छतरी में लगे नायलान की सहायता से हमें वॉलीबाल के जाल की मरम्मत करनी है। पैराशूट के कपड़े से कैमी ने दो झोले तैयार कर लिये। हमें पैराशूट का टुकड़ा भी मिल गया जिससे हम आवश्यकता पड़ने पर अपने आपको छुपा सकते थे। दुर्भाग्य से इसमें चाती के खून के छींटे लगे हुए थे। पानी के लिए हमने एक फ्रांसीसी 'जी' सल्ट में से कुछ 'जी' बैग निकाल लिये थे। इसमें पानी भरकर हमने इसे एक तकिए के गिलाफ में छिपा लिया था। खाने के लिए हमने मुख्य रूप से सूखे फल और सूखा दूध रखा था। सूखा दूध रेडक्रास के पार्सल से निकालकर इकट्ठा किया गया था।

लगभग मध्य जुलाई के आसपास काम शुरू हुआ। हमने ईंटों के बीच का मसाला (गारा) निकालना शुरू किया। यह कार्य दिलीप एवं गैरी ने बारी-बारी से किया। चाती एवं मैं सुरक्षा-गार्डों पर निगाह रखते थे। हमारे 'केवी' कहने से खतरा समझा जाता था और अनुकूल वातावरण होने पर 'क्लियर' का संकेत देते थे। शाम

को ब्रिज का खेल समाप्त होने के बाद यह काम लगभग 10 बजे से शुरू हुआ। सबसे पहले बल्ब निकाल दिया गया। फिर बिस्तर हटाकर खुदाई करनेवाले के लिए जगह बनाई गयी। रात के लगभग दो बजे खुदाई का काम बंद कर दिया गया। धूल-मिट्टी को उपहारों के खाली डिब्बों में भर दिया गया और ईंटें हटा दी गयीं। दीवार तोड़ने में अनेक वस्तुएँ काम में आयीं, जैसे छुरी, नाई की कैंची, नुकीली छड़, और सबसे अधिक उपयोगी था एक पेंचकस। हर दूसरे-तीसरे दिन मिट्टी से भरे डिब्बों को स्टोर में रखे खाली डिब्बों से बदल दिया जाता था।

आखिरी ईंट 27 जुलाई, 1972 को हटाई गयी। अब केवल प्लास्टर की एक परत बाकी रह गयी जिसे एक धक्के से गिराया जा सकता था।

शुक्रवार, अर्थात् 28 जुलाई, 1972 को दिलीप निकलना चाहता था। गैरी अभी दो हफ्ते और इंतजार करना चाहते थे, क्योंकि एक बार फिर वापसी की अफवाहों से कुछ उम्मीद बँध गयी थी। इस बार दिलीप ने अपने मन की बात कही, "मैं वापसी के तहत नहीं जाना चाहता। यदि कल वापसी की तारीख हो तो भी मैं निकलकर भागने का प्रयास करूँगा। पहले ही हम काफी समय बर्बाद कर चुके हैं।" जब दिलीप ने मेरी राय जाननी चाही तो मैंने कहा कि कल का दिन ठीक रहेगा, क्योंकि उसके बाद अगला दिन इतवार होगा और इस प्रकार खोज-बीन का कार्य अपेक्षाकृत धीमा रहेगा। परंतु दिलीप ने निश्चय कर लिया था, इसलिए हम सभी चलने के लिए तैयार हो गये। हमने बल्ब निकाल दिया और 'जी' बैग में पानी भर लिया। खाने-पीने का सामान रख लिया और बनावटी ढंग से कपड़े इत्यादि पहन लिये। बिस्तर में तकिए आदि के सहारे डमी बनाकर कंबल ओढ़ा दिया, जिससे लगे कि कोई सो रहा है। चाती से विदा ली। हम लोगों ने कुछ रेखाचित्र एवं मानचित्र भी बनाये, जिससे लगे कि हम लोग दक्षिण में सिंध की ओर जा रहे हैं, उन्हें मोड़-माड़कर कमरे के एक कोने में फेंक दिया, ताकि अवश्यंभावी खोजी दल को गुमराह किया जा सके।

गैरी प्लास्टर की परत तोड़ने लगा। परत काफी कठोर थी, इसलिए उसने पूरी ताकत से उसे धक्का दिया परंतु फिर भी उसे तनिक भी न हिला सका। तभी सौभाग्य से बारिश होने लगी। गैरी ने पैर की एड़ियों से ठोकर मारना शुरू किया। तब भी कोई फायदा न हुआ। तभी उसे सेल में पड़ा हुआ क्रिकेट का बल्ला मिल गया और वह जी-तोड़ प्रयास करने लगा। वह मारता गया, मारता गया और अंत में छोटी मुट्ठी के आकार का एक छेद बन गया।

तभी मैंने देखा कि एक गार्ड बरसात में भीगता हुआ हमारी तरफ आ रहा है। मैंने 'केवी' का संकेत दिया और सभी लोग डमी के साथ अपने-अपने बिस्तरों में छिप गये। बूढ़ा गार्ड, शम्सुद्दीन सीधे बिजली के स्विच के पास गया, जो सेल के बाहर दरवाजे के पास लगा था, और "क्लिक, क्लिक, क्लिक, क्लिक।" हम लोगों ने

शम्सुद्दीन से लापरवाही के साथ पूछा—सब ठीक तो है ? और वह इतनी रात गये बरसात में क्यों घूम रहा है ? वह बुदबुदाया कि लाइट खराब है। हमारी बातें सुनकर उसे थोड़ी हैरानी हुई। तभी हम लोगों ने कहा कि आज शाम को ही हम लोगों ने बल्ब के बारे में शिकायत की थी। धीरे-धीरे वह शांत हो गया और गार्ड-रूम की ओर चला गया। अत्यंत शीघ्रता से हम लोगों ने अपने कपड़े बदल लिये कि कहीं वह चाभी लेकर वापस न आ जाये। परंतु वह फिर नहीं लौटा। जिसे हम लोगों ने प्लास्टर की मामूली परत समझा था, वह सीमेंट की बेहद मजबूत परत थी।

आगे कुछ कहने से पहले, मैं अपने मिशन की असफलता के बारे में कुछ स्पष्टीकरण देना चाहूँगा। हमने सेल नंबर-4 की दक्षिणी दीवार को चुना था। फर्श से सटाकर कँटीले तारों के निकट एक आयताकार निशान बनाया गया था। सिवाय उस समय के जबकि काम चल रहा हो, बिस्तर बिछाकर उस पर कंबल इत्यादि इस ढंग से मोड़कर रख दिये जाते थे कि दीवार पर बना आयताकार निशान किसी को दिखाई न दे सके। बिस्तर के ठीक नीचे की तरफ जूते-चप्पलों को एक कतार में रख देते थे कि मेहतर का उन्हें हटाने का मन न करे। हम अपने सेल को बहुत साफ रखते थे, ताकि इस आधार पर मेहतर को बाहर से ही वापस भेजा जा सके।

अब हमारे सामने एक समस्या थी—सेल नंबर-4 की बाहरी दीवार में मुट्ठी के आकार का छेद साफ दिखाई देता था। हम यह भी जानते थे कि भर्ती-कार्यालय के कर्मचारी इस दीवार के साथ अपनी साइकिलें खड़ी किया करते हैं। अब यह केवल भाग्य की बात थी और भाग्य-देवी पूरी तरह हमारे साथ थी। दो हफ्ते से अधिक समय तक किसी ने भी उस छेद की तरफ ध्यान नहीं दिया और किसी को भी कोई शक नहीं हुआ।

दीवार भेदने का काम फिर से गैरी और दिलीप के द्वारा बारी-बारी से किया गया। उन्होंने आयताकार निशान के किनारों को खुरच-खुरचकर काफी पतला कर दिया, ताकि आवश्यकता पड़ने पर इस हिस्से को आसानी से तोड़ा जा सके। बतौर सावधानी के उस छेद में हमने पैराशूट से फाड़ा गया थोड़ा-सा कपड़ा ठूँस दिया था। एक रात को दिलीप जब अपना काम कर रहा था तो हमने देखा कि ईंटें हटाते-हटाते वह अचानक रुक गया और काफी समय तक उसी तरह रुका रहा। थोड़ी देर बाद वह फुसफुसाया, "दीवार के दूसरी तरफ कोई आदमी खड़ा है, और वह कपड़े को खींच रहा है।" दिलीप ने भी कपड़े को पकड़ रखा था और दोनों तरफ से रुक-रुककर खींचातानी चलती रही। सेल के अंदर हम सभी को पसीना आ गया। हमें आभास हो गया कि अब थोड़ी ही देर में यह चूहे-बिल्ली का खेल समाप्त करके वह व्यक्ति हमारे पास आयेगा और हमारा खेल खत्म हो जायेगा। इस तनातनी में अचानक कपड़ा दिलीप के हाथ से छूटा और बाहर से खींच लिया गया। वह

फुसफुसाया, "उसने कपड़ा खींच लिया !" हमने सोचा कि भागकर बिस्तर में छिप जायें, जैसे कुछ हुआ ही न हो, परंतु दिलीप वहीं खड़े रहकर छेद से बाहर झाँकने का प्रयास करने लगा। थोड़ी देर के लिए फिर सन्नाटा छा गया, परंतु तभी दिलीप ने सिसकारी भरते हुए कहा, "अरे यह तो वही शैतान बिल्ली है !" इशारा उस गैर-पालतू बिल्ली की तरफ था, जिसे हम अक्सर पाउडरवाला दूध पिलाया करते थे। हमने चैन की साँस ली और दोबारा काम में लग गये।

इस दौरान एक खयाल बार-बार मेरे मन में आता था, जिसे मैं किसी से जाहिर नहीं करता था, क्योंकि भागने की योजना में मुझे सबसे अंत में शामिल किया गया था। मैं अपने डूब जाने की आशंका किसी पर प्रकट नहीं करना चाहता था, जबकि योजना के अनुसार हमें झेलम भी पार करनी थी। मैं अधिक समय तक इस बात को मन में नहीं रख सका और मौका मिलते ही दिलीप से कह दिया कि मुझे तैरना बिल्कुल नहीं आता। दिलीप बोला, "इसमें चिंता की कोई बात नहीं है क्योंकि मैं 'जी' बैग में हवा भरकर उसके सहारे नदी तैर सकूँगा तथा ऊपर से दिलीप और गैरी मुझे पकड़कर नदी पार करा देंगे।" मैंने हाँ तो कर दी, परंतु यह तरीका मुझे बिल्कुल पसंद नहीं आया। इसके अतिरिक्त, आजकल ऐसी अनेक खबरें आती थीं कि मुजाहिदों एवं पाकिस्तानी सैनिकों को बारूदी सुरंगों के जरिए उड़ा दिया जाता है। हम जानते थे कि आजकल पूरे क्षेत्र में बहुत-सी बारूदी सुरंगें बिछी हुई हैं परंतु इस समय हमारा रवैया कुछ इस तरह का था कि 'हमारा दिमाग बुलंदियों पर है, हमें तथ्यों के सहारे गुमराह मत करो !' हमने इन मुश्किलों को दिमाग से निकाल दिया और इसकी जगह एक साधारण और अनिश्चित-सा तरीका सोचा कि लकड़ी के पटरे को बाँस के लट्ठे से बाँध दिया जाये और चलने से पहले इसे जमीन पर पटकते हुए चलें। यही सब सोचते हुए हम लोग मलवा हटाने के अपने अभियान में लगे हुए थे। अगस्त के पहले सप्ताह के अंत में, जब हम लोग चलने को पूरी तरह तैयार थे, गैरी को तेज बुखार हो गया और इस तरह हमें अपना कार्यक्रम स्थगित करना पड़ा।

पार्सल की अगली खेप में किताबों का बंडल था। यद्यपि उनमें कुछ खास नहीं था, फिर भी मैंने उसमें से भारत, पाकिस्तान, बर्मा और श्रीलंका की यात्रा संबंधी एक पुस्तक उठा ली। इसे पढ़ते समय मैंने इसमें अनेक मानचित्र देखे। उनमें से एक नक्शा रावलपिंडी, पेशावर तथा खैबर से आगे तक का था। मैंने इसके पैमाने पर ध्यान दिया और यह जानकर आश्चर्यचकित रह गया कि पेशावर से केवल 24 मील की दूरी पर सरहद थी। और सबसे अधिक प्रसन्नता की बात यह थी कि इस रास्ते में कहीं भी नदी पार करने की जरूरत नहीं थी। मुझे गार्डों की बातें याद आयीं कि इस रास्ते पर रात की बसें भी चलती हैं। यह सच्चाई जानकर मुझे बहुत खुशी हुई। सेल के दरवाजे के पास खड़े होकर मैंने वह रेखांकित मानचित्र दिलीप को दिखाया

और कहा, "मेरे विचार से यह रास्ता उससे बेहतर है, इसमें न तो मुजाहिदों का डर है, न बारूदी सुरंगों का और न ही इसमें कोई नदी है। तुम क्या सोचते हो ?" दिलीप थोड़ी देर चुप रहा और मुझे विश्वास नहीं हो रहा था जब उसने कहा, "पाल, यह हम दोनों के लिए तो ठीक है, अतः आओ चलें, गैरी को इस परिवर्तन के बारे में बता दें।" हम दोनों गैरी के पास गये जो कि लेटा हुआ था और जब हमने उसे बताया तो वह भी बहुत खुश हुआ। मैं सोचता हूँ कि झेलम से पीछा छूट जाने के कारण मैं उन सबसे अधिक खुश था।

नयी योजना के अनुसार हमें आधी रात के लगभग बाहर निकलना था और फिर बसस्टैंड तक पैदल जाना था। दाँतवाले डॉक्टर के पास जाते समय चाती ने बसस्टैंड देखा हुआ था और इस प्रकार हमें बसस्टैंड के बारे में पहले से जानकारी थी। हमने तरकीब सोची कि हम पेशावर जाने वाली बस में सवार हो जायेंगे। पेशावर वहाँ से केवल 90 मील की दूरी पर था, अतः हमें उम्मीद थी कि हम सबेरा होने से पहले ही वहाँ पहुँच जायेंगे। वहाँ पहुँचकर जमरूद जानेवाले मार्ग का पता लगायेंगे। रात होने तक हम वहीं कहीं छुपे रहेंगे और फिर रेलवे लाइन के साथ चलकर पेशावर से जमरूद की तरफ जायेंगे और फिर लैंडीकोटल की पहाड़ियों से गुजरकर लैंडीखाना नामक स्थान पर पहुँचेंगे, जहाँ से तोरखम बार्डर केवल नौ मील रह जाता है। हमारे पास बस-किराए एवं अन्य जरूरतों के लिए 180 रुपये थे। हमारी कोशिश थी कि पेशावर छोड़ने के बाद जहाँ तक संभव हो, हमें किसी भी व्यक्ति के संपर्क में नहीं आना चाहिए। हमें हरकत में आने के लिए अब केवल गैरी के स्वस्थ होने का इंतजार था।

शनिवार, 12 अगस्त। यह एक लंबे सप्ताहांत की शुरुआत थी, क्योंकि 14 अगस्त को पाकिस्तान का स्वतंत्रता दिवस था। कैंप कमांडेंट एक पहाड़ी स्टेशन, मूरी की यात्रा पर गया हुआ था और प्रभारी वारंट आफिसर मि. रिज़वी, शहर के दूसरे छोर पर रहते थे। अब कैंप की जिम्मेदारी महफूज खान नाम के एक कमजोर किंतु प्रिय कारपोरल के हाथ में थी। गैरी स्वस्थ हो गये थे और दुश्मन का सुरक्षा-प्रबंध निकल भागने के लिए बहुत उपयुक्त था। शाम की सैर करते समय हमने आकाश में बिजली चमकते हुए देखी और दिलीप से कहा कि आँधी आने के आसार हैं। साथ ही सुझाव दिया कि आधी रात के समय निकलो, परंतु यदि उससे पहले आँधी आ जाये तो और पहले ही निकल चलो। अंतिम क्षणों में काफी विचार-विमर्श के बाद हम अपने-अपने सेलों की तरफ बढ़ गये। कोई अनावश्यक रूप से उत्तेजित न हो, इसके लिए केवल कैमी और कुरु को ही इस बारे में बताया गया था। ये दोनों सेल नंबर-7 में रहते थे और कुरु को समझाया गया था कि वह आधी रात के समय सुरक्षा गार्डों से उसे शौच ले जाने के लिए कहे, क्योंकि उसे फिर से लॉक-अप में

डाल दिया गया था और इस प्रकार गार्ड उस स्थान से काफी दूर हो जाते जहाँ से हम सीमेंट की परत तोड़कर निकलना चाहते थे।

हमने सब कुछ ठीक वैसा ही किया—बल्ब, पानी, राशन, किवीज, डमी, मुड़े-तुड़े नकली नक्शे तथा चाती से विदाई। आधी रात के लगभग आँधी शुरू हुई और कुरु से जैसा कहा गया था, उसने वैसा ही किया। गैरी नीचे बैठकर अंतिम रूप से दीवार को घिसने लगा। मेरा दिल जोर-जोर से धड़क रहा था और अनेक प्रकार की आशंकाएँ पैदा हो रही थीं, ''क्या तुम अवश्य भागोगे ? क्या सचमुच ऐसा हो पायेगा?'' उमर खय्याम की लिखी चंद कतरें याद करके मैंने अपने दिल को सांत्वना दी :

गेंद, आँख या नाक से किसी तरह का
प्रश्न नहीं करती
बल्कि दायें या बायें, उधर ही चली
जाती है जिधर खिलाड़ी मारता है।
और वह (ईश्वर) जिसने तुम्हें इस संसार
में भेजा है, वह जानता है कि उसे क्या
करना है, वह जानता है और केवल
वही जानता है।

दीवार पर आखिरी चोट मारी गयी और हम पूरी तरह तैयार हो गये। सबसे पहले गैरी को सूराख से बाहर निकलकर दीवार के दूसरी तरफ खड़े होकर तब तक इंतजार करना था, जब तक कि मैं सूराख में लेटे-लेटे उसके पैर को दबाकर यह संकेत न दूँ कि कोई भी गार्ड गली की तरफ नहीं देख रहा है। इसके लिए पीछे से चाती मेरे पैर पर थपकी देकर पहले यह संकेत मुझे देता जो मैं गैरी को बताता। इसके बाद दिलीप को गली पार करनी थी। फिर इसी तरह दिलीप के संकेत की मुझे प्रतीक्षा करनी थी, और दिलीप को चाती का संकेत मिलने पर गली पार करनी थी। बाद में चाती ईंट इत्यादि को हटा देता, बिस्तर ठीक कर देता और कुछ इस तरह की आवाज करता जिससे लगे कि सेल के अंदर आदमी हैं। अगली सुबह चाती गार्डों से शौच ले जाने के लिए कहता और फिर कोशिश करके जाफा के सेल (नं. 3) में चला जाता जो शौचालय के साथ ही था। गैरी ने रेंगकर दीवार पार की और बाहर प्रतीक्षा करने लगे। मैं भी सरककर पार हो गया। रात के आकाश को देखकर, मन में जो आशंकाएँ थीं, पूरी तरह समाप्त हो गयीं और उनका स्थान शांति एवं उल्लास ने ले लिया। जब मैं बाहर खड़ा होकर आगे बढ़ने के संकेत की प्रतीक्षा कर रहा था, मेरी आँखों में चमक पैदा हुई और मैंने देखा कि हमसे केवल 20 कदम की दूरी पर एक

आदमी चारपाई पर बैठा हुआ है। गैरी को यह दिखाने के लिए मैंने उसके पैर को छुआ, परंतु गैरी ने इसे आगे बढ़ने का संकेत समझकर गली को पार कर लिया। वह व्यक्ति अपनी जगह से नहीं हिला। मैं भी सरककर बाहर निकला और खड़ा हो गया। तब मैंने देखा कि तेज हवा के कारण उस व्यक्ति ने अपना सिर कंबल से ढका हुआ था। धीरे-धीरे हम सबने गली पार कर ली और दीवार के पास पहुँच गये, ताकि दीवार फाँदकर माल रोड पर पहुँच सकें। परंतु वहाँ काफी भीड़ थी—शायद आखिरी शो छूटा होगा। इस समय रात के साढ़े बारह बज रहे थे और तारीख थी 13 अगस्त, 1972। अतः हम लोग सेल की पीछे की दीवार और उससे लगी छोटी-सी झोंपड़ी, जोकि पंपहाउस की तरह थी, के बीच छुपकर बैठ गये और भीड़ कम होने की प्रतीक्षा करने लगे।

हवा तेज होती जा रही थी। वह टेलीफोन के तारों से टकराकर भयानक शोर पैदा कर रही थी और धूल उड़-उड़कर हमारी आँखों में पड़ रही थी। फिर वर्षा की बूँदें भी पड़ने लगीं। लगभग 10 मिनट बाद हमने दीवार के बाहर झाँककर देखा तो माल रोड पर सन्नाटा था। तब हम नीचे उतर गये और मुख्य मार्ग पर चलने लगे। उत्साहित होकर मैंने कहा, "आजादी हमें मिल गयी।"

गैरी ज्यादा व्यावहारिक होते हुए बोले, "अभी नहीं।"

हम मुश्किल से 100 गज चले होंगे कि जोर की बारिश होने लगी। मुख्य मार्ग पर हम लोग बायीं तरफ मुड़े। यहाँ सड़क दो-तरफा थी और किनारे-किनारे घने पेड़ लगे थे। हमने सड़क का दाहिना किनारा लिया और चलते गये। अगले 100 गज तक बिल्कुल अंधकार था, क्योंकि बिजली गुल हो गयी थी। पीठ पर गट्ठर लादे और अपने आपको अँधेरे में छिपाते हुए हम बड़ी खुशी से पैदल चल रहे थे। थोड़ा आगे जाकर हम बायें मुड़े और माल रोड के समानांतर जानेवाली एक चौड़ी सड़क पर आ गये। यह सड़क पहले नीचे की तरफ जाकर फिर धीरे-धीरे ऊपर को जाती थी। लगभग एक घंटे तक पैदल चलने के बाद हम एक चौराहे पर पहुँचे, जहाँ हमें एक बस दिखी, जिसका इंजन स्टार्ट था। बस के ड्राइवर ने हमें देखकर आवाज लगाई—"पेशावर जाना है, भाई ? पेशावर-पेशावर !"

हम जल्दी से इस उम्मीद के साथ बस में चढ़ गये कि वह जल्दी ही चल पड़ेगी। परंतु बस तब तक रुकी रही, जब तक पूरी तरह भर नहीं गयी और इसमें करीब एक घंटा लग गया। हमें जिस चीज से असुविधा हो रही थी, वह यह थी कि कंडक्टर हमसे टूटी-फूटी अंग्रेजी में किराया माँग रहा था। सामान्यतया पूरे पाकिस्तान में उर्दू बोली जाती है, शुद्ध उर्दू भी नहीं, बल्कि कुछ-कुछ भारतीय हिंदी की तरह। यहाँ तक कि पाकिस्तानी वायुसेना के अधिकारी भी एक-दूसरे का अभिवादन करते समय 'सलाम-अले-कुम' कहते थे न कि 'गुड मार्निंग'। अतः मुस्कराते हुए कंडक्टर को

अंग्रेजी में बात करते देखकर हम लोग चौकन्ने हो गये, परंतु किसी प्रकार की प्रतिक्रिया व्यक्त करने की बजाय हम सबने यह सोचकर चुप रहना पसंद किया कि जो होगा सब ठीक ही होगा।

संयोग से गैरी सिख हैं—रंग अत्यधिक गोरा, भूरे बाल और चमकीली आँखें। उन्हें अपने सिर के बाल मुँड़वाने पड़े थे, क्योंकि सिर की खाल में संक्रामक बीमारी हो गयी थी। अब उनके बाल एक इंच बड़े थे और वे पूरे पठान दिखाई पड़ते थे। यद्यपि उन्होंने हाथ में कड़ा पहना हुआ था, जो छोटा पड़ जाने के कारण निकल नहीं सकता था। इसलिए उसे यात्रा के दौरान उन्होंने अपनी कमीज की बाँह से ढक लिया था।

रात में 2 बजकर 30 मिनट के लगभग बस चल पड़ी। हम लोग अपना चेहरा छिपाने के लिए सोने का बहाना करके अपनी-अपनी सीटों में लुढ़क गये। अट्टोक जाकर बस रुकी। यहाँ उतरकर हमने चाय पी। हमारे दिल से साहसिक यात्रा का विचार ही जाता रहा। लगता था जैसे हम अंबाला या चंडीगढ़ की यात्रा पर आये हों। अगर यह किसी फिल्म का दृश्य रहा होता तो नेपथ्य में बजनेवाले संगीत से माहौल कुछ उत्तेजक बन सकता था।

सबेरा होते-होते हम पेशावर पहुँच गये। शहर में प्रवेश करने के थोड़ी देर बाद ही हम बस से उतर गये और सड़क के किनारे स्थित एक दूकान पर जाकर चाय का आर्डर दे दिया। तारों से बँधी हुई एक पुरानी चायदानी में हमें चाय दी गयी। हम लोग चाय के थोड़ी ठंडी होने की प्रतीक्षा कर रहे थे कि मुझे ध्यान आया—संभव है हम लोगों के संबंध में रेडियो पर उद्घोषणा जारी हो गयी हो। "क्या आपको नहीं लगता कि हमें चलना चाहिए ?" मैंने दिलीप से कहा। बिना और अधिक प्रतीक्षा किये हम तुरंत उठ खड़े हुए। अब हमारा विचार था कि जितनी जल्दी हो सके, हमें जमरूद का रास्ता लेना चाहिए।

सड़क के साथ चलते हुए हमने पाया कि हम पठानों से घिरे हुए हैं। हमने देखा कि आधे से अधिक वयस्क लोग हथियार लिये हुए थे। एक आटो-रिक्शा चालक बंदूक लिये हुए था। ये सभी लोग हथियार या कारतूस रखने के लिए एक प्रकार की पेटी बाँधे हुए थे। हम लोग पश्चिमोत्तर सीमा प्रांत से लगे हुए जंगली क्षेत्र से गुजर रहे थे। इस क्षेत्र में कानून के नाम पर जन-जातीय या कबीलाई कानून चलता था। इस इलाके में जिस कबीले के लोग थे, उसे जिरगा के नाम से जाना जाता था और ये ऐसे लोग थे जिन्हें अंग्रेज भी नहीं दबा सके। इस क्षेत्र में वर्तमान सरकार असहाय थी। थोड़ा अंदर जाने पर, जमरूद के पास हमने देखा कि कोई भी वयस्क व्यक्ति बंदूक एवं कारतूस की पेटी से खाली नहीं था।

कुछ महीनों बाद हमें पता चला कि कोई भी पाकिस्तानी, जैसे सिंधी या पंजाबी,

इस तरह इस इलाके में पैदल चलने की हिम्मत नहीं कर सकता था। वे वाहनों में बैठकर इस क्षेत्र को पार करते थे और वह भी केवल दिन के समय।

हमने एक ताँगे को अपनी ओर आते हुए देखा। गैरी--हमारे 'पठान' ने उसकी प्रशंसा की और जमरूद ले चलने को कहा। ताँगेवाले ने पूछा, जमरूद में किस जगह? गैरी ने कहा--वहाँ कहीं अखबार का दफ्तर है। ताँगेवाले ने और जानकारी चाही, परंतु गैरी ने कहा कि स्थान का हमें खुद ठीक से पता नहीं है तथा उससे किसी चौक इत्यादि पर छोड़ देने को कहा। ताँगेवाले ने थोड़ी देर तक सोचा। फिर बोला--चार रुपये लगेंगे। गैरी बोला--ठीक है। और आगेवाली सीट पर, ताँगेवाले की बगल में जाकर बैठ गया। दिलीप और मैं पीछेवाली सीट पर बैठ गये। यह मुश्किल से 10 मिनट का रास्ता था। मुझे और दिलीप को यह इलाका और यहाँ के बाग-बगीचे बहुत अच्छे लगे। चाती के बारे में हम चिंतित थे और परेशान थे कि उसके साथ क्या गुजरेगी। इस समय सुबह के 6.00 बजे थे। यह 13 अगस्त, 1972 की बात है। इधर मैं और दिलीप आपस में हँस-हँसकर बातें कर रहे थे, उधर गैरी ताँगेवाले के उबाऊ सवालों से जूझ रहा था। वह पूछना चाहता था कि हम लोग कौन हैं, कहाँ से आ रहे हैं, हमने लाहौर से किस समय बस पकड़ी थी, उस अखबार के दफ्तर में क्या है, वह कौन-सा अखबार है जिसका दफ्तर इतवार को भी खुलता था, आदि-आदि। गैरी जितनी सफाई से उसे टाल सकता था, टालता रहा और उसके रुक जाने पर चैन की साँस ली। ताँगेवाले ने एक सड़क की तरफ इशारा करके कहा--जमरूद रोड तो यही है, पर आप लोगों को किस दफ्तर में जाना है ? हमने कहा--अभी उसके खुलने में काफी देर है और हम उसे खुद ही खोज लेंगे। हम लोग नीचे उतर आये और उसे पाँच रुपये का एक नोट दिया। उसने मेरी ओर देखा और बोला--रेजगारी नहीं है। मैं सिर्फ मुस्करा दिया, और यह भूलकर कि देखने में हम लोग नौकरी की तलाश में निकले लाचार-से लग रहे हैं, बोल पड़ा कि कोई बात नहीं, रेजगारी तुम रख लेना। लेकिन थोड़ी दूर के रास्ते और हमारे हुलिये के मद्देनजर यह हमारी गलती थी। ताँगेवाला वहीं खड़ा रहा। उसके चेहरे पर एक बड़ा प्रश्नचिन्ह साफ देखा जा सकता था। स्पष्ट रूप से वह समझ गया था कि कहीं कुछ गड़बड़ जरूर है। उसने हमें फिर से ताँगे में बैठने को कहा और बोला कि हम जहाँ कहेंगे, वह हमें वहाँ छोड़ देगा। हम बोले--इसकी कोई आवश्यकता नहीं है, क्योंकि हमारे पास अभी बहुत समय है। वह फिर भी अपनी बात पर जोर देता रहा, इसलिए हम वहाँ से चल पड़े और वह आश्चर्य से हमें देखता रहा।

अब तक सब कुछ ठीक से गुजर रहा था। अब हम सड़क छोड़कर कहीं छिपना चाह रहे थे, विशेषकर रेलवे लाइन पा लेने के बाद। परंतु ऐसा कहना तो आसान था, करना नहीं।

जब हम इस राजमार्ग पर चल रहे थे, तो हमने देखा कि वहाँ चारों तरफ या तो छोटी-छोटी दुकानें हैं या रिहायशी मकान, या फिर सड़कों पर काम करते हुए लोग। ये सभी लोग एक जैसे लग रहे थे, सबका पहनावा एवं रहन-सहन लगभग एक जैसा था। हम तीनों लोग सबसे अलग दिख रहे थे। उससे भी खराब बात यह थी कि हमें देखकर लोग अपना काम बंद करके हमें घूर-घूरकर देखने लगते थे। अनेक साइकिलवाले जो हमारे पास से गुजरते थे, पीछे मुड़-मुड़कर हमें देखते तथा फिर आगे जाते थे।

हमने महसूस किया कि हम तीनों को साथ-साथ नहीं चलना चाहिए। मैं अपने साथियों से लगभग पचास गज पीछे, सड़क के दूसरे किनारे पर चल रहा था। एक साइकिलवाले ने, जो दूसरों से अधिक साहसी लगता था, मुझसे पूछा कि मैं कहाँ जा रहा हूँ। मैंने बताया कि हम एक कैंप में जा रहे हैं। उसने पूछा—मैं क्या ले जा रहा हूँ। मैं बोला—पानी है। उसने फिर पूछा कि कहीं मैं आटा लेकर तो नहीं जा रहा। तब मैंने अपने 'जी' सूट में से थोड़ा-सा पानी गिराकर उसे दिखाया। इसके बाद वह संतुष्ट होकर चला गया।

अपनी इस विशेषता को देखते हुए हमने निश्चय किया कि मुख्य सड़क को छोड़ना हमारे लिए ठीक नहीं है। लगभग पाँच मील जाने पर बायीं ओर को एक दूसरी सड़क काटती थी। हम इस पर मुड़ गये और रेलवे लाइन पर आ गये। परंतु यहाँ काफी भीड़-भाड़ थी और लोग हमें अत्यधिक संदेह से देख रहे थे। इसलिए हम पीछे मुड़कर फिर से मुख्य मार्ग पर चलने लगे। अब हमें पता चल गया था कि हमारे बायीं तरफ इसी सड़क के समानांतर रेलवे लाइन है।

लगभग दो मील और आगे तथा लगभग दो घंटे पैदल चलने के बाद हम एक चुंगी पर पहुँचे। वहाँ सबकी चैकिंग हो रही थी। सड़क के दाहिनी तरफ एक इस्लामी विश्वविधालय का परिसर था। वहाँ बहुत-सी झाड़ियाँ एवं पेड़ लगे हुए थे। हम चोरों की तरह उनमें जाकर छिप गये और सोचने लगे कि अब हमें क्या करना चाहिए। जहाँ तक मुझे याद पड़ता है, दिलीप ने सुझाव दिया कि हमें बस में बैठ लेना चाहिए, क्योंकि यहाँ पैदल चलना खतरे से खाली नहीं है। अतः हम वापस सड़क पर आ गये और वहीं के एक आदमी से, जोकि पुलिया पर बैठा हुआ था, पूछा कि बस कहाँ से मिलेगी ? उसने हमें वहीं बैठने को कहा। थोड़ी देर बाद बस आयी और हमारा वह नया मित्र बीच सड़क जाकर खड़ा हो गया। बस रुक गयी और वह उसकी छत पर चढ़ गया। हमने भी उसका अनुसरण किया। वहाँ पहले से लगभग एक दर्जन लोग बैठे हुए थे। हम भी वहीं जाकर बैठ गये और इस तरह पाँच-छह चेकपोस्ट पार कर लिये। सभी चेक-पोस्टों पर लोग हमारे थैलों को उठाते थे तथा उसमें टिन एवं सूखे फल देखकर रख देते थे। चेक-पोस्टवाले केवल अनाज खोज रहे थे, और किसी चीज

से उन्हें मतलब नहीं था।

एक लड़के ने आकर हमसे किराया माँगा। हमने पूछा—कितना दें ? और जो कुछ उसने माँगा, हमने दे दिया। परंतु उसने कोई टिकट आदि नहीं दिया। हमें नहीं मालूम, ऐसा क्यों था। परंतु यह तो तय था कि उस बस पर किराया देनेवाले केवल हम ही लोग थे। उत्तर-पश्चिमी सीमांत प्रांत में साप्ताहिक ट्रेन एवं बसें दरवाजे पर ही उपलब्ध रहती हैं। जमरूद पहुँचकर हम लोग उतर गये। सड़क पर एक गेट बना हुआ था, जिस पर अनेक साइन-बोर्ड लगे हुए थे :

"अब आप आदिवासी क्षेत्र में प्रवेश कर रहे हैं।"

"आगुंतकों को चेतावनी दी जाती है कि सड़क न छोड़ें।"

"आगंतुकों को चेतावनी दी जाती है कि किसी भी आदिवासी महिला की तस्वीर न खींचें।"

"आगंतुक केवल दिन के समय इस क्षेत्र को पार करें।"

और "खैबर में आपका स्वागत है।"

हमने सोचा कि हमें यह छोटा कस्बा जो कि जमरूद फोर्ट था, पार करके सड़क छोड़ देनी चाहिए। यह कस्बा अनेक छोटे-छोटे किलों या गढ़ों में से एक था, जिसमें शायद संयुक्त परिवार रहता होगा। एक किले से दूसरे किले के बीच लगभग 100 गज का खाली मैदान होता था तथा एक भी पेड़ नहीं दिखता था। करीब पाँच मील की दूरी पर पहाड़ी तराई दिख रही थी, परंतु समतल व खाली मैदान में छिपने लायक कोई जगह न थी। पहाड़ी भी पूरी तरह सुनसान और पथरीली थी। स्थानीय बाशिंदों का पहनावा ऐसा था जैसे मार डालने को तत्पर हों—सबके हाथों में बंदूकें थीं और कमर में कारतूस की पेटी।

जैसे ही हम चलते थे, स्थानीय लोग सारे काम-काज छोड़कर हमें घूरने लगते थे। यह तो स्पष्ट था कि हम सड़क नहीं छोड़ सकते थे। अचानक एक सात-आठ साल का लड़का, पुराना टायर दौड़ाते हुए आया और अपनी खिलौना पिस्तौल मुझ पर दाग दी। दिलीप ने मजाक में कहा, "हैरी, तुम्हारे पानी के बैग में गोली लग गयी।" मैंने खिलवाड़ करते हुए एक चरवाहे (काऊबॉय) की तरह बच्चे को ध
मकाया। वह मुस्कराया और अपना टायर लुढ़काते हुए हमारे साथ-साथ चलने लगा।

वह थोड़ी देर तक हमारे बारे में अध्ययन करता रहा, फिर दाँत निपोरते हुए बोला—"अंग्रेज हैं !" मैं बोला—"अंग्रेज नहीं, पाकिस्तानी हैं !" वह अभी भी टायर दौड़ा रहा था तथा हमारा अध्ययन भी कर रहा था। थोड़ी देर बाद फिर उल्लसित होते हुए बोला—"पाकिस्तानी नहीं, हिंदुस्तानी हैं।" लगभग 10 सेकेंड तक हमारा दिमाग सुन्न हो गया। तब मुझे अपने यहाँ की हिंदी फिल्मों की याद आयी और मैंने कहा—"बदतमीज़, शरम नहीं आती !" वह हँस पड़ा, अपने टायर की गति तेज की

और तेजी से भाग गया।

सहमे-सहमे हम चलते जा रहे थे। यह निश्चित था कि हमें दोबारा बस पकड़नी पड़ेगी। जमरूद से लगभग एक मील आगे जाने के बाद हमने एक नौजवान को देखा। दिलीप ने 'सलाम-अले-कुम' कहकर उसका अभिवादन किया। उसने 'अलेकुम-सलाम' कहकर अभिवादन स्वीकार किया और हमें भी पुलिया पर बैठने को कहा, ताकि कुछ बातचीत हो सके। उसने कई सवाल पूछे। दिलीप ने उसे समझाया कि वैसे तो हम पाकिस्तानी हैं परंतु हमारा पालन-पोषण अफ्रीका में हुआ है, हम अपनी मातृभूमि को अच्छी तरह से देखने के लिए वापस आये हैं। कुछ-कुछ सहमत होते हुए वह बोला कि वह हमारे लिए बस रुकवा देगा। और जब अगली बस आयी तो उसने उसे रुकवा दिया और हम उसकी छत पर चढ़ गये और चलते-चलते युवक को हाथ हिलाकर अभिवादन किया।

बस लांडीकोटाल जा रही थी। यह जगह अफगानिस्तान से पाँच मील पहले है। पहाड़ी रास्तों से गुजरते हुए हमने महसूस किया कि यदि हम अपनी पहली योजना के अनुसार चले होते तो कभी न पहुँच पाते। पहाड़ी ऊसर थी और दूसरी चोटी पर निगरानी चौकियाँ बनी हुई थीं। इन सभी चौकियों पर आदमी तैनात थे। यहाँ राडार की तरह पूरे क्षेत्र पर निगाह रखी जा रही थी, जहाँ दिन के समय कोई भी चलनेवाला एक नहीं तो दूसरी चौकी पर जरूर पकड़ लिया जाता। यदि हम रात में चले होते तो अवश्य ही चारों तरफ फैली किसी-न-किसी कबायली बस्ती में जा पहुँचते। यहाँ से हमने पहाड़ की घाटियों में बड़ी-बड़ी दरारें देखीं, जिनके मुँह कपड़ों से ढके हुए थे, और बड़े-बड़े कुत्तों ने हमें अवश्य ही पकड़ लिया होता। मन ही मन हमने सोचा कि हमने सर्वोत्तम योजना अपनाई थी।

हम सबेरे साढ़े नौ बजे तक लांडीकोटाल पहुँच गये, अर्थात् कैंप छोड़ने के केवल नौ घंटे के अंदर। अब हम जानना चाहते थे कि दोनों में से किस रास्ते से हमें जाना चाहिए। इसलिए पर्यटक होने का बहाना करते हुए हम एक चाय की दूकान पर गये। चाय पीते-पीते हमने वहाँ के लोगों से पूछा कि लांडीखाना नामक स्थान कहाँ पर है। शायद उन्हें खुद भी नहीं मालूम था, इसलिए वे आपस में एक-दूसरे से पूछ रहे थे। पाँचवें या छठे आदमी को शायद कुछ अंदाजा था, अतः उसने एक ओर इशारा करके कहा कि इस रास्ते पर लगभग चार मील नीचे की तरफ जाना पड़ेगा। हमने पूछा कि क्या लांडीखाना घूमने-फिरने के लिए सुन्दर स्थान है। वे इस प्रश्न को समझ नहीं पाये। हमने पूछा—"क्या कोई बस या टैक्सी वगैरह मिल सकती है ?" एक लड़के ने बताया कि बसें तो नहीं हैं, पर लगभग तीस रुपये में टैक्सी जा सकती है। हमने जरा भौंहें सिकोड़ीं और कहा—"चार मील के तीस रुपये ! यह तो बहुत ज्यादा है। हम पैदल ही चले जायेंगे।" हम ताँगेवाले के साथ की गयी गलती को

दुहराना नहीं चाहते थे।

यहाँ हमने देखा कि लगभग सभी लोग सिर पर सफेद रंग की गोल टोपी लगाये हुए थे। दिलीप ने सुझाव दिया कि हमें भी ऐसी टोपियाँ खरीद लेनी चाहिए। मैंने कहा कि क्योंकि मैं अंग्रेज हूँ, इसलिए मुझे टोपी पहनने की आवश्यकता नहीं है। हम चाय की दूकान से बाहर आ गये और कोई पचास गज जाने पर हमने सीढ़ियाँ देखीं जो गली से होकर नीचे की तरफ बाजार को जाती थीं। मैं और गैरी वहीं खड़े रहकर प्रतीक्षा करने लगे और दिलीप जाकर नीचे से दो टोपियाँ ले आया। एक अपने लिए और एक गैरी के लिए। गैरी की टोपी छोटी पड़ रही थी, इसलिए दिलीप उसे लेकर नीचे बदलने के लिए चला गया। जब गैरी और मैं ऊपर खड़े होकर दिलीप के आने की प्रतीक्षा कर रहे थे, तभी चाय की दूकानवाला लड़का जोर से चिल्लाया कि लांडीखाना के लिए टैक्सी 25 रुपये में मिलेगी। हमने ऐसा आभास दिया, जैसे हम बहुत इच्छुक नहीं हैं। इधर जब तक मैं और गैरी आपस में सलाह कर रहे थे कि टैक्सी लें कि न लें, तब तक वह लड़का यह कहता हुआ भाग गया कि चाहो तो ड्राइवर से बात कर लो। हम अपने नेता, दिलीप के आने का इंतजार करने लगे। दिलीप आ गया। हमने उसे सब कुछ बताया। वह मान गया। हम टैक्सी की तरफ बढ़े ही थे कि किसी ने पीछे से आवाज दी।

हम पीछे मुड़े और देखा कि एक अधेड़ उम्र का दढ़ियल आदमी, जिसने चश्मा पहन रखा था, हमसे पूछ रहा था कि क्या हमें लांडीखाना जाना है। हमने सोचा कि यह पहलेवाले टैक्सी चालक का प्रतियोगी होगा। हम बोले—"हाँ।" उसने पूछा—हम कहाँ से आ रहे हैं ? इसके अलावा वह जानना चाहता था कि हम लोग कौन हैं ? वह बड़ी विनम्रता से बात कर रहा था। हमने उसे अपनी कहानी इस तरह बताई : दिलीप और गैरी लाहौर में वायुसैनिक हैं और मैं सामान्य नागरिक और उनका दोस्त हूँ। उसने अपनी आवाज में कठोरता लाते हुए पूछा कि हम लोग लांडीखाना के बारे में कैसे जानते हैं ? हमने जवाब दिया कि इसका जिक्र प्रत्येक नक्शे में है। उसने अपना सिर हिलाते हुए बड़े इत्मीनान से कहा कि किसी भी नक्शे में लांडीखाना का जिक्र नहीं है और यह भी कि यहाँ रहनेवाले स्थानीय लोगों को भी इसके बारे में जानकारी नहीं है। उसने आगे कहा कि लांडीखाना तो अंग्रेजी शासन के साथ ही समाप्त हो गया था।

विषय बदलने के उद्देश्य से दिलीप ने हमारे चारों तरफ खड़ी भीड़ में किसी और से बात करनी चाही। मैंने इस दाढ़ीवाले आदमी से पूछा कि वह हमें क्यों रोक रहा है और शक क्यों कर रहा है ? उसने बड़े स्पष्ट शब्दों में कहा कि उसे हम पर शक है कि हम बंगाली हैं और भागकर अफगानिस्तान जाना चाहते हैं। दिलीप और मैं जोर से हँसे और एक-दूसरे को थपकी लगाते हुए उससे पूछा कि क्या उसने कभी बंगाली

देखा भी है...और क्या हम उसे बंगाली लगते हैं। उसे इसमें हँसनेवाली कोई बात नजर नहीं आयी और बताया कि उसे हम पर शक क्यों है। यह सारी बातचीत उर्दू में हो रही थी और बाद में पता चला कि वह पठान नहीं था, बल्कि तहसीलदार का क्लर्क (अरजी-नवीस) था।

इतवार होने के नाते, वह बाजार में घूम रहा था कि एक लड़के को लांडीखाना के बारे में चिल्लाते हुए सुना। उसके बाद उसने देखा कि दो अजनबी एक स्थानीय लड़के से बातचीत कर रहे थे...और तीसरा अजनबी पेशावरी टोपियाँ फड़फड़ा रहा था। उसके दिमाग की घंटी बज उठी। प्रायः भागकर अफगानिस्तान जानेवाले प्रत्येक बंगाली को लांडीकोटाल में पेशावरी टोपी खरीदते ही पकड़ा गया था। जो सचमुच पेशावर का होगा, वह वहीं से टोपी क्यों नहीं खरीद लेगा। यहाँ आकर पेशावरी टोपी खरीदने का मतलब है कि वह अपने आप को छिपाना चाहता है। यह बात उसके दिमाग में बसी हुई थी।

इसके बाद उसने हमारे सामान की तलाशी ली। जब उसे खून से सने पैराशूट के टुकड़े मिले तो वह चौंक गया। शायद उसने सोचा हो कि हमने किसी की हत्या की है। उसने हमें अपना परिचयपत्र अथवा अवकाश-प्रमाणपत्र दिखाने को कहा। हमने स्थानीय कानून से अनभिज्ञ होने का बहाना किया, परंतु उससे कोई लाभ न हुआ।

वह हमें सशस्त्र पहरे में तहसीलदार के पास ले गया। तहसीलदार ने भी वही सब सवाल दोहराए। यह पूछताछ लगभग एक घंटे चली। इस बीच हमने अपने झूठे पते और पिता का झूठा नाम भी बताया। इस पर तहसीलदार ने कहा कि यद्यपि वह ठीक से कुछ नहीं कह सकता, परंतु दाल में कुछ काला जरूर है और इसी संदेह के कारण वह हमें जेल भेज रहा है।

यह देखते हुए कि हमारे पास और कोई चारा नहीं है, दिलीप ने वायुसेना मुख्यालय को फोन करने की इजाजत माँगी। काफी हील-हुज्जत के बाद उसने फोन करने की इजाजत दी। दिलीप ने फोन पर सबसे पहले प्रोवोस्ट मार्शल को पूछा। सौभाग्य से वे मौजूद नहीं थे। पता चला कि वे स्वतंत्रता-दिवस की तैयारियों के लिए गये हुए हैं।

इसके बाद दिलीप ने अपनी अक्ल का परिचय देते हुए वायुसेनाध्यक्ष के ए. डी. सी. को पूछा। जब हमारे पुराने दोस्त स्क्वाड्रन लीडर उस्मान हामिद से बात हुई तो दिलीप ने अपना नाम कुछ इस तरह से बताया कि पश्तो-भाषी तहसीलदार कुछ समझ न सका।

दिलीप ने कहा, "श्रीमान जी, आपने वह खबर अवश्य सुनी होगी। हम तीनों यहाँ लांडीकोटाल में हैं। यहाँ तहसीलदार ने हमें गिरफ्तार कर लिया है। क्या आप

अपने आदमी भेज सकते हैं।" चूँकि उस्मान दिलीप की बात नहीं समझ सका, अतः दिलीप ने वही बात दोहराई। तब उस्मान ने तहसीलदार से बात की।

हमारा मानना है कि हमारी जिंदगी उस्मान की दी हुई है। उस्मान ने तहसीलदार से कहा कि हम पाकिस्तानी वायुसैनिक हैं, पर हम फरार हैं। हमें हवालात में डाल दिया जाये, पर पिटाई न की जाये। अतिसंतुष्ट तहसीलदार ने फोन रख दिया और हमें उस्मान की बात बताई। उसके बाद उसने हथियारबंद स्थानीय लोगों से हमें जेल में बंद कर देने को कहा। जेल शहर के दूसरी ओर थोड़ी दूरी पर थी। एक स्थानीय व्यक्ति ने कहा कि कानूनन जेल में डालने से पहले हमारी तलाशी ली जानी चाहिए। तलाशी के दौरान युद्धबंदी का हमारा पहचानपत्र नीचे गिर गया। हालाँकि वे सिर्फ हमारी तस्वीर पहचान सके, क्योंकि अंग्रेजी नहीं पढ़ सकते थे। लेकिन वे उन्हें ले गये।

जेल बेहद गंदी थी और हम परेशान थे कि अब क्या होगा। हमें ज्यादा इंतजार नहीं करना पड़ा। तहसीलदार (उसका नाम शाह तेहन था) लंबे और डरावने दिखनेवाले स्थानीय लोगों की एक टुकड़ी के साथ आ धमका। उसने फिर हम लोगों का नाम पूछा। इस बार हम लोगों ने सही नाम बताये, क्योंकि हमने उसे हाथ में पहचानपत्र लिये देखा था। वह सुरमई रंग का था, पर सवाल पूछते वक्त सुर्ख हो रहा था–"तुमने झूठ क्यों बोला ? हिंदू ! युद्धबंदी ! कितने भागे ? कहाँ से भागे?"

हमें जिस साहसिक अनुभव की कमी खल रही थी, अब वह काफी बढ़ चुका था। पहली बार हमारा भविष्य अनिश्चित लग रहा था। लग रहा था कि चंद मिनटों में हम फायरिंग स्क्वाड के सामने होंगे। उसकी फटकार चल ही रही थी कि तभी कोई आकर उसके कान में कुछ फुसफुसाया। उसने कुछ आदेश दिये कुछ चाबियाँ और हथकड़ियाँ लायी गयीं। हम लोगों ने सोच लिया कि "हमारा टिकट कट गया!"

एक-दूसरे से जंजीर और हथकड़ी में बँधे हम एक-दूसरे की तरफ पीठ किए हुए शहर से होते हुए तहसीलदार के दफ्तर तक पहुँचे। तहसीलदार ने रुआब के साथ कहा, "राजनीतिक एजेंट तुमसे मिलना चाहते हैं।"

जैसे ही हम उनके कार्यालय पहुँचे, एक तेज-तर्रार युवा राजनीतिक एजेंट बाहर आया। उसने आदेश दिया कि हमारी हथकड़ियाँ खोल दी जायें और हमारे लिए वी. आई. पी. कक्ष खोल दिया जायें। उसने आदेश दिया कि हमारे साथ दौरे पर आये पाकिस्तानी अफसरों जैसा सलूक किया जाये। तहसीलदार यह सब मुँह फाड़कर देख रहा था। एजेंट ने हम लोगों से हाथ मिलाया और अच्छे प्रयास के लिए हमें बधाई दी। उसने हमारे साथ सहानुभूति भी जताई और कहा कि अगर हमारे सामने वह क्लर्क न आया होता तो अब तक हम लोग मुक्त हो गये होते। उसने कहा कि उस्मान ने हमें स्थानीय प्रशासन से बचाने का अनुरोध करते हुए कहा है कि यह उन

पर निजी अहसान होगा।

उसके बाद हम लोगों के लिए जबरदस्त बंदोबस्त किया गया। शाम को चार बजे पाकिस्तानी वायुसेना पुलिस का एक दल तमतमाया पहुँचा और हमें बेरुखी के साथ वापस पेशावर ले गया।

चाती ने बाद में हमें बताया कि उसके साथ क्या हुआ। तड़के चार बजे उसने फिर शौचालय जाने की इच्छा जताई। गार्ड बाहर अहाते में इंतजार कर रहा था और चाती जाफा की कोठरी के बाहर रुक गया और उसने बताया कि सब कुछ ठीक-ठाक हो गया। योजना के मुताबिक चाती को असह्य पीड़ा की शिकायत करके जाफा की कोठरी में चले जाना था, ताकि घटना का भेद खुलने के बाद दोनों पर एक साथ कहर बरपे। लेकिन जाफा ने चाती से कहा कि वे अपनी कोठरी में जायें और बिल्कुल सामान्य स्थिति होने का आभास देते रहें ताकि उन तीनों को बच निकलने का अधिकतम समय मिल जाये। जाफा को अच्छी तरह मालूम था कि चाती को कितना खतरा है और चाती ने अपनी मर्जी से यह खतरा मोल भी लिया है।

दिन के 11 बजे तहलका मच गया। चाती को गार्ड के केबिन में टेलीफोन की तेज घंटी सुनाई पड़ी। किसी ने फोन उठाया और फिर कदमों की आहट के साथ किसी से यह कहने की आवाज आयी, "सी. ए. एस., सी. ए. एस."। स्वाभाविक रूप से यह चीफ ऑफ स्टाफ के कार्यालय से फोन था। तब तक हम पकड़े जा चुके थे और उस्मान से बात कर चुके थे।

चाती ने बताया कि उसके बाद दो पुलिसवाले कोठरी में आये और डमी देखीं। वे मुख्य ब्लाक की तरफ वापस दौड़े, उनके साथ और लोग भी थे। अफरा-तफरी में होनेवाली बातचीत के साथ कानाफूसी शुरू हो गयी, जिसका लुब्बो-लुआब यह था कि किसी को छेद में घुसाकर पीछे से गोली मार दी जाये, ताकि यह साबित हो जाये कि वे पूरी तरह लापरवाह नहीं थे। हालाँकि उन्हें सद्बुद्धि आ गयी। वे समझ गये थे कि जब वायुसेनाध्यक्ष को सारी बात पहले से मालूम है तो एक और लाश गिराने से क्या फर्क पड़ेगा। सौभाग्य से वे चाती से कुछ 'विशेष तरीके' से नहीं पेश आये।

पेशावर जेल में फिर से गिरफ्तार किये गये युद्धबंदियों को जलील किया गया और उनसे बुरा बर्ताव किया गया। अगस्त की गर्मी में उन्हें बिना पंखेवाले कमरे दिये गये। इसलिए अगली सुबह पारुलकर ने पुलिस-प्रमुख से मिलने की इच्छा जताई। एक घंटे बाद एक अधिकारी आया। पारुलकर ने कहा कि वे भूख-हड़ताल पर जा रहे हैं, क्योंकि पाकिस्तानी जिनेवा-संधि का पालन नहीं कर रहे हैं। नतीजतन टेबल फैन दिये गये, लेकिन उन्हें दरवाजे के बाहर रखा गया। 15 तारीख को हमें जिन

लोगों ने पकड़ा था, उनमें से कुछ पठान हमारे लिए एक लजीज़ मुर्गा और कुछ अंगूर लाये। पठान जे.ओ.सी. ने कहा, "अगर हमारे पास आप जैसे अधिकारी हों तो हमारे सैनिक और अच्छा काम कर सकते हैं।"

अब पिंडी वापस चलें। स्वाभाविक रूप से स्क्वाड्रन लीडर वहीदुद्दीन उनसे खुश नहीं था। उसने कोर्ट मार्शल का आदेश दिया। यह तीस दिन की तन्हाई थी, जिसमें किसी तरह की किताब, कागज या पेंसिल रखने की इजाजत नहीं थी। उन्हें बाद में लायलपुर शिविर में स्थानांतरित कर दिया गया। वे ट्रेन से ले जाये गये। उन्हें हथकड़ियों और लंबी जंजीरों में बाँधकर ले जाया जा रहा था, लेकिन वातानुकूलित प्रथम श्रेणी में। लायलपुर शिविर में 18 दिन बिताने के बाद सभी युद्धबंदियों को, जिनकी संख्या करीब 500 रही होगी, जन्माष्टमी मनाने की इजाजत दे दी गयी। इसके बाद किसी को तन्हाई में नहीं रखा गया। स्थानीय कैदियों में मजाक चलता था कि लाहौर और कसूर–दोनों शहरों के नाम राम के दोनों बेटों–लव और कुश के नाम पर रखे गये थे।

युद्धबंदियों को पठानों को दो हजार रुपये देने का वादा कर किसी तरह काबुल पहुँचने का जुगाड़ करना था और वहाँ भारतीय दूतावास में पहुँच कर यह भुगतान कर देना था।

लायलपुर शिविर एक बड़े किले में था। उस पर फ्लड लाइट और बिजली के तार लगे थे। रात को हर कैदी को अलग-अलग बंद कर दिया जाता था। वहाँ एक वॉलीबाल का मैदान, एक मंदिर और एक गुरुद्वारा था। पाकिस्तानियों को यह देखकर हैरत होती थी कि हिंदू और मुसलमान युद्धबंदियों में इतना सद्भाव कैसे है। वे लोग पैसा इकट्ठा कर थोड़ा अच्छा खाना खा सकते थे। पारुलकर ने फिर भागने के बारे में सोचना शुरू कर दिया। उन्हें चिट्ठियाँ लिखने की इजाजत मिली, पर चिट्ठियाँ ज्यादा दूर नहीं जाती थीं। जैसा बाद में पता चला उन चिट्ठियों को मोड़-तोड़कर मैदान के एक कोने में फेंक दिया जाता था।

भुट्टो ने शिविर का दौरा किया। एक शामियाना लगाया गया और मंच बनाया गया। वे आये और अच्छा भाषण दिया। उन्होंने कहा कि वे युद्ध नहीं चाहते। उसके कुछ दिनों बाद 1 दिसंबर, 1972 को युद्धबंदियों को वापस भेजा गया। उन्हें ट्रेन से बाघा सीमा तक लाया गया और वहाँ एक चाय-पार्टी दी गयी। उसके बाद वे सीमा के उस पार पैदल गये। वहाँ अमृतसर ले जाने के लिए बसें उनका इंतजार कर रही थीं। उनके लिए वहाँ भी एक बड़ी चाय-पार्टी हुई और उपहार दिये गये। हर व्यक्ति को एक सूटपीस और एक घड़ी दी गयी और गले लगने और भेंटने का सिलसिला चला। Does not convey the sense of the English sentence "It was a home-coming to remember".

यह स्मरणीय प्रत्यावर्तन था।

संदर्भिका

निम्नलिखित व्यक्तियों से पी. सी. लाल ने बातचीत की :

1. एयर चीफ मार्शल दिलबाग सिंह, पी.वी.एस.एम., ए.वी.एस.एम. वी.एम. (रिटायर)
2. लेफ्टि. जन. के. पी. कैंडेथ, पी.वी.एस.एम. (रिटायर)
3. लेफ्टि. जन. सगत सिंह, पी.वी.एस.एम. (रिटायर)
4. एयर मार्शल एम. एम. इंजीनियर, पी. वी. एस. एम., एम. वी. सी., डी. एफ. सी. (रिटायर)
5. एयर मार्शल एच. सी. दीवान, पी. वी. एस. एम. (रिटायर)
6. एयर मार्शल जी. डी. शर्मा, पी. वी. एस. एम., ए. वी. एस. एम. (रिटायर)
7. एयर मार्शल के. आई. एस. छाबरा, पी. वी. एस. एम., ए. वी. एस. एम. (रिटायर)
8. एयर मार्शल मान सिंह, ए. वी. एस. एम., वी. एम., वी. एस. एम.
9. एयर मार्शल एस. के. मेहरा, ए. वी. एस. एम., वी. एम.
10. एयर मार्शल एम. एल. सेठी, पी. वी. एस. एम., ए. वी. एस. एम.
11. एयर वाइस मार्शल जे. एफ. लज़ारो, पी. वी. एस. एम., वी. एम. (रिटायर)
12. एयर वाइस मार्शल के. एम. राम, ए. वी. एस. एम. (रिटायर)
13. एयर कोमोडोर सी. के. सिंघा, ए. वी. एस. एम. (रिटायर)
14. एयर कोमोडोर वी. के. मूर्ति, ए. वी. एस. एम., वी. एम. (रिटायर)
15. एयर कोमोडोर एम. एम. अरोड़ा (रिटायर)
16. एयर कोमोडोर के. के. बधवार, ए. वी. एस. एम., वी. आर. सी.
17. एयर कोमोडोर वी. एस. अय्यर, वी. एस. एम. (रिटायर)
18. एयर कोमोडोर जे. एन. जतार, ए. वी. एस. एम., वी. एम. (रिटायर)
19. ग्रुप कैप्टन ए. के. मुखर्जी, वी. आर. सी., वी. एम. (रिटायर)
20. ग्रुप कैप्टन जे. सी. सेन गुप्ता (रिटायर)
21. ग्रुप कैप्टन एस. जे. सिंह, वी. एस. एम. (रिटायर)

22. ग्रुप कैप्टन जी. एस. अहलूवालिया, वी. आर. सी.
23. ग्रुप कैप्टन एस. जे. गज्जर (रिटायर)
24. विंग कमांडर यू. एस. शर्मा
25. विंग कमांडर एस. हतंगड़ी
26. विंग कमांडर पी. सी. प्रसाद
27. विंग कमांडर वी. वी. सावंत, वी. आर. सी., वी. एस. एम.
28. विंग कमांडर सी. एस. संधू, वी. आर. सी., वी. एम.
29. स्क्वाड्रन लीडर वी. जी. कुमार, वी. एम.
30. स्क्वाड्रन लीडर अरुण सत्य, वी. आर. सी.
31. स्क्वाड्रन लीडर डी. चौधरी
32. स्क्वाड्रन लीडर आर. के. सिन्हा, वी. आर. सी.

निम्नलिखित व्यक्तियों से इला लाल ने बातचीत की

1. एयर चीफ मार्शल एल. एम. कत्रे, पी. वी. एस. एम., ए. वी. एस. एम. व बार
2. एयर मार्शल एम. एम. इंजीनियर, पी. वी. एस. एम., एम. वी. सी., डी. एफ. सी. (रिटायर)
3. एयर मार्शल एच. एन. चटर्जी, पी. वी. एस. एम., डी. एफ. सी. (रिटायर)
4. एयर मार्शल एच. सी. दीवान, पी. वी. एस. एम. (रिटायर)
5. लेफ्टिनेंट जनरल जे. एस. अरोड़ा, पी. वी. एस. एम. (रिटायर)
6. एयर मार्शल ई. धतिगारा, पी. वी. एस. एम., के. सी. (रिटायर)
7. एयर मार्शल सी. वी. गोले, पी. वी. एस. एम., ए. वी. एस. एम
8. एयर मार्शल पी. वी. सिंह, पी. वी. एस. एम., एम. वी. सी., ए. वी. एस. एम.
9. एयर मार्शल जे. डब्ल्यू. ग्रीन, पी. वी. एस. एम., ए. वी. एस. एम., वी. आर. सी., वी. एम.
10. एयर मार्शल एम. एम. सिंह, ए. वी. एस. एम., वी. आर. सी.
11. एयर मार्शल वी. एस. सिकंद, ए. वी. एस. एम.
12. एयर मार्शल सी. के. एस. राजे, ए. वी. एस. एम.
13. एयर मार्शल एम. एल. सेठी, पी. वी. एस. एम., ए. वी. एस. एम.
14. एयर मार्शल के. सुब्रह्मण्यन, ए. वी. एस. एम., वी. एम.
15. एयर वाइस मार्शल वी. बी. वशिष्ठ, एम. वी. सी., वी. एम.
16. एयर मार्शल जे. के. सेठ, ए. वी. एस. एम., वी. एम.
17. एयर मार्शल एम. एम. सिन्हा, ए. वी. एस. एम., वी. एम.

18. एयर वाइस मार्शल बी. के. विश्नोई, वी. आर. सी. एंड बार
19. एयर कोमोडोर एन. चत्रथ, वी. आर. सी. (रिटायर)
20. एयर कोमोडोर जॉनसन बेरी, वी. एम. (रिटायर)
21. एयर कोमोडोर एस. के. मजूमदार (रिटायर)
22. एयर कोमोडोर एस. बनर्जी (रिटायर)
23. एयर कोमोडोर आर. एस. बेनेगल, एम. वी. सी., ए. वी. एस. एम. (रिटायर)
24. एयर कोमोडोर के. के. बधवार, ए. वी. एस. एम., वी. आर. सी.
25. एयर कोमोडोर एम. बनर्जी, एम. वी. सी., वी. एम.
26. एयर कोमोडोर डी. एस. जेग, ए. वी. एस. एम., वी. एम.
27. एयर कोमोडोर ए. श्रीधरण, ए. वी. एस. एम., वी. एम.
28. एयर कोमोडोर जसजीत सिंह, ए. वी. एस. एम., वी. आर. सी., वी. एम.
29. एयर कोमोडोर के. सी. करियप्पा, वी. एम.
30. एयर कोमोडोर पी. जयकुमार, वी. एम.
31. एयर कोमोडोर वी. कपिला, वी. आर. सी.
32. ग्रुप कैप्टन जगदीश शॉ (रिटायर)
33. ग्रुप कैप्टन जे. सी. सेनगुप्ता, वी. एस. एम. (रिटायर)
34. ग्रुप कैप्टन आर. बत्रा (रिटायर)
35. ग्रुप कैप्टन जे. एस. सॉनी, वी. एम.
36. ग्रुप कैप्टन डी. एन. राठौर, वी. आर. सी., वी. एस. एम.
37. ग्रुप कैप्टन डी. के. धीमन, वी. एम.
38. ग्रुप कैप्टन एस. वी. भुटानी
39. ग्रुप कैप्टन ए. के. मुखर्जी, वी. आर. सी., वी. एम. (रिटायर)
40. विंग कमांडर जे. सी. वर्मा (रिटायर)
41. विंग कमांडर डी. एस. जाफा, वी. आर. सी., वी. एम. (रिटायर)
42. विंग कमांडर आर. ए. कोवास
43. विंग कमांडर सी.एम. सिंगला, वी. आर. सी.
44. विंग कमांडर हरीश सिंह
45. स्क्वाड्रन लीडर के. बी. बागची, वी. एम.

□□

EASTERN SECTOR
NOT TO SCALE
Siliguri
Jalpaiguri
Hashimara
Cooch Behar
Kishanganj
Thakurgaon
Lalmonirhat
Saidpur
Rangpur
Dinajpur
Balurghat
Hilli
Ganga R.
Natore
Rajshahi
Murshidabad
Bogra
Jamuna R.
Brahmaputra R.
Dhubri
INDIA
Tura
Kamalpur
Shillong
Dawki
Sunamgani
Atgram
Sylhet
Charkhai
Latu
Surmar
Khadimnagar
Maulvibazar
Habibganj
Shamshernagar
Jamalpur
Mymensingh
Madhupur
BANGLADESH
(FORMERLY EAST PAKISTAN)